1日1ページ、意外と知らない東京のすべて365

文響社編

This book is created by Bunkyosha under the Concept of The Intellectual Devotional series, which is credited to David Kidder and Noah Oppenheim.
The Concept usage arranged with TID Volumes, LLC c/o David Black Literary Agency, Inc., New York through Tuttle-Mori Agency, Inc., Tokyo

本書は、デイヴィッド・キダーおよびノア・オッペンハイムに帰属する「世界の教養」シリーズのコンセプトのもと、制作されたものです。
コンセプトの使用についてはTuttle-Mori Agency, Inc., Tokyoを通じて、TID Volumes, LLC（David Black Literary Agency, Inc., New Yorkが代理）により許諾されています。

はじめに

この本には、東京が東京と呼ばれる以前の縄文時代から現代に至るまで、「東京のすべて」を知るために必要な365の知識がおさめられています。

日本の中心として、あるいは暮らしの場として、誰もが知っている「東京」がいかにして今の姿になったのか……。意外と知らないその素顔に出会うと、今までの景色が違って見えてきます。

1日の終わりにベッドに腰かけて読んでいただいてもよし、忙しい日々のすきま時間に読んでいただいてもよし。旅行や外出が難しくても、心はいつだって自由です。1日5分、本書を通じて東京の旅をお楽しみください。

本書の読み物は曜日ごとに以下の7分野に分かれています。

- **月曜日 —— 歴史**
  縄文時代から江戸時代、明治維新を経て、東京都政、バブル期の東京まで
- **火曜日 —— 自然**
  山の手台地・下町低地などの地形、川や山、生き物たち、環境問題に至るまで
- **水曜日 —— 物語**
  『万葉集』から『君の名は。』まで、東京にまつわる52の詩歌・小説・漫画・映画など
- **木曜日 —— 商業・娯楽**
  酉(とり)の市からコンビニまで、江戸から東京の経済を支えた様々な産業、娯楽、グルメ
- **金曜日 —— 暮らし・文化**
  浅草寺、花火、湯屋、屋台など、華やかな江戸っ子文化からシティポップに至るまで
- **土曜日 —— 人物**
  江戸重継(えどしげつぐ)から阿久悠(あくゆう)まで、東京に生まれ、または東京に大きな影響を与えた人物たち
- **日曜日 —— まち**
  23区、その他市町村、島しょ部に至るまで東京を形作る区市町村すべて紹介

●2021年の東京

提供：国土地理院ウェブサイト

●1771年の江戸（明和江戸図）

資料：古地図史料出版

1 歴史 ／ 東京の遺跡

遺跡はかつて都のあった奈良や京都、大阪などに集中していると思われがちだが、古墳や居住地跡だけが遺跡ではない。石器を作った跡や、縄文人が食べた物の残りやゴミを捨てた貝塚など、古い時代の人々が活動したあらゆる痕跡を指す。東京では、氷河期の終わり頃から人々が生活していたが、古い時代の遺跡ほど、台地や台地周辺に集まっている。例えば、三鷹（みたか）市の武蔵野台地には、旧石器時代の遺跡が50以上存在している。

遺跡庭園「縄文の村」の敷石住居と縄文土器（東京都多摩市）

関東ローム層は富士山や箱根山、赤城山などの火山灰が堆積した層で、もっとも古いものが約40万～13万年前の多摩ロームと呼ばれる。約13万～８万年前の層は下末吉（しもすえよし）ローム、約８万～４万年前の層は武蔵野ローム、そして約４万～１万5000年前の層は立川ロームだ。太平洋戦争頃までは日本に縄文時代以前の遺跡はないと思われていたが1946年、岩宿（いわじゅく）遺跡（群馬県みどり市）の立川ロームから旧石器時代の石器が発見され、日本にも旧石器時代があったことが証明された。三鷹市の武蔵野台地では、安定して水を採取できる段丘（だんきゅう）の壁や流れのそばなどに遺跡が集中しており、黒曜石製石器もたくさん出土している。

多摩丘陵からは964カ所もの遺跡が発見されており、これらを総称して「多摩ニュータウン遺跡」と呼ぶ。この地域では、約３万2000年前から人々が暮らしていた。多摩川と境川が東西を流れている他、大栗川や乞田（こった）川、三沢川など水源が豊かで、生活に必要な水が採取できたのだろう。そして彼らはナウマンゾウやオオツノジカなどの大型獣を狩りながら移動して暮らしていたと考えられる。ナウマンゾウの化石は、現在の都営地下鉄浜町駅、JR田端駅、東京メトロ明治神宮前駅付近でも発掘されており、東京一帯に生存していたのだろう。

諸説はあるが、東京では縄文時代草創期、約１万6500年前の土器も見つかっており、旧石器時代から連続して人が暮らしていたようだ。氷期が終了した約１万年前、北半球の氷床が多く解けて、世界的に海水面が上昇する。これを縄文海進（かいしん）と呼ぶが、多摩などの丘陵地より東側に海水が浸入して平野が水没してしまった。そのため、当時の生活域は西側の台地付近だったようだ。しかし縄文後期になると再び東京湾が後退し、沖積（ちゅうせき）平野が出現すると、生活域は平野部に広がる。しかし東京では、弥生時代中期まで稲作が始まっていなかったようだ。ローム層の河川は低地にあるため、上流から用水を引かねばならなかったのが原因かもしれない。弥生時代後期以降は荒川や中川などの流路に沿って形成された微高地に遺跡が発見されている。古墳時代の人々は、弥生時代から引き続き、川沿いの微高地に居住した。柴又八幡神社古墳は石室が復元されており、見学も可能だ。

豆知識

1. 多摩市にある東京都埋蔵文化財センターでは、東京都で発掘された数多くの遺物が展示されているので、興味のある方は、見学してみてはいかがだろうか。

2 自然 ／ 関東平野のなりたち

関東平野は面積約１万7000km²と、国内最大の平野である。関東地方１都６県にまたがり、日本の人口の約３分の１が暮らす。平野の名がついているが、低地は沿岸部周辺と埋め立て地に限られ、武蔵野台地や相模原台地、多摩丘陵などの台地・丘陵が大半を占める。東京都は島嶼部と秩父山地一帯を除き、ほぼ全域が関東平野に含まれている。

地球温暖化対策が人類共通の課題となって久しい。温暖化の主因とされる二酸化炭素の排出量が18世紀の産業革命以降、増え続けているのは疑いない。一方で、地球の長い歴史を振り返ると、人類が出現・進化した新生代第四紀の約258万年前から現在まで、地球は氷期と間氷期を交互に繰り返している。

関東平野は海洋プレートの浮き沈みの結果、海底が隆起して形成された。その後、関東造盆地運動によって中央部が沈み、周縁部が押し上げられて、現在の形になっていった。この基本的な概形は、数十万年前から変わっていない。しかし、海岸線は氷期と間氷期が繰り返されるたびに前後しており、周縁の地形も波の浸食作用によって複雑化している。氷期と間氷期のサイクルは、陸地が広がる「海退」と陸地が狭まる「海進」のサイクルと重なる。

いまから10万年ほど前の間氷期、関東平野の大部分は海の底に沈み、「古東京湾」と呼ばれていた。温暖な間氷期には極地の氷が解け、海面が上昇するからである。一方、氷期になると、海水量が減って海面が低下する。およそ７万年前、地球は最後の氷期（氷河期）に突入し、これにともなって「古東京湾」も陸地化していった。地球がもっとも寒冷だった３万〜２万年前には、いまの東京湾の水深100〜120mまでが陸地だったと推測されている。

やがて温暖な間氷期を迎えると、少しずつ海面が上昇していった。約１万2000年前、縄文時代の始まりに重なることから、この海岸線の進行を「縄文海進」という。ピーク時の約7000年前には、現在と比べて海水面は２〜５ｍも上昇し、埼玉県北部あたりまで海水が浸入していた。また、波の浸食作用によって、台地の端には直線的な崖線（ハケ）も形成された。さらに利根川が運んだ土砂によって、霞ヶ浦や北浦、印旛沼なども生まれた。堆積物によって太平洋と切り離され、湖沼として内陸に残されたのである。縄文時代も後期になると地球の気温は安定し、海水面も少しずつ下がっていった。弥生時代に入り、紀元前後になると現在の葛飾区や江戸川区も陸地となり、いわゆる「下町低地」（「山の手台地と下町低地」50ページ参照）が形成されたのである。

次の氷期はいつ到来するのか。数百年後から数十万年後までと、科学者によって推定幅は広い。いずれにせよ、間氷期に地球温暖化が重なっているのが、人類の営みが地球環境を左右する「人新世」（地質上の新たな区分候補）の現代である。関東平野も人為的影響を避けがたく、気候変動に対する舵の取り方を誤ると、新たな「海進」の波にさらされるかもしれない。

豆知識

1. 関東造盆地運動の沈降の中心部は何カ所かあるが、埼玉県行田市もその一つである。行田市の稲荷山古墳（埼玉古墳群）も、千年以上続いた沈降によって地中に埋もれていた。その一部は、航空写真測量によって初めて確認されたのだった。

3 物語／『常陸国風土記』

風土記とは、名前の通り、土地の風土を記録した書物のことだが、狭義には、元明天皇（661〜721）の命により、律令国ごとに編纂されたものを指す。しかし、ほとんどの風土記は時代とともに散逸しており、ほぼ完本の状態で残っているのは『出雲国風土記』のみ。現在の東京がある場所について記した『武蔵国風土記』は残念ながら残っていないため、ここでは、現在の茨城県にあたる場所について記され、大部分の記録が現在まで伝わっている『常陸国風土記』から、当時の関東地方の神話や風土を読み解いてみよう。

風土記そのものは残っていなくても、『釈日本紀』や『万葉集註釈』などに引用されて内容の一部がわかるものもある。これを「風土記逸文」と呼ぶが、残念ながら『武蔵国風土記』は逸文さえ残っていない。そこで、『常陸国風土記』にあるエピソードを紹介しよう。

行方郡での出来事だから、現在の茨城県行方市のどこかだろう。夜刀神と呼ばれる神がいた。神といっても角のある蛇で、人間に害をなす存在だったらしい。最初に登場したのは継体天皇の時代というから6世紀前半、古墳時代だ。箭括麻多智という男が田を開墾しようとしたとき、おびただしい夜刀神がやってきて、これを妨害したという。麻多智は鎧を着て神を追い払い、山の入り口に大きな杖を立てて「ここから上は神の土地だが、下は人間の田だ。私自身が神主となって、子孫の代まで祭事を行うから、決して祟ってはいけない」と告げた。まるでもののけ姫の世界だが、夜は月明かりしかなく足元さえよく見えない、昼も山には鬱蒼とした森が広がっていた時代、神やもののけの存在は身近に感じられるものだったのかもしれない。夜刀神がいた山は、行方郡玉造町の天竜だと考えられており、この地には夜刀神社が鎮座する。麻多智が夜刀神を祀ったのはこの神社だろうか。飛鳥時代になり、壬生連麿がこの地の池に堤を築こうとしたときにも夜刀神が邪魔をしている。しかしこのときは「この池は人民の生活のためのものなのに、なぜ邪魔をするのだ」と一喝されただけで逃げている。文明が開かれるとともに、神は力をなくしていくのだ。

茨城県久慈郡には、立速日男命という名の祟り神がいたという。松沢という場所の松の、いくつにも枝分かれしたところに住んでおり、松に小便をした人は病気にかかって苦しんだ。松以外に小便をする場所がないわけではなかろうに、この近所の人々は松に小便をかけては祟られて苦しんでいた。そこで、朝廷からの遣いが「この地は汚い場所なので、清浄な山の上に遷ってください」と丁寧に頼んだところ、神は賀毘礼の高峰に登ったという。この高峰は常陸国最古の霊山のいわれを持つ御岩山ではないかといわれているから、この山に登るときは、必ず麓で用を済ませてしまおう。

風土記はいわば公務員が編纂したものだが、神やもののけがたくさん登場し、不思議な事件も記録されている。風土記の物語を読んで、大昔の関東地方がどのようなものだったのか、想像してみてほしい。

豆知識

1. 風土記には、有名なおとぎ話の原話も載せられている。浦島太郎は丹後国（現・京都府北部）の風土記に語られたストーリーなのだ。

4 商業と娯楽 ／ 銅の発見

「和同開珎」(「わどうかいほう」とも)といえば、皇朝十二銭の最初に数えられる貨幣として有名だ。その発行は、708(和銅元)年正月、政権のあった大和から遠く離れた関東において和銅(自然銅)が発見・献上されたことに始まる。これがヤマト政権にとってどれほどエポックメーキングな出来事だったかは、「和銅」と改元されたことでも明らかだろう。

聖神社に設置された和同開珎のモニュメント

和銅が産出されたのは、武蔵国秩父郡、現在の埼玉県秩父市黒谷とされ、「和銅遺跡」として地元の人たちの手で守られてきた。近くの聖神社には2つの自然銅や和同開珎、元明天皇(661〜721)から賜ったと伝わる雌雄一対の銅製の蜈蚣などが神宝として納められており、和銅採掘露天掘跡と伝えられる場所には、和同開珎の巨大なモニュメントが設置されている。露天掘りとは、表土を剝いで地表から直接鉱物を採掘する方法で、対して坑道を掘って地下から鉱物を採掘する方法は坑内掘りと呼ばれる。ちなみに、黒谷の和銅遺跡は「ジオパーク秩父」のジオサイトの一つになっていて、地質学ファンには別の意味で興味深い場所でもある。というのも、露天掘跡とされる溝状の地形は、大きな断層(「出牛—黒谷断層」)の一部分が地殻変動によって地上に露出した場所なのだ。

ところで、和同開珎には銀銭と銅銭があるが、銀銭は翌年廃止され、銅銭は皇朝十二銭の第1番目とされた。皇朝十二銭とは、古代の日本で公式に鋳造された12種の銭貨の総称である。和同開珎の出土地域は畿内(朝廷のある都周辺の4〜5カ国を指す)とその周辺、特に大和(現・奈良県)、山背(現・京都府)、近江(現・滋賀県)南部に多い。銭貨の発行は、唐に倣って律令国家の財政政策の一つと位置づけ、物品の価値基準の掌握を狙ったものだった。実際には、平城宮造営の財源の確保や、国家による支払い、交易、徴税などに使われ、銭貨の流通政策も様々に講じられたが、当時はまだ米や布を基準とした物々交換が経済の中心であり、貨幣を広く流通させることは難しかった。そのため、畿内とその周辺を除いてはあまり流通しなかったと見られる。辺境部(陸奥［現・青森県］や出羽［現・秋田県、山形県］など)の古墳からも出土しているが、こちらは富や権威・権力を象徴する宝物として扱われていたようだ。

また、和同開珎の鋳造期間は、次の貨幣の万年通宝が760年に発行されたことからも、かなり長かったと考えられる。鋳造地は、近江、山背、河内(現・大阪府)、長門(現・山口県)などで、遺跡からは鋳型やるつぼなどが発見されている。当然、秩父黒谷の自然銅だけで原材料をまかなうことは無理で、『続日本紀』には周防国(現・山口県)の鉱山の銅が長門国に送られ、貨幣鋳造に使われていた旨の記録も残っている。しかし、和同開珎発行のきっかけとなった自然銅が、関東で発見されたことの意義は大きい。

豆知識

1. 秩父市黒谷に関しては、1993年、和銅採掘遺跡調査委員会によって歴史学・考古学・民俗学・地質学の観点から総合調査が行われた。しかし残念なことに、古代において黒谷周辺から自然銅が採掘されたという積極的な証拠は見つからなかった。一方、同じ秩父地域に属する埼玉県長瀞では自然銅の産出が確認されており、坑道の存在とともに、自然銅の標本も数多く確認されている。

5 暮らしと文化 ／ 環状集落

縄文人は狩猟民族で、移動しながら暮らしていたと思われがちだが、大型獣が絶滅して植物を食べる量が増えると、定住する人々も現れた。縄文時代早期には、集落が成立し始めたようだ。東日本には広場を中心にした環状集落が多い。主だった環状集落は神奈川県の北川貝塚や、千葉県の堀之内貝塚などだ。東北でも山形県の西海渕（さいかいぶち）遺跡など、環状集落を主体とする建物群が見つかっている。東京都では北区にある西ヶ原（にしがはら）遺跡群が有名だ。

下野谷遺跡公園の住居跡の一部（東京都西東京市）

西ヶ原遺跡群では、約5500年前に大規模な集落が現れた。集落の大きさは直径100～200m。集落中心部分は墓域で、これを囲むように倉などの掘立柱建物が並び、そのさらに周囲に竪穴（たてあな）式住居が置かれている。この他に、貝塚や貯蔵穴群などが見つかることもあるようだ。広場を中心に、血のつながった人々が集まって暮らし、共同体の結束を強めていったのだろう。墓穴からは「浅鉢（あさばち）」と呼ばれる縄文土器も出土している。西東京市にある下野谷遺跡は東西に70m、南北に50mと、大規模な環状集落で、縄文時代早期から後期にかけて人々が暮らしており、様々なタイプの土器が出土している。

現代の地図を見ると、墓は集落から少し離れた場所に、まとまって置かれることが多い。墓地は神聖であると同時に不可侵な場所であり、非日常でもあるからだ。お盆やお彼岸（ひがん）に墓参りに行く以外、日常的に通う人は少ないだろう。しかし、縄文時代に現れた多くの環状集落は、墓域を中心にしている。その理由はわからないが、縄文人がどこからやってきたのかと想像をめぐらすと、ヒントになるかもしれない。縄文人の祖先はオセアニアの島々で暮らしていたポリネシア人の祖先だとする説がある。彼らは帆のついたカヌーで大洋を渡り、たどり着いた島や大陸に定住していったとされ、アメリカやカナダの先住民、イヌイットも彼らの末裔ではないかといわれる。なにしろはるか昔のことだから、真実はわからない。しかし、語り継がれる神話や、顔や体に入れ墨をする風習など類似性も高く、無視はできないのだ。

アメリカ先住民は円環に一種の信仰心を持っていたとされる。彼らは縄文人と同じように環状に住居を建てて、中心を広場とし、誰かが死ぬと、ここに埋める。そして夜には楽器を演奏し、鳥の羽根をつけたり、体に文様を描き込んだりして踊ったのだという。これはつまり祭りだ。日本古来の神道でも、死者は一定期間を経ると穢（けが）れが浄（きよ）められて神となり、一族の安寧を守護する存在になると考えられる。この考え方が環状集落で暮らした縄文人にまでさかのぼるのなら、中心にあった墓域でも祭りが行われていた可能性が十分ある。西ヶ原遺跡の墓域で見つかった浅鉢も、祭りで使われた祭具かもしれない。

環状集落は時代の流れとともに増減を繰り返し、縄文時代後期には消滅していった。

豆知識

1. 北海道や東北地方では環状列石（ストーンサークル）が見つかる。小さなものは竪穴式住居の周囲に置かれたもの、大きなものは祭祀（さいし）の場だったと考えられる。

6 人物／日本武尊

ヤマト政権が国内制圧に乗り出した頃、九州の熊襲や東国の蝦夷（いずれもヤマト政権の支配に抵抗した人々）討伐に奔走する英雄として『古事記』や『日本書紀』に登場するのが、日本武尊だ。数ある伝承の一つが、東征の際に船が浦賀沖（現・神奈川県）で暴風雨に襲われ、同行していた妃が身を投げて荒れた海を鎮めた、とする「入水」伝説。日本武尊が「吾妻＝我が妻」の犠牲を嘆いたことから、関東が「あずま」と呼ばれる起源になったとされる。

日本武尊

父は第12代景行天皇、母（皇后）は播磨（現・兵庫県）の豪族の娘、稲日大郎姫で、双子の弟に生まれた。名は小碓命。兄の大碓命が美濃（現・岐阜県）に美人姉妹がいるとの噂を確かめるため、天皇の命で派遣されたが、あまりの美しさに密通してしまう。不信を抱いた天皇から、朝夕の食事をともにしなくなった兄を諭すよう求められた小碓命は、兄を捕まえて手足をちぎり、菰（むしろ）に包んで投げ捨ててしまった。その粗暴さに恐れを抱いた天皇から、西国の熊曾建兄弟を征伐するよう命じられる。九州で敵陣に乗り込んだ小碓命は、女装姿で兄弟に近づき、隙を見て刺し殺す。『古事記』では、死を悟った熊曾建（弟）から、武勇をたたえる「倭建命」の尊号を贈られたとする。『日本書紀』はこの名を「日本武尊」と記す。ヤマトタケルの名が誕生した由来だ。

西国から戻った日本武尊は、休む間もなく東国征伐を命じられる。途中、伊勢神宮に叔母の倭比売命を訪ね、「父は私に死ねと思っているのでしょうか」と嘆くと慰められ、草薙剣と火打石を授けられた。東進し、駿河（現・静岡県）で敵から野焼きで襲撃されたとき、この草薙剣で草をなぎ払い、火打石で迎え火をつけて敵を焼き滅ぼした。その地が焼津（現・焼津市）と名付けられた。その後、船団を組んだ東征軍は、今の三浦半島から浦賀水道を渡って房総半島に向かう。ところが海が大荒れとなり、日本武尊の身が危ういと感じた妃の弟橘媛が、身を投げて海の神を鎮めた。無事に海を渡り、東国各地を平定し、武蔵国まで戻ってきた日本武尊は、足柄峠（神奈川・静岡県境）に着いたとき東国を望み、我が身を犠牲にした妃を思い起こして「吾妻はや（我が妻よ）」と三度嘆いた。ここから関東・東国が「あずま」と呼ばれるようになった、とされる。尾張（現・愛知県）まで戻り、伊吹山で悪い神を退治しようとして病を得た日本武尊は、三重までたどり着いたところで息絶えたという。

日本武尊の伝承は、『古事記』と『日本書紀』でも内容がかなり異なる。ギリシャ神話にも似た典型的な英雄神話だとも指摘される。ヤマト政権が武力により支配を拡大していく歴史的な過程を、一人の伝説的な英雄の物語として伝えたものと考えられている。

豆知識

1. 東征からの帰路、濃霧のため道に迷った日本武尊は、現れた八咫烏の道案内のおかげで無事に碓氷峠（長野・群馬県境）の山頂に着いた、との伝承もある。熊野神霊のご加護と感謝した日本武尊は、峠の頂上に熊野神を祀ったとされ、峠には今も熊野神社がある。
2. JR御茶ノ水駅近くの「日本武尊の野営陣地の跡」とされる妻恋神社（文京区湯島）は、日本武尊が足柄峠ではなく碓日嶺（碓氷峠か）から東南を望み、「吾妻はや」と恋い慕ったとの意を取って「妻恋神社」と名付けられたとしている。

7 まち／千代田区

千代田区の面積の約12％を占める千代田区千代田にはかつて江戸城があった。江戸城を中心にして大名や旗本の屋敷が並び、江戸っ子気質の職人たちが住んでいた歴史ある場所だ。江戸城の別名「千代田城」が区の名称の由来になっており、区の花や木、鳥に至るまで江戸城と関わりがある。23区の中でも特に江戸時代の歴史を物語るまちだ。

皇居

千代田区は皇居を囲むように広がり、JR山手線の有楽町駅・東京駅・神田駅・秋葉原駅や、JR中央線の市ケ谷駅・飯田橋駅・水道橋駅・御茶ノ水駅などが含まれる。皇居の所在地は「千代田区千代田」であり、皇居と皇居東外苑を中心とする千代田区千代田の面積は約1.42km²と区の約12％にあたる。

江戸時代に江戸幕府が開かれる以前は、現在の大手町を北端として、日比谷公園や新橋駅に至る「日比谷入江」がのびており、日比谷入江を埋め立てるところから江戸の町づくりは始まった。江戸城の本丸・二の丸・三の丸の一部にあたる皇居は、台地（淀橋台）の東端にあたる。そのため、皇居は埋め立て地の大手町周辺に比べて高い位置にある。皇居の西側には淀橋台が広がり、古代には武蔵国府（現・府中市宮町）へと通じる国府街道がのびていた。当時の名残がある地名として、皇居西部に広がる麹町は江戸における出入り口、つまり「国府路」の町に由来するという説もある。

その後、太平洋戦争によって千代田区の前身であった麹町区と神田区は面積の３分の２が焼け、20万人以上の人口が、わずか３万人に減った。一方で行政や財政における権限は拡大され、対応するために区の規模を大きくする必要が生じ、区の整理統合を行おうとする機運が高まった。1946年、麹町区と神田区の両区の統合に向けて、特に異論もなく「千代田区」の名称が認められた。江戸城の別名「千代田城」にちなんだ名称であり、江戸城を中心に発展してきた歴史を重視して、名称として自然であったことが要因の一つと考えられている。

23区には、「区の花」にサクラを定めている場合が多いが、千代田区にはサクラの名所として名高い「千鳥ヶ淵」があり、サクラは身近な存在として知られる。ちなみに千鳥ヶ淵は、江戸時代には麹町から流れる小川をせき止めて水源を確保するダムのような役割を果たし、江戸城の本丸と西の丸の間を通って日比谷入江に流れ込んでいたとされる。

「区の木」に定められているクロマツも江戸城にゆかりがあり、皇居をはじめとして区内に約6800本が植えられ、皇居外苑のクロマツは「日本の名松100選」に選ばれ、現在も皇居を訪れる多くの人々の目を楽しませている。

豆知識

1. 皇居の水堀に浮かぶハクチョウは「区の鳥」に指定されている。1953年、「白鳥をお濠に放つ会」の寄贈により、ドイツからやってきた24羽のコブハクチョウが皇居に放された。
2. 公道上での喫煙に対して過料を徴収する路上喫煙禁止条例を、日本で初めて施行したのは千代田区である。2002年10月に施行された千代田区生活環境条例が該当する。

8 歴史／大森貝塚

東京都では、港区や文京区などに100以上の貝塚が見つかっている。東京は、東西の地形に段差があり、海水面が高い時代の東部は海底で、西側の海岸沿いに貝塚が集中する。貝塚の分布で、当時の海岸線が推定できるのが興味深い。大森貝塚は品川区と大田区にわたる、縄文時代後期から末期の貝塚だが、考古学において非常に重要な意味がある。アメリカ人動物学者と、ドイツ人外交官が競って調査を進めたため、日本における考古学がめざましく発展したからだ。

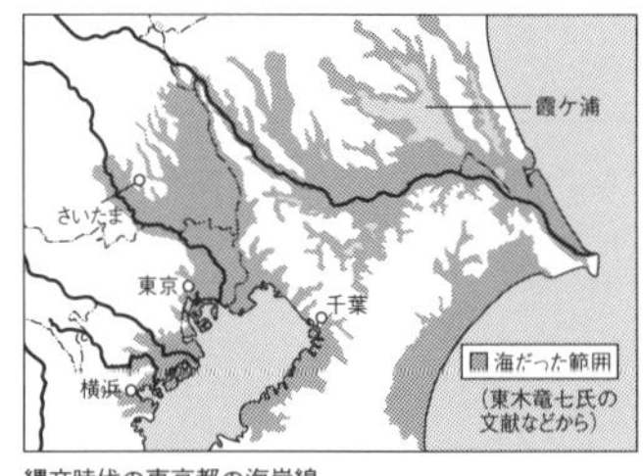

縄文時代の東京都の海岸線

1877年に来日したアメリカ人動物学者のエドワード・シルヴェスター・モース（「エドワード・モース」173ページ参照）が横浜から東京に向かう途中、大森駅そばの崖に貝殻の層を発見し、発掘調査を行った。モースはその調査結果を、“Shell Mounds of Omori” と題する報告書にまとめる。これが日本初の学術的発掘で、この貝塚こそが大森貝塚なのだ。大森貝塚は、日本考古学発祥の地であるばかりではない。フィリップ・フランツ・フォン・シーボルトの次男で、外交官だったハインリヒもまた、大森貝塚の第一発見者を名乗ったからだ。２人は触発し合いながら調査を進め、日本の考古学に大いに寄与した。ハインリヒは大森貝塚についての調査報告を行っていないが、1879年に『考古説略』を日本語で出版し、日本考古学の概要をヨーロッパに紹介している。

大森貝塚は海抜13～14mの台地上にあるが、この地に人々が住み始めたと考えられる紀元前2000年頃は、すぐそばまで海岸線が近づいていた。そばを川が流れており、飲み水や調理用の水も確保できた。食用となるアカガシやマテバシイがとれる広葉樹が生えた、豊かな森もあったので、これらの実も食べていただろう。

遺跡内の高所には、紀元前1800～1500年前頃の竪穴（たてあな）式住居の跡が６棟分見つかっており、形が残っているものは方形で、４～６人が居住していたと考えられる。石斧（せきふ）や石鏃（せきぞく）（石で造られた矢尻）、釣り針や銛頭（もりがしら）などが発掘され、狩猟や漁労で暮らしていたようだ。貝塚からはハマグリやアサリ、スズキやクロダイ、シカやイノシシの骨が見つかっている。採れた貝は食べるだけでなく、装飾品にしたり、割って刃物に加工したりしていたようだ。装飾品はベンケイガイなど大型の貝殻に穴を開けた貝輪で、腕につけた。

縄文時代には大規模な集団戦闘がなく、海や山、大地を畏（おそ）れつつも敬って生きていたとされる。太陽や月、山、川、風、雨、自然現象すべてを神として、自然とともに生きてきた。それだけではなく、資源の管理も行っていたようだ。北区の中里（なかざと）貝塚では、大型の貝だけを選んで採取している。資源を大切に考え、必要以上の漁猟を行わなかったのだ。

豆知識

1. 大森貝塚の発掘を手伝ったヘンリー・フォールズは、出土した土器に指紋が残っているのを見て興味を持ち、指紋には同一のものがなく、終生変わらないことを確認した。これがきっかけで指紋捜査が実用化されたのだ。

9 自然／関東ローム層

関東ローム層は、関東平野の広い範囲を覆っている地層で、火山灰層を主とする。ローム（loam）は粘土の含有量が多い土壌のことで、本来は火山灰土を表す用語ではない。1881年、東京の地質を調査していたドイツ人学者ブラウンスが成因不明のまま、堆積した土の成分をもとに関東ロームと名づけたのだった。ロームは、見た目から「赤土」とも呼ばれる。

関東ローム層の断面図（千葉県屏風ヶ浦）

関東ローム層の火山灰層は、富士山や箱根山、浅間山、上毛三山など、関東周辺の火山からの膨大な噴出物（テフラ）が堆積したものである。関東平野は西からの風が卓越して吹くため、特に富士・箱根系火山帯からの飛来量が多い。富士山・箱根山はどちらも距離が離れているため、堆積物は粒径３mm以下の微小な火山灰が大半である。これにくわえて、遠い阿蘇山や桜島からの火山灰も堆積しており、さらにわずかではあるが、大陸から風で運ばれた黄砂や風塵（ちり・埃）なども堆積している。粒子が小さいと風化しやすく、火山灰に含有されている鉄分も酸化しやすい。ロームの赤っぽい土の色は、鉄分の酸化によるものなのだ。粘土分も多く含んでいるので、水に混ぜるとねばねばする。

関東ローム層は堆積した順に、多摩ローム層（約40万〜13万年前）、下末吉ローム層（約13万〜８万年前）、武蔵野ローム層（約８万〜４万年前）、立川ローム層（約４万〜１万5000年前）に分けられる。ただ、４層すべてが関東全域に分布しているわけではない。古い層しか見られないところも多く、厚さも地域によって３〜20mとまちまちである。これらは火山の大爆発によって、大量の灰が一気に積もったと思われそうだが、実際は掃除をしない部屋の机にうっすら白いほこりが積もっていくように、長い年月をかけて少しずつ積もっていったのである。おおよそ１m堆積するのに、１万年を要する。

わたしたちが歩くアスファルトの道路や盛り土の下、すなわち武蔵野台地の地表面に赤土のロームは見られない。関東ローム層の表層は、クロボク（黒ボク土）と呼ばれる黒土に覆われているからである。クロボクは落ち葉や枯れ草の腐植による有機物を含んだやわらかい土で、日本各地に広く分布している。この黒色有機質土の下にロームの火山灰層があるのだが、火山灰層と火山灰層の間には、黄色っぽい軽石層が形成されている。これも火山の噴出物である。こうした関東ローム層の断面は、上面に薄くチョコを塗った、ストロベリーとショコラミルクのミルフィーユ・ケーキをイメージするとわかりやすいかもしれない。

豆知識

1. レトロな商店街が人気の赤羽（北区）の名は、関東ロームに由来する。ロームの赤土が多い土地だったことから、赤羽はかつて「赤埴」（赤色の土）という名称だった。それが訛って「あかはね（赤羽根）」となり、さらに「根」がとれて、「赤羽」となったのである。

10 物語 ／『万葉集』

「令和」の出典として、一躍脚光を浴びた『万葉集』は日本最古の和歌集で、20巻に4500余首の歌が収められている。天皇や貴族だけでなく、下級の官人や旅の芸人、遊女など、詠み手の身分を限らないのが特徴で、男女が恋の歌を贈りあったり、友人同士が詠み合ったりした「相聞歌（そうもんか）」、死者を悼む「挽歌（ばんか）」の他、どちらにもあてはまらない「雑歌（ぞうか）」で構成されている。万葉集巻第十四には東国（静岡県西部にあたる遠江（とおとうみ）国から関東一帯、陸奥（むつ）国［現・青森県］に至るまで）の歌（東歌（あずまうた））が230首あり、そのうち９首が、現在の東京を含む武蔵国の歌だ。

オケラ

武蔵の国の歌は９首載せられているが、２首は埼玉の歌なので、残り７首の歌と現代語訳を具体的に見ていこう。

多摩川にさらす手作りさらさらになにぞこの子のここだ愛しき
……多摩川にさらす手作りの布（さら）ではないが、なぜこの子を愛しく感じるのだろう。
武蔵野に占部（うらへ）肩焼きまさでにも告らぬ君が名占（うら）に出にけり
……武蔵野で骨焼き占いをしたら、あなたの名前を言わなかったのに、占いに出てしまった。
武蔵野のをぐきが雉（きぎし）立ち別れ去（い）にし宵（よひ）より背（せ）ろに逢はなふよ
……武蔵野の山の峯にいる雉（きじ）が飛び立つように、別れた夜から夫に会っていません。
恋しけば袖（そで）も振らむを武蔵野のうけらが花の色に出なゆめ
……恋しければ袖を振って呼んでください。でも、武蔵野のうけらの花のように密かに。
武蔵野の草はもろ向きかもかくも君がまにまに吾（あ）は寄りにしを
……武蔵野の草があちらこちらを向いているように、あなたの言うなりに私は寄り添います。
我が背子をあどかも言はむ武蔵野のうけらが花の時なきものを
……あの人になんと言えばよいのでしょう。武蔵野のうけらの花のようにいつも思っているのに。
夏麻引く（なつそびく）宇奈比（うなひ）をさして飛ぶ鳥の至らむとぞよが我が下延（したは）へし
……宇奈比川を目指して飛ぶ鳥が到着する場所は、私だろうと内心では思っています。

頻繁に登場する「うけらの花」とは、現代では「オケラ」と呼ばれ、キク科の多年草で、秋に白くて控え目な印象の花をつける。また、武蔵野は東京都と埼玉県にまたがる地域を指す。

東歌は、誰か特定の人物が詠んだものではなく、土地で流行していた民謡だという説もあるが、はっきりしたことはわかっていない。素朴で明るく、健康的なのが特徴だ。他の東国の歌は滑稽（こっけい）だったり、労働や自然などを詠んだりしたものも多いが、武蔵国の歌は恋の歌ばかりだ。万葉の時代にも、東京には恋の花が咲いていたのだ。

豆知識

1. 袖を振るのは、ただ合図を送っているわけではない。万葉集の時代、袖には魂が込められていると考えられていた。つまり「あなたに心が動いています」「愛しています」という意味なのだ。

11 商業と娯楽 ／ 土師器・須恵器

古墳時代（3世紀末～7世紀）の遺跡で数多く発見される土器には、土師器（はじき）と呼ばれる赤褐色のものと、須恵器（すえき）と呼ばれる青灰色のものがある。九州一円から北海道南部までと広い範囲に分布するこれらの土器には、製作された時代や地域によって形や特徴に違いがあることがわかっている。関東地方でも時代ごとに特徴的な土器が発掘されている。

土師器は、弥生時代以来の技術を受け継いで、地面に掘った浅い竪穴（たてあな）などを使い、700～800℃の低温で野焼き（のやき）焼成する素焼きの土器だ。粘土が酸化するために、鉄サビと同じような赤褐色となる。それに対して須恵器は、斜面に掘ったトンネル状の窖窯（あながま）（登り窯）の中で焼かれた土器で、焼成温度は1200～1300℃と高温だ。5世紀頃に朝鮮半島から伝えられた当時最先端の技術で、薪（まき）をくべる焚（た）き口から風を吹き入れて火勢をそそり、炎の特性を利用して土器を置いた焼成部に熱を送る仕組みになっている。密閉性が高いので最後に焚き口を閉じると還元焼成が可能となるため、青灰色の土器となる。

低温で焼かれる土師器は割れやすく保水力に劣る。しかし、野焼きで比較的簡単に焼成できるので、無文の坏（つき）・皿・盤・高坏（たかつき）・壺（つぼ）・甕（かめ）・甑（こしき）といった大量に消費する日用品を生産するのに利用された。須恵器は、硬くて丈夫で保水力にも優れた焼き物だが、ろくろを使っての成形や、窖窯を築くための高度な技術が必要だった。さらに、高温で焼成するので薪を大量に必要とする。そのため、祭器や葬送儀礼の副葬品、高級食器、保存容器などとして使われた。ちなみに、煮炊きに使う甕は土師器の方がよかった。須恵器は直火にかけると割れてしまうからだ。それぞれの特性を生かして併用されていたと考えられている。

ところで、土師器は3、4世紀から平安中期に至るまでの長きにわたって使われたため、時代や地域による特色がわりとはっきりしている。例えば、北関東や東北では「内黒」という器の内側を漆や煤（すす）で黒く塗って保水性を高めたものが出土しており、同じ関東でも南地域の土師器とは製法が異なっている。南関東地方で出土した土師器には、その形状や特徴の違いによって、五領（ごりょう）式土器、和泉（いずみ）式土器、鬼高（おにたか）式土器、真間（まま）式土器、国分（こくぶ）式土器といった編年があり、食器や煮炊きの道具として、長期間日常的に使われていたことがうかがえる。それに対して、朝鮮半島から畿内を経由して伝わった須恵器は関東の窯跡の調査事例が少ないが、そのなかで群馬県太田市の金山では、継続的に須恵器生産を行っていたことが確認されている。しかし、須恵器の窯場が多かった畿内のように、土師器に代わって日用的に使われたのではなく、一種のステータスシンボルとして祭器や特別な用途で使用されていたようだ。現在、群馬県を中心とした北関東で出土する須恵器の形状や特徴から、土師器と同様に編年の研究が進められている。

豆知識

1. 南関東地方の土師器の編年を特定した型式の名前は、標式遺跡の名からつけられた。五領式土器は埼玉県東松山市柏崎五領遺跡から、和泉式土器は東京都狛江市和泉にある集落遺跡から、鬼高式土器は千葉県市川市鬼高1丁目の工場敷地内での発掘から、真間式土器は千葉県市川市真間からの出土品から、国分式土器は千葉県市川市の上総（かずさ）国分僧寺跡にちなんでいる。
2. 中世から近世にかけて使われていた素焼きの土器の「かわらけ」は、土師器の系統につながるため土師質土器とも呼ばれる。公家や武士などの上級官吏の館において、宴（うたげ）や儀式の場での使い捨て食器として、また、灯明皿（とうみょうざら）としても使われていた。

12 暮らしと文化 / 東国の駅路

8世紀になると大和朝廷は、大和(やまと)、山城(やましろ)、摂津(せっつ)、河内(かわち)、和泉(いずみ)の五国を畿内(きない)と定めた。畿とは天皇が直轄する都のことで、都に近い地域を「畿内」と呼ぶ。さらに日本を東海道・東山道・山陽道・山陰道・北陸道・南海道・西海道の7つの地域に分け、五畿七道とした。都には各地の役人がやってくる。古代律令(りつりょう)制において畿内と七道を結ぶ幹線道路を「駅路(うまやじ)」といい、地域と同じ名前で呼ばれた。当初東京は東山道に属していたが、のちに東海道に編入される。

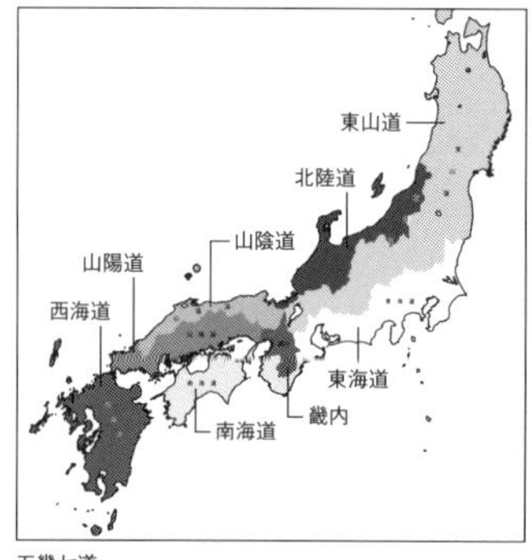

五畿七道

東京、当時の武蔵国は、当初東山道に属していた。近江国・美濃国・飛騨国・信濃国・武蔵国・上野国・下野国と、東日本太平洋側の7カ国が東山道だ。しかし771年には、東海道所属に改められている。東海道は、武蔵国以外は、伊賀国・伊勢国・志摩国・尾張国・三河国・遠江国・駿河国・甲斐国・伊豆国・相模国・安房国・上総国・下総国・常陸国の15カ国。現在の三重・愛知・静岡・山梨・神奈川・東京・埼玉・千葉・茨城に相当する広い範囲で、現代でもたくさんの人が使う新幹線が走るルートとも重なっている。

駅路は畿内と、それぞれ7つの道の国府をつないでおり、大路、中路、小路に分けられていた。大路は山陽道だけで、東山道と東海道は中路、それ以外は小路に分類される。約16キロごとに駅家(うまや)と呼ばれる施設が配置され、駅馬(えきば)や駅子(えきし)が置かれた。地方と畿内を行き来する役人たちは、駅家で駅馬と駅子を借りて次の駅家まで行く。そこでまた新しい駅馬と駅子を借り、前駅の駅子は駅馬を連れて帰った。これが日本古代の「駅伝制」で、走者がたすきを受け継ぎながら走る駅伝競走の由来にもなっている。

駅家を利用できるのは公務出張の官吏だけで、朝廷から支給される駅鈴(えきれい)で公務であると証明した。原則的に、大路の駅家に駅馬は各20頭、中路の駅家は各10頭、小路の駅家に駅馬は各5頭置かれたというから、相当数の官吏が、畿内と地方を往来していたのだろう。

当時の東海道や東山道がどこを走っていたのか厳密にはわからないが、東京都国分寺市泉町では、東山道武蔵路跡の遺構が発掘され、レプリカなども展示されている。

『日本書紀』によれば、東海道の歴史は2000年前までさかのぼる。人皇10代崇神(すじん)天皇は、北陸に大彦命、東海に武渟川別(たけぬなかわわけ)、西海に吉備津彦(きびつひこ)、丹波に丹波道主命(たにわのみちぬしのみこと)を派遣し、従わない者を討つよう命じている。この大彦命・武渟川別・吉備津彦・丹波道主命らを四道将軍と呼び、武渟川別が通った東路が東海道だというのだ。景行(けいこう)天皇の皇子で日本神話きっての英雄である大和武(ヤマトタケル)が、東国の蝦夷(えみし)退治に向かったのもこの道だとする。鎌倉時代には鎌倉幕府と都、江戸時代には江戸幕府と都を結ぶ主要な道となり、宿場町ができて、栄えていく。

豆知識

1. 四道将軍の吉備津彦は、桃太郎のモデルだとされる。鬼は製鉄の技術を持つ温羅(うら)という人物で、埋められた首は吉凶を占って唸(うな)り声をあげたという。

13 人物 ／ 平将門

東京・大手町の超高層ビルの谷間に、ぽっかり開けた空間がある。日本三大怨霊の１人、平将門（？～940）の首を祀ったとされる「将門塚」だ。三井物産などが2020年に付近を再開発したときにも手を付けなかった。武士の最初の反乱とされる将門の乱（939～940）を平安時代に起こし、朝敵として討たれてから１千年余り。非業の死を遂げた武将の名は、多少の恐れとともに今も人々の心に刻まれている。

平将門の首（『源氏続志』）

桓武天皇（737～806）の曾孫の高望王が、平姓を与えられたことで始まる桓武平氏。将門はその孫にあたり、父は鎮守府将軍、伯父たちも中央政府から常陸（現・茨城県）や下総（現・千葉県北部と茨城県南部）など関東諸国の国司に任じられていた。若い頃に一時、摂関家の藤原忠平（880～949）に仕えたが関東に戻り、下総北部の猿島や豊田（いずれも茨城県）を根拠地とした。

しかし、一族で内紛が起き、私闘を繰り返すうちに伯父の平国香を殺してしまう。さらに常陸国で国司に反抗した豪族の藤原玄明と結び、939年に常陸国府軍を打ち負かすと、国司の印である国印と国倉の鍵を奪い取る。下野国府と上総国府も襲い、国司を追放。東国の大半を収め、ついに自らを「新皇」と称した。そして関東諸国をまわり、新しく任じた国司に国印を渡し、王城を下総国の猿島に建設するよう命じたのだ。

天皇家を中心とした貴族政治が続く、平安時代中期の話である。「東国国家」自立に向かう将門の動きに、衝撃を受けた朝廷はこれを反乱とみなし、追討のため征東大将軍を派遣する。その到着前に、将門は国香の子である平貞盛と豪族・藤原秀郷との連合軍と戦い、猿島で敗れて戦死する。以上が、『将門記』に記された将門の乱の経緯だ。わずか数カ月で終わった東国支配だったが、朝廷は地方武士の実力を思い知り、侍として積極的に登用するようになっていった。

「怨霊」伝説が始まるのは、ここからだ。討ち取られた将門の首は平安京に送られ、七条河原でさらされた。だが生首になっても生き続け、空を飛んで下総を目指したが、江戸で力尽きて落ちたところが今の首塚だ、という伝承だ。戦前には、首塚を更地にして旧大蔵省の仮庁舎を建設したら、蔵相が急死したという話が広がる。戦後も、首塚を整地しようとした重機が横転して運転手が死亡した、という話が伝えられた。しかし、『平将門と天慶の乱』で怨霊伝説を検証した歴史家の乃至政彦（1974～）は、蔵相の死は更地にして３年後で、しかも次の大臣だったなどとして「後付けの恐怖話」と見る。そして、将門塚は各地にある「ショウモン塚」と同じで、遊芸の民である唱門師の塚、つまり踊りや猿楽で生計を立てるなか、行き倒れてしまった名もなき唱門師たちの埋葬地だったのではないか、との仮説を唱えている。

豆知識

1. 「将門塚」は2020年に三井物産などが再開発した「Otemachi One」の一画にある。以前は、海外赴任する会社員らが将門の首のように「帰れますように」との願をかけ、カエルの置物を周りに置く風習が見られたが、改修工事に合わせて置物は御茶ノ水駅近くの神田明神に移された。
2. 政変や疫病、無実の罪などで非業の死を遂げた人の霊が災いをもたらすと考える「御霊信仰」は奈良時代から平安時代初期にかけて広まった。天変地異や疫病を怨霊の祟りと考え、霊を鎮めようと御霊神社が各地で造営された。

第2週 第7日(日)

14 まち／中央区

銀座と日本橋がある中央区は、江戸時代に埋め立て地を整備して以降、経済や金融の中心として栄えてきた場所だ。江戸城の城下町として数多くの武士や町人が暮らし、歌舞伎などの町人文化も盛んになる。現在も銀座の三越や、東銀座の歌舞伎座は人々でにぎわっており、中央区は経済・文化の両面で、時代の最先端を歩み続けている。

にぎわいをみせる銀座通り

中央区は区名が示すとおり、東京23区のほぼ中央に位置する。区のほぼ西端にある銀座駅を起点として、東京メトロ銀座線は三越前駅、日比谷線は小伝馬町駅までが中央区であり、都営新宿線の馬喰横山駅、大江戸線の勝どき駅などが区内に含まれる。

江戸時代には、現在の大手町周辺に広がっていた日比谷入江の東側に当たり、「江戸前島」と呼ばれた砂州を埋め立てて、銀座や日本橋は造られた。江戸幕府の城下町として埋め立て造成された中央区域は、大名や旗本らが住んだ武家屋敷や寺社地が大きく占める地区があった。一方で日本橋を中心とする商業地には町人が多く居住し、日本橋に店を構えた呉服店・三井越後屋は、「日本初の百貨店」、日本橋三越本店となった。

江戸時代の名残を残す地名の一つ「八重洲」は、現在の千代田区丸の内あたりに屋敷があったオランダ人商人、ヤン・ヨーステンの和名「耶楊子」に由来するとされる。明治時代に八重洲町が採用されたのち一度消滅するものの、昭和に入り再び「八重洲」と名付けられた。日本を代表する商業地・日本橋兜町は、1873年に実業家・渋沢栄一（1840～1931）によって第一国立銀行が創設され、戦後、東京証券取引所が設立されると「日本のウォール街」と呼ばれて今日に至る。その地名の由来は平安時代にさかのぼり、武将・源義家（1039～1106）が奥州（東北地方）を攻めた際、現在の兜神社（中央区日本橋兜町）付近で海に鎧を沈めて水の神様に願ったところ暴風雨がやみ、帰り道に兜を埋めて神を祀ったという伝説が残る。

中央区は町人文化発祥の地でもあり、江戸歌舞伎は、1624年に中村座の猿若勘三郎が中橋南地（日本橋と京橋の中間）で櫓をあげたことに始まる。さらに市村座が続き、森田座や山村座が上演を公認された。江戸時代中期以後、芝居見物は現在の中央区内の堺町、葺屋町、木挽町の３町に限られたため、４座が集まって江戸っ子らしい気風を育んだ。

明治維新後、江戸は東京と改称され、1871年に東京府が置かれた。1878年の郡区町村編制法の制定によって東京15区が定められると、中央区の前身となる日本橋区と京橋区が設置され、日本橋区には約140、京橋区には約150の町があった。1889年、現在の東京23区の前身にあたる「東京市」が成立（「大東京市」266ページ参照）。昭和時代に入り、戦後の1947年に「中央区」が誕生した。

豆知識

1. 作家・芥川龍之介(1892～1927)は中央区の前身である京橋区の生まれ。夏目漱石の門下となり、『鼻』『羅生門』などの著書を残した。生家の父は、渋沢栄一が興した牛乳販売会社「耕牧舎」を経営していた。

15 歴史 ／ 東京の縄文時代

九州では縄文草創期の集落跡が見つかっているが、縄文時代中期以降の遺跡は関東以東に多いだけでなく、装飾性の高い土器や土偶などが多く発見されており、「東高西低」の文化といわれる。約7300年前に鹿児島にある鬼界カルデラで世界最大規模の噴火が起き、火砕流は薩摩半島にまで達し、火山灰は西日本一帯に厚く積もったので、多くの人々が亡くなり、生き残った者も東へ移動せざるを得なかったのだ。東京あたりにも多くの縄文人が避難してきただろう。

東京で土器が作られるようになるのは、約１万5000年前だ。その頃はまだ最終氷期のまっただなかだが、約１万年前頃から火山活動が少なくなり、気候も温暖化する。旧石器時代の狩猟対象であったナウマンゾウやオオツノジカは絶滅し、シカやイノシシが狩られるようになった。ナウマンゾウは体重４tにも達し、一頭狩れば、50人で分け合っても１カ月食べつなぐことができたと考えられるが、シカやイノシシは村人が分け合えば数日で食べつくしてしまっただろう。食事における山菜やナッツ類の割合が増え、加工のための土器や石器が発明された。また、脚の速いシカやイノシシを狩るために、弓矢も作られている。また、陥穴(おとし)による狩りも行われていたらしく、多摩ニュータウン遺跡の斜面には、無数の陥穴が見つかっている。

北半球の氷床が解けたため、温暖化のピークとなった縄文前期中頃の海水面は現在より３～５m高く、人々は丘陵地や台地で居住していたが、広い範囲で土器が発見されていることから、活動域は狭くなかったことがわかる。縄文時代中期になると気候が安定し、落葉広葉樹や照葉樹の森が栄え、木の実も多く手に入るようになった。動物や魚もたくさん捕れ、生活環境は豊かになっていく。多摩ニュータウン遺跡からは、ムラも発掘されている。最大規模のNo.72遺跡からは、中期後半の住居跡が275軒発見された。しかし、すべてが同じ時期に建てられたものではないので、住人の数がどれほどだったかはわからない。ムラからは中部地方の黒曜石や、北陸地方のヒスイなどが発掘されており、遠方のムラとの交流も盛んだったらしいことがわかる。また、土偶や石棒など、祭りに使われたと考えられる道具も発見されており、精神的生活も豊かだったようだ。

縄文時代の後期になると、石を並べて造られた配石遺構などが発見される他、祭りに使われたらしい道具がさらに増える。海水面が下がり、平野部が姿を現すにともない、人々は平野へと生活域を広げた。中部高地ではこの頃から豆類の栽培を始めていた遺跡も発見されており、東京でも植物の栽培が始まっていたかもしれない。東京では弥生時代の開始とともに稲作が始まったわけではないが、中期になると本格的な稲作農耕が始められた。

豆知識

1. 縄文人の食生活は豊かで、砕いたナッツ類をじねんじょでこねて焼いたいわゆる縄文クッキーの他、肉を焼いたり、濡(ぬ)らした大型の葉っぱで何重にも包んで蒸し焼きにしたりしていたと考えられている。
2. 東京都埋蔵文化財センターの隣には多摩ニュータウン遺跡の一部を復元した「縄文の村」がある。当時の植生も再現されているので、訪問して縄文人気分を味わうのも楽しそうだ。

16 自然／海洋

東京都は、世界有数の「海洋都市」という顔も持つ。日本の国土面積は約38万 km^2で、世界約200の国・地域のうち、およそ60番目である。しかし、周囲を海に囲まれているため、日本の領海及び排他的経済水域（EEZ）の面積は世界第６位。体積に及んでは世界第４位である。内閣府も国土交通省も、わたしたち国民も鼻をふくらませたくなる、この広大な排他的経済水域の約４割に接しているのが、東京都である。

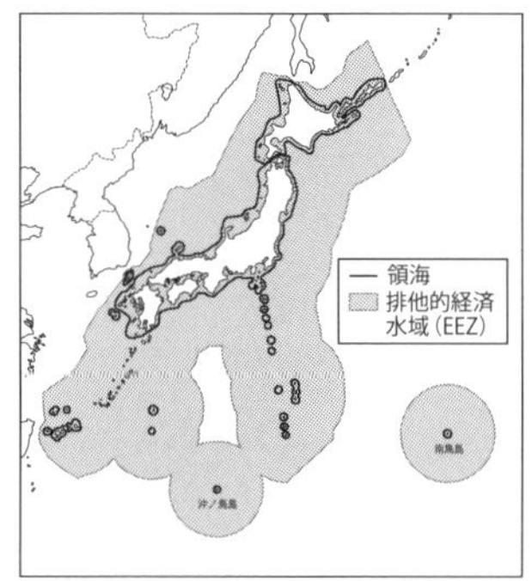

日本の領海・排他的経済水域の範囲

1970年代、日本を含む世界各国は海洋法に関する国際連合条約を批准し、沿岸から12海里を領海、200海里を排他的経済水域（EEZ）に設定した。地球表面上で緯度１分に相当する長さが１海里であり、メートルに換算すれば１海里は1852mである。排他的経済水域とは、沿岸国が優先的に水産資源や地下資源を開発・利用できる水域のことをいう。これによって漁船が自由に操業できる海域が大幅に縮小されたため、日本の遠洋漁業は大きな痛手を受けた。その一方、日本は沿岸から約370kmもの広大な排他的経済水域を確保したのだ。

地図をご覧の通り、本州から遠い離島の周囲200海里も、排他的経済水域に含まれる。日本最東端の南鳥島と最南端の沖ノ鳥島が東京都に属しているため、接する水域の広さに関してだけは、「海洋都市」東京都は他道府県の追随を許さない。ただし、海洋の安全確保や海難救助、他国の領海侵犯への対応などは、国土交通省の外局である海上保安庁が担っている。

南鳥島はかつて日本人が居住した歴史があり、いまも海上自衛隊と気象庁の職員が在住している。一方、沖ノ鳥島は北小島（きたこじま）と東小島（ひがしこじま）から成るが、どちらも満潮時には海面に数十センチ突き出るだけで、人間が居住できるスペースなどはない。このため、中国や韓国は沖ノ鳥島を日本の領土と認めながらも、「岩」にすぎず、周辺の排他的経済水域は認められないと主張してきた。国連海洋法条約は「島とは、自然に形成された陸地であって、水に囲まれ、高潮時においても水面上にあるものをいう」と定義している。続けて、「人間の居住又は独自の経済的生活を維持することのできない岩は、排他的経済水域又は大陸棚を有しない」とも定めている。

そこで日本政府は、波の浸食による「島」の消滅を防ぐため、1987年からブロック消波堤を築く護岸工事を始めた。東京都もこれらの費用の一部を負担している。さらにその後、コンクリート製の護岸を建設し、耐久性・耐腐食性に優れたチタン製の防護網も設置した。ここまでの総建設費は約300億円、年間維持費も約２億円と推定されている。2005年には、当時の石原慎太郎（いしはらしんたろう）都知事が上陸し、沖ノ鳥島が「島」であることを内外にアピールした。それでも、まだグレーなのだろう。さらに2011年には、岸壁と船舶停泊施設の建設費用として、総額750億円が政府予算に計上された。

豆知識

1. 沖ノ鳥島の周辺海域での漁業支援や周辺海域の資源調査などは、東京都（産業労働局）が担っている。

17 物語 ／『更級日記』菅原孝標女

『更級日記』は平安時代の日記文学で、著者は菅原孝標女（1008～？）である。成立したのは1060年頃だと考えられる。才人・菅原道真の6世孫にあたるだけあって歌の才能もあり、『勅撰和歌集』に14首選ばれている。後朱雀天皇の皇女である祐子内親王に仕え、平安中期の貴族・橘俊通と結婚した。父の孝標が上総介と常陸介を歴任したため、少女時代は上総国（現・千葉県中部）で過ごしており、『更級日記』の中にも武蔵国が登場する。

平安時代の貴族は、妻問婚が常だった。男性が女性を見初めると、相手の女性の家柄などを調べて釣り合いがとれれば恋文を書く。見初めるといっても女性が男性の前に姿を現すことはないから、御簾越し、あるいは垣根越しに「垣間見」て、美しいかそうでないかを判断する。当然「勘違い」もあっただろう。女性がその気になれば返事の文を書き、会う日を決めて、男性が訪ねてくる。そして同じ男性が３回訪ねてきたら、三日目の夜に餅がふるまわれる。これを「三日夜の餅」といい、婿取りの儀式が完了する。だから身分相応の相手と結婚するのが普通で、身分違いの男女が結ばれるのは、ごく例外的なことだったのだ。

『更級日記』に登場する「竹芝寺の伝説」はまさに「身分を超えた恋」の物語で、菅原孝標女が上総国から京都に帰る途中、土地の人から聞いた話だったらしい。「武蔵国は紫草の産地だと聞いていたのに、蘆や萩ばかり」と、そのときに見た景色を描写している。

それでは竹芝寺の伝説をざっと説明しよう。昔、武蔵国の男が衛士として朝廷に仕えていた。衛士とは国ごとに献上された兵士で、都の太極殿などを守るのが役目だ。あるとき、「苦しいなぁ。私の故郷では、酒壺に掛けた瓢箪の柄杓が、南風が吹けば北になびき、北風が吹けば南になびき、西風が吹けば東になびき、東風が吹けば西になびく、まことにのどかな光景が見られたのになぁ」とつぶやくのを、皇女が耳にする。世間知らずで無邪気な皇女は御簾を上げて、「その瓢を見せておくれ」と男に頼むのだが、帝がそんなことを許すはずがない。男が断っても「仔細があるのじゃ。どうか連れていっておくれ」と頼むので、「これも前世からの因縁だろう」と覚悟を決め、皇女を背負って武蔵国へ下る。途中瀬田の唐橋（現・滋賀県大津市）を外して追手の足を止めたので、帝の使いが男の家に着いたのは、３カ月も後だった。その間に姫は武蔵国での暮らしに愛着が湧いたのだろう。使いを呼び出して、「これもめぐり合わせです。この地は住み心地がよく、この国に子孫を残すのは前世からの因縁なのでしょう」と、都に戻ることを拒んだ。それを聞いた帝は、「姫を都に取り返すことはできないだろう。それではその男に武蔵国を預けて租税や労役を免除し、姫宮も預けよう」とおっしゃったので、男は立派な家を造って姫を住まわせる。２人が亡くなると、この家は竹芝寺となったという。

竹芝寺は現在の港区にある済海寺とされる。身分違いの２人が運命に導かれて結ばれる物語に、平安貴族はロマンを感じたのだろうか。

豆知識

1. 平安時代の貴族女性は、名前が伝わらない。「名は体を表す」の通り、名を知られることはすべてを預けることだったから、夫にしか明かさなかったのだ。

18 商業と娯楽 ／ 麻

意外かもしれないが、明治以前の日本人がもっともよく着た衣料の素材は麻である。木綿の普及は江戸時代になってからで、衣類はもちろん網や袋などの生活資材まで、日用の布製品の多くは大麻や苧（イラクサ科の落葉性多年草）で作られていた（二つを合わせて苧麻と呼ぶ）。古代から中世を通じて、関東は麻の一大特産地になり、その後木綿が普及してからも、着物の柄（「麻の葉」文様など）として江戸っ子に愛された。

戦国時代から江戸時代にかけて生きた武家の女性の聞き書きで『おあむ物語』という史料がある。そのなかで、おあむは13歳の頃に着るものは「手作のはなぞめの帷子一つあるよりほかは、なかりし」と語っている。手製の帷子のほかに着るものがなかったというのだ。それを17歳になるまで着たのでスネが出て困り、せめてスネが隠れるほどの帷子が1枚欲しかったという。帷子とは苧麻製の単の着物のことである。夏だけでなく、おあむは麻の単衣を年がら年中、育ち盛りの4、5年の間、着たきり雀で通したわけだ。300石の知行（領地）を持つ侍の娘だったのに、である。戦国末から江戸初期にかけては日本人の衣生活の転換点でもあった。苧麻は、木綿に比べて原料植物の栽培から紡績・織布に至るまで、全体に工程が分業化されておらず、自給性が強いうえに非常に手間がかかった。そのため、帷子1枚手に入れるのにも苦労したのである。

苧麻は日本各地で栽培されていたが、古代・中世を通じて、苧麻・布（苧麻の織物）の生産は東日本や北陸地方が中心地帯となっていた。『延喜式』（平安時代中期に編纂された律令の施行細則）では、交易雑物として記録された「布」の量は、常陸（現・茨城県）で1万3000端、武蔵（現・東京、埼玉、神奈川の一部）1万1100端、上総（現・千葉県中部）1万1420端、下総（現・千葉県北部と茨城県南西部）1万1050端と、他の諸国に比べてかなり多い。現在、栃木県鹿沼市が精麻（麻の茎からとれる皮を薄く引いて乾燥させたもの。「野州麻」のブランドで知られる）の主産地となっているのもこうした歴史があるからだろう。

ところで、江戸時代の武士の平服・礼服で、後には百姓・町人も式日に着用するようになった裃は、同色同質の生地の肩衣と袴のセットだが、主に糊を利かせた麻の単仕立てが普通だった。原材料の麻は東国に主な産地があったが、高級麻織物の産地としては、奈良、越後、高宮（現・滋賀県彦根市）などが有名だった。諸国の物産の一大消費地である江戸では、網や芯縄などの資材には主に近郊の麻生産地のものが、高級織物は上方の産地のものが流通した。

豆知識

1. 保温性に欠ける麻布の着物は、夏はともかく冬は寒い。『東遊雑記』（1788、古川古松軒著）によると、秋田から津軽にかけての農民は、木綿は着ておらず、冬でも麻布の刺子を3枚も重ね着して寒さを凌いでいたようだ。また、麻衣を袷にして、間に「苧屑」（苧を糸にするときに出る外皮やその他の屑）や蒲の穂の綿を入れて保温を図ることもあった。
2. 「浴衣」といえば、いまは木綿で仕立てた単衣だが、もとは「湯帷子」と呼ばれ、麻の単衣で、湯浴みの際に着用されるものだった。やがて入浴後に着るものとなり、江戸時代には祭礼用の衣装をはじめ、夏の間の室内着や散歩着、道中着になっていき、素材も麻から木綿に変わっていった。ちなみに、局部を覆う肌着の褌も、初期は麻製だった。

19 暮らしと文化／五街道

政治経済の中心が都にあった時代には、畿内と七道を結ぶ駅路（うまやじ）が栄えたが、幕府のある江戸が中心になると、五街道が発達する。江戸の日本橋と京都三条大橋を結ぶ東海道、日本橋から日光まで延びる日光街道、日本橋から陸奥白河に至る奥州街道、日本橋から草津までの中山道、そして日本橋を出発し、下諏訪で中山道に合流する甲州街道だ。家康の時代に整備が始まり、２代将軍・秀忠（1579〜1632）の時代には基幹街道に定められた。

「東海道五十三次 日本橋朝之景」歌川広重

五街道にも駅伝制とよく似た制度がとられた。宿駅制度と呼ばれるもので、駅、あるいは宿場と呼ばれる集落を置いて人足と伝馬を配置し、休泊施設を提供した。公務の旅行者や武士などが人足や伝馬を利用できる。将軍や老中などが発行する証文を持ち、そこに定められた数まで無料で使用できた。それを超えると自費だから、無駄な利用はされなかっただろう。

街道の駅宿を詳しく見ていくと、日光街道は日本橋を起点として、武蔵国、下総国、下野国を経て、日光坊中に至る二十一次。奥州街道は日本橋から宇都宮宿までは日光街道と重複する。その後下野国と磐城国を通過して、白河宿に至る二十七次だ。中山道は日本橋を出発して、武蔵国、上野国、信濃国、美濃国、近江国を経て、草津までの六十七次。甲州街道は日本橋から武蔵国、相模国、甲斐国、信濃国を経て、下諏訪で中山道に合流する四十五次。もっとも栄えた東海道は、日本橋から武蔵国（品川、神奈川など）、相模国６宿（藤沢、小田原、箱根など）、伊豆国の三島宿、駿河国の12宿（沼津、府中、藤枝など）、遠江国の９宿（掛川、浜松など）、三河国７宿（藤川、岡崎など）尾張国の鳴海、宮宿、伊勢国７宿（桑名、関など）、近江国の土山、石部宿を経由して草津に至る五十三次だ。

各街道には関所が設けられ、江戸に入ってくる武器を取り締まり、参勤交代制度で人質として江戸に居住する大名の妻子が江戸から逃亡しないように監視されていた。いわゆる「入り鉄砲・出女（でおんな）」だ。本陣、脇本陣は大名や公用の幕府役人が利用する宿泊施設で、門や玄関が立派にしつらえられた。東京には千住宿、板橋宿、内藤新宿、品川宿が存在した。千住宿は日光街道や奥州街道において日本橋を出て最初の宿場で、千住大橋の両岸に設けられた。千住大橋は隅田川に最初にかけられた橋で、現在の千住大橋より上流にあったようだ。板橋宿は中山道における一つ目の宿場町。石神井川にかけられた橋の名が語源だ。内藤新宿は甲州街道で最初の宿場だ。往時は色町としてもにぎわっていた。品川宿は東海道を旅する人が初めに通る宿場で、港町でもある。江戸幕府は公認した場所以外での遊女商売を取り締まったが、宿場町には飯盛女や茶屋女がおり、遊女としても働いた。公認ではない色町を岡場所と呼ぶが、江戸の宿場町は旅人以外の江戸庶民も集まる場所だったようだ。

草津などは本陣が残る宿場町だ。他の宿場町にも見学可能な当時の施設があるので、古い時代を偲（しの）んで訪ねるのも楽しいだろう。

豆知識

1. **東海道五十三次は、歌川広重が浮世絵木版画を作った他、十返舎一九（じっぺんしゃいっく）が『東海道中膝栗毛』を著すなど、様々な文学芸術の舞台となってきた。**

20 人物／秩父氏

平安時代末期に興り、鎌倉時代にかけて武蔵国を支配した中世武士団のなかで最大勢力だったのが、秩父氏の一族だ。地縁や血縁で結ばれ、やがて畠山氏、河越氏、江戸氏ら多くの支流に分かれていった。「秩父党」とも呼ばれる武蔵のこの一族が源頼朝（1147〜1199）を支える側に回ったことで、東国を拠点とする武家政権の「鎌倉幕府」が成立したと考えられている。

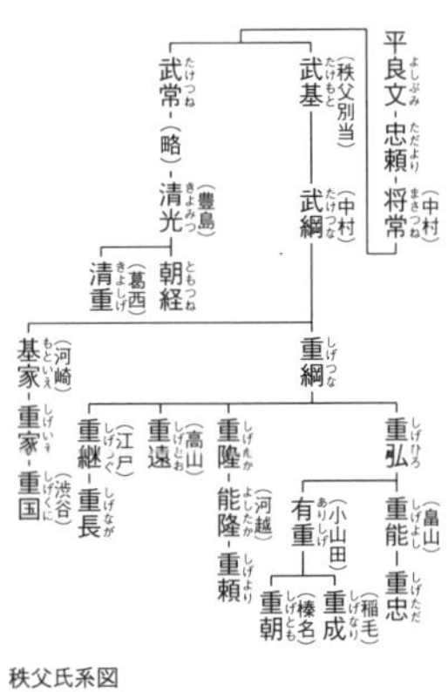

秩父氏系図

今の東京都、埼玉県と神奈川県の一部を含む武蔵国は、西方に急峻な山地を抱え、東南にかけて広く関東平野が開けていく地形が特徴だ。当時、開発はまだ進んでいなかったが、土地は肥沃で可能性に満ち、とりわけ馬の放牧に適していた。良馬を産し、騎馬弓射の技を磨く条件にも恵まれていたことが、武蔵で武士団が発達した一因と考えられている。

そんな武蔵国で秩父郡中村郷（現・秩父市）に本拠を置き、秩父盆地一帯を開いたのが平将常だった。桓武平氏の流れをくみ、「秩父氏」を称した始まりと伝えられる。子の秩父武基は秩父牧（現・秩父盆地北部）の別当（長官）となり、その子の武綱は秩父十郎と称して源義家（1039〜1106）に従い、軍功を立てた。さらにその子の秩父重綱が武蔵国内の武士を統率する「留守所惣検校職」に任ぜられると、以降は代々、秩父氏の惣領家がその職を継いだとされる。秩父氏一族は荒川流域を中心に武蔵野一帯に展開し、畠山、河越、長野、稲毛、小山田、江戸など有力な諸氏に分かれていった。

このうち一族の惣領的立場だった畠山重忠、江戸重長、河越重頼は、平治の乱（1159年）のあと伊豆に流されていた源頼朝が1180年、平氏政権に反抗して挙兵した当初、これに敵対する姿勢を見せた。平氏方の大庭景親に呼応して石橋山の戦場に向かい、頼朝方の三浦一族と激戦を交えている。頼朝はこの石橋山の戦いで敗れ、いったん安房国（現・千葉県南部）に逃げたが、すぐに上総（現・千葉県中部）・下総両国の大軍勢を集めると、再び武蔵国へと進む。そこに立ちふさがったのが江戸重長だ。しかし、頼朝と通じていた秩父氏一族の傍流、葛西清重が説得に乗り出し、ついに重長は隅田川東岸の頼朝のもとに参じると、浮橋を組んで頼朝軍を武蔵国に迎え入れた。武蔵国府に入った頼朝は、国務の代行権限を重長に与えた。翌日、鎌倉に入ったときには、名誉ある先陣を畠山に務めさせたという。こうしたエピソードは、秩父氏一族を頼朝がいかに重視し、優遇したかを示すものとして受け止められている。秩父氏一族の態度が明らかになったことで、武蔵七党など他の中小武士団もほぼ例外なく、頼朝の御家人となっていった。

豆知識

1. 秩父氏一族など武蔵国に展開した武士団が当時、馬に乗って盛んに行き来したのが「大道」と呼ばれた後の鎌倉街道で、上道、中道、下道などがあった。とりわけ鎌倉から笛吹峠を通って信濃国に向かう上道は、鎌倉時代には善光寺参りの道として多くの人に利用された。

21 まち／港区

青山、六本木、白金高輪、麻布など、高級住宅地のイメージが強い港区。以上のエリアは港区の西部にあたり、東京湾に面した東部とは異なる景観を成している。現在は国道15号線と国道246号線に名前を変えたものの、江戸時代には東海道と厚木街道が通った要地である。区の木や花の選び方に独自性があり、国際性を重視してきた港区の特徴が表れている。

六本木のけやき坂

港区の東部にはJR山手線・京浜急行線が南北にのび、品川駅・高輪ゲートウェイ駅・田町駅・浜松町駅・新橋駅が含まれ、東京湾に面した低地および芝浦海浜の埋め立て地から成っている。西部には東京メトロ表参道駅や麻布十番駅などがあり、六本木や白金台などの高台地は秩父山麓に端を発する武蔵野台地の末端で、起伏に富んだ地形である。港区の中央部には、西から東に流れる古川（金杉川）流域に平地部が広がる。

港区域にはかつて２つの街道が通り、一つは江戸時代の主要な街道であった東海道だ。新橋から芝を通り高輪に抜ける国道15号線（第一京浜国道）である。国道15号の泉岳寺交差点近くには、江戸の治安維持のために1710年に築かれた石垣が残る。この石垣は、江戸の出入り口に当たり「大木戸」と呼ばれ、旅人で大いににぎわった。江戸時代の地理学者・伊能忠敬（1745〜1818）が、日本地図作成のために行った測量の起点が大木戸であり、明治初年に西側の石垣は取り払われ、現在は東側の石垣だけが残されている。

もう一つの街道は、赤坂見附から青山を通り渋谷に抜ける青山通り（国道246号線）で、古くは厚木街道（大山道）と呼ばれ、江戸と相模国（現・神奈川県）を結ぶ重要な街道であった。

港区が誕生したのは1947年３月15日、それまでの芝区・麻布区・赤坂区が統合されて港区となった。この統合にあたり、新たな区名として「城東区」と「東港区」が候補となり、東京港の発展に新区の成長を願うという意味を込め「東港区」を選定した。しかし、「東京都東港区」では音が重なるとの意見から「港区」に改められた。

東京港を意識した区名にふさわしく、「区の木・花」には国際的なゆかりがあるハナミズキとアジサイ、バラが指定されている。ハナミズキは東京市からワシントン市に贈ったサクラの返礼として国際交流の橋わたしをした。アジサイは関東地方に古くから自生し、ドイツ人医師・シーボルト（1796〜1866）が愛妻のお滝に贈ったことにちなみ、学名に「オタクサ」とつけられた国際色豊かな花である。バラの多くは外国から渡来し、1887年には芝公園に「バラ園」が造られたという記録がある。港区は、今も昔も人々を結び付ける役割を果たしている。

豆知識

1. 南麻布にある韓国大使館の周辺には、仙台藩の麻布下屋敷が設けられていた。現在は邸宅が建ち並ぶ閑静な住宅街となり、当時を偲ぶものは見当たらないが、屋敷に隣接していた坂道が「仙台坂」として名を留めている。
2. 国立科学博物館附属自然教育園（港区白金台）は、敷地面積約６万坪におよぶ広大な緑地だ。中世に豪族の館から始まったとされ、江戸時代には高松藩主・松平頼重（「水戸黄門」こと水戸光圀の兄）の下屋敷、明治時代には陸海軍の火薬庫であった。

22 歴史 ／ 弥生土器の発見

縄文土器の名は、土器の表面に縄目文様がつけられていることによる。それではなぜ、次の時代に作られた土器は弥生土器と呼ぶのだろう。３月（弥生）に多く作られたからではない。最初の弥生土器が発見されたのが、本郷区向ヶ岡弥生町（現・東京都文京区弥生）だからだ。弥生土器は縄文土器より高温で焼かれているため、薄くても硬く、色合いも明るい。実用的でシンプルな形で、櫛やへらで描かれたような文様が施されているものが多い。

弥生土器が発見されたのは、1884年３月２日のこと。東京帝国大学理科大学の研究生だった坪井正五郎（1863～1913）と白井光太郎（1863～1932）、そして工科大学学生の有坂鉊蔵（1868～1941）が、向ヶ岡貝塚で発掘調査をしていたとき、頸部より上を失ってはいるが、胴部の欠けがほとんどない状態の弥生土器を発掘した。この成果は1889年、『東洋学芸誌』に報告されたが、その後の都市化により、向ヶ岡貝塚がどこにあったのかわからなくなってしまった。1974年に東京大学構内浅野地区（弥生キャンパスと浅野キャンパスの間）の発掘調査が行われ、向ヶ岡貝塚に関する報告の記述にある二筋の断面がＶ字型の環濠と貝殻の層、そして弥生土器が発見されたため、この地が弥生土器を発見した遺跡である可能性が高いとされ、「弥生二丁目遺跡」として国の史跡に指定されている。

最初に発見された弥生土器は、胴部はほぼ完全な形を保っており、丸く膨らんだ枇杷のような形の壺だ。興味深いのは、縁部分の肩に縄目を利用した文様がつけられていることだろう。関東地方から出土する弥生土器は、弥生時代晩期になっても縄文がつけられていることがある。かつて、弥生人は縄文人のムラを侵略し、支配したという説もあったが、それならば、弥生人が土器に縄文をつける理由はない。現在では、縄文人と弥生人の間に大規模な戦闘があった証拠は見つかっておらず、比較的平和に共存できたとの考えが主流となっている。関東にやってきた弥生人たちは力や武器による支配ではなく、縄文人に新しい文化を伝えながらも共生し、縄文文化を後世にまで伝えたのかもしれない。

弥生土器には甕、壺、鉢、高坏などがある。甕は現在の鍋のように口縁部と胴部の太さがあまり変わらない土器で、煮炊きに使ったようだ。壺は頸が締まっており、種もみや食料などを貯蔵するのに使われた。鉢や高坏は盛り付け具や食器として利用された。多くが実用的な形をしており、装飾が少なく、機能美がある。縄文土器は過剰ともいえる装飾や文様があり、呪術的な意味合いも感じ取れるため、祭祀的な利用も考えられているが、弥生土器はもっぱら実用に使われたのだろう。

豆知識

1. 粘土に籾や米粒などが混じったまま焼成されたり、ネズミや犬の爪や歯の跡が残っていたりする土器も見つかっており、当時の土器生活の様子がいきいきと伝わってくる。

23 自然 ／ 東京湾の生物

高度経済成長期、東京湾には大量の工場廃水・生活排水が垂れ流され続けた。経済成長が優先され、汚染対策は二の次だったのである。海から生き物が消え、1970年代初めには東京湾は「死の海」と呼ばれるようになった。しかしその後、官民の連携による環境浄化の取り組みが進み、近年は東京湾に様々な生き物が見られるようになった。

水の神を祀（まつ）る利田（かがた）神社（品川区）の境内には、三角形の鯨塚（くじらづか）が立っている。1798年、江戸湾に体長約16.5mもの巨大クジラが出没し、江戸じゅうが大騒ぎとなった。その「寛政の鯨」の供養碑である。海の汚染と無縁だった江戸時代でも、内湾にクジラがやってくるのは珍しいことだったのだ。それから220年後の2018年６月、東京湾で「寛政の鯨」に匹敵する巨大なザトウクジラが目撃され、東京湾アクアラインの「海ほたる」の近くだったこともあり、大きな話題になった。しかし、近年の東京湾で大型種の出没はめずらしいことではない。湾に仕掛けられた定置網には、セミクジラやミンククジラ、さらにはジンベイザメもかかっているという。クジラが増えた背景には、国際的な捕鯨制限（国際捕鯨取締条約）による個体数の回復もあるが、魚がたくさんいなければ内湾にまで入ってくることはない。定置網にかかった大型種はエサの魚を追って、かつての「死の海」に突入してきたのである。

現在、東京湾で確認されている魚は約700種。これほど魚種が豊富な湾は世界中に類をみない。江戸前寿司（「江戸前寿司」94ページ参照）に欠かせないコハダやアナゴ、タコなどにくわえ、回遊魚のアジやサバ、凶暴なホホジロザメ、愛らしい顔が人気のスナメリ、体重２tを超えるウシマンボウなどもやってくるようだ。また、沖縄料理に欠かせないグルクン（タカサゴ）も、数こそ少ないものの魚網にかかるという。さらに東京湾の入り口（千葉県館山（たてやま）市の沖合）では、熱帯の海にしか生息しないサンゴの一種ミドリイシの群落も発見されている。これらは、東京湾の水質以上に、水温上昇をもたらした地球温暖化の影響が大きいのだろう。

東京湾の海は本当にきれいになったのか。ほどよい汚れ（有機物）が混じった海水のほうが栄養価が高く、そのため多くの魚が集まっているという見方もある。外洋からきたブリなども、内湾で栄養をつけているため脂のノリがよいという漁師もいる。水の汚染度の指標COD（化学的酸素要求量）を比べるとどうだろう。CODとは微生物が有機物を分解するのに消費した酸素量のことで、数値が高いほど汚染度も高い。海洋環境専門家で『都会の里海 東京湾』の著者・木村尚（きむらたかし）氏によると、東京湾に流入した水のCODは30年間で半分まで減ったようだ。ただし、これは河川などからの流入分の数値であり、東京湾の海域の数値はほとんど変わりないという。環境改善の取り組みにより、多くの魚が棲（す）める海にはなったが、東京湾の漁獲量はピーク時（1960年）の１割程度だともいう。生態系完全回復までの道のりは険しい。木村氏は水質改善の成果を認めつつも、「東京湾に残されている傷跡は想像を超えて深い」と楽観論に釘を刺す。

豆知識

1. 「寛政の鯨」は、江戸三大動物事件の一つ。他は、８代将軍・吉宗がベトナムから呼び寄せたアジア像（享保の象）と見世物興行師が輸入したヒトコブラクダのつがい（文化の駱駝（らくだ））といわれる。

24 物語／『伊勢物語』

『伊勢物語』にも武蔵国が登場する。通称「東下り」と呼ばれる物語だ。『伊勢物語』の作者は不詳だが、主人公のモデルとされる在原業平（825〜880）は、平城天皇の孫で、母も桓武天皇の皇女である伊都内親王だから、高貴な血筋に生まれている。政治的理由で臣民の身分となるが、『日本三代実録』という歴史書に歌の才能があり、美男子と書かれているから、女性にもてただろう。『伊勢物語』に収められた物語の多くは「むかし、男ありけり」から始まり、「男」の恋愛物語が中心だ。

「在原業平（伊勢物語の八ツ橋の図）」歌川国貞

主人公の「男」は、「私なんてなんの役にも立たない」と思い込み、友人たちと東国へ向かう。三河国の八橋のほとり（現・愛知県知立市八橋町）で食事をし、駿河国では顔見知りの修験者と出会って、都にいる恋人に手紙を書いて預けたことが語られる。武蔵国と下総国の境にある隅田川にたどり着くと、川のほとりに座り、「遠くへ来たなぁ」と寂しい思いでいた。渡し守が「日が暮れてしまうから、川を渡るなら早く舟に乗ってください」と急かすのだが、都に残した愛しい人のことを思うと、舟に乗るのがなんとなしに悲しく感じられる。そのとき、体が白くてくちばしと脚が赤く、鴫くらいの大きさの鳥が水の上で遊びながら魚を捕ったのを見て、「あれはなんという鳥だろう」と渡し守に訪ねると、「都鳥です」と答えた。このときに「男」が詠んだ歌は、教科書などで見かけたことがあるかもしれない。

名にし負はばいざ言問はむ都鳥わが思ふ人はありやなしやと

「都の名をつけられた鳥よ、教えておくれ。私の愛しく思う人は、元気でいるだろうか」と問う歌で、これを聞いた人たちはみな泣いたという。

それにしてもなぜ「男」は「私なんて役に立たない」と思ったのだろう。実はこれに先立ち、男は、のちに清和天皇の女御となり、皇太后にまでのぼりつめた藤原高子と禁断の恋の末、引き裂かれている。二人はもともと恋仲だったが、高子は未来の皇后候補。高子の兄たちは、男が忍んでくる築地に見張りを置き、通わせないようにしてしまった。そこで男は一大決心をし、高子を盗み出してしまう。芥川を渡るとき、草の上に光る露を見て「あれは真珠かしら」と尋ねるのがいじらしく感じられる。雨が降ってきたので人のいない倉に高子を入れて、男は入り口で見張りをしていたが、倉の闇から鬼が出て、女を一口に食べてしまった。もちろん、本当に鬼が出たわけではない。鬼とは高子の兄たちのことで、結局二人は見つかって、高子を取り戻されてしまったのだ。男は、

白玉かなにぞと人の問ひしとき露とこたへて消えなましものを

つまり、「あれは真珠かしら」とあの人が問うたとき、「露だよ」と答えて私も露のように消えてしまえばよかったという意味の歌を詠んで悔しがったという。東下りの段で男が都に残してきた愛しい人とは、高子だったのだろうか。

豆知識

1. 在原業平は、『源氏物語』の光源氏のモデルの一人ともされている。光源氏は東宮の女御として入内予定の朧月夜と禁断の恋に落ち、須磨（現・兵庫県神戸市）に退去して明石の上と出会った。

25 商業と娯楽 ／ 木綿

木綿は本来熱帯を原産地とする植物で、日本に入ったのは早くても13世紀初頭以降のことだ。15世紀後半には国内産の木綿が登場するが、生産量はわずかで非常な高級品だった。16世紀以降には関東地方でも生産が盛んになり、江戸の経済を支える重要な商品の一つとなっていった。

「名所江戸百景 大てんま町木綿店」
歌川広重

江戸時代には、三河木綿、松坂木綿、摂津木綿などが有名だったが、これらの産地はすでに戦国時代から綿作が盛んだった。その他にも16世紀以降には、東北を除く全国で綿が栽培されるようになるが、下野（現・栃木県）の真岡をはじめ、関東地方でも綿作が行われるようになった。

木綿が大消費地江戸の庶民の衣料をまかなう素材となるためには、綿の生産量の増加はもちろん、栽培した綿を収穫し、糸に紡いで布を織り、加工して、それを商品として流通する仕組みが整えられなければならない。農家の女性の副業として機織りが盛んに行われるようになると、それを集めて売りさばく木綿問屋が登場する。江戸日本橋近くの大伝馬町には、木綿問屋が軒を連ねて賑わいを見せていた。松坂商人をはじめ、伊勢地方を本拠とする店が多かったという。やがて、18世紀に入ると、問屋制家内工業の機屋が生まれ、19世紀前半には工場制手工業の綿織物業に発展する。また、木綿は菜種や藍などとともに、江戸時代の商品作物を代表するものでもあった。

さて、木綿が人々に好まれたのは、それまでの麻の衣装に比べて、柔らかな肌触りと暖かさ、そして、その発色の良さからだった。扱いやすく、耐久性・吸湿性にも優れていたため、瞬く間に広まったのである。衣料としての用途は広く、小袖（いまの「きもの」の原型）や帯はもちろん、羽織・袴、紋付、合羽、半纏などの上着に用いられた他、襦袢や褌といった肌着にも用いられた。

色が染まりやすい木綿の布には様々な柄が染められたり、先染めの糸で複雑な文様を織ったりと、その柄や意匠もどんどん豊かになって、流行も生まれた。江戸時代初期には、大柄で派手なものが好まれたが、度重なる改革の奢侈禁止令で派手な衣装を禁じられたこともあり、江戸後期になると、小さな柄や裾模様、縞や格子、小紋など、細かい部分で繊細さを競うような、江戸っ子好みの渋い色柄が多く見られるようになる。喜多川歌麿の浮世絵に描かれた女性の衣装のような渋い絣文様などは粋の極みとして喜ばれた。

豆知識

1. 戦国時代、木綿の主な用途は、衣料は衣料でも兵衣だった。そのほか、鉄砲の火縄、陣幕、幟、旗、陣羽織、馬衣、さらには船の帆などの素材としても需要は高まり、急速に国内の綿作が広まっていったのである。
2. 木綿は織り方や加工の違いで様々な風合いのものが作られた。例えば、縞木綿、紬 木綿、魚子、緞子、縮、晒木綿などである。

26 暮らしと文化 ／ 浅草寺

浅草寺の寺伝によると、その歴史は飛鳥時代にさかのぼる。宮戸川（現・隅田川）のほとりに檜前浜成と竹成という兄弟が住んでいた。二人が投網漁をすると、網の中に何かの像が入っていた。仏像を知らなかった兄弟は興味を持たずに捨てるが、場所を変えても網を投げるたび同じ像がかかる。不思議に思って土地を治めていた土師中知に見せたところ、聖観世音菩薩の像だとわかった。そこでこの地域の子どもたちが草でお堂を造り、仏像を祀ったのが浅草寺の始まりだという。

浅草寺の仏像を見つけた檜前浜成と竹成は、渡来人だろう。檜前忌寸は、渡来系氏族である東漢氏の末裔にあたる氏族の総称で、日本に土木建築や織物の技術を伝えた。『日本書紀』によれば、土師氏は殉死の風習を止めるために埴輪を発明した野見宿禰の子孫。畿内の古墳造営や、葬送儀礼に関わった氏族だ。浅草観音の霊験譚は、新宿の始まりとも関わりがある。室町時代、中野村（現・新宿）に鈴木九郎という男が妻とともに流れ着いた。彼の先祖は源義経に忠義を尽くし死んだので、すっかり落ちぶれていたが、ある日育てた馬を売りに出る際、浅草観音に詣でて、「どうか良い値で売れますように。売れたお金に交じっている大観通宝はすべて差し上げます」と祈った。その結果思ったよりずっと高く売れたのだが、代金がすべて大観通宝で支払われたので、これも何かの縁なのだろうと浅草寺にすべて奉納してしまう。心配して迎えに来た妻は、一文無しで帰ってきた九郎を優しく迎えるが、ふと見ると家の方がまぶしく輝いている。火事かとあわてて駆け戻ると家の中には黄金が満ちていたという。この後九郎は熊野神社の神様を祀って修験者となった。こうして中野村は栄え、現代の新宿につながる。

有名な雷門の歴史は平安時代にまで遡る。平将門の乱牽制に活躍した平公雅は安房守（安房国の太守）となるが、武蔵国の太守になりたいと浅草寺に願を掛けた。それが叶ったので、伽藍や門を寄進したのだ。鎌倉時代に造営された鶴岡八幡宮でも浅草の宮大工が活躍したという。江戸時代になると徳川家康の祈願所にも定められ、浅草寺は繁栄した。しかし、徳川家光は天海僧正に深く帰依し、彼が開いた寛永寺を重要視する。当時浅草寺と寛永寺はともに天台宗の寺院だったこともあり、５代目の綱吉の時代、徳川家と浅草寺は袂を分かった。本尊の観音像は絶対的な秘仏で、1834〜1836年の間に刊行された『江戸名所図会』にも、「古より秘仏」と書かれている。

浅草寺に伝わるのは明るい伝説ばかりではない。江戸時代の怪談集『宿直草』には不気味な怪談も残されている。都人が江戸の女と恋仲になり、浅草寺で夜を明かすと娘の姿が消えていた。嘆いていると眉毛の真っ白な翁がやってきて「何を泣いているのか」と問うたので、事情を話すと、「あなたが探しているのはあれか」と指をさす。見ると大木の枝に、二つに裂かれた娘の死骸が掛かっていたというのである。老人はかき消すようにいなくなっていたというから、魔の正体はこの老人だろう。浅草寺には、何かしら恐ろしいものが巣食う気配もあったのかもしれない。寺は聖地であると同時に、死の気配色濃い場所なのだ。

豆知識

1. **浅草といえば雷門だが、「風雷神門」が正式な名称。向かって左の間に雷神が、右の間に風神が安置されており、参詣客に睨みをきかせている。**

27 人物／江戸氏

「江戸氏」を名乗る一族が現れたのは12世紀前半、平安時代末期の頃だった。武蔵国で最大の武士団に成長した秩父氏一族から出た重継が、平野部の海に近い江戸郷に進出し、「江戸四郎」を名乗ったのが江戸氏の始まりとされる。一帯を望む武蔵野台地の東端に江戸氏は居館を築いた。それが後の江戸城、今の皇居の起源となった。

江戸重長像（東京都世田谷区）

北武蔵一帯に強大な勢力を持つようになった秩父氏一族の重綱は、武士を統率する「武蔵国留守所惣検校職」に任ぜられ、武蔵東南部の入間郡へと進出する。その第四子、重継が12世紀前半、さらに海に近い荏原郡桜田郷の東南端、江戸郷（江戸庄）と呼ばれるあたりに進んで本拠とし、江戸氏を名乗り始めたとされる。

当時、今の日比谷あたりは入江で、西は武蔵野台地の東端、東は江戸前島が湾に突き出ていた（「江戸前島」92ページ参照）。重継が本拠とした江戸郷は、今の皇居から永田町、霞が関あたりだったと見られている。「江戸」という言葉の起源には諸説あるが、水戸や平戸と同じで、江（川や海が陸に入り込んでいる部分）の戸（入り口）という意味だったのではないかと考えられている。

その江戸重継の長男が、江戸太郎重長だ。源頼朝が1180年、平氏政権に対抗して挙兵したとき、重長は平氏側に立って参戦した。緒戦で完敗した頼朝が海路、安房国に逃げ、軍勢を立て直して下総から進んで来たときも、当初は頼朝の懐柔策に応じず、隅田川で武蔵入国を阻止する構えを見せた。頼朝の大軍勢が下総でじりじりと10日余りを過ごすほど、勢力を誇っていた様子がうかがえるという。しかし、最終的には頼朝に帰順して「長井の渡」で隅田川を渡らせて軍勢を迎え入れ、翌日には早速、「武蔵国諸雑事」を処理する権限を頼朝から与えられる。頼朝の御家人となって重用され、武蔵国の武士の棟梁（親分）ともいわれる存在になっていく。

その江戸氏が居館を設けた場所が、後の江戸城本丸台地だと考えられている。300年後、そのあたりに太田道灌（1432～1486）が江戸城を築城した。さらに150年後、徳川家康（1542～1616）が城を大幅に整備拡張し、今の皇居へとつながっていく。

頼朝の死後、妻・政子の父で、実権を握った北条時政（1138～1215）が武蔵支配を強め、1205年に秩父氏一族の惣領家、畠山重忠（1164～1205）を滅ぼすと、その家督を引き継いだ江戸氏は結果的に所領を拡大した。子孫は今の渋谷、飯倉（港区）、六郷（大田区）、丸子（大田区）などに進出し、「渋谷七郎」「飯倉六郎」などと名乗って自立していく。しかし、江戸氏の惣領家は14世紀、関東支配を強める鎌倉府への不満を爆発させた武蔵武士の乱に加わり、平定されて没落した。

豆知識

1. 頼朝が伊豆で挙兵したとき、これに呼応した三浦一族を衣笠城に攻めて陥落させたのが江戸重長や畠山重忠だった。遺恨を持つ三浦一族に対し、頼朝は寛容と同意を求めたうえで、江戸や畠山ら秩父氏一族の参陣を認めた。
2. 二俣川の合戦（1205年）によって北条時政に滅ぼされた畠山重忠は、母親が江戸重継の娘だったという説もある。

28 まち ／ 新宿区

日本屈指の繁華街である新宿は、甲州街道に開設された宿場が名前の由来とされ、現在では国道20号線やJR中央線が西にのび、交通の要衝の役割を果たしている。江戸時代の旗本たちが馬術の訓練をした高田馬場、明治から大正にかけてにぎわった神楽坂など、時代によって場所も内容も変わるものの、にぎわい続けてきたのが新宿区の特徴である。

新宿駅周辺の繁華街

新宿区のほぼ南西端に位置する新宿駅を起点として、JR中央線が区界を示すように北東へとのび、信濃町駅・四ツ谷駅が新宿区に含まれる。JR山手線は新宿駅のほか新大久保駅と高田馬場駅が区内にあり、早稲田大学や専門学校など、各種の学校が立地する高田馬場駅周辺は、明治初期まで一面の雑草地で、江戸時代には旗本たちの馬術の練習の場であった。

江戸時代に整備された五街道の一つ甲州街道は、日本橋を起点として甲府（現・山梨県甲府市）にのびる街道で、甲府から中山道の下諏訪（現・長野県諏訪郡）まで続いていた。日本橋から最初の宿場である高井戸までの距離が長いため、日本橋と高井戸の中間に宿場の設置が認められた。この宿場は、譜代大名・内藤氏が江戸幕府に返上した屋敷地に置かれた「新しい宿」との意味から「内藤新宿」と呼ばれ、新宿の地名の起こりとなる。内藤氏が高遠藩主であった縁が、新宿区と長野県高遠町（現・長野県伊那市）の友好都市提携のきっかけとなった。

明治後期から大正時代に繁華街としてにぎわったのが神楽坂であり、「山手銀座」と呼ばれていた。現在も待ち合わせ場所として利用される善国寺毘沙門天は、民衆の信仰が厚く、神楽坂が門前町（神社や寺の門前につくられた町）として栄えた由縁となっている。坂の多い町並みが神楽坂の特色であり、細い路地を入ると黒板塀が続き、多くの文化人のゆかりの地でもある風情が味わえる。

1878年に四谷区と牛込区が東京15区として誕生。一方、豊多摩郡の一部であった淀橋町・大久保町・戸塚町・落合町は市街化が進み、1932年に4町が併合して淀橋区（現在の西新宿周辺）となった。この地で創業した「淀橋のカメラ屋」が現在のヨドバシカメラである。

昭和なかばの新宿駅周辺は百貨店、映画館、劇場、カフェーなどがひしめき、神楽坂や四谷に代わる繁華街に成長していた。しかし1945年、東京大空襲によって新宿駅周辺や神楽坂、四谷、高田馬場など、現新宿区の大部分が焼失。戦前は約40万人あった人口も、終戦時には約7万8000人と減少してしまった。

1947年3月15日、四谷区・牛込区・淀橋区の統合により「新宿区」として発足。歴史的な由来のほか、新宿御苑や新宿駅が全国的にも有名であることが、区名を決定する要因となった。

豆知識

1. 高田馬場駅周辺では、将軍が鷹狩りをし、旗本が馬術に励んだ。8代将軍・徳川吉宗（1684～1751）が子の疱瘡（天然痘）平癒を祈願して奉納したことが始まりとする流鏑馬が「高田馬場流鏑馬」（新宿区指定無形民俗文化財）として残る。
2. 牛込は、「牛が多く集まる」という意味があり、数多くの牛が放牧されたとされる。戦国時代には大胡氏がこの地で牛込氏を名乗った。居城は袋町一帯の高台にあり、牛込氏の墓は現在も宗参寺（新宿区弁天町）にある。

29 歴史／東京の古墳

古墳時代は日本オリジナルの墳墓である前方後円墳の登場とともに始まる。前方後円墳は3世紀半ばに登場し、日本国家の基礎となったヤマト政権が勢力を持ち始めた時期とほぼ同時期に造られ始めており、ヤマト政権の有力者の墳墓、あるいはヤマト政権に組み込まれた地方の豪族の長が、ステイタスシンボルとして築造を許されたと考えられている。東京では、前方後円墳の数が多いとは言えないが、墳丘長107m超の亀甲山（かめのこやま）古墳（東京都大田区）や、前方後円墳を変形させた帆立貝（ほたてがい）式の、野毛大塚（のげおおつか）古墳（東京都世田谷区）などがある。

野毛大塚古墳

平成28年度の文化庁の調査によれば、東京都には古墳や横穴が714基もあり、公園の片隅に鳥居が見えると思ったら、実は古墳であったということも珍しくはない。例えば代官山の猿楽（さるがく）神社は、6～7世紀の円墳・猿楽塚を祀（まつ）っている。また、渋沢栄一旧邸の遺構があることで知られる飛鳥山公園（東京都北区）にも飛鳥山1号墳があり、墳丘の上部に登れるようになっている。

大型の古墳が並ぶ野毛大塚古墳群は5世紀半ばから6世紀に築造されたもので、最大の野毛大塚古墳は5世紀半ばの築造だと考えられている。形は帆立貝式古墳。これは前方後円墳を変形させたもので、円墳に低く小さな方形の張り出しがついたものだ。上空からは帆立の貝殻のように見えるので、この名がある。全長は82mで、周囲の濠（ほり）も合わせると全長104m。埋葬施設が後円部に4基あり、甲冑（かっちゅう）や、鉄剣や直刀（ちょくとう）といった刀剣の他、中国の後漢代初期に流行した銅鏡の内行花文鏡（ないこうかもんきょう）、玉類、石製の模造品などが副葬品として発見されている。また、鶏や壺（つぼ）、家、盾などの形をした埴輪（はにわ）も出土していて、当時先端の技術を集めて築造されたことがわかる。このことからヤマト政権との関わりが深いと考えられ、東京ではもっとも有名な古墳の一つだ。円墳部分の高さは11mで、階段が整備されている。副葬品が出土した場所には発見当時の位置がわかる表示もあり、被葬者がどのような人物だったのか、想像させられる。

野毛大塚古墳群と並ぶ規模で、交代するように古墳築造が進行したのが、冒頭の亀甲山古墳を含む田園調布古墳群だ。野毛大塚古墳群と田園調布古墳群の二つを総称して荏原台（えばらだい）古墳群と呼ぶ。50余基の古墳からなり、4世紀前半に築造された宝来山（ほうらいさん）古墳が最初の一基と考えられている。4世紀後半に築造された亀甲山古墳は墳丘長が107m以上あり、田園調布古墳群で最長だ。野毛大塚古墳群はこれより少し遅れて、5世紀の初め頃から築造が始まっている。この頃は田園調布古墳群で新たな古墳築造はなく、5世紀末にはまた田園調布古墳群で古墳が造営されるようになる。大田区の多摩川台公園古墳展示室では、荏原台古墳群の古墳分布地図や、出土品を見学できる。横穴式石室を持つ前方後円墳の一部がレプリカで再現されているので、東京の古墳について学ぶにはうってつけの施設だろう。

豆知識

1. 文化庁が発表した「平成28年度 周知の埋蔵文化財包蔵地数」によれば、古墳がもっとも多いのは兵庫県で、1万8851基もある。東京都は31位で714基だ。

30 自然 ／ 東京の干潟

海と陸はどちらも大きな恵みをもたらす。「満潮時は海、干潮時は陸」という、自然界の「二刀流」が干潟（ひがた）である。もっともメジャーな「二刀流」は九州西部の有明海だろう。ムツゴロウの生息地としても知られる有明海の干満の潮位差は約６m、全国一である。規模や潮位差では有明海に及ばないものの、東京湾にも世界に認められた自然界の「二刀流」がある。

葛西臨海公園の人口干潟（東京都江戸川区）

国際的な湿地保護条約「ラムサール条約」（正式名は「特に水鳥の生息地として国際的に重要な湿地に関する条約」）には、国内52カ所の湿地が登録されている（2021年時点）。東京湾にもラムサール条約の登録湿地が２カ所あり、どちらも都心から１時間もかからない。一つは湾の最奥部に広がる谷津干潟（千葉県習志野市）で、シギやチドリの飛来地として知られる。もう一つは、2018年に登録された葛西海浜公園（江戸川区臨海町）である。

葛西海浜公園はマグロが泳ぐ水族園が有名で、都内唯一の公共海水浴場としても都民に親しまれてきた。海浜公園の南に、弓形の東西二つのなぎさがある。ただし、どちらも埋め立てによって造られた人工干潟で、野鳥保護区の東なぎさは人が立ち入ることはできない。この東なぎさの南側に、自然の干潟「三枚洲（さんまいす）（葛西三枚州）」が広がっている。総面積は約367ha、潮が引くと約２km先まで湿地の姿を現す。干潟は「生命のゆりかご」ともいわれる。三枚州には、スズガモ、マガモ、カイツブリなど毎年２万羽が飛来し、クロツラヘラサギやコアジサシなど絶滅危惧種も姿を見せる。東京湾には、ほかにも三番瀬や盤洲（ばんす）干潟（ともに千葉県）など、三枚州より広い干潟が残っているが、現時点ではラムサール条約には登録されていない。葛西海浜公園の「二刀流」は、どのようにして世界に認められるようになったのか。

戦後から高度経済成長期にかけて東京湾の干潟は埋め立てられ、葛西の海でも「江戸前」名産の海苔（のり）や貝はとれなくなった。江戸川と荒川の汽水域（淡水と海水がまじりあう領域）という立地にかかわらず、野鳥も底生生物（ウニやヒトデなど海底に生息する生物）も姿を消した。これに地元の漁師や野鳥愛好家が危機感を持ち、昔の海を取り戻そうと行政に働きかけたのである。産業型公害全盛の1972年、都は葛西沖埋め立て計画（葛西沖再開発事業）をスタートさせた。しかし、従来の産業優先の埋め立て計画ではなく、下水処理場の設置や緑地整備を主眼とするなど、自然環境を優先したものだった。葛西海浜公園はこの再開発事業の看板プロジェクトとなった。こうして、オープンの1989年から30年という年月を経て、葛西海浜公園の「二刀流」も世界に認められたのである。葛西海浜公園のラムサール条約登録は、次世代に豊かな自然を残そうとした地域住民と行政（都・区）の取り組みの結実だといえるだろう。

豆知識

1. 多摩川の河口（東京都大田区〜神奈川県川崎市）にも、自然の干潟が残されている。ヨシ（アシ）などの群落地、ヤマトシジミの生息地として知られるが、東京国際（羽田）空港に通じる架橋の建設などによって規模は縮小している。

31 物語 ／ 能『隅田川』

隅田川は、新興都市の江戸では数少ない古来より知られた名所の一つだ（「隅田川」106ページ参照）。それは『伊勢物語』九段「東下り」の「名にし負はばいざ言問はむ都鳥わが思ふ人はありやなしやと」の一節や、能『隅田川』などによる。その物語世界に取材した歌舞伎・人形浄瑠璃・舞踊、また、長唄や清元、常磐津などの音曲も数多く作られ、「隅田川物」と呼ばれるジャンルを形成した。

観世元雅（1400？～1432）作の能・『隅田川』のもとになったのは、梅若丸とその母の悲劇「梅若伝説」である。京の貴族の子・梅若丸は、人買いにさらわれ連れ回された末に、隅田川のほとりで病死する。そこに居合わせた高僧が供養のために柳の木を植えて塚を築いた。梅若丸の一周忌、息子を求めてたどり着いた母親が塚の前で念仏を唱えると、そこに梅若丸の亡霊が現れ、悲しみの対面を果たした、という伝説だ。ちなみにこの梅若塚は現在、墨田区堤通にある木母寺内に再現されている。春の隅田川を舞台に愛しい息子を狂おしく捜し求める母と不幸な最期を遂げた息子との情愛を描いて悲劇のまま終わるこの能は、ハッピーエンドに終わることの多い四番目物の狂女物としてはあまり例を見ない。近代劇的な手法で書かれた名作といわれる所以だ。ちなみに四番目物とは、五番立ての演能の４番目に演じられる能のことで、他の分類に入らないものが全て含まれるため「雑能」とも呼ばれる。主人公（シテ）は狂女・武士・怨霊など広範囲にわたり、曲の性格も多種に及ぶ。

そのストーリーはこうである。陽春の隅田川川岸で渡守が客を待っていると一人の狂女が乗船を懇願する。渡守はおもしろく狂ってみせるなら舟に乗せてやろうと狂女との問答をする。彼女は京の住人で、人買いに連れ去られた一人息子の行方を捜し求めて隅田川の渡し場までたどり着いたのだ。『伊勢物語』の都鳥の一節を語りながら、発作的に狂って乗船をせがむのを哀れみ、渡守は舟に乗せる。岸を離れた舟の中で、渡守は折しも対岸で行われている大念仏の子細を語る。去年の今日３月15日、12、３歳ほどの男の子が人買いに連れられ奥州へ下る途中、病にかかり隅田川の岸辺に打ち捨てられた。彼は都の北白川の吉田某の一人息子で、死んだらここに塚を築いて埋め、墓の印に柳の木を植えてほしいと言って息を引き取った。その話を聞いた狂女はわが子のことと悟り泣き崩れる。やがて舟が対岸に着き、渡守に助けられて塚の前で夜念仏を唱える狂女の眼前に、愛しいわが子梅若丸の亡霊が幻のように現れる。抱きしめようとする手を滑り抜けたその姿は夜明けとともに消え、草むした塚が残るばかりだった。

現実に子どもを失った親にとっても、逆に母親を早く亡くした人にも、子ゆえに狂う母の姿は身につまされ涙を誘うものだ。舞踊や音曲では、その母親の悲しみを切々と表現した作品が多い。歌舞伎や人形浄瑠璃では、『隅田川』を踏まえつつ同じく狂女物の『班女』にみる吉田少将と花子を軸として、吉田家のお家騒動を背景に梅若・松若の兄弟や人買い惣太が活躍するドラマチックで複雑な構成の作品として展開した。

豆知識

1. 隅田川物と呼ばれる歌舞伎作品は江戸で生まれたものが多い。「法界坊」（『隅田川続俤』）、「忍ぶの惣太」（『都鳥廓白波』）、さらに「清玄桜姫」（『隅田川花御所染』や『桜姫東文章』）にもリンクしていく（「　」内は通称、『　』は正式名）。
2. 『隅田川』はオペラにもなっている。1956年に来日したイギリスの作曲家ベンジャミン・ブリテンは、その際に観賞した能『隅田川』に感銘を受け、これを基に教会上演用オペラ「Curlew River（カーリュー・リバー）」を作曲した。

32 商業と娯楽／金貨・銀貨・銭貨

江戸で流通していたのは３種類の貨幣だ。大判・小判・一分金などの金貨、丁銀や豆板銀などの銀貨、寛永通宝や天保通宝などの銅貨である。これを三貨といった。銅貨は銭と呼ばれ、寛永通宝は１枚が１文、天保通宝は１枚が100文だった。

金貨は１両小判を基本通貨とする計数貨幣である。１両の半分の二分金、その半分の一分金、さらに一分の半分の二朱金、その半分の一朱金というように、四進法でカウントされた。それに対して、銀貨は重さで通用する秤量貨幣だ。単位は貫と匁で、１貫目は1000匁で約3750gだった。金貨と銀貨の換算レートは、江戸時代初期には銀50匁で金１両だったが、そのうちに金高が進んで、1700年頃には金１両＝銀60匁の公式レートが定められた。1772年になると、銀貨８枚で小判１両に相当する良質の南鐐二朱銀が鋳造され、初めての便利な計数貨幣の銀貨としてよく流通するようになる。

銅貨は江戸時代初期に寛永通宝が鋳造されるまでは、永楽通宝などの中国銭が使われていたが、品質が一定していないために流通に不便だった。そこで、1636年、江戸と近江坂本（現・滋賀県大津市）で新銭の鋳造を開始し、翌年からは水戸、仙台、備前、長門などの諸藩にも同じ品質で銭を鋳造させた。これが寛永通宝である。その後、諸藩での鋳造は禁止されて、幕府が一手に鋳造するようになる。銭の単位は文だが、銭10文を１疋という慣行もあった。1842年頃までの公式レートは金１両＝銭４貫文で、銭１貫文は名目上１文銭1000枚に相当するが、実質は960枚だった。

こうした三貨制度により、金貨と銀貨、あるいは金貨・銀貨と銅貨（銭）を交換する両替商が必要とされた。江戸では金貨、上方では銀貨が主に流通していたため、両者間の商取引の決済には金貨と銀貨の交換比率が問題となる。幕府は公式レートを定めてはいたが、実際には交換比率は変動した。そのため、資力のある両替商は相場を見ながら貨幣の交換を行い、為替や貸付などの金融業務も行うようになった。

ところで、小判１両は今のいくらに相当するのだろう？　この質問に日本銀行金融研究所貨幣博物館では、大変難しい問題としながら、一つの目安として、18世紀においては、米の価格で換算すると約６万円、大工の賃金で換算すると約35万円としている。また、米価から計算した金１両の価値は、江戸初期で10万円前後、中～後期で４万～６万円、幕末で4000～１万円ほどだとしている。

豆知識

1. 銀座の地名は、銀貨の鋳造・発行所である「銀座」にちなむ。はじめ駿府に置かれていた銀座を1612年、この地に移したためにその名が残った。江戸時代の銀座は他に京都、大坂、長崎にも置かれていたが、1800年の不正事件のために４座とも廃止され、その後江戸のみ再興された。銀座の極印・包封は大黒常是家が世襲した。極印とは、品質保証または公許であることを表すために押された印のことだ。
2. 小判は「金座」で鋳造され、幕府御金改役・後藤庄三郎の極印が押された。小判を含めた金貨の品質は、時代とともに変化している。幕府が最初に発行した慶長金銀がもっとも良質で、元禄時代（1688～1704）の改鋳で悪化、正徳期（1711～1716）に元の品質に戻されたが、その後は改鋳の度ごとに品質は悪化していった。

33 暮らしと文化 ／ 東京の東照宮

東照宮の総本宮といえば日光東照宮（栃木県日光市）だが、東京にも２社存在する。上野東照宮と芝東照宮だ。上野東照宮は徳川家康本人の命令により、藤堂高虎（1556〜1630）の屋敷地に建立された。芝東照宮はもともと増上寺の管轄地で、明治の神仏分離令で独立した神社となった。現在、上野東照宮は上野公園の中に、芝東照宮は芝公園の内にあり、多くの人たちでにぎわっている。

寛永寺の五重塔（東京都台東区）

上野東照宮の建立が決まったのは1616年２月４日のこと。死期の迫った家康の枕元に、特に大切にしていた側近の天海僧正（1536？〜1643）と藤堂高虎が呼ばれ、３人の魂が同じ場所で末永く鎮まることのできる場所を作ってほしいと遺言された。そこで、藤堂高虎の屋敷地であった上野公園の一部に、東叡山寛永寺を開山。多くの伽藍や子院がきらびやかに建立された。上野東照宮はそのうちの一つだ。寛永寺を開山したのは天海僧正で、資主は３代将軍・徳川家光。江戸天台宗の拠点となる大寺院にする構想だったという。山号の「東叡山」は「東の比叡山」を意味し、徳川家の菩提寺に定められた。墓地には徳川15代将軍のうち、家綱、綱吉、吉宗、家治、家斉、家定が葬られている。上野恩賜公園内の西郷隆盛銅像近くにある清水観音堂や、東京国立博物館のそばにある旧本坊表門の他、徳川家の将軍が眠る厳有院霊廟勅額門や常憲院霊廟勅額門などが国の重要文化財に指定されている。

芝東照宮のある増上寺も徳川家の菩提寺で、徳川家15代将軍のうち、秀忠、家宣、家継、家重、家慶、家茂が葬られた。1590年に家康が江戸入府した際、増上寺の前を通りがかり12世の源誉存応上人と出会い、深く帰依するようになったのだという。家康は還暦を迎えた1601年に、等身大の家康像を彫らせている。生前に作られた肖像を「寿像」と呼ぶのだが、成功者が自らの胸像を造らせるようなものだろうか。家康は死の間際、自らの寿像を祀る社殿を増上寺に建立するよう遺言している。この伝説が本当なら、芝東照宮の御神体である家康坐像は、家康本人をモデルにしたことになる。坐像を見るに、四角い顔、細い目、がっしりした鼻と口の持ち主だったようだ。高さは101.2cmだから、当時の人としてはやや大柄といえるのではないだろうか。増上寺はもともと日比谷にあったが、江戸城の拡張工事が行われたときに現在地へ移動した。また、芝東照宮が「安国殿」とも呼ばれるのは、家康の法名である「安国院殿徳蓮社崇誉道和大居士」による。

寛永寺が開山した当初は、徳川家の菩提寺は増上寺だとみなされていた。しかし、天海に深く帰依していた３代将軍・家光は、自らの葬儀を寛永寺で執り行わせた。さらに、後に続く家綱、綱吉もここに葬られたので、寛永寺も菩提寺となったのである。

豆知識

1. 日光東照宮の眠り猫を彫ったとされる左甚五郎は、観音堂を造営する人足の数をそろえるため、藁人形に命を吹き込んだという伝説を持つ名工だ。造営終了後、藁人形は河童になったという。

34 人物／太田道灌

室町時代の武将、太田道灌（1432〜1486）は、たった１年で江戸城を築き、戦上手の名将として知られた。和歌にも優れ、文化人との交流も深く、主家のため骨身を惜しまず働いた。だが、その豊かな才能が仇となったのか、尽くしてきたはずの主君に裏切られ、謀殺されてしまう。戦国の世の「悲劇の名将」として歴史に名を刻まれた一人だ。

太田道灌像（神奈川県伊勢原市）

室町幕府は、関東に地方機関である鎌倉府を置き、トップの鎌倉公方に関東８カ国と伊豆・甲斐などの支配を任せた。その補佐役が関東管領で、南北朝以降は足利家の姻戚である上杉家が世襲した。上杉家は数家に分かれ、1415年以降は本流の山内上杉家が関東管領を独占したが、支流で鎌倉・扇谷に拠点を構える扇谷上杉家も次第に力をつけ、「両上杉」と呼ばれる存在になっていく。

この扇谷上杉家で、当主代行まで務める家宰（筆頭家老）となったのが太田道灌だ。幼名は鶴千代。幼い頃から学問に励み、非凡な才能が広く知られた。1456年に父から家督を譲られて以降、扇谷上杉家の２代に長く家宰として仕えていく。その最初の大仕事が、1457年の江戸城築城だった。

関東は当時、1454年に始まった「享徳の乱」により、利根川を挟んで勢力二分の状況だった。鎌倉公方は関東管領との不仲から鎌倉を追われ、下総古河に拠を移して古河公方と呼ばれていた。上杉家に反感を抱く関東諸将を集め、武蔵国に拠点の騎西城（埼玉県加須市）を構える古河公方陣営。これに対し、関東管領陣営は防御拠点を築く必要に迫られて、河越城と江戸城を築くことになったと見られている。その頃、相模国の守護職を務めていた扇谷上杉家は武蔵国南部にも勢力を展開しており、家宰の道灌が江戸城築城を任されたわけだ。場所は平安末期以来の名族、江戸氏の館跡があった土地だったが、当時の江戸城は遺構も絵図も残されておらず、詳細はわかっていない。

歌人としても名高く、漢詩文の素養があった道灌は、戦い上手でもあった。騎馬武者による一騎打ちではなく、農兵を組織的に動かす「足軽戦法」を採用していたからだ、とする説がある。1477年、関東管領陣営の上杉勢力を二分する「長尾景春の乱」が勃発し、上杉家が窮地に陥った際にも、道灌の活躍により乱は鎮圧され、古河公方との対立も和睦により解消された。

ただ、出る杭が打たれるのは世の常。1486年、道灌は長く仕えてきた扇谷上杉家の相模にある拠点、糟屋館に招かれ、主君・定正の命により殺害される。享年55。有能で人望もあった道灌の謀反を主君が恐れたからなのかどうか、理由はわかっていない。

豆知識

1. 糟谷館で道灌は、風呂から出てきたところを斬りつけられ、倒れざまに「当方滅亡」と叫んだと伝えられる。「扇谷上杉家は滅亡する」という意味だった。その言葉通り、すぐに両上杉家の間で抗争が起き、やがて北条家に滅ぼされることとなった。
2. 江戸城は現在は皇居の一部となっており、周囲のお濠の中に「下道灌濠」の名が残っている。

35 まち ／ 文京区

「学問の府」として名づけられた文京区。江戸時代から教育機関が置かれ、現在でも東京大学を筆頭に教育機関が集まり、数多くの文人が暮らしてきた。文京区にゆかりのある歴史にこだわって他都市との提携を結んでいる点にも、区としての誇りが感じられる。

東京大学の赤門

文京区役所の最寄り駅、春日駅（後楽園駅）を起点として、南北にのびる都営三田線の水道橋駅から千石駅、東西に走る東京メトロ丸ノ内線では御茶ノ水駅から新大塚駅までが文京区に含まれる。武蔵野台地の東縁部にあたり、急勾配の坂や崖と、江戸川（神田川）や千川・藍染川（ともに現在は地下に埋設）などによってつくられた低地の部分と、5つの台地（関口台・小日向台・小石川台・白山台・本郷台）に分かれている。

文京区の名は「学問の府」という特徴から定められた。23区の名称は、その区の位置関係や地名、複数の旧区の名称からとる場合がほとんどで、文京区の例は特異である。かつての小石川区と本郷区が合併するにあたり、東京新聞社が新しい区名を一般募集した。すると、旧小石川区役所で職員から募集した中に「文京」という名称があり、さらに旧本郷区役所でも「文京」という名が出され、文京区と名づけられるに至った。

学問の府にふさわしく、区内には数多くの教育機関がある。その中でも東京大学はよく知られ、弥生キャンパス付近の旧向ヶ岡弥生町から、1884年に土器が出土し、「弥生式土器」や「弥生時代」の名前の由縁となった。また、東京大学のシンボル的な存在である本郷キャンパスの赤門は、旧本郷本富士町にあった加賀前田屋敷の名残である。

江戸時代初期、この地に大名屋敷や武家屋敷が置かれ、伝通院、護国寺、根津神社などの寺社が創建され、町が形成されていった。「幕府の官学の府」ともいうべき湯島聖堂、昌平坂学問所が置かれ、教育機関が集まるようになっていく。明治時代には、昌平坂学問所跡に師範学校（現・筑波大学）、女子師範学校（現・お茶の水女子大学）が設立され、東京大学が現在地に移転すると、文教地区として発展を遂げていく。東京大学のある本郷地区を中心に、学問と密接な関係のある出版・印刷業が盛んになり、多くの知識人や文化人が集まった。

文京区は都市間の相互提携にも歴史的背景を重視している。例えば、石川県金沢市との関わりがよく知られ、現存する東京大学赤門（重要文化財）は、加賀藩13代藩主・前田斉泰が11代将軍・徳川家斉の娘と結婚した際に建てられた御守殿門である。ほかにも、区域に福山藩主・阿部家の藩邸があったことから広島県福山市や、区域で執筆活動をした文人・樋口一葉の両親の出身地である山梨県甲州市と文京区は相互提携を結んでいる。学問の府として、歴史を重んじる姿勢が今日にも継承されているのだ。

豆知識

1. 江戸幕府15代将軍・徳川慶喜（1837〜1913）は、小石川の上屋敷（現在の小石川後楽園一帯）で誕生した。1867年の大政奉還の後、水戸での謹慎などを経て、小日向（現・文京区春日）に居住し、この地で没した。
2. 文京区にJRの駅はなく、御茶ノ水駅・水道橋駅・飯田橋駅などは区界から近いが文京区には含まれない。東京メトロ丸ノ内線の御茶ノ水駅、都営三田線の水道橋駅、都営大江戸線の飯田橋駅は文京区に含まれる。

36 歴史 ／ ヤマト政権による支配

前方後円墳の誕生は、ヤマト政権が勢力を持った時代とほぼ同期する。つまり、前方後円墳はヤマト政権による発明で、王権内の有力者や、ヤマト政権に従属した地方豪族たちが埋葬されていると考えられる。東京にも前方後円墳や、その変形である帆立貝式古墳が存在し、この東国までヤマト政権の支配が及んでいたことがわかる。『隋書』に登場するヤマト政権の武王から授かった鉄剣も、隣県・埼玉の稲荷山(いなりやま)古墳から出土している。

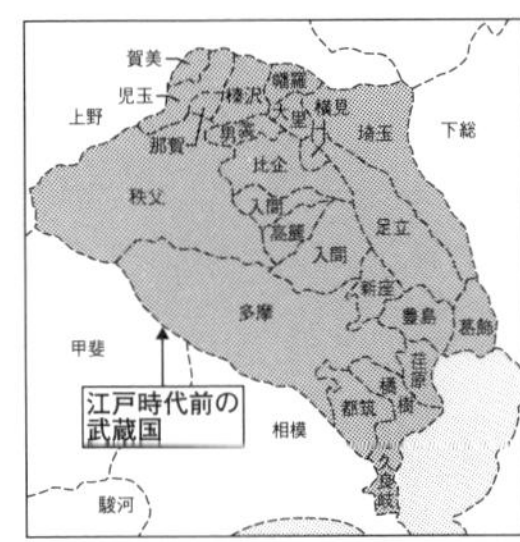

武蔵国の範囲

東京は、飛鳥時代に定められた地方行政区分である「令制国」では武蔵国(むさしのくに)と呼ばれる区分の一部にあたる。『日本書紀』や『古事記』には、武蔵国の記述はないが、第12代人皇・景行(けいこう)天皇の息子である大和武(やまとたける)が、東国のまつろわぬ民の征伐を命じられたと記されている。まつろわぬ民とは政権に従わない豪族たちのことで、この頃はまだ、東国や九州の豪族たちが政権に従属していなかったようだ。『日本書紀』の記述をそのまま信じるわけにはいかないが、景行天皇の在位は1世紀から2世紀にかけてだから、3世紀中頃から始まる古墳時代より100年ほど早く、実際に、ヤマト政権の勢力が及んでいなかった可能性も高いだろう。大和武は東国のまつろわぬ民たちを制圧して従わせたとある。彼が平定した地域は陸奥(むつ)国から甲斐、武蔵、上野(こうずけ)など広範囲にわたった。浅草に鎮座する鷲(おおとり)神社は、東征帰りの大和武が、この神社の松に熊手を掛けて戦勝の御礼参りをしたと伝えており、その日が11月の酉(とり)の日であったことが、酉の市の起源だとする。

古代の武蔵国は、无邪志(むざし)、胸刺(むさし)、知々夫(ちちぶ)に分かれて、それぞれの国を治める国造(くにのみやつこ)がいたとされる。无邪志国造は『日本書紀』や『古事記』にも登場し、天照大神(あまてらすおおみかみ)の子である天穂日命(あめのほひのみこと)を祖とするとされているから、ヤマト政権に近い豪族だったのかもしれない。胸刺国造と知々夫国造は、大和地域の古い豪族である物部(もののべ)氏の史書とされる『先代旧事本紀』にのみ登場し、『日本書紀』にも『古事記』にも名が出ない。しかし、无邪志と胸刺は音が近いため、同一のものとする説もある。また、『日本書紀』には、安閑(あんかん)天皇の時代に武蔵国造の地位をめぐって笠(かさ)原直(はらのあたい)使主(おみ)と同族の小杵(おぎ)が争い、朝廷が笠原直使主を武蔵国造にしたことが書かれてある。安閑天皇は6世紀の天皇だから、この時代に武蔵国をめぐって争いがあり、その争いに无邪志国造と知々夫国造が関わっていたのかもしれない。

大化の改新後には、ヤマト政権は、東国にも国司を置くようになる。702年に発布された大宝律令(りつりょう)により、令制国ごとに国司を置くことが定められると、引田朝臣祖父(ひけたのあそんおほじ)(生没年未詳)が国司に任命され、武蔵国造の支配は終わった。国司がいる場所を国府というが、現在の府中市あたりだったらしい。武蔵国には22郡あり、豊島郡や葛飾郡、荏原郡、多摩郡が現在の東京にあたる。

豆知識

1.『日本書紀』の大和武は品行方正な英雄だが、『古事記』では、食事に出てこない兄を言い聞かせるよう父から命じられると、兄をむしろに閉じ込めて殴りつけるようなやんちゃな男だ。

37 自然 ／ 23区の島

東京湾にもわずかながら島が浮かんでいる。猿島、浮島、海獺島、第一海堡、第二海堡などだが、人工島（砲台跡）や岩礁ばかりで、自然の島は猿島だけしかない。猿島は神奈川県横須賀市に属しているので、東京湾に都の自然の島は存在しないのである。しかし1964年まで、渡し船でしか行くことのできない、れっきとした島があった。

「れっきとした島」とは、かつて隅田川の河口に浮かんでいた鎧島のことである。江戸時代初め、船奉行の石川八左衛門がこの岩の小島に居を構えたことから石川島と呼ばれるようになった。船奉行（船手頭）とは、幕府の兵船や海上輸送を指揮・管理する役人のことである。石川島の南には干潟が広がっていて、小さな寄り州があった。この寄り州を埋め立て、人の住める島にしたのが佃島である。佃島の名は、摂津国（現・大阪府）の漁村・佃村に由来する。徳川家康が好物のシラウオを捕獲させるため、独自の漁法を持つ佃村の漁師を呼び寄せ、島に住まわせたのだ。いまや「ユネスコ無形文化遺産」の和食に欠かせない佃煮も、佃島で初めて製造されたことに由来する。島の漁師たちが余った小魚や雑魚を甘辛く煮込み、保存食としたのが始まりと伝えられる。

江戸時代の終わり、石川島と佃島は埋め立てられて一体となり、さらに明治時代には月島ともつながった。月島は工業用地の確保を目的とした埋め立ての人工島であり、自然の島ではない。もちろん佃煮に負けじと、もんじゃ焼きを生み出すためにつくられた島でもない。明治から昭和中期にかけては、造船所（石川島造船所）と機械工場が集積し、日本の工業化を支えた。島が島でなくなったのは、東京オリンピックが開催された1964年のこと。佃大橋の完成によって渡し船（佃の渡し）が廃止され、23区最後の自然島が消えたのである。島を吸収した埋め立て地は、その後も再開発につぐ再開発で拡大の一途をたどり、佃島は中央区佃１～３丁目となり、石川島は地名からも消えた。

なお、東京都に属する島ではないが、千葉県館山市の沖ノ島も、かつては“独立”した自然の島だった。陸から500m沖合の離れ島だったが、関東大震災（1923年）による地殻変動などによって、陸続きになったのである。神奈川県横須賀市の夏島も、埋め立てによって陸とつながった元島である。一方、半島の先を人工的に切り離して、新しく生まれた島もある。夏島（夏島町）の南向かいにある吾妻島である。1889年、日本海軍の燃料施設の島として、半島から“独立”したのだが、終戦まもなく、米軍に接収された。現在も在日米海軍横須賀補給センターの管理下に置かれたままで、米国からの“独立”は果たせずにいる。東京湾の島々は、何かと曰く付きが多い。

豆知識

1. 江戸時代後期の1790年、石川島に老中・松平定信の命で人足寄場が設置された。人足寄場とは浮浪者の収容と犯罪者の更生を兼ねた施設のこと。人足寄場の設置を定信に提言したのは、幕臣の長谷川平蔵だった。『鬼平犯科帳』（池波正太郎）の主人公・鬼平のモデルとして知られる（『鬼平犯科帳』（池波正太郎）268ページ参照）。

38 物語 /『好色一代男』井原西鶴

1682年に出版された井原西鶴（1642〜1693）の「浮世草子」第１作が『好色一代男』である。色好みの主人公・世之介の、７歳にして恋を知り60歳で女護島へ船出するまでの一代記を、『伊勢物語』『源氏物語』の枠組みになぞらえ、８巻54章の連作短編小説として描いた。

『好色一代男』(井原西鶴著、菱川師宣画)

西鶴の『好色一代男』は、大坂で刊行されるやたちまち話題となり、上方版が５種出版されるが、それだけにとどまらず、続いて江戸でも浮世絵の創始者として名高い菱川師宣（？〜1694）の挿絵入りの重板（他の版元の本を許可なく出版する）本が３種出版された。江戸時代の代表的なベストセラー本の一つといえるだろう。さらに、師宣の絵本としても広まり、貴賤を問わず津々浦々に幅広い読者を獲得した。これに続く『好色五人女』『日本永代蔵』なども当時の世間、つまり「浮世」の人情や風俗をいきいきと描いて読者の心をとらえ、西鶴は、上方ばかりか江戸にも名の知れた人気作家となる。

『好色一代男』の巻４までの前半部分は、早熟な世之介の幼年時代からの遊蕩生活が描かれている。好色がすぎて19歳で親に勘当された世之介は、江戸、小倉（現・福岡県)、下関（現・山口県)、寺泊（現・新潟県)、酒田（現・山形県)、塩竈（現・宮城県)、信州（現・長野県)、京都、泉州（現・大阪府）など諸国を放浪しつつ女性（男性もある）遍歴をするも、34歳のとき、父の死によって莫大な財産を相続する。巻５からは諸国の遊里の名妓列伝の体裁で、世之介の遊里における「粋」の実践、遊里の風俗、遊女ら登場人物の人としての美醜、嘘と真実やその手管などが描かれている。京都六条三筋町の廓（島原遊郭の前身）の太夫として名高い２代目吉野の話から始まり、大坂新町の夕霧や吾妻、江戸吉原の４代目高尾や初代小紫など高名な遊女が次々と登場。世之介は、三都（京・大坂・江戸）のみならず遠くは長崎丸山まで廓遊びをしたのち、女護島を目指して船出するのだった。

元俳諧師だった西鶴は、軽やかな文体と虚実を絡める斬新な手法で、古典を俳諧化しながら滑稽に明るく当世を活写した。世之介の町人でありながら町人の枠を超えた世間の常識や倫理にまったくとらわれない好色で粋な姿は、町人たちのある種の理想であっただろう。

西鶴は、巻６の江戸吉原の遊女吉田のエピソードの冒頭、「京の女郎に江戸の張をもたせ、大坂の揚屋であはば、この上何かあるべし」（京都島原の太夫に江戸吉原の花魁の意気地を持たせ、大坂新町の揚屋［遊郭］で逢ったならば、これ以上のものがあるだろうか）と、三都の遊女や遊郭を評している。ここでは利発で潔い吉原の遊女・吉田の格好良さを描いており、江戸っ子を喜ばせたに違いないのである。

豆知識

1.『好色一代男』の初版は、大坂・思案橋の版元・荒砥屋孫兵衛可心から出版され、挿絵も西鶴自身が描いた。その２年後に江戸の川崎七郎兵衛版によって出版されたものは、関西での評判を聞きつけた海賊版のようで、新たに板木を起こし、人気絵師の菱川師宣が関西版とほぼ同じ構図の挿絵をつけた。読者層を考えてか、本文は初版よりも仮名文字を多い。
2. もともと俳諧師だった西鶴は、猛スピードで句を詠み続けることを競う「矢数俳諧」を得意とし、一昼夜２万3500句という驚くべき記録を立てている。また、その自由奔放な作風で「オランダ西鶴」の異名をとった。当時は、伝統的なものに対抗する革新的なものを指して「オランダ流」と呼んだのである。

39 商業と娯楽／江戸のリサイクル業

100万都市江戸の町は、世界のどの大都市よりも清潔だった。日本を訪れた外国人が、異口同音にその驚きを記している。国内の限られた資源を使い回す循環型社会が形成され、どんなものでも使えるものは修理・再生しながら最後まで無駄なく利用された。それでも出てくるゴミはゴミ溜(た)めに集められ、「ごみ取り」が燃料・肥料・埋め立て用に分別回収していた。

リサイクルの先駆けといえば着物だ。庶民の普段着は古着が当たり前で、たとえ新品を着たとしても、洗い張りや仕立て直しを繰り返しては何度も袖を通した。着なくなった着物は「古着買い」や「古着屋」に売る。古着屋には小袖はもちろん、股引(ももひき)から豪華な打ち掛けまでないものはなかった。古着屋の市場は江戸の各地にあり、神田の柳原土手、日本橋富沢町、芝日陰町、浅草東仲町・西仲町、牛込改代町(かいたいちょう)などが有名だった。

貴重な紙もリサイクルされた。「浅草紙」「還魂紙(かんこんし)」と呼ばれる漉(す)き返しの再生紙がそれだ。反故(ほご)紙や古い帳簿類などの紙屑(かみくず)を買い集める「紙屑買い」や町中の紙屑を拾う「紙屑拾い」が集めた古紙が、古紙問屋から漉き返し業者にまわされ再生される。紙屑買いは紙類のついでに古着や古鉄なども買い取った。こうした買い取り業者は他にもいろいろあった。例えば、壊れた傘を買い取る「古傘買い」。破れた油紙は味噌(みそ)や漬物、魚などの包み紙に、折れた骨は焚(た)き付けに、修理して張り替えた傘は張替傘として売られた。使いものにならなくなった鍋や釜、庖丁等の金属類を買い取る「古金(ふるかね)買い」が集めた古金は、すべて鋳直されていろいろな品物となった。「棕櫚箒(しゅろぼうき)売り」は、古い箒を新品の箒と交換する商売で、古い箒はほどいて棕櫚縄やたわしに再生した。「灰買い」が買い集めた竈(かまど)の灰は土地改良材や洗剤として利用され、「蠟燭(ろうそく)の流れ買い」は蠟燭から溶け出した蠟を買い集めて蠟燭に再生した。究極のリサイクルは、肥料として江戸近郊の農家が争って買い取りに来た下肥(しもごえ)であろう。回収する側が代金を払ったり野菜と交換していて、裏長屋の大家にはけっこうな収入となる大切なものだった（「裏長屋の暮らし」200ページ参照）。

また、江戸には様々な修理業者がいた。穴の開いた鍋釜を直す「鋳掛屋(いかけや)」、欠けた瀬戸物を白玉粉で修復する「焼き継ぎ屋」、壊れた樽(たる)や桶(おけ)を直す「たが屋」、履き物を修理する「雪駄(せった)直し」や「下駄(げた)の歯入れ」、竈を塗り直す「竈塗り」、煙管(きせる)の竹を交換する「羅宇[お]屋(らうや)」、すり減った石臼(うす)の目を立てる（臼に刻んだ溝を深くする）「臼の目立て」、他に「提灯(ちょうちん)の張り替え」や「算盤(そろばん)直し」「錠前直し」「羽織の紐(ひも)直し」などが町を流していた。

豆知識

1. とことん着倒した着物は子供用に仕立て直し、残った端布や古布は回収業者に売った。天秤棒(てんびんぼう)の先につけた竹製の四脚に古着や端布、襟や裏地などの着物のパーツを掛けた「竹馬きれ売り」と呼ばれる商人で、端布を買い取ると同時に古着も売っていた。いよいよダメになったらほどいておむつや雑巾にし、最後は燃やして灰にした。その灰も「灰買い」に売るという徹底したリサイクルぶりだった。
2. 武家の町・江戸ならではのリサイクルショップとして「献残屋(けんざんや)」がある。不要になった献上品や贈答品を引き取り、ラッピングを変えるなどして新品より安く販売した。
3. 東廻(まわ)り・西廻り航路を開いた河村瑞賢(かわむらずいけん)（1618〜1699）は若い頃、品川の崖の上から海の波間に浮かぶ盂蘭盆会(うらぼんえ)（お盆）の供え物の茄子(なす)や瓜(うり)を見つけた。供養のために川に流したあとのゴミだが、考えてみればもったいない。瑞賢はこれを拾い集めさせて漬物に加工、普請小屋に売って大儲けをした。これが「福神漬」の起源だという。

40 暮らしと文化／神田明神

東京で「神社」といわれてまず思い出すのは明治神宮かもしれない。明治神宮は明治天皇と皇后を祀った広大な神域を持つ神社だ。しかし神田明神を忘れてはいけない。1834〜1836年に刊行された『江戸名所図会』に、「唯一にして江戸総鎮守と称す」と書かれているからだ。御茶ノ水駅を降りて、北東に5分ほど歩くと朱色の社殿と銅板瓦棒葺のきらびやかな社殿が見えてくる。歴史の古さは明治神宮をはるかにしのぎ、平安時代までさかのぼるのだ。

神田明神（東京都千代田区）

江戸の総鎮守と称される神田明神は、平将門（？〜940）を神として祀ることで有名だ。しかし、その歴史はさらに昔までさかのぼり、社伝によれば、出雲の大己貴の子孫にあたる真神田臣が創建したとされる。祭神は大己貴と少彦名。この二柱は出雲の国を造った神で、他の神社でも一緒に祀られていることが多い。当時は現在の将門の首塚あたりに鎮座しており、この周辺で大変地異が頻発したため、平将門を併せ祀ったとされる。

現在の社殿は昭和９年に竣工したものだ。鉄骨鉄筋コンクリート・総朱塗りの豪華な造りで、国の有形文化財に登録されている。境内への入口となる隨神門は昭和天皇即位50年の記念事業として再建されたもので、２階建て。伝統的な文様が描かれ、外周には朱雀・白虎・青龍・玄武の彫刻が飾られている。また内側に大国主神話をモチーフにした彫刻が見られるのは、祭神の大己貴が大国主と同一神とされるからだ。

日本三大祭といえば、京都の祇園祭、大阪の天神祭、東京の神田祭だ。興味深いことに、三大祭すべてが祟り神と深い関係を持つ。京都の祇園祭は、疫病神の武塔天神に、疫病封じを祈る祭だ。武塔天神の来歴は一言で語れないが、祇園精舎の守護神であり、疫病を流行らせる神ともされた。旅の途中で快く宿を貸してくれた蘇民将来に「疫病を流行らせる時もお前の子孫だけはかからないようにするから、茅の輪をつけて目印にしなさい」と教えたという。祇園祭の頃、洛中の家の玄関に「蘇民将来の子孫」の札がついた茅の輪が飾られているのは、そのためだ。天神祭の「天神」は、菅原道真（845〜903）のこと。藤原氏にうとまれて大宰府に左遷。道真が客死してから、京都では不穏な事件が立て続けに起こった。道真左遷を画策したとされる藤原菅根や藤原時平が相次いで病死。源光に至っては、狩りの最中に泥沼で溺死している。さらに殿上人たちを恐れさせたのが、清涼殿への落雷だ。清涼殿は天皇の御殿でもあり、殿上人たちが朝議を行う場所でもあった。落雷があったのは朝議中だったため、多くの死傷者が出た。これ以降、菅原道真は「天神」として祀られるようになるのだ。神田明神に祀られる平将門は、首塚の祟りで有名だろう。光には影がつきもので、深い影を隠し持つ神社の祭は賑やかに、派手にならざるを得ないのかもしれない。

豆知識

1. 神田明神の社殿は鉄骨鉄筋コンクリート・総朱漆塗りで、昭和９年当時としては画期的なものだが、木造建築のように見えるよう、柱間を狭めるなどの工夫がされている。

41 人物／徳川家康

人口1400万を抱え、世界でも有数の大都会、東京。しかし400年前、国替えのため徳川家康（1542～1616）が江戸に入った頃は、江戸湾が深く食い込み、湿地の目立つ田舎町だったという。この地に幕府を開き、飲み水を引き、住宅地を整備して、全国から大名たちを集めた家康の決断が、今の東京の原点にあった。

徳川家康

家康は三河国（現・愛知県）の大名、松平家の長男として生まれた。東は駿河の今川家、西は尾張の織田家。武に優れた戦国大名の狭間で、子供の頃は両家の人質となるなど苦労を重ねた。やがて織田信長（1534～1582）と同盟を結び、その後は豊臣秀吉（1537？～1598）に従う。1590年、小田原攻めで後北条家を滅ぼし、天下統一を果たした秀吉から、その領土だった関東８カ国250万石に国替え（関東移封）するよう求められると、江戸を拠点と定めた。

秀吉の死後、「天下分け目の戦い」となった関ヶ原の戦い（1600年）を制すると、西軍の諸大名90家を改易（領地没収）、毛利家と上杉家は大幅に減封（領地削減）し、味方した東軍の諸大名に分け与えた。1603年、征夷大将軍となった家康は、江戸に幕府を開き、将軍にふさわしい城下町とすべく、全国の大名に号令をかけて本格的な町づくりに乗り出す。

当時、江戸城の前はすぐ浜辺だった。今の日本橋あたりを付け根として銀座方面に「江戸前島」と呼ばれる砂州が延び、その西側に今の大手町あたりまで入江が広がって「日比谷入江」と呼ばれていた。家康は全国の大名に労役の供出を命じると、駿河台にある神田山を切り崩し、入江や低湿地を埋め立てて、今の日比谷、新橋、浜松町あたりの広大な市街地を造成する。五街道など道路網も整備し、起点となる日本橋を架けたのもこの頃だ。同時に江戸城の整備拡充も進め、城の周辺に家臣団の屋敷を配置し、大名屋敷を次々に建てさせて、江戸の町は大都市へと発展していく。

秀吉が家康に関東への国替えを求めたのは、小牧・長久手の戦い（1584年）で戦火を交えて実力を知り、中央から遠ざけたかったからだと考えられている。ただ、家康は小田原や鎌倉など、武家にとって由緒ある町を拠点に選ぶ余地もあった。では、なぜ江戸を選んだのか。当時の江戸は「葦原が広がる辺鄙な漁村」にすぎず、そんな不毛の地の将来性を見通した家康の「慧眼」を称賛する見方が以前は一般的だった。しかし近年の研究で、秀吉に滅ぼされた北条氏政（1538～1590）の時代に、江戸はすでに関東全域を支配するための中核拠点に成長していた、とする見方も出ている。独立の気風が強い北関東の伝統的豪族層と、より中央政府に従順な南関東の国人層が利根川を挟んで対立する構造が、戦国末期になって解消されていたというのだ。いずれにせよ、家康が江戸の将来性を見抜いたことは間違いない。

豆知識

1.「坂東太郎」の異名を持つ利根川は日本三大暴れ川の一つで、かつては江戸湾に流れ込んでいた。そこで江戸を水害から守り、新田開発を進めるため、徳川家康の時代に利根川を東に付け替え、太平洋に注ぎ込むようにする工事を始めた。「利根川東遷事業」は数次にわたり、60年かけた大工事となった。

42 まち ／ 台東区

台東区は上野駅の西側に広がる上野台地と、区の大部分を占める東部の低地に分けられ、その地形の特徴が区名に簡潔に表されている。上野台地には上野恩賜公園が整備され、東部にある浅草寺は鎌倉時代に源頼朝（1147〜1199）が、室町時代には足利尊氏（1305〜1358）が篤く信仰するなど、武士にとって重要な土地であった。

上野恩賜公園のサクラ

「東京の北の玄関口」、上野駅は台東区のほぼ西端に位置し、上野駅の西に広がる不忍池は文京区との区界に近い。JR山手線の駅では南から順に御徒町駅・上野駅・鶯谷駅・日暮里駅（荒川区と台東区にまたがる）が含まれ、東京メトロ銀座線では上野広小路駅から終点の浅草駅までが台東区に含まれる。

「台」はもともと気品の高い文字とされ、「東」は日の出や力強さを象徴することから、「台東」は「めでたい」「気品」「若さ」「活気」などを意味する。さらに、「台」は上野の高台（上野台地）、「東」は、上野台の東側に位置する浅草といった区の地勢を表し、文字そのものの意味と地勢的な意味の両方が込められている。1947年３月15日、東京都の行政区画の再編により、下谷区と浅草区が合併して台東区が誕生した。

区名が表すように、台東区は上野台地とその東側に広がる低地に分けられる。旧石器時代からの遺跡が上野台地に集中し、貝塚も見られることから縄文時代には上野台地の周辺は海であったとされている。古墳時代には有力者がいたと推定され、上野台地を中心にして人々が暮らしていたと考えられる。低地では隅田川沿いの微高地（自然堤防）に古い遺跡が集中し、鳥越神社（台東区鳥越）には、古墳〜平安時代に用いられたとされる刀剣・「蕨手太刀」が現存する。平安時代末期の1180年には、のちに鎌倉幕府を開く源頼朝が平家追討を浅草寺で祈願し、室町時代には初代将軍・足利尊氏が参拝するなど、武士の崇敬を集めてきた。上野恩賜公園周辺の寛永寺旧境内の遺跡や、都立白鷗高等学校の大名屋敷跡、池之端の寺院跡など多くの遺跡が発掘され、江戸時代の信仰や生活もうかがえる。

花の雲鐘は上野か浅草か

江戸時代に活躍した俳人・松尾芭蕉（1644〜1694）は春の景色をこのように詠みあげた。この句で春の季語として使われている「花」は、サクラを指している。台東区はサクラを「区の木」に指定しており、サクラの名所が多い台東区の中でも、上野恩賜公園は特に有名であり、起源は江戸時代初期にさかのぼるとされる。江戸時代には東叡山寛永寺の境内地で、明治維新後に官有地となり、1924年に宮内省を経て東京市に下賜されたため、「恩賜」の名称が付いている。その美しい風景は、江戸時代と同じように、現在も人々を魅了し続けている。

豆知識

1. 「台東区立朝倉彫塑館」は、「東洋のロダン」とよばれる彫刻家・朝倉文夫（1883〜1964）のアトリエ兼住居だった建物。文夫が生まれた大分県豊後大野市（旧朝地町）は、台東区と友好都市。文夫は台東区名誉区民でもある。
2. 区の花にはアサガオが指定されている。アサガオは江戸時代から御徒町や入谷あたりで多く栽培され、毎年７月６〜８日に開かれる入谷鬼子母神（台東区入谷）の「朝顔まつり」は、下町を代表する祭りだ。

43 歴史 ／ 渡来人の影響

日本書紀によれば、ヤマト政権と親交のあった百済や高麗の人々だけでなく、敵対して戦った新羅の人々も日本に渡来してきており、武蔵国にも居住していた。渡来人たちの文化や技術は、寺院建築にも生かされた。台東区の浅草寺や調布市の深大寺は渡来人が建てた寺だともいわれる。また、世田谷区の砧、三鷹市の牟礼などの地名も、渡来人と深い関わりがあるとされている。

『隋書』には、日本の天皇が使節を派遣したことや、女王・卑弥呼について書かれており、ヤマト政権が、遠く中国と交流していたことがわかる。朝鮮半島の高句麗、百済、新羅とはさらに距離も近く、深い親交を持っていた。しかし、百済は660年、唐が支援する新羅に滅亡させられる。さらにふたたび唐と新羅は高句麗を攻撃。668年には高句麗も滅亡する。生き残った人々の多くが日本へ逃れ、新しい技術や文化をもたらした。

武蔵国だけでなく、各地の屯倉は、渡来人により管理されていたようだ。屯倉とは天皇の領有地のことで、官倉には稲穀などが収納された。『日本書紀』には、安閑天皇の御世に、武蔵国造の笠原直使主と同族の小杵の内紛を調停し、そのお礼として、笠原直使主から関東の屯倉を複数奉られたとある。その後九州から関東までの各地に屯倉を置き、難波の吉士を各屯倉に派遣して、管理させたとあるのだ。吉士は氏の一つで、第８代人皇・孝元天皇の皇子である大彦命を祖とする難波吉士をはじめ、百済人の努理使主を祖とする調吉士、新羅王子の天日槍を祖とする三宅吉士がある。難波吉士は天皇の皇子の子孫と名乗っているが、実は渡来系の氏族だ。大彦命の子孫である阿倍氏に管理されていたため、同じように名乗っていたらしい。古代の渡来人は、各地に様々な文化をもたらしただろう。

さらに時代が下り、百済や高句麗とヤマト政権は、平和な関係を結んでいたようだ。『日本書紀』によれば、百済の王は日本に仏教を伝え、仏像や経典を贈っている。高句麗からも絵の上手な曇徴という僧が来日し、紙や墨の製法を伝えた。法隆寺の壁画を描いたのも曇徴だと伝わっている。唐と新羅が百済を襲ったとき、ヤマト政権は援軍を派遣しているが、大敗を喫したとされる。この戦を白村江の戦いと呼ぶ。

またその後716年５月、関東各地に住んでいた高麗人1799人を武蔵国に遷し、高麗郡を置いたと『続日本紀』にある。高麗郡は埼玉県の日高市や鶴ヶ島市にあったとされるので東京ではないが、影響はあっただろう。彼らの兵法や教育、医薬、陰陽道に関する知識は王権においても評価されており、先進の文化が伝えられたはずだ。

しかし、日本へ渡来したのは百済人や高句麗の人々だけではない。『日本書紀』には、持統天皇の御世、687年４月に、筑紫大宰が、自ら帰化した新羅の僧尼と百姓の男女22人を武蔵国に居住させ、土地や食料を給付して生活できるようにしたという記事がある。また、690年２月にも、帰化した新羅の韓奈末許満ら12人を武蔵国に住まわせている。新羅からの渡来人も受け入れ、武蔵国に住まわせていたのだ。

豆知識

1. 屯倉はヤマトの王族の直轄領だが、その田畑で耕作をした田部と呼ばれる直轄民がいた。直轄民は天皇や后妃に支配される人々で、天皇が后妃に贈ることもあった。

44 自然 ／ 山の手台地と下町低地

都の区民性が話題になるとき、山の手と下町という対比で語られることが多い。しかし、どこからが山の手で、どこまでが下町なのか。社会科の地図で「山の手台地」を調べても、どこにも載っておらず、国語辞典を引いても、「山の手台地」という見出し語はない。「山の手台地」は、特定の地名ではないからである。「下町低地」もしかりである。

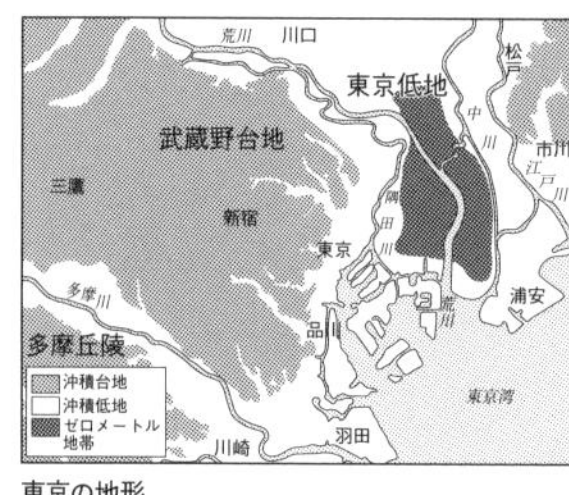

東京の地形

「山の手」と「下町」だけなら、辞書にも載っている。『新明解国語辞典』（三省堂）は、山の手を「山に近い方の意。サラリーマンが多く住む、高台の住宅地」、下町を「（都会で）海・川に近い所に発達した、主として商工業者の住む地域」と説明している。23区のうち、中～西部の新宿区や世田谷区などは高台にあり、海に近い江東区や江戸川区、大田区などより10～30mほど高くなっている。辞書通りに解釈するなら、サラリーマンの多い高台の地区が山の手で、商工業者の多い低地の地区が下町ということになる。

23区の高台は、都の大部分を占める武蔵野台地の東端にあたる。武蔵野台地は東西約40km、南北約20kmという横長の台地で、北部は埼玉県にもまたがっている。もっとも高い地点は、多摩川上流の青梅(おうめ)市（190m）。武蔵野台地はここを頂点に、複数の段丘をつくりながら東へ傾斜している。23区にかかる東端の形状は、ヤツデの葉のように張り出し部分と切り込み部分に分かれ、一様にはなっていない。自然地理の分野では、この張り出し部分の「上野台」「本郷台」「豊島台」「淀橋台」「荏原(えばら)台」などを総称して、山の手台地と呼んでいるのである。ざっくり区切ると、山の手はJR山手線の内側と隣接する西部一帯で、下町はこれら以外の沿岸部の低地となる。また、JR京浜東北線を境に分ける見方もあるようだ。ただ、張り出し部分と切り込み部分は入り混じっているため、山の手にも谷や凹地が多く見られる。

歴史的・文化的にはどうなのか。江戸時代、高台の山の手には江戸城を中心に武家屋敷が建てられ、低地の下町には商人・職人が住む長屋が建てられた。明治時代になると、武家屋敷は政府に接収され、官公庁や学校・病院・試験場などの公共施設に転用された。低地には、江戸時代からの職人町が残り、商人町はアーケードの商店街として発展し、新たに町工場も多く進出した。こうした経緯から、「高台はハイソ、低地は庶民的」というイメージで語られやすい。しかし、変貌し続ける巨大都市TOKYOはこうした対比も過去のものにしつつある。ベイエリアの終わりなき再開発によって、近年は下町低地の隅田川沿岸や湾岸周辺にタワーマンションが増えているのだ。下町が山の手を見下ろし、山の手が下町を見上げる。国語辞典も改訂が必要になるかもしれない。

豆知識

1. 地形学の古典『東京の自然史』には、筆者・貝塚爽平(かいづかそうへい)がタクシー運転手から聞いた「東京の地理に通じるコツ」が紹介されている。「下町では橋を、山の手では坂を覚えること」だという。
2. JR山手線の池袋駅や目黒駅は高台の凸地にあるが、高田馬場駅や渋谷駅は谷間の凹地にある。両者の最大高低差は30mを超える。近年、東京の地形は「凹凸」「スリバチ」といったワードで語られることが多い。

45 物語 ／『浮世風呂』式亭三馬

『浮世風呂』は式亭三馬作の４編９冊からなる滑稽本で、1809～1813年に刊行された。標題の上に付け足して内容や主題を表す角書に「諢話」とあるように、江戸庶民の社交場だった銭湯を舞台に、そこに集まる種々雑多な人たちの仕草や会話の克明な描写を通して、その活気に満ちた生活や当時の世相の実態をユーモラスに浮き彫りにした作品だ。当時のベストセラーの一つで、『浮世床』とともに三馬の代表作とされる。

『浮世風呂』は「熟監るに、銭湯ほど捷径の教諭なるはなし。其故如何となれば、賢愚邪正貧福高貴、湯を浴んとて裸形になるは、天地自然の道理、釈迦も孔子も於三も権助も、産れたまゝの容にて、惜い欲いも西の海、さらりと無欲の形なり。欲垢と梵悩と洗清めて浄湯を浴れば、旦那さまも折助も、孰が孰やら一般裸体。……」と、人間、裸になれば身分も性別も年齢も関係なく皆同じという宣言からはじまる。一貫した筋立てはないものの、前編と四編は男湯、二・三編は女湯を、また三編は正月、他は秋のそれぞれ早朝から夕刻までの情景を写している。さらには、江戸時代の日本語を記録した、重要な国語資料としての側面も持っている。

江戸時代の湯屋（銭湯）では、男湯の２階は湯銭（入浴料金）とは別料金を払えば、男の社交場として利用できた。碁や将棋も楽しめるし、稽古事やちょっとした集会にも使え、茶菓の用意もしてあった。湯から上がった男たちは裸のまま世間話に花を咲かせ、そうした会話もまた『浮世風呂』のモチーフになったはずなのだ。

さて、どんな会話がはずんでいるか、少し覗いてみよう。女湯ではお互いの髪型を褒めあうシーンがいくつかある。例えば「……ヲヤおまへ、モウお仕舞が出来たネ」「アイ。今朝お櫛さんが一番に来て呉たからサ。おまはんのは誰にお結はせだ」「お筋さんさ」「いつそ恰好がよいネエ」「なアに、今朝は替りだから勝手が違ておかアしい気持さ」「人が替ると上手でもわるいものさ。あつちを向てお見せ。ヲヤいつそよいがネエ」「一が上り過たじやアないかネ」「いゝへ、能ございます」（２編巻之上）一種の社交辞令かもしれないが、裸の湯の中でもヘアスタイルなら褒めやすい。また、子供の喧嘩に一方の親が口を出して、相手の子供を散々に怒り散らして帰ったのを見て、女が二人こんな風に評してる。

「こはい（恐い）おかみさんだネエ。ほんにほんにおつかない」「さやうさねエ、一体また子供の喧咙をとり上るは悪うございます。すべて手まへの子に利を付ては濟ません」「ハイサさやうさ。私どものあたりでも泣て來ると叱ります。云告口をとり上ては方図がございません。利も非も構はず我子をしかるのが一番能うございますよ。ひよつと余所のお子さまが云告にお出なすつたら我子をこりるほど折檻する事さ」（２編巻之下）モンスターペアレンツはこの時代でも嫌われていたようだ。

豆知識

1. 八丁堀の銭湯には女湯にも刀掛けがあった。八丁堀の七不思議とされている。江戸の男湯は想像以上に午前中が混雑した。逆に女湯には朝風呂の客はほとんどいない。そこで、この女湯に町奉行所の同心や与力が入りに来たのだ。男湯から聞こえてくる会話や噂話から犯罪のにおいを嗅ぎ出すためといわれているが、実際のところは彼らの役得だったようだ。

46 商業と娯楽 ／ 魚河岸

魚河岸とは魚市場のことだ。江戸時代初期から300年にわたって、江戸の魚河岸は日本橋にあった。徳川家康の江戸入府の際、摂津国佃村（現・大阪府）から移り住んだ漁師たちによって開かれたという。日本橋北詰東側に魚市場が並び、河岸には魚を積んだ舟が群がるように停泊していた。

『東都名所 日本橋魚市』歌川広重

寛永年間（1624～1644）、江戸湊の鉄砲洲向かいの干拓地を拝領した佃村の漁師たちは、その地を佃島と名づけて漁業基地とし、鯛を筆頭に35種の魚介類を毎日江戸城に献上していた。その帰途に余った魚を日本橋で販売する認可を得たことが魚河岸のはじまりである。それと同時に、江戸周辺の漁師たちもここに魚を持ってきて商売するようになり、やがて販売を専業とする魚問屋が生まれて本格的な魚市場となる。諸国の漁業者から魚を仕入れて販売する４組の問屋（本小田原町組、本船町組、本郷町組、按針町組)、四組問屋が結成され、江戸随一の魚市場に発展していった。1923年に関東大震災の影響で築地に移転するまで、魚河岸といえば日本橋だったのである。

「一日に三千両のおちどころ」という川柳がある。朝の魚河岸、昼の芝居町、夜の吉原では毎日それぞれ千両もの金が落ちるという繁盛ぶりを詠んだものだが、消費生活の発展とともに町人文化が花開いた17世紀後半から18世紀にかけて、需要増加と価格の高騰で魚河岸はかつてないほどの繁栄をみる。粋でいなせな江戸っ子気質の発信地となり、魚河岸の旦那衆の遊びや贔屓役者に対する派手な後援のさまなどの逸話も多い。

しかし、需要が高まり魚が売れるほどに、幕府への納魚の負担は重くなっていった。献上は廃されたが、江戸城内をはじめ多くの役所での昼食の膳に載せる魚は、幕府の魚納役所の役人が魚河岸に出向いて鮮度の良い魚を選び、市価の10分の１程度で買い付けていた。代償として冥加金（商工業者などに課せられる営業税）は免除されていたものの魚河岸の損失は大きく、その回収に腐心したのである。

ところで、魚問屋はそれぞれ自分の店に魚を送ってくる漁場（持浦）を持っており、漁村とは強固な独占契約を結んで緊密な関係を保った。魚は漁村の網元から直接、あるいはそれぞれの産地で集荷や販売を行う「旅人」（塩干物の場合は「五十集商人」）と呼ばれる地元の商人（在方商人）を通して買い入れた。契約は４カ月を１漁期とし、その浦で捕れた魚は１匹残さず渡すというもので、それに対して魚問屋は、船主や網元の規模に応じて100両から300両程度の支度金を出した。３月・７月・11月の15日が切り換え日で、あらかじめ設定した水揚げ量に合わせて、その過不足を精算した。

豆知識

1. 魚河岸の開幕当初、魚類は現在の芝浦一帯の地域で売買され、雑喉場と呼ばれていた。品川沖で獲れた魚は特に新鮮で、江戸の目の前の海で獲れた「江戸前の芝肴」として珍重された。
2. 日本橋魚市場の近隣には、鰹節、海苔、練製品など海産物関連の店舗が繁盛していた。今でも日本橋付近には、山本海苔店、鰹節・乾物の八木長、震災後京橋に移った山形屋海苔店、蒲鉾やはんぺんなど練製品の神茂、佃煮の鮒佐、にんべんの鰹節の伊勢屋など、江戸魚河岸由来の老舗が多い。

47 暮らしと文化／靖国神社

靖国神社は明治維新の志士や戦没者など、国家のために殉難した英霊を祀る神社で、1869年6月29日に明治天皇（1852～1912）の意向によって建立された、招魂社から始まる。招魂社とは国のために亡くなった人の霊魂を祀る社で、各地に建立されている。現在は護国神社に改称されており、指定護国神社はほぼすべての道府県に存在する。

靖国神社（東京都千代田区）

明治天皇が、靖国神社の前身である招魂社に初めてお参りされたとき、「我國の為をつくせる人々の名もむさし野にとむる玉かき」と詠まれている。「玉かき」とは玉垣のことで、神域の周囲にめぐらされるもの。一種の結界だ。つまり、我が国のために尽くして亡くなった英霊の名も玉垣で囲い、武蔵野に留めおこうという意味になる。「我國の為をつくせる人々」ではなく「我國の為をつくせる人々の名」であるところに、「名」に深い意味合いを感じてきた日本人らしさがあるのだろう。日本の神様の名を見てみると、例えば天照大神は、「天を照らす大いなる神」という意味。弟の素戔嗚は「須佐（出雲の地名）出身の男」の意味だとする説もある。物部氏の祖神は天照国照彦天火明櫛玉饒速日という長い名の神様だが、よくよく見てみると、天を照らし、国を照らし、天の火……つまり太陽のように明るく、珍しく盛んな日の神と、神の様子を褒め称えた内容だ。氏ははるか昔の先祖から受け継ぐものであり、名は人物の様子を表現するもので、人物そのものといえる。日本人にとってはどちらも重要なものなのだ。

靖国神社は太平洋戦争の戦没者が祀られているイメージが強いかもしれないが、その前身である招魂社が建立されたのは明治時代。明治維新を迎えるにあたり、攘夷派と開国派が激しく対立し、数多くの尊王攘夷の志士が命を落とした。また、明治の新政府軍と旧幕府軍が戦った戊辰戦争では、新政府軍が勝利したものの、１万人にものぼる死者が出たとされる。1868年に、彼らの霊魂を京都の東山に祀ったのが招魂社の始まりだ。翌年には東京九段坂上に東京招魂社が建立され、この動きが各地に広がっていく。しかし一時的な祭祀を意味する「招魂」に対し「社」は恒久的な施設のことであるから矛盾しているとして、1939年４月１日に「招魂社ヲ護國神社ト改称スルノ件」が施行され、招魂社は護国神社と改称された。東京の護国神社は、「祖国を平安にする」「平和な国家を建設する」との願いを込め、「国を靖（安）んずる」靖国神社と改称されたのだ。全国の護国神社にはその都道府県出身、あるいは縁故の戦死者や自衛官、警察官、消防士など公務で殉職した人々を祀っている。

一神教の国の人々にとって、死者を神として崇めるのは不思議に感じるかもしれない。しかし日本は古来、太陽や海、山を神として崇めると同時に、お正月や田植え時などには先祖を神として迎え、幸いや豊穣を祈ってきた。そういう意味では、靖国神社は実に日本らしい神社といえるかもしれない。

豆知識

1. 毎年７月13～16日に靖国神社で開催されるみたままつりは、日本古来の祖霊信仰にもとづいている。日本人は１月１日と７月１日を一年の節目と考え、その頃に先祖の霊が戻ってくると考えたのだ。

48 人物／服部半蔵

忍者と聞いて、まず服部半蔵の名が思い浮かぶ人は多いだろう。戦国時代から江戸時代初期にかけ、長く徳川家康（1543～1616）に仕え、忍びの仕事をする「伊賀者」の統率を任されたのが、服部半蔵正成（1542～1596）だ。本能寺の変（1582年）のとき、絶体絶命のピンチに陥った家康を「伊賀越え」で救ったことで知られる。皇居の半蔵門という名は、近くに半蔵の屋敷があったことからついたとされる。

皇居の半蔵門

父・保長が伊賀国花垣村（現・三重県伊賀市）の出身で、忍びを務めていたとされる。やがて三河国（現・愛知県）に出て松平家の家臣となり、「服部半蔵」と名乗るようになる。この名を子孫が代々受け継いだ。その中で一番よく知られるのが、２代目の服部半蔵正成だ。

主君の家康（当時は松平元康）に仕えて槍の稽古にいそしみ、16歳のとき三河の宇土城夜襲で武功を立てると、家康からはうびとして槍を与えられた。姉川の戦い（1570年）や三方ヶ原の戦い（1572年）で相次いで功績を収め、家康の信任を得て伊賀者（忍びの仕事をする伊賀出身者たち）150人を預けられる。指揮官として忍者集団を動かし、情報収集や探索を行う役目だった。ただし、２代目の半蔵自身は忍びではなく武士で、得意の槍で激しく戦う姿から「鬼半蔵」と呼ばれていた。

大きな功績として語り継がれているのが、家康の伊賀越えによる脱出劇だ。1582年、織田信長（1534～1582）の招きで京都を訪れた家康一行が、その後も畿内各地を見物して堺にいたとき、京都で本能寺の変が起きる。明智光秀（1528？～1582）が謀反を起こして信長を討ち、信長と同盟を結ぶ家康の身も危うい状況となったが、率いる手勢は半蔵らわずか30人程度。京都に向かって明智勢と戦うには少なすぎ、まずは三河への帰還を急ぐことにした。

明智勢に見つからないよう、最短ルートで三河に帰るには伊賀の山々を越えていくしかない。しかし、道中で農民や地侍、山賊らの襲撃を受ける恐れがある。そこで半蔵が考えた方法が、忍びの通信手段である狼煙をあげて味方を集めることだった、とする逸話が残っている。伊賀国に入る御斎峠で狼煙をあげ、集合場所の徳永寺へと急ぐ途中、恩賞目当ての賊に遭遇するも撃退。寺には200人もの伊賀者が集まり、その働きによって無事、加太峠を越えて伊勢に到着。その先は船で三河に帰り着くことができたという。

この功により半蔵は遠州国（現・静岡県）に8000石の領地を与えられた。その後、家康とともに江戸に移り、江戸城西側の麴町口門の近くに伊賀組屋敷を拝領した。その門が後に、半蔵門と呼ばれるようになった。半蔵は武勲のあった徳川十六神将の一人に数えられている。

豆知識

1. 戦国時代、武家に仕える忍者のことを「すっぱ」と呼び、字にすると「素っ破」や「透っ波」と書いた。そこから、忍者のように密かに情報を集めて明らかにしたり、忍者が刃物を抜くように出し抜いて暴いたりすることを「すっぱ抜く」と言うようになった。
2. 戦国時代、織田信長の非情な命令により、徳川家康は嫡男・信康に切腹を命じた。その霊を弔うため、半蔵は江戸に移ると剃髪し、西念と名を改めた。信康と徳川家に尽くした人々の冥福を祈るため、家康から寺の建立を命じられる。半蔵の死後にできた寺は西念寺と名付けられ、移転して今はJR四ツ谷駅の近くにある。

49 まち／墨田区

隅田川の東側に広がる墨田区は、関わりの深い隅田川が区名の由来になった。東京スカイツリーや両国国技館がある区の南部は、かつて湿地帯であったが、明暦の大火によって江戸の街が甚大な被害を受けると、武家屋敷の移転先として発展をとげることになる。その後、隅田川では川開きや花火が行われるようになり、現在の隅田川花火大会につながっていく。

隅田川と東京スカイツリー

東京スカイツリーをほぼ中心とし、南部にはJR総武線が東西にのび、錦糸町駅と両国駅が含まれる。総武線と隅田川、荒川に囲まれた区域が、およそ墨田区に当たる。

1947年３月15日、北部の向島区と南部の本所区が合わさって、墨田区が誕生した。古くから親しまれてきた隅田川堤の通称「墨堤（ぼくてい）」の呼び名から「墨」の字を、さらに「隅田川」の「田」を組み合わせて「墨田区」と名付けられた。

墨田区域の北部と南部が経てきた歴史には大きな違いがある。北部は平安時代頃に陸地化が進み、源氏に従って有力御家人に成長した、葛西氏が治めた領地の農村地帯として発展する。南部の大部分は湿地帯であり、人が暮らすには不向きな土地であった。

江戸時代の明暦の大火（「火事」147ページ参照）によって江戸がほぼ全滅すると、10万人余りの死者を葬り、回向院（えこういん）（墨田区両国）が建てられる。幕府は防火対策中心の都市復興に着手し、1659年には隅田川に両国橋を架け、市中に防火堤や火除地（ひよけち）を設けた。

この防火計画に従って、武家屋敷などの移転先に選ばれたのが現在の墨田区南部である。区画整理を進めて、武家屋敷を主とする市街として、江戸の一部となる。この時期に、隅田川の花火や両国の相撲が誕生しており、江戸時代後期（文化・文政期）には行楽地として歌舞伎や落語の舞台となった。

区名の由来になった隅田川は、９世紀頃に流路が定まり、平安時代の歌物語『伊勢物語』には「すみだ川」の名が記されている。明暦の大火後、江戸幕府は旧暦５月28日から３カ月間、隅田川に納涼舟を繰り出すことを許可し、「川開き」と呼ぶようになった。８代将軍・徳川吉宗の時代に疫病や飢饉（ききん）が相次いで発生すると、吉宗は1734年の川開きの初日に当たる５月28日に、災厄除去と慰霊祭を行い、このとき初めて花火の打ち上げも公認した。以後、両国の川開きと花火は、一時期の断絶期を挟みながらも1961年まで続けられ、江戸や東京を代表する年中行事となり、1978年には「隅田川花火大会」と名前を変えて復活した。

現在では水上バスになったものの、人々が隅田川で楽しむ姿は江戸時代と変わっていない。隅田川が育む文化や娯楽はこれからも継承されていくだろう。

豆知識

1. 1923年の関東大震災で、南部の旧本所区は９割余りが焼失し、焼死者４万8000人と、東京市全体の焼死者のうち８割強に達した。やがて復興したものの、太平洋戦争の戦火で現在の墨田区域では６万3000人の死傷者と約30万人の罹災（りさい）者を出した。

第8週 第1日(月)

50 歴史／国分寺の建設

現代なら、疫病が流行すればワクチンと治療薬の開発にいそしみ、起源が何なのか、つきとめようとするだろう。地震が起きればどの活断層が震源なのか調べ、今後の予想をたてる。しかし科学の発達していない時代、疫病の流行や天災は、神仏の怒りだと考えられた。そして神仏を怒らせる主な理由は、君主の徳のなさだとされたため、古代の天皇は天災や疫病の流行のたび、神託を得て対処しようとした。国分寺の建立も、疫病の流行や天災がきっかけで、東京では現在の国分寺市に建立された。

飛鳥時代の終わり、女帝の即位が続いた時代があった。天武天皇（？～686）の葬礼が終わらないうちに皇太子の草壁皇子（662～689）が亡くなり、代わりとして皇后が即位する。これが持統天皇（645～702）だ。草壁皇子の息子である軽皇子は幼く、成長したのちに文武天皇（683～707）として即位するが、若くして崩御。息子の首皇子はまだ幼く、文武天皇の母が元明天皇（661～721）として、次いで姉が元正天皇（680～748）として中継ぎを務めた。そうしてやっと男帝の聖武天皇（701～756）が誕生する。期待を一身に背負っての即位だったのだ。しかし、聖武天皇の治世は、決して穏やかではなかった。長屋王の変や藤原広嗣の乱がおき、天然痘も流行。美濃国（現・岐阜県南部）では天平の大地震も起きた。

聖武天皇は、責任を感じたことだろう。741年2月14日に発せられた国分寺建立の詔の中で、「良い政治をできず、寝ても覚めても大変恥ずかしい」と述べているほどだ。これに先立って各地の神社を修造したり、約4.8mの釈迦牟尼仏を作らせたり、大般若経を写経させたりしたところ、豊かな収穫を得たことも、国分寺建立の後押しとなったようだ。国分寺は七重の塔を建てて『金光明最勝王経』と『妙法蓮華経』を十部ずつ写経するとある。天皇自身も金文字で『金光明最勝王経』を写して、塔ごとに一部ずつ納める。諸国の良い場所に建立し、人が住む場所からほど良い距離で、国司が立派に管理するようにと命じられた。僧寺と尼寺を設置して、僧寺には僧を20名住まわせて名は金光明四天王護国之寺とすること、また尼寺は尼僧10名を住まわせて名は法華滅罪之寺とすること、水田や金銭、物資などを支給し財源とすることなども定められている。しかし、平安時代以降に律令体制が崩れて財政の支援が絶えると、多くの国分寺や国分尼寺は衰退してしまった。

武蔵国の国分寺は、現在の東京都国分寺市西元町・東元町に建立された。北の国分寺崖線を玄武、南の平野を朱雀、西の東山道武蔵路を白虎、東に流れていた川を青龍とみなし、四神相応の地として選ばれたのだ。鎌倉末期に起きた北条泰家（生没年未詳）と新田義貞（1301～1338）による分倍河原の戦いで、武蔵国分寺は焼失したが、1958年と1964～66年に僧寺の中門・鐘楼・塔・尼寺・金堂・尼坊・伽藍地区画溝などが調査され、諸国の国分寺の中でも最大級の壮大な寺院であったことがわかっている。七重塔・金堂・講堂・北院・西院等の跡地が国の史跡に指定された他、武蔵国分寺跡資料館には資料が展示されている。

豆知識

1. 鎌倉時代頃に編纂された『古本説話集』には、和泉国分寺（現・大阪府和泉市）の僧が吉祥天の像に恋をして、これを妻とする話が登場する。和泉国では遅くまで国分寺が残ったらしい。

51 自然／アンダーグラウンド（地下）

東京都23区は、地下も賑やかである。迷宮のような地下街・地下通路にくわえ、13もの地下鉄路線が張りめぐらされ、世界有数の長距離地下高速道路「山手トンネル」（全長18.2km）も開通している。これらに公共インフラ（水道・ガス・電気・通信）をくわえると全長約10万km、地球約３周分に及ぶ。さらに地中深くには、大量の天然資源も確認されている。

リニア中央新幹線のトンネル掘削も認可が下り、日本橋周辺の首都高速地下化もこれから本格始動する。交通網だけではない。臨海副都心のアンダーグラウンドには、世界初の地下式50万ボルトの円形変電所「新豊洲変電所」（江東区豊洲）があり、都民に大量の電力を安定供給している。周辺の県に目を向けると、洪水対策の首都圏外郭放水路（埼玉県春日部市）や液化天然ガスを超低温で貯蔵するLNG地下タンク（神奈川県横浜市）なども建造・設置されている。首都圏外郭放水路の地下調節池は深さ50mにあり、江戸川に通じる放水路の全長は６kmを超える。LNG地下タンクは地下62mにあり、地下タンクとしては世界最大級（内径72m）の容量をほこる。

このほか、地下温室での野菜栽培も実用化が進んでいる。LEDを光源に使っているので、気まぐれな太陽に左右されることがない。農薬も培養土も大型機械も必要なく、栽培用の水も露地栽培の10分の１程度あれば足りるという。太陽の熱があたらず、水分の蒸発量が少ないからである。その最低必要量の水も、豊富な関東ローム層の地下水を利用すればまかなえるだろう。アンダーグラウンドは、未開の農地としても魅力たっぷりなのだ。

地下資源採掘の可能性はどうか。ゼロ年代後半、アメリカ合衆国で資源採掘の革新的な技術が開発・実用化された。地中の頁岩（シェール）層から大量の天然ガスを抽出できるようになり、アメリカは一転して資源輸入国から輸出国に転じたのである。これをシェールガス革命という。関東平野の地下にも、推定・可採埋蔵量3685億m^3もの天然ガス田（南関東ガス田）が眠っていて、現在の年間ガス消費量の約600～800年分に相当という試算もある。

南関東ガス田の歴史は、江戸時代に採取されていたという説が残っているほど長い。記録上では、1891年に醬油醸造業を営む太田卯八郎が敷地の井戸に煙草の吸い殻を捨てたところ、青白い炎が上がったというのが最古である。その後、卯八郎が住んでいた千葉県大多喜町では、天然ガスの自噴があいついで確認され、昭和初期にはガス採取会社も設立された。しかし、南関東ガス田の天然ガスは水溶性のため、地下水と共に汲み上げなければならない。それにくわえ、大量のガス採取によって地盤沈下が進行したため、1973年から産出量をコントロールすることになった。残念ながら底知れぬ地下資源への期待はしゅんとしぼんでしまったのである。

豆知識

1. 都内でもっとも深い建物は国立国会図書館新館（千代田区永田町）で、地下８階の書庫は深さ30mにある。地下鉄でもっとも深い駅は大江戸線六本木駅で、最深部のホームは国会図書館よりさらに深い地下42m。徒歩で地上改札口にたどり着くまで、200段以上の階段を上がらなければならない。

52 物語／『東海道四谷怪談』

怪談といえば「お岩さん」というくらい有名な『東海道四谷怪談』は、4世鶴屋南北（1755～1829）による歌舞伎脚本だ。1825年7月、江戸・中村座で、3世尾上菊五郎のお岩・小平・与茂七の3役、7世市川団十郎の民谷伊右衛門、5世松本幸四郎の直助権兵衛というキャスティングによって初演された。

初演の際には、赤穂浪士の討ち入り（浅野内匠頭の元家臣が吉良上野介を討ち取った）を下敷きにした『仮名手本忠臣蔵』（歌舞伎では室町時代を舞台とし、塩冶判官の元家臣たちが高師直を討ち取る）を一番目とした二番目狂言として、2日がかりで上演した。『忠臣蔵』の世界を裏返して解体しながら、四谷左門町に17世紀後半頃から伝わる田宮家の怪談話や、密通のため戸板に釘付けされた男女の死体が神田川に浮かんだという話、隠亡堀（現・江東区扇橋と北砂の間の十間川にかかる岩井橋付近）に心中者の男女の死体が流れたのを鰻掻き（鰻をとる人）が引き上げた話、主殺しの罪で同日に処刑された直助と権兵衛の話、密通した女に謀殺された役者小平次の話など、巷説と実話を取り混ぜ、作者の旧作の趣向を生かして脚色している。怪談劇の傑作として、現代でも歌舞伎をはじめ新劇や映画、TVドラマなどで取り上げられている。そこには「加害者＝悪」対「被害者＝善」という単純な構図と関係性だけではない複雑な人物造形があり、封建社会が崩れつつある文化・文政期（1804～1830）の退廃した江戸の世相を写しながら、下層社会に生きる人々の心理が鮮やかに描かれている。その鬱屈した負のエネルギーは、滑稽、残忍、グロテスク、そして様々な悪の姿と悲哀が積み重なったこの物語世界の中で、ドロドロと渦巻くのである。

簡単にストーリーを追ってみよう。塩冶家浪人の民谷伊右衛門は、妻お岩の父で自分の旧悪を知る四谷左門を浅草田圃で殺し、お岩の妹お袖に横恋慕する薬売り直助は同じ場所で、お袖の夫であり塩冶浪人で後に義士の一人となる佐藤与茂七を殺そうとして、間違えて奥田庄三郎を殺す。雑司ヶ谷の民谷の隣家に住む伊藤喜兵衛（高師直の重役）は、伊右衛門に恋した孫娘お梅のために、お岩に血の道の薬と偽って毒薬を贈る。薬を飲んで醜い容貌に変わったお岩は按摩宅悦に事情を知らされて憤死する。民谷家の下男小仏小平は、塩冶浪人の旧主の病気を治したさに民谷家の秘薬を盗む。しかし、伊右衛門に殺され、お岩とともに死体を戸板の表裏に釘付けにされて川へ流される。お梅と祝言を上げた伊右衛門は、お岩と小平の怨霊に祟られ、お梅も喜兵衛も殺してしまう。一方、お袖は鰻掻き権兵衛と改名した直助と名目だけの夫婦になっていたが、父・夫・姉の仇を討ってもらいたさに、とうとう直助の自由になる。そこへ死んだはずの与茂七が現れ、わが身を恥じたお袖は自ら2人の手にかかって死ぬ。直助は、お袖が実の妹で、人違いで殺したのが旧主の息子だったことを知り、因果におびえて自殺。伊右衛門もお岩の亡霊にさんざん悩まされたすえ、与茂七に討たれる。

豆知識

1. 新宿区の四谷左門町には「於岩稲荷田宮神社」があり、『四谷怪談』を上演する際には縁者やスタッフが参拝することで有名である。神社の縁起によれば、実際のお岩さんは伊右衛門とは仲むつまじい夫婦で、貧しい家計を支えるため商家に奉公し、やがて蓄えも増えて家運を盛りかえしたため、福を招き、商売繁盛に御利益があると人々の信仰を集めたという。人気にあやかってか、道路を挟んで反対側には「於岩稲荷陽運寺」があり、また中央区新川には於岩稲荷田宮神社の分社の「於岩稲荷田宮神社」がある。

53 商業と娯楽 ／ 木場(材木町)

木場とは文字通り材木置き場のことだ。江戸の木場は、徳川家康による江戸城改修の用材調達以来、神田や日本橋周辺に店を構えた材木問屋の貯木場が、大火を契機に市外に移転させられ、紆余曲折を経て1701年、深川(現・江東区深川)の地に集められたことに始まる。15名の材木問屋が周辺を整備し、2年後には木場町が成立、木材の集散地としての木場地域が誕生した。

「名所江戸百景 深川木場」歌川広重

木場ができて以降、江戸で使われる木材のほとんどが木場の材木問屋の組合の管理となり、巨万の富を得る材木商も現れた。元禄期(1688〜1704)を中心とした5代将軍・綱吉の時代は、江戸前期の急成長の頂点に当たり、大規模な寺院の造営や橋の架橋など幕府による巨大プロジェクトが数多く実行された。いわば江戸の建築バブルである。そのための材木を扱う幕府御用達商人が栄えるのも無理はない。遊里での豪遊で名高い「奈良茂」こと奈良屋茂左衛門や、「紀文」こと紀伊国屋文左衛門(「紀伊国屋文左衛門」96ページ参照)などはその代表である。

こうした豪商たちが、深川の料亭で途方もない金をつぎ込んで接待を繰り返すことで、深川の花柳界は瞬く間に繁栄した。張りと気っぷの良さで知られる深川の芸者は、18世紀の後半頃まで男物の羽織を着ていたことから「羽織芸者」とも呼ばれ、深川が江戸城から辰巳(南東)の方角にあたることから「辰巳芸者」とも呼ばれていた。語りや三味線などを得意とし、芸を売っても身は売らぬ、「伊達」が売りの勇み肌で元気のよい「きゃん」なさまは江戸っ子好みで、薄化粧や華美でない衣装とともに、男名前や威勢のよい言葉遣いなど独特な気風を誇った。

木場では、整備された掘割に全国から集められた材木を浮かべて貯蔵した。材木取り扱い業務全般に関するプロフェッショナルの「川並」(筏師)が、水面に浮かぶ材木に乗り、それを鳶口一つで巧みに扱っては筏に組む。その粋で、いなせで、格好のよい姿が人気を博し、さらには、木材に乗る技術や集める技術を競い合うようになった。「角乗り」をはじめとして「手放し乗り」「駒下駄乗り」「足駄乗り」「一本乗り」「梯子乗り」「三宝乗り」など様々な技が生まれ、洗練され、芸能化していった。また、木材を運んだり水から揚げたりするとき、お互いの息を合わせるため、かけ声代わりに即興の歌詞をつけて歌った労働歌の「木遣」は、仲間内の祝儀の場などでも歌われるようになり、こちらもやがて芸能化していく。木場の角乗りと木遣は、現在、都の無形民俗文化財に指定されている。

豆知識

1. 深川木場は『江戸名所図会』や『名所江戸百景』にも描かれた。材木が浮かぶ掘割、材木商の大きな屋敷、貯木場もあちこちに見える。現在は、一部が親水公園(都立木場公園)になっており、毎年10月の区民まつりには、公園のイベント池で角乗りが見られる。
2. 300年の歴史を誇り、日本が高度成長期を迎えたときには、約1000軒もの材木問屋や製材所が集中していた江東区木場周辺。地盤沈下による水面上昇、道路交通事情の変化、また台風や大雨などによる増水で係留している木材の流出の危険があるなどの理由から、1970年より材木関連企業と貯木場の移転が検討され、1982年、新木場(14号埋め立て地)への移転が完了した。

54 暮らしと文化 ／ 五色不動

目黒といえば区の名前にもなっており、落語の「目黒のさんま」などで知られるが、実は黒だけでなく、目白、目赤、目青、目黄も存在している。なんの目が黒いのかといえば、不動尊だ。目黒不動尊は目黒区下目黒の瀧泉寺、目白不動尊は豊島区高田の金乗院、目赤不動尊は文京区本駒込の南谷寺、目青不動尊は世田谷区太子堂の教学院、目黄不動尊は台東区三ノ輪の永久寺、あるいは江戸川区平井の最勝寺にあるとされている。この、５つの色の不動尊群のことを「五色不動」という。

目黒不動尊

黒・白・赤・青・黄は、中国の陰陽五行説にちなみ、水・金・火・木・土の５つの元素を意味する。それではなぜ不動明王なのだろう。仏教には悟りと衆生救済の二つの目的があり、それぞれが矛盾している。悟った者は煩悩に煩わされなくなり、俗事を意識できなくなるため、衆生を救済できないからだ。だから衆生の救済を大切にする大乗仏教は、いまだ悟りに至らず衆生を導く菩薩や、如来が変化した明王などを必要とした。明王の多くは憤怒の表情だが、これは単純な怒りではなく、煩悩や教えに従わない悪への怒りや仏教に帰依しない衆生をなんとしても帰依させようとする意気込みを表現しているという。明王の中でも不動明王は、庶民にとって、観音菩薩や地蔵菩薩と同じくらい身近な存在だったのだ。

目黒不動尊を本尊とする瀧泉寺は、下野国の僧、慈覚大師・円仁が開基したと伝わる。比叡山へ向かう途中で目黒に立ち寄ったところ、夢に青黒い顔の神人が現れて「我はこの地に迹を垂れ、魔を伏し、国を鎮めんと思うなり。来って我を渇仰せん者には、諸々の願いを成就させん」と告げたという。円仁がこの神人を彫刻した像が、本尊だという。５色の中でも特に有名なのは、1630年に護国院（台東区上野公園）に属する末寺となったからだ。護国院は徳川家菩提寺の寛永寺の子院で、３代将軍・徳川家光の尊崇も篤く、この地で鷹狩をしたときに愛鷹が行方不明になったため不動尊に額ずいて祈ったところ、たちまち鷹が戻ってきたという。目白不動尊は文京区にあった新長谷寺の本尊だったが、太平洋戦争で廃寺になったとき、金乗院に不動尊が遷された。大きさは約24cmで弘法大師の作という。目赤不動尊を祀る南谷寺は、不動明王の信仰者であった万行律師が開基。伊賀の赤目山山頂で祈願していたところ、天から約3.6cmの黄金の不動明王像が降ってきた。これを本尊として庵を結んだものだという。1834～1836年に刊行された『江戸名所図会』には、「後年、目黒・目白に対して目赤と改めた」とあるから、この時代にあったのは、黒・白・赤の３つだけだったのかもしれない。目青不動尊の不動明王像は、もともと港区にあった観行寺の本尊だった。しかし1882年に廃寺となったため、教学院に遷されている。目黄不動尊があるとされる場所は複数あるが、詳しい由来は伝わっていない。不動明王はすべての悪を鎮めるありがたい明王。苦しいときは参詣してみるとよいかもしれない。

豆知識

1. 不動明王と並んで人気があるのが、愛欲を悟りに変えてくださる愛染明王だ。この両明王が一体となったものを厄神明王と呼ぶ。厄神明王は兵庫県にある門戸厄神に現存するが、秘仏だ。

55 人物／ヤン・ヨーステン

新幹線で東京駅に着き、東側に出たら、そこは八重洲口。住所は東京都中央区八重洲になる。その「八重洲」という地名は、1600年にオランダ船リーフデ号で日本にやってきたオランダ人航海士、ヤン・ヨーステン（1556？〜1623）に由来する。徳川家康（1543〜1616）に重用され、「耶揚子」と呼ばれて、このあたりに屋敷を与えられたことから名がついた。

ヤン・ヨーステン像（東京駅八重洲地下街）

大型帆船リーフデ号が豊後国佐志生（現・大分県臼杵市）付近に漂着したのは1600年４月、「天下分け目の戦い」となる関ヶ原の戦いの半年前のことだった。２年前、５隻で船団を組んでオランダのロッテルダムを出港したとき、リーフデ号には船員110人が乗り込んでいた。しかし、大西洋を南下して南米南端のマゼラン海峡を通り、太平洋を渡る長い航海の途中、嵐や病気、戦闘、食糧難など様々な困難に見舞われて、日本にたどり着くことができたのはリーフデ号のみ。生き残ったのも20人ほどだった。その中に、オランダ人船員のヤン・ヨーステンと、イギリス出身の水先案内人ウィリアム・アダムズ（1564〜1620）がいた。

救護された２人は堺から江戸へと移送され、家康から外交・貿易の顧問を任ぜられて、本国との通商斡旋を命じられた。ヤン・ヨーステンは和田倉門外あたりの岸辺に屋敷を与えられ、あたりは日本名の「耶揚子」にちなんで「耶揚子河岸」と呼ばれるようになり、それが「八代洲」「八重洲」となまっていった。今の東京駅の八重洲口側ではなく、反対の丸の内側だったが、正確な場所はわかっていない。一方、アダムズは三浦半島に領地、江戸に屋敷を与えられて「三浦按針」と呼ばれた。こちらの屋敷は今の中央区日本橋室町１丁目にあったことがわかっている。

ヤン・ヨーステンはオランダ中部・南ホラント州デルフトの出身。今は陶磁器生産で知られる街だ。叔父が市長、甥が市の評議員を務め、一族はオランダが本格的にアジア貿易に乗り出した当初から、植民地経営を担う東インド会社に深く関わっていた。一方、江戸幕府にとっては、カトリック教徒で布教に熱心な南蛮人（スペイン・ポルトガル人）より、プロテスタントで貿易の利益を求める紅毛人（オランダ・イギリス人）のほうが交易相手として好都合で、ヤン・ヨーステンは長崎・平戸のオランダ商館開設（1609年）と日蘭貿易の発展に尽力した。しかし、理解者だった家康が亡くなると幕府の締め付けが強まり、イギリス人との対立や同胞とのトラブルも相次いで帰国を決意。1622年に長崎を出港し、オランダの東アジアの拠点バタヴィア（ジャカルタ）に着いたが帰国できず、翌年、再び日本に戻る途中に船が難破し、帰らぬ人となった。

豆知識

1. 東京駅・八重洲中央口から徒歩５分、日本橋３丁目交差点の中央分離帯に、「ヤン・ヨーステン記念碑」がある。1989年に日蘭修好380周年記念として立てられた。すぐ脇には「平和の鐘」もあり、オランダ製の26個のベルが四季折々のメロディを奏でている。
2. 駅の反対側にある丸の内ビルディングの脇には、躍動感あふれるリーフデ号の彫刻がある。1980年にオランダ首相が来日した際、寄贈された。オランダ語で「リーフデ（liefde）」は「愛」を意味する。

56 まち／江東区

「江東」の区名は、「隅田川の東に位置する」という地理的な意味のほか、「江」は深川、「東」は城東と、江東区の代表的な地名を意味している。深川は江戸市民の遊興地として、城東は農地として栄えた。23区の中で屈指のスポーツに熱心な区でもあり、数多くのスポーツ選手を顕彰している点もユニークである。

開発が進む江東区の臨海地域

江東区は隅田川と荒川に挟まれ、区のほぼ北端を走るJR総武線の亀戸駅、中央にのびるJR京葉線の越中島駅から新木場駅までの駅などが含まれる。また、東京臨海新交通臨海線（ゆりかもめ）の豊洲駅から東京国際クルーズターミナル駅まで9駅、東京臨海高速鉄道りんかい線の東京テレポート駅から新木場駅まで4駅が区内に含まれ、東京湾に面した臨海地帯として発展している。区は大きく3つに分けられ、深川八幡祭りや深川めしなど江戸の文化が息づく深川地区、亀戸天神社や砂町商店街がある城東地区、豊洲や有明など開発が進む臨海部である。

江東区がある場所は、江戸時代までは東京湾に注ぐ河川のデルタ地帯の一部で、海面と散在する小島があるだけだった。江戸時代初期の埋め立てにより、慶長期（1596～1615）に深川八郎右衛門が森下周辺の新田開発を行って深川村を創立。1659年には砂村新左衛門の一族が、海辺の湿地に新田開発を行って「砂村新田」とした。これが起源となって、現在も江東区の南東部には北砂・南砂・東砂・新砂など、「砂」のつく地名が多いとされる。

明暦の大火後、江戸幕府は火事に強い町づくりを計画し、密集した市街地の再開発と拡張に努める。貯木場を永代島（現・江東区西部）に集めて木場を創設し、1701年に現在の木場に移転させた。さらに、埋め立て開発が進んだ深川地区には武家屋敷や社寺を移し、正徳期（1711～1716）に入ると市街地に編入される。木材や倉庫業、米・油問屋の町として栄えた深川地区は、社寺の祭礼、開帳などの年中行事を中心に、江戸市民の遊興地としても賑わった。城東地区は、江戸近郊の農地としてカボチャやナスなどの野菜類を江戸に供給して栄える。

明治時代に入ると、広い土地と水運を利用した工業地帯となり、1878年に深川区が発足、1932年には南葛飾郡に属していた城東地区が城東区となり、1947年には深川区・城東区が合併して江東区が生まれた。

江東区は「スポーツと人情が熱い町」を掲げており、「江東区文化・スポーツ功労章顕彰要綱」に基づき、江東区にゆかりのある文化・スポーツ功労者が顕彰されている。2021年7月時点で、のべ18名（団体）を顕彰し、陸上競技（短距離）のケンブリッジ飛鳥、バドミントン女子の奥原希望、バドミントン女子ダブルスの髙橋礼華・松友美佐紀などそうそうたる顔ぶれが並ぶ。

豆知識

1. 江東区の北部を東西に流れる小名木川は、江戸時代初期に徳川家康の命によって開削された。行徳（千葉県市川市）の塩田から塩を江戸へ運ぶための重要な水路であった。

57 歴史 ／ 将門の首塚

日本には古来「御霊」を信仰する風習があった。悲劇的な最期を遂げた貴人の荒ぶる霊を鎮めれば、幸いをもたらす御霊となるという信仰だ。藤原時平（871〜909）の陰謀で大宰府に左遷され、雷神となって多くの殿上人を祟り殺した菅原道真（845〜903）が、学問の神として受験生から人気なのも、御霊信仰による。東京都千代田区大手町に首塚がある平将門（？〜940）も霊験あらたかな神として信仰されると同時に、首塚に不敬をはたらけば、おおいなる祟りがあるとして畏れられている。

将門塚（東京都千代田区）

平将門がいつ生まれたのかははっきりしていないが、10世紀の人物だ。「平家にあらずんば人にあらず」といわしめるほど栄華を誇った平清盛が生まれたのは1118年だから、将門の時代にはまだ、平家という家門に大きな力があったわけではないだろう。将門の父である良将（生没年未詳）は下総国（現・千葉県北部と茨城県の一部）を拠点とし、東北地方を治める鎮守府将軍を務めた人物だ。将門は平安京で藤原忠平（880〜949）に仕ったが、官位が低いまま下総国へ戻った。この際、上野国花園村（現・群馬県高崎市）で、伯父の国香（？〜935）に襲われてこれを撃退している。この国香の子孫が清盛なのだ。国に帰った将門は勢力をつけ、現在の茨城県にあった３郡を支配するようになる。しかし父が亡くなると、領地をめぐって一族同士で争いが続いた。その中で、伯父の国香らを殺害した罪で朝廷に召されるなど、国家に対抗しようとする危険因子とみなされるようになった。

この頃武蔵で長官職にあたる権守になった興世王（？〜940）は、源経基（？〜961）とともに武蔵武芝（生没年未詳）と争い、平将門が調停にあたった。これがきっかけで興世王は将門を頼るようになる。さらに、常陸国（現・茨城県）の藤原玄明（？〜940）が、租税を一切納めずに領地の収穫物を横領した末に、逮捕を逃れて将門を頼ってきた。将門は玄明の逮捕を許すよう常陸国府に求めたが拒否され、戦に発展する。将門の軍勢は1000人強で、敵は3000人もいたにもかかわらず大勝。しかし国府軍との戦は、国家への反乱とみなされた。その後、興世王にそそのかされて新たに下野（現・栃木県）、上野（現・群馬県）、武蔵、相模（現・神奈川県）の坂東を支配し、独立を宣言。自ら「新皇」を名乗ったが、藤原秀郷らに滅ぼされた。

事件直後に成立した『将門記』には、将門の遺体がどう扱われたか書かれていないが、『太平記』などで語られる伝説では、京都の七条河原にさらし首にされたが、死後何日たっても腐らず、歯ぎしりし続けた。そしてある夜、胴体を求めて関東へ飛び去ったという。

将門の首塚は、七条河原を飛び立った将門の首が落下したと伝えられる場所だ。将門の首が祀られているとされるが、石室のようなものがあることから、本来は古墳だったようだ。1923年におきた関東大震災の後に大蔵省の仮庁舎が建設されたおり、またGHQが首塚を撤去しようとした際にも不審死が相次いだという。現在管理しているのは、平将門を祀る神田明神だ。

豆知識

1. 室町時代に成立した『俵藤太絵巻』は、藤太が三上山のムカデを退治する物語だが、俵藤太は藤原秀郷の別名。退治されたムカデは平将門を暗喩しているとされる。

58 自然 ／ 暗渠(渋谷川)

蓋(ふた)でおおい隠された河川や地下に埋設された水路のことを暗渠(あんきょ)という。都内には、こうした暗渠や川の痕跡があちこちに残されている。暗渠を見つけるのは、さほど難しくない。そのサインはコンクリートの蓋だけでなく、唐突に現れる車止め、マンホールの列、道路に残る橋の欄干・橋床、崖下の細い道、凹地の路地など、至るところにある。

唱歌「春の小川」は、だれもがすぐ口ずさめるだろう。作詞した高野辰之(たかのたつゆき)は豊多摩郡代々幡(よよはた)村に住んでいた。現在の渋谷区代々木3丁目、甲州街道をはさんだ都庁の南側あたりである。「春の小川」が発表された1912年当時、一帯にはのどかな田園風景が広がり、河骨(こうほね)川という清流が流れていた。「春の小川」のモデルは、この河骨川と伝えられる。歌詞の通り、エビやメダカが泳ぎ、岸辺にはすみれやれんげの花が美しく咲いていたことだろう。

近年、東京の暗渠の「広告塔」として注目を浴びているのが、渋谷川である。「春の小川」こと河骨川は、新宿御苑に水源を持つ渋谷川の支流だった。昔の渋谷川は玉川上水（「江戸の上水道」211ページ参照）の余水も引きこみ、水量豊かで東京湾にも通じていた。河骨川をはじめ支流も多かったことから、江戸時代には舟運にも利用されていたという。しかし戦後、宅地開発が進み、大量の排水が流れこむようになると、渋谷川は厄介者扱いされ、下水道にされてしまったのである。さらに、1964年の東京オリンピック開催が決まると、川の大部分は埋め立てられ、一部は暗渠として地下に身を潜めることになった。さらに水質汚濁が深刻化するにつれ、暗渠の蓋は固く閉じられてしまったのである。だれもドブ川なんて目にしたくはない。渋谷川の暗渠の歴史は、「帝都」発展の負の歩みと重なる。

この暗渠の堅い蓋がこじ開けられたのは、最近のことである。2012年に開業した「渋谷ヒカリエ」を皮切りに、JR渋谷駅の周辺では大規模な再開発が進められた。一帯は渋谷の名の通り、山の手台地（「山の手台地と下町低地」50ページ参照）の谷地にあたるため、渋谷川も駅南側では川の姿を消すことなく、地下の暗渠も流れを絶やすことはなかった。旧・東急東横線渋谷駅の敷地を再開発するなか、「水辺空間の再生」がテーマとなり、この渋谷川に注目が集まったのである。

官民の連携によって、渋谷川の再生計画が進められ、2018年には35階建ての複合商業施設「渋谷ストリーム」がオープンした。施設の「広告塔」となった渋谷川は、約600mの遊歩道とともにマスコミ各社に紹介され、一躍“時の川”となったのである。再生された渋谷川の水は処理水で、護岸壁から流すしくみになっている。自然の川とはほど遠く、「春の小川」のようにエビやメダカが姿を見せることはない。ただ、裏原宿の旧渋谷川遊歩道路（通称キャットストリート）が暗渠を歩ける道として注目されるなど、渋谷川は暗渠フリーク以外にもその存在を知られる代表格となった。

豆知識

1.「橋」「谷」などが付く地名も、暗渠発見の手がかりとなる。23区内には「橋」の名がついている交差点が465カ所ある。この約4分の1近くが地下に消えた川の架橋の名残といわれる。

59 物語 ／『名所江戸百景』歌川広重

『東海道五十三次』で有名な歌川（安藤）広重（1797〜1858）の最晩年の代表作が『名所江戸百景』だ。1856年から広重が亡くなる直前まで制作され、二代目広重の補筆によって完結した連作の風景版画で、幕末から明治にかけて活躍した図案家、梅素亭玄魚による目録１枚と、119枚（内、初代の落款があるのは118枚）の図絵から成る。

「大はしあたけの夕立」

この連作を企画したのは、下谷新黒門町（現・台東区）の魚屋栄吉（「ととや」とも、通称「魚栄」）という気鋭の版元だった。版画の彫り・摺りともに技術面において最高潮に達していた時期でもあり、『名所江戸百景』の初摺には当時の名工が関わっていた。精緻な彫りとともに多様なぼかし摺や雲母摺、空摺（エンボス加工のような技法）など卓越した技術で、その場所の遠近感はもちろん空気感や質感、季節や時間の移ろいまで感じさせ、名所絵（風景版画）としての完成度は随一といわれている。

描かれた江戸の風景は、中景を除いて近景と遠景だけを切り取り、「広重ブルー」と呼ばれる藍を生かした緻密な色彩で構成されている。西洋的な遠近法の大胆な応用や、俯瞰や鳥瞰など多様な視点、光と影の対比などで何でもない景色を捉え、ズームアップやトリミングを多用した大胆な構図で、その景色に名所としての新たな魅力を与えた。人々を魅了したこの連作はたちまちベストセラーとなり、どの図も１万〜１万5000部の後摺りを必要とするほどだった。雨、雪、霧、月など広重得意の表現を駆使した叙情的な画面も特徴的で、なかでも「大はしあたけの夕立」「王子装束ゑの木大晦日の狐火」「深川洲崎十万坪」は三役物と呼ばれている。「大はし」とは隅田川にかけられた３番目の橋で、現在の中央区日本橋浜町と江東区新大橋１丁目をつなぐ「新大橋」のことだ。

また、「ジャポニスム」においてこの連作は、印象派をはじめ海外の画家に多大な影響を与えた。ゴッホは「大はしあたけの夕立」や「亀戸梅屋舗」を模写しているし、モネは「亀戸天神境内」に描かれた太鼓橋や藤棚を自邸の庭に再現した。ホイッスラーは「京橋竹がし」に影響を受け「ノクターン—青と金：オールド・バタ―シー・ブリッジ」を描いたといわれる。

ところで、この刊行が始まる５カ月前の1855年10月、江戸は安政江戸地震に見舞われた。市中の至る所で火の手が上がり、多くの家屋が倒壊し、7000人に及ぶ人々が亡くなったという。何気ない江戸の風景を移り変わる季節の美しさとともに描き出したこれらの作品の底には、広重の鎮魂の思いとともに復興を願う気持ちが流れており、顔が描かれていない人々や、姿を描かずその気配だけを感じさせる作品の多さも、大切な人の面影を偲ぶ心が込められていると指摘する研究者もいる。

豆知識

1. くるりと円を描いて曲がったユニークな形の松がアップで迫る構図の「上野山内月のまつ」の図。ここに登場する「月の松」は、不忍池に浮かぶ中島にある弁天堂に向かって上野の清水観音堂から降りていく石段の近く、不忍池の池畔に生えていた。明治の初め頃に台風で折れてしまったという。2012年、清水観音堂の舞台下に再現され、その輪の中から弁天堂を望むことができる。

60 商業と娯楽／江戸四宿

「江戸四宿」とは、江戸から五街道（東海道、中山道、甲州道中、日光道中、奥州道中）への出入口にあたる四つの宿場を指す。東海道の品川宿、中山道の板橋宿、甲州道中の内藤新宿、宇都宮までの区間が共通する日光道中と奥州道中の千住宿がそうだ。

幕府は開府直後、五街道をはじめとする主要幹線道路を整備し、宿駅伝馬制を制定した。江戸と地方を結ぶ五街道の出発地点である江戸日本橋から、それぞれ２里（約８km）以内の場所に位置する最初の宿場町（初宿）が江戸四宿である。江戸の出入口としての重要な役割を担い、人や物資、情報や文化の集散地だった。大名や幕府の役人が泊まる本陣やその予備宿舎の脇本陣をはじめ、一般の旅人を泊める旅籠屋や安宿の木賃宿、宿駅で人馬を乗り換える継立などの事務を行う問屋場などが建ち並び、周辺地域とは異なる街並みと賑わいを誇った。また、非公認の遊郭（岡場所）もあり、飯盛女の名目で遊女を置いていた。

品川は古くから漁業と海運で栄えた湊町だ。海産物や廻船問屋として財を成した豪商により神社仏閣も多数建立されている。東海道の初宿となってからはその繁栄に拍車がかかり、西国へ通じる陸海両路の玄関口として発展するとともに、旅籠を兼ね、遊女を置いた妓楼が軒を連ねる遊郭としても名高かった。多くの社寺、桜の御殿山や紅葉の海晏寺などの名所もあり、江戸からも近い手軽な行楽地として、旅人よりもむしろ江戸の庶民に親しまれた。

板橋宿も中世以来の古い宿場である。東海道に次いで交通量の多い中山道の初宿であると同時に、信越、北陸方面からの玄関口でもあった。平尾宿（下宿）・中宿・上宿の３区域からなり、本陣のある中宿を中心に、上宿の大木戸を囲むように商人宿や馬喰宿が密集していた。江戸側の平尾宿が今のJR板橋駅の駅前商店街付近で、当時は他の区域より寂れていた。宿場の東側には広大な敷地の加賀前田家下屋敷があり、現在も町名などにその名残をとどめている。

内藤新宿はその名の通り新しい宿だ。当初、甲州道中の初宿は高井戸だったが、江戸から距離があるため、その中間に1698年に設置された。内藤家の屋敷地を開発したのでこの名がある。参勤交代で通る大名はわずか３家だったが、甲府が幕府直轄領だったため重視されていた。江戸に近いことから飯盛旅籠が多く、宿場というより歓楽街になっていた。当時もっとも賑わっていたのが現在の新宿１丁目・２丁目あたりになる。また、内藤氏の中屋敷の庭園の一部が、新宿御苑の日本庭園として残っている。

千住宿は1594年の千住大橋の架橋にはじまる。1597年に、荷物の運搬を担う継立場に指定され、1625年には日光東照宮の造営に伴う宿駅制の改正で、日光・奥州道中の初宿となった。日光へ参拝する大名行列が頻繁に往来することもあり、江戸時代を通じて発展を続け、宿場の規模・範囲も徐々に広がっていった。また、日光・奥州道中だけでなく、ここから分岐する水戸街道（水戸佐倉道）や下妻街道（流山道）など脇往還の宿場でもあった。

豆知識

1. 遊郭で居残りを続ける男が活躍する、川島雄三監督の映画『幕末太陽傳』（1957年）の舞台が品川である。主人公の佐平次が登楼した「相模屋」は品川宿に実在した遊郭。古典落語の物語をちりばめ、高杉晋作らが起こした英国公使館焼き打ち事件も絡めた虚実ない交ぜのコメディは、日本映画の名作として高く評価され、舞台化もされている。

61 暮らしと文化 ／ 七不思議

豊臣秀吉は、将軍のそばで話し相手や書物の講釈等を行う御伽衆の曽呂利新左衛門（生没年未詳）に「おどろおどろしきことを語れ」と頻繁に命じたという。戦の心配がなくなって生活が安定すると、人の心は闇に向かうものなのかもしれない。江戸の人々も怪や不思議を好んだようで、荻田安静著の『宿直草』、愚軒著『義残後覚』、浅井了意著『伽婢子』など、数々の怪談集が書かれた。さらに江戸では、本所七不思議をはじめ、深川七不思議、麻布七不思議などが伝えられている。

「本所七不思議之内 置行堀」歌川国輝

七不思議という言葉が登場するのは、松浦静山（1760～1841）の『甲子夜話続篇』が初めてとされる。1821～1841年にかけて書き続けられたものだから、七不思議の形成は江戸時代の晩期だろう。もともと個別に語られていた怪談が七不思議としてまとまったのは、柳亭種彦（1783～1842）の『七不思議葛飾譚』が最初だ。柳亭種彦は通俗小説を多く残した戯作者で、七不思議についても著作を残している。七つの不思議は「所謂本所の七不思議ハ片葉の芦、おいていけ堀、埋蔵の溝、足洗ひ屋敷、送り提灯、小豆婆、あかりなしの蕎麦屋なり」とある。中でも有名なのはおいていけ堀だろう。ある日、町人たちが現在の錦糸町近辺にある堀で釣りをしたところ、大漁だった。気を良くして夕暮れまで競うように釣り上げて帰ろうとすると、堀の中から「置いていけ」と、恐ろしい声がする。驚きのあまり魚籠を置いて逃げ帰ったが、しばらくして魚が惜しくなり、戻ってみると魚籠の中は空っぽだった。狐やむじな（あなぐま）の仕業だともいう。片葉の芦は本所に住む美しい娘、お駒の話。彼女に片思いをしていた留蔵が、振り向いてもらえない意趣返しに片手片足を斬り落とし、駒止橋付近の堀に投げ込んでしまった。それからこのあたりの芦の葉は片方だけになってしまったそうだ。埋蔵の溝は話が伝わっておらず不明。足洗ひ屋敷は本所三笠町（現・墨田区亀沢）に住む味野岌之助の屋敷で起きた事件。剛毛の生えた大足が夜ごと天井を突き破って降りてきて、「足を洗え」と大声で叫んだらしい。送り提灯は、いつまでたっても追い抜けない夜道の怪。前に提灯の灯りが見えるので追いかけると、灯りは消えてしまう。不思議に思って歩調をゆるめると、また前方に提灯が灯るのだ。小川から「小豆ひとつぶ、小豆ふたつぶ」とかすれた歌声が聞こえるのは小豆婆。あかりなしの蕎麦屋は、蕎麦屋の屋台のうち一つが、いつも無人で店先の行灯も消えているというもの。暗いからとこの行灯に火をつけると、必ず不幸があるという。

江戸の怪異は枚挙にいとまがなく、家の中にも魔所があった。『諸国百物語』には「雪隠のばけ物のこと」という話がある。ある男が雪隠に行くと、美しい稚児がやってきて不気味に大笑いしたという。驚いて飛び出たが、雪隠の中から若い声がして、男は死んでしまったという。数々の怪談に語られる雪隠もまた、魔の潜む場所だったのだろう。

豆知識

1. 江戸時代の都市伝説に「池袋の女」がある。池袋の女性を雇うと屋根や雨戸に石が降る怪異があるという。池袋の土地神は氏子を惜しむので、他の土地に女をやるのをいやがるのだと考えられた。

62 人物／松尾芭蕉

江戸前期、元禄文化が華やかな頃、五七五の俳句を独立した芸術分野にまで高めた俳人が、「俳聖」とも呼ばれる松尾芭蕉(ばしょう)（1644～1694）だ。伊賀上野（現・三重県伊賀市）の生まれだが、29歳で江戸に出て技を磨き、「蕉風」と呼ばれる独自の世界を築いた。深川（現・江東区深川）に構えた「芭蕉庵(あん)」を拠点に、東北や北陸、中部、関西へと何度も旅に出ては句を詠み、紀行文を書き、各地に門人を抱えて、江戸の俳句文化を大いに広めた。

松尾芭蕉

幼名は金作。伊賀上野藩の藤堂家に若くして仕え、２つ上の若君の影響で俳諧(はいかい)をたしなむようになる。句会を重ねて腕をあげ、1672年に江戸へ。俳号を「桃青(とうせい)」と名乗り始めたのは、中国の詩人、李白を仰ぎ見てのことだろう。白いスモモ（李）には及ばぬ、まだ青い桃だ、と。生活のためか、この頃はまだ神田上水の水道管理の仕事などを請け負っていたとする記述が残っている。

師匠の北村季吟(きたむらきぎん)（1624～1705）に力を認められ、弟子もできた1680年、40歳を前にして住まいを江戸の街中から隅田川の東、深川に移した。その際、弟子から贈られたバショウの木が庭によく茂ったことから、自宅が「芭蕉庵」と呼ばれるようになり、俳号も「芭蕉」と名乗り始めた。バショウは高さ４メートルほどにもなる大きな葉をもった多年草。中国原産とされ、中国の大詩人や画家に愛された植物だった。江戸郊外で隠棲(いんせい)を始めたのも、俳人としてより高みを目指す覚悟だったのかもしれない。

もともと俳諧は、五七五の「発句(ほっく)」と七七の「脇句(わきく)」を連ねて詠んでいく「連句」のことだった。この「発句」を独立させ、言葉の目新しさや奇抜さを競うのではなく、「わび」など繊細な余情に価値を置く芸術の域にまで高めたのが、「蕉風」と呼ばれる芭蕉の俳諧だ。41歳になって各地に長い旅を始めた芭蕉は、見事な作品を次々に発表し始める。門弟を深川の芭蕉庵に集め、蛙を主題とする句会を催したとき詠んだのが、この代表的な一句だ。

古池や蛙(かわず)飛び込む水の音

従来、和歌の世界では蛙は鳴き声が詠まれる決まりだったが、その通念を覆し、「飛び込む」という動きを詠んだところが独創的で、わびにつながる水墨画の世界が現れたとされる。

芭蕉庵を売り、旅の資金に換えて『奥の細道』の旅に出たのは46歳のとき。日光、白河、平泉、酒田とめぐり、あとは日本海側を北陸に向かって敦賀(つるが)、大垣までの155日。その後も何度も新しい土地に旅に出て、同好の士を集めて句会を催しては、自然と人間をうたに詠んだ。

51歳のとき、旅先の大阪で病に倒れる。「旅に病んで夢は枯野をかけめぐる」が最後の句となった。

豆知識

1. 芭蕉庵は1682年の江戸の大火で一度は焼け落ち、芭蕉も半年ほど甲斐国で避難生活を送ったが、友人や弟子の寄付により芭蕉庵が新築されて翌年、戻ってきた。
2. 大阪で病に倒れた芭蕉の亡骸(なきがら)は、船に乗せられて淀川をさかのぼり、琵琶湖畔の義仲寺(ぎちゅうじ)に埋葬された。源頼朝軍に追われて壮烈な最期を遂げた木曽義仲を葬ったとされる寺だ。芭蕉は生前、周囲の景観をこよなく愛していたという。

63 まち／品川区

品川区周辺は、古代から畿内に通じる街道が通っていたとされ、中世には商船が品川湊に行き交い、江戸時代には宿場が置かれるなど、水陸の要衝として栄えてきた。大森貝塚を発見した動物学者モース（1838～1925）が生まれたポートランド市と姉妹都市の提携をするなど、国内にも海外にも交流を重視している。

現在は北品川商店街でにぎわう東海道品川宿

区のほぼ北西端にある目黒駅にJR山手線が通り、五反田駅と大崎駅までが品川区に含まれる。大崎駅からは南北に東京臨海高速鉄道りんかい線が走り、天王洲アイル駅・品川シーサイド駅・大井町駅が区内にある。京浜運河をはさんだ品川埠頭も品川区になり、対岸のお台場は港区であるが、お台場と隣接する潮風公園など一部は飛び地のように品川区に属している。

武蔵野台地の東端にあたる品川区には、目黒川や立会川の流域に縄文時代前期から晩期の貝塚遺跡が発見されている。なかでも大森貝塚は、1877年にアメリカの動物学者モースによって発掘調査が行われたことで知られる（「エドワード・モース」173ページ参照）。区内には他にも弥生時代や古墳時代など24カ所の遺跡が存在する。

奈良時代から平安時代頃には、現在の品川区付近に都と国府を結ぶ古代の東海道が通っていたと推定され、大井には中継点としての「駅家」があったとされている。鎌倉時代には御家人の大井氏や品川氏が治め、南北朝時代には伊勢国（現・三重県など）など各地から商船が入港する品川湊がにぎわい、室町時代には武蔵国（現・東京都、埼玉県など）の表玄関として栄えた。

江戸時代には、江戸幕府が整備した東海道の最初の宿場（品川宿）となり、海に面した風光明媚な宿場として人々を魅了した。幕末には、ペリー来航を機に東京湾の防備を固めるために品川台場が築造されるほか、イギリス公使館焼き討ち事件など歴史の舞台になる。明治時代にはいち早く鉄道が敷設され、官営品川硝子製造所が設立されるなど近代工業の先がけとなり、京浜工業地帯の発祥地として発展していった。太平洋戦争の空襲で区域の多くが焼け野原となったが、戦後復興を遂げて工場跡地などの再開発により新しい街が造られている。

現在も国際的な交流が盛んであり、大森貝塚を発見したモース博士の生誕地、ポートランド市（アメリカ）とは姉妹都市提携を結んでいる。また、南品川の品川寺の梵鐘が海外での展示会出品途中に行方不明となり、その後ジュネーブ市アリアナ美術館で発見されたつながりからジュネーブ市（スイス）も姉妹都市である。海にのびる区として、群をなして海辺を飛ぶユリカモメが区の鳥に指定されているのも、他の都市との交流を重視する品川区の姿勢を表している。

豆知識

1. 品川は、目黒川の河口を中心に発達した集落につけられた名前で、平安時代末期の1184年の文書に初めて登場する。「目黒川の古名」説、「鎧に用いる品革を染出した場所」説、「領主の品川氏から起こった」説などがある。

64 歴史 ／ 武士団による関東開発

鎌倉時代以前、坂東の武士は歴史の表舞台には表れていない。しかしむろん各地では、勢力を持つ氏族が民を支配しており、彼らを棟梁として組織化した武装集団も存在した。さらに清和天皇の皇子を祖とする清和源氏、桓武天皇の皇子を祖とする桓武平氏など、皇室ゆかりの貴族が彼らを束ね、武家の棟梁となっていく。関東では桓武平氏の平高望（生没年未詳）が上総国司を補佐する役目の上総介として赴任し、その子孫が力を持って坂東八平氏と呼ばれるようになる。

武士とはいったいなんだろう。『日本書紀』には、垂仁天皇の皇子である五十瓊敷入彦が、刀千口を作って石上神宮に納め、物部十千根に管理させたという記事がある。その後物部氏は戦闘シーンで活躍するようになり、「武士」すなわち「もののふ」の語源となったとされる。

征夷大将軍である坂上田村麻呂（758〜811）は各地の蝦夷を平らげた律令体制の武官だが、武士団を束ねる武将とは言えない。官位は大納言正三位兼右近衛大将兵部卿で、武士というより軍事貴族なのである。天皇の血筋でも、清和源氏の支流である多田源氏は、祖の満仲（912〜997）以降、妖怪の酒呑童子退治で有名な源頼光（948〜1021）や、鵺退治で知られる頼政（1104〜1180）といった有名武士を輩出している。しかし頼政の官位は従三位だから、公卿でもある。武士の定義は、一筋縄ではないのだ。

関東においては、坂東八平氏・武蔵七党が知られる。坂東八平氏は、平高望の子で桓武天皇の四世孫にあたる平良文（生没年未詳）から派生した八つの氏族で、国司の地方政治における官僚を務めたり、荘園を開発して領主となったり、荘園の管理人となって支配したりした。八氏は、一般に上総、千葉、三浦、土肥、秩父、大庭、梶原、長尾の八氏を指す。特に上総氏は、高望以降上総介を世襲し、一時は東国一の勢力を誇った。

武蔵七党は血のつながりからなる武士団だ。広大な平野地のある武蔵国には多くの牧場があり、馬飼の管理者から武士団が生まれた。彼らは保元の乱や平治の乱など、合戦が起きるたびに召集され、朝廷のために戦っている。党の名は文献によって諸説あるが、横山党、猪俣党、西党（西野党）、児玉党、丹党（丹治党）の他、野与党、私市党、綴が挙げられている。八平氏のように出自ははっきりしないが、武士たちをまとめるにはそれなりの家柄を必要としたのだろう。例えば横山党は横山荘を拠点とした武士団だが、殿上人の小野篁（802〜853）の末裔を名乗っている。

源頼朝が平氏政権と対立した治承・寿永の乱、いわゆる源平争乱において、坂東八平氏や武蔵七党が活躍する。そして鎌倉幕府が開かれると、多くが御家人として仕えた。

豆知識

1. 横山党の祖とされる小野篁は、変わり者だったらしい。昼は朝廷に仕え、夜は閻魔大王に仕えたという伝説もある。彼が冥府とこの世を行き来するのに使ったといわれる井戸は、京都の六道珍皇寺の境内にある。

65 自然 ／ 谷と窪地

東京は「谷の街」とも称される。武蔵野台地上を流れる川が浸食作用によって川岸や川底を削り、特にいくつにも枝分かれした上流部に数多くの谷を形作ったからである。もちろん、その谷は峡谷とか渓谷と呼ばれるような山と山とに挟まれたものとは異なり、その後の土砂の堆積も伴って今は単なる低地となっているが、痕跡は谷や窪地（くぼち）を示す地名に残されている。

東京には「谷」の付く地名が実に多い。渋谷をはじめ四谷、千駄ヶ谷、入谷、茗荷谷（みょうがだに）、谷中などがあり、都下にも保谷（ほうや）、谷戸（やと）、松が谷などが見られる。その名に示された凹地（谷）は、主に武蔵野台地上を流れる川、つまり渋谷なら渋谷川と支流の宇田川、谷中ならかつての谷田川（藍染川）に浸食されて生じたもの。周辺の台地と比べると標高が20mほど低く、地図を見れば周辺のあちらこちらに坂（渋谷には道玄坂・宮益坂・金王坂・オルガン坂・スペイン坂など、谷中には善光寺坂・三崎坂・三浦坂・七面坂・御殿坂など）があることがわかるだろう。

若者の街としてにぎわう姿からは想像がつかないが、渋谷は坂を上った先の台地こそ武家屋敷となっていたものの、渋谷川と宇田川が合流する渋谷駅周辺の低地は農家が点在する水田地帯であった。谷中も寺町のにぎわいを見せていたが、隣接する日暮里一帯は明治中頃まで葉しょうがの産地として知られ、今も「谷中しょうが」としてその名を留（とど）めている。

なお先に挙げた地名のうち、渋谷と四谷（四ツ谷）、茗荷谷は地下鉄（東京メトロ）の駅となっているものの、いずれも地下鉄でありながら地上に顔を出している。これは地下鉄が谷に出くわした場合、地形の凹みに従って地中を上り下りするよりも、いったん地上に出たほうが無理がないからであり、歴史の古い銀座線や丸ノ内線が地中の浅い部分を通っていることも、その選択を後押ししている（首都圏において、放射状に延びる鉄道が充実しているのに比して環状の鉄道が少ないのも、多くの利用客が見込めないのはもちろんのこと、いくつもの谷を横切らざるを得ないことが理由に挙げられる）。

谷に限らず、凹地全般を示す「窪（久保）」も大久保や荻窪、恋ヶ窪（こいがくぼ）、柳窪、程久保などが挙げられ、さらに言えば田のつく千代田や蒲田、橋のつく日本橋や京橋なども低地や川に由来するものである。とはいえ、このように谷や窪、田や川のつく地名は各所にあり、地名にこれらが含まれるからといって、水害などの発生を過度に恐れる必要はない。たしかに渋谷駅周辺の低地は、ゲリラ豪雨の際に地下街が冠水したこともあったが、今はその対策として約4000tの雨水を貯留する施設が駅地下に完成している。藍染川は遥か大正時代に、谷中の上流となる道灌山（どうかんやま）下から町屋を経て隅田川に至る藍染川放水路が完成し、水害の危険は少なくなっている。

豆知識

1. 渋谷川と宇田川、そして藍染川も今は大半が暗渠（あんきょ）となり、水の流れを地上から眺めることはできないが、井ノ頭通りで隔たれた西武渋谷店のA館とB館が地下でつながっていないのは、通りの下を宇田川が流れているからであり、谷中の西端を南北に延びる通称「へび道」がクネクネと曲がっているのは、暗渠とした藍染川の上をそのまま道にしているからである。

第10週 第3日（水）

66 物語／外国人が記録した江戸

幕末の日本には様々な外国人がやって来た。彼らは日本と日本人についての膨大な記録を残している。その中には、風雲急を告げる幕末の政局に翻弄されることなく、江戸見物を満喫した者もいた。ドイツの貿易商で後にトロイア遺跡を発掘するシュリーマン（1822〜1890）やスコットランドの園芸家でプラントハンターのロバート・フォーチュン（1812〜1880）、スイスの特命全権大使で時計業組合長のエメ・アンベール（1819〜1900）などだ。

日本に滞在したのは、フォーチュンが1860年10月〜12月と1861年４月〜７月の２回、アンベールが1863年４月９日〜1864年２月17日、シュリーマンは1865年６月４日〜７月４日である。その滞在記録は『幕末日本探訪記』（フォーチュン）、『幕末日本図絵』（アンベール）、『シュリーマン旅行記　清国・日本』としてまとめられている。そこには、西洋とは異なるが、独自の高い文化がある日本に驚き、好意を寄せる彼らの姿が見てとれる。

フォーチュンはイギリスの王立園芸協会に所属し、清国や日本で珍しい植物を蒐集した。彼が江戸で行きたかったのが、現・文京区千駄木の団子坂、現・豊島区の北東端にあたる染井、王子の広大な植木屋街である。その目線から、日本人の国民性を「下層階級でもみな生来の花好き」で、「しじゅう好きな植物を少しそだてて、無上の楽しみにしている」と語り、「江戸は不思議な所で、常に外来人の目を引きつける特有のものを持っている。（中略）城に近い丘から展望した風景（中略）それらの谷間や樹木の茂る丘、亭々とした木木で縁取られた静かな道や常緑樹の生垣などの美しさは、世界のどの都市も及ばないであろう」と、風景の美しさをたたえた。

アンベールはまず、江戸の街の治安の良さを挙げる。そして、働く人々を「みな陽気で、気質がさっぱりしていて、物ごとに拘泥せず、子供のように天真爛漫」と評した。「生活を楽しむすべを知っていました。そしてそれらの楽しみには、絵のように美しい日本の自然が、彩りを添えていたものです」。また、日本の工芸品に興味を持ち、「趣味がよく、江戸の職人は真の芸術家」で「彼らの描く形の単純さや線の厳しさ、背景の簡素さ、自然の見事な捉え方など、ただただ驚嘆する」ほかなく、「彼らが持っている技巧は、ヨーロッパ人でさえ驚かすほど、どれも極限に達したものばかり」で、「日本の奢侈というのは、豪華なのではなく芸術的なの」だと、感銘を素直に記している。

シュリーマンは、短い滞在の中で、江戸を中心とした当時の日本の様子を何の偏見にもとらわれず、旺盛な好奇心と探究心に突き動かされるままに活写した。いわく「正座に慣れたら、（中略）この美しいござを用いることに慣れることができたら、ヨーロッパ人だって今と同じくらい快適に生活できる」「家族全員が（中略）めいめい椀を手に取り（中略）器用に箸を使って、（中略）とても真似のできないほどすばやく、しかも優雅に食べる」「日本人はみんな園芸愛好家である。日本の住宅はおしなべて清潔さのお手本になるだろう」「日本人が世界でいちばん清潔な国民であることは異論の余地がない」などである。

豆知識

1. シュリーマンは江戸見物を非常に楽しみにしていた。しかし、臨時のアメリカ合衆国公使代理ポートマンの招待状がなければならず、一介の民間人ではそのチャンスを手に入れるのは難しい。そこで旧知の横浜のグラバー商会の尽力でようやく江戸行きを実現するが、騎馬で５人の警護の役人が付き添うという、ものものしいものだった。

67 商業と娯楽 ／ 江戸野菜とやっちゃ場

江戸で消費される野菜は近郊の農村で生産され、江戸の成長とともに幕府直轄の畑での高い技術による栽培も始まる。また、参勤交代によって種の形で運ばれた全国の野菜も栽培され、なかには、より美味しく育てやすくするため、地の野菜との交配による選抜・改良なども行われた。こうして、江戸や近郊の土地の名前を冠したブランド野菜「江戸野菜」が誕生する。

練馬大根

現在、江戸時代から1960年代まで栽培されていた在来種の伝統野菜を中心に「江戸東京野菜」として50種が登録・認定されている。そのなかで、江戸時代から江戸市中や周辺で栽培されていた野菜をいくつか挙げてみよう。８代将軍・吉宗が名づけたという小松川（現・江戸川区）の小松菜、亀戸（現・江東区）の亀戸大根や練馬の練馬大根、滝野川（現・北区）の滝野川牛蒡や滝野川人参・滝野川蕪、三河島（現・荒川区）の三河島菜や三河島枝豆、寺島（現・墨田区）の寺島茄子や雑司ヶ谷（現・豊島区）の雑司ヶ谷茄子、中川流域の本田（現・葛飾区）の本田瓜、砂村（現・江東区）の砂村葱と砂村から千住（現・足立区）に伝わった千住葱、谷中本村（現・荒川区）の谷中生姜、早稲田（現・新宿区）の早稲田茗荷、内藤新宿（現・新宿区）の内藤唐辛子など、その種類は様々だ。高度成長時代にほとんど失われそうになっていたこれらの野菜は、地道な調査や保存活動によって、江戸の野菜文化として継承されている。

これらの野菜は各地の青物市場に集められたが、そのなかでも特に賑わったのが神田と千住、駒込（現・文京区）の市場だった。江戸では青物市場のことを「やっちゃ場」と呼ぶ。その理由には、競り人の「やっちゃ、やっちゃ」というかけ声に由来するという説や、「野菜市場」の音が転訛したという説などがある。神田・千住・駒込の三大やっちゃ場の他に、本所、京橋、二本榎、品川などにも青物市場が作られた。

なかでも神田の青物市場は江戸随一で、日本橋川・神田川、筋違橋（かつて神田川に架かっていた橋）をひかえた水陸交通の要衝の地に、江戸初期、幕府が伊勢松坂の青物商人を呼び寄せて住まわせたことに始まるという。明暦の大火（1657年）後、各地から青物問屋が集まり大規模な市場に成長した。市場内には青物役所が設けられ、江戸城内の青物納入を担う御用市場でもあった。最盛期の18世紀半ばには青物問屋152人が営業していたという。

千住は、市が開かれるようになったのは16世紀後半頃だが、公的に市場の形となったのは1735年である。戦前まで日光道中沿いに多くの青物問屋が軒を連ねる問屋街を形成していた。

豆知識

1. 江戸時代、駒込のあたりは野菜栽培が盛んで、特に美味しい茄子の産地として知られていた。江戸幕府が刊行した『新編武蔵風土記稿』にも「駒込茄子」として記されるほどだった。また、駒込の市場では茄子の他に大根・人参・牛蒡など土のついたままの野菜「土物」が多く取り扱われたので、「駒込土物店」とも呼ばれた。
2. 1997年、江戸野菜や江戸・東京の農業にゆかりの土地の神社に「江戸・東京の農業野外説明板」が立てられた。23区内には37件、多摩地区や島嶼部も含めると50件に上る。この反響は大きく、その後の町おこしや伝統野菜の復活など様々な活動につながった。説明板の内容はJA東京中央会のホームページ「東京農業歴史めぐり」に掲載されている。

68 暮らしと文化 ／ 八百八町

江戸には町が多く、八百八町（はっぴゃくやちょう）と呼ばれるが、家康が入府した頃の江戸は寂しい土地だった。その後丘陵地が切り崩され、東京湾が埋め立てられて宅地が造成され、城下町として整備されていく。町も徐々に増え始め、延享（えんきょう）年間（1744〜1748）の江戸には、なんと1678もの町が存在した。808どころではない。その倍以上だ。しかし、「江戸」の範囲は明確でなく、1818年になって、東限を中川、西限を神田上水、北限を荒川・石神井川下流、南限は南品川町を含む目黒川辺と定められた。

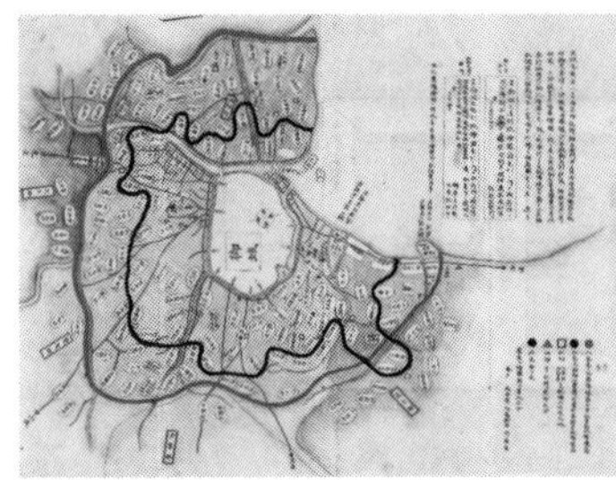
旧江戸朱引内図

家康が江戸に入府したのは1590年８月１日。その後、寛永年間（1624〜1645）頃には江戸城を中心として日本橋、京橋、神田など約300もの町が新設された。これらの町は、江戸最古の町として「古町」と呼ばれる。しかし1657年に明暦の大火が起こり、江戸城天守をはじめ広大な土地が灰燼（かいじん）に帰してしまった（「火事」147ページ参照）。延焼面積・死者数ともに江戸時代最悪の火事で、別名を振袖火事と呼ばれる。この不幸な大火のあと、京橋の海洲部分や湿地が埋め立てられ、本所（現・墨田区南部）・深川（現・江東区北西部）が開発されて、新たな江戸が誕生する。５年後の1662年には火事前の約２倍にあたる674もの町があったという。延宝年間（1673〜1681）には、江戸の原形がほとんどでき上がり「大江戸」という呼称も生まれた。その範囲は四里四方（約15.7km 四方）にまで広がっていたともいわれる。

しかし、「大江戸」と呼ばれる地域がどこからどこまでなのか、境界線がはっきりしていなかった。江戸の町は、町人だけが居住する「町地」と、寺社が所有する「寺社地」、武家屋敷が建ち並ぶ「武家地」などがあって、それぞれ支配する者が違っていた。町地を支配するのは町奉行、寺社地を支配するのは寺社奉行、武家地を支配するのは大目付や目付といった具合だ。さらに単純に寺社地といっても、将軍の朱印状によって領有を認められ、租税を免除された「朱印地」と、藩主の黒印状によって認められる「黒印地」があり、支配系統が複雑だったため、幕府としても明確な線引きができなかったのだ。そのため、江戸の町人が住む土地を江戸と呼んだり、旗本や御家人が訪れる際に届けを出さなくても良い範囲を江戸と呼んだりしていた。そこで1818年８月に幕府目付の牧助右衛門（まきすけえもん）（生没年未詳）が、江戸の範囲を確定するように求める「御府内外境筋之儀」に関する伺いを提出。その年の12月に老中・阿部正精（まさきよ）が見解を明らかにし、それに基づいて「旧江戸朱引内図（しゅびきうちず）」が作成された。徳川家所領の範囲を朱引きしたものだ。これによると、江戸の範囲は、現代の千代田区、中央区、港区、文京区、台東区のほぼ全域と、新宿区、墨田区、江東区、品川区、渋谷区、北区、豊島区、板橋区、荒川区の一部となる。

豆知識

1. 大坂は八百八橋と称されるが、江戸の橋が約350に対し、大坂には約200しかなかった。幕府築造の橋が多い江戸と違い、大坂の橋は多くが町人の自腹なので、「江戸に負けない」という心意気がそう表現させたのだろう。

69 人物 ／ 鹿野武左衛門

鹿野武左衛門（1649〜1699）は「江戸落語の祖」といわれる。もし鹿野が、徳川幕府から妙な言いがかりをつけられることがなかったら、落語の歴史は100年早く滑り出していたかもしれない。江戸時代初期、感染症への不安につけ込んだ詐欺事件に巻き込まれ、罰を受けたせいで江戸落語は停滞してしまったからだ。SNSなどでデマが広まる問題は現代にも存在するが、広まる手段は違えどデマによる事件は当時から存在したのだ。

「江戸落語」は鹿野が30代半ばの頃、当時の盛り場だった中橋広小路（現・中央区京橋）によしず張りの小屋を設け、木戸銭（見物料）を取って話す「辻咄」をして人気を集めたのが始まりとされる。鹿野は生まれは大坂・難波だが、江戸に出て長谷川町（現・日本橋堀留町２丁目）あたりに住み、塗師の仕事をしていた。当時は浮世絵師や人形師、彫師らが住む、いかにも江戸らしい雰囲気の町だったという。

辻咄が盛んな上方と違って、江戸に出た鹿野はやがて芝居小屋や風呂場、武家屋敷などを訪ねて芸をする「座敷仕方咄」に力を入れるようになる。室内で身振り手振りを交えて演じる落語だ。紀州藩家老の江戸藩邸に残された1681年の記録には、鹿野が演じたネタの名前が載っており、演目として最古の記録とみられている。自らも『鹿野武左衛門口伝はなし』『鹿の巻筆』を著すなど、江戸の話芸は順調に熟していった。

ところが、1693年に思わぬ事件が起きる。江戸でソロリコロリという疫病が流行るが、「南天の実と梅干を煎じてのめば予防できる」と馬が予言した、というデマが広がったのだ。予言を書いた冊子は飛ぶように売れ、南天と梅干も大きく値が上がり、ついに南町奉行が動いた。デマを流して予言の冊子を売り、大もうけを企んだとして、神田須田町の八百屋惣右衛門と浪人の筑紫園右衛門が捕まった。この２人が奉行所の詮議に対し、「馬がものを言う」というアイデアは鹿野の『鹿の巻筆』にある「堺町馬の顔見世」にヒントを得た、と話したことで、鹿野まで捕らえられてしまったのだ。

「堺町馬の顔見世」は古典落語「武助馬」の原話となる話で、初めて舞台に立った役者が観客に声をかけられたのに気を良くし、馬の後ろ足の役なのに「ひひん、ひひん」と鳴きながら舞台を跳ね回った、という他愛のない内容だ。今からみれば、それで鹿野が捕まる道理はないように思えるが、この事件により鹿野は伊豆大島に島流しとなり、書いた本の版木も焼却されたという。その後の研究で、島流しではなく牢に入れられたのではないか、という説が有力になっているが、いずれにせよ処罰を受けた結果、江戸落語が衰退してしまったのは間違いない。職業落語家の三笑亭可楽（1777〜1833）が登場し、江戸で寄席を開くのは100年余り後の1798年のことになる。

豆知識

1. 鹿野が江戸で活躍する少し前に、京都では「露の五郎兵衛」が四条河原や寺社の縁日で噺家として活動を始めていた。「上方落語の祖」「職業噺家の祖」と呼ばれる所以だ。
2. 1698年には「馬の物言い」ということで暗に幕府を批判していた有名絵師、英一蝶も三宅島に流罪となっている。幕府が当時、「馬がものを言う」という表現に敏感だったのは、批判を恐れた言論弾圧だったのではないかとの見方がある。

70 まち／目黒区

「目黒」は鎌倉時代の歴史書に記録があり、落語の演目「目黒のさんま」でも有名になった。現在でも目黒川のサクラなど知名度は高いが、地名の由来は謎に包まれている。また、東急東横線には中目黒駅や自由が丘駅など人気の居住エリアが多い一方で、目黒区内にJRの駅はない。23区の中でもっとも駅数が少なく、意外性のある区とも言えるだろう。

サクラの名所としてにぎわう目黒川

目黒区の北部にある目黒区役所の最寄り駅、中目黒駅から南西方向に、東急東横線が目黒区を二分するように走る。中目黒駅から順に祐天寺駅・学芸大学駅・都立大学駅・自由が丘駅が東急東横線の駅として目黒区に含まれる。東急電鉄の前身である目黒蒲田鉄道が宅地開発を進め、青山師範学校（現・学芸大学）と、旧制府立高等学校（現・都立大学）を誘致する。のちに学芸大学と都立大学は目黒区から離れてしまうが、住民の希望により現在も駅名に名を残す。目黒区内の東急目黒線大岡山駅にある東京工業大学も、目黒蒲田鉄道が東京高等工業学校を誘致して現在に至る。

東急東横線と直交するように目黒区の北西部を流れる目黒川は、サクラの名所として知られる。目黒区は武蔵野台地の南東部に位置し、起伏に富んだ坂の多い街が特徴の一つだ。

「目黒」のルーツをたどると鎌倉時代にさかのぼり、鎌倉幕府の公的記録である『吾妻鏡』には、「建久元年（1190年）11月」の条に、「武蔵武士目黒彌五郎」の名が記されている。ただし、「目黒」の由来には諸説あり、例えば有力とされる「馬畔説」では、馬と畔道を意味する「馬畔」という音から生まれたとし、「め」は駿馬、「くろ」は畔道を意味する。当時、牧場を管理した人は畔道を通って馬を見回り、その畔道の中を自分の縄張りとしていた。実際に目黒区には駒場、隣の世田谷区には駒沢や上馬、下馬などの地名が残っている。目黒の由来には、「地形説」や「馬の毛色説」、「目黒不動尊説」（「五色不動」60ページ参照）などもある。

目黒と言えば、落語の演目にもなった「目黒のさんま」がよく知られる。江戸時代、鷹狩りをした「将軍様」が茶屋に立ち寄りサンマを食べた。旬の脂がのったサンマを焼いただけの素朴な調理方法であったものの、手の込んだ料理しか食べていない将軍様にとっては、とても美味しく感じられ、城に帰って将軍様は家来にサンマを出すよう命じるが、美味しくなく、「さんまは目黒に限る」と言ったとされる。

サンマの縁によって、2010年に目黒区はサンマの一大産地である宮城県気仙沼市と友好都市協定を締結し、毎年秋には「目黒のさんま祭」が行われるようになった。東日本大震災（2011年）が起きた翌年には、目黒区によって「友好都市・気仙沼市被災募金」が行われるなど、両都市は関係を深めている。

豆知識

1. かつてあった碑文谷駅は青山師範学校の移転にともない青山師範駅、のちに第一師範駅に変わり、学芸大学駅となった。柿ノ木坂駅は旧制府立高校の移転にともない府立高校駅、のちに都立高校駅となり、都立大学駅に変わった。
2. 目黒学院高校（目黒区中目黒）は、平安時代末期から鎌倉時代の武士、目黒氏の館跡とされるが遺構は残っていない。

71 歴史 / 鎌倉幕府下の武蔵野

「江戸」の地名が初めて歴史上にあらわれるのは鎌倉時代だ。坂東八平氏の一つである秩父氏に、重継（生没年未詳）という人物がいた（「江戸氏」33ページ参照）。彼は出羽権守であった秩父重綱の四男で、武蔵国の一部を相続し、江戸四郎を名乗って江戸氏を興した。その息子である重長（生没年未詳）が鎌倉幕府の有力な御家人として活躍した後の時代、江戸氏の男性が、江戸郷前島村を北条氏得宗家に寄進したと記録に残っている。しかし、いつから江戸郷と呼ばれていたかまではわからない。

秩父党の一派は、平安時代後期から平野部へ進出し、現在東京のある武蔵国を開発し始めた。江戸四郎を名乗った重継は、のちに江戸城が建立される桜田の高台に居城を構え、地域を支配した。重継の息子で江戸氏の２代目当主となった重長は江戸太郎を名乗り、源頼朝が挙兵すると、同族の畠山重忠の要請で平家方として出兵し、源氏方の衣笠城（現・神奈川県横須賀市）を攻めて当主の三浦義明を殺した。しかしその約１カ月後には源頼朝に降伏し、武蔵国の雑事を処理するよう命じられている。1189年の奥州合戦にも出兵し、1195年の頼朝上洛にも付き添うなど、鎌倉幕府の御家人として活躍した。

鎌倉時代には、鎌倉と各地を結ぶ鎌倉街道が整備された。鎌倉街道には上道、中道、下道があり、江戸を通るのは中道だ。中道の経路は諸説あるが、鎌倉から戸塚、中山、荏田を経て二子に至ると、渋谷、赤坂を経由し赤羽へ、荒川、古利根川、旧渡良瀬川を渡って奥州まで延びていたとされる。街道が通ると宿場町ができ、繁栄する。商人が店を構え、往来する人々は遠方の文化を運んできた。川沿いには田んぼが開墾され、村も生まれた。江戸は徐々に活気を持っていく。鎌倉幕府が滅んだあとも、江戸氏は江戸の町を整備し、蒲田や柴崎、向島などの地が開かれた。しかし政治の中心が京都にうつった室町時代以降は次第に勢力を弱めていったようだ。

江戸氏が没落した後、室町時代の武将である太田道灌（1432～1486）が江戸に入ると、1457年に江戸城を築いている（「太田道灌」40ページ参照）。1467年に京では応仁の乱が発生し、11年もの間争乱が続いたので、江戸へ逃れた人々も少なくなかっただろう。道灌が謀殺された後は、上杉朝良の隠居城となった。さらにその後、後北条氏が武蔵へ侵攻してくる。朝良の息子である上杉朝興が江戸城から逃亡したので、北条氏綱（1487～1541）が支配することになった。そして1590年、豊臣秀吉（1537？～1598）が小田原を征伐した後に、徳川家康が入城するのだ。このように江戸城が間断なく活用されてきたのは、江戸城の南に品川湊があった他、水路陸路が張り巡らされていたためだと考えられる。

城下町が形成された江戸の町は、家康による開発以前も、従来考えられていたような寒村ではなく、それなりの賑やかさだったと考えられている。

豆知識

1. 太田道灌が狩りで雨に降られ、民家で蓑を借りようとしたところ、「七重八重花は咲けども山吹の　みのひとつだになきぞ悲しき」と山吹の花を差し出された。「実のひとつもない」は「蓑ひとつもない」にかけられている。

72 自然／坂

高低差のある道が一般に坂と呼ばれるが、固有の名を冠するものは距離が短く、位置が特定できるものに限られる。また、名がつくということは、その場所が人々の生活と密接に結びついている証でもある。つまり東京であっても、関東山地に属する奥多摩地域で名のついた坂は皆無に等しく、多くはかつて江戸と呼ばれたエリアに集中している。

東京の西となる青梅（おうめ）から広がる大きな扇状地の上に、関東ローム層が堆積してできた武蔵野台地。その東南端に当たるのが山の手地区である。縄文時代前期を頂点とする温暖化によって海面が２～３ｍ上昇した際、今の山の手地区は内陸まで入り込む東京湾に面した臨海部だったが、後に海岸線が現在地にまで後退したことで低地（下町）が生まれ、かつての海岸線は山の手と下町とを分ける標高差約20ｍの傾斜地となった。

東京（江戸）の坂とは、その傾斜地に通された道のことである。その数は江戸時代で300超、その後を含めれば800を超え、東京が“坂の町”といわれる所以（ゆえん）となっている。標高差約20ｍというのは７階建てビルに相当し、傾斜がきつい場合は均（なら）したり段を刻んだりしなければ道を通すことはできない。そのため近代になって以降も多くの坂が生まれることになった。勾配率23％と区部随一の急坂とされるのぞき坂（豊島区高田）も、生まれたのは明治後期とされている。

区部で坂が多いのは港区（126）を筆頭に、文京区（125）、新宿区（110）が100以上となる。これは港区には渋谷川（古川）、文京区や新宿区には神田川と、武蔵野台地に谷を刻んだ川が各区内を流れていることにくわえ、いずれも早い時期から市街化され、坂の造成や命名が進んだことによる。

ちなみに江戸時代において下町には町名があったが、武家屋敷や寺社が大半を占めた山の手にはなく、場所を指し示すのに不都合が生じていた。そこで遠くからも目立つ存在であった坂に名をつけ、地名の不足を補うようになったという。その坂の名は近隣の屋敷名に由来するもの（紀尾井坂・南部坂など）や寺社名に由来するもの（善光寺坂・寛永寺坂など）もあれば、富士の眺めが良ければ富士見坂、海が見えれば潮（汐）見坂、勾配がきつければ高坂や胸突（むなつき）坂、木立に覆われて昼なお薄暗ければ暗闇坂というように、それぞれの特色を踏まえて名づけられた。

※記載した坂の数は「坂学会」ウェブサイト（www.sakagakkai.org）内にある「東京の坂」リスト【23区】内により、消滅したものは除いている。

豆知識

1. 実は低地である下町にも坂がある。「東京の坂」リスト【23区】内によると中央区と葛飾区、そして江戸川区には坂がないが、足立区と江東区に２つ、墨田区には３つの坂がある。ただし、いずれも人工的に標高差が設けられたところにあるもので、明治時代の堤防修築の際に生まれた地蔵坂（墨田区）を除けば、平成以降に生まれたごく新しいものである。
2. 坂のある傾斜地は地層面が露出しやすい場所であり、地下に浸透した雨水が湧き出ることが多い。その代表が立川市から大田区まで約30kmにわたって延びる国分寺崖線で、沿線の随所に湧水が見られる。なかでも国分寺市の堂坂近くにある真姿の池や小金井市の弁車の坂近くにある滄浪泉園（そうろうせんえん）、世田谷区のかみの坂近くにあるみつ池などは、周辺の都市化が進行しても樹林地が残されており、その中でこんこんと清水が湧き出ている。

73 物語／江戸の落語

落語は、「落とし噺」というオチのある滑稽な話を、人を集めて聞かせたのが始まりだとされる。上方では道端（辻）や寺社の一画など盛り場で演じたが、江戸では座敷で聞かせる芸として発達した。演目は、上方・江戸それぞれ独自のものがある一方、東西の交流も進み、タイトルは同じでも内容が違ったり、同じ筋立てでも演題が違う場合もある。

江戸の落語は17世紀後半、鹿野武左衛門（1649〜1699）（「鹿野武左衛門」75ページ参照）に始まる。一度は衰退するが、中興の祖となる18世紀後半の烏亭焉馬（1743〜1822）を経て、三笑亭可楽（初代、1777〜1833）によって寄席話芸として確立された。武左衛門は、豊かな身振りの仕方噺を得意とし、焉馬は狂歌や戯作、歌舞伎にも通じ、料亭などを会場に各界の著名人を集めた「咄の会」を主催した。やがてその中から可楽のような職業噺家が登場する。その後、天保の改革により大きな打撃を受けるが、幕末には再び盛り返し、江戸と明治を生きた三遊亭圓朝の出現によって近代話芸の代表格となった。

江戸の落語は派手な演出をきらい、手拭いと扇子だけで様々に表現する「素噺」が多いのが特徴だ。また、江戸落語特有の、親子や夫婦など人の情愛をじっくり描く「人情噺」も生まれた。例えば「芝浜」「子別れ」「紺屋高尾」等々。他に、江戸落語ならではの演目として、「三軒長屋」「黄金餅」「大工調べ」「佃祭り」「五人廻し」「火焔太鼓」「目黒のさんま」などもある。

ところで、噺には、登場人物が働く店や暮らす場所、出かけた先などの地名が出てくることも多い。なじみのある地名が噺にリアリティを与え、より面白く感じさせる。人情噺で歌舞伎にもなった「文七元結」は、圓朝の創作による大ネタだが、その内容はこうだ。

本所達磨横町（現・墨田区）に住む左官の長兵衛は、腕はいいのに博打好き、借金が嵩んで首が回らず夫婦喧嘩が絶えない。一人娘のお久は借金を片づけ父に改心してもらおうと、自ら吉原の見世（角海老）に頼み込んで身を売ろうとする。角海老の女将は長兵衛をきつく諭すとともに、大晦日に返す約束で50両の金を貸してくれた。その帰り道、長兵衛は吾妻橋（現・台東区と墨田区を繋ぐ）で身投げしようとする若い男、日本橋白銀町の鼈甲問屋「近江屋」の文七を助ける。水戸屋敷からの帰りに集金の金50両をスリ盗られ、死んで主人に詫びたいというのだ。長兵衛は迷った末に大事な金を文七にやってしまう。ところが、店に戻った文七が50両を差し出すと、すでに金が店に届いていた。水戸屋敷で囲碁に夢中になった文七が置き忘れたのだ。ハッとして吾妻橋での一件を話すと、主人はいたく感心し、番頭を吉原に走らせた。翌朝、文七と近江屋は達磨横町に向かい、訳を話して礼を言い、長兵衛に50両を返す。さらに長兵衛の心意気に感服し、文七の親代わりとして親戚づきあいを頼んだ近江屋は「祝いの杯に肴を」とお久を呼び入れる。近江屋が身請けしてくれたのだ。これが縁で、お久と夫婦になった文七は、麹町に小間物屋（日用品を売る店）を出し、工夫を凝らした元結（髪の根を束ねるのに使う紐）を編み出して、後々「文七元結」ともてはやされた。噺の舞台は、麹町の文七の店を除けば比較的近い範囲である。ところで「文七元結」は江戸中期に考案された実在の元結だ。糊などで粘りと艶を出した長い紙縒りで作られ、考案者の桜井文七の店は芝日陰町にあったという。

74 商業と娯楽 ／「初物」

「はり」と「いき」が信条の江戸っ子が「初物」好きだったのは有名な話だ。なかでも「目には青葉山ほととぎす初鰹」（山口素堂1642〜1716）の句のように、江戸っ子の初夏の楽しみとして、初鰹は大いに喜ばれた。

「名所江戸百景 日本橋江戸ばし」歌川広重（右下に描かれているのが初鰹）

四季に恵まれた日本人は、古来、初物によっていち早く季節の移ろいに耳を澄ませ、新しい季節の足音を聞くのを無上の喜びとしてきた。そのなかでも、江戸っ子の初物食いへの異常なまでの情熱には驚くものがある。

キング・オブ・初物の「初鰹」といえば、こんなエピソードがある。初鰹の出始めは普通４月（旧暦）と決まっていたものだが、1812年は、魚河岸に初鰹が入荷したのが３月25日だった。その数は17本。そのうち６本は将軍家へ御用献上し、３本は浅草山谷の料亭・八百善が１本２両１分で買い、８本を市中の魚屋が仕入れ、そのうちの１本を歌舞伎役者の三代目中村歌右衛門が３両で買って大部屋役者たちに振る舞ったという。また、１本の値段がもっとも高かったのは1823年で、八百善が１本４両で仕入れたのだとか。さすがに幕末になると鰹の値もグンと下がり、１分２朱から２分ぐらいになったという。ちなみに文化・文政期（1804〜1830）の１両は、現在の価値に換算すると約４万〜６万円、幕末で約4000〜１万円と考えられている。

初物を食べると75日長生きすると言い伝えられ、鰹に限らず初物は珍重された。『初物評判福寿草』（1776年）なる四季の初物の位付け評判記まで作られている。それによれば、食類の部の最高ランク「極上上吉」はもちろん夏の初鰹、次のランクの「上上吉」には春の若菜、早わらび、秋の初鮭、新酒、新そばが上がり、その下に、春の若鮎、若餅、夏の早松茸、早初茸、新茶、初茄子などが続く。

江戸では寛文年間（1661〜1673）に野菜の促成栽培が開発され、気の短い江戸っ子のニーズに応えるべく早出し傾向がどんどん加速し、価格も高騰していった。そのため、1665年から数度にわたり、一部食品の売り出し期日、および初物の規制が試みられている。1742年には魚鳥類がこれに加わり、鱒は正月より、鰹、鮎は４月より、海鼠、鮭は８月末より、鮟鱇、生鱈11月より、白魚12月より、などと制限されたが、あまり効果はなかったようだ。

豆知識

1. 初鰹は、秋の戻り鰹に比べて脂が少なくあっさりしている。それもあってか、刺身で味わうのが普通だった。ただし、薬味が今とは違っていて、辛子をつけて食べるのが一般的だった。また、辛みの強い大根おろしに辛子と醤油を垂らして食べたり、辛子をといた酢味噌で食べることもあった。
2. 八百善の主人が書いた『江戸流行 料理通』に「松魚筒切 榧 油 雉焼」という料理が出てくる（『江戸流行 料理通』93ページ参照）。鰹は３cmぐらいの厚さの輪切りにして串を刺し、油を塗って白焼きにしたあと醤油をかけながら焼く。鰹１本で３切れぐらいしかとれないのでけっこう贅沢な料理だった。

75 暮らしと文化 / 江戸っ子の「粋」

江戸落語と上方落語では、筋書きが同じなのに語り口が違うものが少なくない。「刻そば」と「刻うどん」、「酢豆腐」と「ちりとてちん」などだ。上方落語がとにかく笑いを追求するのに対し、江戸落語は粋を重んじるので、語り口だけでなく、ストーリーにも微妙な差が出る。江戸落語は座敷などに招かれて披露したのに対し、上方では人々の往来が多い辻で演じたから、派手なのだとされるが、江戸っ子と浪速っ子の気質の違いも大きいだろう。

江戸小紋

江戸幕府は、衣服規制に関する法令を、132回も公布している。内訳は、武士に対して60回、農民に対して12回、町人に向けては60回だ。特に庶民は派手な服装を禁じられていて、使ってもよい素材は木綿か麻だけ、絹は使えなかった。色も厳しく規制され、基本的には茶色、ねずみ色、納戸色の３色しか使えなかった。納戸色とは納戸の奥のような色という意味で、藍で染めた色のことだ。

日本の伝統色には極めて多彩なバリエーションがあり、例えばピンク色でも、桜色、桃色、薄桜色、紅梅色、珊瑚色といったイメージしやすい色から、朱鷺色、灰桜、甚三紅など聞きなれない色もある。朱鷺色は朱鷺の羽根のような色、灰桜は灰を含んだ桜色、甚三紅は桔梗屋甚三郎（生没年未詳・江戸時代前期）が蘇芳という植物を使って始めた紅色で、紅花を使った紅染めに比べるとずっと安価だったため、庶民が使っても許された色だ。厳しい規制の中、江戸の庶民たちが、精一杯お洒落をしたのがわかる。茶色と鼠色は「四十八茶百鼠」と呼ばれるほど多様な色が生み出され、納戸色も様々な色に染め分けられた。

派手な模様も禁じられていたので、近くでよく見れば細かい模様が描かれているのがわかるが、遠目には無地にしか見えないような柄が「粋」として好まれた。これが江戸小紋の発達につながる。江戸小紋とは、一色だけで染め上げる型染めで、ごく小さなドットをパターン通りに染め残すので、近くで見ると複雑な文様が浮かびあがる。

江戸小紋を最初に用いたのは庶民ではなく大名だった。武士も派手な文様の衣装を禁じられていたから、様々な小紋を考え出したのだ。その後、紀州藩徳川氏の鮫や加賀藩前田氏の菊菱など、家ごとに使う紋様（文ではなく紋）が定まっていった。江戸の庶民たちは、武士の真似をしながらも、動物や文字など、遊び心のある文様を用いた。

江戸っ子の好物といえば蕎麦だろう。義理と人情とやせ我慢こそが粋で、蕎麦は粋を楽しむ食事だから、つゆをたっぷりつけて食べるのは野暮。ほとんど味がしない程度に、ちょんちょんとつけるのが粋とされた。また、ヨーロッパでは麺類をすするのはマナー違反だが、蕎麦は別。香りを楽しむために、空気とともにすすりこむのだ。

豆知識

1. 日本の伝統色には、想像もつかない名前がある。例えば「麹塵」はコウジカビの色。くすんだ黄緑色だ。「纁」は、茜を灰汁媒染で染めた明るい赤橙色だ。

76 人物 ／ 玉川兄弟

「こちとら江戸っ子よぉ、玉川の水で産湯(うぶゆ)をつかってんでぇ」。江戸っ子が啖呵(たんか)を切るとき、必ず自慢する「玉川の水」。それは江戸時代初期、人口急増で水不足に陥った江戸の町に多摩川の水を引くため、急ぎ完成させた玉川上水（水道）の水のことだ。当時としては巨大なこのプロジェクトを担ったのが、町人の玉川兄弟だった。

玉川兄弟の像（東京都羽村市）

徳川家康が江戸に幕府を開き、江戸城を中心とした町づくりが始まると、江戸には全国から多くの大名や家来が集まり、人口は増加の一途をたどった。既存の中小２つの上水路では水の需要に追い付かないとみた幕府は1652年、多摩川の水を江戸市中に引き入れる大きな構想を立てる。詳細は不明だが、庄(しょう)右衛門(えもん)（？～1695）と清右衛門(せいえもん)（？～1696）の兄弟に調査が命じられ、多摩川上流の武蔵国羽村(はむら)（現・羽村市羽東）を水の取り入れ口とする計画を立てて、工事も請け負うことになったとされる。

工事は老中の松平信綱(まつだいらのぶつな)（1596～1662）を総奉行とし、1653年４月に始まった。羽村では当時の技術を駆使した「投げ渡し堰(せき)」を設けて水を取り込む。四谷大木戸までの約43キロは標高差がわずか92メートルほどしかなく、緩やかな勾配を水が自然に流れ落ちるよう上水路を掘る難工事だった。かなり精密な測量をし、たくさんの工区に分けて工事をしたといわれる。上水路は７カ月で完成。当時の水道としては世界有数の規模で、幕末維新の頃に来日した外国人が驚いたのが「奈良の大仏と玉川上水だった」との逸話が残るほどだ。

四谷から先は、石樋(せきひ)や木樋(もくひ)につなげて中心部の虎ノ門まで延ばす工事が進められたが、高井戸（現・杉並区）付近で幕府から支払われた資金が尽きてしまい、兄弟は手持ちの自己資金と屋敷を売った代金を投じて工事資金にあてた、という話も残っている。

全工事は１年半後の1654年６月に完了。玉川上水によって運ばれてくる水は江戸市民の飲料水となり、武蔵野台地に生きる人々を潤す生活用水としても使われた。この功により、玉川兄弟には200石の扶持(ふち)と「玉川」姓が与えられ、帯刀を許された。永代玉川上水役として、水路を守ったり水道料金を集めたりする仕事にもついたという。

玉川上水は今も現役だ。小平水衛所から東村山浄水場に送水し、東京都民の飲み水として使われている。羽村の堰には玉川上水に沿って約200本の桜があり、春は桜、夏は緑、秋は紅葉が美しく、多摩川八景の一つに選ばれている。

豆知識

1. 玉川兄弟によって実現した玉川上水だが、実は最初は日野、２度目は福生(ふっさ)から取水しようとして失敗し、３度目の工事での成功だった、とする説もある。
2. 明治初期には、玉川上水を船が通った時期がある。多摩地方から東京に野菜や炭、茶、生糸などを運ぶためで1870年に許可された。しかし、船の数が増えて水が汚れ、飲み水には都合が悪いということで２年後には禁止された。

77 まち／大田区

「大森区」と「蒲田区」が合併した大田区には、大森駅と蒲田駅を通るJR東海道本線が区を二分するように南北にのびる。JR東海道本線の西側に田園調布などの高級住宅地、東側に羽田空港が整備されるなど、区内には多様な風景が混在している。江戸時代には東海道が通り、海苔の養殖でもにぎわった。

JR蒲田駅周辺

大田区は東京都23区の最南部に位置し、多摩川を挟んで神奈川県川崎市と接している。大田区のほぼ中央には蒲田駅があり、JR京浜東北線の蒲田駅と大森駅、京急蒲田駅を通る京急本線の六郷土手駅から平和島駅までが大田区に含まれる。大田区の西端付近に位置する田園調布は高級住宅地として知られ、区の東部には羽田空港が広がる。

東急池上線にゆかりのある池上本門寺（大田区池上）の歴史は13世紀末までさかのぼり、鎌倉仏教の日蓮宗の開祖・日蓮（1222～1282）が、信仰の場として設立したのが始まりだ。1945年に太平洋戦争の空襲で多くの建物を焼失したが、歴史的な建造物の一部が残っている。

1947年３月15日、当時の大森区と蒲田区が一緒になって大田区が誕生した。その際、両区の一字ずつを取って命名されたので、「太田区」ではなく「大田区」である。大森区・蒲田区はともに1932年10月、当時の東京市へ隣接する郡町村が編入された際に設置され、大森・馬込・東調布・池上・入新井の５町が大森区に、蒲田・矢口・六郷・羽田の４町が蒲田区になった。

大田区域は江戸時代、東海道の街道筋であり人馬の往来でにぎわった。大正時代以降に中小工場が進出し、低地部では住宅や工場が密集する商業・工業地域が形成され、京浜工業地帯の一部となった。台地部は関東大震災後に住宅化が進み、田園調布や雪谷、久が原などの住宅地がよく知られる。臨海部は埋め立て地から成り、羽田空港やトラックターミナル、コンテナふ頭、市場などの物流施設のほか、工場団地や野鳥公園など都市機能施設が整備されている。羽田空港は区の面積の約３分の１を占め、空港の所在地の地名は「大田区羽田空港」である。羽田空港の拡張により面積は世田谷区を上回り、東京23区でもっとも大きくなった。

また、江戸時代には農漁村としてにぎわい、特に海岸の大森・糀谷・羽田地区では海苔の養殖が盛んに行われた。海苔は味・量ともに全国一を誇り、ここから全国へ海苔生産方式が伝えられたが、東京都沿岸で行われてきた海苔養殖は広範囲にわたる東京湾の埋め立てによって1963年春に終わることになる。海と言えば、大昔に貝殻などのゴミが捨てられた貝塚のうち、教科書にも載る大森貝塚は大田区内のJR大森駅が最寄り駅である。しかし、史跡（大森貝塚遺跡庭園）の所在地は品川区であり、発掘記念碑は大田区と品川区の両区に建てられた。

豆知識

1. 幕末に活躍した勝海舟（1823～1899）は大田区ゆかりの人物のひとり。海舟は江戸城の無血開城を実現する前日、池上本門寺を訪れている。海舟の別荘「洗足軒」は大田区の洗足池近くにあり、海舟と妻の墓所もある。
2. 2008年に開館した「大森 海苔のふるさと館」は、881点にも及ぶ国指定重要有形民俗文化財「大森及び周辺地域の海苔生産用具」の展示を中心とした、地域文化の伝承と創造の場である。

78 歴史 ／ 後北条氏による支配

日本の戦国時代が始まったのは1467年、応仁の乱に端を発するとするのが一般的だ。そして、関東を支配し、最初の戦国大名となったとされるのが、後北条氏の祖である北条早雲（1432〜1519）だ。名主が管理する田、いわゆる「名田」を多く所有するのが大名だが、室町時代の守護大名と戦国大名の違いは、将軍との関わりだろう。守護大名は幕府により国ごとに置かれた職制だが、戦国大名は幕府と距離を置き、自国を独自に統一するようになった。

北条早雲公像（神奈川県小田原市）

北条早雲は主を持たない素浪人から相模国を統一した立志伝中の人物とされてきたが、現在では伊勢氏の一族だったというのが有力な説だ。今川義忠（1436〜1476）の死後に起きた家督争いで、早雲の姉妹で義忠の正室の北川殿が生んだ氏親（1471〜1526）を支持して争いを治めた。その功により駿河の富士下方12郷を与えられて興国寺（現・静岡県沼津市）の城主となる。ちなみにこの際、対抗馬であった小鹿範満を支持した家臣に、江戸城を築城した太田道灌がいる。1491年に北条早雲は伊豆へ侵攻し、韮山城に移る。さらに小田原に攻め入り、ついには相模を征服。北条早雲の子孫は後北条氏を名乗った。

江戸城主の道灌が謀殺された後に江戸城で隠居したのは上杉氏の一流派である扇谷上杉氏の当主、上杉朝良（1473〜1518）だ。父の代から、山内上杉家の顕貞と30年もの間争った長享の乱の結果、両上杉家は衰退してしまい、隠居せざるを得なかったのだ。一度は武蔵国で勢力を取り戻した扇谷上杉氏だが、小田原城を拠点として武蔵への勢力拡大を画策する後北条氏の氏綱（1487〜1541）が、扇谷上杉家の家臣である太田資高を調略して高輪原の戦いが始まる。当時江戸城の城主となっていた上杉朝興（1488〜1537）は、江戸城を放棄。江戸城は後北条氏の支配下に置かれた。しかし、朝興はあっさり武蔵を手放したわけではなく、武蔵全体がすぐに後北条家の領地となったわけではない。太田氏、富永氏、遠山氏が城代（後北条氏から城郭及び周辺の領土の守備を任された家臣）を務める間、江戸城の改修もほとんどされなかったようだ。

しかし後北条４代目当主の北条氏政（1538〜1590）の時代になると、岩付領（現・さいたま市岩槻区）を直接支配し、利根川と常陸川の水運を掌握するようになる。さらに江戸湾の西部沿岸を完全に支配したため、当時江戸湾の東部沿岸を拠点としていた小弓公方家や真里谷氏、里見氏が危機感を持ち、盟約を結んだほどであった。氏政は江戸城に入らず、小田原城を拠点としながら北関東や房総半島にまで勢力を広げていく。しかし、湾のある江戸から地域の再編も進めており、江戸を基点にした関東統治の構想があったのではないかとする説もある。関東で大きな勢力を誇った後北条氏だが、天下人となった豊臣秀吉に従属する機会を逃し、滅ぶこととなる。

豆知識

1. 北条氏政が、食べていた汁かけご飯に、さらに汁をかけたのを見た父の氏康は「どれだけの汁をかければよいかわからないようでは、北条は終わる」と予言していた。

79 自然／富士塚・富士見坂

新型コロナウイルスの感染が広まるまで、富士山には毎年20万人を超える登山者が訪れていた。人はなぜ富士に登りたがるのか。それは美しさと危うさとを併せ持つ、富士の霊力に魅せられた結果かもしれない。江戸の庶民もまた同じ思いに駆られて富士を目指したが、その夢がかなわぬ人々は別の解決策を見いだした。

富士は人を魅了する美しさと、噴火により人に危害を及ぼす恐ろしさの両面から、古来より信仰の対象となっていた。そして噴火が休止した平安末期以降は、富士の霊力に与(あずか)ろうとする登山も行われるようになった。とはいえそれは、一部の修行者に限られていたのも事実である。

富士登山が一般に行われるようになったのは室町時代になってからである。江戸初期には長谷川角行(はせがわかくぎょう)(1541?～1646)を開祖とする富士講(富士を霊山として登拝する信仰組織)が生まれ、さらに「講員から選ばれた者たちが年に一度、先達とともに登山する」という様式が食行身禄(じきぎょうみろく)(1671～1732)によって確立されて以降は、江戸のすべての町に富士講ができるほどの隆盛を極めた。ただし一般へと広がっても、老人や女性(富士山は1872年まで女人禁制だった)、体が悪い人たちにとっては相変わらずかなわぬ夢。そこで誰もが富士登山を体験し、霊験を得ることができるようにと生まれたのが、富士を模した富士塚である。最初の富士塚は身禄の弟子である高田藤四郎(1706～1783?)が、水稲荷神社の境内に建てたものとされる。それは現在の早稲田大学構内にあったが、1963年のキャンパス拡張に伴い、神社とともに近くの甘泉園(かんせんえん)公園横に移っている。この高田富士をはじめ、多くの富士塚は人の手で造られた高さ10m前後のものだが、なかには府中市の浅間神社のように自然地形を生かしたものもあり、その高さは30mに達する。

富士塚には実際の富士にある石碑や合目石、里宮(さとみや)、木花之佐久夜毘売命(このはなのさくやひめのみこと)(浅間大神)を主祭神とする奥宮、小御嶽(こみたけ)神社、富士講を広めた身禄が断食入定した烏帽子(えぼし)岩といった名所の数々が再現され、気分は一層盛り上がる。今も都内には100を超える富士塚が残されており、7月の山開きには講員らによる参詣が行われているところもある。一方で富士の眺めが良いとして名づけられた富士見坂はどうであろう。「坂学会」ウェブサイトによると区内には15(荒川区1、大田区2、北区1、世田谷区1、千代田区3、豊島区1、文京区2、港区2、目黒区2 ※別名を除く)の富士見坂がある。都下に見当たらないのは、富士が見えるのは当たり前だからだろうか。

そのうち今も富士を眺められるのは、荒川区西日暮里と文京区大塚の2つとされていた。ところが、そのどちらも富士が見えなくなってしまったようで、東京の富士見坂も名ばかりとなってしまった(ただし目黒区目黒の富士見坂には見えるとの報告があり、この坂の至近にあって2005年に「東京富士見坂」の一つとされた坂からは今も富士が見える)。富士塚も富士見坂も実際の富士との関係は薄らいでしまったが、“富士”の霊力は今も人々を引きつけてやまない。

豆知識

1. 区内から富士を眺められた場所の多くは、林立する高層建築物に遮られ、その景観を失ってしまった。となると高層建築物そのものから富士を眺めるといった、逆転の発想に立つことが求められる。そのトップに挙げられるのが、23区内随一の高さを誇る東京スカイツリーだ。この他に東京都庁(新宿区)や渋谷スカイ(渋谷区)、サンシャイン60(豊島区)、キャロットタワー(世田谷区)なども展望スポットとしてお勧めできる。

80 物語／『江戸生艶気樺焼』山東京伝

『江戸生艶気樺焼』は、山東京伝（1761〜1816）の作・画で、1785年に刊行された黄表紙だ。京伝の名声を定め、大人気となった作品である。北尾政演という名を持つ浮世絵師でもあった京伝が描く丸顔で獅子鼻の、とてもモテそうにない主人公の姿も評判となった。

主人公の艶二郎

18世紀後半に流行した、風刺や滑稽の要素が強い絵入り小説本が黄表紙である。当時の世相を題材とする作品は遊里に取材したものも多く、この作品もその一つだ。

百万長者の仇気屋の一人息子、艶二郎は醜男のくせにうぬぼれが強い。悪友たちにそそのかされ、「艶気（浮気）もの」の評判をとりたくて、金にまかせていろいろと試みるが、ことごとく失敗、かえって馬鹿者という名が立つばかりだ。

この「艶気（浮気）」とは、江戸っ子が憧れる粋なありようのこと。艶二郎は、当時流行の「新内節正本」で語られる、遊女と心中する主人公のような浮気な生き方に憧れたのである。そのためにどうすればよいか、芝居のしっとりした一人の場面でBGMとしてよく使われる三味線唄の「めりやす」を知ることから始まり、その方法はどんどんエスカレートしていく。例えば、芸者に50両を与え、艶二郎にほれたと家に駆け込ませ、それを瓦版で売り込んだり、あちこち遊び歩いても家で妬いてくれる女がいないと張り合いがないからと、周旋屋に焼餅さえ焼けば器量はどうでもよいという条件で200両もの支度金を払って年増女を妾に抱えて嫉妬しているふりをさせてみたり、モテる色男はならず者に嫉妬されて殴られるものだと、地回り（まちをぶらついているならず者）を雇って吉原の目立つ所で殴られる手配をするが、打たれどころが悪くて息も絶え絶えになったりと、間抜けな所行の顚末が描かれる。

そしてついには吉原の遊女との心中を考える。その名も浮名という遊女を1500両で身請けし、心中の真似事をして浮き名を流そうというのである。この心中を、興行主になって芝居に仕立てさせようとさえするのだ。だが、道行きを終えていよいよというところで追いはぎに遭い、身ぐるみはがれて丸裸にされてしまう。息も絶え絶えで家に帰ると、強盗は父親と番頭とが戒めのために仕組んだ計略だった。父の説教に目が覚めた艶二郎、以後は心を改め真人間となって、身請けした浮名と夫婦となり家業も栄えて、めでたしめでたしという筋立てである。

当時から艶二郎のモデルの存在が詮索されるほど好評を得るが、享楽的でとかく名声を求める軽薄な江戸の若者の一つの典型を、滑稽味たっぷりに造形したのが艶二郎だといえよう。

豆知識

1. 主人公の低くて丸くて上を向いている鼻は「京伝鼻」と呼ばれ、作者のシンボルとなった。艶二郎は、少しもハンサムではないが、男性版お多福のような、おめでたくて面白い、脳天気キャラとして創作され、後に京伝の洒落本『通言総籬』（1787）にも登場した。江戸の人々は、「京伝」と聞くと、この京伝鼻の男の姿を思い浮かべたのである。
2. 遊里でモテる粋な男になるために知っておきたい芝居唄「めりやす」の曲目を、京伝はなんと68曲も挙げている。マルチな才能の持ち主だった京伝は、自身も「めりやす」の作詞を手がけた。

81 商業と娯楽／鰻

「鰻」は、万葉集でも「夏痩せに良し」と歌われ、現在も夏の季語になっているくらい、力のつく滋養食として昔から日本人に愛されてきた。蒲焼が考案されたのは上方だが、江戸の人びとを喜ばせたのは上方とは違って、鰻を背開きにして、内臓や頭を取り、蒸してから醤油と味醂のタレをつけて焼くという手間のかかったものだった。

「沢村納升のうなぎ屋」歌川国芳

夏の「土用の鰻」という習慣は江戸に始まるが、そんなに古いことではない。エレキテルなどを考案した科学者であり、戯作者でもある平賀源内（1728～1779）（「平賀源内」131ページ参照）が、なじみの鰻屋を流行らせようと考えた広告から広まったものだ。

浅草川（隅田川の下流）深川あたりで獲れた鰻を「江戸前」と呼び、江戸の外で獲れた鰻は「旅鰻」と呼ばれた。江戸前の鰻は格別とされ、さばき方も調理法も独自のやり方が生まれる。余分な脂を落とし、上方よりも泥臭さの強い関東の鰻から臭みをとって、身はふっくらと柔らかく、外は香ばしく仕上げるのが江戸流である。

蒲焼が江戸に入ってきたのは18世紀初頭頃だといわれるが、それまでは、丸ごとぶつ切りにして串に刺して焼き、粗塩をふるか山椒味噌をつけて食べさせていた。この形が蒲の穂に似ていたのが「蒲焼」（がまやきとも呼ばれた）の語源だといわれる。丸ごと焼く蒲焼は火の通りも悪く、脂っぽくて美味しくない。力仕事の男たちが一種の薬食いとして食べるような代物だったが、開いて串に刺して焼くようになると、無双の美味に変身し、老若男女すべての人に好まれるようになった。当初は、開いた身を並べて串を打って焼くので「筏焼」と呼ばれて区別されていたが、開いて焼くのが普通になっても「蒲焼」の名は残ったという。

もともと鰻も辻売りや屋台で気楽に食べられるものだった。江戸時代の風俗に関する考証的随筆・『守貞謾稿』によれば１串16文ほどだったそうだ。天明（1781～1789）の頃になると、店舗を構える鰻屋が生まれる。文政７年（1824）に刊行された『江戸買物独案内』という江戸の名店を紹介する本には、鰻屋が22軒紹介されており、蒲焼は皿に盛られて一皿200文。飯の上に蒲焼を載せた「丼」も登場し、同じく200文だった。深川八幡の門前や、千住や尾久で獲れた鰻を食べさせる上野の店が有名だった。

豆知識

1. 豆腐と山芋、海苔を使って作る「鰻もどき」という「もどき料理」がある。江戸時代の料理本にも掲載されている一種の精進料理だが、作るのにはかなりな手間と時間がかかる。見た目は「鰻の蒲焼」そのもののこうした「見立て料理」が生まれた背景には、精進料理の需要もさることながら、料理人と客の江戸っ子らしい遊び心も大いに働いたに違いない。
2. 江戸の鰻屋は客の顔を見てから鰻を裂いて焼いたので、注文してから出てくるまでに小半時（約１時間）はかかった。鰻屋にはたいてい２階があって、注文を済ませた客は文句も言わず２階でゆっくり待つ。待つ間はお新香や肝焼きをつまみに酒をたしなんで時を過ごし、店の方も客を退屈させないため、しゃれた中庭をしつらえたり、床の間や衝立に凝ったりしたという。江戸近郊には離れ座敷を持つ店も造られ、半日散策のゴールにもされたようだ。

82 暮らしと文化 ／ 火事と喧嘩

火事と喧嘩は江戸の華。現代では火事も喧嘩もできれば遭遇したくない人がほとんどだろうが、江戸っ子たちは派手な見世物と考えた。さらに火事と喧嘩は、江戸っ子の気風に大きな影響がある。例えば「宵越しの金は持たぬ」という気風は、火事が多かったのが原因だろう。江戸の町では頻繁に火事が起こったので、立派な家を建てても、いつ焼け落ちてしまうかわからないから、いつ燃えてもよい粗末な家が建てられた。金を貯めても、焼けてしまえば灰なのだ。

「東京名所内 火消役出初階子祭之図」三代歌川広重

江戸っ子と江戸者の違いを言えるだろうか。江戸に住む者を江戸者というが、ただ住んでいるだけでは江戸っ子と認められなかった。父方、母方ともに３代続いて江戸で暮らしてきた者のみ、江戸っ子を名乗ることを許された。今ほど頻繁に引っ越しをしない時代でも、江戸っ子と呼べるのは１割程度だったらしい。江戸っ子の特徴は粋でいなせ、歯切れが良くてさっぱりしており、金離れがよく細かいことを考えない。そして、喧嘩っ早いこととされた。いなせは漢字で「鯔背」と書く。鯔はボラの幼魚で、魚河岸の若者の間で流行していた髷の形が鯔の背ビレに似ていたので、魚河岸の若者のように威勢のよい男を「いなせ」と表現したのだ。「火事喧嘩、伊勢屋稲荷に犬の糞」とは江戸の町にあふれていたものを指す。実際、江戸時代には、記録された火事だけでも800以上。徳川300年というが、実際の江戸時代は265年だから、年に３度は記録的な火事が起きていることになり、小さな出火は日常茶飯事だった。その度にキビキビと活躍する町の火消は江戸っ子たちの憧れだったようだ。

江戸っ子が喧嘩っ早いといっても、至るところで乱闘が見られたわけではない。江戸っ子の喧嘩は、口喧嘩がほとんどだったようだ。口喧嘩をしている二人を見物人が取り囲み、どちらかが言い負かされるとドッと笑う。江戸っ子は笑われるのを恥と考えたから、「おとといきやがれ」と逃げ出すのだ。江戸っ子の口調を「べらんめえ口調」という。いわゆる「てやんでぇ、べらぼうめ」からきた言葉だが、「てやんでぇ」は「なにを言ってやがるんでい」が縮まったもの。短気な江戸っ子らしく、極端に省略されている。「べらぼうめ」の「べらぼう」は、江戸時代中頃の見世物のことだという。真っ黒な体に赤い目、猿のような顎をした怪人だったらしい。この怪人を「べらんぼう」「べくぼう」と称したので、これが転じて、「はなはだしい」「ばかげている」「馬鹿者」の意味となった。つまり、「べらぼうめ」は「馬鹿者め」の意味になる。

口喧嘩が好きな江戸っ子はヒとシの発音の区別がうまくできなかったともいわれている。だから「ひろい」と「しろい」の区別ができず、困ることもあったようだ。喧嘩中に相手の言葉が聞き取れないこともあっただろう。

豆知識

1. 江戸に伊勢屋という店が多かったのは、たくさんの伊勢商人が江戸にやってきていたから。しかし、三越の原形でもある呉服の越後屋も松坂出身だから、出身地を屋号にするとは限らない。稲荷（稲荷神社）は長屋近くに数多く建てられたようだ。

83 人物／大石内蔵助良雄

浄瑠璃や歌舞伎、映画、ドラマで繰り返し演じられてきた『忠臣蔵』。主君の仇討ちという復讐劇の元となった「赤穂事件」を主導したのが、今の兵庫県西部を治めた赤穂藩の国家老、大石内蔵助良雄（1659〜1703）だ。一時の激情に流されることなく、着実に手順を踏んで目的を達し、最後に武士の面目を保った。史実はドラマとは少し違うが、「義」に人生を捧げた人物であったことは間違いない。

江戸城松の廊下で刃傷事件が起きたのは1701年３月、第５代将軍・徳川綱吉（1646〜1709）が京都の勅使から挨拶を受ける日だった。接待役の赤穂藩主、浅野内匠頭長矩（1667〜1701）が突然、高家筆頭・吉良上野介義央（1641〜1702）に小刀で斬りかかった。長矩は即日切腹、お家断絶となり、所領没収が決まった。

赤穂城では連日、議論が続いた。主君の仇である吉良が処分を受けていないのは不公平で、喧嘩両成敗のルールから外れており、すぐに仇討ちをすべきだという急進派。籠城すべきだとする意見もあった。だが、大石が「籠城は公儀（幕府）に対して畏れ多い」として切腹を提案すると、これに従う60人ほどが起請文（誓約書）を出して収まる。藩士たちは城を明け渡し、浪人となって四散した。

大石も妻と４人の子を連れて京都・山科に移った。仇討ちにはやる堀部安兵衛（1670〜1703）ら急進派をなだめつつ、長矩の弟の大学（長広）による浅野家再興に望みをかけ、働きかけを続ける。しかし翌年７月、幕府は大学を広島藩の本家預かりと決め、望みは絶たれた。この間、大石は敵の目を欺くため、京都の祇園や島原で遊興にふけったとされてきたが、物見遊山が「遊郭での遊蕩」と誤解されたか、歌舞伎の創作だったのではないか、との指摘が近年出ている。

大石は京都・円山に同志を集め、討ち入りを決定。11月に江戸に入り、日本橋石町の裏店に落ち着くと、浪士たちに本所の吉良邸を見張らせた。12月２日には深川八幡前の大茶屋で詰めの会合を開き、細かい段取りを決めた。討ち入った浪士47人は12月15日未明、２時間近い激闘のすえ吉良を見つけ、ついに首級をあげた。途中で離れた１人を除く46人は隅田川沿いを南下し、鉄砲洲の旧赤穂藩上屋敷前を通り、芝の泉岳寺に眠る主君の墓前に首を供えた。

これを義挙とするか、罪とするか、処分はなかなか決まらなかった。世論は仇討ちを果たした赤穂浪士への同情論に傾き、助命を求める儒者もいたからだ。しかし幕府は、46人の行動を「徒党」を組んだもので「公儀を恐れないのは重々不届き」と断じ、全員に切腹を命じる。大石は「ありがたきしあわせ」と答えたという。1703年２月、46人は預かり先の４家で腹を切り、泉岳寺の主君の隣に葬られた。

豆知識

1. 浅野内匠頭が吉良上野介を襲った原因は、吉良に金品を贈らなかったことで意地悪をされ、恨みを抱いたとの説がある。
2. 討ち入りの日、浪士たちが吉良邸北隣の本多孫太郎と土屋主税の屋敷に向かって「敵討ちでござる」と叫ぶと、両家は高提灯の数を増やして吉良邸内を明るく照らしてくれた、という逸話は有名だ。
3. 一人の死者も出さなかった赤穂側に対し、吉良家のほうは死者16人、負傷者21人、逃亡者12人。吉良家を継いだ義周も応戦したが気絶した。その後、信州高島藩にお預けとなり、その間に没したため、吉良家は断絶となった。

84 まち ／ 世田谷区

東京23区でも有数の面積を誇る世田谷区は、現在の世田谷区役所の周辺に古くから政治機能が設置されてきた。室町時代には世田谷城が築かれ、戦国時代に城下町で開かれた「市（いち）」が、現在も「世田谷のボロ市」として受け継がれているなど、歴史が根付いた区と言える。

世田谷区は東京23区の西南端に位置し、神奈川県川崎市などと接する。主要路線は東西にのび、南から順に東急大井町線、東急田園都市線、小田急小田原線、京王井の頭線・京王線など、複数路線が区内を通っている。区内に駅はないものの、区の南東部には東急東横線がのびる。

羽田空港の拡張によって大田区に抜かれるまで、世田谷区は東京23区でもっとも面積が大きかった。広大な世田谷区の中心機能である世田谷区役所は、東急世田谷線の世田谷駅近くにあり、付近は歴史のある土地である。室町時代の14世紀後半頃、世田谷区域は吉良（きら）氏が支配していた。吉良氏は現在の世田谷城址公園や豪徳寺の一帯に館を構え、矢倉沢往還（やぐらざわおうかん）（江戸・赤坂御門から東海道・沼津宿を結ぶ街道）を望む場所に拠点となる世田谷城（世田谷区豪徳寺）を築いた。現在の世田谷区役所周辺は「元宿（もとじゅく）」と呼ばれる城下町だったと伝えられる。戦国時代に吉良氏が北条氏の支配下に入ると、北条氏により世田谷新宿が設けられて楽市が開かれ、現在も年末年始の風物詩となっている「世田谷のボロ市」の起源となった。

江戸時代、世田谷区域にあった村の約半数は彦根（ひこね）藩（現・滋賀県東部）の井伊氏の領地となる。吉良氏の旧家臣であった大場氏が世田谷領代官となり、約230年にわたって世田谷領を治めた。藩主の井伊氏は、世田谷村の豪徳寺（世田谷区豪徳寺）を菩提寺（ぼだいじ）とし、江戸で亡くなった藩主の墓所が造られ、幕末には大老・井伊直弼（いいなおすけ）（1815～1860）も葬られた。大場氏が住んだ世田谷代官屋敷は、江戸時代の大名領の代官屋敷としては都内唯一の存在であり、1952年に東京都指定史跡となった。さらに、近世中期の代表的上層民家としてよくその旧態を保存し、貴重な建造物であることから、1978年に住宅建造物としては都内で初めて国指定重要文化財に指定された。

世田谷区の「区の花」であるサギソウ（野生ラン）も、世田谷城と深い関わりがある。戦国時代の世田谷城主・吉良頼康（きらよりやす）は側室の常盤姫（ときわひめ）を寵愛（ちょうあい）していた。しかし、常盤姫は周囲の嫉妬（しっと）によって嫌がらせを受け、悲劇的な死を遂げる。常盤姫は生まれ故郷の奥沢城（世田谷区奥沢）に遺書を送るためにサギを放ったところ、たまたま狩りをしていた頼康がそのサギを射落とし、シラサギの血の跡から白い可憐（かれん）な花が咲いたため「サギソウ」と名付けられたと伝わる。サギソウは世田谷区内の水辺にも自生していたといわれるものの、現在は自生していない。

豆知識

1. 豪徳寺に近い松陰（しょういん）神社（世田谷区若林）には、幕末の教育家で安政の大獄（1858～1859年）で処刑された吉田松陰（よしだしょういん）（1830～1859）の墓所がある。若林村には長州藩（山口県）毛利家の抱え屋敷があり、長州出身の松陰ゆかりの地であった。
2. 東京都指定史跡の野毛大塚古墳（世田谷区野毛）は、全長82mの帆立貝式前方後円墳。その特殊な墳形や出土品から、百舌鳥（もず）・古市古墳群（大阪府）などの畿内王権との関わりが指摘されている。

85 歴史／小田原征伐

織田信長（1534〜1582）は、天下統一を目前に、本能寺の変で命を落とす。山崎の戦いで明智光秀（1528〜1582）を討った豊臣秀吉は、越前の上杉や、中国地方を広く支配していた毛利らをも配下におき、天下統一をほぼ成し遂げていた。しかし、武蔵、相模、伊豆、下総と関東一帯を支配していた北条だけが上洛しなかったばかりか、家臣の猪俣邦憲（生没年未詳）が真田家の名胡桃城（現・群馬県みなかみ町）を攻めたため、秀吉の命令に背いたとみなされて、小田原征伐が行われた。

小田原城（神奈川県小田原市）

小田原征伐のきっかけとなった猪俣邦憲の名胡桃城攻めは、大名間の私戦を禁じた「惣無事令」違反にあたり、北条氏は秀吉に、命令に背いたとみなされた。それに先立って秀吉は、隠居とはいえ実権を握っていた北条氏政か、当主の氏直（1562〜1591）かのどちらかが上洛するよう命じており、氏政が秀吉に謁見することが決まっていたが、プライドの高い氏政は、先延ばしにしていた。徳川家康の次女である督姫を正室に迎えていた氏直は、家康に仲介してもらって、秀吉の配下になろうと考えていたとされるが、名胡桃城攻めの後も、氏政は上洛しておらず、氏政と氏直は意思の疎通がスムーズではなかったようだ。氏直は「家臣が勝手にやったことで、私たちは知らなかった」と申し開きしたが時はすでに遅く、秀吉は小田原征伐を決定する。

宣戦布告がなされたのは1589年11月24日。翌年２月に徳川家康が駿河から２万の軍を率いて出陣した。３月には秀吉が大坂の聚楽第から３万2000の軍を率いて出陣し、沼津に入城。４月には秀吉軍が小田原城を包囲して持久戦に持ち込んだ。そして７月５日、氏直は自身の切腹を条件に、氏政らの助命を願って降伏を申し出る。しかし秀吉は氏直を生かし、高野山で謹慎させた。そして11日には氏政とその弟にあたる氏照が自害し、北条氏は滅亡した。

小田原征伐の後、徳川家康は北条氏の旧領地のうち、武蔵国・伊豆国・相模国・上野国・上総国・下総国・下野国と常陸国の一部の関八州に移封された。しかし、家康は北条氏の本城である小田原城ではなく、江戸城を居城としている。これは秀吉が江戸に御座所（天皇や公家の居室）をつくろうとしていたからだともいわれている。

江戸に入城した家康は、徳川四天王と評された酒井忠次（1527〜1596）・本多忠勝（1548〜1610）・榊原康政（1548〜1606）・井伊直政（1561〜1602）を始め、主要な家臣を支城に配して統治を開始。城下町も整備されていく。江戸城の正門にあたる大手門は奥州街道につながる要衝だったので、江戸の城下町の区画整備は、この周辺から始められたようだ。碁盤の目状に整備されて水路も掘削され、首都となる町ができていったのだ。

豆知識

1. 後北条氏は「小田原評定」と呼ばれる重臣会議を月に２度開いていた。小田原征伐の際の評定では意見がまとまらず、滅亡に追い込まれたため、結論の出ない会議を「小田原評定」と呼ぶ。

86 自然 ／ 江戸前島

江戸前島（まえじま）とは、家康入国以前、かつての江戸だったところである。しかし江戸時代に成立した文献や史料にはほとんど登場しておらず、江戸を中心にした名所を解説した『江戸名所図会（ずえ）』などの地誌類にも、まったく記述されていない。まるで存在していなかったように、みごとに抹殺されて現在に至っている場所が、江戸前島なのである。

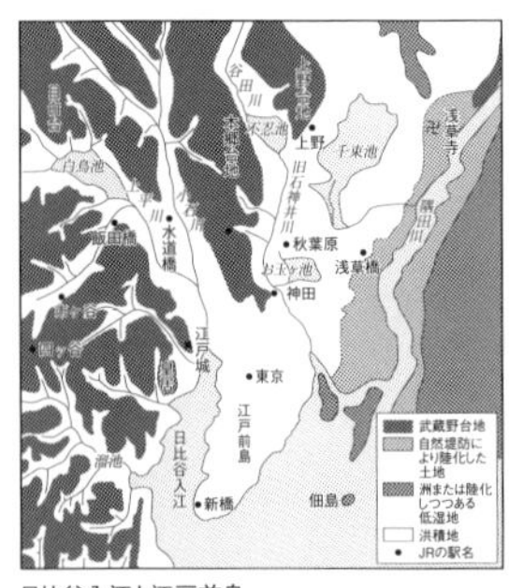

日比谷入江と江戸前島

江戸前島の範囲は、現在の地名では、西側は千代田区の大手町・丸の内・有楽町・内幸町、東側は中央区の日本橋・京橋・銀座の範囲となる。

徳川家康が江戸を開府した1603年、現在の丸の内から新橋にかけて、皇居のすぐそばまでが入江（日比谷入江）であった。これは現在の山手線の内側までのびており、皇居の東側、日比谷公園のあたりまでは海だったのだ。そして反対側、現在の銀座のあたりは砂が堆積し、半島になっていた。この半島が江戸前島とよばれていたのである。

江戸前島は、現代の地形学では「日本橋台地」とよばれる。これは武蔵野台地の東端、かつて海だった東京下町低地に面した山の手台地のひとつである本郷台地の先端が、海進（かいしん）（陸地が海の浸入を受け、海岸線が陸側に移動すること）期の荒波に削られて平たく低地になった場所で、「日本橋波食台地」ともよばれる。

鎌倉の大寺の「円覚寺文書」によると、江戸前島は1315年から1591年までの276年間、円覚寺の領地であったことが記録されている。円覚寺に限らず、大きな寺社の荘園は、農地は少なく、生産物の流通に便利な場所にあるのは普通のことであった。中世の武士の時代になっても、異なる領地同士の流通確保のため、「いちば」としての寺社の荘園は必要とされていた。

豊臣秀吉は、関東に移封させた家康に対して円覚寺を含む「鎌倉４カ所」の所領には手を出すなという文書を出している。しかし家康は、関東の中心的なこの荘園を、秀吉に無断で強制的に接収してしまう。こうした事実を隠すために、江戸幕府は江戸前島の史実を徹底的に抹殺したのであった。

その後、日比谷入江は、日比谷濠（ひびやぼり）や外濠が形成された以外は埋め立てられ、次第に内陸部となっていった。日比谷入江が埋め立てられた理由としては、宅地等の造成のため、城の目前まで外国船等が近づくのを防ぐ海防上の理由、そして堀の開削などによる膨大な残土などの処理のためであった。

しかし土木残土だけでは日比谷入江を埋め立てできず、幕府は北方の神田山の一部を切り崩し、埋め立て用に供した。切り崩された神田山の南には、家康の死後、駿河国にいた徳川の家臣たちが呼び寄せられ、この地に住み「駿河台」と呼ばれるようになった。

豆知識

1. 日比谷の由来は、海苔（のり）やカキを付着させるために浅瀬などに刺した竹や木の枝を「ひび（日比）」、さらに細長い入江で両岸が丘だったのを谷にみたてて「や（谷）」である。
2. 江戸前島の先端は、明治の鉄道唱歌で有名な「汽笛一声」の新橋駅があった旧汐留駅構内であることが、1995年３月の汐留遺跡の埋蔵文化財調査で確認された。

87 物語 ／『江戸流行 料理通』栗山善四郎

江戸初期の代表的な料理書に、1643年に刊行された『料理物語』がある。これを筆頭に江戸前期の料理書は、料理に携わる専門家向けの料理技術や食材、献立例などを体系化した、いわば百科全書的なものが多かった。しかし、江戸後期になると、テキストとして料理作りにそのまま使うというよりも、読んで楽しめる娯楽本的な性格の料理本が数多く生まれてくる。

料理屋が江戸市中で本格的に発展し始めるのが宝暦から天明期(1751〜1789)である。高級料亭を含めた飲食店が江戸市中にあふれ、それと呼応するかのように、江戸の料理文化が全盛を迎える文化・文政期(1804〜1830)にかけて、料理本が大量に刊行された。江戸随一の高級料亭として知られた浅草山谷の八百善(やおぜん)の４代目主人で、趣味人だった栗山善四郎(くりやまぜんしろう)による豪華な料理本『江戸流行 料理通』(全４冊1822・1825・1829・1835年)もその一つだ。

江戸時代の料理書は、研究者によると250種近くが数えられるという。その分野も様々で、有職故実(ゆうそくこじつ)(朝廷や武家の儀式や礼法、典故など)を述べたもの、茶料理や精進料理に関するもの、菓子の本、救荒食物(凶作や災害を想定して備蓄する食料)や保存食の作り方、中華料理、南蛮料理にまで及んでいる。また、料理の専門家向けだけでなく、素人を対象にした入門書的なものや、主材料を決め、それを使った料理を多数掲載する『豆腐百珍(ひゃくちん)』(1782年)に代表される百珍物など、単なる料理集にとどまらない知識や教養を並べて、読者の知的好奇心をも満足させようとする料理書も登場し、絶大な人気を博した。

ところで、八百善では、様々な武士や戯作者の大田南畝(おおたなんぽ)(「四方赤浪」152ページ参照)などの高名な文化人が高価な料理を楽しんでいた。八百善には有名な逸話も伝わっており、味醂(みりん)で洗って漬けた高価なハリハリ漬や50両(現在の500万円くらい)もの料理切手なる商品券があったという話(幕末の随筆『五月雨草紙(さみだれぞうし)』)や、茶漬けと香の物だけで１両２分の代金を取られた話(随筆『寛天見聞記(かんてんけんぶんき)』)などがある。その八百善が出した料理書だけに、『料理通』には八百善なじみの文人たちが協力を惜しまなかった。酒井抱一(さかいほういつ)・谷文晁(たにぶんちょう)・葛飾北斎(かつしかほくさい)・鍬形蕙斎(くわがたけいさい)などが挿絵を描き、亀田鵬斎(かめだほうさい)・大田南畝・大窪詩仏(おおくぼしぶつ)などの漢詩や序文が掲載された。装丁にも凝り、八百善の暖簾(のれん)を模した書袋(ふみぶくろ)(書物を入れて持ち運ぶ袋)もつけ、人気戯作者の柳亭種彦(りゅうていたねひこ)がチラシのコピーを書いている。当初１冊だけのつもりだったのが好評のため、結局、続編が３冊刊行された。

豆知識

1. 数多く出版された料理本の中でも、人気があり広く読まれたものは版を重ねている。いくつか拾ってみると、『料理物語』『料理献立集』(1671年)、『料理伊呂波庖丁(いろはぼうちょう)』(1773年)、『料理献立抄』(1780年頃)、『豆腐百珍』『料理早指南(はやしなん)』(1801〜1804年)、『料理通』などがそうだ。
2. 『料理通』出版の仕掛け人は、甘泉堂和泉屋市兵衛(かんせんどういずみやいちべえ)という版元で、この成功に自信を得た和泉屋は、同じ発想に基づいて菓子や漬物の本(『菓子話船橋(かしわふなばし)』[1841年]、『四季漬物塩嘉言(しきつけものしおかげん)』[1836年])も、それぞれの業界トップの店の主人に筆を執らせて刊行している。

88 商業と娯楽 ／ 江戸前寿司

握り鮨のことを「江戸前寿司」という。江戸で発明された寿司という意味だ。また、江戸の前に広がる海（江戸湾）で獲れた新鮮な魚介類を使ったことから、この名が生まれたともいう。握り鮨は酢飯に生の魚介を載せたもので、文政年間（1818〜1830）頃に始まった。考案したのは、両国の華屋与兵衛（別名・小泉与兵衛1799〜1858）だとされる。

もともと鮨は、塩漬けにした魚と米飯を漬け込んで発酵させた保存食で「熟鮨」と呼ばれた。琵琶湖の名物の「鮒鮨」がその代表格だ。やがて、室町時代には、漬け込む期間を短くした「生熟れ鮨」が作られるようになる。歌舞伎『義経千本桜』に登場する、大和の下市（現・奈良県吉野町）名産、鮎の「釣瓶鮨」などがそれだ。江戸時代になると醸造酢が普及したことから、宝暦年間（1751〜1764）には飯に酢をくわえることで米の発酵を待たずに作る「早鮨」が生まれた。しかし、この頃の早鮨は、箱の中に酢を混ぜた飯（酢飯）を入れ、上に魚肉を置いて押して作る「押鮨」だった。熟鮨が出来上がるまで最低３カ月、早鮨でも数日を要する。より早く、作ってすぐに食べられる鮨として江戸で生まれたのが握り鮨なのである。せっかちな江戸っ子は大歓迎だったに違いない。

上方では鮨といえば押鮨だったが、江戸では影を潜め、もっぱら握り鮨だった。ちなみに海苔で巻いた巻鮨ができたのも江戸後期である。江戸時代の風俗に関する考証的随筆『守貞謾稿』によれば、握り鮨のネタは「鶏卵焼・車海老・海老そぼろ・白魚・まぐろさしみ・こはだ・あなご甘煮長のままなり」、その横に、玉子巻「飯に海苔を交へ干瓢を入る」、海苔巻「干瓢を巻き込む」と図解されている。当初は店で作られ、出前で屋敷や宴席に運ばれることが多かったようだが、行商や屋台の鮨屋が普及してくると、安価なファストフードとして庶民に親しまれるようになった。鮨１個の値段が４文〜８文、玉子はやや高くて16文だったという。握った飯の量も今のものよりずっと大きかったので、１個でも食べ応えがあったに違いない。

両国に店を構えた華屋与兵衛の与平衛鮨は、当時の狂歌に「鯛比良目いつも風味は与平衛ずし買手は見世にまって折詰」と詠まれたほどの人気店だった。しかし、次第に他と競うように高価な鮨を出して天保の改革（1841〜1843）の奢侈禁止令に触れ、他の鮨職人とともに投獄されてしまう。与兵衛鮨は昭和の初めまで営業していたが今は廃業し、その流れを汲む店が今も与平衛鮨の味を伝えている。

豆知識

1. こはだや海老の握り鮨にワサビを挟むことを考案したのも華屋与兵衛だといわれる。また、食通の武士の求めに応じて創案した「おぼろの鮨」も人気を博した。与兵衛は最初岡持に鮨を入れて盛り場を売り歩く行商からスタートし、屋台での営業を始める。新鮮なネタをその場で握り、客はそれをサッと立ち食いするというスタイルが受け、また、屋台見世には不釣り合いな高級茶の山本のお茶を出して大ヒットとなり、店を構えるようになった。
2. 江戸前寿司の鮨飯は、はじめ米酢を使っていたが、風味や旨みが合う粕酢や赤酢を使うようになった。ネタには３種類あって、多く用いられたのが煮物で、烏賊、海老、穴子、蛤などが材料となった。次に「光り物」の名で知られるこはだ、鯵などを酢に漬けたもの。３つ目が刺身に用いる魚介類だった。また、卵焼きなど味をつけて加工したものも多かった。現在では高級ネタのトロは、腐りやすいのと油っぽさが嫌われ、寿司ネタには使われなかった。

89 暮らしと文化 ／ 町火消

江戸時代には、記録に残っているだけでも800回以上の火災が発生している。江戸の町地には木造家屋がひしめきあっており、一度火が上がるとまたたく間に延焼した。ポンプ車も消火器もない時代、火元から風下の家を壊して延焼を防ぎ、火の手を止めるしかなかった。これを「破壊消防」と呼ぶ。江戸の消防組織には、江戸城と武家地の消防を担当する大名火消と定（じょう）火消、町地の火消しを担当する町火消があった。

「各大区纏鑑 第一大区 七番組」月岡芳年

大名火消、定火消、町火消のうち、最初に始まったのは大名火消だ。1641年に京橋桶町（現・東京都中央区八重洲）で発生した「桶町火事」では、町７つと武家屋敷123軒が燃えた。死者は400人以上。大目付の加賀爪忠澄（かがづめただすみ）（1586～1641）が陣頭指揮を執ったが、煙に巻かれて殉職している。この２年後の1643年、６万石以下の大名16家を４組に分け、火消し役を設けた。これが大名火消だ。武家地、町地にかかわらず、出火すれば火元に近い大名が出動して消火作業に当たった。

定火消が始まったのは1658年、明暦の大火（振袖火事）の翌年だ。4000石以上の旗本４名をリーダーに、与力と同心で編成された。火消屋敷も４軒設けられたが、すべて江戸城の北西に位置している。乾燥する冬季、江戸には北西からの風が吹きつける。定火消は主に江戸城への延焼を防ぐ目的があったのだろう。

大名火消は町地火災の消火にもあたったが、1718年10月18日には町人による火消組織も発足する。それが町火消だ。前年に南町奉行となったばかりの大岡忠相（おおおかただすけ）（1677～1751）が、町火消設置令を公布した。それ以前から自身番と呼ばれる番所があり、町人が数人ずつ務めて夜回りもしていたが、十分ではなかったらしい。町火消設置令は、江戸市街の防火方法を名主（なぬし）から聴き取ってとりまとめたもので、江戸の町を地域割りしてそれぞれに火消組合を作り、出火の際は風上の２町、左右それぞれ２町の６町から各30人ずつの鳶職（とびしょく）を出動させ、消火にあたらせた。当時の火消しは風下の家を壊す「破壊消防」が基本だったため、鳶職が選ばれたのだ。1720年には地域割りを修正していろは四十八組が編成された。ただし、「へ組」「ら組」「ひ組」「ん組」はそれぞれ「百組」「千組」「万組」「本組」に置き換えられている。へは屁に、らは男性器を意味する隠語の「摩羅」に、ひは火に通じ、験（げん）をかつぐ江戸っ子に嫌われたのだ。「ん組」がないのは、単純に言いづらいからだったらしい。それぞれの組は纏（まとい）と幟（のぼり）を作り、目印にした。纏とは棒の先に組の文字が書かれた頭をつけ、房飾りなどをつけものだ。

町火消には身体能力の高い者が選ばれ、死をも恐れずに火消しにあたる姿は、粋でいなせな江戸っ子の代表として憧れられたようだ。

豆知識

1. 火災が起こると半鐘（はんしょう）が打ち鳴らされるが、鳴らし方でおおよその距離もわかった。ジャーン、ジャーンと一打ずつのときは火元が遠い、ジャンジャンと連打になると火元は近い。

90 人物／紀伊国屋文左衛門

元禄時代（1688〜1704）の豪商といえば、紀伊国屋文左衛門、略して「紀文」が有名だ。嵐のなか、紀州みかんを江戸に回漕して大儲け。遊里吉原を一人で買い切ったとか、数々の豪遊伝説で知られる江戸中期の商人だ。しかし、その人物像は不明な点が多く、生没年も未詳で、親子２代説まである。確かなのは、政治家と特権商人が賄賂で結びつき、公費で私腹を肥やす構造が17世紀後半の日本で見られた、ということだ。

生年は諸説あり、出身も父親について「紀州熊野から江戸にいで」とする記述が江戸時代の出版に見られるが、根拠が示されておらず不確実だ。暴風雨のなか紀文のみかん船が江戸に向かう出世話も、元をたどれば幕末に出た小説『黄金水大尽盃』だった。紀文をモデルにしたこの長編小説は当時よく読まれ、歌舞伎や浪曲にも取り上げられて、すっかり史実と混同された結果、虚像が一人歩きするようになったと見られている。

江戸東京博物館（墨田区横網）の元館長で文献を調べた竹内誠（1933〜2020）によると、江戸中期の珍事を記録した『江戸真砂六十帖』に、紀文は八丁堀に住む大金持ちの材木商で、吉原で小粒金の豆まきをするなど豪遊し、老後は深川八幡宮あたりに住んだ、と書かれていた。つまり、紀文はみかんではなく材木で蓄財したらしいのだ。

当時、日本最大の城下町江戸では、「火事と喧嘩は江戸の華」といわれるほど火災が絶えず、材木需要が大きかった。５代将軍・徳川綱吉の命により、護国寺など官営の造営事業も盛んで、材木で大儲けする新興商人が現れた。紀文がその一人で、寛永寺根本中堂の造営用材調達を請け負い、50万両の巨利を得たと伝えられている。今の静岡の材木商と組み、大井川上流の千頭山あたりから大量に木を切りだし、御用木として収めた。幕府の御用を請け負うため、しっかり手を組んだ相手が老中の阿部正武（1649〜1704）だ。阿部は忍藩（現・埼玉県行田市）藩主で、紀文はその資金調達（大名貸）も引き受けていた記録があるという。

財をなした紀文は江戸で豪遊した。例えば初鰹を味わうため、江戸中の初鰹をすべて買い占めて、そのうちの一本だけを食べたという話。吉原の大門を閉め、一夜千両ともいわれる買い切りをしたという話。「紀伊国屋蜜柑のやうに金をまき」という江戸川柳も残されている。しかし、積極財政の元禄政治が終わり、新井白石（1657〜1725）による「正徳の治」が始まると、賄賂は厳禁された。儲けの機会が減り、紀文も18世紀初頭には廃業した。その後は、相変わらず豪勢な生活を続けたため財産を食いつぶし、零落したという説と、それなりの蓄財と店賃の収入などで悠々自適の老後を送ったという説がある。

豆知識

1. 同じ材木商の奈良屋茂左衛門も数々の豪遊伝説を残した。こうした新興の材木商が豪遊したのは、少々背伸びしてでも財力を誇示し、「自分は賄賂をたんまり出すぞ」と幕閣にアピールする狙いがあったのではないか、との見方がある。

91 まち ／ 渋谷区

若者でにぎわう渋谷の街は、先史時代に古墳が盛んに築造され、平安時代末期から多くの武士たちが活躍した土地であった。複合商業施設「渋谷ヒカリエ」近くの金王八幡宮（こんのうはちまんぐう）には渋谷城が築かれ、鎌倉時代の中心都市・鎌倉と結ぶ街道が通っていた。古くから交通の要衝として人々が行き交ってきた街である。

渋谷城の跡地とされる金王八幡宮

渋谷区の南寄りに位置する渋谷駅を中心に、区の中央にはJR山手線が南北にのび、南から順に恵比寿駅・渋谷駅・原宿駅・代々木駅が渋谷区に含まれる。渋谷駅には複数の路線が乗り入れているものの、東急東横線は代官山駅、京王井の頭線は神泉駅など、区内に駅は多くない。区の中央には東京メトロ千代田線が東西に走り、東に位置する明治神宮前〈原宿〉駅から西の代々木上原駅までが渋谷区に含まれる。

「渋谷」の由来には諸説ある。現在の渋谷区域はかつて入江が広がり、「塩谷の里」と呼ばれたことから「塩谷（しおや）」が「渋谷（しぶや）」に変わったとする説がある。また、平安時代末頃の領主・河崎重家（かわさきしげいえ）が京都の御所に侵入した賊を捕らえたところ、賊の名にちなんで重家に「渋谷」の姓が与えられ、重家の領地が「渋谷」に変わったとする説。さらに、この地を流れる川の水が鉄分を多く含み、赤さび色の「シブ色」だったため「シブヤ川」と呼ばれていたとする説などがある。いずれの説にせよ、渋谷区域の歴史と関連が深い。

区内には先史時代の遺跡が三十数カ所発見されている。平安時代末期からは、渋谷金王丸常光（しぶやこんのうまるつねみつ）（1141～1185）を中心とする源氏の武将が活躍したとする伝説が社寺や地名として残る。複合商業施設「渋谷ヒカリエ」近くに鎮座する金王八幡宮（渋谷区渋谷）は、かつて常光が築いた渋谷城の跡とされ、境内には「渋谷城・砦（とりで）の石」が展示されている。当時の武蔵国（現・東京都、埼玉県など）には、源氏の家人（家臣）として功があった武蔵武士が地方豪族として住んだ。渋谷区域には鎌倉と通じた「鎌倉街道」が通り、金王八幡宮や並木橋は鎌倉街道沿いにあり、文化の伝播（でんぱ）や開発は鎌倉街道周辺から進んだとされる。

南北朝時代から室町時代にかけては渋谷や原宿、戦国時代には渋谷・原宿・千駄ヶ谷・幡ヶ谷に村落が発達した。江戸時代には区域の大部分は江戸幕府の直轄地として統治され、渋谷の丘はほとんどが武家屋敷となり、低地の水田地帯には農家が点在し、宮益坂と元広尾には商家が並んだ。

明治時代には武蔵県、武蔵県および東京府などと改正が繰り返され、昭和時代の1932年10月1日、渋谷町・千駄ヶ谷町・代々幡（よよはた）町が合併して「東京市渋谷区」が成立し、現在の渋谷区に至っている。

豆知識

1. 渋谷区は、2003年に開催された日本とトルコの友好事業をきっかけとして、トルコ共和国のイスタンブール市ウスキュダル区と友好都市の提携を結んだ。また、トルコ共和国大使館の所在地は渋谷区神宮前である。
2. 渋谷区「区の花」はハナショウブであり、区内の名所である明治神宮内苑の菖蒲田（しょうぶた）がよく知られる。150種1500株のハナショウブが植えられ、最盛期には5500輪もの花が咲き誇る。

92 歴史 ／ 家康以前の江戸

かつて、家康以前の江戸は寒村で、何もなかったと考えられていたが、もちろん江戸には江戸の文化があった。縄文時代から人が居住し、弥生時代から古墳時代と、豊かな生活を想像させる遺跡も発見されている。様子がわかる資料は多くないが、平安時代以前から鎮座する神社が東京にも10社存在する。多くは高地に立地しており、江戸湾埋め立て前の江戸の地形を思わせる。それら神社の由緒を見ながら、江戸の歴史を俯瞰してみよう。

磐井神社（東京都大田区）

『延喜式』とは、平安時代中期、醍醐天皇の命により藤原時平らが編纂した古代の法典で、律令の施行に関する事柄を詳細に記したものだ。祭の次第や祝詞などの他、当時に存在した神社の名前も載せられている。神社が記録されたものを「神名帳」と呼び、当時の日本に官幣大社、国幣大社、官幣小社、国幣小社が少なくとも2861社存在したことがわかる。官幣・国幣は国により管理される神社で、特に霊験あらたかな神社は官幣社とされた。大社と小社は重要度などによって振り分けられていると考えられる。現在の東京にあったと考えられるのは、かつての荏原郡（現在の東京湾沿岸地域）に鎮座していたとされる薭田神社、磐井神社と、多摩郡に鎮座していたとされる阿伎留神社、小野神社、布多天神社、大麻止乃豆乃天神社、阿豆佐味天神社、穴澤天神社、虎柏神社、青渭神社の合計10社だ。

由緒が不明の神社も多いが、例えば磐井神社は江戸湾のすぐ西側に鎮座しており、一時は武蔵国八幡宮（東京都府中市）の総社だったともされる。薭田神社がどこにあったかは確定していないが、やはり江戸湾にほど近い。この神社ではないかと推定される現存する神社は３社あり、すべて武神の八幡神を祀っている。平安時代後期の陸奥国で起きた前九年の役で、源義家（生没年未詳）が戦勝を祈願したようだ。『日本書紀』で、東国征伐を命じられた大和武も、浅草にある鷲神社で戦勝祈願をしたと伝わるから、東京あたりは古くから、東国征伐における要衝だったのだろう。阿伎留神社はあきる野市に鎮座しており、「あきる」は開拓工事の際に水田の畔を切った「畔切」が語源だと考えられる。この地を開拓した人々が信仰した神が祀られていたのかもしれない。西多摩郡瑞穂町に鎮座する阿豆佐味天神社は武蔵七党のひとつである村山党の氏神であった。しかし、神社を創建したのは坂東八平氏の祖ともいえる高望王と伝わるから、武蔵七党と坂東八平氏の交流も想像できる。青梅市に鎮座の虎柏神社は、創建当時の歴史は不明だが、武蔵介だった源経基（？～961）が諏訪大社の祭神を勧請したと伝わっている。経基は将門の乱で副将軍を務めた他、藤原純友の乱でも平定のために戦っており、武神である諏訪大社の神がこの神社へやってきたのは、将門の乱がおこった940年だ。乱を無事平定できるよう祈ったのだろうか。神社の由緒は後世に改竄されることも少なくないので、これだけで歴史を推定するのは難しい。しかし、家康以前の江戸を想像するよすがとはなるだろう。

豆知識

1. 延喜式神名帳には官幣大社198社304座、国幣大社155社188座、官幣小社375社433座、国幣小社2133社2207座が記録されている。当時の日本には2861社の神社があり、神3132座が祀られていたということだ。

93 自然 ／ 内濠・外濠

江戸はなぜ100万人もの大都市になったのか？　その手がかりは、「の」の字形の濠にある。濠の本来の役割は城の防衛だが、江戸城の周りを２周するこの渦巻き状の濠は、さらに重要な機能があった。それは物資を運ぶ水運である。防衛と水運のルートを兼ねた濠が、江戸を支えたのだった。「濠によって町を生む」ことで、大江戸は誕生したのである。

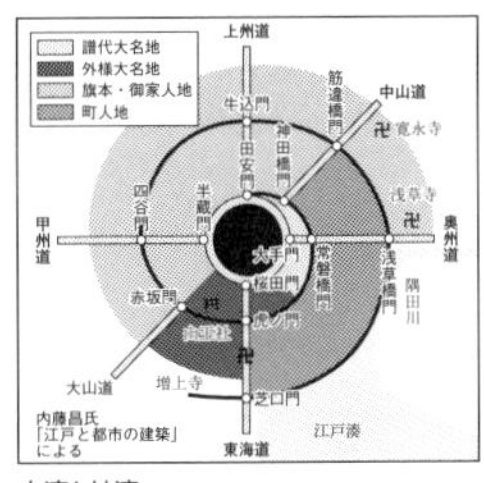

内濠と外濠

江戸城を中心に拡張された「の」の字形の濠は、台地や川など自然の地形を生かして、右渦巻き状の濠を開削し、それを街道に合わせるというものであった。内濠と外濠の二重円環を備えた江戸城が完成するのは、1636年のことである。実に半世紀近くもの歳月をかけた巨大事業であった。

内濠・外濠の整備された流れを追ってみると、江戸城本丸先と江戸湾を結ぶ道三堀川がもっとも早期に工事着工され、日本橋川、小名木川（おなぎがわ）が順次掘られていった。これは天候に左右される日比谷入江、内海（東京湾）を通らず、行徳の塩（現・千葉県市川市行徳地区の塩）を建設中の江戸城に運ぶ目的があった。日比谷入江の埋め立てが始まると、江戸前島（まえじま）を開削して大型船の通れる外堀川など、外濠の整備が進んだ。江戸城の石垣の石は、主に伊豆から運ばれてきたので、東側低地の内濠は石や木材の運搬ルートとして早い時期に進められた。

武蔵野台地が広がる江戸城の西側は、城の防衛のため、平坦（へいたん）な地形に半蔵濠や桜田濠など人工的に開削された濠が目立つ。1620年には、仙台藩の伊達政宗によって、神田山を切通して隅田川に流す大規模な開削工事が行われ、神田川がつくられた。これは外濠をかねており、江戸城北部の防衛のため、堀を大砲の射程をこえる広さにする目的もあった。最後の総仕上げとして、四谷周辺の台地を深く掘り込み、真田濠、市谷濠など江戸城西側の外濠が完成した。

幾重にも濠で囲まれた地形は攻めにくく、城門を閉じれば出入りができない。また江戸は30ｍもの標高差のある土地だったため、こうした高低差を上手く利用し、ところどころで濠をせき止めながら、上から下へと水を流して、濠を円環状にめぐらせていった。その結果、江戸城はいっそう堅固な城として防衛の面でも総構えを強化していく。また濠に沿って要所に設置された見附（みつけ）（城のもっとも外側の門で、番兵が見張りをする場所）は、防衛上かなりすぐれた要塞だった。江戸城の敷地は、外濠を含めると2.30km^{2}以上で、千代田区ほぼ全域とその周辺地域を含んだ。外郭は隅田川などを利用した外濠に囲まれており、現在、皇居として使われているのは、江戸城の中心部だった内郭と呼ばれる部分である。

江戸城を中心として内郭と外郭ができたことで、城下町の輪郭が色濃く浮き上がっていく。内側には大名屋敷や上級武士の屋敷が置かれ、外側には大名屋敷もあったが、主に下級武士の屋敷や町人地が多く置かれた。こうした棲（す）み分けは江戸の住民の格付けにもつながっていった。

豆知識

1. JR中央線が東京駅から新宿駅の間で屈曲しているのは、神田駅から四ツ谷駅まで、外濠の土塁の内側を電車が通っているからである。

94 物語／『武鑑』

江戸のベストセラー本には、現代の私たちから見ると少し不思議なものもあった。その一つが「武鑑」である。大名・旗本・幕府役人の名鑑で、それぞれ「大名武鑑」「旗本武鑑」「御役武鑑」と称し、民間の書肆（版元）によって刊行された。

各大名家の江戸屋敷や旗本など多くの武士が集まる江戸では、それぞれの家や当主の情報が必要になる場面が多く、武士の名鑑は必要不可欠となる。幕藩体制が確立する寛永・正保年間（1624～1648）の頃からごく簡単なものが出版され、明暦の大火（1657年）後まもなく『大名御紋尽』『江戸鑑』が刊行されて、その後の「武鑑」の体裁が整ったといわれる。『武鑑』という名称は、1685年に刊行された『本朝武鑑』にはじまり、元禄年間（1688～1704）には盛んに出版された。享保（1716～1736）以降は、民間の大書肆・須原屋茂兵衛刊行の標題に年号をつけた武鑑および中小型本化した『袖珍武鑑』『袖玉武鑑』や、幕府御書物師・出雲寺和泉掾刊行の『大成武鑑』に代表されるようになった。

ところで、「武鑑」にはどんな内容が記されていたかというと、「大名武鑑」の場合は、諸大名の姓名、本国、居城（封地）、石高、席次、官位、家系、家督、内室（妻）、嫡子、参勤交代の期日、献上および拝領品目、家紋、旗指物（戦場で用いられた小旗）、槍印（槍につける標識）、屋敷地、菩提寺、家臣（重臣）、里程（江戸から居城までの道程）、歴代城主など。旗本の場合は本姓、本国、家紋、石高、屋敷地、姓名など。役人の場合は役名、支配、役席、役高、本人および父親の姓名、石高、前職、分掌（担当職務）、就任年次、家臣、屋敷地、家紋、槍印などである。ただ、民間の出版物であるため人事異動や屋敷替えなどその都度の訂正には限界もあり、情報源にも不正確さがあったりした。

しかし、武家社会の情報の窓口としての実用性は高く、大いに活用された。例えば、江戸屋敷勤番の武士は日常の政務上の折衝や交際の基礎資料として、出入りの商人は商取引きに利用し、農村の村役人らは訴願の相手を知るために、武家社会の情報を手っ取り早く知りたい庶民にも便利な書物だった。そして、国許へ帰国する武士は、江戸土産として買い求めたという。

ところで、「武鑑」の発行部数や価格は詳しくはわかっていないが、幕末の記録が少しだけ残っている。それによると、『元治武鑑』の改元新版では１万5000部、役替わり改訂で年に1000部、『大成武鑑』もほぼ同数で、袖珍・袖玉の両武鑑は、年間１万部の需要が見込まれていたという。価格は『元治武鑑』で銀14匁５分、『袖珍武鑑』は172文、『袖玉武鑑』は184文ということで、当時の米１升の値段が銀３匁余りであることから見ても、決して安い物ではなかった。そのため、武鑑から役付の部分だけとか、諸大名の槍印・家紋のみを抜粋した早見表のような１枚摺も刊行された。

豆知識

1.『武鑑』は、須原屋などで売られていただけでなく、『武鑑』を売る行商人もいた。おもに幕府の役人の姓名を記した一枚摺を売り歩き、「御役人附売」と呼ばれた。『守貞謾稿』によれば、「板行改まり御役人付」と繰り返したり、「御役替え改まり御役付」と言いながら町を巡ったという。

95 商業と娯楽／庶民のグルメ

江戸のグルメといえば、蕎麦、天麩羅、鰻の蒲焼、握り鮨の四大名物食を思い浮かべがちだ。しかし、食文化が大いに発展した江戸後期には、庶民の生活にも余裕が生まれ、食事とは別の間食（おやつやお茶請け）として愛される食べ物も現れた。それらの中には今に続く江戸（東京）名物もある。

現代でも愛される雷おこし

「江戸の三白」という言葉がある。江戸っ子がこよなく愛した白いもの、「白米」「豆腐」「大根」を指す。三白はどれも手に入れやすく安い点では庶民の強い味方だった。

三白の一つ、大根が、日頃食べ慣れた沢庵漬とは一味も二味も違う逸品「べったら漬」となる。旧暦10月20日は恵比須講で、商売繁盛の神、恵比須神を祀る祭事が商家を中心に行われた。日本橋は宝田神社の恵比須神を祀るため、神棚や三方などの祭具や供え物の鯛などを売る市が、前日の19日、日本橋大伝馬町に立った。このとき売られたのがべったら漬だ。厚く皮をむいた大根を塩で浅漬けにし、硬めの甘酒にした米麹で本漬けしたもので、真っ白な姿と独特の香り、やさしい甘さにサクッとした食感が、白いもの・甘いものが大好きな江戸っ子はもとより、江戸の名産品として多くの人に親しまれた。最後の将軍・徳川慶喜も大好物だったという。

甘い物には目がないとはいえ「羊羹」は高嶺の花、庶民に親しまれたのはもっぱら餅や団子、饅頭の類だった。作るときのパフォーマンスの楽しさもあって人気だったのが「粟餅」である。精白した餅粟に米を混ぜて蒸してから搗き、小さく切って中に餡を包むか黄粉をまぶす。江戸後期の風俗志である『守貞謾稿』（1853）によれば、粟餅は神社の祭礼などによしず張りの店で売られた。搗き上がった餅を手でつかみ、５本の指の間から同じ大きさの団子を４個ひねり出して、２ｍくらい離れた皿に投げ入れ、皿の中で砂糖を混ぜた黄粉をつけて売る。餅搗きも「粟餅の曲搗き」と呼ばれ、身振り手振りも面白く、掛け声を合図に杵を投げ上げたりもした。空中を飛ぶ団子を見たさに見物人も多かったという。

もう一つの三白、米を原料とする菓子も多い。なかでも浅草寺の雷門にちなんだ「雷おこし」は縁起物として庶民に親しまれた。一説によれば、雷門が火事で焼失した際、再建を祈念して屋台見世が売り出したのが始まりだという。家や名を「興す」にかけた「おこし」の名前が縁起菓子たる所以だ。米を蒸して煎り、ふくらませたものに水飴や砂糖などを混ぜて練り固め、一口大に切った菓子で、『江戸繁昌記』（初編1832、「『江戸繁昌記』」107ページ参照）にも「雷門外の雷おこし、その名四方に震いし、金龍山餅と拮抗するもの年所あり」と、同じく浅草名物の「浅草餅」と張り合う人気だったことが記されている。

豆知識

1. 下町のグルメ「もんじゃ焼き」のルーツは、幕末から明治にかけての子供のおやつ「文字焼き」だといわれる。出汁で溶いた小麦粉の生地で鉄板に文字を書いて覚えながら食べていたのが始まりで、隅田川の中州の埋め立て地・月島の路地の駄菓子屋がその舞台となった。薄く焼いた生地に醤油や蜜をつけて食べていた。
2. 恵比須講前日の市は、その夜限定販売のべったら漬にちなみ、「べったら市」と呼ばれるようになった（別名を「くされ市」「浅漬市」とも）。現在は、日本橋の宝田恵比寿神社を中心に10月19・20日に開かれ、多くのべったら漬の屋台が立ち並ぶ。

96 暮らしと文化 ／ 町奉行

「奉行」という言葉を聞いて、真っ先に思い出すのは、テレビドラマの『遠山の金さん』や『大岡越前』などではないだろうか。遠山景元（1793〜1855、通称は金四郎）や大岡忠相（1677〜1751）は江戸の町奉行で、景元は1840年頃から1843年まで北町奉行を務め、大目付を経て、1845年に南町奉行職についた。北町奉行と南町奉行を一人の人間が務めるのは、とても珍しいことだったらしい。忠相は1717年から1736年もの長期にわたり、南町奉行を務めている。

テレビ番組の影響で、奉行はお白洲（奉行所に置かれた法廷）で罪人を裁く裁判官のような役職だと誤解している人もいるかもしれない。しかし本来、奉行の仕事は、政務や行事を指揮する幹事役だ。町奉行は町人たちが住む「町地」の行政・司法・警察事務を執行する役職で、訴訟や犯罪の裁決をするだけでなく、大火災の際には消防の指揮をし、道路や橋の管理保全も行っている。現代でいえば知事と高等裁判所長官、警視総監、消防署長を兼務するようなものだ。江戸時代には一万石以上の藩主を「大名」と呼び、一万石未満の家臣を「旗本」と呼んだが、旗本にとって町奉行は大目付に次ぐ最高の格式だ。大坂や京都の町奉行は「大坂町奉行」「京都町奉行」のように地名を前につけたが、江戸では単純に「町奉行」と呼ばれている。北町奉行所と南町奉行所が設置され、同じ地域を月番制で管轄した。

警察事務の部下にあたる与力や同心が有名だが、行政事務における部下は町年寄になる。町年寄は町の名主を統括して町奉行と連絡をとりながら、市政を指揮した。牢屋の管理をする牢屋奉行も、町奉行の下で働く役職だ。同心は放火や強盗を取り締まる警備や、犯人逮捕が役目だ。それをとりまとめるのが与力で、江戸時代中期の町奉行所には、北南各25人の与力が所属していたようだ。

一般に「三奉行」というと、町奉行・寺社奉行・勘定奉行を指す。中でも町奉行は特に重要な役職で、優秀な人材が登用されたようだ。しかし、三奉行の中で最高位は寺社奉行。寺社奉行は寺社の領地や建物、僧侶や神官、陰陽師、楽人（宮廷や寺社で専門に雅楽を演奏する人）ら宗教に関連する職務を指揮管理する役職だ。町奉行の激務ぶりを考えれば寺社奉行の方が格上なのは不思議だが、江戸時代は皇族出身者が住職を務める門跡寺院など、権威を持つ寺社があったので、町人相手の町奉行よりも格式が上だと考えられたのかもしれない。

勘定奉行はその名の通り財政を司る役職だ。勘定所は幕府の直轄領を支配して年貢の徴収や財政事務なども統轄しており、訴訟事の管理もする。さらに、米相場を安定させるための施策も行っていた。当時の武士は石高制で収入は米なのに対し、町人たちは貨幣中心の経済社会だったため、米相場は武士の懐に直結したからだ。

豆知識

1. 皇室出身者が住職を務める門跡寺院の初代は、京都の仁和寺だ。住職（御門跡）は宇多天皇。菅原道真を寵愛し、信任しすぎたのが、道真の大宰府左遷の一因ともいわれている。

97 人物／荻生徂徠

江戸時代中期、「道徳」を説く従来の朱子学を厳しく批判し、「政治」に重きを置く独自の思想を打ち出した儒学者が、荻生徂徠（1666～1728）だ。世を治め民を救う「経世済民」の儒学は時の権力者からも頼りにされ、若い頃は徳川幕府の側用人（将軍側近の最高職）・柳沢吉保（1658～1714）に仕え、晩年には「江戸幕府中興の祖」とされる８代将軍・徳川吉宗（1684～1751）の知恵袋にもなった。

徂徠は江戸の生まれで通称、惣右衛門という。５代将軍となる徳川綱吉（1646～1709）が館林藩主だった頃、その侍医を務めた父が怒りを買って江戸から追放され、一家は徂徠14歳のとき母の故郷、上総国（現・千葉県）に身を寄せた。農村で10年余り不自由な暮らしをしながら『四書大全』などの勉学に励み、許されて江戸に戻ると、芝の増上寺門前で私塾を開いてさらに研鑽を積んだ。1696年、後に側用人となる柳沢吉保に見いだされ、仕えることになった。

その頃起きたのが、大石内蔵助良雄ら赤穂浪士による吉良上野介邸討ち入り事件（1702年）だ。「義士」による「義挙」として世の中が沸騰し、儒者からも浪士の助命を求める声が出るなか、吉保から意見を問われた徂徠は「行為が義だとしても、あくまで私論であり、そんなことを通せば今後、法は成り立たなくなる」との趣旨を前提に、「侍の礼をもって切腹に処せらるる」べしと答えた、とする文書が残されている。

綱吉の没後、徂徠は日本橋茅場町に居を構えた。自宅を蘐園（蘐は茅の意）と呼んだことから、子弟を集めた塾も蘐園塾と呼ばれた。その学問は、心情より結果、「私の道徳」より「公の政治」の優先だった。とりわけ、それまでの儒学の主流で個人の道徳を説く朱子学を厳しく批判した。儒学で求められるのは天下を治める政治の道であり、道徳にはかかわらないと説いた。

徂徠の著作のなかで、今も文庫本で広く読まれているのが晩年に書いた『政談』だ。将軍・吉宗の諮問に対し、幕政改革案を密かに４巻にまとめた。徂徠は18世紀初頭当時の状況について、地方から江戸に大勢の人が集まった結果、盗賊・追剥が横行するに至ったとして嘆き、武士は地元（知行所）から切り離すべきではないとする武士土着論を展開した。また、「浪人ならびに道心者の取締りのこと」では、今でいうフリーターを取り締まるよう提言し、戸籍管理により居住場所も厳密に管理すべきだと提言した。役人には実力主義で人材を登用すべきだとも主張している。あくまで吉宗への私信で、読後は焼却処分にしてほしいと書いていたが、いつしか写本が流通し、江戸末期にかけて何度も出版されることとなった。

豆知識

1. 20代半ばで江戸に戻った徂徠は、芝三島町の豆腐屋の裏で貧乏暮らしだった。豆腐屋の七兵衛が恵んでくれたおからでしのぎ、「おから先生」と呼ばれていた。後年、七兵衛に三人扶持の米を長く送って報いたとされ、美談となって落語『徂徠豆腐』に残っている。
2. 徂徠は筋金入りの「京都嫌い」だった。「公家をはじめ京都人には大名をだまして物を取ることばかり考える気風がある」として、大名が競うように京女を正室に迎え、ぜいたくが伝染して幕藩体制が掘り崩されてしまう、と恐れていた。

98 まち ／ 中野区

「中野」の由来は「武蔵野の中央にあるため」という説があるように、中野区域は自然豊かな土地で、江戸時代には将軍が鷹狩りを楽しんだ。５代将軍・徳川綱吉（1646～1709）が生類憐みの令を出すと、中野区役所があるJR中野駅周辺で「お犬様」が飼育されることになった。

中野区役所前にある、お囲いの犬の像

新宿区の西隣にある中野区には、区を二分するようにJR中央線が東西に走り、中野駅と東中野駅が区内に含まれる。区の北部にのびる西武新宿線は、東の新井薬師前駅から西の鷺ノ宮駅まで５駅が中野区に含まれ、北部は南部に比べて東西に長いのが特徴である。

「中野」の名が初めて登場するのは、和歌山県の熊野那智大社に伝わる、1362年の「武蔵国願文」という古文書とされる。そこには「中野郷」という地名が記され、中野郷に住む修験道の僧たちが熊野那智大社に参詣したことが示されている。また、「中野」の地名は江戸時代後期の地誌『江戸名所図会』（「江戸名所図会」172ページ参照）などにも見られ、「武蔵野の中央にある」ことが由来とされているが、詳細はわからない。江戸時代に入り、石灰を青梅から江戸まで運ぶ目的で青梅街道が新設され、中野村は青梅街道の宿場としてにぎわった。その後、商業が盛んになると、雑穀や野菜を中心に農作物の生産が急速に増える。この頃、中野区域は中野・本郷・本郷新田・雑色・江古田・片山・上高田・新井・上沼袋・下沼袋・上鷺宮・下鷺宮の12村に分かれていた。

中野は将軍が鷹狩りをする「お鷹場」となり、無断で鳥類を捕らえることが禁じられた。1685年以降、５代将軍・徳川綱吉が生類憐みの令を出すと鷹狩りは禁止され、現在のJR中野駅付近の土地を中心に、お犬様を養育するための「お囲い（犬小屋）」が造られた。その後、８代将軍・徳川吉宗（1684～1751）は鷹狩りで訪れた際に中野の地を気に入り、現在のJR中野駅南側一帯に桃の木を植えて「桃園」と名付け、花見の名所となったが、江戸時代末期にはほとんどの桃は枯れ、明治時代以降は宅地や商店街に変わっていった。

1889年４月に施行された市制及び町村制によって、中野・本郷・本郷新田・雑色村が合併して「中野村」に、江古田・上鷺宮・下鷺宮・上沼袋・下沼袋・新井・上高田が合併して「野方村」になる。同年には新宿～立川間に甲武鉄道（現在のJR中央線）が開通し、中野駅が開設された。この鉄道駅の開設を機に中野村では人口も増えて近郊住宅地として発展し、1897年には中野村から「中野町」となる。大正時代には、関東大震災（1923年）によって山の手への人口移動が盛んになり、中野区域も人口が急増して1924年には野方村は「野方町」となった。1932年には、東京市の市域拡張にともない、中野町と野方町が合併して中野区が誕生した。

豆知識

1. 中野区北部にある江古田公園には、園内に妙正寺川と江古田川のふたつの川が合流する地点があり、川を挟んで南北に分かれている。園内には、室町時代の武将・太田道灌（「太田道灌」40ページ参照）らが1477年に激戦を繰り広げたことを示す記念碑が立つ。
2. 中野区役所前には、徳川綱吉の命によって飼育した「お囲いの犬」にちなんだ像が立つ。綱吉の時代の後、犬は地域の住民に預けられたが、数が多かったため所沢や厚木あたりの人々にまで預けられたとされる。

99 歴史 ／ 江戸幕府の成立

1600年の関ヶ原の戦いに勝利した徳川家康は、1603年に征夷大将軍に任命され、江戸に幕府を開いた。これにより、江戸は一大名の城下町から天下の中心地として開発が進められることになる。

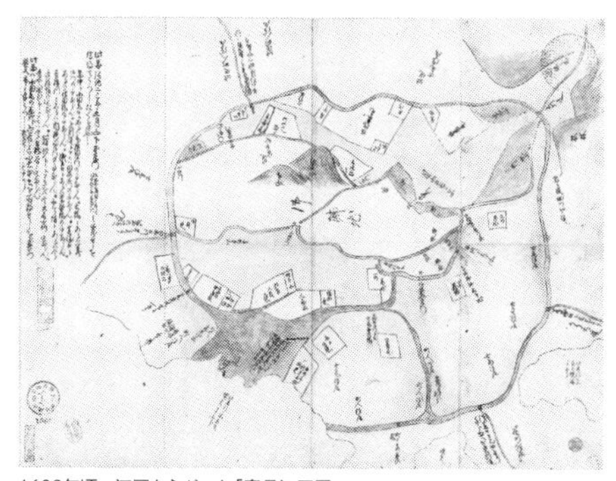

1602年頃の江戸をえがいた「慶長江戸図」

駿府城（現・静岡県静岡市）を本拠としていた家康が江戸に入ったのは1590年のことだ。それまで関東を支配していた北条氏の降伏後、豊臣秀吉（1537〜1598）の命を受けて入国した。金杉（現・港区芝）、麻布、赤坂、貝塚（現・千代田区）と通って入った当時の江戸は葦だらけの湿地で、江戸城は石垣もない寂れた城だったという。太田道灌（1432〜1486）によって開発された江戸はすっかり寂れていたのだ。

家康はインフラの建設を急ぐ。現在の大手町・丸の内あたりは「日比谷入江」と呼ばれる入江になっていた（「江戸前島」92ページ参照）。入江と江戸湊（隅田川河口）を結ぶため、江戸前島の根元を開削して道三堀をつくった。現在の皇居東側から大手町交差点を経て日本橋川に合流する1 kmの水路だ。並行して、現在の江東区の小名木川を開削して、行徳（現・千葉県市川市南部）から塩を運びこんだ。また、飲料水を確保するために上水（水道）を整備する必要もあった。初期の上水計画は不詳だが、家康が上水を計画または建設したこと、小規模の上水があったことが知られ、17世紀中頃までには神田上水や玉川上水が整備されている。江戸城の改修も始められたが、秀吉による朝鮮出兵（文禄・慶長の役）や秀吉の死、関ヶ原の戦いなど大きな出来事が続いたため、いったん休止している。

幕府を開いたのちは大規模な土木・建設工事が活発化した。もはや一大名による自前の工事ではなく、将軍が全国の諸大名に命じて行わせる大工事となる。いわゆる天下普請である。江戸城の外堀や日比谷入江の埋め立てなどで形成された堀や堀留（堀の終わり）といった水路に区切られた土地の区画ができて、都市の景観がつくられていった。

寛永年間（1624〜1644）頃、江戸は巨大城下町へと変貌を遂げる。そしてこの江戸は1657年の大火で一度灰燼に帰し、生まれ変わることになる（「火事（明暦の大火）」147ページ参照）。

豆知識

1. 家康が江戸に入ったのは旧暦８月朔日（１日）の「八朔」の日とされる（それ以前に入ったとする説もある）。八朔は豊熟を祈る農耕行事もしくは贈り物をする社交行事。江戸時代には家康入府の日として重要な祝日とされ、江戸城に大名らが総登城して儀式が行われた。
2. 江戸のまちは再開発や人口増加によって周辺部に拡大していくが、どこまでを「江戸」とするかは、関係する役所によって解釈がちがった。幕府が統一見解を決定したのは開府から200年以上経った1818年のことである。

100 自然 ／ 隅田川

東京の「母なる川」といえば？　満場一致とはいかないものの、最多票を集めるのは隅田川だろう。川沿いには中世由来の寺社が多く、能や浄瑠璃、浮世絵をはじめ、多くの芸術作品の舞台・題材にもなった。東京都の夏の風物詩「隅田川花火大会」も、1733年に始まった「両国の川開き」に起源を持つ。2012年には、首都の「新」ランドマークこと、東京スカイツリーも東岸に引き寄せた。

「名所江戸百景 千住の大はし」歌川広重

東京都を流れる川は、大きく利根川水系、荒川水系、多摩川水系の３つに分けられる。「母なる川」隅田川は荒川水系で、岩淵水門（北区）からの荒川の下流域の名称である。全長は約25kmで、浅草駅に近い吾妻橋（大川橋）から南は、かつて大川または浅草川とも呼ばれた。東京の文化の起源は、浅草寺（「浅草寺」32ページ参照）を中心とする隅田川西岸に求められる。浅草寺は推古天皇の時代、628年に隅田川（当時は宮戸川）の漁の網に黄金の観音像がかかり、これを納めて開いたのが始まりとされる。この説は伝承の域を出ないものの、境内から奈良時代の瓦が発見されていること、857年に天台宗の座主・円仁（794～864）が来訪したことなどから、遅くとも８世紀には民衆の信仰を集め、平安時代には東国有数の霊場に成長していたことは疑いないだろう。浅草寺だけでなく、隅田川の河岸の微高地には７～８世紀に起源を持つ寺社が点在している。

江戸時代の地図を見ると、隅田川は江戸の町の東端を流れており、浅草寺も周縁部に描かれている。太田道灌が築いた江戸城を中心に開発されたことで、それまでの中心だった浅草地区が周縁部に追いやられたのだった。しかし、江戸城や品川方面とも街道で結ばれていたことで、人流・物流とも途絶えることはなかった。むしろ浅草寺周辺はまつりごとの場である城下と通じながらも、信仰の場として程良い距離を置くことができたのである。隅田川の一部は殺生禁断の地となり、両国橋のたもとは水垢離（身体の穢れを払う沐浴）を行う修験の民で賑わったという。一方で、周縁部であるがゆえに「俗」なるものも引き寄せた。幕府が1656年、大名屋敷に近い日本橋にあった吉原遊郭を浅草寺の裏手に移転させると、隅田川の川岸には料理茶屋がつぎつぎと進出した。隅田川界隈は江戸最大の盛り場に成長し、夜になると東岸の辻には夜鷹と呼ばれる娼婦も出没したという。

2012年、隅田川からほど近い押上に東京スカイツリーが完成した。高さ634（むさし）mの電波塔は、聖と俗が一体になった周縁部からムサシの国を一望し、晴れた日には富士山も視界に捉えられる。現在、隅田川に通じる運河沿いを中心に再開発が進められており、2020年には「すみだリバーウォーク」で、浅草エリアと東京スカイツリーが結ばれた。隅田川は「聖」も「俗」も、「旧」も「新」も拒まない。懐深い、東京の「母なる川」たる所以だろう。

豆知識

1. 江戸時代の俳人・其角は（1661～1707）は隅田川の風光について、「隅田川絶えず名に流れたれど、（京都の）加茂・桂よりは賤しくして肩落したり。山並もあらばと願はし」と嘆いている。永井荷風はこれを「公平な批評」と認めながら、「都会の風景はこの都会に生れたるものに対して必ず特別の興趣を催させた」と続けている。

101 物語 ／『江戸繁昌記』寺門静軒

『江戸繁昌記』は、寺門静軒（1796〜1868）によって、1832〜1836年に刊行された５編５冊である。寺門静軒は江戸の儒学者だが、儒者としての士官はかなわず、「無用之人」と自嘲しながら、その皮肉な目と批判精神を通して、文化の爛熟期を迎えた当時の江戸の世相を漢文で戯れ書きするという新しいスタイルの文学を生み出した。

寺門静軒は江戸生まれだが、父が水戸藩士だったため、水戸藩への士官を図ったが成功しなかった。困窮の日々の中、生活のかてとするために書き始めたのが『江戸繁昌記』だった。

例えば初編では、相撲、吉原、戯場、千人会（富くじ）、金龍山浅草寺、揚花（娘義太夫や女浄瑠璃語り）、両国烟火（花火）、売卜先生（易者）、書画会、火場（火災）、賽日（神仏に御礼参りをする日、縁日）、女剃師、富沢坊ノ古着市附柳原、山鯨（猪の肉の異称）、煨薯、日本橋魚市、上野といった江戸の名所、江戸人の好む食べ物、遊興や娯楽、生活風俗などの項目を挙げて、漢文を使いながらも、ユーモアと風刺をぞんぶんに交えた軽妙なタッチで描いた。例えば２篇の「墨水桜花」の項では「江流一碧、西北より来りて総武を戴界し、直ちに海に走る。富士雪を坤に抜き、筑波玉を艮に挿む。千里空を隔てて。雪玉遥々相ひ照らす。是れ此の間の大観なり。」とやや大げさに、地誌のような記述から始まり、一転、花見に繰り出す人々の様子をその蘊蓄とともに皮肉を交えながら饒舌に描写していく。叙情的な漢詩で桜の美しさをたたえる口直しの後は、周辺の名所や名物をテンポよく紹介して締めくくる。報告風な背景と逸話風な市井の人物描写を組み合わせる形で、都市の多様なシーンを切り取るパノラマ的な構成の『繁昌記』は人気を呼び、その後に流行する「繁昌記物」と呼ばれるジャンルのパターンを決定した。

ところで、『江戸繁昌記』の初編はとんとん拍子に出版まで進んだわけではなかった。持ち込んだ原稿はどこの版元（出版元）にも断られ、自費を投じてやっと世に出すことができたのである。それが思いの外評判となり、続編につながる。在野の儒家だが、自分の学識や考え方に絶対の自信とプライドを持っていた静軒は、本の中で折に触れていまの儒学者の有りようを罵倒していた。しかし、時は天保、改革の嵐が出版界にも迫っていた。幕府に出版の届け出をせずに検閲を避けていた『江戸繁昌記』も、ベストセラーとなってはそうもいかない。町奉行の諮問を受けた当時の儒学者のトップ、昌平坂学問所の総帥でもある大学頭・林述斎に、風紀を乱して社会を害する「敗俗之書」であるとバッサリ切り捨てられ、1835年、初編・二編は発売差し止めの処分を受けた。しかし静軒は、これを無視して三編以降五編までを執筆・刊行したため、ついに1842年、「武家奉公御構」の処分を受ける。実質上、江戸にはいられなくなり、各地を旅しては塾を開いたり講話をしてどうにか生計を立てる生活に陥らざるを得なかった。『江戸繁昌記』の続編（『江戸繁昌後記』２冊）も執筆したが、刊行できたのは明治になってからだった。

豆知識

1.『江戸繁昌記』に挙げられた項目には他に、湯屋、葬礼、芝神明宮、髪結床、隅田川の桜、四手駕籠（庶民が利用した簡単で粗末な駕籠）と猪牙船（小型の船）、開帳　永代橋、寄席、裏店、品川、深川、茶店など実に様々で、文化・文政期の江戸の文化や風俗を知るうえで貴重な資料となっている。

102 商業と娯楽 ／ 外食文化

江戸時代、享保（1716〜1736）頃までは、街道と宿場を除いて食事ができる場所はあまりなかったが、18世紀中頃になると、飲食店が急増し、庶民の間にまで外食文化が浸透するようになる。文化・文政期（1804〜1830）には蕎麦（そば）、天麩羅（てんぷら）、鰻（うなぎ）の蒲焼（かばやき）、握り鮨の江戸四大名物食が出揃（でそろ）い、江戸の外食文化は大きく花開いた。

料理屋は、明暦の大火（1657年）以降、その復興に携わった労働者に食事を提供する店が登場したのがその始まりだ。浅草寺の門前にできた「奈良茶飯（ならちゃめし）」の店で、煮出した茶に煎（い）り大豆や小豆などを入れて塩味で炊いた茶飯に、汁・煮染（にし）め・煮豆などを添えた「定食」を食べさせた。これがヒットしてあちこちの宿場にも広まり、また後の料理茶屋や料理屋、料亭に繋（つな）がっていく。明暦の大火後、防災策の一環で設置された火除地（ひよけち）や広小路などには、やがて小屋掛けの茶店や食べ物の屋台見世が現れ、見世物や芝居も進出して庶民の娯楽の場となった。食べ物を商う振り売りや担（にな）い屋台も早くから存在し、日銭稼ぎの人々に重宝された。担い屋台や屋台見世が発達した背景には、元禄（1688〜1704）頃から登場した七輪（しちりん）の普及がある。七輪によってどこででも加熱調理が可能となり、屋台の蕎麦や天麩羅の商いができるようになった。

天麩羅の屋台が登場するのは天明（1781〜1789）頃になるが、江戸前でとれる穴子、芝海老（しばえび）、貝柱、ハゼ、イカなどの魚介類に衣をつけ、胡麻（ごま）油か菜種油で揚げ、串に刺して一つ４文ほどで売った。早くて安くてハイカロリーで腹持ちのよい天麩羅は、せっかちな江戸っ子には最適のファストフードだった。高級な天麩羅（金麩羅（きんぷら））の店が登場するのは江戸も末期で、それまでは店構えの天麩羅屋でも、店の前に据えた屋台で揚げていたという。

食べ物屋の中でも江戸っ子にもっとも愛されたのが蕎麦屋である。町ごとに１軒はあったといわれるほどだ。蕎麦を売る店は、享保の中頃から次第に増えていったが、はじめは饂飩（うどん）（「うんどん」ともいった）屋が売っていた。蕎麦専門店が登場するのは宝暦（1751〜1764）頃からである。生粉（きこ）打ち（蕎麦粉100％の蕎麦）の麺は切れやすいので、当初はサッと茹（ゆ）でてからザルや蒸籠（せいろ）で蒸して皿などに盛って出していた。その名残で「もり蕎麦」といい、容器もザルや蒸籠を使うようになった。「掛け蕎麦」は明和（1764〜1772）頃からの言葉で、汁を「ぶっかけ」たことからきている。やがて蕎麦粉につなぎの小麦粉を混ぜて打つようになるが、「二八蕎麦」の看板は、蕎麦粉と小麦粉の割合を示しているという説もあるものの、実は、蕎麦の値段が16文（二×八）だったからというのが本当のようだ。

江戸後期になると、鍋料理を出す料理屋も出てきた。囲炉裏（いろり）のない街中では、七輪や火鉢に小さな鍋をかけて煮ながら食べる「小鍋立て」が主流となる。よく食べられたのが「ねぎま鍋」「どじょう鍋」「あなご鍋」「軍鶏（しゃも）鍋」「ぼたん（猪肉）鍋」などで、特に江戸っ子が好んだのが「どじょう鍋」だった。他にも「田楽鍋」（おでん）「あさり鍋」「鮟鱇（あんこう）鍋」「湯豆腐」といった鍋の専門店が数多く出現した。

豆知識

1. 浅草は繁華な場所だけあって、様々な料理店が生まれている。「奈良茶飯」の他にも1673年には生蕎麦（きそば）の大盛りを売りにした「正直蕎麦」が登場し、今も盛業中の「駒形どぜう」は1801年に開店した。

103 暮らしと文化 ／ 三廻

町奉行は多くの職務を兼任しており、警察事務においては与力と同心が配下にあたる。与力は裁判など、同心は警備や犯人逮捕が担当。一言で警備と犯人逮捕といっても様々な職務があるが、定町廻、臨時廻、隠密廻の３職は犯人逮捕を職務とし、これらをまとめて三廻と呼んだ。

三廻のうち定町廻は、風俗関連の法令や贅沢を禁じる法令に違反する者や、賭博や売春を摘発する。毎日江戸の市中を同じ順路で巡回したので「定町」と呼ぶ。町民から異変が起きていないか聴き取り、不審者がいれば取り押さえる。現代でいえば警察のパトロールにあたるだろう。不審者がいれば職務質問をするのも現代と同じだ。臨時廻は決まった時間に決まった順路ではなく、臨時に巡回する。定町廻の職務は非常に多忙だったので、そのサポートの意味があったようだ。さらに隠密廻は、その名の通り人知れず諜報活動をする職務で、三廻の中でもっとも権威があった。変装して江戸市中を廻り、風聞を集めては町民の動向を探り、町奉行に報告するのだ。しかし、三廻の数は十分ではなく、三廻は岡引き（私的な使用人）を非公認に雇っていた。

岡引きといえば、小説やテレビドラマの『銭形平次』を思い出す方もおられるだろう。平次親分は品行方正な正義の味方として描かれているが、実際は軽犯罪者出身の者が岡引きになることが多かった。江戸市中には、町から追放された落伍者や犯罪者のコミュニティがあり、その内部に通じる人物がいなければ、捜査のしようがなかったのだ。同心は武士だが、岡引きは武士ではない。だから刀を持たず、十手（約33cm の鉄棒）で犯罪者に立ち向かったのだ。十手は事件の解決を要請されるたび、奉行所から貸し出されたようだ。

町民の刑罰でもっとも重いのは死刑だ。死刑にも６種類あり、もっとも軽い下手人は斬首で、情状の余地がある殺人に適用された。死罪は十両以上の窃盗や不義密通を犯した者に下され、斬首のうえ試し斬りされる。刀の斬れ味を試すには人を斬らねばならず、重罪人は生きたまま斬られることもあったようだ。放火犯は火罪に処せられる。市中引き回しのうえ、磔のまま火あぶりにされた。毒薬の販売などをした者は獄門。市中引き回しのうえ斬首、試し斬りされたのちにさらし首になった。関所破りや親・主人殺しは磔刑。市中引き回しのうえ磔にされ、槍で突き殺されたのち３日間さらされた。そして反逆者は鋸挽きの刑だ。市中引き回しのうえ、頭より下を土中に埋められて２晩さらされたあと、磔刑に処せられる。鋸は横に置かれるだけで、実際に使われるわけではないが、酔っ払いなどが罪人の首を鋸で挽く事件が起きたため、監視の役人が置かれるようになった。死刑より軽い刑に遠島がある。俗にいう島流しで、人殺しを手伝ったり車で人に怪我をさせたりした者が、この刑に処されている。

豆知識

1.『銭形平次捕物控』の作者、野村胡堂は、何かを投げるのがうまい主人公を考えたが、ゼネコン「銭高組」の看板を見て、銭を投げる岡引きを思いついた。さらに「タカ」を逆転させ「銭形」となったのだ。

104 人物／小川笙船

病を抱えた江戸の貧しい庶民を受け入れ、診療した小石川養生所の名医「赤ひげ」。その下で働く青年医師は次第に、医学のあるべき姿に目覚めていく――。山本周五郎著『赤ひげ診療譚』は医療小説の傑作として読み継がれ、何度も映画やドラマになってきた。その「赤ひげ」のモデルとされるのが、江戸時代の町医者、小川笙船（1672～1760）だ。

ときは８代将軍、徳川吉宗の時代。厳しい倹約令を出し、有能な人材を登用するなど「享保の改革」に乗り出した吉宗は、和田倉門近くにある評定所前に目安箱を設置した。庶民から広く意見を求め、自ら目を通して幕政改革に生かすためだ。いわば官邸ホームページで、首相が広く国民にメール投稿を呼びかけたようなものだった。

1721年12月、この目安箱に町医者の小川が一通の意見書を投げ込んだことから、話は動き始める。「江戸の町に住む極貧の病人家庭を調べたところ、悲惨な状況になっている」「江戸に親類や妻子がいない場合は、見殺しにされる事例も多い」などと訴え、貧しい病人を診療し、薬を出すための「施薬院」を開設してほしい、と求めたのだ。

感染症対策など医療政策にも力を入れていた吉宗は素早く反応し、側近に対応を指示した。「病気から人々の生命を守ることは将軍（幕府）の責務という意識を強く持っていたからである」と、歴史家の安藤優一郎（1965～）は『江戸幕府の感染症対策』で指摘している。南町奉行の大岡忠相（1677～1751）らが小川を奉行所に呼び、意見を詳しく聴き取って将軍側近に上申。投書からわずか１カ月後には施薬院の開設準備が始まり、年末には「養生所」の名で始動した。

小石川御薬園（現・東京大学小石川植物園）内の1000坪の土地に病人40人が入る平屋建て長屋を建て、町奉行所の管轄とした。与力２人が交代で毎日詰め、小川は医療全般を監督する肝煎職に就いた。医師は内科が２人、外科が１人、夜間急病人には別の３人があたる。炊事・洗濯には下男下女10人をあてて運営を始めた。ところが、当初は「人体実験されるのではないか」と警戒され、患者は少なかった。そこで町奉行は、町の顔役である名主を江戸中から養生所に集めて見学させ、真意を説明。その結果、患者は急増し、翌年には眼科を１人、外科も２人に増やして医師５人態勢に拡大している。建物も増築し、100人を収容できるようにした。小川は養生所設立の功により、幕府の医官に取り立てるとの辞令を受けたが、これを固辞し、1726年には肝煎職も息子に譲って、以降は一医師として患者の治療に専念したという。

豆知識

1. 江戸時代にも人々は天然痘や麻疹などの感染症に苦しめられたが、社会が崩壊しなかったのは幕府が医療と社会福祉に力を入れていたからだ。現代のコロナ禍の「持続化給付金」のような、御救金や御救米という仕組みもあった。
2. 90歳近くまで長生きした小川の法名は「長夢院暁誉笙船居士」。長い夢のすえに、白々と夜が明けていくのを見るような誉、という意味が込められているのかもしれない。

105 まち ／ 杉並区

杉並区は文字通り、江戸時代に「杉並木を植えたこと」が区名の由来とされる。区名が成立に至った歴史を大切にし、「区の木」にはスギが選ばれ、試行錯誤の末に気候に合った種類のスギが区内に植えられている。さらに「区の歌」にもスギが歌われるなど、区名に対する思い入れが伝わってくる。

阿佐ヶ谷駅前の杉の木

杉並区は東京23区の西部に位置し、三鷹市や武蔵野市などと接する。区の中心からやや北西にある荻窪駅は東京メトロ丸ノ内線の終点であり、東西にはJR中央線がのびる。区の北部には西武新宿線の下井草駅から上井草駅まで３駅、区の南部には京王井の頭線の永福町駅から久我山駅までの６駅が含まれる。

「杉並」の由来は江戸時代初期にさかのぼり、成宗村と田端村の領主であった岡部氏が領地の境界を示すため、青梅街道に杉並木を植えたことに始まるとされる。また、江戸時代末期の地図には村名と並び「杉並」の名が青梅街道に明示されていた。

杉並の村々は、将軍家が鷹狩りを楽しむ「お鷹場」とされ、組合村を形成して江戸城内で消費される物資などを上納する役を果たした。杉並区域の高円寺村には、お鷹場を維持管理する役人が使う「鳥見の役所」が置かれていた。

江戸近郊の農村地帯であった杉並区域は、江戸の武家屋敷の下肥（肥料用の人糞尿）を利用したり、糠などの肥料を購入したりして、野菜を生産し江戸へ供給する経済圏を形成した。杉並区域の百姓の多くは農業に従事し、収穫物の中から一定の年貢を領主や代官所に納めるほか、道路や橋梁の普請役などを務めた。さらに、助郷役（街道周辺で人馬を補助する役割）も担ったが、甲州街道・青梅街道などの開設により通行人や荷が増えたため、中野宿などに対する人馬の課役が増加し、相当の負担になったという。

明治時代に入ると杉並木はなくなっていたが、それでも1889年に高円寺・馬橋・阿佐ヶ谷・天沼・田端・成宗の６村が合併した際、新しい村名として「杉並村」が採用された。やがて杉並村から「杉並町」になり、1932年10月には井荻町・和田堀町・高井戸町と合併し「杉並区」が誕生した。

こうした経緯もあり、区内の緑を「守り、ふやし、育てる」ことを目標に、杉並区では「みどりの条例」が制定され、「区の木」にはスギが選ばれた。しかし、多湿で清浄な空気を好むスギは区内での植栽に向いておらず、スギの仲間である「アケボノスギ」も区の木に選び、公園や公共施設に植栽されている。もう一つの「区の木」であるサザンカは別名「ひめつばき」といい、1982年に制定された「杉並区歌」のなかで、「杉の木立にひめつばき」と歌われている。

豆知識

1. 杉並区北西部に位置する井草八幡宮（杉並区善福寺）境内や善福寺池周辺からは、旧石器時代や縄文時代の遺跡が発見され、井草遺跡（杉並区上井草）から出土した早期縄文土器は「井草式土器」として広く知られている。

106 歴史／江戸城

江戸幕府将軍の居城となった江戸城の内郭（内濠（うちぼり）の内側）は、現在の皇居とその周辺にあたる。皇居東御苑（ひがしぎょえん）の位置にはかつて将軍の威光を示す高さ約60ｍの天守閣がそびえ、１万坪を超える本丸御殿で将軍が生活し、政治や儀礼が行われていた。

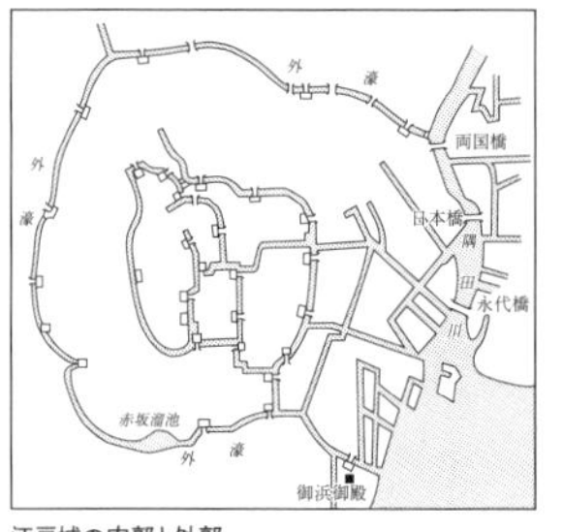

江戸城の内郭と外郭

江戸幕府が開かれると江戸城の大規模な工事が活発化する。江戸城近くに形成されていた町人町は、日本橋浜町あたりから新橋あたりの埋め立て地に移された。1606年からは本丸などの建物や石垣の工事が始まり、翌年には天守閣が完成。1636年に大規模な外郭修築工事が行われ、江戸城の総構（そうがまえ）（外濠で囲んだ城郭構造）が完成した（「内濠・外濠」99ページ参照）。

江戸城の内郭は、本丸・二の丸・三の丸からなる本城と、西の丸・紅葉山・山里からなる西城および吹上御庭などによって構成されている。広さは資料によって異なるが、およそ30万6760坪といわれている。たびたび火災による被害を受けており、天守閣は1657年の明暦の大火での罹災（りさい）を最後に、また本丸は1863年の罹災を最後に再建されなかった。再建されなかった理由としては、資金不足や、町の再建を優先したこと、また天守閣という武威で人々を威圧する必要がない時代になったという背景もあるようだ。また、吹上御庭には徳川御三家の大名屋敷があったが、明暦の大火後は火除地（ひよけち）となっている。本丸は表（政務・儀式の場）、中奥（将軍の居城空間）、大奥（将軍の正室である御台所や側室の居住空間）に分けられ、儀礼の場として500畳といわれる大広間や、白書院、黒書院があった。明暦の大火後は西の丸が政庁と将軍の生活の場となる。紅葉山には徳川家康を祀（まつ）る東照宮や歴代将軍の廟所（びょうしょ）があった。明治維新後、紅葉山にあった遺物は各所に散り、その一つが上野の不忍口鳥居だ。内郭の外側で外濠に囲まれた外郭には大名屋敷が置かれ、武家地として整備された。

内郭と外郭には多数の門が置かれた。俗に三十六見附（みつけ）（見附は城門や見張り場所のこと）とよばれるが、実際には100近くある。明治以降撤去され、今は「赤坂見附」や「虎ノ門」などの地名に残っている。

260年以上将軍の居城とされてきた江戸城だが、1867年には徳川慶喜が大政奉還を行い、翌年、江戸城が政府軍に明け渡された。明治天皇が東京に行幸して江戸城に入ると東京城と改められ、皇居となり現在に続く。

豆知識

1. 世継ぎの誕生や将軍宣下など大きな祝い事や法事があると、江戸城では能が催された。江戸の町人からも5000人ほどが選ばれて観覧を許される風習があり、町入能と称された。大名でもめったに顔を見ることができない存在だった将軍が出座すると、町人たちは「日本一」などと囃（はや）し立てたという。菓子や酒などもついてきた。

107 自然 ／ 多摩川

秩父山地の笠取山（山梨県）に源を発する全長約138kmの多摩川は、都内を流れる川としては最長である。山梨県を抜けると、都の中西部からゆるやかに南下し、神奈川県との境をつくって東京湾に注ぐ。下流部は六郷川（「六郷用水」190ページ参照）と呼ばれ、その河口部には京浜工業地帯の工場が集積している。荒々しい渓谷美をつくる上流、広大な河川敷を持つ中流には、豊かな森林・緑地が残されており、護岸工事が施されていない自然堤防も多い。

アゴヒゲアザラシのタマちゃん（2002年８月15日）

山梨県では、多摩川は丹波川と呼ばれ、原生林が広がる秩父多摩甲斐国立公園の奥深い渓谷を流れる。東京の多摩川の流れは、この国立公園の東部、小河内ダムの建造（1957年完成）に伴ってできた人造湖の奥多摩湖（「奥多摩湖」176ページ参照）に始まる。奥多摩湖とその周辺部は豊かな緑が広がっており、都民1400万人の最大の「癒しスポット」といって差し支えないだろう。観光・レジャー施設も整備されており、都心からも十分日帰り可能である。

中流域も自然に恵まれ、多摩川と同じ秩父山地に源流を持つ秋川との合流地点に広がる三角州（通称「多摩川トライアングル」）は、野生動物の楽園として知られる。イノシシ、シカ、タヌキ、イタチなど多くの動物が生息し、住宅地に隣接しているにもかかわらず、健全な生物多様性が保たれているのだ。2019年の台風19号で三角州は全面冠水し、緑の雑木林も流されたが、多摩川がもたらす恵みはほどなく沃土に還してくれたようだ。トライアングルの生態系は、徐々に回復しつつあるという。

下流は住宅・工場が密集しており、とりわけ高度経済成長期の1960年代以降は、「自然」の２文字とは無縁だった。工場廃水・生活排水が大量に流れ込み、水質は悪化の一途をたどった。魚影が消えた多摩川は、白く泡立つ川面から悪臭を放ち、「死の川」と呼ばれたほどである。しかし、官民が一体となった公害防止・環境浄化の取り組みによって、水質は徐々に回復し、1980年代になると川を遡上する天然アユの姿も見られるようになった。現在、その数は推定150万匹を超え、調布取水堰では毎年４～５月、堰をジャンプするアユの姿を目にすることができる。

アユだけではない。2002年８月には、多摩川の下流に突如現れた一匹の動物が注目を集めた。丸子橋（神奈川県川崎市）に近い河川敷は、神出鬼没な愛くるしい姿をひと目見ようと、大勢の親子連れで埋めつくされた。その動物は、同年の「新語・流行語大賞」を受賞。翌2003年にかけて神奈川県内の帷子川に居を移すと、横浜市西区から特別住民票もあたえられた。住民票に記載された名誉区民の名は、ニシタマオ。その後、アゴヒゲアザラシの「タマちゃん」ことニシタマオは、2004年７月に荒川で目撃されたのを最後に姿を消した。

豆知識

1. 多摩川の両岸、東京都と神奈川県には同じ地名が多い。世田谷区と川崎市中原区には、等々力の町名がある。元は同じ集落（荏原郡等々力村）だったが、多摩川の流路改修によって分断され、飛び地になったのだった。宇奈根と瀬田も同様で、世田谷区と川崎市高津区の両方にある。

108 物語 ／『安愚楽鍋』仮名垣魯文

蔵前の牛鍋屋、高旗（たかはた）に出入りする客の人生をとおして、文明開化を礼賛しつつ当時の世相、風俗を面白おかしく描写した小説、それが『安愚楽鍋（あぐらなべ）』である。日本が長く鎖国をしていた江戸時代、外国の文化は長崎からのごく限られたもので、肉、しかも牛肉を食べるなどといった習慣はまったくなかった。本作では、そのような時代から変化しはじめた頃の、東京の人々の姿が描かれている。

仮名垣魯文『安愚楽鍋』の挿絵

正式には『牛店雑談（うしやぞうだん）　安愚楽鍋』といい、絵師・河鍋暁斎（かわなべきょうさい）の挿絵が載った和綴じ本（1871年刊）だった。明治初期、巷（ちまた）にはまだまだ、ちょんまげを結い、刀を差した侍も闊歩（かっぽ）していた。挿絵のひとつには散切（ざんぎ）り頭に袴履（はかまば）き、その上に着物を西洋風に縫い直したシャツを着た男が描かれていたりすることも興味深い。あぐらをかき、畳に置かれた七輪で鉄鍋に煮える牛を食べている。しかし他の絵では多くが髷（まげ）を結っている。そんな、江戸時代と近代がごちゃまぜになっている近代に開けかけた時代が舞台だ。

まずは、日頃シヤボン（石けん）を使って身ぎれいにしているらしき三十代半ばの男。ヲーテコロリ（オーデコロン）をつけて、おしゃれをし、安物のメッキの袖時計（懐中時計）を外してはながめ、店内の他の客などに見せびらかしている。そのうち隣の席の客に知ったかぶりの海外事情を勝手に語り出す。19編全部がこんな調子で、話はとんとんと進む。ひらがな主体の文章で、口語体の文芸のルーツでもあるが、そこは戯作者である仮名垣魯文（かながきろぶん）が書いたもの、講談師が話してもなめらかに聞こえるようなリズムを持って書かれている。

登場するのはこの西洋好きの男の他に、生文人（なまぶんじん）（現在使わない言葉だが、生半可な知識人といったイメージに近いだろうか）、車引き、野武士、娼妓（しょうぎ）、芝居役者、医学生、落語家、新聞好きなどだ。話は最後に牛の追加注文など、店の小女とのやりとりでオチとなるのであった。

ところで、この本で描かれた牛鍋は、今日のすき焼きに近いと思いきや、同じく仮名垣魯文作の『西洋道中膝栗毛』に掲載された予告編によると、味噌（みそ）だれに葱（ねぎ）で味わうという。現代の、関東の割り下でのすき焼きや、関西のザラメと醤油（しょうゆ）ではじめるすき焼きのどちらとも違うようだ。ちなみに『西洋道中膝栗毛』は十返舎一九の『東海道中膝栗毛』を模した滑稽本である。『安愚楽鍋』には現代語訳はないので、ぜひ原文で楽しんでほしい。

豆知識

1. 牛などの肉食は福沢諭吉が著した『肉食之説』によってひろまったという。江戸時代まで、四つ足の肉は、表向き薬としては食べられていたようだ。

109 商業と娯楽 ／ 居酒屋(豊島屋)

参勤交代で出仕する武士、職人、荷商人（行商人）、日傭（日雇い）など、新興都市江戸に集まる多くが男性だった。そのため、早い時期から酒を売る酒屋ができ、煮物などの総菜を売る煮売茶屋も出てきた。酒屋や煮売茶屋は、酒や総菜の販売と同時に客に酒を飲ませることもしたが、やがて、店内で客に酒を飲ませることを本業とする店も現れる。「居酒屋」の誕生である。

酒屋で酒を飲ませることを「居酒」といい、量り売りの酒を店先で飲ませたのがはじまりだ。安直に酒が飲めるとして、独身男性やその日稼ぎの労働者に人気があった。文献に「居酒」が登場するのは元禄年間（1688〜1704）からだという。当時、酒屋での居酒は朝から夜遅くまで飲め、ちろりという容器で燗をつけて出されていた。

1736年、神田鎌倉河岸（現・千代田区内神田）にあった「豊島屋」という酒屋が、ユニークな商法で安く居酒をさせると評判を呼んだ。その商法とは、酒の空樽を小売りして、中身の酒は元値で売る。また、自家製の大きな豆腐で田楽を焼き、これも元値で売った。大きな田楽となみなみと注がれた酒が安いとあって、荷商人や武士の奉公人で雑用などをする中間や小者、馬を引いて荷を運ぶ馬士、駕籠かき、船頭、日傭などが大勢押しよせ、店の前に荷を下ろしては酒を飲んだという。つまり、酒を大量にさばくことで空いた酒樽の売却代を儲けとしたのだ。行商人から野菜などを買いたい人は、豊島屋へ行けば思うものが手に入ると、店先には多くの人が集まり、往来の人も足を止めては店の様子を覗くなど、大いに賑わったそうだ。豊島屋はやがて雛祭用に期間限定で白酒を売り出すようになる。売り出し当日の混雑ぶりはすさまじく、その様子はいろいろな書物に記された。『江戸名所図会』にも、1834〜1836年頃の白酒売り出し日の豊島屋の様子が「鎌倉町　豊島屋酒店　白酒を商ふ図」として詳細に描かれている。現在、豊島屋は神田猿楽町に移転し、期間限定で雛祭用の白酒も売り出している。

ところで、1811年の調査によると、江戸の町の居酒屋の数は1808軒あったという。この時期、居酒屋は著しい発展を遂げたが、居酒屋が誕生してからせいぜい50年ほどしか経っていなかった。なぜ、そこまで発展したのか、その理由の一つに酒の味があったようだ。古くから日本酒の名産地といえば上方の摂津（伊丹・池田・富田、その後は西宮・灘）だった。江戸で主に飲まれていたのが、上方からの「下り酒」。海運の発達により菱垣廻船で大量の酒が江戸に運ばれた結果、樽の中で遥かな波路を揺られてくるためか、図らずも出来上がったときよりまろやかで良い味の酒になっていたのである。この美味い酒を手軽に飲める居酒屋が、上方ではなく江戸で生まれ、もてはやされたのも道理だったのだ。

豆知識

1. 江戸の居酒屋ではまず、値段と量を言って酒から注文し、酒肴を注文する。「四文二合半」という居酒屋で一番安い酒をオーダーする常套句があった。1合が4文の酒を2合半という意味で、必ずしもその値段で飲めたわけではないが「安酒」を意味し、通常2合5勺（2合半）単位で注文した。オールシーズン燗酒で、居酒屋では燗のつけ具合に気を遣っていたという。店内では、床几（長椅子）や小上がりの入れ込み座敷に客が片足をあぐらのように組みながら腰かけ、酒や料理を載せた盆をじかに床几や座敷の上に置いて飲んでいた。
2. 居酒屋の看板や障子には、よく「御吸物・御取肴」と書かれていた。お吸物は、今ではすまし汁のことを指すが、江戸時代では酒の肴として出す物を「吸物」、ご飯のおかずとして添える物を「汁物」と呼んでいた。文化年間（1804〜1818）に居酒屋がよく出していた肴には、ふぐの吸物、ショウサイフグのスッポン煮、鮟鱇汁、ねぎま、鮪の刺身、湯豆腐、から汁、芋の煮ころばしなどがあったという。

110 暮らしと文化 ／ 士農工商、えた・ひにん

天下人にまでのぼりつめた豊臣秀吉は、農民の出身ともいわれる。しかし徳川幕府は身分を固定し、農民が武士になるのは夢となった。とはいえ、兵農分離は江戸時代から始まったわけではない。豊臣秀吉は1588年に刀狩（かたながり）を実施、武士以外の帯刀（たいとう）を禁じ、兵農分離を進めている。徳川幕府はその流れを継承し、身分制度を明確にした。江戸時代には生まれた場所によって身分が決まり、死ぬまで変えることはできなかった。

かつて、徳川幕府は士農工商の身分制度を定めたと教えられた。支配階級の武士のみ苗字・帯刀の特権を与えられ、年貢で武士の生活を支えるだけでなく、厳しい労働を強いられる農民は、報奨的な意味も含めて第二の身分に置かれる。そして技術のある職人は第三、利を追求するのみで非生産的な商人は最下位に位置させられたというのだ。そして彼らの不満を薄めるために、さらに下位のえた・ひにんという階級を設けたとする。しかし、現在の教育現場では、士農工商について教えない。様々な研究成果から、支配階級の武士と差別階級のえた・ひにん、その中間に農民や町人がいたというのが事実にもっとも近いと考えられている。

支配階級とはいっても、武士の生活も楽ではなかったようだ。尾張徳川家に務める畳（たたみ）奉行・朝日文左衛門（あさひぶんざえもん）（1674〜1718）の日記が『鸚鵡籠中記（おうむろうちゅうき）』としてまとめられており、決して楽とはいえない日々が綴（つづ）られている。畳奉行とは江戸城内の座敷や役所の畳を管理する役職で、畳作りや畳替を指揮する。想像するだに華やかな活躍ができそうな役職ではない。年間の収入は米40石で、奉行の役職手当は40俵とあるから、合計して150俵程度が年間収入ということになるだろう。文左衛門の妻は癇癪（かんしゃく）もちで、籠の中のオウムのようだとまではいわないが、厳しい暮らしだったようだ。

えた・ひにんがどのような扱いを受けていたかわかる資料として、南町奉行の根岸鎮衛（ねぎししずもり）（1737〜1815）が書き残した『耳嚢（みみぶくろ）』に「鯛屋源助（たいやげんすけ）危難の事」という話がある。駿河国の呉服屋を営む鯛屋の源助が旅の途中で雨に悩み、宿を借りる。豊かな暮らしぶりのようで調度品の趣味もよく、主人は教養のある人だったので、親しく語らううちに「わが家の婿になってはもらえないか」と申し出を受け、快諾した。ところが、旅を続けようと町へ戻ると、人々の様子がおかしい。煙草（たばこ）の火を借りようとしても冷たく断られたり、燃えさしを投げつけられたりする始末。理由を問うと、昨日宿を借りたのはえた頭（がしら）の家だと教えられたという。平安末期の『今昔物語』にも全国を移動しながら芸能を見せ、河原で生活をする「河原者（かわらもの）」が登場するが、このような激しい差別はない。むしろ「河原者でも良い人は良い」という論調だ。やはり江戸時代の身分制度は、それまでより厳しかったとみるべきだろう。

豆知識

1. 士農工商という言葉は、後漢（25〜220年）に書かれた『漢書』にすでに登場する。この頃は、「国の人々すべて」という意味で使われていたようだ。

111 人物／青木昆陽

「目黒不動」の名で知られる東京都目黒区の瀧泉寺に、「甘藷先生墓」と刻まれた墓がある。飢饉が続いた江戸時代中期、琉球から薩摩に伝わっていた中南米原産のサツマイモ（甘藷）を研究し、関東に広めた儒学者、青木昆陽（1698〜1769）が眠る墓だ。蘭学者でもあり、オランダ語に関する著作も多く残したが、人々の記憶に長く残ったのは、飢餓から救ってくれた「甘藷先生」の方だった。

青木昆陽（早稲田大学図書館所蔵）

日本橋小田原町（現・中央区日本橋室町１丁目）の魚問屋に生まれた。名は敦書。昆陽は号だ。幼くして学問を好み、22歳のとき京都の儒者、伊藤東涯（1670〜1736）門下に入って、本草学に関心を抱いた。数年後に江戸に戻ると、八丁堀の長屋に住んで私塾を開く。貧窮のなか、相次いで父母を亡くし、合わせて６年も喪に服した。その人柄に惚れ込んだ与力（役人）から江戸町奉行・大岡忠相（1677〜1751）に推薦される。

江戸はその頃、異常気象や火山の噴火により何度も飢饉に襲われていた。1732年には西日本一帯でイナゴやウンカ（稲の害虫）が大発生し、「享保の飢饉」が広がった。1733年には米を買い占めて高騰を招いたとして、江戸で米問屋の打ちこわしが起きている。この年、大岡から抱負を文書で出すよう命じられた昆陽は、かねてから注目していたサツマイモの効用と栽培方法などを冊子『蕃薯考』にまとめ、提出した。これが８代将軍・徳川吉宗（1684〜1751）の目にとまる。水が少なくてもよく育つサツマイモの効用をすでに聞き及んでいて、東日本に普及させたいと考えていたからだ。

いわば大岡の「論文審査」にパスした昆陽は、今度は「実地試験」に進む。吉宗の命により、小石川御薬園（現・小石川植物園）など３カ所でサツマイモを試作することになり、責任者に任ぜられたのだ。しかし、運び込まれた1500個の種芋のうち半分以上を腐らせてしまう。残った種芋を植え、身も細る思いをしながら育てあげて1735年秋、ついに4400個の収穫が得られた。幕府は本格的なサツマイモ普及計画を立て、種芋と『蕃薯考』をセットにして食糧難の伊豆諸島などに送った。もちろん、昆陽の幕府登用も決まった。

学問に熱心な吉宗が、昆陽を見込んで命じた次の仕事は、各地に散らばる古文書や記録類を集め、保存することだった。1739年に「御書物御用達」の役につくと諸国を巡り、資料を集めて回る。外国の知識に関心を抱いた吉宗の指示で、オランダ語を学び始めたのは45歳の頃。辞書も文法書もない時代だ。江戸にオランダ人が参府するたびに面会し、学んだことを記録した。海外事情を知るにつれ蘭学の重要性を認識し、江戸に蘭学のタネをまくこととなる。幕府の蔵書を管理する「御書物奉行」にまで出世した２年後、71歳で没した。

豆知識

1. 晩年の昆陽に、入門したのが47歳の前野良沢だった。社交嫌いの変人だったがオランダ語への熱意は強く、昆陽は喜んで自分の知る単語400語の知識を授けた。２年後、杉田玄白らと翻訳に着手したオランダ医学書が後の『解体新書』だ。
2. 江戸に焼き芋屋が現れたのは18世紀末の寛政年間。「栗（九里）に近い美味さ」だとして「八里半」という看板を出していた。

112 まち／豊島区

池袋駅を中心とする豊島区には教育機関が集まり、カルチャーの発信地として多くの若者でにぎわう。「豊島」の地名の歴史はヤマト政権に関する記録や『万葉集』にもさかのぼり、当時の豊島は現在の豊島区よりもはるかに広範囲を指すものの、由緒ある地名が使われ続けている。

豊島区は東京23区の北西部に位置し、区内のほぼ中央に池袋駅がある。池袋駅を起点としてJR山手線が南側に目白駅、東側に大塚駅・巣鴨（すがも）駅・駒込駅へとのびる。西武池袋線の東長崎駅、東京メトロ有楽町線の千川駅は西側の区界に近い。

「豊島」の地名は、奈良に都があった古代律令（りつりょうせい）制下の武蔵国（現・東京都、埼玉県など）の郡名にさかのぼる。当時の「武蔵国豊島郡」は現在の豊島区のほか台東区・荒川区・北区・板橋区・文京区・新宿区、さらに渋谷区・港区・千代田区の一部を含む広大な地域を指した。646年、ヤマト政権から東国に派遣された国司の報告書に「豊島」の文字があり、大宝律令制定（701年）後、郡名に用いられたと考えられている。また、『万葉集』に収められた755年の防人の歌に、「豊島郡上丁椋椅部荒虫（じょうていくらはしべのあらむし）の妻、宇遅部黒女（うちべのくろめ）」という読み人が登場する。平安時代後期に起きた保元の乱（1156年）を記した『保元物語』には、武蔵国から源義朝（みなもとのよしとも）（1123～1160）の軍に従った武士の筆頭として「豊島四郎」の名が記され、豊島氏は室町時代まで存続した。

江戸時代の豊島区域は、上下高田・雑司谷・巣鴨・上駒込の各村には、大名の下屋敷や抱（かかえ）屋敷が多く見られた。巣鴨には御薬園（おやくえん）（薬草を栽培する畑）、雑司谷には御鷹（たか）方組屋敷、御犬飼小屋があったが、その他はほとんどが農地であった。やがて、江戸市街地の拡大とともに農村風景も次第に変わり、中山道などの街道沿いに町が形成され始め、18世紀半ば頃には町奉行所の管轄下に組み入れられたとわかる。

明治時代に入るも、豊島区域に農家が散在する光景は、江戸時代末期とあまり変化がなかった。1878年11月、東京府に郡区町村編成法が施行されると、それまでの豊島郡は南北に二分割され、豊島区域は「北豊島郡」に属し、現在の豊島・板橋・練馬・北・荒川の各区を含む範囲となり、北豊島郡役所は下板橋に置かれた。1889年５月、東京府に市制町村制が施行されると、豊島区域は巣鴨町・巣鴨村・高田村・長崎村の４町村に整理された。日本鉄道（日本最初の私設鉄道会社）の赤羽～品川間が開通し、目白駅が開業して以来、池袋～田端間の開通と大塚・巣鴨・池袋駅の開業（1903年）へと進み、山手線の発達とともに移住者が増えた。さらに大学の区内への移転が相次ぎ、次第に「学生の街」としての姿を整えていく。関東大震災（1923年）後、郊外の市街化が進む流れのなかで、1932年に巣鴨町・西巣鴨町・高田町・長崎町の４町が合併し、古代から続いてきた「豊島」の地名を区名に用いた「豊島区」が誕生した。

豆知識

1. 江戸時代の駒込には多くの植木屋が軒を並べた。ツツジやサツキの栽培が有名で、品種改良も盛んに行われ、日本を代表する桜の品種「ソメイヨシノ」も染井（駒込・巣鴨付近の旧地名）が発祥とされている。
2. 江戸時代の豊島区域は大部分が畑地で、江戸市中へ出荷する野菜の栽培が盛んだった。「駒込なす」「巣鴨だいこん」「巣鴨こかぶ」「滝野川ごぼう」「長崎にんじん」など産地名を冠した特産品が生産された。

113 歴史 ／ 日比谷入江の埋め立て

徳川家康が来た頃の江戸の海岸線は現在の新橋、日比谷、霞が関、田町の近辺を走っており、日比谷から大手門にかけて浅い入江が続いていた。皇居外苑に残る「和田倉」の名前は、「ワタ」とは古語で海を意味し、海の近くの倉庫という意味だ。かつての海は現在、日本を代表するビジネスエリアとなっている。

東京都区部の標高を調べると、西側の台地と江戸前島（「江戸前島」92ページ参照）にはさまれるように標高が低い地域が連なっていることがわかる。これはかつて海だった頃の名残だ。

1592年、江戸城の西の丸の建築工事で出た残土を使って埋め立てが始まった。このときはまだ入江の水域も残っていたようで、本格的な埋め立ては家康が征夷大将軍になってからだ。諸大名に江戸城や江戸城下づくりを命じる天下普請が始まり、現在のJR御茶ノ水駅付近にあった神田山の丘陵を切り崩す工事が行われた。このとき出た残土で豊島洲崎（現在の日本橋浜町から新橋あたり。日比谷入江南部にあたる）の埋め立てが行われて市街地が造られた。埋め立てはすべてを埋めつくすのではなく、計画的に埋め残しを造って船着き場にし、商業港にした。1611年までには、現在の丸の内にあたる埋め立て地は武家地となって、大名屋敷が建ち並ぶ大名小路が造られ、日本橋浜町から新橋あたりの新市街地には、それまで江戸城のまわりにあった町人の町を移転した。

日比谷入江にはかつて、平川と呼ばれる川が流れこんでいた。入江の埋め立てにあたり、平川の水流を隅田川に流すための水路が造られ、この水路である堀川（日本橋川）に日本橋がかけられて五街道の起点となる。また、江戸前島の尾根にあたる部分を、呉服橋─鍛冶橋─数寄屋橋─山下橋─幸橋門と掘り進め、汐留川に合流して海に注いだ。

日比谷入江が埋め立てられることになったのは、宅地開発と防衛のためと考えられる。江戸は天下の中心地となり、天下普請のために大名が続々と集まってきていた。しかし、江戸は大坂や京に比べて平坦な土地の面積が少ない。そのうえ、大名屋敷の生活には大量の物資が必要で、運ぶためには船を使わなければならない。平らで広く、船が使えるような土地が必要だったのだ。そこで日比谷入江を埋め立て、海岸近くの広い平坦地を造ったわけだ。また防衛の面では、当時世界は大航海時代であったため往来する外国船を警戒し、船の侵入を防ぐため埋め立てた。

豆知識

1. 現在の銀座にあった「尾張町」「加賀町」「出雲町」などの町名は、千石夫の出身国名にちなんだともいわれる。千石夫とは江戸城下町の普請に動員された労働者のこと。幕府が大名に対し石高千石につき１名の割合で人を動員するよう命じたことに由来する。

114 自然 ／ 江戸川

利根川水系の一級河川で、東京都の最東端を流れる江戸川。全長は約60kmで、関宿（せきやど）（千葉県野田市）付近で利根川から分かれて南下し、東京湾に注ぐ。江戸幕府が安定期に入り始めた1654年、利根川の大規模改修工事にともなって誕生した。以降、水運の大動脈として「将軍のお膝元」を支え、明治以降は近代産業の発展にも少なからず貢献した。

江戸川の「矢切の渡し」

東京には、「旧」や「元」がつく地名が多い。江戸川にも、江戸川と旧江戸川があるが、後者の方が元祖・本流である。1919年、江戸川の行徳（ぎょうとく）（千葉県市川市）から東京湾に注ぐ放水路が引かれ、1965年にこの約9kmの放水路を江戸川の本流とした。そのため、元祖・本流を旧江戸川と呼ぶことになったのである。

さらに江戸時代まで歴史をさかのぼれば、利根川が現在の江戸川の流路にほぼ等しかった。かつての利根川はすだれが流れ落ちるように、中流から南東へと幾重にも分かれ、東京湾に注いでいた。しかし江戸時代初期、幕府が大規模な利根川改修工事を進め、銚子（ちょうし）（千葉県）で太平洋に注ぐよう、現在の流路に変えたのである。“暴れ川”利根川による水害を減らすこと、新田開発の水源として利用すること、江戸への舟運を拡張することなどが目的だった。

また江戸川には、「将軍のお膝元」を守る堀の役割も課せられていた。そのため、橋を架けることができず、各所に渡し場が設けられた。なかでも有名なのは、葛飾区柴又（しばまた）と千葉県松戸市とを結ぶ「矢切（やぎり）の渡し」だろう。伊藤佐千夫（いとうさちお）の小説『野菊の墓』の舞台となったことで市民権ならぬ“都民権”を獲得し、細川たかしの演歌『矢切の渡し』で、“キング・オブ・渡し舟”の地位を不動のものにした。松竹映画『男はつらいよ』の第1作は、渥美清（あつみきよし）演じるフーテンの寅さんが「矢切の渡し」をわたる場面を背景に、次の口上で幕を開ける。

いまこうして江戸川の土手に立って、生まれ故郷を眺めておりますと、何やらこの胸の奥がぽっぽと火照（ほて）ってくるような気が致します。そうです。わたくしの故郷と申しますのは、東京葛飾の柴又でございます。（山田洋次（やまだようじ）監督『男はつらいよ』）

『男はつらいよ』に、寅さんがトランクケース片手に江戸川の土手を歩くシーンは欠かせないだろう。抑えられない望郷の思いが、寅さんだけでなく、スクリーンに観入る者の心を熱くたぎらせるのだった。江戸川の河川敷は、昭和を生きた東京都民の、いや日本国民の原風景といえるかもしれない。

豆知識

1. 江戸川が近くを流れる埼玉県春日部市の地下には、59本もの巨大な柱（高さ18m）が支える「地下宮殿」が建設された。洪水が起こったとき一時的に水を貯（たくわ）え、江戸川に流すための施設で、正式名称は「首都圏外郭放水路」という。

115 物語 ／『東京詞』大沼枕山

江戸から東京へと、世の中が激変する様を詠んだ漢詩集『東京詞』（1869年）は、幕末維新の頃在野で活躍した漢詩人、大沼枕山（1818〜1891）の作品だ。七言絶句30首からなる。当時の著名な書家10人に清書させ、画家10人に挿絵を描かせて、折本仕立ての詩画集として刊行された。しかし、新政府役人の乱行や文明開化の軽薄な風俗を揶揄する内容が当局を刺激し、処分を受けたとされる。

枕山は江戸の下谷三枚橋付近（現・台東区上野）に生まれた。10歳のとき、下級幕臣で漢詩人でもあった父を亡くし、尾張の叔父のもとに身を寄せて漢学塾で学ぶ。18歳のとき江戸に戻ると、梁川星巌の詩塾「玉池吟社」に出入りして江戸漢詩の大家らと交わり、頭角を現す。星巌が1845年に江戸を引き払って美濃に帰ると、32歳で下谷御徒町に家を建て、「下谷吟社」を設立。才能ある詩人を集め、江戸の中核的な詩塾となった。

作風は南宋の詩人たちに近く、抒情的。不忍池の蓮や隅田川の月など、江戸の四季折々の風物を多く詠んだ。「天下の事を談ぜず」と標榜して時世には背を向け、名利に走ることを憎んだ。そんな枕山が51歳のとき、明治維新で激変する世の中について詠んだ、一句七言で四句からなる七言絶句30首が『東京詞』だ。国文学者、日野龍夫（1940〜2003）注解の『江戸詩人選集第10巻』によると、大意は次のようになる。

満世夷装士志遷　力人妓女服依然　可知至健至柔者　其徳利貞坤与乾

枕山はこの詩で、「世間全体、西洋風の装いになってしまって、志士の魂も変わってしまった」「力士と芸者だけが依然として日本風の服装をしている」と嘆いた。かつては攘夷を叫んでいたはずの志士たちが、西洋風の服装に身を包んでいる。その身代わりの早さが我慢ならなかったのだろう。最後まで髷を落とさなかった、という逸話の残る枕山らしい反発だ。

天子遷都布寵華　東京児女美如花　須知鴨水輸鷗渡　多少簪紳不顧家

明治天皇の東京行幸で、京都からの遷都が決まった。「東京の女たちの美しいことは花のようだ。こういう美女を育てるのだから、鴨川が隅田川に及ばないことを知るべきだ。（美女たちに魂を奪われ）多くの高官は家を顧みない」。枕山がこう詠じた背景として当時、公家や新政府の高官たちが柳橋や新橋の花街で放蕩する姿に目に余るものがあったという。

この出版で、枕山は新政府が設置したばかりの監察機関、弾正台の「糾問する所となる」との記録が残っており、詳細はわからないが何らかの追及を受けたらしい。以降、枕山は時事を詠むことに神経質になり、自らを時代遅れで無用な存在である「陳人」と称して、詩酒の世界に閉じこもるように生きたという。

豆知識

1. 大沼枕山の生涯については、江戸文学に傾倒した作家、永井荷風の『下谷叢話』が詳しい。枕山の息子、湖雲一家についても末尾で触れ、全員が東京市養育院に収容されて死亡していたことを明らかにしている。
2. 枕山は晩年、下谷花園町（現・池之端）に暮らし、73歳で没した。

116 商業と娯楽／盛り場

江戸時代、地方ではそう多くはなかったが、多くの人口を抱える江戸では、いつでも賑わっている「盛り場」がいくつもあった。芝居町や吉原遊郭はもちろんのこと、もっと手軽で活気に満ち猥雑さすら感じさせる場所、毎日がハレの日のような祝祭空間があちこちに広がり、人々を魅了した。

芝居町や吉原遊郭を除く江戸屈指の盛り場として、両国、上野、浅草が挙げられる。

両国は、明暦の大火（1657年）後に架けられた両国橋の橋詰、東西の広小路（火除地を広小路と呼んだ）に広がる盛り場だ。髪結床や水茶屋といった床見世の他に、棒手振や屋台の露店商なども目立った。歌舞伎や浄瑠璃などの芝居小屋や、軽業や手品、講談、珍しい動物などの見世物小屋が建ち並び、矢場（土弓場）などの娯楽施設もあった。雑貨や化粧品などの日用品などが売られ、様々な大道芸も行われた。船宿や料理屋も多く、夏になれば、川開きとともに花火が打ち上げられ、夕涼みや船遊びなど涼を求める多くの人々で賑わった。東両国の回向院では、諸国の寺社の本尊や秘仏が運ばれて開帳する「出開帳」が頻繁に行われ、勧進相撲の興行も行われた。

ちなみに、両国橋のたもと同様、明暦の大火後に作られた火除地の日本橋と江戸橋の間の南岸、江戸橋広小路もすぐに盛り場化している。しかし、火除地には常設の建物は建てられない。そこで、屋台のような簡単な床見世を構えるのだが、100軒を超す床見世には、こまごまとした日用品の小間物や古本を売る店、菓子屋、水茶屋、矢場などがあった。

上野には寛永寺、浅草には浅草寺と、神社仏閣の境内や門前は参拝者を当て込んで店（見世）が並び、盛り場となった。また、芝の増上寺へ向かう道筋の日影町（日陰町［現・港区新橋］）には古着、小間物、江戸土産などの見世が並んだという。上野の広小路はその名が示すとおり火除地で、江戸時代は「下谷広小路」と呼ばれていた。茶店や料理屋、様々な見世物小屋などもあったという。同じく上野でも山下は東叡山の下という意味で、現在のJR上野駅構内と駅前広場にあたるが、1737年の火災後に火除地となり、商店や見世物小屋が立ち並ぶ盛り場となった。

浅草は、門前もさることながら観音堂の裏側一帯にあたる奥山が両国と双璧の賑わいを見せた。浅草寺の境内には、観音堂を中心に名高い神仏の数々が所狭しと祀られていたため、参詣人が特に多く、こうした人々を相手とする茶屋や楊枝見世が270軒ほども並んでいた。現代の歯ブラシにあたる房楊枝を売る店が浅草寺境内には特に多く、鈴木春信（1725～1770）の錦絵にもなった看板娘もいた。また、軽業・曲馬・力持ち・水芸・曲独楽などの曲芸や大道芸、講釈、動物見世物、細工見世物などがあり、特に1819年に興行の『三国志』をテーマにした巨大な籠細工は大当たりしたという（「見世物小屋、芝居小屋」164ページ参照）。

豆知識

1. 幕末の軽業や曲芸のレベルはかなり高かったようで、軽業師の早竹虎吉は、1867年にアメリカに渡ってサンフランシスコで興行し、評判となった。また、曲独楽師の13代松井源水は1866年にヨーロッパに渡り、ロンドンやパリ万博で興行、イギリスの新聞にその絵姿とともに掲載されている。代々浅草奥山に住んでいた松井源水は、4代目の頃から歯磨き粉を売るようになり、そちらでも有名だった。

117 暮らしと文化 ／ 湯屋・銭湯

一日の終わりの入浴は、疲れを落とすのんびりした時間だが、江戸の庶民たちにとってもそれは同じだった。「火事喧嘩、伊勢屋稲荷に犬の糞」とは、江戸によく見られるものの代表格。土埃を舞い上げる風も強く、江戸町民は毎日風呂に入っていた。しかし、庶民の家に風呂はない。仕事が終われば湯屋に行って汗を流していた。江戸時代初期の湯屋は蒸し風呂で、男は湯褌、女は湯巻を着て身体を蒸して垢をふやかし、竹べらで垢を落としていた。

「浮世風呂一口文句」無款

江戸に湯屋ができたのは徳川家康が入府した翌年、1591年だとされる。商人の伊勢与一（生没年未詳）が銭瓶橋近く（現・千代田区大手町）に湯屋を開業した。この時代の江戸は、町を作るために大規模な土木工事が行われており、労働者たちが毎日汗を流していた。彼らにとって湯屋は、必要不可欠なものだったろう。入浴料は永楽銭１文というから、現代でいえば30円程度にあたるだろうか。着衣のままの入浴だから、男女の別はなかった。湯女と呼ばれる女性が垢を削ったり、髪を結ってくれたりする湯屋もある。しかし、性的なサービスを行う湯女が現れたため、1657年には禁止されてしまった。この措置は、湯屋に客をとられて吉原の客が減ったためともいう。

江戸時代中期になると浴槽ができ、お湯を溜めて入るようになった。1700年代には何も身に着けずに入浴するようになったが、依然混浴のまま。これを入込湯と呼ぶが、1791年の正月には風紀が乱れるとして「男女入込湯停止、町中男女入込湯之場所有レ之」の禁令が公布されている。しかしすぐに復活したようで、1841年に再び禁止令が公布された。

湯屋の脱衣所と洗い場の間には仕切りはなく、洗い場を谷状にして水を集め、流すようになっていた。奥には膝丈くらいの浴槽があり、湯がはられている。その手前にごく低くまで下げられた鴨居がある。これにより湯気が逃げず、保温効果があったのだ。しかし入浴する人は低い鴨居をくぐらねばならず、さらに浴槽は暗かったため、先に入っていた人とぶつからないよう声を掛け合わねばならなかったようだ。

江戸時代の終わり頃、江戸には600軒もの湯屋があったという。入浴料は６文程度というから現代でいえば150円前後。「羽書」と呼ばれる１カ月フリーパスもあり、148文程度だったという。湯を沸かすために、焼け跡やゴミ捨て場などから集められた廃材や燃料になりそうなものが燃やされ、湯屋はゴミ焼却場も兼ねていた。

江戸時代に作られた落語「湯屋番」は、勘当された若旦那が、湯屋で働く話だ。番台は男の憧れだったようで、若旦那は無理を言って上がり込んでいる。しかし女性の客がいなくてガッカリ。仕方なくいい女に誘惑される妄想に浸り、男性客たちに面白がられ、呆れられてしまう。銭湯は庶民の交流の場でもあったようだ。

豆知識

1. 江戸の町民たちは、蒸し風呂を「風呂」、浴槽に湯をはって入るのを「湯」と呼んで区別していたという。

118 人物／柄井川柳

江戸時代中期、通俗的な俳諧から生まれた「川柳」は人情の機微をうがち、世相を風刺して江戸っ子の間で大ブームとなった。例えば、「侍が来ては買ってく高楊枝」。五七五の俳句の形式を踏みながら、武士が貧窮する世の中を皮肉っている。こうした軽妙洒脱な句を選んでいたのが柄井川柳（1718〜1790）だ。新様式のうたも、いつしか柄井の俳号をとって「川柳」と呼ばれるようになった。

通称、八右衛門。浅草新堀端に住み、「新堀川端の柳」からとった「川柳」を俳号とした。柄井家は祖父の代から龍宝寺門前の名主となる家系で、37歳のとき３代目を継いだ。ただ、もともと俳諧が好きで、自由な用語と日常の見聞から句をなす談林派の俳人でもあった、という説がある。厳しかった父が亡くなって間もない1757年、その解放感からか初めて「万句合」を興行し、無名庵川柳の号で「点者」を務めた。万句合とは、通俗的な俳諧の一種で、課題として出された前句（多くは七七の短句）を摺り物にして配り、付句（多くは五七五の長句）を募集。集まった句の中から秀作を選んで高得点を付け、また摺り物にして売る仕組みをいう。そのとき句の優劣を評価し、点を付けるのが点者だ。

前句に付句を付ける遊びは「前句付」とも呼ばれる。柄井はこれ以降、万句合をしばしば催し、前句付の点者として長く活躍した。句を読む目の確かさと、公平に選ぶ姿勢が評価され、点者としての柄井の人気は急上昇。1762年には投句が１万句、1767年には２万句を突破した会が出るなど最盛期を迎えた。33年間で230万を超える投句を集めたとされる。

集まった句は、夫婦喧嘩に嫁 姑 問題、家計の苦労、武士や生臭坊主への皮肉など、江戸庶民の生活感が漂う作品が大半で、秀作を選んだ摺り物もまた人気を集めた。1765年、前句付作者の呉陵軒可有の協力を得て、摺り物から名句を抜粋し、前句は省略して付句のみまとめた句集『誹風柳多留』初編を出版すると大ブームとなる。付句を独立した一句として鑑賞するジャンルが確立し、柄井の俳号に名を取って「川柳」と呼ばれるようになった。

『柳多留』は幕末にかけ、ほぼ毎年のように刊行された。「芭蕉翁ぼちゃんと云うと立ちどまり」「役人の子はにぎにぎを能く覚え」「五右衛門はなまにえの時一首よみ」などが掲載作だ。俳聖、松尾芭蕉（1644〜1694）が生みだした蕉風俳諧の「わび」の世界とは違って、川柳には洒落本の「粋」、黄表紙の「遊び」、人情本の「艶」など江戸趣味の要素が凝縮されており、当時の庶民生活の実像を垣間見ることができる。

豆知識

1. 俳諧や和歌に親しみ、点者として人気の高かった柄井川柳だが、本人が残した作品はわずか３句程度だったという。
2. 1757年に柄井川柳が初めて万句合を興行したと思われる場所が、今の台東区蔵前４丁目。この地には2007年、川柳発祥250年を記念して「川柳発祥の地」碑が立てられた。
3. 柄井川柳の没後、「川柳」の号は子息に引き継がれたが、４代目以降は血縁を離れ、有力指導者が受け継いだ。2018年には16代目の尾藤川柳に引き継がれている。

119 まち／北区

かつての「王子区」と「滝野川区」が合併して北区は誕生した。現在の王子駅周辺は、独特の地形から製紙業に適しており、かつて王子製紙が設立された。王子駅周辺は、江戸時代には桜の名所として行楽地となり、明治時代には実業家・渋沢栄一（1840～1931）（「渋沢栄一」208ページ参照）が邸宅を建てた。

飛鳥山公園

北区は文字通り23区の北部に位置し、区の北部に流れる荒川が、足立区や埼玉県川口市・戸田市と隔てる。区内を二分するようにJR京浜東北線が走り、南から順に田端駅・上中里駅・王子駅・東十条駅・赤羽駅が北区に含まれる。1947年に北部の旧王子区と南部の旧滝野川区が合併し、北区が誕生した。鎌倉時代後期、当時の支配者であった豊島氏が紀伊国牟婁郡（和歌山県・三重県）から、熊野三山にまつられた神のひとつ熊野若一王子の分霊を移してまつり、社を建立したのが「王子」の由来とされている。

王子駅の南側に広がる飛鳥山公園（北区王子）は、江戸幕府８代将軍・徳川吉宗（1684～1751）が桜を植え、花見の名所となったとされる。山頂は標高25.4mあり、縄文海進期に打ち寄せた波などによって台地が削られてできた海食崖である。上野駅からJR京浜東北線に乗ると、赤羽駅を過ぎるまで左手に崖が見え、その崖の一部崩れた場所が王子にあたる。

飛鳥山公園には、実業家・渋沢栄一の飛鳥山邸がある。栄一は、1901年から亡くなる1931年までここで過ごした。栄一が設立した企業のひとつが「王子」の名を冠した王子製紙であり、栄一が1873年に東京府王子村（北区王子）に設立した「抄紙会社」が前身となる。現在の王子駅北側には石神井川が東西方向に流れ、豊富な水を生かすことができる製紙業にとって適した土地であることから、王子製紙が工場を構えた。王子製紙は太平洋戦争の空襲によって壊滅的な被害を受け、戦後に苫小牧製紙・十條製紙・本州製紙の３社に分割された。1950年、王子工場で唯一焼け残った電気室の建物を利用して「製紙記念館」が設立され、現在は「紙の博物館」として公開されている。

北区の前身・滝野川区にゆかりのある「滝野川」は、石神井川が渓谷を削って形成された「音無渓谷」の急流を指したと考えられている。古くは景勝地であったが、河川改修でその姿は失われ、現在は音無川親水公園（北区王子本町）として再現されている。旧滝野川区があった区の南部には、古河財閥の邸宅であった旧古河邸園（北区西ヶ原）がある。以前は元外務大臣・陸奥宗光（1844～1897）の邸宅だったが、宗光の次男が古河家の養子になったのち、古河家の所有となった（当時の建物は現存していない）。古河財閥の始まりは1875年に創立された古河本店にさかのぼり、足尾銅山（栃木県日光市）の開発に成功し事業の多角化・近代化を推進した。栄一や古河財閥など、明治時代の近代化とゆかりがあるのも北区の特徴といえる。

豆知識

1. 毎年８月、王子神社の例大祭最終日に行われる「王子田楽」は、王子権現社（現・王子神社）に伝承された民俗芸能で、始まりは中世とされる。戦争で中断したものの、地域の人々の努力により1983年に復興を果たした。
2. 平安時代末期、源氏の有力者・源義家（1039～1106）が奥州征伐の際、北区域に金輪寺を建てて甲冑を奉納したとの伝説が残る。

120 歴史 ／ 新田開発

近世は「新田開発時代」とよばれることがあるほど、耕地の面積が大きく増えた時代だ。江戸時代初期と末では面積で２倍になったともいわれる。灌漑工事が新たな耕地を生み出した他、大都市・江戸から運び出された大量のごみも広大な土地を生み出した。

江戸時代に新田開発が進んだ理由の一つは、利根川東遷（東京湾に注いでいた利根川の流れを変え、銚子を河口とした事業）のような大規模な工事が可能になったことだ（「荒川」127ページ参照）。江戸時代に治水で活躍した人物といえば荒川の改修も行った伊奈忠治（1592～1653）と井沢弥惣兵衛為永（1654～1738）だが、現在の足立区はこの２人のタッグで新田開発が進んだともいえる。用水を引いたのがこの２人なのだ。寛永年間（1624～1644）に忠治が現在の埼玉県さいたま市あたりに堤を築いて見沼溜井を造り、ここから水を引いて新田が開発された。ただ水量が安定せず、堤の上流の村は水浸しになるという不具合があり、溜井の廃止と新しい用水の開発が求められる。そこで弥惣兵衛によって造られたのが、利根川から水を取る見沼代用水だった。これらの開発によってできた新田の一つである鹿浜新田は現在の足立区新田にあたる。用水の水を公平に分配するため、村単位で給水時間が取り決められた。

関東ローム層の広がる武蔵野台地は水が得にくい土地で、点々と村はあるものの開発は進まなかった。本格的な新田開発が始まるのは８代将軍・徳川吉宗の時代だ。1722年、日本橋に新田開発を奨励する高札が掲げられて全国的に開発が盛んになる。この頃から武蔵野台地に開かれた新田を武蔵野新田と呼んでいる。土地がやせていたり水が得にくかったりして開墾に苦労する土地も多かった。また、手柄を立てたい役人が過酷な年貢の徴収を行ったり、大凶作があったりして生活はなかなか安定しなかった。武蔵野新田の担当者だった大岡忠相（「大岡越前」161ページ参照）は、地域のことをよく知る押立村（現・府中市）の名主である川崎平右衛門に運営を託した。平右衛門は私財をなげうって新田の安定に尽くし、現在では「武蔵府中郷土かるた」の「き」の札に「ききん救った平右衛門」と紹介されている。

大都市・江戸ならではといえばごみの埋立で造成された新田だ。江戸には優れたリサイクルシステムが浸透しており、ごみといえば生ごみや、火事などで発生した残土といった自然に分解されるものだった。江戸市中から出るごみは永代浦（現・江東区）に運ばれて埋め立てられ、永代島新田（同区石島、千石付近）、砂村新田（同区南砂付近）などができる。ごみによる埋立は18世紀後半には38万坪（約126万m^2）におよんだという。

豆知識

1. 江戸幕府ははじめ新田開発を奨励したが、あまりに急速に進んだ開発は国土を荒廃させ、洪水が頻発した。土砂が流出しやすくなり、河川にたまるためだ。幕府は1666年にみだらな開発を戒める「諸国山川掟」を出している。
2. 1732年、町奉行所の大岡忠相は、天然痘やはしか、おできに効く薬ができたので希望者は販売元に買いに行くように、というお触れを出した。この薬は象と牛の糞を乾燥・黒焼きにしたもの。薬の製造・販売をしたのは３人の百姓で、その一人が川崎平右衛門だ。
3. 新田はしばらく年貢がかからないなどの特典があった。しかし開発のせいで肥料にする草を刈る場所が減ってしまっており、新田開発は必ずしも歓迎されなかった。

121 自然 ／ 荒川

荒川は、秩父山地の甲武信ヶ岳に源を発し、埼玉県を貫流して東京湾に注ぐ。全長173kmで、上流は長瀞渓谷の独特な景観をかたちづくる。鐘ケ淵（墨田区北部）から下流は、旧本流の隅田川（「隅田川」106ページ）と荒川放水路に分かれる。「荒ぶる川」の名の通り、下流域にたびたび洪水の被害をもたらした。荒川の水害防止を目的として、1930年に完成したのが荒川放水路である。現在、この全長約24kmの人工河川が本流（荒川）となっている。

川幅日本一の荒川河川敷

「日本最長の川は？」「流域面積最大の川は？」の問いには、すぐ答えられるだろう。最長は信濃川、流域面積最大は利根川だが、「荒ぶる川」こと荒川にも日本一の称号がある。埼玉県中部、鴻巣市と吉見町の間を流れる荒川の川幅は2537m。国土交通省によって、2008年にこの川幅が日本一と確認されたのだ。ただし、これは河川敷を含む二つの堤防の間の長さであり、実際の水面の幅は30mほどにすぎない。見渡す限りに農地が広がる河川敷は、「荒ぶる川」の氾濫を防ぐという機能も有している。

1910年には、台風と長雨が重なった未曽有の豪雨によって、荒川は利根川と共に大洪水を起こし、埼玉県内だけでも死傷者401名、住宅の全半壊・破損・流失１万8147戸という甚大な被害をもたらした。河川水害史に残る、この「明治43年（庚戌）の大洪水」の後、政府は国をあげて水害対策に乗り出した。国家的治水事業の一環として着手されたのが荒川放水路の開削である。工事を指揮したのは、内務官僚の土木技術者・青山士（1878〜1963）。青山は内村鑑三を師と仰ぐキリスト教徒で、パナマ運河の建設にかかわった唯一の日本人としても知られる。帰国後、その経験を生かし、20年近くをかけて荒川放水路を完成させたのだ。全長約24kmの荒川放水路によって、下流に広がる洪水常襲地帯の水害は激減した。

1932年に４町の合併によって誕生した荒川区も、その恩恵を受けている。しかし現在、荒川区に荒川という名の川は流れていない（「荒川区」132ページ参照）。1965年に荒川放水路が荒川の本流となり、それまで荒川区を流れていた荒川の正式名称は隅田川へと変更されたからである。実をとって名を捨てたわけではないが、荒川に荒川区の「立つ瀬」はなくなったのだ。なお、隅田川は一文字違いではあるが、墨田区の西側の隅を流れている。

豆知識

1. 鴻巣市は、町おこしに「川幅日本一」をアピールしている。近年のご当地グルメブームは、ジャンルを選ばず幅広い。地元では、横幅５～10cmの幅広麺が特徴の「川幅うどん」を筆頭に、「川幅とんかつ」「川幅せんべい」「川幅どらやき」など、川幅グルメが幅を利かしている。

122 物語 ／『三四郎』夏目漱石

東京牛込馬場下町 ―― 今の新宿区で生まれた東京育ちの夏目漱石（1867～1916）が、福岡から東京帝国大学に入学するため上京した素朴な青年・小川三四郎を主人公に描いた青春小説が『三四郎』である。都会といえば、高等学校生活を過ごした熊本しか知らなかった青年の、首都・東京での驚きがいきいきと描かれる。

東京大学内にある三四郎池

「三四郎が驚いたものはたくさんある。第一電車のちんちん鳴るので驚いた。それからそのちんちん鳴る間に、非常に多くの人間が乗ったり降りたりするので驚いた。次に丸の内で驚いた。もっとも驚いたのは、どこまで行っても東京がなくならないということであった」。今よりも首都と地方との差が大きかったであろう時代、地方から出て来た青年が、もう何もかも全てかというくらい、驚いていることが手に取るように伝わってくる。

漱石は東京で生まれ育ち主人公と同じ東京帝国大学（現・東京大学）英文科を卒業し、四国・愛媛県尋常中学校（松山中学）、熊本の第五高等学校の英語教師を務めた。そこでの地方の学生達の感覚を敏感に感じ取っていたのだろう。漱石はまるで、熊本の学生が憑依したかのように、物語を書き進める。だからこそ、今も読み継がれる小説家、文豪なのだろう。

世俗に疎く出世とは無縁だが生徒達から信頼されている教師・広田萇、口八丁手八丁の同級生・佐々木与次郎、同郷で7歳年上、帝国大学理科大で光線の研究をし、海外にも名が知れる野々宮宗八、そして、美人で聡明、三四郎の心を悩ませるヒロイン・里見美禰子といった人々が登場し、東京大学のある本郷周辺を主な舞台としながら物語は進む。

「正門を這入ると取突の大通りの左右に植えてある銀杏の並木が目に付いた。銀杏が向ふの方で尽きるあたりから、だらだら坂に下がって、正門の際に立った三四郎から見ると、坂の向ふにある理科大学は二階の一部しか出ていない。その屋根の後ろに朝日を受けた上野の森が遠く輝いている。日は正面にある。三四郎はこの奥行きのある景色を愉快に感じた」。愉快に感じたとは、「漱石その人の感慨にほかならない。なんといっても漱石には愛着ある母校である」と、『「三四郎」の東京学』の著者、小川和佑は書く。

豆知識

1. 冒頭、三四郎が東京に向かう列車で食べた駅弁はどんなものだったのか。「前の停車場で買った弁当」とあり、メニューのなかではっきり書かれているのは「鮎の煮浸」。おそらく琵琶湖沿い、草津か米原の駅弁、前後の状況から米原の可能性が高いようだ。

123 商業と娯楽 ／ 屋形船と猪牙舟

江戸には河川や運河が多く、生活や交通の手段として船が必要不可欠だった。それと同時に、有力な大名や豪商などの船による遊覧も盛んで、彼らは、自前の豪華な「屋形船」を仕立て、船遊びに興じた。一般庶民も、小屋に簾がけの「屋根舟」という小舟を浮かべて楽しんだ。それに対して、交通手段として速さと小回りを誇ったのが「猪牙舟」である。いわば江戸下町の水上タクシーだった。

「江都名所 両国橋納涼」歌川広重

「屋形船」とは、船上に家の形をした覆い（屋形）を設けた船のことで「楼船」ともいった。古くは平安貴族の船遊びにさかのぼるが、江戸時代には、花見、納涼、花火、月見などの際に、大名や豪商が仕立てた豪華な遊覧船のことを指す。金銀の金具や漆の装飾のついた船体に、飾り立てた唐破風の屋根をかけ、周りに障子を建てまわし、中の座敷は豪華なふすまで何部屋にも仕切られていた。17世紀に入ると船のサイズもだんだん大きく装飾もその贅を競うようになる。17世紀中頃には、長さが26間（約47m）で船頭が18人も乗る屋形船もあったそうで、座敷が９部屋に台所が一つある熊市丸（九間一丸）、座敷８部屋と台所の山市丸（八間一丸）などのかなり大きな屋形船もあった。しかし、幕府の相次ぐ禁令で、豪華な装飾も船のサイズも、ついには船数まで制限されてしまったので、18世紀のはじめには船は小型化し、質素なものになった。

それに対して一般庶民は、船宿や料理屋が所有する「屋根舟」で舟遊びを楽しんだ。特に賑わったのは夏の大川（隅田川）の涼み舟だ。屋根舟は別名「日除け舟」とも呼ばれ、小型の船に四本柱と板屋根をつけたもので、簾がけで船頭は１人。川底を衝いて動力を得る竿ではなく、への字型の棒を８の字を描くように漕いで進む艪が使われたようだ。ちなみに、屋根舟に障子を建てるのは、武士以外禁じられていたのである。小ぶりの屋根舟は質素だが風流なたたずまいもあり、粋な遊びとして江戸っ子に好まれた。18世紀後半には50～60艘だった屋根舟は、19世紀初頭には500～600艘にもなっていたという。両国川開花火大会（現在の隅田川花火大会）では、こうした屋根舟を中心に、たくさんの船が集まった様子が多くの浮世絵にも描かれている。一方、猪牙舟は明暦年間（1655～1658）に考案された屋根なしの小型船（長さ7.5m、幅1.4mくらい）で、その名の由来は、舳先が細長くとがった船の形が猪の牙に似ているからとか、押送船の船頭・長吉が考案した「長吉船」が訛って「ちょき」になったとか、いくつかあるがはっきりしない。船頭１人に客は１人か２人で乗る高速艇で、江戸市中の河川や水路でよく使われた。特に吉原行きの遊客を山谷堀などへ送迎するものが多く、「山谷舟」と呼ばれたこともあった。19世紀初頭には700艘もの多数に達していたという。

豆知識

1. 柳橋（現・台東区柳橋）や深川では、船宿の前はいつも人だかりがしていたという。船宿が所有している屋根船に乗り込む芸者を見ようという物見高い野次馬連中が集まっていたからだ。船宿の船頭もけっこう人気のある商売で、屋根舟の船頭ともなると、冬は紺、夏は真っ白な股引をはき、腹掛けの上に船宿の印半纏を引っかけ、豆絞りの手ぬぐいでキリッと鉢巻きをするといった、粋でいなせな格好をしていたので、野暮な客よりむしろ芸者衆にモテたという。

124 暮らしと文化 ／ 寺子屋

江戸庶民の識字率は70%を超えたといわれる。江戸にはたくさんの貸本屋があり、子どもからお年寄りまでが本を読んでいた。ロシア正教会の宣教師で日本ハリストス正教会の創始者でもあるニコライ（1836〜1912）が1861年に来日し、「日本では、もっとも幼稚な本でさえ漢字で書かれている」と記録しているから、幼い子どもさえ漢字が読めたのだろう。これほど多くの庶民が字を読めたのは、子どもに読み書きそろばんの初歩を教えた、寺子屋の存在が大きいだろう。

「寺子屋の図」無款

寺子屋が生まれたのは室町時代末期だとされる。寺院では、僧侶を養成するだけでなく、貴族や武士、上級庶民の子どもを集めて初歩的教育を施していた。６〜７歳頃から寺院に住み込んで学を授かる子どもたちを「寺子」と呼び、これが「寺子屋」の名称につながっていく。しかし「寺子屋」という呼称は京や大坂などの上方が中心で、江戸では「手習師匠」「手跡指南」「筆学所」などと呼ばれることが多かったようだ。江戸時代の豪商、西江家の邸宅である西江邸（現・岡山県高梁市）には当時の手習い場が残っていて江戸時代の学びの場の様子がうかがえる。８畳ほどの部屋で窓はないようだ。外の景色に気を散らさない工夫だろうか。江戸には数多くの寺子屋ができ、幕末には規模の大きなものだけでも400軒以上あったという。身分に関係なく勉強を教えたのも特筆すべきことだが、それ以上に注目されるのは、男女の区別なく学べたことだ。ドイツの考古学者、ハインリヒ・シュリーマン（1822〜1890）は、1865年に数カ月間日本に滞在し「日本の教育はヨーロッパ以上で、男も女もみな仮名と漢字で読み書きができる」と書いている。ヨーロッパでは、学問は男性がするものという考え方が主流だったので、驚かれたのだろう。

1677年頃に書かれた『宿直草』に「女は天性肝ふとき事」という短い話がある。津の国（現・大阪府北西部と兵庫県南東部）の女が夜毎通う恋人の家への途中には、森深い場所があり小さな川が流れていた。ある夜いつも渡る小橋がなくなっていたので困っていると、人の死骸が川を横切るように、仰向きに倒れていた。「これは幸い」と死人を橋にして渡ったところ、死人が着物の裾を咥えて離さない。力任せに引き離してしばらく行ったが、「死人が裾を噛むなんておかしい」と死骸のところまで戻った。よくよく観察した結果、胸を踏んだときに口が開き、足をはなすと口が閉じるのに気づく。それで裾が噛まれたとわかったので、探究結果を恋人に話したところ、振られてしまったという。このような話が残っていることからも、当時の日本に知的好奇心を存分に発揮していた女性がいたことがわかる。

寺子屋の入学式は、初午祭の日が一般的だったようだ。初午祭とは稲荷神社の例祭で、旧暦２月最初の午の日。７歳になった子どもは、文机と帳面、筆、硯、雑巾などを持って、寺子屋に入った。入学金は身分や収入によって増減したようだ。

豆知識

1. 駿河国で寺子屋を開いていた湯山文右衛門(生没年未詳)は「子供礼式之事 十八か条」を定め、一般的な礼儀作法の他「子ども同士の喧嘩は本人たちの問題だから、親は関わるな」と訓じている。

125 人物／平賀源内

エレキテル（摩擦起電器）を実演し、江戸の人々を驚かせた発明家、平賀源内（1728〜1779）は、もとは本草学者にして戯作者、鉱山師であり、陶芸や絵画もたしなむ多芸多才の人物だった。アイデア倒れで挫折や失敗も多かったが、源内が主催した「東都薬品会」は全国から様々な展示物を江戸湯島に集め、日本初の博覧会になったとされる。

平賀源内

源内は、讃岐高松藩の足軽の三男として生まれた。発想豊かな少年で、薬用植物や動物、鉱物の形と産地、効能を研究する本草学に興味を持ち、13歳の頃から藩医のもとで学ぶ。薬草に関する豊かな知識が、藩財政の改革を目指す藩主の目にとまり、24歳の頃長崎に遊学。オランダ文化に刺激を受けた源内は、本草学を究めるため江戸に出る覚悟を決め、藩からも辞職を許された。

途中、大坂で医者の戸田旭山（1696〜1769）を訪ね、本草学と医学の修行を積んだ源内は1756年、江戸に到着。29歳のとき本草学の第一人者、田村藍水（1718〜1776）の弟子となる。人参研究に励み、石綿を利用した燃えない布「火浣布」を作り、尿の出をよくする芒硝（硫酸ナトリウム）を伊豆で発見するなどマルチな才能を発揮した。藍水からとりわけ高く評価されたのが、各地の薬種や物産を一堂に集めて公開する物産会だ。源内の提案を受け、藍水が1757年に江戸湯島（現・東京都文京区）で初めて開催した。1762年の「東都薬品会」は源内が主催し、今の広告チラシにあたる「引札」を事前に各地にまいた効果もあって大盛況となった。翌年には、出品された2000余種から重要な360種を全６巻の『物類品隲』にまとめている。

しかし、研究に行き詰まってしまった源内は、今度は洒落本や黄表紙などの戯作を書き始めた。筆名は「風来山人」「天竺浪人」「桑津貧楽」など様々。浄瑠璃では「福内鬼外」を名乗った。1763年の長編『根南志具佐』は全５巻の大作。社会への皮肉とユーモアが江戸の大衆の心をつかみ、たちまち人気作家となった。

源内がエレキテルで電気実験を実演したのは、金欠に苦しんだ晩年だ。器具の正体は長崎遊学時に手に入れたと思われるオランダの医療機器だった。壊れていたのを何とか修復し、見物料を取って見せることもあったという。しかし生活はすさみ、酔ったうえでの勘違いから刃傷沙汰を起こすと小伝馬町（現・中央区日本橋小伝馬町）の牢に入れられて破傷風により獄死した。享年52。ただし、最期については諸説あり、親交のあった老中、田沼意次（1719〜1788）の計らいで遠州相良に逃がされ、村医者として長く生きた、という話も残っている。

豆知識

1. 鉱山開発を始める秋田藩に招かれた際、源内は見事な屏風絵を描く小田野直武に、長崎で学んだ西洋画の「陰影法」を伝授。そこから「秋田蘭画」と呼ばれる和洋折衷の流れが生まれた。
2. 後日、江戸に出た小田野直武を、源内は友人の蘭学医、杉田玄白に引き合わせた。その縁で日本初の西洋医学翻訳書『解体新書』の挿絵は直武が担うことになる。杉田は源内の獄死を悼み、台東区の浅草橋場にある墓の隣に源内をたたえる碑を立てた。

126 まち／荒川区

荒川区の由来となった荒川は区内には流れておらず、区名の由来は何度も洪水を引き起こしてきた荒川の歴史にさかのぼる。区の大部分が低地であるなかで、JR山手線の日暮里駅・西日暮里駅は高台にあり、戦国時代には武将・太田道灌によって城が築かれた。道灌の名を冠した「道灌山」が残り、JR日暮里駅前には道灌の騎馬像が立つ。

都電荒川線

荒川区は23区の北東部に位置し、区のほぼ南西端にはJR山手線の日暮里駅と西日暮里駅がある。また、区内を二分するように都電荒川線が走り、荒川車庫前から三ノ輪橋まで13の停留所が荒川区内に含まれる。

区の北東部には蛇行する隅田川が流れ、南千住・荒川・町屋・東尾久・西尾久・東日暮里・西日暮里の各地域に分けられる。区内の大部分には起伏がほとんどないが、南西部には山手台地の一部があり、開成学園のグラウンドに残る道灌山遺跡は、弥生時代に台地上で人々が暮らしたことを示す。道灌山の由来は武将・太田道灌にある。道灌は関東管領・山内上杉氏に仕え、室町時代末から戦国時代初めにかけて活躍し、徳川家康が築城する前の江戸城を築いた人物だ。

1594年、のちに江戸幕府を開く徳川家康によって千住大橋が架けられ、千住下宿は江戸の玄関口としてにぎわうようになった。荒川区域は上野寛永寺領と江戸幕府の直轄地からなり、点在する湿地帯は将軍家が鷹狩りをする「お鷹場」になった。「ひぐらしの里」と呼ばれた日暮里は、すでに庶民の遊びの場となっていた。

明治時代に入ると、荒川区域は東京府に編入され、殖産興業政策により、荒川（現・隅田川）の水上交通路を利用した官営千住製絨所などの工場群が建設され、近代化が進んだ。

1932年、南千住・日暮里・三河島・尾久の4町が合併し「荒川区」が誕生した。大河川の荒川の名前から荒川区としたが、実は現在の荒川区に荒川は流れていない。というのも、荒川は古くから洪水を繰り返し、明治時代から昭和時代にかけての大工事によって荒川放水路が造られた。すると、1965年に制定された河川法によって荒川放水路が荒川本流となり、元の荒川本流は隅田川に名称が変更されてしまったのだ。

荒川（現・隅田川）沿いには五色桜や八重桜が咲きほこる。明治時代の文学や、浮世絵師・歌川広重（1797～1858）の『名所江戸百景』にも荒川の桜見物の話が登場するゆかりから、「区の木」にはサクラが指定されている。江戸時代に将軍が鷹狩りに行く途中に、荒川土手で桜を植えたという記録も残っている。

豆知識

1. 平安時代末期の源頼朝の挙兵にあたり、荒川区域を支配していた武士・江戸重長（「江戸氏」33ページ参照）が頼朝の隅田川渡河を阻止したとされ、すでに区域には有力な武士団が成長していたと考えられている。
2. 荒川区はもんじゃ焼きが盛んだが、それは荒川区に駄菓子屋が多かったことと関連しているとされる。というのも、もともともんじゃは子供のおやつであり、もんじゃ用の鉄板が駄菓子屋の奥に備え付けられている場合が多かったからだ。

127 歴史 ／ 参勤交代

諸国の大名が定期的に江戸と領地を往復する参勤交代。道中の風物詩である「下にぃ、下にぃ」の掛け声は江戸市中では聞こえないし、江戸の庶民がひれ伏すこともない。そんなことをしていたら交通がマヒしてしまうのだ。江戸の経済を支えたのもまた、各地から来る大名だった。

日本橋を通る大名行列

江戸時代において武士は支配階級で、「将軍のお膝元」江戸は特に武士が多い町だった。武士の住む武家地が土地の７割を占め、人口は５割を占めたという。

３代将軍・徳川家光（1604～1651）が参勤交代を制度化した。三百諸侯とよばれる約300の大名のうち、江戸に200ほどの大名が住むことになったという。生活物資の供給元は町人社会だ。なにせ各藩の出費の半分ほどが江戸での生活に使われていたというからその消費はばく大だ。加賀藩の藩邸では多いときで3000人を超える人が生活していたと推定されており、これは大名のなかでも特に大規模な例ではあるが、200の大名がいたことを考えれば、ちょっとした生活物資だけでも江戸の町を大いに潤したことがうかがえる。

また、将軍が大名の屋敷を訪ねる「御成」は特需だ。大名は御成用の御殿や門を造るなどして盛大にもてなしたため、大規模雇用が生まれた。江戸の町には壮麗な御成御殿や御成門が建ち並んだ。加賀藩の例で見ると、本郷の屋敷に御成御殿の建設、庭園（育徳園）の造成を行っている。また、５代将軍・綱吉の御成の際は、朝夕で7000人前以上の料理が用意された。江戸の藩邸や江戸城に出入りした御用達商人は日本橋に多く、全国から来る大名を通じて地方の富も手に入れたことになる。儲けたのは大きな店だけではない。庭園の造成には江戸近郊の零細農民も働いた。また、藩邸のトイレの汲み取りも巨大利権になった。他、参勤交代でやってきた江戸に不慣れな武士を乗せた駕籠かきが、道を知らないのをいいことに目的地の屋敷の周囲を３度回って門前で降ろすなどということもあったらしい。

参勤交代により、江戸は全国から人やモノ、情報が集まる巨大な情報・経済・文化都市に成長した。参勤交代が緩和された享保の改革では、町名主から町奉行に対し「商人や職人が江戸を離れざるを得なくなっている」と報告されるほど、江戸の消費経済は参勤交代に依存していた。幕末にはもはや江戸への参勤はなくなり、江戸の人口は減り、大名の庭園も寂れてしまう。

1865年、長州征伐で長州藩の屋敷が取り壊された。かかった費用は8668両、一両十万円とすると９億円近くになる。材木は江戸の湯屋に払い下げられ、屋敷跡には茶屋が14軒建った。池では江戸っ子が魚釣りをしたという。屋敷の一つは今の日比谷公園に位置した。

豆知識

1. 大名は江戸にいるとき、毎月３回定例の登城日があった。200近い大名行列が一斉に江戸城へ向かうため通勤ラッシュが起こる。最後の広島藩主である浅野長勲（1842～1937）によると、屋敷は江戸城すぐ近くの霞が関にあったが、拝謁の時間に遅れるわけにはいかないので２時間前に屋敷を出たという。
2. 時代劇でよく見る大名行列の「下にぃ、下にぃ」は、江戸市中では徳川氏の一族である御三家・御三卿以外の大名はやってはならず、庶民も土下座する必要がなかった。ただ、加賀藩前田家藩主の正室であった溶姫（1813～1868）は土下座させることができた。11代将軍・徳川家斉の娘だからだ。溶姫が輿入れするとき造られた門が、現在の東京大学の赤門である。

128 自然 ／ 神田川

井の頭池（三鷹市）に源を発し、両国橋上手で隅田川と合流する。かつては、上流部は神田上水、中流部は江戸川と呼ばれていたが、1965年の河川法制定によって、すべて神田川と呼ばれることになった。井の頭池は武蔵野台地から滲み出た大量の水が溜まった池である。したがって、神田川の水源は湧水（「東京の名湧水57選」197ページ参照）であり、これまで紹介した利根川水系（江戸川）、荒川水系（荒川・隅田川）、多摩川水系（多摩川）とは成因が異なる。

神田川と御茶ノ水駅

神田川の全長は約25kmにすぎない。23区内都民にはなじみ深いものの、かつては無名の川だった。しかし、1973年に発売された1枚のレコード『神田川』（歌：南こうせつとかぐや姫）が一気に全国区に押し上げた。当時、学生紛争の熱い時代が終わり、多くの若者は私小説的な世界に閉じこもっていた。『神田川』は、そんな時代の空気を包んだ詞を、哀愁漂うメロディに乗せて歌われ、大ヒットしたのである。歌詞の舞台は、高田馬場～早稲田大学界隈（新宿区）といわれる。

都内を流れる他の川と同じく、神田川も江戸時代から現代に至るまで流路変更を繰り返し、そのたびに名称を変えている。中世まで、江戸の村落は平川の河口周辺（現在の日比谷付近）に広がっていた。徳川家康は幕府を開くにあたり、平川とその支流の切断・埋め立て・流路変更工事を断行し、江戸城を中心とする巨大都市を造営しようとした。最初に着手したのが、飲用水確保のための上水道の開削だった。井の頭池から流れ出ていた平川に、善福寺池と妙正寺池の湧水も引き込み、神田上水として整備したのである。こうして、日本初の上水道「神田上水」が誕生した。

神田上水の清らかな水は重宝された。他の河川の水は水質が悪く、地下水も海に近いことから塩分が多く、どちらも飲用に適さなかったからである。とりわけ現在のJR御茶ノ水駅あたりの水は質が良かったようで、徳川将軍にお茶用の水として献上された。「お茶の水」の地名は、これに由来する。また、神田上水は江戸の外堀としても利用された。1654年に玉川上水が完成するまで、士農工商の身分を問わず、すべての江戸っ子にとってのライフラインだったのである（「江戸の上水道」211ページ参照）。

神田川の名も、御茶ノ水周辺にあった神田山から取られたといわれる。この界隈にはかつて標高300m（推定）ほどの台地状の山が広がっていた。家康による江戸の大インフラ整備事業「天下普請」によって、神田山は二つに分断・切り崩され、大量の土砂は河川・海岸の埋め立てや街道建設に使われた。神田川は時代を超えて、その切り崩された凹地をいまも流れている。昭和を代表する名曲『神田川』も、家康公「天下普請」の賜物かもしれない。

豆知識

1. 神田山の掘削工事を担当したのは、仙台藩主・伊達政宗（1567～1636）だった。そのため、切り崩されたあとの凹地は仙台堀と呼ばれる。現在も神田川の一部は、この仙台堀を流れている。

129 物語 ／『青年』森鷗外

森鷗外（1862～1922）の長編小説『青年』は、明治期の本郷を舞台にした代表的な青春小説だ。物語は、上京したばかりの主人公が「東京方眼図」なるものを手に、新橋から上野行き電車に乗り込む場面から始まる。東京方眼図とは実は鷗外自らが考案し、『青年』執筆の前年に出版した新しい地図のことだった。鷗外の蔵書には、江戸の古地図を含め多くの地図が残されており、どうやら地図も散歩も大好きな人物だったようなのだ。

森鷗外

『青年』の主人公は小説家を志し、地方から東京に出てきた小泉純一という若者だ。夏目漱石（1867～1916）がモデルと思われる作家の講演を聴きに行ったり、近代演劇の創始者イプセンの劇を見に行ったり、法学博士の未亡人と知り合って関係を持ったり。都会で様々な経験を重ねながら、自らが進むべき道を探る青年の心の成長を描いている。漱石の『三四郎』を意識した作品といわれ、1910年３月から翌年８月まで文芸雑誌『スバル』に連載された。

物語は、こう始まる。「小泉純一は芝日陰町の宿屋を出て、東京方眼図を片手に人にうるさく問うて、新橋停留場から上野行きの電車に乗った。目まぐるしい須田町の乗り換えも無事に済んだ。さて本郷三丁目で電車を降りて、追分から高等学校に付いて右に曲がって……」

主人公は実によく、東京の街を歩き回るのだ。そして地方から出てきたばかりの小泉が手にする東京方眼図とは、鷗外が連載を始める前の年に日本橋の春陽堂から出版したものだった。現存する方眼図の複製を見ると、左上に大きく「明治42（1909）年６月　森林太郎立案」と印刷されている。林太郎とは、鷗外の本名だ。では、鷗外は何を「立案」したのか。

それは東京の地図を縦横の線で方眼に区切り、地名索引とセットにして探しやすく工夫した点だった。縦は「い」「ろ」「は」の順に「ち」まで８列、横は数字の「一」から「十一」まで11列に区分けした。例えば明石町を探すには、50音順の索引を見れば「は七」とある。縦が「は」、横が「七」の交差するマスのなかを探せば明石町が見つかる。今では当たり前だが、当時はこれが斬新だったのだ。軍医でもあった鷗外は1884年から４年間、ドイツ留学の経験があり、その際に現地で旅行ガイドなどを見て参考にしたのではないか、といわれている。実際、鷗外の蔵書のなかに、方眼のあるミュンヘン市街地図が見つかっている。

作中、小泉は千駄木、根津、谷中あたりを歩き回り、街の雰囲気がよくわかる散歩案内にもなっている。冒頭から主人公の手に東京方眼図を持たせたのも、「これがあれば道に迷わない」という宣伝効果を狙った、鷗外のしたたかなステマ広告だったのかもしれない。

豆知識

1. ステマ広告とは「ステルス・マーケティング広告」の略。消費者に宣伝・広告であることを隠し、悟られないように販売促進活動を行うことを指す。
2. 鷗外が1911年に書いた『雁』も、本郷を舞台にした青春小説だ。主人公は東京大学医学生。無縁坂から不忍池、上野広小路、湯島を通るルートが散歩コースとして描かれている。
3. 文京区千駄木は、鷗外が半生を過ごした街だ。その旧居「観潮楼」の跡地には今、区立森鷗外記念館が建っている。生誕150年を記念し、2012年に本郷図書館鷗外記念室から生まれ変わった。

130 商業と娯楽 ／ 吉原遊郭

江戸唯一の官許の遊郭だった吉原は、「悪所」とも呼ばれる男の遊び場だったが、同時に江戸市民の一大社交場でもあり、江戸文化を育む場でもあった。多くの文芸や浮世絵がここで生まれ、世間に流行した。また、高級遊女の花魁は庶民の憧れの的でもあった。

1617年、庄司甚右衛門が江戸に散在していた遊女屋を1カ所に集めた幕府公認遊郭の設置を願い出て、日本橋葺屋町（現・日本橋人形町）に許可されたのが吉原遊郭の始まりだ。1657年には治安や風紀上の問題から、当時は辺鄙な浅草寺裏の日本堤（現・台東区千束）への移転を余儀なくされる。ここを「新吉原」（後に「吉原」と省略）、旧を「元吉原」と呼ぶ。

新吉原は、周囲をお歯黒どぶ（新吉原を囲むみぞで、遊女たちがお歯黒の汁を捨てたためこう呼ばれた）に囲まれた約300m四方の敷地に、出入口は日本堤側の「大門」1カ所。外部から隔絶された別天地で、夜の営業も解禁され「不夜城」と謳われた。大門から一直線に延びる仲之町を挟んで、江戸町・角町・京町などの通りがあり、見世（遊女屋）や茶屋、揚屋（客が遊ぶための格の高い貸座敷、18世紀半ばに廃絶する）等が軒を連ねた。遊女にはランクがあり、時代によって変わるが、新吉原の初期には「太夫」「格子」「散茶」「局」「切見世」の順で、太夫や格子などを「花魁」と呼んだ。遊女の名前や位付け、揚代、地図や茶屋の一覧が掲載された吉原のガイドブック『吉原細見』によれば、遊女の数は2000人前後の時期が長いが、後に急激に増え最大7000人を数えている。

ところで、花魁が振袖新造（自分の部屋を持たない花魁付きの若い遊女）や禿（花魁候補生の少女）を伴い、若い衆の先導で見世から揚屋に出向く様子を「花魁道中」と呼ぶ。その姿はさながらファッションショーで、浮世絵や歌舞伎にも多く描かれ大人気となった。初期の太夫には零落した武家の娘も多く、和歌や茶道など幅広い教養を身につけており、高尾や揚巻といった伝説的な太夫もいたが、18世紀中頃には姿を消した。ちなみに、太夫は初めての客と枕を交わすことはなく、2度目の登楼で「裏を返し」てもまだダメで、3度目で「馴染み」となってようやく床をともにした。非常に格式が高く、客が気に入らなければ振ることもできる。相手も大名クラスの武士か大町人で、1回の登楼に100両以上かかるという、庶民にとっては雲の上の存在だった。また、見世（店）にも序列があった。茶屋を通さないとあがれない格式ある総籬（大見世）から、フリーの客でもあがれる路地裏の小見世、果てはお歯黒どぶに沿って並ぶ長屋の河岸見世まで様々だった。大見世は社交場としての機能もあり、上級武士や文化人が集まるサロン的な役割も果たした。初期の遊客は武士が中心だったが、江戸中期には裕福な町人がその財力を示す場となり、スマートに遊ぶ「通人」を良しとする美意識や文化が生まれた。

豆知識

1. 形式としては年季奉公だった遊女は、年季が明けたり、遊女屋への前借金を完済して身請けしてくれる旦那が現れれば廓を出られたが、年季の途中で病死する遊女も多かった。身寄りがない場合は、三ノ輪の浄閑寺や日本堤に接する西方寺に葬られた。早桶に入れられ見送る人もほとんどない、まるで投げ捨てるような葬送だったため、これらの寺を「投げ込み寺」と呼んだ。
2. 江戸中期に揚屋がなくなってから発達したのが引手茶屋である。客を遊女屋へ案内する前に宴席を設け、芸者などを呼び寄せて酒食でもてなし、揚屋遊びの一部を代行した。そこへ指名の遊女が迎えにきて遊女屋へ同道するという運びだった。

131 暮らしと文化 ／ 屋台

江戸では外食文化も花開く。独身男性が多く、食事の支度もままならなかったからだ。よく利用されたのは煮売り屋で、名前の通り、煮物や煮魚を売る店だ。椅子を置き、買った煮物を肴に酒を飲める「煮売り酒屋」も繁昌した。同じように、買った酒をその場で飲める酒屋も登場し、居酒屋の元祖となる。芋の煮転がしや湯豆腐、汁物や田楽などメニューも豊富だったようだ。夜になると蕎麦の屋台も繰り出してきて、朝方近くまで営業していた。

「二八そば 与兵衛」歌川国貞

まず、落語「刻そば」のストーリーを紹介しよう。冬の夜、一人の男が屋台の蕎麦屋に入り、行灯の紋や配膳の速さ、丼、ダシ汁のうまさ、蕎麦の細さとコシ、竹輪の厚みなどをいちいち褒めながら食事をし、16文を支払う段階になって、「銭が細かいので手を出してくれ」と蕎麦屋に手を出させる。手のひらに銭をのせながら「一つ、二つ、三つ、四つ、五つ、六っつ、七つ、八つ」と数え、「時に今、何時だい？」と聞き、蕎麦屋が「へぇ、九つで」と言ったところで、すかさず「十、十一……」と支払って、スタスタと行ってしまった。９枚目を出さずに１文ごまかしたわけだ。これを見ていた間抜けな男が同じようにしようとして質の悪い蕎麦屋に入ってしまったうえ、ことごとく失敗するのがこの話の面白みだが、この落語からわかるのは当時の江戸の夜には蕎麦屋がたくさん出ていたことと、蕎麦の代金は16文が一般的だったということだ。喜多川守貞（1810～？）が著した『守貞謾稿』にも「江戸（の屋台）は蕎麦を専らとし」とあり、「一椀16文」と書かれている。

江戸の国学者、喜多村信節（1783～1856）が著した『嬉遊笑覧』には、「衣食住記」からの注引用として、「享保の頃に、神田あたりに二八即座けんとんという看板を出す店があった。これが二八蕎麦の始まりだ」とある。引用している「衣食住記」は、越智久為（生没年未詳）の『反古染』の中にあるらしい。享保は1716～1736年の間だから、江戸時代中期には二八蕎麦の屋台が誕生したのだろう。「けんとん」が何かは諸説あり、出前用の岡持ちをけんどん箱と呼ぶからとも、使う鉢が慳貪振り鉢と呼ぶからともいわれる。

歌川国貞（1786～1864）の浮世絵「今世斗計十二時（こんせいとけいじゅうにじ、もしくはいまようとけいじゅうにじと読む）寅ノ刻」は遊女を描いたものだが、左上に蕎麦の屋台がある。寅の刻は午前３～５時の間だから蕎麦の屋台は朝方まで仕事をしていたようだ。安価に蕎麦を売る屋台を夜鷹蕎麦と呼ぶ。夜鷹は道端で客引きをした娼婦のことで、彼女たちがよく利用したらしい。これより少し高価なのが風鈴蕎麦。屋台に風鈴をぶら下げ、具の載った掛け蕎麦を提供していた。国貞の絵の屋台にも風鈴が描かれており、風鈴は屋台ラーメンのチャルメラの役目を果たしたのだろう。国貞は「當穐八幡祭」では屋台の内側も描いており、丼や盆、箸の他、蕎麦を茹でる鍋、湯を切るザルなどが見える。

豆知識

1.『守貞謾稿』は、1837年に書き始められたもので、江戸と京都、大坂の風俗を詳しく記録した百科事典で、35巻もある。

132 人物 ／ 伊能忠敬

「人生50年」といわれた江戸時代。商家を隠居し、50歳で江戸の若き天文学者に弟子入りした伊能忠敬（1745〜1818）は、55歳から全国の沿岸を歩き始めた。足かけ17年、10次にわたる全国測量のすえ、実測による日本初の本格地図『大日本沿海輿地全図』が完成する。73歳で幕を閉じたその人生は、「定年後」にもまだ多くの可能性が残されていることを、私たちに教えてくれる。

伊能忠敬

生まれは上総国小関村（現・千葉県山武郡九十九里町）。17歳のとき下総国佐原（現・千葉県香取市）で米穀・酒造業を営む商家、伊能家の婿養子に迎えられる。商才を発揮し、米取引などで家業を再興。後に自己資金を測量に投じたことからも、かなりの財をなした様子がうかがえる。名主（村の役人）としても活躍し、飢饉のときには私財を投じて餓死者を出さなかったとされる。

商売で成功を収め、郷土の発展にも尽くした忠敬は49歳のとき、隠居して、江戸に移り住んだ。幕府の天文方の学者、高橋至時（1764〜1804）に弟子入りしたとき50歳、高橋は31歳。19歳も年下の師に天文学を学んだことが、後の測量人生に生きることとなる。

「地球の大きさを知りたい」というのが、測量を始めた原点だった。地球が丸いことは蘭学で知っていた。そこで日本各地から北極星を観測し、見える角度の差と距離から地球の大きさを計算しようと考えた。北の異国船の動向に危機感を抱いていた幕府に掛け合い、「蝦夷地（北海道）の正確な地図」をつくるという名目で、蝦夷地までの旅の許可を得ることに成功する。

深川黒江町（現・江東区）の自宅を出発したのは55歳のとき。測量では「梵天」という目印を立て、その間を実際に歩いて距離を測る。さらに方位磁石を使って正確な方位を知る。合間には北極星の観測も続け、地球の外周は約４万キロと計算した。ついに出来上がった蝦夷地東部海岸と奥州街道地図の精密さに驚いた幕閣から、次は本州東海岸を、その次は羽越地方（現在の東北、北陸の一部）を、と相次いで命じられた。当初は「許し」を得て忠敬が行う、いわば幕府の補助事業だったが、次第に下賜金が増え、後方支援も充実し、やがて幕府直轄事業に格上げされた。

『大日本沿海輿地全図』が出来上がったのは1821年。大図（214図）、中図（８図）、小図（３図）からなり、日本で初めて実測によってつくられた本格的な地図だった。同時に、地図完成の３年前に、忠敬が八丁堀の自宅で永眠していたことも発表された。享年73。弟子たちの手で完成した地図は、当時としては驚異的な精度で、明治維新後に新政府が発行した地図にも使われた。忠敬が17年間で歩いた総距離は４万 km を超え、地球一周に匹敵する距離となった。

豆知識

1. 伊能家に婿入りした忠敬は、４歳年上の妻ミチとの間に子を２人もうけ、仲睦まじかったという。しかし、忠敬38歳のときに妻が病没。その後、迎えた妻２人も相次いで死別した。
2. ２回り近く年下の師匠、高橋至時は肺を病み、忠敬より先に病没した。忠敬は没後、その遺志により、源空寺（台東区）にある高橋の墓に並んで葬られた。

133 まち／板橋区

平安時代末期、平氏打倒に挙兵した源頼朝（1147〜1199）が布陣したとされる「板橋」は、江戸時代には中山道の宿場町としてにぎわった。区域には加賀藩（現・石川県など）前田家の下屋敷があったことから、加賀藩ゆかりの地名が残るほか、板橋区と石川県金沢市は友好都市として交流を続けている。

板橋宿があった仲宿商店街

板橋区は東京23区の北部に位置し、埼玉県戸田市・和光市などと接する。区のほぼ南東端にある板橋区役所の最寄り駅は都営三田線の板橋区役所前駅であり、都営三田線は北西に向かってのび、終点の西高島平駅まで11駅が区内に含まれる。

「板橋」の地名は、鎌倉時代の歴史物語『延慶本平家物語』に初めて見られ、1180年に挙兵した源頼朝が「武蔵国豊島ノ上滝野川ノ板橋」に布陣したと記録が残る。

1603年に徳川家康が江戸幕府を開くと、日本橋を起点とする五街道が整備され、中山道の最初の宿場が「板橋（下板橋）」に置かれた。すると、江戸の出入り口として、また区域周辺の中心的な場として板橋はにぎわった。中山道と川越街道が整備されると、板橋の南東部は板橋宿と上板橋宿を中心とした宿場町として繁栄し、板橋宿の隣接地に加賀藩下屋敷が造られた。加賀藩下屋敷があった歴史的経緯から、2008年に板橋区と石川県金沢市は友好交流都市協定を結んでいる。現在でも地名の加賀や加賀公園・金沢小学校など、板橋区には加賀藩ゆかりの名称が残っている。

幕末の1853年、浦賀沖にアメリカのペリー艦隊が来航すると、加賀藩は江戸防備のため大砲の築造を求められた。加賀藩ではすでに、西洋式の大砲を造る技術を金沢で確立していたが、江戸でどのような体制をとるかは懸案であった。そこで、加賀藩下屋敷を大砲の造所にすることが決定された。というのも、加賀藩下屋敷は江戸郊外にあって近隣住人が少なく、敷地が広かったため、銅鉄の材料や江戸の職人を動員することができた。さらに、動力として使える水車があるなど、利点が多かったためだ。

1873年には加賀藩下屋敷跡に火薬製造所などの軍施設が新設され、板橋の近代工業が幕を開ける。その後、1885年に品川〜赤羽間の鉄道開通、1914年に東上鉄道（現・東武東上線）が開通、1929年に市電（都電）が開通すると市街地が拡大した。1889年の町村制実施によって板橋が町名として採用され、1932年に「東京市板橋区」が誕生し、区名となり現在へと至る。

板橋区は古くから水田や畑が多く、穀物が豊かに実り、子孫が繁栄するように願いを込めた「田遊び」が受け継がれている。「板橋の田遊び」として国の重要無形民俗文化財に指定され、板橋区北部の徳丸北野神社（板橋区徳丸）と諏訪神社（板橋区赤塚大門）で公開されている。

豆知識

1. 乗蓮寺（板橋区赤塚）は徳川家ゆかりの寺で、1971年に板橋区仲宿から現在地に移転した。境内にある「東京大仏」は、大震災などの災害が起きないよう1977年に建立され、高さ13mの青銅製で、重さは32トンにも及ぶ。

134 歴史／徳川綱吉

徳川綱吉（1646～1709）は江戸幕府５代将軍で、生類憐みの令を出したことで知られる。犬を優遇した「犬公方」と揶揄されることもしばしばだが、綱吉は別に犬好きだったわけではない。彼は戦国の風潮を終わらせ、新たな世の中を創りだそうとしたのだ。

全国の頂点に立った徳川氏は、将軍自ら強権を発動し、武力によって支配を安定させた。大名の改易や減封（領地などの没収や削減）によって主を失った浪人が大量に発生し、幼い家綱が４代将軍になる際には反乱を起こす（由井正雪の乱）。このような事件を受けて、幕府は武力によって押さえつける方法の限界を感じ始め、武力ではなく道徳や儀礼をもって統治しようという、武断政治から文治政治への転換が始まる。

綱吉は徳や規範を説く儒学を愛好した。綱吉のとき、武家の規範を示した武家諸法度が大転換を迎える。それまでもっとも大切な武家のつとめは「文武弓馬の道にもっぱら嗜むこと」だったのが、「文武忠孝を励まし、礼儀を正すべきこと」とかわり、「忠孝」や「礼儀」が求められるようになったのだ。また、代官に対して「民は国の本なり」として、民が飢えたり凍えたりしないよう念を入れるとともに、不正を働いていた代官を厳しく処罰した。綱吉は思いやりのある「仁政」をしくことを目指したのだった。

何といっても有名な政策は生類憐みの令だ。生類を憐れむ政策の総称をいい、人々に慈悲や仁の心をもたせることがもともとの政策意図とされる。生類憐みの令の対象となった動物は様々だが、特に牛・馬・犬・鳥類への言及が多い。「牛馬に重いものを背負わせてはならない」「犬猫が牛車や大八車に巻き込まれないよう、前触れの人を走らせて注意させよ」といった法令が出された。また、江戸近郊の喜多見（現・世田谷区）・四谷（現・新宿区）・中野（現・中野区）などに犬小屋が造られ、野犬が収容された。中野の犬小屋は総面積が29万坪（約96万 m^2）におよび、工事完了とともに10万匹が収容されたという。江戸の町人は犬の飼育費用を負担させられた。法令に違反すると死罪・遠島といった厳しい処罰が下されることも少なくなかったという。あまりの厳しさに反発も強く、千住宿の街路では「公方の威を借りて人々を悩ますのでこうする」として犬２匹がはりつけにされていたという話がある。人々から恨みをかったこの法令は、綱吉が死後も守るよう遺言したにもかかわらず、死後10日で撤廃された。「天下の悪法」とよばれる生類憐みの令だが、一方で、子どもや病人を捨てることの禁止、行倒れ人の保護といった現代から見てまともに感じる内容もあり、捨て子・捨牛馬の禁止令は綱吉死後も残っている。

豆知識

1. 綱吉は、将軍の権威と結び付いていた鷹狩りを廃止し、鷹をすべて放鳥した。諸大名もならったため、猟犬やエサ用の犬の需要が減り、野犬が増える原因になったという。鷹狩りを復活させたのは８代将軍・吉宗。吉宗は中野の犬小屋跡地に桃を植樹させて花見の名所にした。桃の木はなくなってしまったが、現在も中野３丁目付近には「桃園」の地名が残る（「中野区」104ページ参照）。
2. 生類憐みの令の中で趣味としての釣りが禁じられ、道具の販売も禁じられたが、武士には愛好家が多かったらしい。1723年には現存最古とされる釣り専門書『河羨録（何羨録）』が書かれている。著者の津軽政兕の義父は、赤穂浪士の討ち入りで殺害された吉良義央だ。

135 自然／高尾山

関東山地の南端、八王子市南西部にたつ高尾山。自然の豊かさ、都心から１時間ほどというアクセスの良さから、年間登山者数は全国一を誇る。2009年に「ミシュラングリーンガイド」が三ツ星に認定したことで、海外でも人気に火がつき、外国人登山客が急増した。日本国内どころか、世界中を見渡してもこれだけ愛されている山は数少ないだろう。

多くの登山客が訪れる高尾山

標高はわずか599mで、都内の山に限っても30位内にさえ入らない。しかし、年間登山者は約300万人で、「世界一登山客の多い山」の称号をもつ。ちなみに、日本全国の山の総登山者数は年間約１千万人である。四季折々の新しい姿を見せること、老若男女を問わず気軽に登れることから、ヘビー・リピーターも多い。険しい登山道から石畳の舗装道まで多様なコース（１〜６号路ほか）が用意されていることも、人気の秘密だろう。脚に自信がない登山客でも、麓から高尾登山電鉄のケーブルカーやリフトが中腹まで運んでくれる。ちなみにケーブルカーの最大勾配は31.18度で、これも日本一である。

高尾山の魅力の一つに、植生の多彩さが挙げられる。北斜面に落葉広葉樹林、南斜面に常緑広葉樹という対照的な森林が広がっているため、生育している植物は約1600種近くに及ぶ。世界自然遺産の屋久島（鹿児島県）は、亜熱帯から亜寒帯までの垂直分布植生をもち、約1900種の植物が確認されているが、広さは高尾山の20倍以上なので、面積比だと高尾山が圧倒する。また、高尾山は昆虫の宝庫としても知られ、貴船山（京都府）、箕面山（大阪府）と並び、日本三大昆虫生息地に数えられる。

高尾山の魅力は自然だけではない。古くから信仰の山としても知られ、山頂近くには真言宗智山派の薬王院が鎮座している。薬王院は奈良時代に行基（668〜749）が創建した後、長らく衰退していたが、京都の僧・俊源が室町時代の半ばに飯縄権現の祠を建てて以来、薬師信仰と飯縄信仰を兼ねる修験道の霊山となった。さらに戦国時代には武将の守護神として崇められるようになり、江戸時代には幕府の直轄領として保護された。

また、富士信仰とも縁深く、薬王院の境内には富士浅間神社の社殿が建てられている。富士山は1872年まで女人禁制の山だった。富士山の代わりに高尾山の頂を目指した富士信仰の女性信者も多かったという。さらに弘法大師（空海）の史話や天狗・妖術師にまつわる伝承も多く残されている。ミシュランはこうした高尾山の“無節操さ”を退けることなく、神も仏も聖霊も懐に抱く自然の包容力に最大の評価を与えたのだった。グリーンガイドの評価基準は、星１つの「興味深い」、星２つの「寄り道する価値がある」、星３つの「わざわざ旅行する価値がある」の３段階。ミシュランが高尾山以外に三ツ星を与えた山は、富士山と高野山の二峰だけ。どちらもユネスコ世界文化遺産の登録地である。

豆知識

1. 高尾山は山頂からの眺めも大きな魅力だ。西は富士山や丹沢山地、東は筑波山や房総半島まで見渡せる。冬至の前後には、富士の火口に夕陽が沈む「ダイヤモンド富士」を拝むこともできる。
2. 山頂には、山小屋風の二階建てのトイレ（大見晴園地トイレ）が建てられている。自然を損ねない景観やベビーシートの設置といった配慮が高く評価され、2015年には内閣官房主催の「日本トイレ大賞」を受賞している。

136 物語 ／『たけくらべ』樋口一葉

1895年に連載が始まった『たけくらべ』は、作者・樋口一葉（1872〜1896）が下谷竜泉寺町（現・台東区竜泉３丁目）に住んだ経験をもとに書かれた。吉原（「吉原遊郭」136ページ参照）の賑わいや千束稲荷神社の祭りの活気、対立する表町組と横町組の少年たちの喧騒など、下町の暮らしが生き生きと描かれる。

「廻れば大門の見返り柳いと長けれど、お歯ぐろ溝に灯火うつる三階の騒ぎも手に取るごとく、明けくれなしの車の行来にはかり知られぬ全盛をうらないて」…。小説の舞台となる大音寺前は吉原の裏手にあたり、吉原の出入口である大門までは遠いけれど賑わいが手に取るようにわかる場所だ。表通りを入ると傾いた長屋が連なり、住人の多くは吉原で働いたり、吉原相手の商売をしたりしている。子どもたちが学校で習う唱歌に、「ぎっちょんちょん」と流行歌（お座敷歌でもあった）のはやし言葉を入れるのも土地柄だろう。また、長屋では鷲神社の酉の市で売られる熊手づくりも行われている。

鼓や三味線の音に事欠かないこの場所でも、千束稲荷神社の夏祭りは、酉の市をのぞけば一年でもっとも賑やかな日だ。町々も山車を出して競い合う。横町組のリーダー・長吉は表町組のリーダー・正太郎をライバル視して、今年こそ奴より目立ちたいと意気込み、龍華寺（モデルは大音寺といわれる）の息子・信如を仲間に引き込む。表町でも祭りの日の計画が進み、少女たちが「何か面白いことをして」とせがむ相手は吉原の遊郭・大黒屋の寮に住む美登利だ。姉が大黒屋の売れっ子で、美登利も蝶よ花よと育てられ、大人たちが何かとお小遣いをくれるので金遣いが荒かった。『たけくらべ』には、ゆくゆくは仏門に入る信如と遊女となる美登利の、淡い恋模様が描かれる。二人が出会うのは朝日弁財天（現・台東区竜泉１丁目）の水の谷池だ。夏祭りが終わり秋が来て、11月、賑やかな酉の市の日、美登利は京人形のような姿で現れる。「ええ厭や厭や、大人に成るは厭やな事」と嘆く美登利はその日を境に活発さを失い、一方信如は僧の学校に入る。美登利が活発さを失った理由として、初潮説や水揚説（水揚とは、遊女が初めて客に接すること）が唱えられているが、作中には触れられていない。

母と妹を抱え貧困にあえいでいた一葉は、竜泉で雑貨と駄菓子の店を開いた。店には子どもが集まり、妹の邦子によれば、一葉が特に気に入っていた娘が美登利のモデルとなったという。店の前は吉原への往来で交通量が多く、越してきた夜に数えてみると10分で75台の車が通った。賑やかな作中の溢れ出そうな町の賑わいやいきいきとした子どもたちの姿は、一葉が魅了されたこの町の姿なのかもしれない。

豆知識

1. 一葉は24年の短い生涯の中で、10回以上の引っ越しをしている。1893年７月に竜泉に引っ越して開いた店はうまくいかず、翌年５月には本郷（現・文京区）に引っ越して執筆活動に専念するようになる。『大つごもり』を発表した同年12月から、『たけくらべ』が完結した1896年１月までの14カ月は一葉の代表作が次々著され、後の研究者によって「奇跡の14カ月」と呼ばれている。
2. 一葉の父は東京府庁の役人だったため、一葉は官舎（現・千代田区内幸町１丁目）の一角で生まれた。山川菊栄の『おんな二代の記』によると、一葉が生まれた当時、菊栄の祖父・青山延寿の一家も同じ官舎に住んでいたという（「山川菊栄」299ページ参照）。なお当時の東京府庁舎や官舎は、江戸時代には大和郡山藩柳沢家の上屋敷だった。

137 商業と娯楽 ／ 富くじ

富くじは江戸版の宝くじである。夢のお告げで富くじに大当たりした男のとる行動のおかしさを描いた『御慶』という落語があるように、富札を手に一喜一憂する江戸庶民は多かった。「富くじ」は木札を錐で突いて当選者を決めることから、「富突」「突富」、あるいは単に「富」とも呼ばれた。

富くじは、16世紀後半、摂津国箕面の瀧安寺に起源し、江戸では元禄から享保年間（1688～1736）に盛んになった。幕府はこれを博打とみなしてたびたび禁令を出し、結局「御免富」として正式に認可されたもののみが興行を許されるようになる。御免富は、寺社の堂舎などの修復費用調達の方法としてのみ許可した富くじだ。財政の逼迫する幕府にとって、寺社への修繕費等の資金援助は負担であり、さらには、博打を寺社の境内という「聖なる空間」に閉じ込める狙いもあった。寺社側にとっても効率よく資金が集められるという魅力があったのである。最盛期の文化から天保年間（1804～1844）には、1カ月に30カ所以上で興行され、なかでも人気があったのが、谷中の感応寺、目黒の瀧泉寺（目黒不動）、湯島天神の三つで「江戸の三富」といわれた。

富札の売り場は寺社の近くに5、6カ所あったが、枚数に限りがあるため、売り出し当日の混雑ぶりはすさまじかった。開札の日は、立会人として寺社奉行所の役人2人と同心（下級の役人）7、8人が出張り、羽織袴の世話人に、その寺社の僧か社人が立ち会った。箱に入った番号を書いた木札を、突き手が突いて当選が決まる。札を突くのは100枚までで、100枚目は突き止めといって最高額の賞金を出した。賞金もうなぎのぼりで、湯島天神では600両（現在の価値で約7000万～8000万円）に跳ね上がったという。しかし、興行数が増えるにつれて札余り現象も生まれ、赤字となって撤退する寺社も多かった。文政の末頃（1829～1830）の最高賞金額は300両で、富札の代金は金1朱～2朱、あるいは銀2匁～3匁3分ほど。これは職人の1日分の手間賃ほどの額だったため、数人で分割して購入する「割札」も行われた。

本来は寺社の境内でしか売買が許されない富くじだが、境内以外での販売を行う札屋も増え、さらに、その日稼ぎや老人、女子どもなど富くじを買えない者を相手に、「影富」も流行する。影富とは、少額の金銭を賭けて本富の1等である「一の富」の当選番号を当てる博打で、数千から2万～3万枚程度発行される富札の番号を丸めて縮めて100分の1にした数を選んで賭けるので、当たる確率が高くなる仕組みだった。こうして庶民の楽しみとなった富くじだったが、1842年の禁令によって全面廃止となった。

豆知識

1. 富くじの「突き止め」（最後に抽選する1等くじ）に当たると、札売り場の若い衆がPRも兼ねて、総出で飾り立てた大八車に賞金を積み、お祭り騒ぎで届けたという。内緒で買った者にとってはありがた迷惑で、見も知らない親戚が現れたり、物乞いが群がったりと、商売にならなくなって廃業した商人もあったという。
2. 富くじの最盛期にあたる文政末年頃に出版された『文化年中江戸大富集』には、江戸で興行される富くじの一覧が掲載されていて、興行場所・興行主・興行日・札数・札料・当せん金の規定などがわかる。それによれば、江戸市中では15カ所・20の寺社によって富くじの興行が行われ、その回数は年間120回にも及んでいる。

138 暮らしと文化／番付

現代で番付といえば様々な種類があるが、もともとは相撲の番付表がルーツであり、享保年間（1716～1736年）に木版印刷で刷られたのが最初のものだとされる。それまでは、出場力士の名前と格付けが書かれた掲示板を、興行場所に建てていたが、興行規模が大きくなると、わざわざ前もって掲示板を見に行くのは不便になった。そこで番付表を刷って配り、興行内容を告知したのだ。

江戸時代の相撲番付表

番付表は相撲字（根岸流）で、東西の横綱、大関、関脇、小結、前頭の名前が書かれている。東西は力士の出身地や居住地ではなく、格で振り分けられた。例えば横綱二人のうち、格上が東、格下が西だ。東が格上なのは、日が昇る方角だからだろう。前頭は複数いるが、1枚目が一番格上で、数字が大きくなるほど下だ。東西対称に、格が同程度の力士名を配していた。格下の力士が格上の力士を倒すことを「番狂わせ」と表現するのは、番付表から来ている。

江戸時代の後期には、番付の形式を使い、温泉や遊女、歌舞伎役者を格付けした「見立て番付」が生まれている。例えば「諸国温泉鑑」は江戸時代後期の温泉番付で、東の大関は草津温泉、西の大関は有馬温泉だ。この東西は格ではなく、東日本と西日本を意味している。また、ランクは効能順のようだ。草津温泉の泉質は酸性泉で、酸性度が高いので殺菌効果が高い。皮膚病や神経痛、糖尿病に効能がある。有馬温泉は含鉄塩化物泉で赤い色の「金泉」と、炭酸水素塩泉やラジウム泉など無色な「銀泉」がある。多種類の温泉があるので効能も多岐にわたり、はしご温泉も楽しめるのが魅力だ。

「新板大江戸持○長者鑑」は、1846年の長者番付だ。持○（丸）長者とは大金持ちの意味で、住所まで記載されている。これによれば日本橋あたりに大店や有力商人の家が多かったらしい。全国版や浪花版なども作られており、庶民の関心が高かったことがうかがわれる。

「江戸名所旧跡繁花の地取組番附」は、江戸の名所旧跡を格付けしたもので、東の大関は忍ケ岡、西の大関は隅田川だ。忍ケ岡は上野にある花見の名所で、桜の樹を植えたのは天海僧正だと伝わる。隅田川堤は徳川吉宗が庶民のために整備した花見の名所。江戸の庶民は花見が大好きだったようだ。東の関脇は三芝居、小結は霞が関、西の関脇は新吉原、小結は待乳山と続いている。三芝居は中村座、市村座、森田座の芝居小屋のことだろう。もっとも歴史の古い中村座は、1624年に猿若勘三郎（？～1658）が創設したものだ。小結の霞が関は、江戸城に接した山手台地にあり、日々谷入江が展望できた。新吉原はいうまでもないだろう。待乳山は浅草寺子院の聖天堂がある。聖天は歓喜天ともいい、どんな願い事でも叶えてくれるとされる。またかつては小山の上にあり、見晴らしがよかったようだ。この番付がいつ頃のものかはわからないが、「吉田屋小吉板」とあり、幕末の唄本屋が刊行したものだとわかる。

豆知識

1. 猿若勘三郎は中村勘三郎と改名し、中村座の座元名跡として受け継がれている。2012年に逝去した中村勘三郎は、18代目にあたる。

139 人物／遠山の金さん

「この桜吹雪に見覚えがねえとは言わせねえぜ」。片肌を脱ぎ、見事な彫り物を見せつけて、お白洲（江戸時代の法廷）でしらを切る悪党を追い込んでいく名奉行――。テレビ時代劇でおなじみの「遠山の金さん」は、19世紀半ばの江戸町奉行、遠山景元（1793～1855）をモデルに、その虚実とりまぜた逸話から生まれた庶民のヒーローだ。実際はどんな人物だったのか。

1970年にテレビ放映が始まった『遠山の金さん捕物帳』は、４代目中村梅之助が主役を演じて人気を集めた娯楽時代劇だ。若い頃は放蕩無頼の生活を送り、背中から二の腕にかけて桜吹雪の刺青を入れた遊び人。それが今では、江戸の治安を守る北町奉行となり、「遠山の金さん」として長屋暮らしをしながら事件の真相を探り当て、黒幕をお白洲に引きずり出しては見事なお裁きを見せる。その後も杉良太郎、松方弘樹、高橋英樹らが金さんを演じ、繰り返しテレビで放映されて、いわば国民的ヒーローの一人だといえる。

ただ、その姿はどこまでが実像なのか。あるいは、まったくの虚像なのか。『遠山金四郎の時代』で史料を掘り返した日本近世史専門の東京大学名誉教授、藤田覚（1946～）によると、同じ江戸時代の名奉行でも『大岡政談』というタネ本がある大岡越前守忠相（1677～1751）（「大岡越前」161ページ参照）と違って、遠山にはタネ本が見当たらないという。ただ、すべてが虚像なのかといえば、そうでもない。映像化された姿とは異なるが、通称・遠山金四郎という人物には「名奉行」と称賛されるだけの根拠があったという。

当時、列島各地で洪水や冷害が相次ぎ、天保の飢饉（1832～1836年）による百姓一揆や打ちこわしが頻発していた。幕府も江戸市中に21カ所の「お救い小屋」を設けて窮民を収容したり、備蓄米を放出したりして秩序維持に努めた。だが、12代将軍・徳川家慶（1793～1853）の信を得た老中の水野忠邦（1794～1851）は1841年、あらゆる階層に厳しい質素倹約と風紀粛正を求める「天保の改革」に乗り出す。庶民の娯楽の場である寄席は江戸に230軒もあったが、これを撤廃し、江戸歌舞伎の三座も風俗を乱す元凶だとして移転、廃止まで打ち出した。江戸の人口を減らすため、「人返しの法」を出して出稼ぎ農民を地方に追い帰そうともした。これに真っ向から対立し、次々と骨抜きにしていったのが、北町奉行の遠山だった。

「江戸は繁華で賑やかでなければならない」と、遠山は考えていた。改革を進めて、それで江戸が衰退し、町民が離散し、貧困が広がっていいのか。打ちこわしが増えるのではないか、という恐れもあっただろう。江戸庶民の生活実態をよく知る人物だったからこそ、その生活を維持し、安定させようと老中に抗った。確かに庶民の味方、骨のある男だったのだ。

豆知識

1. 北町奉行の遠山景元は、老中・水野忠邦にくわえ南町奉行・鳥居耀蔵とも対立。遠山は一度、奉行をはずされて大目付に転じたが、水野失脚後の1845年、復帰して南町奉行に就いた。
2. 南町奉行となった遠山は1846年、下屋敷を本所三ノ橋通（現・都営地下鉄菊川駅近く）に移された。「屋敷替え」のためで、交換した相手は長谷川平蔵宣昭。火付盗賊改の「鬼平」こと長谷川平蔵宣以の孫だった。「遠山の金さん」と「鬼平」の孫が屋敷替えをしたわけだ。

140 まち／練馬区

練馬区域は、江戸時代に千川上水が整備されて以来、江戸に農作物を供給する重要な農村地帯となった。現在でも、キャベツの生産が都内第１位を誇るなど、東京を代表する農村地帯だ。江戸時代に栽培された「練馬大根」を復活させ、生産量を増やすために努力を続けている。

若宮公園（練馬区高松）に設置された練馬大根漬物用大樽

練馬区は東京23区の北西端に位置し、埼玉県朝霞市・和光市・新座市などと接する。練馬区役所の最寄り駅・練馬駅は区の南東部にあり、区内を横断する西武池袋線は練馬駅のほか、東の江古田駅から西の大泉学園前駅までが練馬区に含まれる。区の南北方向には都営大江戸線や東京メトロ有楽町線などがのびる。

地名としての「ねりま」の由来には諸説あり、関東ローム層の赤土を練った場所を「ねり場」と呼んだという説や、石神井川流域の低地の奥まった場所に「沼（根沼）」が多かったという説、奈良時代の武蔵国（現・東京都、埼玉県など）に「のりぬま」という宿駅があったという説、中世の武将・豊島氏の家臣に馬術の名人がおり、馬を馴（な）らすことを「ねる」といったなどの説がある。

14世紀半ば頃、荒川河口に勢力をもった豊島氏は石神井川に沿って領地を広げ、やがて練馬城（練馬区向山）や石神井城（練馬区石神井台）を築き、15世紀半ばまで支配を続けた。戦国時代には北条氏の勢力下に置かれ、徳川幕府の時代へと移り変わった。

江戸時代にはダイコン、ゴボウ、イモなどを江戸市中に供給する近郊農村として発展する。現在ではほとんど暗渠（あんきょ）（地下に設けられていて外からは見えない水溝）となった千川上水は、徳川幕府によって1696年に開発されたもので、貴重な水資源として農業に生かされた。明治時代に入ると、1878年の郡区町村編成法により練馬の大部分は「北豊島郡」に編入される。関東大震災（1923年）後、都心部から練馬への人口流入が始まり、1932年に東京市が35区制となると、練馬は板橋区に編入されるも、1946年に板橋区から独立して練馬区が設置された。

現在、練馬区には東京23区の中でもっとも多くの農地があり、23区にある農地の約４割を占める。昭和時代初期まで、練馬はダイコンの産地として有名だったが、戦後はキャベツが生産の中心となり、現在では都内一のキャベツの生産量を誇る。

江戸時代に栽培が始まったとされる練馬大根は、元禄年間（1688～1704）から江戸の人口が増えたことを背景に生産が増加した。明治から大正にかけて生産のピークを迎えるが、昭和に入ると干ばつなどによって生産量が減少し、戦後の農地の減少などによってほとんど栽培されなくなってしまう。練馬大根を復活させることを目的に、1989年から練馬大根育成事業が始まり、この事業によって生産量は増加している。

豆知識

1. 練馬区西大泉町は、埼玉県新座市片山３丁目内にある飛び地であり、埼玉県のなかに約30m×60mだけ東京都の住所が存在する稀有（けう）な形となっている。飛び地ができた経緯には諸説あり、記録が残っていないため詳細は不明である。

141 歴史／火事

「火事と喧嘩は江戸の華」（「火事と喧嘩」88ページ参照）と名物になるほど江戸は火事が多かった。火を使う機会が多い冬は強い風が吹くし、急激な発展と人口増加で家屋が密集していたためだ。なかでも明暦の大火は市街地の約60％を焼失した江戸時代最大の火事だ。

明暦の大火は明暦３年旧暦１月18〜20日（1657年３月２〜４日）に立て続けにおこった３つの火事の総称だ。本郷丸山（現・文京区）にあった本妙寺の火事が始まりとなる。別名「振袖火事」とよばれることがあるのは、本妙寺でいわくつきの振袖を焼いていた火が広がったという伝説による。他に、幕府に反抗した人々の放火という噂も当時からあった。

前年から80日以上も雨が降らずひどく乾燥していた江戸では、火災が多発していた。18日午後２時、北西の強い風が吹くなか本妙寺から火の手が上がる。火は強風にあおられて湯島・駿河台に広がり、神田から日本橋へ延焼。夕方、風が西風にかわると茅場町・八丁堀へと火の手が延び、霊岸島（現・中央区新川）にあった霊巌寺にも延焼、逃げ込んでいた9600人あまりの人々の命を奪った。さらに火は船に燃え移って佃島や石川島（現・中央区佃）までの一帯を焼き尽くし、江戸市街地の東側を灰にした。19日午前２時までに一応おさまったが、午前11時過ぎに今度は小石川伝通院（文京区）付近から出火。江戸城中に飛び火し、大名や旗本の屋敷を焼いた他、天守閣、本丸、二の丸、三の丸を焼き、新橋あたりまで延焼した。さらに第３の火が麹町（現・千代田区）からあがり、西の丸近くの大名小路の大名屋敷を総なめにしながら外桜田・日比谷・愛宕下・芝方面の海辺まで到達した。

大火は20日朝になっておさまった。死者数は諸説あるが10万人ともいわれ、焼死の他、橋が焼け落ちて行き場を失った人々が川に飛び込んで凍死したり、混乱の中で馬などに踏まれ圧死したりといった犠牲も多かったと記録されている。犠牲者の遺体は本所（現・墨田区）に運ばれ、大きな穴を掘って埋めた。万人塚と呼ばれたという。供養のために建てられたのが墨田区両国の回向院だ。建物の被害では、これも諸説あるものの、『明暦炎上記』によると大名屋敷が160、旗本屋敷が約810、町屋が両側町（表通りをはさんで向かい合う区画のこと）にして400町（道の両側に家が建ち並んでいるのを町という）あまりが燃えたといい、武家屋敷や下町のほとんどが燃えたことになる。他に寺社350、橋60あまりが燃えたとされる。大火のあと、幕府は大名に命じて被災者への粥の炊き出しを行わせた。焼けた米も放出されたという。他、材木・米価高騰の防止、再建のための資金の給付など支援を行っている。さらに幕府は大幅な都市改造に着手し、江戸のまちは生まれ変わることになる。

豆知識

1. 町奉行の大岡忠相は書類を眺めていたあるとき、４月から６月の２カ月で人口が１万人も増え、しかもほぼ女性であることに気づいた。町名主にどういうことか尋ねると、「冬場は火事が多いので女性は近郊の親類の家などに避難させ、火事の少ない夏になって呼び戻すからだ」という。実際江戸の火事の約７割は11月〜２月に発生していた。ちなみにこの頃、江戸の人口に占める女性の比率は約35％だった。
2. 江戸と東北地方日本海側を結ぶ東廻り航路や、酒田と大坂を結ぶ西廻り航路を整備した河村瑞賢は、明暦の大火のとき木曽の山林を買い占めてばく大な資産を得た。
3. 火事の原因として放火も多かった。背景には生活不安や治安の乱れがあり、幕府の支配が弱まった幕末には火事が増加している。火事にともなう再興で儲ける人々もいた。

142 自然／箱根山

神奈川県西部の箱根山は日本有数の観光地で、「関東の奥座敷」として都内から訪れる人も多い。しかし、ここで紹介する箱根山は「都政の表座敷」こと、新宿区にそびえる山である。都心（23区）最高峰の称号を得ているが、標高はわずか44.6mだ。

箱根山（新宿区戸山公園）

新宿の箱根山は、桜と紅葉で知られる都立戸山（とやま）公園内にある。こんもりとした緑の小山は、それなりの威風を漂わせているが、「都心最高峰」の看板には異論が出るかもしれない。本家のように、火山活動によってできた天然の山ではないからだ。天然の都心最高峰は、愛宕（あたご）神社（港区）の境内にたつ愛宕山である。標高25.7mで、男坂と女坂の二つの"登山ルート"があるが、どちらも山頂まで５分とかからない。ただし、男坂の石段は40度の急傾斜なので、甘く見ると息が上がる。愛宕山に続く自然第２の高峰は、山の手台地（「山の手台地と下町低地」50ページ参照）の東端にある飛鳥（あすか）山（北区）である。標高は25.4mで、愛宕山にわずか30cm及ばない。山頂までは"登山鉄道"こと無料の自走式モノレールが運んでくれる。江戸時代から桜の名所として知られてきたが、近年は「日本資本主義の父」渋沢栄一（しぶさわえいいち）ゆかりの地として、全国的な知名度も高まっている。

では、人工の「都心最高峰」新宿・箱根山は、どのようにして生まれたのか。江戸時代の初め、尾張藩２代目藩主の徳川光友（1625～1700）が庭園に大泉水を掘った際、その残土を積んだ築山（つきやま）として誕生した。お椀（わん）を伏せたような見た目から、付けられた名は「玉円峰（ぎょくえんぽう）」。東京ドーム約10個分という広大な敷地に立つ「玉円峰」は、ピッチャーマウンドに喩（たと）えられそうだ。贅（ぜい）を尽くした尾張藩の大名庭園は、水戸藩の小石川後楽園と並ぶ名園と誉（ほまれ）高かったが、幕末の大火により、「玉円峰」の山容だけを残して焼け野原となった。

明治時代になると、陸軍戸山学校の校舎や演習場が建てられ、士官候補生の修練の場となった。この頃、「箱根山」の名で呼ばれるようになったようだ。元の大名庭園内に小田原の宿場町を模した町並みがあったことに由来するという。西に隣接する大久保エリアには、わずかの期間だが競馬場も開設されていた。アメリカ南北戦争の英雄・グラント将軍（第18代大統領）の歓待式典のため、1879年に建造されたのだった。何かと兵火とつながりが多いようだが、これだけにとどまらない。箱根山のすぐそばに位置する国立予防衛生研究所（現在の国立感染症研究所）のビル建設中の1989年、軍の防疫研究室があった東エリアから60体以上の人骨が見つかった。さらに鑑定の結果、多くの骨に銃創痕や実験的な手術痕などが確認されたのである。防疫研究室は生物・化学兵器の開発を担った関東軍731部隊との関係が深かったことから、様々な憶測が飛び交った。真相は不明だが、現在も市民団体や研究者らが調査を進めている。思いのほか「都心最高峰」の山影は、暗く、深いのかもしれない。

豆知識

1. 愛宕山の急峻（きゅうしゅん）な男坂は、「出世階段」として知られる。江戸幕府３代将軍・徳川家光が愛宕神社を参詣したとき、山上に梅の花を見つけた。「だれか馬で駆け上がり、手折（たお）ってくる者はいないか」と家臣に声をかけたところ、丸亀藩（香川県）の曲垣平九郎（まがきへいくろう）が馬で石段を駆け上がり、見事に梅を取ってきたのだ。家光は平九郎を「日本一の馬術の名人」と讃（たた）えた。

143 物語 ／『秘密』谷崎潤一郎

谷崎潤一郎（1886〜1965）といえば、『細雪』や『春琴抄』など、大阪の商家を舞台とした小説が有名だが、東京帝国大学で学び、熱海で暮らした時代もあり、東京も舞台になっている。『痴人の愛』『瘋癲老人日記』そして『秘密』などだ。『秘密』は1911年11月の『中央公論』に掲載された短編小説で、『少年』などの作品とともに永井荷風に高く評価されている。この年谷崎は大学を授業料未納で退学し、文壇での地位を確立していく。

谷崎潤一郎は耽美主義として知られ、マゾヒスティックともいえる女性賛美の小説を書いたが、『秘密』の主人公は美より秘密に心惹かれた。幼い頃父に連れられて深川八幡に参拝し、蕎麦を食べに渡しを渡ろうと神社裏手の川へ出たところ、びっしりと家が建てられた両岸を押し分けるように川が流れており、伝馬船や渡し船が幾艘も並ぶ景色は今まで見たことのない別世界だったという。深川八幡の裏手には隅田川とつながる平久川が流れている。明治時代には、この川にもたくさんの船が浮かんでいたのだ。

長じて浮世の付き合いに疲れた主人公は、幼い頃に見たような別世界に身を隠したいと願い、浅草の松葉町にある真言宗寺院の庫裡（寺の台所）の一間で暮らすようになる。現在松葉町は廃止されているが、台東区松ヶ谷１丁目から３丁目にかかる地域に相当した。該当地域には曹源寺があるが、曹洞宗だから、主人公が隠遁した寺にはモデルがないのかもしれない。美しい女物の着物を身につけたい欲求から女装を始めた彼は、美女に変身して注目を浴びる喜びを知るが、三友館で自分よりずっと美しく、衆目を集める美女と出会う。それは過去に関係を持ちながら、互いの素性を明かさないまま捨てたＴ女だった。三友館は浅草にあった映画館で、その盛況ぶりは「息苦しさ、蒸し暑さが死ぬよりつらい」と新聞で報道されたほどだから、実際に思わぬ人と会うこともあっただろう。主人公が再び恋人になる意思はないかと尋ねたところ、Ｔ女は雷門で待ち合わせようと提案する。そして指定された時間に雷門に到着すると、目隠しされて人力車に乗せられ、どこともわからぬ家に連れていかれたのだった。

秘密めいた逢い引きに溺れる主人公だが、彼女との密会場所がどこなのか知りたくなり、ほんのひととき目隠しを外させて、彼女の家を突き止めようとする。当時の東京には人力車が２万台以上走っており、この小説が書かれた時代は鉄輪からゴムの車輪に移行しようとする時期だ。鉄の車輪から伝わる振動で、どんな道路を走っているのか推理できたのだろう。探索の結果、雷門から千束町（現・台東区千束）に出て上野まで行き、また浅草まで戻ってきていたとわかる。Ｔ女の家を突き止め、素封家（財産家）の未亡人であったことを知ると、主人公はすっかり興味を失ってしまう。Ｔ女が自分の正体を知られたくなかったのは、「幻の国に住む夢の中の女」として主人公の興味を引き続けるためだったのだ。

豆知識

1. Ｔ女にモデルがいたかどうかはわからないが、女流文学者の岡本かの子は、谷崎に夢中だったとされる。しかし谷崎はかの子は醜女であると遠ざけ、作品も評価しなかった。

144 商業と娯楽 ／ 江戸土産

江戸時代後半には折からの旅行ブームもあり、参勤交代で江戸詰めになった武士や、江戸で商いをする人々はもとより、観光のために江戸にやってくる旅人も増えてくる。彼らが江戸を離れる際に手にするのが江戸土産だ。国許まで歩いて帰ることを考えれば、軽くてかさばらず、日持ちするものがよい。しかも、ここがお江戸のどこそこと土産話のネタになるものといえば、印刷物がその筆頭にあがるのだった。

江戸で生まれた多色摺りの浮世絵版画は、錦のように色美しいとして「吾妻錦絵」と呼ばれた。歌舞伎の人気役者や相撲取り、評判の美人、名所や旧跡を題材に、100万都市江戸の繁栄ぶりを活写した錦絵は、江戸を往来する諸国の旅人にとって、自身の思い出の品にもなり、郷里の人々に江戸の最新情報を伝える格好のツールにもなるとして、帰郷の際の土産物に大人気だった。また、そんなに分厚くない絵本や洒落本などの草双紙や、合巻の類いも土産物として喜ばれた。その中でも風景画は特に人気で、幕末には、その名もズバリ『絵本江戸土産』（全10編）という本も出版されている。初代歌川広重（1797～1858）が第１編～第７編を、２代目広重が第８編～第10編を描いた。『名所江戸百景』（「『名所江戸百景』歌川広重」65ページ参照）の下絵になったともいわれる。他にも、『江戸名所図会』などの江戸観光ガイドブック、『武鑑』（「『武鑑』」100ページ参照）やその抜き摺り、農家には「農事暦」（１枚摺の農業カレンダー）、子どもには「双六」や「玩具絵」「武者絵」などが、格好の江戸土産となった。

錦絵や草子類の他には、女性向けにはかんざしや袋物、化粧品、鏡入れなど、男性には煙草入れや煙管などの小間物がある。これらの品は有名ブランド品から手頃なものまで様々だが、盛り場には小間物や土産物を売る床見世も多く並んでいたため、参拝や見物のついでに買い求めておく人も多かった。1811年に出版された『進物便覧』には、「東都土産八十三品」という項目があり、野菜や魚介、菓子や料理の類いも含めて名産品が記されている。その中から食べ物を外していくつか挙げると「江戸紫染、錦絵、くさぞうし、丁字や歯磨、団十郎もぐさ、丸角袋物、京伝たばこ入、下村おしろい、浅草ようじ、刺こんたび、江戸ギヤマン、地張きせる、紙たばこ入、けし細工」等々。歯磨も灸治療用のもぐさも当時の有名ブランドで、化粧関連には、おしろいの他に、髪に付ける鬢付け油や髪を結うときの元結なども入っている。浅草ようじは房楊枝（先が房のようになった楊枝、今の歯ブラシ）で、柳屋という有名店があった。刺こんたび（紺足袋）は職人用の丈夫な足袋である。地張とは真鍮や銅・鉄の上に錫を塗ったり金メッキをすること。けし細工はミニチュア人形のことで、化政期から幕末期にかけて、精緻な極小の細工物を制作して一世を風靡した七澤屋という「芥子細工」の名店があった。その他に、薬、下駄、結城紬・黄八丈・上田縞など様々な産地の織物製品、三井越後屋の現金掛け値なしの販売システム（「三井越後屋」206ページ参照）まで入っている。

豆知識

1. 長期保存の技術がないこの時代、食べ物は近場の訪問先への手土産ならともかく、故郷への土産には適さなかった。ただ、乾物の浅草のりは例外だった。また、山本など高級ブランドのお茶も喜ばれた。
2. 「みやげ」の語は、宮笥（神から授かった器の意）が起源ではないかといわれる。神社仏閣を参詣した証として、神札などの授与品を故郷に持ち帰ったのが「みやげ」の原型だったようだ。「土産」の字を当てるようになったのは室町末期以降のことで、この頃からその土地の名産を強いて求めて贈るようになったという。

145 暮らしと文化 ／ 花火

東京の夏の夜空を彩る隅田川花火大会。その起源は江戸時代の両国川開大花火までさかのぼる。江戸でも大坂でも、夏になると豪商たちが納涼船を出して川風の涼を楽しんだ。「しまつ（倹約）する」のが信条の大坂商人と違い、江戸っ子は「宵越しの金は持たない」のが美学。当時の江戸では、花火は火事の原因になるとして、隅田川岸で打ち上げる花火だけが許可されていたから、涼みがてら花火屋に花火をあげさせて贅沢を楽しんだ。

「江戸自慢三十六興　両こく大花火」歌川豊国

日本における花火の歴史は、はっきりとはわかっていない。室町時代の公卿、万里小路時房の書いた『建内記』で、火と竹で桔梗の花の姿を作った、花火とも考えられる見世物について言及されているが、どんなものだったのか詳しくはわからない。

両国川開大花火で活躍した鍵屋が、花火を売り出したのは1659年。花火といっても、葦の管に練った火薬で作った小さな玉を詰めたものだった。それから約50年後の1711年、第６代将軍・徳川家宣の命により鍵屋が「流星」という花火を打ち上げた。1834～1836年に刊行された『江戸名所図会』には、噴水のように火花を吹き上げる花火が描かれている。当時はまだ丸くなく、色もなかった。そして1733年５月28日、隅田川で両国川開大花火が始まる。花火師は鍵屋六代目の弥兵衛。打ち上げられた花火は20発程度だったようだ。

1808年、鍵屋の番頭であった清七（生没年未詳）がのれん分けして玉屋市兵衛と名乗ると、隅田川の上流を玉屋、下流を鍵屋が担当して、競演することになる。鍵屋と玉屋は交互に花火を上げ、群衆は良い花火だと感じたら、その玉を打ち上げた業者の名を呼んだ。花火が上がると「玉屋」「鍵屋」と声を上げるのは、この習慣が由来だ。しかし1843年、玉屋が大火事を引き起こし、江戸所払い（追放）となる。こうして玉屋は、市兵衛一代で断絶してしまったが、花火の掛け声は「鍵屋」より「玉屋」の方が主流ではないだろうか。これは日本人の「判官贔屓」によると考えられる。腕が良かったのに、一代で廃業となった玉屋への愛着が「玉屋」の掛け声となったのだろう。『守貞謾稿』によれば、川岸の茶店は夜中まで開き、人々は屋根のある舟に乗って涼んだとあり、江戸庶民が夜遅くまで花火の余韻を楽しんだことがうかがい知れる。

その後も鍵屋は花火を進化させ、明治期の初めには、花火が丸く花開くようになる。そして1877年に塩素酸カリウム等で花火を発色させるのに成功した。

これまで、両国川開大花火は、大飢饉とコレラによる死者の慰霊と疫病退散を祈願して始まったという風説が語られてきた。しかし、江戸時代の文献には大飢饉やコレラと大花火を結び付けたものはなく、後付けのようだ。両国川開大花火は、明治維新などをきっかけに何度か中断したが、1978年に隅田川花火大会に改称して復活すると、現在まで続く伝統となった。

豆知識

1. コレラは激しい下痢と脱水症状を引き起こす。その激しさが一日に千里を走る虎をイメージさせ、手当てが遅れるところりと死ぬことから、「虎狼痢」とも呼ばれた。

146 人物 ／ 四方赤良

「世の中は酒と女が敵なり　どうか敵にめぐりあいたい」。こんな粋な狂歌を、「四方赤良」の名で量産し、江戸時代中・後期に狂歌ブームを巻き起こしたのが大田南畝（1749～1823）だ。実は、昼は真面目なお役人で、夜になるとマルチな文化人に早変わり。狂詩では寝惚先生、洒落本では山手馬鹿人として数々の作品を残し、上方文化に依存していた江戸に独自の庶民文化を芽吹かせた。

大田南畝の肖像

牛込仲御徒町（現・新宿区中町）の下級武士、大田正智の長男として生まれる。名は直次郎。早くから学問に秀で、15歳のとき江戸六歌仙の一人、内山賀邸（1723～1788）に国学と和歌を学ぶ。この頃から号を南畝とする。18歳で狂詩狂文集『寝惚先生文集』（1767年）を出す。狂詩とは、漢書の体裁を取りながら、俗語を使って人間や社会の卑俗な面をおかしく詠じるもので、「陳奮翰子角」といったふざけた名前や、中国の有名な漢詩のパロディーを載せるなど滑稽味を出し、漢詩の素養をもつ知識層の間で大いに評判となった。

だが、文壇スターの座に上り詰めたのは、狂詩を離れて狂歌師になってからだった。五七五七七の短歌の形式に風刺や滑稽、皮肉をきかせる狂歌は、もともと歌会の余興として始まった。南畝は1769年、和歌の師匠、内山門下の唐衣橘洲ら数人が楽しんでいた狂歌会に四方赤人の号で加わる。「四方の赤」とは当時、日本橋の四方酒店が売る赤味噌のことで、後に赤良と改めたのは、赤ら顔の意味も込めたという。翌年、内山らを判者（審査員）とする「明和十五番狂歌合」が開かれると、風呂屋の元木網（1724～1811）も加わった。その旺盛な活動が次第に江戸市民に伝わり、やがて武士も町人も身分の違いを気にしない文芸世界が生まれる。

大きな功績となったのが『万載狂歌集』（1783年）など三大狂歌集の出版だ。それまで詠み捨ての遊芸とみられていた狂歌を、一つのジャンルとして確立させた。これが爆発的な人気を呼び、「天明狂歌」の一大ブームにつながる。中心的存在となった四方赤良の人気がうかがえるのが、「高き名のひびきは四方にわき出て赤ら赤らと子どもまで知る」という狂歌だ。

同時に、戯作者としても活躍し、遊里を舞台にした『深川新話』などの洒落本、黄表紙を10年ほどで20冊以上も出した。30代の終わりに「寛政の改革」が始まると、いったん筆を折って下級役人の仕事に専念。しかし、50代半ばで赴任した大坂でも南畝の名は鳴り響いており、請われるまま今度は蜀山人と号し、やがて文壇に復帰した。出世とは縁がなかったが、多くの文人と交わり、江戸を代表する文化人として好きに生きた人生だった。

豆知識

1. 四方らの狂歌会には朱楽菅江（1740？～1799）も参加。この２人に唐衣橘洲、元木網を加えた４人が「狂歌四大人」と呼ばれ、中心的な存在だった。
2. 南畝が出世できなかったのは、勘定組頭だった旗本・土山宗次郎との親密な交わりが原因とする見方がある。頭脳明敏な「財務省課長」クラスで、公金を横領していたとして時の老中・田沼意次失脚後に死罪となった。その在職中、南畝はしばしばお相伴にあずかっていたという。

147 まち ／ 足立区

「足立」の文字は奈良時代の木簡に記され、歴史ある地名が現在も区名として使われている。足立区域には、江戸時代に宿場町として栄え、江戸の北の玄関口としてにぎわった千住があり、現在も北千住駅は都心と北関東を結ぶターミナル駅として多くの人々が行き交っている。

北千住宿場町通り

東京23区の北東部に位置する足立区。区の南部には荒川が流れ、荒川の南側には東京メトロ日比谷線のターミナル駅、北千住駅がある。足立区の面積の大部分を占めるのは荒川の北側であり、北千住駅から東武伊勢崎線で北上すると、梅島駅を最寄り駅とする足立区役所が区のほぼ真ん中にあり、竹ノ塚駅までが区内に含まれる。

「足立」の地名は、大化の改新（645年）の後、現在の足立区から埼玉県鴻巣市までの南北に細長い地域が「武蔵国足立郡」と呼ばれたことに由来し、中央政庁は現在のさいたま市大宮付近にあったとされる。「足立」の文字が確認できる最古の年代は奈良時代の735年であり、平城京に居を構えた皇族の一人、長屋王（ながやおう）（676？～729）の邸宅跡から出土した木簡である。「あだち」という名の由来は、足立区域の周辺に葦（あし）が多く生えていて、「葦立（あしだち）」といわれたのが「足立」になったという説もある。足立区の名が成立したのは1932年10月１日で、当初は「千住区」という案があったものの、千住より北の南足立郡の人々が「南足立区」を主張し、古代以来の郡名「足立」に決まった。

平安時代末頃、関東で武士団が活躍すると、足立郡では足立氏が勢力をもった。1180年、源頼朝が平氏打倒のため立ち上がると、足立遠元（とおもと）は頼朝の軍勢に加わって鎌倉幕府の創設に貢献し、頼朝の死後は有力御家人13人の合議制の一員に名を連ねた。承久の乱（1221年）で鎌倉幕府が勝利すると、朝廷が西日本に所有していた領地は鎌倉幕府に味方した武士に与えられた。このとき、遠元の孫・足立遠政（とおまさ）は丹波国佐治庄（現・兵庫県丹波市青垣町）に領地を与えられて移った。鎌倉幕府内の内部抗争、霜月騒動（1285年）で足立氏の嫡流（ちゃくりゅう）は衰退したと考えられているが、丹波に移った足立氏の中には戦国時代まで栄えた者もおり、現在でも兵庫県には「足立」姓が多く残る。

江戸時代に日光道中の宿場が千住に定められると、足立区域は発展を始める。江戸時代に開かれた定期市（六斎市）の名残と考えられているのが、舎人町（とねりちょう）赤山（あかやま）道沿いの地区で開催される「ゴボウ市」である。明治時代から近年まで毎年12月20日と26日に開かれており、20日は下宿で「下市」、26日は上宿で「上市」が開催される。明治時代以降は、軽工業・重化学工業が盛んになり、鉄道の開通とともに人口も増加していく。関東大震災（1923年）の被害が比較的少なかったため、多くの人々が足立区へ移り住んで都市化が進んでいった。

豆知識

1. 6000年前の足立区域は「奥東京湾」とよばれる海の底であり、区内各地から海にすむ貝の貝殻が出土している。また、千住旭町からは推定体長20数ｍにも及ぶ、シロナガスクジラの下あごの骨の一部が発見された。
2. ゴボウ市ではゴボウのほか、根菜や芋類、日用雑貨なども売られた。埼玉方面の農家や、区内の雑貨屋などが出店したとされる。1968年に道路の拡張工事に伴い姿を消していったが、1991年から「舎人文化市」と名を変えて開催されている。

148 歴史 ／ 江戸の改造

1636年、第５次となる天下普請で江戸城の外堀が完成した。江戸のまちがひとまず完成したときにはもう、幕府は人口の急増にともなう都市問題への対応に迫られていた。明暦の大火を契機に、大幅な都市改造が進められることとなった。

明暦の大火の前、すでに江戸は飽和状態で、遊郭がある吉原にも便宜を図って移転してもらう手はずが整っていた。大火ののちに行われた主な都市改造で、密集していた建物を外側に移すとともに火除地や余白が設けられ、市街地が大きく拡大する。

江戸城内にあった尾張・紀伊・水戸の徳川御三家の屋敷は麹町や小石川に移され、跡地が避難所になる（現在の吹上御苑にあたる)。これにより将軍の近親者を城の中に置くという城下町のあり方が変化した。また、焼失した江戸城本丸御殿は再建されたが天守閣は再建されず、江戸は天守閣のない城下町になる。大名屋敷も同縁部に移され、跡地が火除地となった。屋敷の再建では規制によって大きなものは造れなくなり、壮麗な武家屋敷は江戸城下からは姿を消す。寺社地も整理された。日枝神社が永田町の三宅坂から現在の赤坂付近に移った他、町人地近くの寺は郊外に移され、日本橋の西本願寺は築地へ、神田明神下の東本願寺は浅草へ、霊岸島の霊巌寺は深川へと移った。さらに大橋（両国橋）がかけられたことで、隅田川より東も新市街地に加えられる。両国橋という名前は、武蔵国と下総国の国境にあたることからつけられた。舟運の便がよいことから江戸の物資流通の中心地に成長した。両国橋の西詰には火除地の広小路が造られ、やがて仮設の芝居小屋が建てられるなど歓楽街として賑わうようになる。両国広小路の他、下谷広小路（上野広小路)、浅草広小路が有名だった。混雑で多数の焼死者が出た町人地の細い道も、約６mほどであったのを約10m～12mに広げた。建物では３階建ての町家が禁じられて姿を消す。赤坂などにあった沼地も焼土で埋め立てられ市街地となった。

都市問題であるごみ処理や交通についても規制が整えられていく。当初ごみは各自が空地や川へ投棄しており、交通の妨げや衛生問題を引き起こした。1655年には永代浦がごみ捨て場に指定され、1662年にはごみ処理業者を指定して、一定の場所に集めたごみをごみ捨て場まで運ぶしくみが整えられる。埋め立てられたのは生ごみや火事で出た残土が中心だった。交通では牛馬車や大八車による交通の混雑や事故が問題となっており、間隔をあけて通行することや、路面駐車を禁じるお触れが出された。1716年には、人身事故に対し過失であっても厳罰に処することが定められている。

豆知識

1. 頻発する火事をきっかけに、家屋の屋根も茅葺から板葺、瓦葺へと変化した。茅葺や板葺に土を塗るのもよいとされた。ただ災害は火事だけでなく、地震もある。地震のときには瓦葺は重さで家屋が崩れやすいという考えもあり、幕府の方針は二転三転している。

149 自然 ／ 雲取山

埼玉県と山梨県との境にまたがる都内の最高峰、雲取山（くもとりやま）。標高2017mの山頂からは、富士山や南アルプスも望めるため、登山者の人気が高い。日帰り登山も可能だが、決して初級者向けの山ではない。遭難事故も頻発しており、平安中期に乱を起こした「新皇（しんのう）」こと平将門（たいらのまさかど）（？～940）（「平将門」19ページ参照）が道に迷ったという伝説も残る。

雲取山

奥多摩山塊にそびえる雲取山の名は、熊野古道が続く紀伊山中（和歌山県）の大雲取山と小雲取山に由来する。雲取は「流れる雲に手が届くほど高い山」という意味で、大雲・小雲の山越えは熊野古道最大の難所といわれる。ここから雲取の名を頂いた「都内最高峰」は標高2017mで、本家の大雲取山（966m）より２倍以上も高い。

「都内最高峰」雲取山は、埼玉県の妙法（みょうほう）が岳（たけ）と白岩山（しらいわ）とあわせて三峰山（みつみね）と称される。ただし、三峰山という名の山は全国各地にあり、関東地方だけでも神奈川県の大山三峰山（丹沢（たんざわ）三峰山）、栃木県の鹿沼の三峰山、群馬県の上州三峰山と３つもある。さらにややこしいことに、雲取山の近くには、三峯（みつみね）神社が鎮座する標高1102mの山があり、秩父界隈で三峰山というと一般にこちらを指す。この三峯神社から雲取山までは登山道が通っているが、詩人・野口雨情（のぐちうじょう）（1882～1945）が「朝にゃ朝霧、夕にゃ狭霧（さぎり）、秩父三峰霧の中」と歌ったほど霧が多く、山の名だけでなく山の道にも迷わないようにしなければならない。実際、毎年のように滑落事故が報告されている。

また雲取山には、平安末期に「将門の乱」を起こした平将門が逃走する際、道に迷ったという伝説が残っている。三峯神社ルートとは別の「鴨沢（かもさわ）→七ツ石山→雲取山」ルートだが、数々の武勇や怨霊（おんりょう）で恐れられた将門もかなわず、雲取山に惑わされてしまったのだろう。さらに雲取山は、怨霊だけでなく鬼の鬼門にもなっている。令和の始まりとともに、日本のアニメ『鬼（き）滅（めつ）の刃（やいば）』が世界的大ヒットとなった。作者の吾峠呼世晴（ごとうげこよはる）が描く物語は、主人公の竈門炭治郎（かまどたんじろう）が鬼にされた妹・禰豆子（ねずこ）を背負い、雪の山道を歩く場面から始まる。この奥深い雪山の舞台が雲取山なのだ。都内ではほかにも、檜原村（ひのはら）の大岳山（おおたけ）（1266m）や八王子市と神奈川県相模原市の境に立つ景信山（かげのぶ）（727m）なども、『鬼滅の刃』の主要人物のゆかりの地に設定されている。

雲取山は関東から九州まで続く「四万十帯」と「秩父帯」という二つの地質帯の境目に位置する。「四万十帯」は砂岩・泥岩・玄武岩・石灰岩など多様でなだらかな岩盤で、「秩父帯」は巨大な石灰岩の岩体を含んでいるのが特徴。二つの地質帯の境には「仏像構造線」とよばれる断層が続いており、一部は三峯神社から雲取山に向かうルートと重なる。将門公も、鬼までもが忌み嫌った山筋は、現代人にとって自然の魅力に満ちた人気ルートになっている。

豆知識

1. 三峯神社は由緒古く、江戸時代から多くの参拝客を集めている。ヤマトタケル伝説とお犬様信仰が有名で、近年は運気をもたらすパワースポットとして若者の人気も高い。

150 物語 ／『日本橋』泉鏡花

日本橋の芸妓、お考と清葉のそれぞれ信じる愛のあり方を、泉鏡花（1873〜1939）ならではの幽玄世界との繋がりを交えて描いた小説が『日本橋』だ。現在の日本橋は無粋な首都高速に押さえつけられるような息苦しい街だと東京人は嘆くが、この小説が書かれた明治時代、路面電車が人々の生活に馴染むようになった頃でも、多くの路地にはまだまだ江戸の名残が息づいていた。

日本橋、言わずと知れた東海道のはじめの一歩。明治時代、その近く一石橋を起点とした界隈を中心に、この話は進む。当時新橋と並ぶ花柳の日本橋で芸妓として働くお考と清葉。そこに東大医学研究員・葛木の清葉への恋慕とお考の対抗心が浮き上がる。それぞれの登場人物が背景に持つ過去や関係性、その上での物語がつづられる。それも鏡花特有の幽玄な事象がじわっと染み出して、話をただの痴話にとどめない。気っぷのよい深川芸者の流れをくんだ檜物町芸者（日本橋芸妓）の粋でさりげない仕草や、行動原理が美しい。ここの女たちはいざというとき、きっぱりしているのだ。

２人の芸者に挟まれる男・葛木は、理系で優柔不断な男と言えばいいだろうか。しかしその心の底には自分たち家族のために妾になり、「恥ずかしいから逢いません、」と嘆き、「女の身体を、切り刻まれるところが見たいか、」と叱って会ってもくれない姉がある。お考はそこにほだされている。そして狂う。

さて、この『日本橋』で鏡花は、自らかなりの頻度でルビを振っている。紅宝玉、鉄力、外套、扉などの外来語を漢字表記し、そこにカタカナルビをつかっている。それがまた明治の生活のありようを彷彿させる仕掛けともなっている。そして、いまだ江戸の粋を色濃く残す花柳界が話の舞台となれば、その江戸と明治の対比のなかで、明治以降に浸透する自然な恋愛や愛欲とは相容れない、前時代的な情けの美しさが際立つ。

後に本人自ら脚本版修正本を書いたのも、この話のそうしたところが当時世間の人気に火をつけたからであろう。戯曲は書き下ろし小説が出版された1914年の翌年、本郷の本郷座で初演され、1929年には溝口健二監督によるサイレント映画にもなっている（その後、1956年には市川崑監督、淡島千景、山本富士子、若尾文子などの出演による映画にもなった）。

短い節が67連なる話だが、いつもアルコールランプを持ち歩きし、食する物を煮沸消毒してからでなければ口に入れなかったという、潔癖症の鏡花ならではの簡潔な文体で、読み終えると大巻の小説を読んだ満足感がある。

豆知識

1. 一石橋は現在も外濠と日本橋川の分岐点に架かる橋で、日本橋川に架かる橋では一番低い。
2. 明治期の路面電車は、馬の使用を民間に許されたことで始まった馬車鉄道から発展したもので、明治15年に東京馬車鉄道によって新橋―日本橋間で開業した。これが都電へと発展していく。
3. 物語に登場する「縁結びの西河岸地蔵尊」、「西河岸のお地蔵さん」、「地蔵堂」は日限地蔵尊（現・日本橋西河岸地蔵寺教会）という。毎月４・14・24日に縁日がある。

151 商業と娯楽／酉の市

11月の酉の日に行われる鷲神社の祭礼を「酉の市」という。古くは「酉のまち」ともいい、「まち」とは祭りのことだ。露天で縁起物の熊手などが売り出されるのが有名で、今も「おとりさま」として親しまれている。酉の市の祭りをしている社寺はいくつかあるが、江戸時代にもっとも有名だったのが浅草の鷲神社の酉の市である。

「十二月ノ内霜月酉のまち」歌川国貞

鷲神社（大鳥神社）の祭神は天日鷲命・日本武尊（「日本武尊」12ページ参照）で、武運長久の神として武士にも信仰されたが、庶民には、開運・商売繁盛の神として信仰されてきた。社伝によれば、日本武尊が東征の帰途に、社の松に武具の一つの熊手をかけて勝戦を祝って参拝したのが、11月の酉の日であったことから、その日を例祭日と定めたのが酉の市のはじまりだといわれる。

江戸では当初、葛西花又村（現・足立区花畑町）の大鷲神社が本酉と呼ばれ賑わった。参詣者は鶏を奉納して開運を祈り、終わると浅草観音堂に放ったという。江戸時代後期からは、浅草竜泉寺町（現・台東区千束）の鷲神社の酉の市が賑わうようになった。当日は、宝船やお多福面、米俵、枡、小判、金箱、注連縄など数々の縁起物を飾り付けた、大小様々な熊手が売り出され、他にも、熊手のかんざし、八つ頭（頭の芋）、切山椒、黄金餅（粟餅）などが売られて、大勢の人出で賑わった。縁起熊手は幸運や富を掻き寄せるとして「遊女屋、茶屋、料理屋、船宿、芝居に係る業体の者」（江戸後期の風俗誌『守貞謾稿』より）などの水商売の人たちに人気があった。持ち帰った後は、家の中の高い場所や神棚に北を背にして南向きに飾るのがよいとされた。

それにしても、なぜ浅草の酉の市が賑わったのだろう。その理由は、鷲神社の立地にある。つまり、浅草観音堂も近く、浅草猿若町には三座の芝居があり、何といっても浅草田圃の吉原の廓は目と鼻の先だ。これらに出かける人たちの口実ともなって、酉の市は大いに賑わいを見せたのである。参詣の人々は、髪を結い上げ、衣服に凝り、履き物に至るまで吟味して出かけたという。ところで、酉とはその名の通り十二支の一つ「酉」のことだ。十二支は年だけでなく日付にも割り当てられていて、十二日で一周する。そのため、11月の酉の日は、その年によって２回のときと３回のときがある。最初の酉の日を初酉または一の酉といい、順に二の酉、三の酉と呼ぶが、三の酉まである年は火事が多いと信じられていた。

豆知識

1. 酉の市の縁起物は安く買うほど縁起がよいとされ、また売れるごとに威勢よく祝いの手締めが行われる。買い手は売り手とまるで掛け合いのように「買った（勝った）」「まけた（負けた）」とテンポよく値切るが、交渉が成立した後に支払う金額は、値切った額に祝儀分を足して、最初の売り値で支払うのが粋な買い方とされた。
2. 酉の市の日、吉原では通常開けない大門以外の門を開いて、通り抜けができるように便宜を図って遊客を呼び入れた。またこの日だけは、なじみの遊客からの申し出があれば、遊女も酉の市に出向くことができたという。
3. 市の日に限り、開運招福のお守りとして、たわわに実る稲穂やお札を付けた小さな竹の熊手が授与される。この熊手御守を、福をかき込むという意味から「かっこめ」と呼ぶ。

152 暮らしと文化 ／ 祭り（神田祭・山王祭）

江戸三大祭といえば神田祭と山王祭、そして深川祭だ。神田祭は隔年の５月中旬に斎行される神田明神（千代田区外神田）の祭礼で、「神幸祭」では平安装束を身にまとった行列の他、「附け祭」では巨大な鬼の首やナマズの曳き物が見どころだ。山王祭は隔年６月中旬に行われる日枝神社（千代田区永田町）の祭礼で、神田祭と交互に開催される。見どころは「神幸祭」の宮神輿の行列で、きらびやかな御鳳輦二基と宮神輿一基、山車が六基巡幸する。深川祭は富岡八幡宮（江東区富岡）の例祭で８月15日に開催される。

現在の神田祭の様子

神田祭がいつ頃始まったのかは記録に残っていないが、今のような大祭になったきっかけは、関ヶ原の合戦だ。徳川家康は関ヶ原の合戦の際に神田明神で戦勝祈願をしているから、早くから崇敬していたのだろう。神田明神は徳川家康のために毎日祈禱を行い、1600年９月15日に家康が勝利。この日は奇しくも神田明神の祭礼日だった。この不思議なめぐり合わせにより家康は神田明神をさらに篤く崇敬し、社殿や神輿、祭具を寄進した。こうして神田祭は大祭となったのである。それではなぜ、祭礼日が現在の５月に変更されたのだろう。まずは1874年、明治政府が神田明神の祭神である平将門を朝敵とみなし、格式を下げてしまったのが最初のきっかけだ。平将門の気骨に深い共感を抱いていた江戸庶民は、この扱いを受けて気力が削がれ、祭礼は一時中断されてしまう。再開が決まったのは1884年だが、1873年に太陽暦が採用されたのが番狂わせを引き起こした。江戸時代の暦は太陰暦で、９月15日は現在の10月中旬頃にあたる。しかし太陽暦で９月15日は台風シーズン真っただ中だ。この年の神田祭は暴風雨のために中止。人々は将門の祟りだと畏れ、「将門台風」と呼んだ。そしてこの台風がきっかけで、祭りの日が５月に移動されたのだ。

山王祭は日枝神社の祭礼だ。日枝神社は比叡山に鎮座する日吉大社の分社で、山王権現とも呼ばれた。創祀の時期は定かでないが、太田道灌が江戸城内に移築し、家康が入城した後は、徳川家の産土神とされた。産土神は生まれた土地を守る神を指す。そのため、家康が信仰した神田明神の神田祭と、徳川家の産土神である日枝神社の山王祭は、天下祭となった。天下祭とは将軍の命令によって開かれる祭礼のことで、神幸行列が江戸城内に入り、将軍も上覧した。日枝神社は江戸城の鎮守ともされたので、山王祭では調度品の費用や人員が交付され、将軍名代が派遣されることもあったようだ。最盛期には神輿３基、山車60台が繰り出し、京都の祇園会と肩を並べる江戸の夏祭りとなった。また、深川祭は富岡八幡宮の例祭だ。八幡神は武神であり、武家の信仰が篤い。祭の起源などは定かでないが、かつては江戸中期の豪商・紀伊国屋文左衛門が奉納したと伝わる黄金の宮神輿３基が担がれていたらしい。しかし関東大震災で失われ、現在は1997年に作られた神輿を担いでいる。

豆知識

1. 江戸時代に使われていた太陰暦は、月の満ち欠けが基準。朔日の朔は新月という意味で、30日を意味する晦は「つごもり」とも読み、「月籠り」の意味だ。

153 人物 ／ 山東京伝

江戸時代後期を代表する戯作者、山東京伝（1761〜1816）は、浮世絵師として出発した。戯作とは黄表紙や洒落本など、近世の通俗小説を総称していう。やがて代表的な戯作者となった京伝は、読本や合巻が大衆向け伝奇小説の新ジャンルとなる道筋もつけた。晩年には考証随筆も著している。類いまれな才能を生かし、どの分野でも業績を残す傑物だった。

山東京伝似顔（細田栄里画）

岩瀬伝左衛門の長男として深川木場（現・江東区）に生まれる。幼名は甚太郎、後に伝蔵と改める。13歳のとき、父親が奉公先の質屋を離れ、京橋銀座にある町屋敷の家主になったことで引っ越した。「紅葉山（江戸城にある丘）の東の京橋に住まう伝蔵」から「山東京伝」という号をつけた。

早くから音曲（音楽）を習い、北尾重政を祖とする北尾派に浮世絵を学び、絵師としては北尾政演を名乗る。黄表紙と呼ばれた風刺滑稽の絵入り小説本に挿絵を描き始め、初期の作品が1778年の『開帳利益札遊合』だ。黄表紙作者としては21歳のとき、本や浮世絵を擬人化して新旧対立を描いた『御存商売物』（1782年）で脚光を浴び、戯作者の道を進んだ。父親が健在で暮らしが安定していたため、町人でありながら大田南畝（1749〜1823）ら武家の戯作者らとも交わり、江戸の遊里の生活を描いた洒落本や黄表紙を次々に著して、戯作の世界で中心的な存在になっていった。

ところが、天明の飢饉を背景に江戸で打ちこわし（1787年）が起き、衝撃を受けた幕府が「寛政の改革」を断行。世の中の風俗に悪影響を与えるものを禁止する出版統制令を出し、幕政批判や風刺への取り締まりを強化すると、京伝も深川遊女を描いた『仕懸文庫』など洒落本３作が町奉行から目をつけられ、1791年に手鎖50日の刑を受ける。

京伝は1793年、町人本来の生業を持とうと考え直したのか、京橋銀座１丁目に店を借り、煙管や煙草入れを扱う「京伝店」を開いた。生業をこなす片手間に戯作執筆を続けることにし、洒落本は断って新しいジャンルの読本（歴史的伝奇小説）や合巻（大衆読み物）へと軸足を移していく。さらに19世紀初頭には、近世初期風俗の考証に情熱を傾け始める。同好の士と古画や古物を鑑賞し、資料を駆使しては時代をさかのぼることに楽しみを見つけた。実証主義に基づく考証随筆『骨董集』（1814〜1815年）では、雛遊びや雛人形の考証にも力を入れて、江戸風俗の変遷を解説した。

豆知識

1. 1793年に京橋に「京伝店」をオープンした山東京伝は、経営は父親に任せたものの商品デザインには携わり、珍しい紙や高級紙、革を使った高級品まで珍しい煙草入れを生みだしたといわれる。
2. 京伝は２度結婚し、妻は２人とも遊女だった。近世文学者の佐藤至子によると、京伝が洒落本で描いた遊興論には遊女の味方をする姿勢が垣間見え、読本・合巻でも遊女を否定的には描いていないという。

154 まち／葛飾区

古代には現在の東京都から千葉県、埼玉県、茨城県にまで及んだ「葛飾」の地。鎌倉時代には有力御家人の葛西氏が支配して鎌倉幕府を支えた。江戸時代には将軍が鷹狩り(たかがり)を行い、庶民は柴又帝釈天(たいしゃくてん)に参ったり菖蒲(しょうぶ)を愛でたりして、現在と同様に娯楽を楽しむ場所であった。

堀切菖蒲園

葛飾区は東京23区のほぼ北東端に位置し、東側は江戸川を境にして千葉県松戸市、北側は大場川を境として埼玉県八潮市・三郷(みさと)市と接している。区内に地下鉄は通っておらず、京成電鉄が区内をめぐる。北部にはJR常磐線が走り、亀有駅と金町駅が区内に含まれる。区内を二分するように南北に流れる中川は、蛇行する姿が特徴的だ。

現在の葛飾区は古代に「葛飾」と呼ばれた地域の一部にしかすぎず、古代には「旧南葛飾郡」（葛飾区・江戸川区・墨田区・江東区）と、千葉県市川市・柏市・流山市・松戸市・船橋市や埼玉県栗橋および茨城県古河市にまで及んだ。葛飾の「かつ」は丘陵や崖を指し、「しか」は砂州などの低地の意味をもっているため、利根川流域の右岸に低地、左岸に下総台地が広がる旧葛飾郡の地理的な景観から名付けられたと考えられている。「葛飾」の記録が残るもっとも古い史料は、下総国（現・千葉県北部など）の国府が都に提出した「養老五年下総国葛飾郡大嶋郷戸籍」とされる。また、下総国府の近くから出土した奈良時代の土器には、「葛」の字が墨書されていた。

平安時代末頃には、桓武平氏の流れをくむ葛西氏が葛飾区域を含む一帯を支配する。葛西氏は伊勢神宮に土地を寄進して荘園を掌握し、初代の葛西清重(かさいきよしげ)は、鎌倉幕府において将軍の側近として信頼が厚かった。清重は奥州合戦で手柄を立てると、滅亡した奥州藤原氏に代わって奥州（東北地方）の治安維持を担当した。6代・葛西清貞(かさいきよさだ)のときに奥州へ拠点を移し、1590年に豊臣秀吉に滅ぼされるまで、地方領主として力をもったとされる。15世紀中頃には、関東管領の要職にあった上杉氏によって、葛西城（葛飾区青戸）が築かれ、戦国時代まで使われた。

江戸時代に入ると、葛飾区域は武蔵国（現・東京都、埼玉県など）に再編成され、江戸幕府直轄の農村地として整備された。1660年には葛西用水が、1729年には上下之割用水が開削され、農耕地へと灌漑(かんがい)用水を供給して江戸の消費を支えていた。

葛飾区域には湖沼が多かったことから、鷹狩りに適した土地として江戸幕府の将軍もしばしばこの地を訪れた。葛西城の跡地には、鷹狩りの際の休息所として青戸御殿が造られ、8代将軍・徳川吉宗(よしむね)（1684～1751）の頃には小菅御殿が造られた。また、江戸に住む庶民にとっても葛飾は保養地として人気であり、江戸時代後期には柴又帝釈天（葛飾区柴又）への参拝や堀切菖蒲園（葛飾区堀切）への行楽でにぎわったとされている。

豆知識

1. 1986年、オーストリアのウィーン市長が来日する飛行機内で映画『男はつらいよ』を鑑賞し、人間関係や土地柄がウィーンとよく似ていると強い印象を受けたことから、葛飾区とウィーン市の姉妹都市交流が始まった。
2. 中世においては「葛」ではなく「葛」の字が用いられる例が圧倒的に多い。例えば、香取神宮（千葉県香取市）に所蔵されている1243年の古文書には「下葛西」、戦国大名の北条氏の書状には「葛西」と記されている。

155 歴史 ／ 大岡越前

時代劇でおなじみの町奉行「大岡越前」は、「暴れん坊将軍」８代将軍・徳川吉宗（1684〜1751）のもと、江戸市中や関東地方の行政に活躍した幕臣・大岡忠相（おおおかただすけ）（1677〜1751）のことだ。当時から知名度も高く人気があった。裁判での名裁きが「大岡政談」「大岡裁き」として現在まで語り継がれる。

大岡忠相は1677年、５代将軍・綱吉の時代に旗本の家に生まれた。江戸城の警備などを担う書院番から始まり、旗本・御家人などを監視する目付、伊勢（いせ）奉行、普請奉行などを経て、徳川吉宗の時代となっていた1717年、江戸町奉行（南町奉行）に就任した。ふつう町奉行は60代で就任することが多く、41歳での就任は異例の早さといえる。1736年に寺社奉行になったのも忠相の家柄からは考えられない大出世だった。

現在で例えると東京都知事・警視総監・消防総監・下級裁判所長官・最高裁判所判事を兼任したような地位にいた町奉行・忠相は、江戸の市民生活を安定させることに心を砕いた。「いろは四十七組」を創設し（「町火消」95ページ参照）、小石川養生所の設置（「小川笙船（しょうせん）」110ページ参照）にも関わっている。関東周辺の農政も担当し、技能を持つ人を役人に抜擢（ばってき）して武蔵野新田などの新田開発と安定を目指した（「新田開発」126ページ参照）。

吉宗の進める享保の改革を支えた忠相ではあるが、二人の意見は対立することも多かったという。米価の上昇を図った貨幣の改鋳は、反対する吉宗を忠相が押し切った結果実現した。忠相は私娼（ししょう）（政治権力による承認を受けていない売春婦）の禁止に熱心だったが、吉宗は根絶など無理なのだから増えないくらいで取り締まればよい程度の認識だったという。ちなみに忠相は町内に私娼を置いた三田同朋（どうぼう）町（現・港区）の名主（なぬし）・藤八に対し、特に悪質だとして、「町内に私娼を置いたため罰金を科された」という書類を持って江戸市中の名主を回らせたという。さらには、全名主に見せた証拠として全員から印をもらってくるように命じている。当時、江戸市中にいた名主は260〜270名という。

有名な名裁きは江戸町奉行時代のできごととして語られ、「大岡裁き」といえば機転がきいた人情味あふれる公正な裁きの例えとしても用いられる。ただ日本史学者の辻達也（つじたつや）の調査によれば、忠相の裁きぶりをえがく「大岡政談」の定型16篇（へん）のうち史実に基づくものは３篇にすぎず、そのなかでも実際に忠相が裁いたのは１篇だけだった。ほとんどがフィクションである「大岡政談」だが、そこに描かれた人情味あふれるヒーロー像には、庶民の願いが込められているのかもしれない。

豆知識

1. 「大岡政談」で唯一忠相が裁いたとされるのは、新材木町（現・中央区日本橋）の材木問屋・白子屋で起きた密通・傷害事件「白子屋お熊事件」だ。密通した白子屋の娘お熊ら４人が死罪・さらし首となるなど、庶民を救う忠相像とは異なるためか、はじめの頃は忠相の逸話として注目されていなかった。お熊が市中引き回しの際に鮮やかな黄八丈の着物をまとっていたのが注目を集め、お熊を悲劇の主人公とした芝居をきっかけに事件も有名になる。芝居では忠相は添え物だった。
2. 大岡忠相が南町奉行だった1719年に南北の町奉行所であつかった訴訟件数は２万6070件、判決が出されたのは２万5975件。町奉行所一人当たり、１日に36件の判決を言い渡したことになる。
3. 駕籠（かご）の利用は武家諸法度で規定されるようなものだった。貸駕籠（自前の駕籠でなく、タクシーのように利用できる駕籠）の利用も幕府が厳しく制限していたが、忠相が「あまり制限しては下々の渡世を圧迫するので」と制限の撤廃を図り、貸駕籠の台数制限が撤廃された。町人が駕籠を利用する経済力を身につけていたこともうかがえる。

156 自然 ／ 東京の火山

日本は世界有数の「火山大国」といわれる。北海道（北方領土を除く）から九州南西諸島まで、分布している活火山の数は計111。都道府県別では、東京都が21ともっとも多い。意外に思われるかもしれないが、新島、三宅島、八丈島、硫黄島……と、火山名を並べると納得できるだろう。すべて伊豆諸島と小笠原諸島に集中しているのだ。

噴火する三原山

伊豆諸島のうち、居住者である東京都民が住んでいる火山島は、伊豆大島・利島・新島・式根島・神津島・三宅島・御蔵島・八丈島・青ヶ島の９島である。最大の火山島が伊豆大島で、中心にそびえる三原山（標高758m）は伊豆諸島の火山群のなかでも、とりわけ噴火の記録が多い。頻繁に噴き出す山の火は、古くから「御神火」と崇められ、信仰の対象になってきた。登山道の脇には、遥拝所をはじめ、神社（三原神社）の社殿、祠なども立てられている。三原山は戦後だけでも、30回以上噴火している。1986年の大噴火では、約１万人の島民が避難生活を余儀なくされた。しかし爆発当初は、いまでいう“映える”噴火として熱視線を注がれたのである。11月15日、直径約400mの火口から火しぶきが舞い上がったが、見慣れた島民はだれも避難しようとはしなかった。それどころか、迫力ある噴火の“映える”映像がテレビで流されると、大勢の観光客がひと目見ようと押し寄せたのである。三原山は、噴火の気配を漂わせつつも大人しくしている「善き狼少年」富士山と違い、予兆通りに噴火を繰り返す「悪しき優等生」だった。観測体制もしっかり整備され、噴火の時期・規模も比較的予測しやすかったのである。このとき、カルデラ内の測量機器は噴火とはほど遠い計測値を示していた。ところが最初の爆発から６日後、山腹の割れ目から赤々とした溶岩が流れ出したのである。観光客・島民の全員が、船で島外に脱出した。

噴火で無人島と化した火山島もある。アホウドリの繁殖地として知られる鳥島は、その羽毛の採取で生計を立てる120余の人が住んでいた。しかし1902年、突然の大噴火を起こし、島民全員が犠牲になったのである。この悲劇をきっかけに国も本格的な火山観測に乗り出し、鳥島にもアホウドリの観察・保護を兼ねた観測所が設けられた。しかし1965年、噴火を予兆する地震が群発したため、全所員が島から離れ、観測所も閉鎖された。

太平洋の火山は日本の領海・排他的経済水域の拡大にも一役買っている。2013年、東京の南約930kmの沖合に、噴火による新しい島（新島）が出現した。この海域には、「絶海の孤島」と呼ばれる、小笠原諸島の一部である西之島しかなかったが、新島は溶岩流によって西之島をのみ込み、さらに断続的に噴火を繰り返して、2016年には元の西之島の約９倍の面積（約2.7km^2）に成長したのである。火山の恵みにより、日本の広大な排他的経済水域はさらに拡大したのだ。しかし、新島の先行きはまったく見通せない。今後、巨大マグマの噴き上げによって、島全体が陥没する可能性も懸念されている。

豆知識

1. 三宅島も噴火の常連である。2000年の大噴火では、約3800人の島民全員が４年半もの避難生活を強いられた。二酸化硫黄など有毒ガスも大量に噴出したため、島民は帰島後も長期間、ガスマスクを手離せなかった。

157 物語 ／『武蔵野』国木田独歩

今、渋谷のNHKがあるあたりというと大都会だが、明治時代、国木田独歩が住んでいたのは、そのあたり、当時の豊多摩郡渋谷村だ。そこを訪ねた田山花袋は以下のように記した。「田圃に流れる野川には水車と土橋、丘には林や茶畑があって、これはもう武蔵野そのものである」

現在の武蔵野の雑木林（埼玉県三芳町）

国木田独歩著『武蔵野』はロシアの文豪・ツルゲーネフの文章に触発された秀逸なエッセーで、おそらく初めて口語体で書かれたエッセーだ。人馬力の大八車を押しのけてモータリゼーションが押し寄せても、昭和の終わる頃まで、幹線道路が細くて渋滞がひどかった東京西部。延々と広がっていたのはうねうねとどこまでも続く武蔵野であった。しかしその野にいち早く趣を感じた明治の若き作家が国木田独歩だ。

「今の武蔵野は林である。林は実に今の武蔵野の特色といってもよい。即ち木はおもに楢の類いで」と序盤で書きすすめ、日本では古来より林といえば松林だが、雑木林の美しさに気づかされたのはツルゲーネフの書き物（『あいびき』二葉亭四迷訳）からだったと、抜粋を幾度も引用している。雑木林と混在する竹林や欅などの防風林に囲まれた数軒の農家が混在する武蔵野の美しさを初めて示した散文と言えるだろう。

武蔵野の有り様を国木田は「野やら林やら、ただ乱雑に入り組んでいて、忽ち林に入るかと思えば、忽ち野に出るというような風である」と活写し、そこに遊ぶ心を「武蔵野に散歩する人は、道に迷うことを苦にしてはならない。どの路でも足の向く方へゆけば必ず其処に見るべく、聞くべく、感ずべき獲物がある。武蔵野の美はただその縦横に通ずる数千条の路を当もなく歩くことに由て始めて獲られる。春、夏、秋、冬、朝、昼、夕、夜、月にも、雪にも、風にも、霧にも、霜にも、雨にも、時雨にも、ただこの路をぶらぶら歩て思いつき次第に右し左すれば随所に吾らを満足さするものがある。これが実にまた、武蔵野第一の特色だろうと自分はしみじみ感じている。」と書く。

さて武蔵野の範囲はといえば秩父連峰の麓から以東60kmというから、現在の東京23区はほとんど入らないような気もするが、国木田がその頃住んでいた豊多摩郡渋谷村の様子ははじめに記した通り。その頃は、今の明治神宮や代々木公園、参宮橋（旧米軍代々木ハイツ）は林だけでなく野原も広がる陸軍の演習地だった。今の私たちは江戸の際をあまり意識しないが、明治時代にはまだその境界への意識がかなりはっきりしていたのではないだろうか。四谷四丁目に笹寺というお寺があるが、そこに道しるべがあり「ここより関八州の地」と記されている。このあたりが江戸の終わり、その先、内藤新宿は甲州・青梅街道の初めての宿場町であった。つまり新宿は江戸ではない、武蔵野の際であったわけだ。

豆知識

1. 国木田本人は武蔵野の核心は林だけでなく萱原を含めて入間郡小手指原（現・埼玉県所沢市）だと記している。現在東京の23区でそんな面影を求めるとすれば、中野の哲学道公園、世田谷の砧緑地公園、23区を離れ、もう少し郊外へ足を延ばすなら小金井の武蔵野公園、武蔵村山の野山北・六道山公園から狭山湖、多摩湖の一帯と、東京通は言う。

158 商業と娯楽／見世物小屋、芝居小屋

浅草寺の境内や奥山、日本橋の火除地（江戸橋広小路）、両国橋の橋詰（両国広小路）など江戸の盛り場（「盛り場」122ページ参照）には、食べ物をはじめとする様々な物を売る床見世（移動のできる屋台店や商品を売るだけの簡単な店）が並び、水茶屋や矢場、大道芸や見世物小屋、芝居小屋などがひしめきあっていた。

見世物は庶民の娯楽として江戸時代後期に発達し、盛り場で興行された。その内容には、軽業・曲馬・力持ちなどの「曲芸」や、象・虎・駱駝などの「動物見世物」、籠細工・からくり・生人形などの「細工見世物」などがあった。よしず張りや莚掛けの小屋で見せたり、軽業には大道芸もあった。そのなかでもっとも人気があったのが「細工見世物」である。

細工見世物は、有名な伝説、歴史人物やその情景などを、各種の細工と人形で立体的に仕立てるスペクタクルな見世物で、今ならさしずめテーマパークに来たかのような感じだったに違いない。1819年に浅草で興行した籠細工は、様々な色竹を編んで華麗に作り込んだ高さ７mの『三国志』の関羽をはじめ、数十体の巨大な細工と人形を展覧して話題沸騰、大当たりとなった。100日間の興行で、江戸の人口の２、３人に１人は見物に訪れたといわれ、その様子は、浮世絵・絵本・草双紙といった多くの関連出版物を生み出した。まさにメディアミックスの流行現象となったわけだ。このときの興行成績は大歌舞伎の興行規模をはるかに凌ぎ、江戸三座の２座までが籠細工をネタに当て込み興行を行うほどだったという。幕末、細工見世物の一部は、リアルな肌の質感を持つ生人形に展開していった。

幕府から正規の歌舞伎（大芝居）と認められていない芝居（小芝居と呼んだ）は、湯島天神や芝明神、市ヶ谷八幡などの境内や、回向院の門前にあたる両国広小路などで、祭礼・勧進・開帳の名目で臨時的に許可され興行した。これらを宮地芝居）（宮芝居とも）と呼び、寺社奉行の所管だった。本来は100日の興行しか認められていなかったが、規制が緩むとそれを繰り返し行い、ほぼ常打ちと変わらない興行の小屋もあった。天保の改革直前の湯島などの宮地芝居は、よしず囲いの小屋での興行としての許可だったはずがいつの間にか板囲いとなり、２階桟敷もあって近所の茶屋から飲食物を持ち込むような大芝居顔負けの芝居小屋となっていた。そのため、1842年５月、大掛かりな宮地芝居は取り払われてしまった。同じ年の史料に、両国橋西広小路で興行していた芝居小屋として、勘九郎芝居・春五郎芝居・おででこ芝居・三人兄弟芝居・子供芝居の名前が挙がっている。これらの小屋の役者も、廃業するか、猿若町の役者（江戸三座に出演する歌舞伎役者）の弟子になるかを迫られた。その後、宮地芝居は復活したものの、明治に入ると自然消滅した。

豆知識

1. 「細工見世物」のピークは文政頃で、「動物見世物」は江戸後期中コンスタントに興行されている。象は七福を生じる霊獣、駱駝は疱瘡除けの効能や、駱駝の尿が瀕死の病人を救う霊薬になるというふれこみで展覧された。
2. 信仰心もさることながら娯楽的要素の強いイベントとして、各地の社寺の出開帳がある。日頃は秘仏となっている神仏の参拝ができるありがたさと同時に、その人出を当て込んで軒を連ねる興行小屋での見世物見物の楽しさが味わえるのだ。浅草や、回向院を控えた両国はそのメッカだった。ご開帳と見世物興行は切っても切れない間柄だったのである。

159 暮らしと文化 ／ 花見

春になれば、江戸の庶民はこぞって花見に出かけた。江戸中からたくさんの人が押し寄せたから、男女の出会いの場ともなったようだ。振袖火事は大増屋十右兵衛の娘のお菊が、上野の花見で美しい小姓に一目ぼれしたのがそもそものきっかけだったと伝えられている（「火事」147ページ参照）。歌川広重の「飛鳥山花見の図」を見ると、花見客はいくつかのグループに分かれており、揃いの傘をもったり、着物の柄を揃えたりしている。団体客も多かったのだろう。

「東都飛鳥山」歌川広重

花見の起源がいつかはわからないが、旧石器時代の昔から、花が咲けば人の心は躍っただろうし、集まって花を愛でたかもしれない。奈良時代になると、花の時期に貴族たちが宴を開いていたようだ。ただし、当時は桜より中国から渡ってきたばかりの梅が珍しがられた。「令和」の典拠となった「初春令月、気淑風和、梅披鏡前粉、蘭薫珮後之香（しょしゅんのれいげつにして、きよくかぜやわらぎ、うめはきょうぜんのこをひらき、らんははいごのこうをかおらす）」の歌も、大宰府長官の大伴旅人（665～731）邸で開かれた宴において詠まれた句。大気は清く、風はやわらいでいて、梅は貴婦人の鏡の前におかれた白粉のように咲きほこり、蘭は薫香のようだと表現されている。しかし本来、田植えの時期に花開く桜は、農耕民である日本人にとって大切な花だった。平安時代以降の花見は、もっぱら桜だったようだ。京都や奈良では、豊臣秀吉が大規模な花見を行った。特に醍醐の花見は、正妻である北政所や側室の淀殿、子の秀頼をはじめ、諸大名やその家臣も合わせて1300人もの大宴会となったという。江戸では天海僧正（？～1643）が、上野の忍ケ岡に桜を植樹している。忍ケ岡は天海が開山した寛永寺の南に位置しているのだ。すぐに花見の名所となったが、寛永寺は徳川家の菩提寺だから、そばで騒ぐわけにもいかない。1720年には８代将軍・徳川吉宗（1684～1751）が浅草の隅田川堤や飛鳥山に桜を植樹し、庶民に開放した。飛鳥山に植えられた桜は1200本を超え、飲酒はもちろん唄や踊り、仮装も許された。花見の仮装を「酔狂」と呼ぶ。通常なら町人が武士の装束をすれば大いに咎められたに違いないが、花見のときは許されたとか。ところで「桜餅」といわれてどんなお菓子を思い浮かべるだろう。東京の人は漉し餡を、水で溶いた小麦粉を焼いた餅で巻き、さらに塩漬けの桜の葉を巻き付けたものを連想するのではないだろうか。東京で主流な桜餅であるこの菓子は、長命寺餅とも呼ばれ、長命寺の門番であった山本新六が発案したものだ。長命寺は花見の名所だった隅田川堤そばにあり、花見客の間で評判となった。長命寺門前の「山本や」では、今でも桜餅が販売されている。関西の人は道明寺粉を蒸した餅で餡をくるみ、塩漬けにした桜の葉を巻いたものを思い浮かべるだろう。関西で桜餅といえばこの「道明寺餅」だが、いつ頃、何がきっかけで作られるようになったのかはわかっていない。道明寺粉は糯米を乾燥させて砕いた保存食で、大阪の道明寺で作られたのが始めという。道明寺も現存しているが、境内で桜餅は売られていない。

豆知識

1. 河川敷に桜の花が多いのは、川底を掘って出た土砂で土手が作られたから。土手の土壌が緩いので桜を植えて人を集め、踏み固めさせる意味があったのだ。

160 人物／葛飾北斎

風景版画「富嶽三十六景」で知られる江戸時代後期の浮世絵師、葛飾北斎（1760〜1849）は、隅田川の東岸で生まれた。風変わりな人物で、身なりに構わず掃除もせず、家が汚れたら引っ越しをして、今の墨田区と台東区あたりを中心に生涯に93回も転居したという。画業一筋の人生で膨大な量の優れた作品を残し、独特の画風はヨーロッパ後期印象派にも影響を与えて、ジャポニズム（日本趣味）の誕生につながった。

「北斎肖像画」溪斎英泉

北斎が生まれたのは本所割下水（現・墨田区亀沢１〜４丁目）。今は埋め立てられて道路になり、「北斎通り」の名がついたあたりだ。12歳の頃、貸本屋で働いて絵に興味を覚え、18歳になる年に浮世絵師を志して役者絵で人気の勝川春章に入門した。１年後には「春朗」の画号でデビューし、役者絵を15年ほど描き続けた。

35歳の頃、勝川派を離れると、琳派の流れをくむ「俵屋宗理」を名乗り、狂歌絵本の挿絵や美人画を描き始める。ほっそりした瓜実顔にすらりとした柳腰、という独自の画風が人気を集めた。40代半ばになると、今度は歴史的伝奇小説の読本の挿絵に手を伸ばす。色鮮やかな錦絵と違って、物語に見開きで入れる墨一色の挿絵だったが、躍動感のある絵を大きく描くことができ、新たな才能が花開いた。1804年には、後に『南総里見八犬伝』を出す曲亭馬琴（1767〜1848）と組み、『新編水滸画伝』などのヒット作を連発。爆発の場面や怨霊が出る瞬間など、今の漫画にどこか通じる迫力ある挿絵でその名をとどろかせた。50代には春画も精力的に描き、『喜能会之故真通』で海女にタコがからみつく絵が有名だ。

とにかく絵を描くことが大好きで、次々に新しいジャンルに挑戦した。酒も飲まず、食事にも無関心で、三食とも店から惣菜類を運ばせていたため、自宅には食器がなかったという逸話が残っている。ただ、そばと甘いものは好きで、大福餅は舌を鳴らして食べていたという。

一方、若い頃から一貫して関心を抱いていたのが風景画だ。20代の頃、隅田川にかかる両国橋の花火見物を描いた『両国橋夕涼花火見物之図』は、西洋の透視図法で奥行を出した「浮絵」の作品として知られる。50代半ばからは『北斎漫画』など、絵の手ほどきをする絵手本で日本各地の風景を描いた。錦絵による風景画の代表作『富嶽三十六景』は70代になってからの連作だ。きれいな弧を描く深川万年橋の下から富士山を眺める『深川万年橋下』は、幾何学的な構成を好む北斎の個性が際立っている。さらに高みを目指したのが『富嶽百景』で、思いもよらぬ視点から富士山を描こうとした。最晩年には肉筆画に専念し、88歳で亡くなるまで絵筆を手放さなかった。

豆知識

1. 絵師の道を追求し続けた北斎の辞世の句は「飛と魂でゆくきさんじや夏の原」。死んだ後は人魂となって夏の草原をのびのびと飛んでゆこう、という意味。没後、台東区元浅草の誓教寺に葬られた。
2. 歌舞伎役者の三代目尾上菊五郎が北斎の家を訪ねたとき、あまりに汚いのに驚き、乗ってきた駕籠にあった毛氈を部屋に敷いて座った、という逸話が残っている。

161 まち／江戸川区

江戸川区内の「小岩」に関する記録が、奈良時代の正倉院に残されている。鎌倉時代には伊勢神宮の荘園となり、江戸時代には交易でにぎわった。明治時代以降には、江戸で盛んだった金魚の養殖が江戸川区域に移り、全国屈指の金魚の産地に成長をとげる。現在でも、夏に「江戸川区特産金魚まつり」が開催されるなど、江戸川区の金魚は親しまれ続けている。

江戸川区は23区のほぼ東端に位置し、西側には荒川、東側には江戸川が区界に沿うように流れている。区の北部にはJR総武線が通り、荒川の西側にある平井駅、東側にある小岩駅が区内に含まれる。平井駅と小岩駅の間にある新小岩駅は葛飾区に含まれるが、江戸川区役所の最寄り駅だ。区の南端には葛西臨海公園があり、旧江戸川（かつての江戸川の本流。現在は開削された江戸川放水路が本流と定められた）の対岸には東京ディズニーリゾートが広がる。

江戸川区域はかつて海底で、3000年前頃から陸地化が進んだ。上小岩遺跡（江戸川区北小岩）から土師器（はじき）が見つかっており、古墳時代前期には人々が暮らしたことがわかっている。東大寺の正倉院（奈良県奈良市）に残る721年の戸籍によると、「甲和里（こうわのさと）」という地名が記録されており、江戸川区の小岩を指すと考えられている。平安時代末から鎌倉時代にかけては有力御家人・葛西氏が治め、葛西氏が伊勢神宮に寄進した江戸川区域を含む33郷（江戸川区・葛飾区ほか）は、「葛西御厨（かさいのみくりや）」と呼ばれた。

江戸幕府が開かれると、江戸川区域の大部分は天領（江戸幕府の直轄地）となり、新田開発が盛んに行われる。元佐倉道・岩槻道・行徳道などが通ったため旅人が行き交い、江戸川や新川は荷物や旅客を乗せる舟でにぎわった。

明治時代に入ると、江戸時代にあった36村は「南葛飾郡」に属して10村に統合され、総武線の開通などによって発展した。江戸時代に江戸で盛んであった金魚の養殖は、金魚の需要の増大によって、江東区域（亀戸・大島・砂町方面）へと移っていく。関東大震災（1923年）以降には、需要のさらなる増大などの理由から、金魚の養殖は江東区域よりも東側の江戸川区域へと移っていった。

1932年に東京市と周辺５郡が合併して東京35区が誕生すると、人口約10万人の「江戸川区」が誕生した。区の東側を南北に流れる江戸川にちなんだとされる。太平洋戦争の空襲によって、平井小松川地区が焼失するなど甚大な被害を受けたが、戦後には地下鉄東西線の開通などで区の人口は急増し、その後は近代的な都市へと発展をとげた。戦時中に廃（すた）れた金魚の養殖も再び盛んになり、江戸川区は全国でも有数の金魚の生産地に成長した。

豆知識

1. 鷹狩り（たかがり）で小松川（現・江戸川区北西部）を訪れた８代将軍・徳川吉宗が、昼食のすまし汁に入っていた冬菜を気に入り、小松川の名をとって「小松菜」と命名したと伝わる。現在も小松菜は区内で盛んに生産されている。
2. 古川親水公園（江戸川区江戸川）は、旧河道（かつて河川だった場所）である「古川」の流れを公園にした全国初の親水公園。親水公園とは、川や湖などの地形を利用し、滝や水遊びができる場所を設けた公園のこと。古川は行徳（現・千葉県市川市）の塩を江戸に運ぶ水路として使われたが、昭和30年代後半に工場排水や生活排水が流れ込みドブ川と化した。

162 歴史／江戸の三大飢饉

江戸時代には冷害にみまわれて不作・凶作になることが多かった。享保の飢饉（ききん）、天明の飢饉、天保の飢饉を三大飢饉という。全国から集まる米で支えられていた江戸では米価の高騰に見舞われる。都市の人々は安売りや施米を求めて米屋や富商を襲う打ちこわしを行った。

1732年、西日本で冷害と虫害により大凶作になり（享保の飢饉）、幕府は東日本の米や江戸の米を救援米として西に送った。需給のバランスが取れていた江戸の米の一部を回したため、米価が急騰する。不満をつのらせた人々は日本橋の米問屋・高間伝兵衛の店を襲撃した。これが江戸時代の都市で起きた最初の打ちこわしとされる。米は単に凶作で手に入らなくなるだけでなく、米が他に回ってしまって足りなくなる面もあり、飢饉は人災でもあった。

三大飢饉のなかで全国的な被害が特に深刻だったのが天明の飢饉だ。天明年間（1781～1789年）は災害と飢饉の繰り返しだった。冷害や洪水に浅間山の大噴火が加わった。江戸にも火山灰が降り注ぎ、何日も日光を遮り続け、江戸川は硫黄で黄色く染まり人馬の遺体が流れたという。米の値段は、以前には銭100文で１升（約1.8L）ほど買えたのが、1784年には半分の５合、1787年には銭200文で３合しか買えなくなる。江戸の人々は町奉行所にお救米（応急の施米）を求めたが自力で耐えるよう突っぱねられ、たまりかねた人々が打ちこわしに走った。特に1787年５月20日から数日間は大規模で、赤坂や深川あたりから同時多発的に始まった打ちこわしは、参加者を増やしながら高輪の方へと広がり、さらに新橋を経て日本橋や本郷の方面へと広がっていき、24日には浅草・千住あたりまで到達した。打ちこわされた米屋などは約980軒、打ちこわしに参加した人数は5000人にのぼるという。破壊はすさまじかったが、参加者間の規律はあったらしい。隣の家が被害に巻き込まれないようにして、騒動のなかで米や雑穀がばらまかれてもだれ一人盗もうとしなかったという。旗本の森山孝盛は日記に「誠に丁寧、礼儀正しく狼藉（ろうぜき）」したと書いている。ただこの混乱により、旗本や御家人たちへの蔵米支給（給与としての米の支給）も数日遅れた。

天保３～７年（1832～1836年）には洪水や冷害などで凶作に陥り、全国的な米不足から天保の飢饉が起きた。大坂では幕府の対応に不満を抱いた元役人の大塩平八郎が、貧民救済を掲げ武装蜂起している。幕府は江戸市中に21カ所のお救小屋を設けて未然に打ちこわしを防いだ。

豆知識

1. 享保の飢饉の際、幕府は高札を立てて、民間にも困窮民の救済のため寄付を勧めており、寄付者名簿を作って『仁風一覧』として発行した。災害時に救済を行うのは領主だけの責務ではなく、富裕層も担い手とされたのだ。
2. 天明年間の浅間山の噴火は千年に一度といわれる規模の大噴火で、８億tほどのマグマが噴出したという。火砕流に飲み込まれた鎌原村（現・群馬県嬬恋（つまごい）村）では、人口570人中477人が亡くなり、家屋は残らず倒壊、村の耕地の９割が被害にあった。近隣の有力百姓の援助、幕府の援助により、火砕流に埋まった耕地の一部は再開発された。生存者が少なく労働力が足りないため近隣からも人手を集めた。

163 自然 ／ 富士山噴火の影響

直近となる富士山の噴火は今から300年余り前、５代将軍・徳川綱吉の治世下に起こった（宝永噴火）。江戸の被害は少なかったものの、噴出物が堆積して耕作ができなくなった小田原藩は、領内を流れる酒匂(さかわ)川の氾濫も重なって困窮。救済を求められた幕府は被災した村を直轄領に編入したうえで資財を投入したが、それは幕府財政がひっ迫する要因の一つにもなった。

富士山は二酸化ケイ素（SiO_2）の含有量の少ない玄武岩でできた成層火山である。マグマの状態にある玄武岩は粘り気が少なく、地表に噴出した際は溶岩流として流下する。平安時代に起きた貞観(じょうがん)噴火（864～866年）では、それが今の青木ヶ原樹海を形作った。

ところが江戸時代中期の宝永噴火（1707年）は、粘り気が多いマグマが引き起こした爆発的噴火であった。富士山では起こり得ないタイプの噴火がなぜ起こったのか。その理由について諸説あるものの、貞観以来840年余りの年月を経てマグマが成分分化を起こし、上部にSiO_2の濃い、つまり粘り気が多い部分が集まっていたとするものがある。ただし16日間続いたこの噴火では、終盤に至っても爆発的噴火が見られたことから異論も示されている。

いずれにせよこの噴火は大量の噴石や噴煙を放出し、火山灰が３m以上も降り積もった山麓の須走(すばしり)村（現・静岡県小山町）では家屋が全滅。成層圏にまで達した噴煙は強い季節風で運ばれ、東に100km離れた江戸でも数cmの降灰があった。

６代将軍・徳川家宣(いえのぶ)と７代将軍・家継(いえつぐ)の２代に仕えた新井白石が、噴火の約10年後に著した『折たく柴の記』は、12月16日の昼頃から雷鳴のような音が聞こえ（爆発的噴火に伴う空気振動と思われる）、やがて雪のように白灰が降ってきたと江戸における噴火初日の様子を伝え、その降灰はいったんやむも、18日からは黒灰が降り続いたとする（ただし黒灰への変移に関し、旗本の伊東祐賢(すけかた)が書いた『伊東志摩守日記』では16日の夜としており、今はこちらが通説となっている）。白灰から黒灰への変移は火山灰中のSiO_2が減ったことを示すもので、マグマ上部にSiO_2の多い部分が集まっていたとする先の記述にも合致する。

黒雲に覆われて日暮れのように暗くなり、さらに連続する空振や雷鳴に襲われた江戸も降灰は少なく、家屋や農作物に甚大な被害が出たとする記録はないが、積もった灰が強風のたびに細かいチリとなって長く市民を苦しめ、多数が呼吸器疾患に悩まされたとされている。

豆知識

1. 宝永噴火による数cmの降灰が今の東京にあった場合、①障子ではなくガラスの入った窓が空振により破損、②道路では視界不良やスリップによって事故が多発、③線路に積もった灰が導電不良を起こして運行システムがダウン、④送電施設に積もった灰が雨で濡れてショートを起こし停電が発生、⑤細かな灰を吸い込んだ精密機器が故障、⑥一部の浄水場が稼働できなくなって給水がストップ、といった甚大な被害の発生が予想されている。

164 物語 ／『東京の三十年』田山花袋

群馬県館林市（当時は栃木県邑楽郡館林町）で、代々秋元藩士の家に生まれ育った田山花袋（1871〜1930）。その３度目の上京から30年あまりにわたる回想集が『東京の三十年』である。『アルルの女』などで有名な小説家・アルフォンス・ドーデの『パリ30年』にならい、自らの半生を振り返ったもののようだ。それは同時に、明治文壇とその交友の回想でもあり、明治から大正にかけての変わりゆく東京の様子を描いた秀逸なエッセイとも評される。

1917年に、書き下ろしで出版された。1881年、花袋は11歳にして２度目の上京を果たした。それ以降の30年あまりが描かれている。その頃、一家が住んだのは市谷富久町（現・新宿区）の会津藩邸跡の長屋だった。あたりはまだ江戸の外れの「だんだん開けてゆくと言ってもまだ山手はさびしい野山で、林があり、森があり、～中略～　狐や狸が夜ごとに出てきた」所だったが、それでも年ごとに町も開けていく。市谷には夏目漱石や尾崎紅葉（花袋は紅葉に入門している）も住み、住居や商店が建ち並びだしていた。都心部（花袋は須田町と記す）は、すでにアスハルト（アスファルト）で舗装されていたし、神田小学校などは戦前からコンクリートの校庭だったという。

花袋は、それ以前、９歳で本屋（２度目の上京時、まだ和綴じ本が主流の頃）の丁稚となり、仕事を言いつけられ、重い本を背中に背負って、東京の中心部をくまなく歩いている。その頃はまだ江戸の面影が色濃く残っていたが、逆に新しい文物も混在していた。そんな、当時の世相や風景も目に浮かぶように描かれている。

ふと興味を惹かれるのは、「国木田独歩」に触れた部分だ。国木田の、渋谷の例の丘の上の家（「『武蔵野』国木田独歩」163ページ参照）で、花袋が国木田の手作りライスカレーを一緒に食す場面が登場する。ことさら花袋が交遊好きなのではないようで、どちらかというと付き合い下手な方であったらしいから、当時、いかに文人同士の交友が頻繁であったかが推測される。そして、花袋は、その後も、この丘の家を頻繁に訪れていたようだ。顔をつきあわせての交友だけではなく、訪れて国木田が不在の折には、読みたいと思っていた二葉亭四迷の『かた恋』が置かれているのを見て、寝そべって読んだことなども書かれている。

今ではあまりなくなったことかと思うが、ほんの二、三十年前あたりまでは、相手がいるかいないかわからなくても、家とは言わないまでも、その仕事場をふと訪れることはよくあったのではないだろうか。相手が不在の場合には、その蔵書、相手が出版人ならば、その作品などを読んで、後日感想の手紙を送る。訪れることをメールや電話で伝えないとマナー違反というのは、割と最近のことかもしれない。

豆知識

1. 富久町は牛込の西で、内藤新宿の手前だ。江戸時代は幕臣、例えば御徒組たちの長屋が、林や畑に交じって建っていて、小塚原と並ぶ刑場があったほどの、とてもへんぴな場所だった。今やそこは大都会、JR新宿駅から歩くこともできる距離で、超高層マンションが建っている。

165 商業と娯楽 ／ 寄席

「寄席」とは「人を寄せる場所」の意味で、当初は「寄せ場」といわれた。落語をはじめ様々な芸能を上演する小規模な演芸場のことだが、単に「席」と呼ぶこともある。江戸で常設の寄席ができたのは、寛政年間（1789～1801）のことで、最盛期には、町内に１、２カ所ほども寄席の看板が掛かっていたという。

江戸時代初期から、すでに神社の境内などでよしず張りの辻噺（辻講釈ともいい、軍談等を語って聴衆から銭を募った）が行われており、天和・貞享年間（1681～1688）頃には、江戸落語の祖、鹿野武左衛門が、中橋広小路（現・中央区京橋）でよしず張り小屋掛け興行をしている。彼がその著作がもとで島流しになった後100年は、こうした話芸の興行は衰えてしまったが、安永・天明年間（1772～1789）頃から、烏亭焉馬が寺院や茶屋・料亭などの座敷で「咄の会」を定例化し、プロの落語家（噺家）が生まれた。1798年、大坂の噺家の岡本万作が神田豊島町藁店（現・千代田区）に「頓作軽口噺」という看板を掲げて常設の寄席を作る。これに対抗した江戸生え抜きの噺家、山生亭花楽（後の初代三笑亭可楽）（1777～1833）は、仲間の噺家３人と下谷柳の稲荷神社（現・台東区東上野の下谷神社）の境内に寄席を開いた。これが江戸の噺家による寄席の最初で、後に可楽は本格的な寄席興行の基礎を作り、優れた寄席芸人を多数育成している。

ところで、もう一つの話芸、講釈にも人気者がいた。享保から宝暦（1716～1764）にかけて、浅草観音堂脇によしず張りで興行した深井志道軒である。奇妙な棒を手に身振り手振りもおかしく、軍書から『源氏物語』『徒然草』に至るまで幅広く語るも話は往々にして逸れ、過激な当世批判と猥談で聴衆を抱腹絶倒させた。その様子は「狂講」と呼ばれ、平賀源内が『風流志道軒伝』という談義本でその様子を描いたことでも有名だ。

寄席興行がもっとも盛んになったのは、文化・文政の頃だ。1815年には江戸市中の寄席は75軒、文政年間（1818～1830）には125軒を数えた。寄席には昼席と夜席があり、天保の初期には興行の形態も演じる形式も、基本的なスタイルがほぼでき上がっていた。寄席の数も湯屋や髪結床なみに多かったが、1842年の天保の改革でわずか15軒に減り、演目も大きく制限された。その後、再び盛んになり、安政年間（1854～1860）には、講釈席と噺席を合わせて400軒ほどもあったという。江戸後期の風俗誌『守貞謾稿（後集巻之二）』によれば「江戸にて軍書講釈および昔噺・滑稽の落咄、あるひは浄瑠璃等を銭を募り聞かすの席場」を寄（寄席）というとし、「ある書に江戸の寄のことを云へる条に曰く」として、「今は壱町内に一、二ヶ所も寄と号し看板の行燈をかけ、咄しに音曲をいれ、役者声いろ・物まね・娘の浄瑠璃・八人芸・浮世節など芸人を集め、…」とある。寄席には噺家の他にも様々な芸人が出演していたようだ。

豆知識

1. 1998年、寄席発祥200年を記念して、下谷神社に「寄席発祥之地」の石碑が立てられた。正面の文字は当時、落語協会最高顧問だった５代目柳家小さん師匠の手になる。横には正岡子規の「寄席はねて 上野の鐘の 夜長哉」の句碑も立っている。
2. 安政年間の寄席について『大江戸都会荒増日勘定』には「軍談の席二百二十軒、はなしの席百七十二軒、各客百人ならし、席料一人前四十八文として、此金三百廿六両二分一貫文」とある。１日の売上金が300両を超えたとは、その盛況ぶりがうかがえる。

166 暮らしと文化／江戸名所図会

『江戸名所図会』は、1834〜1836年の間に刊行された。江戸だけでなく、近郊の神社仏閣、名所旧跡の故事や由来などが説明されている。挿絵は長谷川雪旦（1778〜1843）。素描力と構成力に定評がある漢画の名手だ。江戸の地誌・名所案内は他に、浅井了意（？〜1691）の『江戸名所記』や秋里籬島（生没年未詳）の『都名所図会』など、数十種刊行されているが、内容、挿絵ともに『江戸名所図会』がもっとも詳しく、充実しているとされる。

国学者の斎藤長秋（1737〜1799）は、神田雉子町（現・千代田区一ツ橋）の名主でもあった。寛政年間（1789〜1801）に、江戸と近郊を実地で調べて地誌を執筆したが、志半ばに病没する。それを受け継いだのが息子の莞斎（生没年未詳）で、不足部分の補充に力を注いだ。長谷川雪旦に絵を依頼したのもこの莞斎だ。しかし、彼の時代にも完成にこぎつけることはなかった。そこで、さらにその息子の月岑（1804〜1878）が引き継ぎやっと刊行にこぎつけた。

『江戸名所図会』は、７巻20冊からなり、１巻は「天枢之部」で３冊。神田明神旧地、両国橋、日本橋、江戸橋、赤羽川などの名所が掲載されている。２巻は「天璇之部」３冊で、品川駅、鈴ヶ森（現・品川区南大井付近）、蒲田の梅園、神奈川（現・神奈川県横浜市）など。３巻は「天璣之部」４冊で、日吉山王神社、霞が関、世田谷八幡社、千駄谷観音堂、代々木八幡宮など。４巻は「天権之部」３冊、市谷八幡宮、牛込城址、鬼子母神堂、板橋駅、石神井城址、練馬城址、大宮氷川神社など。５巻は「玉衡之部」２冊で、神田大明神、湯島天満宮、上野寛永寺、赤羽山八幡宮など、６巻は「開陽之部」２冊、浅草寺、千住大橋、新吉原遊女街など、そして７巻は「揺光之部」３冊で、富岡八幡宮、亀戸天神、隅田河、葛飾八幡宮などの名所が記されている。天枢、天璇、天璣、天権、玉衡、開陽、揺光は、北斗七星の中国名で、北斗七星は北極星のすぐそばをめぐっている。江戸城を北極星として、江戸とその近郊の土地を北斗七星とみなしているのだろう。

『江戸名所図会』の記述は具体的で詳細だ。例えば日本橋は、十艘以上の船と、街路や橋を埋め尽くす人の挿絵に、「日本橋は南北にかかる橋で、長さはおおよそ二十八間。この橋を日本橋というのは朝日が東海から昇るのを、近くに見ることができるからだ」などと解説されている。

浦島太郎は『日本書紀』や『風土記逸文』では、丹後（現・京都府北部）の人だとされているが、『江戸名所図会』のなかでは、かつて神奈川県横浜市に存在した護国山観福寿寺の本尊は、浦島太郎が竜宮の土産として持ち帰ったものとされているらしい。太郎は霞ヶ浦まで来て、仏像のお告げの通り、この地にお堂を建て、仏像を祀ったのだという。『日本書紀』や『万葉集』など、浦島太郎について書かれたとおぼしき文章も詳しく紹介されており、齋藤三代の熱意が伝わってくる。挿絵を見ると、都会の神社も広い境内地を有していたとわかる。神田明神社は楼門や弓場、湯立所を持つ広々とした境内だ。聖武天皇の時代に鎮座したが、一時期荒廃していたらしい。挿絵も詳細だ。平塚明神社（現・北区上中里）の挿絵は３枚あり、１枚は合戦の模様が描かれている。平安後期、源義家親子が奥州での戦いから凱旋したとき、この地に逗留した神社だからだ。

豆知識

1. 最初の名所図会は秋里籬島著・竹原春朝斎画の『都名所図会』とされており、京都の名所案内である。

167 人物／エドワード・モース

東京の「大森貝塚」を発見し、日本近代考古学の幕開けを告げたのが、アメリカから来日したエドワード・モース（1838〜1925）だ。もともと動物学者だったが、思わぬ形で貝塚を見つけ、縄文土器の発見につながった。知性あふれるモースは、街角で見かけた日本人の暮らしも細かに観察して日本滞在記を出版した。陶器の一大収集家にもなり、貴重なコレクションを残した。

エドワード・モース

シャミセンガイなど腕足類（わんそく）の専門家だったモース。「日本には30〜40種類の腕足類がいる」と聞き、標本採集のため1877年６月、蒸気船で横浜港に到着した。翌日、文部省顧問のマレー博士を訪ねるため、横浜から汽車に乗って新橋に向かう途中、車窓から堤の側面に露出している大量の貝殻を目撃。母国の海岸で貝塚をいくつも研究していたモースは、「有史以前の貝塚だ」と直感した。この発見が、モースの生涯を変えることとなる。

文部省からの要請で、東京大学の動物学初代教授の職を得たモースは９月、助手や学生らを伴い、いよいよ大森貝塚の発掘調査を開始する。「発見」から３カ月。「誰かが私より先にそこへ行きはしまいか」と絶えず恐れる毎日だったという。現場は東京都品川区大井から大田区山王のあたり。貝塚は貝の石灰分の影響で自然遺物が残りやすく、一帯から縄文土器や動物の骨などが大量に出土して、大森は「日本考古学発祥の地」となった。

モースは大学を出ていなかったが、右手と左手で同時に別の絵が描けるなど特異な才能の持ち主で、資質を買われてハーバード大学助手にも抜擢（ばってき）された。後に東部のボウディン大学で教え、ピーボディ科学アカデミー館長も務めた。ダーウィンの進化論を日本にもたらした人物でもある。その好奇心と観察力は人間社会にも及び、日本滞在中に記した日記やスケッチをもとに『日本その日その日』を晩年に執筆。明治初期の日本人を、喧嘩（けんか）口論が少なく、劇場や雑踏で押し合いをしない、すこぶる穏やかで礼儀正しい人々として描いた。また、こうした美徳を「恵まれた階級の人々ばかりではなく、もっとも貧しい人々も持っている」とも記した。

モースは結局、３回来日し通算で４年近く滞在。日本美術に造詣の深いフェノロサ（1853〜1908）とも親交を深め、陶器や民具の熱心な収集家となった。日本陶器5000点のモース・コレクションは1890年、ボストン美術館に譲渡。関東大震災（1923年）で東京大学図書館が焼け、数十万の蔵書が灰になったと知ると、遺言状を書き換えて自らの全蔵書１万2000冊を死後に寄贈した。東大は寄贈図書に、晩年のモースの肖像を入れた蔵書票を貼って謝意を表している。

豆知識

1. 大森貝塚が見つかった品川区には「大森貝塚」碑、最寄り駅がある大田区には「大森貝墟（かいきょ）」碑という二つの碑が立っている。品川区の記念碑周辺は、「大森貝塚遺跡庭園」整備のため1984年と1993年に発掘調査され、住居址や土器が大量に発見された。一部が品川歴史館に展示されている。
2. モースが乗ってきたのはサンフランシスコ発の貨客船「シティ・オブ・トキオ」。日本各地を旅して記録を残したイザベラ・バードも乗ってきた船だが、建造からわずか11年後に東京湾口で難破沈没した。

168 まち／八王子市

八王子信仰にその名の由緒を持つ八王子には、戦国大名・北条氏が重要な拠点として八王子城を築き、八王子権現を城の守護神とした。北条氏によって養蚕(ようさん)や織物が始められ、江戸時代には「桑都(そうと)」として甲州道中屈指の宿場町に成長した。養蚕農家や絹商人たちが霊山としてあがめてきたのが、現在も観光地として人気の高尾山である。

八王子城跡の御主殿跡

八王子市は東京都心から西へ約40km、新宿駅から電車で約40分の距離に位置する。市の東部にある八王子駅を通ってJR中央線が市内を東西に走り、西部の高尾駅までが八王子市に含まれる。地形は盆地状で、北、西、南は陵地帯に囲まれ、東には関東平野が続く。1917年に市制が施行され2015年には、八王子市は東京都で初めて中核市（政令が指定する、当時人口30万人以上、面積100km^{2}以上の都市）となり、多摩地区の中心都市として発展を続けている。また、21の大学を抱えた学園都市としての顔も持つ。

「八王子」という地名は全国に分布し、牛頭天王(ごずてんのう)と８人の王子（八王子）をまつる信仰の広がりのなかで、八王子神社や八王子権現社が建立され、地名として定着していった。宗関寺(そうかんじ)（八王子市元八王子町）に伝わる古記録によると、平安時代の913年、京都から訪れた妙行(みょうこう)という学僧が、深沢山(ふかざわやま)（のちの八王子城）山頂の岩屋で修行を始め、厳しい修行に耐えて牛頭天王と八王子をまつる八王子信仰が始まった。妙行の功績を知った朱雀(すざく)天皇によって、「華厳菩薩(けごんぼさつ)」の称号が贈られるとともに、寺名も「牛頭山神護寺」と改められたとされる。

八王子神社を中心とした地域が、いつ頃から「八王子」と呼ばれ始めたかは明確ではないが、小田原（現・神奈川県小田原市）を本拠地とした戦国大名・北条氏康(ほうじょううじやす)（1515～1571）の書状にその名が残っている。のちに氏康の子・北条氏照(うじてる)が深沢山に城を築いた際、八王子権現を城の守護神とした。これが八王子城（八王子市元八王子町）であり、氏照は本拠地を滝山城（八王子市高月町）から、八王子城に移した。当時、北条氏と敵対していた、豊臣秀吉に備えたとされるが、豊臣軍の猛攻によって１日で落城してしまった。

その後、徳川家康の代官・大久保長安(おおくぼながやす)によって、現在の八王子市域に横山十五宿（八王子宿）が建造されると、八王子城の周辺は「元八王子村」と呼ばれるようになる。八王子の地名は、華厳菩薩伝説と八王子信仰の広がり、そして八王子城の築城という歴史的背景のもとに成立し、定着したと考えられている。

また、八王子は養蚕や織物が盛んだったことから「桑都」とも呼ばれる。桑都の発展を支えた養蚕農家や絹商人は、戦国時代に北条氏照が武運を祈願し、古くから霊山としてあがめてきた高尾山を信仰し、大切に守ってきた。

豆知識

1. 牛頭天王をまつる信仰はインドから中国を経て伝わり、疫病や農作物の害虫や邪気を払い流し去る神として、古代より定着したとされる。中世には、その８人の子を眷属神(けんぞくしん)（主神に従う神々）とし、あらゆる人間の吉凶を司(つかさど)る方位の神として全国に広がった。
2. 八王子市が「市の木」に定めているイチョウは、市制60周年を記念して1976年に選ばれた。追分(おいわけ)交差点から高尾駅までの甲州街道に続くイチョウ並木は、1929年に多摩御陵（武蔵陵墓地）の造営を機に植えられた。

169 歴史 ／ 化政文化の成立

18世紀から江戸を中心とした町人文化が花開く。文化・文政年間（1804〜1830年）に最盛期をむかえたので文「化」と文「政」で化政文化という。浮世絵や、ばかばかしくておもしろい小説、歌舞伎など、現代から見て「いかにも江戸時代の町人文化」と感じられるものが多い。

十返舎一九（じっぺんしゃいっく）（1765〜1831）の大ヒット作品『東海道中膝栗毛』は、裏長屋に住む弥次さんと喜多さんがばかげた失敗を繰り広げながら東海道を旅する話だ。お岩さんが出てくる歌舞伎『東海道四谷怪談』などで知られる鶴屋南北（４代目）は、江戸の貧しい人々の生活を描いて人気を得た。江戸の人口の大半を占めるその日暮らしの人々が題材になり、読者になったのが化政文化だ。17世紀に上方（京都・大坂）で栄えた裕福な人々を中心とする元禄（げんろく）文化とも違い、吉原で野暮とされたような大衆による文化なのだ。

この時代には特に本がたくさん読まれるようになった。かつて本はとても高価で、一部の人しか読むことができなかった。しかし、17世紀はじめに絵や文字を自由に組み合わせられる木版印刷（木の板に文字や絵を彫刻して印刷する）が本格化して、内容も堅いものだけではなくなり、読者層が広がった。それでも、本は現代と比べると、そこまで大量に刷られたわけではない。曲亭馬琴の大ヒット作品『南総里見八犬伝』も、発行部数は年間で500部程度だったという。まだ本は庶民にとって高嶺（たかね）の花だった。そこで活躍したのが貸本屋だ（「貸本屋」192ページ参照）。江戸の貸本屋は1808年で656軒あったという。庶民が文字を読めたことも大きい。都市でも農村でも子どもが寺子屋で読み・書き・そろばんを習っていた。どこまで学ぶかは人によってまちまちだったので、漢字にはふりがなが振られるようになる。

絵画も版画の普及で大衆化し、浮世絵（風俗画）は多色刷りの錦絵が生まれた。美人画はかつて遊女が定番だったが、江戸の庶民も描かれるようになる。自分と違う世界に住む遊女ではなく身近な女性が描かれたことで、女性にも親しまれるようになった。描き方も人物の立ち絵だけでなく、小物や背景を詳しく描くようになり、浮世絵の扱う画題も画風も大きく広がった。

本にしろ浮世絵にしろ、商品として流通した。しかも商人や職人が手を組んで安定的に供給していた。大量生産と普及が可能になったのは商人や職人の組織や活動があったからである。江戸の民衆文化は、内容だけでなく、文化を商品として流通・普及する仕組み自体もまた、民衆が作り出していたのだ。

豆知識

1. 文化・文政期より少し前、江戸の文芸や絵画を流行らせた人物に蔦屋（つたや）重三郎（蔦重）（1750〜1797）がいる。役者絵の東洲斎（とうしゅうさい）写楽や美人画の喜多川歌麿（うたまろ）を世に出した人物で、化政文化をリードした曲亭馬琴は手代（てだい）（使用人）、十返舎一九は客人だった。
2. 鶴屋南北は1804年、夏芝居でヒットを飛ばして成功した。夏芝居とは夏に行われる興行。暑い夏、人気役者は旅興行に出たり休んだりしたので「無人芝居」ともよばれ、安くはあったが客足もまばらだった。鶴屋南北は夏の怪談物を定着させている。
3. ベストセラー作家である曲亭（滝沢）馬琴の原稿料収入は御徒（おかち）（御家人が就く警備役）クラスだったという。京橋の豪商・小林勘助の家守（地主や家主に代わって土地や家屋を管理する）にもなった。し尿の汲（く）み取りについて練馬の百姓・伊左衛門とひと悶着（もんちゃく）起こしている。し尿１人あたりナス50個と交換する契約だったが、伊左衛門は子ども２人を人数に含まないと100個少なく持ってきた。激怒した馬琴は契約を他の百姓にかえている。

170 自然／奥多摩湖

多摩川上流をせき止めた小河内（おごうち）ダムの完成にともなって、出現した人造湖が奥多摩湖である。正式名称は小河内貯水池で、東京都水道局が管理している。ダムの貯水量約１億8500万ｔは全国21位だが、水道用のダムとしては全国１位を誇る。かつては都への水道供給の大半をまかなっていたが、利根川水系と荒川水系からの供給量が増えたため、現在は２割ほどにすぎない。

奥多摩湖

奥多摩湖が誕生した1957年は、高度経済成長期のとば口にあたり、東京都の人口（当時約850万人）がロンドンを抜いて世界一になった年でもある。小河内ダムは1938年、こうした将来の都（当時は東京市）の人口増加を見通し、水道用の貯水池を造ることを目的に着工された。しかし、日中戦争の泥沼化で中止に追いこまれ、完成したのは終戦から12年後、都の人口が世界の頂に達した年だったのである。隣接して発電所も設置されたが、あくまで奥多摩湖の最大のミッションは、帝都の「水がめ」の役をまっとうすることだった。

小河内ダム建設に伴い、大自然に包まれた奥多摩エリアは保養所やキャンプ場、ハイキングコースなどが整備され、新たに温泉（奥多摩温泉）も開業した。関東最大規模の日原（にっぱら）鍾乳洞へのアクセスもよく、周辺の御岳（みたけ）渓谷（青梅市）や鳩ノ巣（はとのす）渓谷、氷川（ひかわ）渓谷（奥多摩町）など、四季折々に変化する渓谷美も都民を引きつけ、奥多摩エリアは東京の「奥座敷」としての地位を確立したのである。さらに実現はしなかったが、西武グループが「第二の箱根」を目指し、鉄道を通してエリア一帯を総合開発するという構想もあったという。

このように、東京都民は奥多摩湖から多くの恩恵に浴しているが、光があれば、かならず影もある。東京市議会でダム建設計画が決議されたのは、1932年だった。ほどなく水利権や用地買収をめぐる争いも起こり、地域に不和・確執という深い影を落としたのである。ダムの水底に沈む小河内村の人々（近隣含め945世帯・約6000人）は抗（あらが）うことができず、先祖代々の土地を離れなければならなかった。第１回芥川賞作家・石川達三が1937年、こうした移転問題に翻弄された人々の悲哀をルポ風小説『日蔭（ひかげ）の村』として発表すると、ダムは着工を待たずして社会問題化した。さらに直後、歌謡界に一時代を築いた歌手・東海林太郎（しょうじたろう）（1898〜1972）が、湖底に沈む村人の悲しみを詞にした「湖底の故郷」を吹き込むと、発売即異例の大ヒットとなった。

豆知識

1. 奥多摩町は巨樹（地上から130cmの幹周が３ｍ以上の木）が多く、市町村別の本数が全国２位である。現在、1013本が確認されている（2018年時点）。なお、１位も東京都の村。火山島で知られる三宅島の三宅村（１島１村）で、その数は1300本を超える。

171 物語 ／『東京日記』内田百閒

『東京日記』とのタイトルであるが、一般的な「日記」とはどうも違う。エッセイかともと思わせるが、その実23の短編による怪奇小説のようにも思える。当時おもに東京の山の手と呼ばれた、皇居付近とその西側、四谷、市ヶ谷、麹町、少し離れた雑司ヶ谷のあたりで物語は展開する。怪奇小説と書いたが、エピソードに恐ろしさはなく、内田百閒（1889〜1971）が語る不思議な物事が、なぜか心に沈殿するように残る。

起承転結はないに等しい。まず、この日記は三宅坂（千代田区）から始まる。三宅坂というのは、半蔵門から国立劇場までの堀端の坂道である。今は、近くの赤坂見附あたりには高級ホテルなどがあるものの、三宅坂そのものについていえば、歩道を走るランナー以外、歩く者も少なく、高速で反時計回りに周回する商用車やタクシーなどがよぎるのみ。ここに当時は路面電車が通っていたのだろう。日記のなかではこんな話が登場する。下った日比谷で故障と言われて路面電車から降ろされる。が、なんと大雨で堀の水が溢れ、堀の水門から巨大なウナギが這いずり出し、交差点を渡る、というのだ。牛の胴体よりも大きく道幅以上あるという。さらに小さいウナギがあちらこちらから這い上がってきて、建物のすきまから部屋の中に入りこんでいく様子も書かれている。

話はのっけからこんな感じで、各節ごとに何やらありそうもないことが平気で起こる。読み進めるうちに、それが著者の日常風景とも思えてくるから、素晴らしい筆力といえる。

市ヶ谷の暗闇坂、四谷塩町、台町を越えて小石川植物園の生け垣へと話が進む。果ては待合、酒場などで色々と不思議な人物（どうも物の怪のようだが）と出くわす。著者が乗った自動車を、新宿通りを皇居まで、誰も運転していないのに、越えつ併走しつつ走る緑のオープンカーが現れる。東京駅の丸ビルに用事があって出かけたが丸ビルが消えている。夜、盲学校の近くを通りかかったら、何人かが集まって輪になって踊っている。よく見ると、人間の間に山羊がまじっていた、など不思議な話が独白のように淡々と語られる。

東京の地名がふんだんに使われ、今読んでも東京の街を想像できる一方で、現在と過去、現実と空想、人間と物の怪など様々な境目がなくなった不思議な日常を体験できる。

豆知識

1. 四谷付近は、靖国通りが暗渠になる以前、四谷川が新宿から流れ、川端の土手や坂に小さな待合（京都でいうとお茶屋のような貸座敷）があり、客が来ると荒木町や舟町の仕出しから食事が届けられたという。その名残で小さなカウンター割烹やとんかつ、うなぎ屋が多かったが、バブル崩壊とリーマンショックで跡形もなくなった。

172 商業と娯楽／相撲

相撲は古来、神事の一つだったが、中世では、寺社の建築や修復の資金を集めるための勧進相撲の形での興行となる。江戸時代に入ると、諸大名は相撲取（力士）を召し抱え、藩邸で相撲を楽しむようになった。ところが、庶民を対象にした相撲興行は、江戸前期に幕府に禁止され、元禄年間（1688～1704）になるまで許されなかったのである。

相撲が娯楽として興行が成り立つようになるのは、元禄以降のことになる。当初は、本来の意味での勧進相撲に限っての興行許可だったのが、18世紀半ば以降は、勧進は名目となり力士の生計を支える興行になっていった。また、町々で行われる辻相撲も、幕府の度々の禁令にもかかわらず盛んで、町内で相撲取りを抱えるところもあったほどだった。それほど江戸庶民の相撲熱は高かったのである。

1742年、ようやく勧進興行一般が解禁され、江戸で春・秋の２回、京都で夏、大坂で秋の計４回の四季勧進相撲興行が行われることになった。興行日数は（1778年以降）１場所晴天10日間である。この勧進相撲に参加するのは、それぞれの親方に率いられる相撲集団（現在の部屋にあたる）であり、これらがみな参加することから、四季勧進相撲は「大相撲」と呼ばれた。大名抱えの力士も師匠の相撲部屋に所属するようになる。当初は、京・大坂の相撲が断然強かったが、江戸時代後期には、江戸の相撲が力をつけて上方を凌ぐようになった。

特に、天明・寛政期（1781～1801）には江戸に強豪・人気力士が続々登場し、相撲の黄金時代を築く。谷風梶之助（1750～1795）、小野川喜三郎（1758～1806）、雷電為右衛門（1767～1825）などである。1791年６月、11代将軍徳川家斉が観戦する「上覧相撲」が、江戸城吹上において行われた際、結びの一番は、東西の両大関・小野川と谷風であった。行司の吉田追風によって、待ったをかけた小野川の「気負け」とされる。この上覧相撲は、相撲人気に拍車をかけた。その後も、幕末にかけて、阿武松緑之助（1791～1852）、稲妻雷五郎（1802～1877）、不知火諾右衛門（1801～1854）、秀ノ山雷五郎（1808～1862）、雲竜久吉（1823～1890）、不知火光右衛門（「こうえもん」とも。1825～1879）、陣幕久五郎（1829～1903）といった力士が活躍した。

やがて、相撲は、歌舞伎・吉原と並ぶ江戸の三大娯楽の一つとなり、庶民の生活文化の一翼を担うようになる。江戸後期に様々な見立番付が発行されて人気となるが、そもそもは相撲番付がその原型だ。また、相撲絵の人気は錦絵の普及に寄与し、歌舞伎の題材にもなり、日用品のデザインにまで取り入れられた。

豆知識

1. 現在の相撲の最高位は「横綱」だが、江戸時代の最高位は「大関」だった。もともと横綱とは、最高位の力士が土俵入りの際に化粧まわしの上に締める、四手をたらした太い注連縄のことを指す。横綱が最高位になったのは、1909年以降のことだ。
2. 大相撲本場所の見物は女性には許されておらず、場内を埋め尽くす観客は男ばかりだった。興行の場所が１カ所に定まったのは1833年10月場所で、以降は本所（両国）回向院の境内で興行された。

173 暮らしと文化 ／ 江戸のスポーツ

戦国時代に戦場で必要とされた剣術や槍術などの武芸は、天下太平の世になると、武士の教養とされるようになる。それでは江戸庶民たちは、どんなスポーツをしていたのだろう。江戸時代の人々は、現代の私たちよりもずっと体力があり、身体能力も高かっただろう。女性でも60kg の米俵を担ぎ、旅人は１日40km 近く歩いていたという。だからスポーツは体を鍛えるためというより、娯楽の意味合いが強かったと考えられる。

投扇

2011年に公布されたスポーツ基本法では、「心身の健全な発達、健康及び体力の保持増進、精神的な充足感の獲得、自律心その他の精神の涵養等のために個人又は集団で行われる運動競技その他の身体活動」と、スポーツを定義している。スポーツというと、体を使って汗をかくイメージがあるが、生活の中で体を鍛えていた江戸庶民たちは、私たちが想像するような激しいスポーツをしていなかったようだ。

例えば江戸庶民に人気だったスポーツに投扇がある。台の上に小さな的を乗せて、２m弱の距離から扇を投げ、的にどう当たるかや、扇の落ちた位置で得点を競うものだ。座った姿勢のまま投げたようで、体力より技術を必要としただろう。

いなせな江戸っ子たちに人気だったのは、楊弓。楊で作った弓で的を射る競技で、神社や盛り場に矢場が設けられた。矢を拾ったり、客に射的方法を教えたりする矢場女がおり、美人の矢場女がいる店には客が押しかけた。矢場の裏には小部屋が設けられて売春の場ともなっていたようだ。楊弓も投扇と同じく座ったまま発射した。

村同士で競ったスポーツが綱引きだ。隅田川の千住大橋では、千住南村と千住北村が綱引きで競い、その年の吉凶を占っていた。斎藤月岑（1804～1878）の『東都歳事記』には、いさかいが絶えなかったので中止になったと書かれてあるから、真剣勝負だったのだろう。

球技もあった。貴族たちの間で行われていた蹴鞠が、江戸庶民の間にも広がったのだ。木槌の柄を長くしたような「毬杖」で毬を打ち合い、ゴールに入った数で競うものだ。蹴鞠は大人のスポーツだが、江戸では子どもの正月遊びとして楽しまれることが多かったようだ。

江戸では盆踊りも流行している。斎藤月岑の『武江年表』に、７月中旬から江戸中で踊りが始まり、あまりにも派手だったので禁止されたとあるほどだ。子どもたちは今と変わらず様々な遊びを楽しんだようだ。歌川広重（1797～1858）の「友寿々女美知具佐数語呂久」には、かけくらべ（かけっこ）や竹馬をする子どもたちが描かれている。

豆知識

1. 江戸庶民が憧れたスポーツといえば旅だろう。近場なら富士山や江の島、遠くは伊勢、熊野まで旅をした。どの目的地も霊験あらたかで評判の場所だ。江戸庶民もパワースポットが好きだったらしい。
2. 投扇は、現在でも京都でのお座敷遊びなどでよく見られ、京都を中心に日本各地で体験できる場所が存在している。

第25週 第6日（土）

174 人物／ベアト

現代から江戸時代にタイムスリップした脳外科医が主人公のTBSドラマ『JIN―仁―』。そのオープニング映像に起用された江戸の見事なパノラマ写真は、幕末に来日した写真家のフェリーチェ・ベアト（1832～1909）が撮ったものだった。当時の日本人や町並み、風俗を撮った数々の貴重な作品は、近代化によって失われた日本の原風景を今に伝え、まるで「幕末のタイムカプセル」のようだ。

「愛宕山から見た江戸のパノラマ」フェリーチェ・ベアト

ベアトが残した写真は、幕末維新の頃の日本と日本人の生活について知る歴史的価値の高い作品として古くから知られていた。しかし、その人物像は長く謎に包まれ、出生年についても諸説あった。近年、生まれがイギリス領コルフ島（現・ギリシャ領キルケラ島）で10歳の頃からコンスタンティノープル（現・イスタンブール）で育ったことが判明している。

写真技術は、姉か妹が結婚したスコットランド人で写真家のジェームズ・ロバートソンから学んだとみられる。その助手としてクリミア戦争で従軍撮影。さらにインドや中国でも戦争の現実を伝える写真を撮るなど、報道写真家として実績を積んで、30歳の頃、幕末動乱期の日本に渡って来た。先に来日していた英紙特派員で挿絵画家のチャールズ・ワーグマンと共同で、横浜の外国人居留地にスタジオを開設。当時、外国人は開港地の遊歩区域外に出ることはできなかったが、江戸市中を視察するスイス全権大使一行に同行したり、富士登山に向かうオランダ総領事一行に同行したり臨機応変に対応した。外国人写真家は他にもいたが、ベアトの場合は確かな技術をもとに大判で撮影。街や景色にとどまらず、床屋やマッサージ師、踊り子や農家の子どもたち、侍の食事風景やお茶を入れる女性の所作など、様々な職業や階層の生活習俗をも撮影した。

ベアトは、外国公使館があった高輪周辺の寺院や赤坂溜池（ためいけ）など、幕末の江戸の情景を多数撮影した。特に有名なのが「愛宕山（あたごやま）から見た江戸のパノラマ」だ。江戸の街並みを俯瞰（ふかん）した広がりのある写真は、1864年10月に英紙『イラストレイテッド・ロンドン・ニューズ』に掲載された。その他にも、港区三田の有馬屋敷や、田安門前から大手町方面の眺め、建築中のニコライ堂の足場から撮影した360度の東京の全景、気球から撮影した品川・新橋・銀座・神田方面の180度の鳥瞰（ちょうかん）など、様々な江戸の情景を写し、現代に伝えている。

ベアトは各地でカメラに収めた景観写真と風俗写真に日本人絵師による手彩色を施し、解説文も加えたアルバムを刊行し、訪日外国人の手土産として販売した。エキゾチックな日本のイメージを売りにしたもので、これが明治中期に盛んになる輸出産業「横浜写真」の元祖となった。

豆知識

1. 幕府が1864年、パリに派遣した第２回遣欧使節団がエジプトのスフィンクス前で撮った集合写真が残っている。撮影者はアントニオ・ベアト。フェリーチェ・ベアトがかつてロバートソンから一緒に写真を習った兄だった。連絡をとって撮影したのか、偶然だったのかはわかっていない。

175 まち ／ 立川市

立川市域は、平安時代末期から鎌倉時代にかけて立河（川）氏が治め、江戸時代には五日市街道沿いに新田開発が行われた。大正時代に立川飛行場が造られ、戦後に「基地の町」と呼ばれた立川市は、交通の要である立川駅を中心にして発展を続けてきた。また、独自の方法によって日本原産の野菜であるウドの生産に力を入れるなど、農業にも力を入れている。

立川市の主要駅、立川駅周辺

JR中央線が市の南部を東西に走り、新宿駅から立川市の主要駅・立川駅までは快速で所要約26分。立川駅から南北にのびる多摩モノレールは、南側の柴崎体育館駅から北側の玉川上水駅までが立川市に含まれる。

立川市の名前の由来には諸説あり、武蔵国（現・東京都、埼玉県など）にあった国府の前を東西方向に流れる多摩川が、東西に連なる山に対して縦に流れることから「経(たて)の川」と呼んだとする「たてかわ説」がその一つ。また、平安時代末期から鎌倉時代にかけて、豪族「立河（立川）」氏が館を構えて住んでいたという説などもある。

立河氏ゆかりの地として知られるのが、立川市の南部に位置する普濟寺(ふさいじ)（立川市柴崎町）である。かつての立川一帯を領有していた立河氏が、鎌倉の建長寺から物外可什(もつがいかじゅう)禅師を招いて開山とし、立河氏の居城の一隅に一族の菩提寺(ぼだいじ)として建立したことに始まり、当時の土塁の跡や堀の跡が現存する。戦国時代に入ると、立河氏は戦国大名・北条氏に従ったが、北条氏が豊臣秀吉に抵抗した末に攻め滅ぼされたため、立河氏は領地を失った。

1603年に江戸幕府が開かれると、立川市域の大部分は天領（江戸幕府の直轄地）となり、人々は農業を主産業とした。1630年頃、新田開発によって北部に集落（砂川新田）が開かれると、1654年には玉川上水が引かれ、砂川新田は五日市街道に沿って東西に広がっていった。

明治時代の1881年、立川市域は「柴崎村(しばさきむら)」から「立川村」へと改変する。1889年に甲武鉄道（現・JR中央線）が開通し、1922年に立川飛行場が開設された。昭和時代の1940年12月1日に市制が施行され「立川市」の名になるが、戦後に立川飛行場がアメリカ軍の基地となったため「基地の町」と呼ばれるようになる。1963年に砂川町と合併し、その後1977年に立川基地が全面返還されると、基地の跡地を利用した新しいまちづくりが開始された。

立川駅は交通の要として多くの人で賑(にぎ)わうようになり、平成時代には、多摩モノレールの開通とともに立川駅南口の開発が進み、商業都市として発展を続けている。農業も盛んで、ブロッコリーとウドの生産量が都内1位、植木の生産本数が都内1位となっている。

豆知識

1. 普濟寺の境内で公開されている「六面石幢(ろくめんせきどう)」は国宝に指定されている。仁王像と四天王像を緑泥片岩(りょくでいへんがん)（暗緑色でつやがあり、庭石などに利用される岩）の板石に刻み、六面を六角の柱状に組み合わせた石造建築物だ。2020年9月から約3年間、保存修理のため拝観停止となっている。
2. 立川市で生産が盛んなウドは、ウコギ科（朝鮮人参やタラの芽など）の植物で、数少ない日本原産の野菜。立川市では光の入らない「室(むろ)」と呼ばれる地下3mの穴蔵で育てるため、色が白いのが特徴だ。

176 歴史 ／ 天保の改革

産業と商業の発達は都市の民衆文化を育て、江戸では化政文化（「化政文化の成立」175ページ参照）が花開いた。一方で物価は高騰し、たび重なる飢饉（ききん）では打ちこわしや一揆（いっき）、元役人の反乱まで起こり、幕府の権威も弱まっていた。諸問題に対応するため、老中となった水野忠邦（みずのただくに）（1794〜1851）が天保の改革（1841〜1843年）を始める。

忠邦は物価引き下げのため、質素倹約を強行した。高価もしくは手の込んだ料理や菓子、錦絵、衣類や装飾品などを禁止する触書（ふれがき）が次々出される。北町奉行の遠山景元（「遠山の金さん」145ページ参照）は庶民の生活を脅（おびや）かす部分に反対したが、忠邦は不景気で庶民の生活が成り立たなくなっても問題ないとして推進する。芝居にも厳しく、歌舞伎三座は浅草猿若町に移転、1841年時点で江戸市中に211軒あった寄席（よせ）は15軒ほどに制限されて内容も神道講釈、心学、軍書講釈、昔話の４種に限定された（「寄席」171ページ参照）。化政文化で楽しまれた書物も、すべて幕府の検閲を受けることになる。また、忠邦は株仲間（商人の同業者組合）を解散させ、自由な競争による物価引き下げを図ろうとした。しかしかえって混乱を招き失敗している。厳しい規制に化政文化は衰退していく。

一方で、農村は荒廃していた。貨幣経済に組み込まれて貧富の差が広がり、土地を失う人が増え、博徒などによる治安の乱れも生じていた。多くの人が江戸に流入したが、彼らは貧しく、災害や飢饉など何かあればすぐに救済する必要があった。そうしなければ打ちこわしなど騒動を起こすからだ。下層人口を減らすことは都市政策の課題だった。そこで忠邦は人返しの法を出し、農村の貧しい人々が江戸に流入するのを禁じ、江戸に流入した農民も帰還させようとした。ただこれは非現実的だと反対され、あまり実行されなかった。下層民も地主に家賃を払って裏長屋に住んでいたし、彼らから家賃を集めたり出入りを把握したりする家守という仕事もあったのだ。

忠邦は外国との対応にも迫られる。外国船が占拠するなどして江戸湾が使えなくなったときの備えが必要だった。江戸は水運を使って全国から物資を運ばないと成り立たないからだ。そこで利根川から印旛沼（いんばぬま）（現・千葉県北部、利根川下流の沼）を通り品川へ向かう水運路を造成しようとした。また、幕府領・大名領・旗本領が入り組んでいて治安の不安がある江戸・大坂周辺を幕領にしようとした。しかし大名や旗本のみならず民衆まで強く反発し、撤回された。

1843年、忠邦は老中を罷免された。多くの人に恨まれたようだ。西の丸下（現・皇居外苑（がいえん））の屋敷周辺に庶民や武士が集まって、石を投げ込むなどの暴動が起きた。

豆知識

1.『天保新政録』は、天保の改革のときに出された町触（まちぶれ）（町民に発せられる法令）を集めたものだ。原本は芝西久保車坂町（現・港区虎ノ門３丁目）の七左衛門が記録したものと伝えられる。これには、天王祭・山王祭の幟（のぼり）・神燈などが華美にならないようにという申し渡しや、職人手間賃引下げ令・地代店賃引下げ令・錦絵風俗禁止令・芝居役者取締令・人返し令など、合計218点が収録されている。上に挙げたものだけでも、窮屈な当時の空気がうかがえる。

177 自然 ／ 等々力渓谷

23区内唯一の自然渓谷で、世田谷区の住宅地にひっそりたたずむ。東急大井町線・等々力駅から徒歩３分、ゴルフ橋近くの入口から約10mの階段を下ると、そこは別世界。雑木林が茂る崖のあいだを谷沢川が流れ、約１kmの遊歩道が川に沿って続く。凜とした空気に包まれた「都心のオアシス」は、豊富な自然のアイテムをそろえ、新参者も古参のリピーターも飽きさせない。

等々力渓谷

武蔵野台地の南端に位置する等々力渓谷は、谷沢川の浸食によってできた開析谷である。川岸の崖には、ケヤキやシラカシ、ムクノキなどの自然林が生い茂り、プチ「深山幽谷」（人が足を踏み入れていない奥深い谷）を両側から演出している。谷沢川の水は澄んだ清流とまではいえないが、涼やかなせせらぎは耳に心地よい。水辺の小岩や崖の岩肌を覆っているのは、コツボゴケやケゼニゴケなど地衣類（菌類の一種）の群生。岩肌の割れ目から流れ出る湧水も、開析谷の形成と渓谷の美に貢献している。30カ所以上ある湧水の中で、いちばん自己主張しているのは「不動の滝」だろう。平安時代に不動信仰の霊場として開かれ、令和のいまも滝に打たれる白衣姿の行者が絶えない。すべてが水のたまものであり、水ぬきで等々力渓谷は語れないのである。

しかし、等々力渓谷の成因を説明するとき、「横取り」「争奪」「斬首」などという不穏な言葉がしばしば用いられる。いったい、どういうことなのか。地形学の名著『東京の自然史』（貝塚爽平）によると、谷沢川は太古、九品仏川という水量豊富な川の上流だった。ところが、この南にあった谷が湧水や川の流れで浸食されながら北上し、長い年月をかけて九品仏川と合流したというのである。九品仏川の上流は、この川すなわち現在の谷沢川に切り取られ（＝斬首され）、豊富な水も奪われ（＝横取りされ）てしまったのだった。水量を増した谷沢川は谷を深く刻み、等々力渓谷を誕生させたというわけである。この「争奪」説に対して、開削工事によって流路を変えたという人為説も出ているが、そうした工事記録は残っておらず、「争奪」説の優位はゆるがない。なお現在、谷沢川の水量を確保するため、玉川上水の分流（千川）から浄化した水が引かれているという。

等々力渓谷は、古代史の視点からも興味深い。渓谷の東崖からは、古墳時代後期（７世紀頃）のものと推定される横穴式の墓が６基以上見つかっている。1973年に発見された横穴墓（奥行き約13m）からは、須恵器・金属器などの副葬品や埋葬人骨も出土している。墓群の副葬品のなかには、遠い畿内で使われていた土師器もあり、ヤマト王権（大和朝廷）との強い結びつきも指摘されそうだ。

豆知識

1. 等々力の名は、「不動の滝」の轟く音に由来すると伝えられる。渓谷の上には、等々力不動尊（瀧轟山明王院）の本殿が建っている。

178 物語 ／『東京景物詩』北原白秋

国民詩人として親しまれた北原白秋（1885〜1942）が大正初期、『邪宗門』『思ひ出』に続く第３詩集として刊行したのが『東京景物詩及其他』だ。銀座、浅草といった東京の盛り場の風景を、ありのままにうたう叙景詩や抒情詩の形で描いた。だが、白秋はその頃、東京から逃げるように神奈川県の三浦半島に転居し、三崎で暮らしていた。詩人として不動の地位を確立したはずが、実は大きなスキャンダルにまみれていたのだ。

北原白秋

24歳で処女作『邪宗門』（1909年）を出した白秋は、その序文で「詩の生命は暗示にして単なる事象の説明には非ず」と主張し、象徴詩の系譜に立ちながらも官能的で濃厚な感覚世界を描き出した。その頃から４年余り、様々な形の詩を書きため、寄せ集めてつくった雑詩集が『東京景物詩及其他』だ。その巻末には次のような言葉を連ねている。

「東京、東京、その名の何すれば、しかく哀しく美しきや。われら今高華なる都会の喧騒より逃れて漸く田園の風光に就く、やさしき粗野と原始的単純はわが前にあり、新生来らむとす。顧みて今復東京のために更に哀別の涙をそそぐ」

1913年夏、三浦半島の突端、三崎の浜辺で書いたこの言葉には、白秋が東京で華々しく活躍していた頃を懐かしむ様子がうかがえる。実はこの間、トラブル続きの人生だったからだ。1908年に洋画家や詩人の木下杢太郎、長田秀雄、吉井勇らと集まってつくった「パンの会」（明治末期の耽美主義文芸運動の拠点）はすでに解散した。木下、長田と３人で創刊した同人誌『屋上庭園』も1910年、掲載した詩『おかる勘平』が風紀を乱すとして発禁処分を受けた。さらに、福岡県柳川市で酒造業を営んでいた実家が破産。家族を呼び寄せた1912年、夫と別居中だった隣家の人妻と恋に落ち、姦通罪により身柄を拘束されてしまう。名声はスキャンダルにまみれ、生活苦も重なり、失意のうちに選んだ転居先が三崎だったのだ。白秋はこの詩集を、若き日の饗宴をしのんで「パンの会」と「屋上庭園」の友に捧げる、と書いている。

作品の多くは東京での熱き青春の日々、「パンの会」最盛時に書いたものだった。早春の日比谷公園を描いた作品とされる『公園の薄暮』は1909年に詩誌『スバル』で発表されている。

「ほの青き銀色の空気に、／そことなく噴水の水はしたたり、／薄明ややしばしさまかへぬほど、／ふくらなる羽毛頸巻のいろなやましく女ゆきかふ……」

ほかの作品にも「瓦斯」「メリイゴウラウンド」「電気燈」といった新しい文物を登場させ、白秋の「都会趣味」を際立たせている。しかし、白秋は1916年、第３版刊行に際して新たな作品を加えた際に、タイトルを『東京景物詩』から『雪と花火』に改めてしまった。その理由は、「書肆（書店）の乞ふがままに」としか説明していない。

豆知識

1. 姦通罪で拘留された白秋は釈放後、相手の女性と結婚した。結核を病んだ妻の転地療養のため一時は小笠原父島に渡ったが、間もなく帰京。麻布坂下での貧しい暮らしのなか、離婚した。
2. 『東京景物詩及其他』から『片恋』『彼岸花』など４編の詩を選び、多田武彦が1957年に作曲したのが男声合唱組曲『雪と花火』だ。同志社グリークラブにより初演された。

179 商業と娯楽／歌舞伎

江戸の歌舞伎は、初代市川團十郎（1660〜1704）に始まるといってもいい。彼が創始した「荒事」と呼ばれる荒唐無稽でパワフルな芸や演出が江戸の人々の気分にぴったり合って、團十郎は江戸の芝居の神様となった。初春の興行では、團十郎が演じる荒事のヒーローの勇壮な姿を拝まないと、江戸っ子の正月は明けないといわれるほどだった。

歌舞伎の創始は京の「阿国歌舞伎」に始まるが、演劇として大成したのは元禄年間になる。上方（京や大坂）では初代坂田藤十郎（1647〜1709）や女形の初代芳澤あやめ（1673〜1729）らによって「和事」という柔らかで写実的に男女の感情の機微を表現する芸が生まれ、江戸では初代市川團十郎が荒事を生み出した。また、上方で人気の人形浄瑠璃（文楽）の傑作『仮名手本忠臣蔵』『菅原伝授手習鑑』『義経千本桜』などが直ちに歌舞伎に移され、「丸本物」として大きな位置を占めた。

18世紀以降は、100万都市となった江戸では、江戸っ子を自任する町人たちが文化創造の主役となった。「荒事」は、江戸っ子の「かっこいい」が集約された主人公「助六」の創造や、江戸庶民に非常に人気のあった鎌倉時代の仇討ち物語『曽我物語』を演目に取り込むことで大成される。荒事だけではなく、現代劇ともいえる町人社会を描いた「世話物」にも新機軸が生まれ、三味線の曲に歌詞を付けた音楽による舞踊劇や、一人何役も演じる早変わり演出など、江戸歌舞伎は大きく発展した。その舞台には、江戸っ子の夢や好み、価値観、美意識、気質などが具現化された。様々な工夫とあらゆる遊びの要素が取り入れられ、それは、遊郭、浮世絵、相撲、草子（絵双紙や黄表紙、洒落本など）、連歌、俳諧、狂歌、川柳、寄席といった他の娯楽や文芸・芸能と相互に関係し合い、メディアミックスとなって文化や流行を創出した。歌舞伎は単なる演劇の一形態ではなく、江戸文化という扇の「要」でもあり、江戸っ子にとっては季節を感じる年中行事でもあった。

19世紀以降の江戸歌舞伎も独自の発展を続けた。４代目鶴屋南北（1755〜1829）の登場は、江戸の下層社会の実体を活写した「生世話物」や、怪談や異国話などをデフォルメした、ケレン（早変わりや宙乗りなど、観客にウケるスペクタクルな演出）味たっぷりの芝居を生み出した。また、『勧進帳』のような能楽から移入した「松羽目物」と呼ばれる演目の創始や、３代目瀬川如皐（1806〜1881）・河竹黙阿弥（1816〜1893）作の泥棒を主役とする「白浪物」など、幕府による弾圧（天保の改革）を巧みにかいくぐりながら、時代の空気とそこに生きる人々のエネルギーを反映した、しなやかで力強い創作が多面的に展開されていった。

豆知識

1. 江戸の歌舞伎は１年に６回興行した。11・12月の顔見世で新しい座組とその年１年の興行のテーマ(「世界」)が発表された。歌舞伎の演目(「狂言」という)は、「世界」と「趣向」で構成され、そこに客の好みが反映される。『平家物語』や『義経記』、『曽我物語』や『太平記』など人々がよく知っている物語や登場人物が「世界」として選ばれ、そのなかで、狂言作者が新しい「趣向」(作品に変化を与える新しい工夫のこと)で芝居を創作した。「主人公○○実は曽我五郎」というように、その世界の登場人物という設定なら、主人公が町人姿で元の物語とまったく関係ないようなストーリーでも何の問題もなく、「世界」に「趣向」をかみ合わせる大枠さえ守れば「なんでもあり」だった。
2. 江戸の歌舞伎ファンにとっては、役者はもちろんだが舞台の仕掛けや楽屋にまで興味が湧いていたようで、幕末には、２代歌川国貞による『天地人三界双六』や『俳優楽屋双六』といった、双六の形式で舞台機構や役者の部屋割りを描いた錦絵も登場した。

180 暮らしと文化 ／ 武家屋敷

武家屋敷は武家が居住する住居と庭のことを指す場合もあれば、武家屋敷が集まる武士の居住区を指すこともある。大名が住むものを大名屋敷、御家人が住むものを御家人屋敷と呼ぶ。江戸の城下町は碁盤の目状に整備され、武士が住む武家屋敷地区と、町民が住む町屋敷地区が区画された。武家屋敷が多かったのは現在の港区だ。参勤交代で江戸に来た大名たちは、「大名屋敷」と呼ばれる立派な屋敷に住んだ。

佐倉武家屋敷（千葉県）

武家屋敷の建築様式は簡略化された書院造で、大きさは身分により、また藩により違った。書院とは書斎を兼ねた居間で、屋敷の中心に据えられている。書院の他に寝間、台所、座敷、茶室などがあった。周囲は塀で囲まれており、門から屋敷内に入る。下級武士が住んだのは、二戸建て、あるいは数戸建ての「組屋敷」と呼ばれる長屋だ。

大名には、江戸幕府から屋敷の用地が与えられる。江戸城から近い西の丸下（現・皇居外苑（がいえん））、丸の内、外桜田、愛宕下に建てられているものを上屋敷、江戸城外郭の内縁に建てられたものを中屋敷、さらに江戸城から離れた江戸近郊に建てられたものを下屋敷と呼ぶ。上屋敷には大名とその家族が暮らし、大名が帰国している間は江戸留守居役（るすいやく）が居住する。中屋敷は控えの屋敷といった位置づけで、隠居した大名や、後継ぎが暮らした。下屋敷は郊外にあるので、敷地が広い。蔵屋敷として使用したり、接待のために庭園が造られたりされた。これらの大名屋敷は江戸藩邸と呼ばれることもあるが、大名が藩を替えた場合でも所有者は変わらなかった。つまり、藩に属すのではなく、大名個人に属していたのだ。しかし、旗本たちの屋敷は幕府から貸与されるので、昇進や転任のたび、身分にふさわしい屋敷へ引っ越さねばならなかった。

徳川慶喜の大政奉還で、政権が明治天皇に返上されると、明治政府は大名屋敷を接収し、跡地を官庁や遊園地などに利用した。徳川御三家の尾張藩上屋敷は防衛省庁舎に、紀州藩上屋敷は赤坂御用地や迎賓館、水戸藩上屋敷は東京ドーム、後楽園遊園地といった具合だ。屋敷が残っているものはないが、水戸徳川家の上屋敷にあった庭園は、小石川後楽園として残された。

武家屋敷の門はいくつか現存している。特に重要なのは、江戸城内堀にある桜田門だろう。外側の高麗門（こうらいもん）と内側の渡櫓門（わたりやぐらもん）の二重構造で、1860年に大老井伊直弼（いいなおすけ）の暗殺事件（桜田門外の変）が起きた場所でもある。江戸城の遺構で現存しているものは、北の丸地区の田安門、清水門もある。

また、旧加賀屋敷御守殿門（ごしゅでんもん）は「東大の赤門」、旧因州（いんしゅう）池田屋敷表門（おもてもん）は「上野の黒門」と呼ばれ、当時の重厚な雰囲気を保っている。

豆知識

1. 武家の屋敷が書院造なのに対し、平安貴族の屋敷は寝殿造だ。その名の通り、寝殿を主屋としており、武士と貴族の違いが想像できる。

181 人物／勝海舟

幕末の動乱期、幕府代表として江戸城無血開城を実現させ、新政府軍と旧幕府軍の内戦を回避して江戸100万の民の暮らしを守ったのが、幕臣の勝海舟（1823～1899）だ。出身や身分の分け隔てなく全国から有能な若者を集め、神戸に海軍操練所をつくって海軍の基礎を築いた。両国生まれの江戸っ子で、維新後も東京で過ごし、都内各地にその足跡が残されている。

勝海舟

本所亀沢町（現・墨田区両国）の貧乏旗本、勝家の長男に生まれた。名は麟太郎。９歳のとき犬に急所をかまれて重傷を負い、生死の境をさまよったとき、父親が本所の能勢妙見堂で徹夜の裸詣でをし、息子の命を救ってくれるよう必死の祈願をした逸話が残っている。

10代で直心影流の剣客、島田虎之助（1814～1852）に剣を習い免許皆伝。やがて蘭学を志したが、家の柱を削っては飯を炊くような貧乏暮らしだった。25歳の頃、蘭日辞書『ヅーフハルマ』を１年近くかけて２部筆写し、１部は売って金に換えた話は有名だ。開国論者の佐久間象山（1811～1864）とも交流し、1852年に自らの妹と結婚した象山から「海舟書屋」の額を貰い受けて以降、号として海舟を名乗るようになった。

人生の転機となったのが、1853年に浦賀沖に現れたアメリカのペリー艦隊だった。慌てた幕府は、海防に関する意見書を広く募集。軍艦建造や身分を問わない人材登用を進言した勝の意見書が老中の目にとまり、31歳で目付海防掛に就いた。翌年には長崎の海軍伝習所に赴任し、オランダ士官から海軍の軍事学を教わった。37歳のとき咸臨丸艦長として太平洋を横断。アメリカの国力を目の当たりにした勝は帰国後、軍艦奉行並として神戸に海軍操練所を設け、坂本龍馬（1835～1867）ら志士たちも受け入れて近代海軍の建設を目指した。

幕臣でありながら、常に広い視野を失わなかった勝が本領を発揮したのが、戊辰戦争（1868年）のときだ。鳥羽伏見の戦いで幕府軍が破れ、軍事総裁として全権を託された勝は、江戸城総攻撃が予定されていた３月15日の直前に、新政府軍代表の西郷隆盛（1827～1877）と会談。13日に高輪で交渉をした２人は虎ノ門の愛宕神社にのぼり、江戸の町を一望しながら「戦火で包むことは避けよう」と話し合ったとされる。14日は三田で詰めの会談をし、江戸城を平和裏に引き渡すことで合意に達した。会談で勝は、インドや清国の例をあげ、内戦の拡大は国家の独立を危うくする、として西郷を説得したという。

維新後は一時、徳川家とともに駿府（現・静岡県）に移ったが、新政府から相談を多く受け、海軍卿、枢密顧問官なども務めた。日清戦争には反対し、足尾鉱毒事件も厳しく批判。晩年を長く過ごした赤坂氷川の自邸には、多くの言論人が話を聞きに訪れた。勝の歯に衣着せぬ言葉には人臭さがあふれ、『氷川清話』として後世に残されている。

豆知識

1. 勝は戊辰戦争の際、新政府軍の本部が置かれた池上本門寺に会談を申し込みに向かう途中、洗足池の風景に心を打たれ、のちに池のそばに別荘「洗足軒」を構えた。だが戦争で焼失し、跡地には大森第六中学校が建っている。
2. 江戸城無血開城の交渉が決裂したときに備え、勝は民衆を千葉に避難させたうえで、新政府軍を江戸城内に誘い込んで火を放ち、街もろとも殲滅する「焦土作戦」を準備していた、とする説がある。

182 まち／武蔵野市

武蔵野市を代表する町、吉祥寺は「住みたい町」として人気だが、もともとは明暦の大火によって江戸の吉祥寺門前町が焼けてしまい、焼け跡から逃れてきた人々が移住して開発した。吉祥寺だけではなく、江戸から移住した人々によって武蔵野市の礎は築かれた。

吉祥寺駅近くのサンロード商店街

武蔵野市は多摩地域の東部に位置し、東京23区の杉並区や練馬区などと接する。市の南部にはJR中央線が東西に走り、吉祥寺駅・三鷹駅・武蔵境駅が市内に含まれる。三鷹駅の正式な所在地は三鷹市であるが、三鷹駅北口駅前広場の所在地は武蔵野市である。

市の南東端に広がる井の頭恩賜公園の周辺では、縄文時代中期〜後期の集落跡が発掘され、1962年の発掘では直径５ｍの竪穴式住居跡や土器・石器類などが出土した。1978年、武蔵野市と三鷹市にまたがる「井の頭池遺跡群」として東京都指定史跡となり、井の頭恩賜公園に「御殿山遺跡」の碑が立つ。井の頭池の付近からは、鎌倉時代末期以降に作られた板碑（供養などを目的として立てられた板状の石碑）が出土しており、古くから人々が暮らしたことがわかっている。

江戸幕府が開かれると、武蔵野市の周辺は江戸幕府御用の「茅場」に指定され、屋根を葺くのに用いる茅を刈る場所となり、さらに将軍家や大名の鷹狩り場にもなった。1654年に玉川上水が開通すると、武蔵野の原野は農地として開発が進められることになる。

明暦の大火（1657年）の後には水道橋（現・文京区付近）の吉祥寺門前町が焼失し、住人たちは武蔵野の東部へと移住した。そして元の吉祥寺への愛着が忘れられず、新田を「吉祥寺村」と名付けた。吉祥寺村と同様の例がほかにもあり、明暦の大火の被害を受けた西久保城山町（現・港区虎ノ門）から移住した人々によって、武蔵野市域の「西窪（西久保）村」が開発された。移住者たちは五日市街道沿いの原野を開発し、武蔵野市の礎を築いたのだ。

武蔵野市域には田はなく畑地ばかりで、春には特有の「赤っ風」が吹く。そのため、屋敷の周りにケヤキなどを植えて風よけにする風景が最近まで見られた。19世紀になると、農家と兼業して菓子屋や煙草屋などの商売をする者、大工や屋根屋などの職人が現れる。村のなかでは、吉祥寺村の戸数がもっとも多かった。

明治時代の1872年、吉祥寺・西窪・関前・境の４村は神奈川県に編入される。翌1873年、この４村は他の２村とともに、「神奈川県第11大区第４小区」となり、これまで別々に発展してきた村々が初めて同一区画に入った。その後、1888年に市制町村制が制定されると、翌1889年にこの４村が中心となって「武蔵野村」が生まれ、武蔵野村は1893年に東京府へ移管された。そして、1928年に「武蔵野町」、1947年に「武蔵野市」となり現在に至る。

豆知識

1. 武蔵野市の「市の花」には、昔から武蔵野の名草とされてきたムラサキが指定されている。ムラサキの花は白色で小さく、根を使って紫色を出すことができ、古くから染色に用いられてきた。
2. 西久保城山の地名は消えてしまったが、現在も東京メトロ神谷町駅と六本木一丁目駅の間にある、城山ガーデンや城山トラストタワー（港区虎ノ門）に名残をとどめている。

183 歴史 ／ 黒船来航

1853年、江戸湾浦賀沖に巨大な黒船が現れる。アメリカ東インド艦隊司令長官ペリーが大統領の親書を携え、４隻の艦隊を率いて来航したのだ。江戸にほど近い場所に外国船が現れたことで人々は大混乱に陥る。一方、庶民が黒船見学に出かけるので、見物禁止のお触れも出た。

「瓦版 蒸気船之図」

幕府は三浦半島の久里浜で親書を受け取った。長崎に行くように言っても聞かなかったからだ。ペリーらは1854年に再び来航し、その際には日米和親条約が結ばれている。

ペリーの艦隊が江戸湾内に侵入して測量を行ったことに幕府は動揺し、軍事施設として品川沖に11基の砲台場を設置することにした。第１・２・３・５・６台場は完成したが、他は資金難で中止している。現在は第６台場と第３台場（ともに国史跡）が残っており、第３台場は港区台場公園の一部として唯一の散策できる台場跡となっている。角筈村（現・新宿区）に調練場が造られ、築地鉄砲洲（現・中央区）には幕臣のための講武所と軍艦教授所（のちの軍艦操練所）が設置され、深川の越中島（現・江東区）には銃隊調練場が設置されるなどした。

大名にも藩兵の出動が命じられた。出動には荷物を運ぶ馬と馬の飼料（干草）も必要になる。そのため飼料の相場が高騰し、飼料の売買はばく大な利益を得られるチャンスとなった。尾張藩の御用達（様々な物資の調達を請け負った）だった戸塚村（現・新宿区）の豪農で名主・中村甚右衛門は大量に干草を買い付け、他に御用達を奪われないよう尾張藩に献上も申し出るなどして大きな利益を得たが、予想したほど尾張藩は干草を必要とせず、干草の買い取りを嘆願している。ただ大名の方でも準備には苦心したらしい。泰平の世と財政難のなかで軍備がおろそかになるのは致し方ないかもしれない。松山藩士の家に生まれた内藤鳴雪（1847～1926）の回顧録によると、現在の品川区大井界隈の警備を幕府から命じられた松山藩では、江戸湾沿いにある田町の下屋敷（現・港区三田）も守りを固めなければならなかった。しかし大砲がないので、戸越（現・品川区）の下屋敷の松を伐採し、皮をはいで黒く塗って大砲に見せかけ、弾丸は土を固め銀紙を貼ってごまかしたという話を聞いたという。

黒船の来航は、時事性・速報性が高いニュースを扱う瓦版でも盛んに取り上げられた。黒船が大きく描かれたものが多く、全長や全幅、大砲の数などのデータが添えられた。アメリカの首都がワシントンであることを紹介するものもあれば、船や乗組員の名前を書き出したもの、会談後の饗宴を想像だけで描いたものなど、内容も精度もそれぞれだった。

豆知識

1. 干草はかさばるうえに相場が変動しやすく、江戸に専門の問屋がなかったので、諸大名は甚右衛門のような豪農に依頼して調達していた。甚右衛門は草の生い茂る根葉村（現・板橋区）などに人を派遣して買い集め、現地で保管し、必要に応じて江戸屋敷に納めていた。現地へ人を派遣したり、安いときにまとめて買い付けたり、保管のために現地の納屋を借りたりと資金力がなくてはできない仕事だった。中村家は農業というより御用達で財を築いている。

184 自然 ／ 六郷用水

六郷用水は、江戸時代の初め、徳川家康の命によって引かれた全長約24kmの用水路である。多摩川流域に広がる六郷領（大田区）の新田開発のため、代官・小泉次大夫（こいずみじだゆう）（1539〜1624）によって開削された。その名を取って「次大夫堀」とも呼ばれ、また世田谷・六郷・稲毛・川崎の4つの領を通ったことから「四ヶ領用水（よんかりょう）」とも呼ばれる。

旧六郷用水（大田区）

歌手・俳優の福山雅治のヒット曲で広く知られるようになった「桜坂」は、田園調布（大田区）の閑静な住宅街にある。かつてこの坂の麓を流れ、約1500haもの広大な田園地帯を潤していたのが、六郷用水である。農業・生活用水路としての六郷用水は残されていないが、流路の一部は丸子川（まるこがわ）と名を変え、往時の面影は、桜坂の麓に復元された細い水路「六郷用水遊歩道」から偲（しの）ぶことができる。

六郷用水は江戸時代初頭、多摩川から引かれた灌漑（かんがい）用の人工水路である。しかし、多摩川から遠く離れたところを流れていたわけではない。それなら、「わざわざ用水路を引かなくても、多摩川の豊富な水を使えばよいのでは？」という疑問の声が上がりそうだが、江戸時代の前期は足踏み式水車しかなく、川から大量の水をくみ上げるのは難事だった。しかも多摩川は地面より低いところを流れていたため、米作りに十分な量を取水できなかったのである。多摩川の水質にも問題があった。多摩川の下流の水は、塩分濃度の高い海水が混じっているため、生活用水にも利用できなかったのだ。かといって、新田開発を諦めるわけにはいかない。江戸の町を発展させるために、米の増産は不可欠だった。

家康から開削工事を任された小泉次大夫は、駿河（静岡県）出身の代官。先祖は鎌倉時代から土地開発担当家臣として、今川（いまがわ）氏や武田（たけだ）氏に仕えてきた。次大夫の子孫もこの後、用水開発を担う幕府の樋（とよ）代官を務めている。次大夫は2年をかけて事前調査を行い、開発地の10kmほど上流の北多摩郡和泉村（現・狛江（こまえ）市和泉）から取水することにした。海水が混ざっておらず、水位差も25mほどあったので、水を下へと流しやすかったのである。しかし、開削は予想以上の難事業だった。特に堅い崖を掘り進める工事は困難を極め、女性も人夫（作業員）に駆り出されたという。そのため、用水路の一部「嶺村（みねむら）の切通し」付近は、別名「女堀」とも呼ばれた。約15年の年月をかけて完成した六郷用水は、その後改修を繰り返しながら、300年以上も流れを絶やすことなく、終戦の1945年まで地域住民の暮らしを支え続けた。

豆知識

1. 開削工事に駆り出された男女の比は、10対1。この「黄金比」が、作業の効率を高めたという。なお、「女堀」の名は、次大夫の夢に女神が現れてお告げをしたことに由来するなど、他にも諸説ある。

185 物語 ／『東京行進曲』菊池寛

昭和初期、日本で初めて100万部を突破した人気雑誌『キング』に、菊池寛（きくちかん）（1888〜1948）が連載した通俗小説が『東京行進曲』だ。文壇の大御所が大衆娯楽誌に書くとあって世間の注目を集め、連載途中に早々と映画化されて、主題歌も大ヒット。メディアミックスの宣伝効果で映画も歌も興行的には成功した。だが、小説と映画は結末が異なる展開となり、脈絡を欠いた筋立てには「欠陥」も指摘され、作品としてはいずれも失敗作との指摘が出る結果となった。

小説『東京行進曲』は、雑誌『キング』の1928年６月号から1929年10月号に掲載された。東京の崖の上で暮らす裕福な家庭と、崖の下の貧民街で暮らす女性の人生が交錯する物語だ。大富豪・藤本家の長男・良樹が、貧しくも美しい道代に出会い、ひと目惚（ぼ）れ。だが道代は芸者になり折枝と名乗る。良樹の親友、佐久間も宴席で折枝を見初め、良樹と佐久間の２人が折枝に求婚。ところが、折枝が実は良樹の父親が捨てた女の娘、つまり異母兄妹とわかる。一方、良樹の妹の早百合は佐久間に心を寄せていく……という筋立てだ。宣伝文句は「富める者に教養あるか。貧しき者に罪悪と堕落があるか」。菊池の社会派小説と目され、注目が集まった。

その人気に目をつけた日活は連載途中の1929年２月、スター俳優をそろえて映画化に着手する。５月初めには、映画の月末公開に先立ち西條八十（やそ）作詞、中山晋平作曲の映画主題歌『東京行進曲』もリリース。東京市内のカフェにレコード1000枚を配った。「昔恋しい銀座の柳」と佐藤千夜子が歌う曲には「ジャズ」「恋の丸ビル」「ラッシュアワー」といった言葉がちりばめられ、大正から昭和へと時代が変わる雰囲気をうまく伝えて25万枚も売れた。

しかし、当時はまだトーキー映画が始まる前の無声映画の時代。流行歌に関心を持った人々は、歌の世界がどのように映像化されるのかと期待して映画館に足を運んだものだった。映画もまた歌に想を得て製作され、上映中にその歌を演奏するため「小唄（こうた）映画」と呼ばれていた。ところが、この歌は小説とは無関係につくられ、原作をほぼ忠実になぞった映画『東京行進曲』（溝口健二監督）とも無関係だったため、想像を膨らませて映画を見に詰めかけた人々に期待外れの印象を与えてしまう。しかも映画も小説も、前半で描かれた早百合の別の三角関係が後半で忘れ去られる展開となり、「前後の脈絡を欠いた作品」とも受け取られた。

映画では、異母兄妹であることを知った良樹が絶望し、折枝を佐久間に譲（ゆず）って２人は結婚する。一方、小説では良樹は素直に事実を受け入れてイギリスに旅立つことになり、佐久間は折枝ではなく早百合と結婚する。「ブルジョア令嬢の勝利」に終わる支離滅裂（しりめつれつ）の結末には、さすがの大作家も先行ヒットした歌や映画から何らかの影響を受けたからではないか、との指摘も出た。先駆的なメディアミックスは、どうにもちぐはぐな印象をぬぐえない結果に終わったのだ。

豆知識

1. 映画『東京行進曲』は脚本担当者が病気で急きょ交代し、主演の夏川静江も病気になって撮影が大幅に遅れた。日本初のトーキー映画になるはずが、これも失敗に終わった。
2. 作詞を担当した西條八十は、フランス留学帰りの早稲田大学仏文科教授だった。当時の日活宣伝部長が、詩人仲間で早大英文科教授の日夏耿之介（ひなつこうのすけ）の甥（おい）で、「小説にとらわれなくても結構ですから」と頼まれ、受けざるを得なかったという。

186 商業と娯楽／貸本屋

出版業の発達と印刷物の流通は、江戸の様々な文化の発展に大きく寄与した。書物や印刷物の流通には、本屋はもちろんだが、貸本屋（かしほん）が重要な役割を担う。書物は、庶民にとって身近になったとはいえ、価格の面ではまだまだ手の届きにくいものだった。貸本屋はそんな庶民と書物を結びつける役割を果たしていたのである。

黄表紙『七福神大通伝』の挿絵（貸本屋の姿）北尾政演画

江戸に専業の貸本屋が現れた時期は定かではない。しかし、江戸中期頃には商売として定着していたようだ。1808年の時点で、江戸には656軒の貸本屋があったとされる。普通の貸本屋で170軒ほどの得意先があったというから、単純計算しても10万人以上の読者を抱えていたことになる。当初の貸本屋は、道徳や教訓めいた伝記という、あまり面白いとは思えないような本を扱っていたので借り手が少なく、いい商売ではなかった。ところが、草双紙（くさぞうし）が生まれ、人気戯作者（げさくしゃ）が輩出すると大いに繁盛し始める。何しろ草双紙の文章は仮名書きで、挿絵も人気浮世絵師が描いたものだから、絵を見ているだけでもいい。仮名が読めれば誰でも楽しめるとあって読書人口は急速に増え、それに伴って貸本屋の数も増えたのだった。特に、江戸の遊里文化の爛熟（らんじゅく）期でもある文化・文政（1804～1830）頃には、洒落本（しゃれぼん）の２、３冊も携帯していないと遊里で通人らしい顔もできないと、競うように新版の洒落本や黄表紙（きびょうし）を読みあさって通ぶる者も多く、貸本屋はいい商売になったという。

貸本屋の営業方法はこうだ。仕入れた本を自分の背丈よりも高い細長の風呂敷包みにして背負い、顧客をめぐる。３日、７日、15日などと日限を決めて、貸本の料金である「見料（けんりょう）」を取る。現代のレンタル業者と同様に、延滞金や、紛失・破損に対する弁償金、又貸しの違約金もあった。評判の高い書物は複数購入して、話題性のあるうちに多くの顧客に提供するようにし、長編ものは刊行のつど続編を届けるようにした。

直接読者と接し、その反応を目の当たりにする貸本屋は当然、読者の興味や嗜好（しこう）に敏感だ。そこでときには読者代表として版元や作者に要望を出し、その作品に影響を与えることも少なくなかった。人気戯作者の山東京伝（「山東京伝」159ページ参照）は、『双蝶記（そうちょうき）』（1813）で「板元（出版元）は親里（おやざと）なり、読んでくださる御方様（おかたさま）は婿君（むこぎみ）なり、貸本屋様はお媒人（なこうど）なり」と評している。また、貸本屋でなければ流通できない本もあった。その一つが本屋では表立って販売できない禁書の類いである。政治の実態を暴露したり、幕藩体制を批判した本などが写本として流れていた。また、枕絵や艶本（えんぽん）（春画）の類いも扱われた。厳しい言論統制の中でも情報源としての貸本屋の機能は健在だったのである。

豆知識

1. 貸本屋をモチーフにした川柳も多く詠まれている。例えば、『誹風柳多留（はいふうやなぎだる）』には「かし本屋無筆（むひつ）にかすも持て居る」（無筆というのは文字が読めない人のこと。貸本屋は絵本も持っていた）、「はなしやれと四五冊かくすかし本屋」（子どもが艶本を偶然見つけて手に取ったのか、慌てて本を取り上げ隠している）、「かし本屋何を見せたかどうづかれ」（若い娘にわざと艶本を見せた貸本屋、恥ずかしがった娘に小突かれてしまった）など。

187 暮らしと文化 ／ 大名庭園

大名たちは江戸幕府から用地を与えられ、江戸城近辺に上屋敷を、江戸城外郭に中屋敷を、それより離れた場所に下屋敷を建てた。大名が居住するのは主に上屋敷だが、下屋敷は敷地が広く、接客のための庭園も造られた。藩ごとに造園技術の交流が行われたので、それまでになかった、本格的な回遊式庭園も登場している。回遊式庭園とは、庭をまわりながら鑑賞する庭園で、富士山や天橋立（あまのはしだて）などの名勝を模した風景が造られた。

小石川庭園

現存する大名庭園として有名なのは、水戸徳川家の上屋敷にあった小石川後楽園（文京区後楽）だろう。現在は２万1469坪と、往時の３分の１以下だが、それでも堂々たる大池泉回遊兼縮景様式（だいちせんかいゆうけんしゅくけいようしき）の庭園だ。中央にある大泉水（だいせんすい）からは白糸滝や竜田川が流れ、中央には立派な蓬萊島（ほうらいじま）、南には小さな竹生島（ちくぶしま）が浮かんでいる。周囲には園路がめぐらされ、藤や梅、シダレザクラなど、季節の花が楽しめる。

小石川後楽園と並んで江戸の二大庭園と称えられる六義園（りくぎえん）（文京区本駒込）は第５代将軍・徳川綱吉（1646～1709）の側用人（そばようにん）、柳沢吉保（やなぎさわよしやす）（1658～1714）の下屋敷にあった庭園だ。側用人とは将軍の間近で仕え、老中らと将軍の間を取り次ぐ役職のこと。権力は老中以上だった。吉保は下屋敷に千川上水（飲料水を供給するための上水道用の用水路）を引き、山を築き、池を造り、紀州和歌浦の景勝（現・和歌山県和歌山市）を模した回遊式築山泉水庭園に造り上げた。「六義」は中国最後の歌集『詩経（しきょう）』に由来する言葉で、詩の諸形式を意味する。

中央区の浜離宮恩賜庭園は、もともと甲府徳川家下屋敷の庭園だった。将軍家の別邸である浜御殿としても利用され、今は都立公園になっている。園内の池は「潮入の池」と呼ばれることからもわかるように、都内唯一の海水池だ。水門は東京湾の水位によって開閉し、ボラやセイゴ、ハゼなどがすんでいる。菜の花やコスモス、ボタン園もある。

港区の旧芝離宮恩賜庭園は、江戸幕府の老中、大久保忠朝（おおくぼただとも）（1632～1712）の上屋敷で、1686年に楽寿園（らくじゅえん）が作庭された。その後、紀州徳川家の領地や有栖川宮熾仁親王（ありすがわのみやたるひとしんのう）邸を経て、現在の庭園となった。名石が多用されており、石組が見どころの一つだ。

江東区の清澄庭園は下総関宿（しもうさせきやど）藩主の久世氏の下屋敷だった場所だが、現在の庭園を築いたのは三菱財閥の創業者、岩崎弥太郎（やたろう）（1835～1885）だ。社員の慰安所として、また賓客接待のために築いたとされる。泉水の端に飛び石が置かれており、前に進むたび、景観の変化が楽しめる。

その他、新宿区と渋谷区にまたがる新宿御苑は、信濃高遠（しなのたかとお）藩内藤家の下屋敷。戸山公園（新宿区大久保）は尾張徳川家の下屋敷にあった回遊式庭園が利用されている。紀州徳川藩の下屋敷は明治時代に佐賀の鍋島家に払い下げられた後、一画が鍋島松濤（しょうとう）公園（渋谷区松濤）として整備された。細川家下屋敷跡の肥後細川庭園（文京区目白台）もある。

豆知識

1. 日本の伝統的庭園には時空がないとされる。持ち主が変わっても作庭者の思いを受け継ぐので時間を超え、近隣の庭とともに景色を作り出すので空間も超えるのだ。

188 人物 ／ 近藤勇

幕末の京都で、尊王攘夷派の志士たちを厳しく取り締まった「新撰組」。局長の近藤勇（1834〜1868）は、武蔵国多摩郡（現・東京都調布市）の出身だった。草創期の中枢メンバーには、土方歳三（1835〜1869）を含め多摩と江戸の関係者が多く、京の政局の最新動向を事細かに多摩の有力者や江戸の知人に伝える情報ネットワークができ上がっていたという。戊辰戦争に敗れ、捕まった近藤が最期を迎えたのも、江戸板橋（現・板橋区）だった。

近藤勇

幼名は宮川勝五郎。農家の三男に生まれた。生家は多摩郡大沢村（現・三鷹市）にある龍源寺の檀家で、中流の上あたりの家庭だったという。14歳のとき、江戸牛込（現・新宿区）に剣術道場「試衛場」を開いていた天然理心流三代目、近藤周助に入門。翌年、養子となり、26歳で四代目を引き継ぐ。剣術・柔術・棒術・気合術の総合武術が流派の特徴で、剣術には握りが太くて重い木刀を使い、気力で敵を押す実践的剣法だった。

上洛する14代将軍・徳川家茂警護のため、幕府は江戸小石川（文京区）の伝通院に浪士200名余を集めて「浪士組」を結成。これに近藤や土方も加わり、庄内藩出身の清河八郎（1830〜1863）の指揮のもと1863年２月、京都に到着した。その後、多くは江戸に戻ったが、近藤らは残留。京都守護職の会津藩主、松平容保（1835〜1893）のもと「会津藩預かり」となり、市中警備を担う「壬生浪士組」を結成する。その活躍が認められ、名を改めたのが「新撰組」だ。

局長となった近藤はこの間、多くの書簡をしたためては多摩と江戸の関係者に送っていた。会津藩預かりになった経緯や、祇園料亭「一力」で自ら説いた時勢論の内容、長州藩のスパイを殺害した内幕など、時代の最先端の情報が地元にもたらされ、複数の関係者に回覧された。文献をまとめた歴史家の大石学（1953〜）は、近藤ら新撰組中心メンバーは「多摩地域の有力家との関わりを背景に、京都で活動した」と読み解いている。

池田屋事件（1864年）では長州藩の尊攘派志士急襲に成功した近藤だったが、倒幕論が高まり薩長同盟が成立（1866年）すると情勢は次第に不利になる。1868年１月の鳥羽・伏見の戦いに敗れると、幕府の富士山丸に乗って江戸に戻った。新政府軍が東に兵を進めるなか、２月に幕府から甲斐（現・山梨県）の治安維持を命じられ、「甲陽鎮撫隊」を率いる隊長として甲府城を目指したが敗走。今度は会津入りを目指して新撰組の再編成を行い、４月に下総流山（現・千葉県）に陣を移したところで新政府軍に捕まった。抵抗はせず、「大久保大和」の変名で逃れる狙いだったが、見破られて旧幕臣にも見捨てられ、江戸板橋で処刑された。首は樽に詰めて京へ送られ、三条河原にさらされたという。

豆知識

1. 近藤には自分の拳を口の中に出し入れして見せる妙なくせがあった。戦国武将の加藤清正（1562〜1611）もそうしていたとして、「自分も加藤のように出世したいものだ」と言って笑った、という逸話が残っている。
2. 新撰組は銃を持たない命知らずの「最後の武士」というイメージが強いが、近藤が捕縛されたとき同時に小銃250丁を押収したという記録もあり、実際は洋式化が進んでいたことがうかがえる。

189 まち ／ 三鷹市

三鷹市といえば、人気の観光地である三鷹の森ジブリ美術館がよく知られ、ほかにも、三鷹市山本有三記念館や太宰治文学サロンなど文化施設が数多くある。作家・太宰治（1909〜1948）や童謡「赤とんぼ」を作詞した詩人・三木露風（1889〜1964）など、名立たる文人たちが暮らした、文化が香る街である。

太宰治文学サロン

三鷹市は多摩地域の東部に位置し、市の東端で東京23区の杉並区と世田谷区と接する。市内の大部分に鉄道は通っておらず、北部にある三鷹駅がJRでは唯一の駅、また市のほぼ北東端には京王電鉄井の頭線が通り、井の頭公園駅と三鷹台駅が三鷹市に含まれる。

旧石器時代の人々は、野川・仙川・井の頭池などの近くに住み、狩猟や植物の採集を行っていたことが遺跡や出土品からわかっている。縄文時代には集落があり、気温の寒冷化などにより三鷹を含む多摩地方には人が住まなくなったが、弥生時代の終わり頃から再び人々が暮らした。奈良時代には武蔵国（現・東京都、埼玉県など）の一部となり、戦国時代には戦国大名・北条氏の支配下になった。

「三鷹」の由来は、江戸時代にこの地域が世田谷・野方・府中という３つの領に属し、さらに将軍が鷹などの鳥を使って狩猟をするための「お鷹場」であったことが理由とされる。江戸時代には、天領（江戸幕府の直轄地）および旗本の領地となり、青梅街道や五日市街道が開通し、玉川上水が整備された。

明治時代の1889年には、上連雀・下連雀・大沢・牟礼など10村が合併して「神奈川県北多摩郡三鷹村」が誕生し、三鷹村は1893年に東京府へ移管された。関東大震災（1923年）によって都心から郊外へ移転する人が増えると、農村地帯だった三鷹の宅地化が進むことになる。昭和時代に入ると1940年に町制が施行され、1950年に三鷹市が成立した。

三鷹市は、武者小路実篤（1885〜1976）や山本有三（1887〜1974）、太宰治など多くの文豪が暮らした「文士の街」としても知られる。また、童謡「赤とんぼ」を作詞した詩人・三木露風が三鷹市牟礼に在住したゆかりから、露風の出身地である兵庫県揖西郡龍野町（現・兵庫県たつの市）と三鷹市は姉妹都市として交流を深めている。

市内には三鷹市山本有三記念館、太宰治文学サロン（ともに三鷹市下連雀）などの文化施設のほか、禅林寺（三鷹市下連雀）には太宰治および森鷗外（1862〜1922）の墓がある。1995年には三鷹市芸術文化センター（三鷹市上連雀）、2001年には三鷹の森ジブリ美術館（三鷹市下連雀）がオープンするなど、文化を大切にする風土は現在も生き続けている。

豆知識

1. 詩人・三木露風が作詞した「赤とんぼ」は三鷹市の防災行政無線や、みたかシティバスの愛称「赤とんぼバス」に使用されている。
2. 国立天文台（三鷹市大沢）は、もともと「東京天文台」として現在の港区麻布にあったが、1924年に当時の三鷹村に移転した。1988年には、国立大学が共同で利用する研究施設「国立天文台」となった。

190 歴史／安政の大地震

1855年10月２日四ツ時（午後10時頃）、江戸の町が大地震に襲われた。下町を中心に甚大な被害をもたらしたこの地震の後には、鯰（なまず）絵が大流行する。

「信州のなまず 江戸のなまず」

前年には関東から近畿地方を安政東海地震（推定マグニチュード8.4）が、その翌日に中部から九州を安政南海地震（推定マグニチュード8.4）が襲うなど日本中で地震が頻発するなか、ついに江戸に直下型の地震が起こった。安政の大地震はマグニチュード7.0前後と推定される直下型地震で、被害の範囲は狭かったものの、江戸市中を直撃した。直後に火災が発生し、翌日には鎮火したものの下町の市街が焼失している。小石川（現・文京区）の水戸藩邸では、藩主・徳川斉昭（なりあき）側近の藤田東湖（とうこ）・戸田忠太夫（ちゅうだゆう）らが圧死した。ただ武家地より町人地の方が被害は大きかった。地震による江戸市中の死者は約7000～１万人と推定され、倒壊家屋はおよそ１万5000軒にのぼった。新吉原は堀と柵に囲まれ出入り口も１カ所だったため、多数の焼死者が出ている。新吉原を除けば、死者数の70％、倒壊家屋の88％は浅草・下谷（現・台東区）、本所（現・墨田区）、深川（現・江東区）、柳島（現・墨田区～江東区）などの町はずれとされる地域だった。

幕府によるお救小屋（公的な救済施設）は５カ所に設置された。浅草では浅草寺雷門前、深川では小名木（おなぎ）川にかかる高橋の近く、同じく深川永代寺（現・深川不動堂）境内、上野広小路、現在の千代田区内幸町にあった幸橋門外で、幸橋門外を除けば被害が大きかった地域に置かれている。地震後の約１カ月間に総計2696人が収容され、もっとも多かったのは浅草だった。

地震の翌々日には早くも速報の瓦版が出されている。被害状況の他、お救小屋の情報も詳しく記しているものがある。情報を伝えることは社会不安やデマを抑える役割もあった。

安政の大地震の以前から、鯰が地震を起こすという俗信があり、武神として古くから東国の武士の信仰を集めた武甕槌神（たけみかづちのかみ）が鹿島神宮の要石で抑え込んでいるとされていた。地震後には鯰絵と呼ばれる錦絵が大量に制作され、大流行した。初めは鯰を懲らしめたり、地震の鎮静を願ったりするものが作られたが、次第に復興の特需を歓迎して鯰を世直しの神とするものも出てくる。当時、浮世絵には幕府の検閲が必要だったが、鯰絵は届け出をしていない違反出版だった。震災発生から２カ月半後、幕府によって関係者数名が捕らえられ、版木も破壊されている。

豆知識

1. 河鍋暁斎（1831～1889）は鯰絵で浮世絵デビューした。弟子に古河邸や鹿鳴館を設計した、日本の洋風建築の父と呼ばれるイギリス人建築家ジョサイア・コンドル（「コンドル」229ページ参照）がいる。

191 自然／東京の名湧水57選

東京都内には、608カ所の湧水が確認されている（2018年調査）。この数は、アルプス山脈が連なる岐阜県・長野県・山梨県をはるかに超える。湧水はその土地の「健全性のバロメーター」といわれ、また清冽なイメージから、東京都の湧き水は豊かな自然が残る多摩地区や島嶼部に集中していると思われるかもしれない。しかし、23区内だけで201カ所、都の湧水の４割近くが都心周辺にあるのだ。

湧水とは、地表や河川、湖沼などに湧き出てきた地下水のことをいう。その形態から、台地の崖や断層面から湧き出る「崖線タイプ」、台地がへこんだ谷の部分に湧き出る谷頭タイプに大別される。また、地下を流れていた伏流水などが湧き出る「凹地滲出タイプ」などもある。東京は、武蔵野台地が中東部一帯から山の手まで占めているため、「崖線タイプ」が多い。台地の端は段丘になっており、台地にしみ込んでいた地下水が段丘の境から自然としみ出てくるのである。台地の上に「自然のダム」の働きをしてくれる森林や畑が広がっているとなお良い。貯めた水を一気に放出することなく、少しずつ流し出してくれるからだ。

東京都環境局は、都内608の湧水のうち57カ所を「東京の名湧水57選」として選定している。一般市民に開放されているものを対象に、水質・水量から歴史的な由来や周囲の景観なども考慮に入れ、名湧水にふさわしい57カ所を2003年に発表したのだ。このうち、16カ所が23区内にある。落合崖線の斜面に広がる「おとめ山公園」（新宿区）、松尾芭蕉が３年ほど暮らした「関口芭蕉庵」（文京区）、元自衛隊の駐屯地を整備した「赤羽自然観察公園」（北区）、明治神宮の森の地下水が滲み出た「清正井」（渋谷区）、可憐な花をつけるカタクリの群生地として人気の「清水山の森」（練馬区）などの他、別項でとり上げた六郷用水（190ページ参照）や等々力渓谷（183ページ参照）も含まれている。

しかし、開発によって人工の建造物が増えているため、どこも水量は減っている。井の頭池（三鷹市）は七つの湧水があったことから、「七井の池」とも呼ばれ、神田上水（「江戸の上水道」211ページ参照）の水源になったほどの水量を誇った。しかし1960年代に枯渇したため、現在はポンプを使って地下水をくみ上げ、水量を維持している。また、湧水イコール名水とも限らない。「名湧水57選」は、清涼な飲み水として推奨されているわけではなく、東京都環境局も「飲用に適することを保証するものではありません」と釘を刺している。あくまで湧水の保護・回復を目的とした、都民への関心を促すためのリストにすぎないのだ。それでも、「名水」のお墨付きを得た東京都の湧水が１カ所ある。環境省選定「日本の名水100選」には、都の名湧水57選から「お鷹の道・真姿の池湧水群」（国分寺市）が選出されている。

豆知識

1.「お鷹の道・真姿の池湧水群」の「お鷹の道」は、江戸時代、徳川将軍の鷹狩りの場だったことから名づけられた。また「真姿の池」は、小野小町としばしば重ねられる平安時代の絶世の美女・玉造小町がこの池の水で病を治したという伝説にもとづく。

192 物語／『夢二日記』竹久夢二

竹久夢二（1884〜1934）が1914年に、東京・日本橋に開店した「港屋絵草紙店」には、彼が手掛けた木版画をはじめとして、浴衣や帯、半襟、千代紙や絵封筒が、所狭しと並べられていたという。今でいう雑貨屋さん、ファンシーショップの先駆けといえるかもしれない。そこには、そんな可愛いものを求めて大正時代の少女たちがつめかけた。そして、そんな女性好みの可愛いものを創る夢二は、恋多き人だった。『夢二日記』には、そんな恋心などが綴られている。

“夢二式美人”といわれる大きな眼に色白のうりざね顔、細身で曲線的な身体、憂いを帯びた風情――大正時代に多くの女性が憧れた、竹久夢二が描いた女性像には、現在もファンが多い。描いた夢二自身、多くの女性と恋をした人で、そんな様々な恋や日々の思いを綴った日記を各所蔵者から集めて四分冊にまとめたものが『夢二日記』だ。

夢二の恋人というと、代表的な３人が挙げられる（お付き合いした女性は他にも少なからずいたようだが）。まず一人目は、唯一、籍を入れた、岸他万喜。目の大きな美人で夢二より２歳年上の未亡人だった。上京し入学した早稲田実業学校の近くにあった絵葉書店「つるや」を切り盛りしていたのが彼女で、夢二が描いた早慶戦野球などの絵葉書を店に持ち込んだことから恋が芽生え、1907年に結婚した。夢二が22歳のときのことだ。翌年には長男・虹之助が生まれるが、いさかいが絶えず1909年には協議離婚。だが、その後も同棲と別居を繰り返し、1911年には次男・不二彦、1916年には三男・草一も生まれている。

二人目は、夢二がもっとも愛していたといわれる笠井彦乃。日本橋の宮内庁御用達の紙問屋の娘で、絵を志し女子美術学校に入学した。だが、その仲は彦乃の父親と病によって引き裂かれた。引き裂かれたことで、よけいに思いが募ったということもあるかもしれない。

そして三人目が東京美術学校（現在の東京芸術大学）でモデルを務めていた佐々木カ子ヨ（かねよ）。洋画家の藤島武二や日本画家の伊藤晴雨のモデルも務めた美人で、“お葉”と呼んで夢二も好んで描いた。本郷の菊富士ホテル暮らしをしていた折にともに過ごし、関東大震災後には、自ら設計した住居兼アトリエ『少年山荘』（現在の世田谷区松原）でともに過ごした。だが、夢二が他の女性と恋愛関係を持ったのをきっかけに去った。

『夢二日記』には、そんな恋人たちへの思いが多く綴られているわけだが、それだけではないことも興味深い。「人の世の普通のことのうちからあるものをぬき出すところに天才の才能が要る、そこに新しい芸術が生まれるのだ」、「三十七にもなってボヘミアンネキタイをして詩を書いている私を実業に従事している人間が笑うだろうか。だが一体、諸君はどこへゆきつくつもりだろう。何のための人生だか誰に確答出来るだろう」など、心に響く言葉がそこここにあり、ページを繰る手を止めさせるだろう。

豆知識

1. 今や“かわいい”という日本語は、海外でも“Kawaii”などと表記されて世界共通語のようになっているが、大正時代の「港屋絵草紙店」のチラシでは、すでに“可愛い”という言葉を使った宣伝が行われている。

193 商業と娯楽 ／ 棒手振

「棒手振」とは、ザルや籠、木桶や木箱などに商品を入れて天秤棒などで担いで道を売り歩く、店舗を持たない零細な商人のことだ。「ぼうてふり」とも読み、「振売」とも呼ばれた。

棒手振(『守貞謾稿』巻之六)

棒手振(振売)という商売が最盛期を迎えたのは江戸時代に入ってからで、百万都市として発展し、かつ男女の人口比に差がある江戸の町では、食べ物をはじめ様々な物やサービスを売る棒手振がいた。幕府は、1648年に江戸市中の棒手振に「振売札」という許可証を交付して、札を持っている者にのみ営業を許可していたが、明暦の大火後、1659年に再度、振売札を交付して(これを万治札という)政策の徹底を図った。振売は年1両ほどの税を課せられ、中でも重要品目の、絹、小間物、木綿、麻、蚊帳、紙帳を売るのは、札を交付された者以外の参入を禁止し、編み笠、小刀、足袋、唐傘、真綿、絹糸、瀬戸物、棕櫚箒、南蛮菓子などを売る者は、その後も参入を認めた。このとき、幕府が許可した江戸の振売は49種あったが、食べ物関係では、先に挙げた南蛮菓子の他に、舂米・麴・油・かつおぶし・串海鼠・串鮑・鮭之塩引・煎茶・肴・時々のなり物菓子・塩・味噌・醤油・豆腐蒟蒻・ところてん・餅などがあった。

この許可制には注目すべき点があった。菜・たばこ・菓子・塩・飴・下駄・味噌・酢・醤油・灯心(行灯などの芯)などを売るのは、50歳以上か15歳以下の者、および身体に障害のある人しか認めないと規定したことである。つまり、社会的弱者に対する一種の救済事業としても機能させようとしたのだ。しかし残念なことに、こうした規制はその後は行われず、棒手振商人は増加していった。食べ物関連について考えただけでも、火気を持ち歩かず、生の食材や調味料、調理済みの食品を売り歩くのだから、特別な技術や知識も店を構えるための権利なども必要なかったので、簡単に開業できたのである。

ある野菜の棒手振を例にどれぐらいの稼ぎがあったのか、『文政年間漫録』という随筆の記載によると、早朝600〜700文の元手で野菜を仕入れ、銭1貫200〜300文の売上があり、食費や住居費を除いて100〜200文ほどの余裕があった。仕入れの金を持たない者には、100文につき1日当たり1〜2文の利息で親方が貸し付けたという。地道に稼いで日々の仕入れ代金を自分で払えるようになった者や、商いのコツを覚えて親方から独立する者もいたが、独身者の多い江戸では、親方の下で、気楽なその日暮らしに甘んじる棒手振も多かった。

豆知識

1. 棒手振には、独特な呼び声をかけながら町を流して歩く者も多かった。江戸の夏の名物「冷水売」の呼び声は「ひゃっこい、ひゃっこい」。「たまや、たまや」としゃぼん玉売。「あっさり、死んじまえ〜」と聞こえるアサリ・シジミ売、鰯売の「いわしこー、いわしこー」など、呼び声を挙げるときりがない。庶民に親しい棒手振の売り声は、一部芸能化したり、落語などのモチーフとして使われたりした。
2. 江戸時代の鮨や天ぷら、鰻の蒲焼というと、屋台店において客の目の前で調理するイメージだが、屋台が広まったのは江戸中期以降になる。それまでは、別の場所で調理したものを木箱に入れ、棒手振が売り歩くことも多かった。

194 暮らしと文化／裏長屋の暮らし

江戸の町には武家地と町人地があり、武家屋敷が多くの面積を占めていた。町人たちは残った土地に住まざるを得ないから、江戸の町人地には小さな住居がひしめき合うことになる。表通りに家を構えられる町民はごく一部で、豪商の屋敷や大店(おおだな)が並んでいた。だから江戸庶民の多くは、裏路地に面した長屋に住んでいた。火事の多い江戸で、豪華な家を建てても仕方がない。いきおい簡素な長屋が建ち並ぶことになる。これを「裏長屋」と呼ぶ。

裏長屋にも２種類ある。横長の建物を壁で区切り、数戸の家にしたのが割(わり)長屋だ。六軒長屋が多かったとされる。間口九尺（約2.7m)、奥行き二間（約3.6m）というから、六畳程度の広さだろう。多くは２階建てで２階に１室。１階は四畳半の部屋と、竈(かまど)や水がめが設置された土間だ。そこに親子が暮らすのだから、ずいぶん窮屈だっただろう。しかし、江戸庶民の多くは、長屋で暮らさざるを得なかった。大坂と江戸、京都の風俗について比較した喜多川守貞(きたがわもりさだ)（1810～？）の『守貞謾稿(もりさだまんこう)』によると、この時代、江戸に大家が２万117人いたというから、長屋の棟数はそれ以上だろう。玄関の前には排水溝が流れ、その蓋を通路代わりにしていた。いわゆる裏路地である。長屋の突き当りには共用の井戸や便所、ごみ捨て場があった。裏長屋では、日々おかみさんたちの「井戸端(いどばた)会議」が繰り広げられただろう。江戸の町民人口は増える一方だったから、少しでも居住区の土地を有効に使いたい。裏路地を一本節約したのが棟割(むねわり)長屋だ。割長屋の棟木(むなぎ)の下に壁を造って家を分けられている。居住面積は同じでも、玄関からしか光が入らないから暗かっただろう。風も通らなかったはずだ。表通りに面した長屋は表長屋と呼ばれるが、表通りは独立した家屋が多く、「長屋」といえば裏長屋のことだと考えて間違いはないだろう。裏長屋の家賃は天保年間（1830～1844）で、600文程度だったという。現代の価値に換算すると１万円強だが、日掛けで分割払いにしている住人も多かったようだ。

長屋住民の結束は強く、「大家といえば親も同然、店子(たなこ)といえば子も同然」と、大家は家を貸している店子の仕事や結婚の世話もしてくれた。壁も薄かったので、隣の声も丸聞こえだっただろう。落語「野ざらし」は、深夜に女嫌いの浪人、尾形清十郎の部屋から女の声が聞こえてきたのが発端だ。翌朝大工の八五郎が清十郎に「あれは誰だ」と詰め寄っている。清十郎を訪ねた妙齢の女性は昼間に見つけた野ざらしのしゃれこうべ（頭蓋骨）の主で、供養してくれた清十郎にお礼を言うため幽霊となって訪れたのだとわかり、八つぁんこと八五郎はしゃれこうべを探しに出かけて大騒ぎ…という筋書だ。現代の東京のように、アパートの隣に誰が住んでいるか知らないような環境では、こんな話は生まれなかっただろう。どの長屋からも少し歩けば稲荷の小さな祠(ほこら)があり、住民たちは、頻繁にお参りをしていたようだ。江戸の庶民たちは助け合いながら、ときには神頼みもしながら暮らしていたのだろう。

豆知識

1. **長屋は家具ごと大家が用意して貸した。これを「付貸(つけがし)」と呼ぶ。一方、上方では店子が家具を用意する「裸貸(はだかがし)」が主流だった。引っ越すたびに道具を売り、古道具を購入していたようだ。**

195 人物 ／ 岩崎弥太郎

「国あっての三菱」。三菱財閥の創業者である岩崎弥太郎（1835〜1885）が、重要な場面になると口にしたという言葉だ。維新後の動乱期を「政商」として生き抜き、ついに海運業界を牛耳る存在となった岩崎は、「社長独裁」ともいわれる剛腕を発揮して巨額の財をなした。その言葉には、押しの一手で何とか人生を切り開いた土佐人の、覚悟のようなものが感じられる。

岩崎弥太郎

大坂で海運会社「三菱商会」を立ち上げ、東京に本社を移して「三菱蒸気船会社」と改めた岩崎にとって、大きな転機となったのが1874年の台湾出兵だった。台湾に漂着した琉球民54人が殺害された事件の処理を巡って清国ともめ、政府は軍の派遣を決定。だが、その兵員輸送を英米の船会社からは「局外中立」を理由に断られ、政府系の日本国郵便蒸気船会社に運航を委託しようとするも煮え切らない態度だった。そこで新興の三菱に白羽の矢が立ったわけだ。担当長官の大隈重信（1838〜1922）に呼ばれ、協力を依頼された岩崎はドスのきいた声で、はっきりと答えたという。「国あっての三菱、引き受けさせていただきましょう」

三菱は政府から任された外国の大型船10隻を使って兵員・武器・食料の輸送に全力を傾け、台湾出兵をバックアップ。政府は清国との交渉で50万元の賠償金を得た。さらに３隻の追加を受けた三菱は、激化していた沿岸航路競争に勝ち、日本国郵便蒸気船会社は翌年６月、解散に追い込まれた。三菱は東京進出からわずか１年で、海運業のトップにのし上がったのだ。

岩崎は土佐国安芸郡（現・高知県安芸市）の貧しい浪人の家に生まれ、苦学して初めて藩に職を得たのは26歳のときだった。長崎に出張し、運良く土佐藩の開成館長崎出張所（長崎土佐商会）主任となったのが32歳。武器・艦船の買い付けや船舶の運航管理をして腕を磨いた。同い年の坂本龍馬（1835〜1867）ら幕末に活躍した志士と違って、「遅れてきた青年」は維新後の1870年、民間の九十九商会（後の三菱商会）を発足させ、藩の海運事業を引き継ぐ。これが三菱の創業とされ、ビジネスの道を歩むこととなる。

西郷隆盛（1827〜1877）らが挙兵した西南戦争（1877年）の際も、三菱は社船38隻を投入して政府軍を支え、大きな利益を上げた。その金で岩崎は東京に大きな屋敷を三つ購入。そのうち岩崎が移り住んで晩年を過ごしたのが、上野・不忍池近くの茅町本邸と呼ばれた屋敷だ。岩崎はこの家で死の床についた。享年50。ちょうど、三菱の独占的地位に批判的な渋沢栄一（1840〜1931）らが立ち上げた海運会社との値引き合戦が長引き、共倒れの心配も出るなかのことだった。屋敷はその後、長男の久彌によってジョサイア・コンドル設計の洋館と名棟梁といわれた大河喜十郎による和館に建て替えられ、今は旧岩崎邸庭園として公開されている。

豆知識

1. 父親が庄屋の酒の席で殴打され、後遺症で畑作業もできなくなる騒ぎがあり、岩崎が奉行所に訴えたことがある。だが門前払い同様の扱いに怒った岩崎は奉行所の壁に「官は賄賂をもって成る」と落書きして捕まり、７カ月も投獄された。

196 まち／青梅市

「青梅」の地名は、平将門（？～940）の伝説に由来し、古代から信仰を集める御岳には現在も巡礼やハイキングに多くの人が訪れる。江戸時代に栄えた青梅街道沿いにはレトロな町並みが残り、現在も人々に親しまれている。かつて全国屈指の布団用の布地の産地であった伝統が、新たな手法によって伝承されていく試みがなされている点も特徴的だ。

青梅市は東京都の北西部、都心から西へ約40～60kmの位置にあり、秩父多摩甲斐国立公園の玄関口として豊かな自然環境に恵まれている。

市を横断するようにJR青梅線がのび、東から順に河辺駅から御嶽駅まで10駅が市内に含まれる。また、西から東に向かって流れる多摩川は、市民の憩いと潤いの場となり、御岳渓流は1985年に環境省から「名水百選」に選定されている。

青梅の地名は平安時代にさかのぼり、青梅山金剛寺（青梅市天瀬町）の境内には、有力武士の平将門にゆかりの名樹「将門誓いの梅」がある。伝説によれば、承平年間（931～938年）、将門がこの地に来て一枝の梅を地に挿し、「わが願いがかなうならば栄えよ、そうでないなら枯れてしまえ」と誓ったところ、梅は大いに枝葉を伸ばして繁茂したと伝わる。その梅の木が育ったことを喜んだ将門が、建立した寺が現在の金剛寺である。さらに成長して梅の実を結ぶようになると、秋になっても熟することなく青々としたままであることから、いつしか地名を「青梅」と呼ぶようになったとされる。

市内のほぼ南東端にそびえる御岳山の武蔵御嶽神社（青梅市御岳山）は、奈良時代の736年に僧・行基（668～749）が東国鎮護を願って蔵王権現の像を安置し、蔵王信仰の地として知られるようになった。中世には山岳信仰が興隆し、「金峰山御嶽蔵王権現」として武将たちから信仰された。鎌倉時代の有力御家人・畠山重忠（1164～1205）は、鎧や鞍、太刀などを奉納したと伝わり、日本史の教科書に載る「赤糸威鎧」もその一つだとされている。

JR青梅駅の周辺には歴史ある建物や老舗が並び、昭和レトロな町並みが残る。江戸時代には、甲州街道の脇街道（脇路）である「青梅街道」の主要な町として栄え、旅人や御岳山への参拝者、商人でにぎわった。江戸幕府は建築資材となる石灰の供給地として、さらに江戸の西方面の森林を管理する出先機関として青梅宿に青梅陣屋を置いた。

江戸時代、青梅は織物の産地としても有名で、絹と綿の交織の青梅縞が広く親しまれた。その後、布団用の布地である「青梅夜具地」の生産が主要産業となり、全盛期の昭和20年代には、夜具の全国シェアの約６割を占めた。寝具の洋風化によって衰退し、現在は生産されていないが、残された青梅夜具地の生地でタオルなどを生産し、青梅の織物の伝統を後世に伝えていく取り組みが行われている。

豆知識

1.『宮本武蔵』などの名作を生み出した作家・吉川英治（1892～1962）は青梅市の名誉市民である。吉川英治記念館が吉川英治国民文化振興会によって2019年まで運営されていたが、青梅市に寄付され、2020年９月７日の「英治忌」に合わせ、青梅市吉川英治記念館（青梅市柚木町）として再び開館した。

197 歴史 ／ 桜田門外の変

1860年３月24日、江戸城内郭を守る門の一つ、桜田門外で大老・井伊直弼（1815〜1860）が襲撃される。襲撃したのは水戸藩士を中心とした攘夷派（外国勢力を打ち払おうとする勢力）の志士たちだった。桜田門外の変をきっかけに、幕末の日本はテロリズムの時代に突入する。

桜田門外之変図

井伊直弼と前・水戸藩主である徳川斉昭（江戸幕府最後の将軍となる徳川慶喜の実父）は将軍の後継ぎ問題や日米修好通商条約の締結をめぐって対立していた。直弼は1858年、日米修好通商条約を天皇の許可なく締結。激怒した孝明天皇は攘夷を表明して攘夷派の急先鋒である水戸藩に幕政改革の密勅を出した。これに攘夷派が勢いづくと、直弼は自身に反対する攘夷派の大名らを処刑する（安政の大獄）。また、紀州藩主の徳川慶福（のちの14代将軍・家茂）を将軍の後継ぎに決定した。桜田門外の変は安政の大獄が続く中でのできごとだった。当日は旧暦の上巳の節句（桃の節句）で、諸大名が江戸城に登城する日だった。午前９時頃、直弼の行列が桜田屋敷（現・千代田区永田町。憲政記念館がある）を出て桜田門に向かう。その供侍に直訴を装いうずくまっていた森五六郎が斬りかかり、黒沢忠三郎が短銃を発砲。これを合図に浪士たちが殺到した。前夜から雪が降り続いていた。50人ほどいた直弼の供侍は、刀が濡れないように柄に袋を被せていたためとっさに抜けなかった。雨合羽も動きを邪魔した。直弼は有村次左衛門に駕籠から引きずり出され、討ち取られた。刀の先に首を掲げながら日比谷門へ向かう有村は追手に斬られ、辰の口（和田倉門外。現在の和田倉噴水公園のあたり）で力尽きた。

白昼、しかも江戸城の門前で幕府の最高実力者が殺害される大事件だった。幕府は厳重な緘口令を敷き、井伊家に直弼の死を隠すように命じる。井伊家が提出した負傷届は直弼の名で出され、「狼藉者に襲われ、追い払ったのですが怪我をしたのでひとまず帰りました」という内容だった。屋敷で療養し、２カ月近くのちに死亡したことになっている。

襲撃に関わった18人のうち17人が水戸藩士で、有村は薩摩藩の脱藩者だった。当日の早朝、襲撃メンバーは愛宕山の愛宕神社に集結し、桜田門外では見物人を装って道の両側で待機していた。行列を襲撃したあとは、それぞれ追手から逃げて自刃したり、大名家に自訴（自首）したりしている。明治時代まで生き延びたのは２人だけだった。一方、直弼が藩主だった彦根藩では襲撃により直弼の他８人が死亡した。生き残ったものも護衛失敗の責任を問われ、重傷者は幽閉、軽傷者は切腹、無傷の者は斬首されている。

豆知識

1. 襲撃現場は、警備のために設けられた辻番の目の前だった。町人地の木戸番とともに江戸の治安維持・警備を担う存在だったが、次第に辻番では下層民を雇うことが増え、治安維持の役割を果たすのは難しくなっていた。
2. 上に挙げた「桜田門外之変図」は襲撃メンバーの一人である蓮田市五郎が描いた。蓮田は襲撃後に老中・脇坂安宅の屋敷に駆け込み襲撃の趣意書を提出し、翌年に処刑されている。

198 自然／池

窪地に水がたまった池は、灌漑や給水など様々な用途に使われるだけでなく、都市部では自然景観の維持にも寄与している。ここでは異なった起源を有する3つの池（井の頭池・不忍池・溜池）を取り上げて、東京にある池の来し方行く末をたどってみよう。

上野公園の不忍池（東京都台東区）

東京湾の水位が今より50mほど高かった時代、海は練馬区東部近辺にまで入り込み、そこには波の浸食作用によって崖が出来上がった。やがて海岸線が後退して陸地になった後は、崖の上下を問わず火山灰等に由来する細粒物が堆積したものの、かつての崖の下端には水が湧き出る箇所があり、そこに堆積することはなく池が生じた。これが武蔵野の三大池といわれる井の頭池（三鷹市）と善福寺池（杉並区）、三宝寺池（練馬区）の起源である。そのため三つの池の標高は50m前後と共通し、位置も近接している。

三大池の一つである三宝寺池が主水源であった石神井川は、東京都北部を東進して北区堀船で隅田川に合流しているが、かつてこの川は桜の名所として知られる飛鳥山の手前で南へと向きを変え、本郷台と上野台の間を流れる谷田川（藍染川）として東京湾に注いでいた。流路が変わった理由としては、人の手によるものとする説と縄文時代の河川争奪（ある河川の上流部を、浸食力の大きい別の河川が奪う現象）によるものとする説がある。いずれにしろ谷田川の河口部であった入江が、海岸線の後退に伴って陸地に取り残され、後に不忍池になったと考えられている。

井の頭池や不忍池が自然の産物であるのに対し、港区赤坂にあった溜池は、その名のとおり人工の池である。和歌山藩主だった浅野幸長（1576～1613）が江戸城外堀の一部、かつ飲料水を得るためにつくったもので、今の不忍池以上の大きさがあった。

このようにそれぞれ異なった起源を有する三つの池だが、都市化の進行に伴って悲運に見舞われた点は共通する。武蔵野の三大池は、高度経済成長期の過剰な汲み上げが招いた地下水位の低下により湧水が大きく減少。今は深井戸からの揚水に頼っている。流入する谷田川を失った不忍池も、隣接する上野駅や京成上野駅の地下に湧く水を引き込むことで命脈を保っている。溜池に至っては玉川上水（「江戸の上水道」211ページ参照）の完成により埋め立てが始まり、明治初期には完全に陸地化して交差点名や駅名としてのみ残る有り様である。

とはいえ井の頭池も不忍池も周辺の都市化に抗して自然の景観を保ち、都内の貴重なオアシスとなっていることに変わりはない。近年では再生の取り組みも進み、水質の改善も見られている。何とか生きながらえた二つの池を見て、溜池の亡霊は何を思うのであろうか。

豆知識

1. 東京大学の本郷キャンパスにある育徳園心字池は、夏目漱石の『三四郎』の舞台であったことから「三四郎池」と呼ばれるようになり、今ではこの愛称で広く知られるが、駒場キャンパスにある駒場池も、三四郎池にちなんで「一二郎池」と呼ばれる。ただし前者に比べて知名度が低いうえ、「この池を見ると留年する」などとありがたくない噂まで立てられている。

199 物語 ／『おとうと』幸田文

高名な作家の父、冷たい継母、ぐれていく３歳下の弟に母親のような愛情を示す姉 ——。幸田文（1904〜1990）の長編小説『おとうと』は、文豪の幸田露伴（1867〜1947）を父に持つ文が、自らの家族をモデルに書いた自伝的小説だ。一家が暮らしていた墨田区東向島１丁目から吾妻橋あたりの隅田川沿いが、主な舞台とされる。姉の目からみた弟と家族の物語は、何度もドラマや映画にもなり、多くの人の涙を誘った。

物語は、隅田川の春の描写から始まる。

「太い川がながれている。川に沿って葉桜の土手が長く道をのべている。こまかい雨が川面にも桜の葉にも土手の砂利にも音なく降りかかっている」

文とおぼしき主人公は17歳の女学生「げん」。父は自分の仕事に没頭する高名な作家で、継母とは不仲だ。不安定な家庭の影響を受けた14歳の弟「碧郎」は万引きを始め、不良仲間に引き込まれ、ついには退校処分となる。懲りずにビリヤードやボートレースに興味を抱き、「自分から求めてひとりぼっちになった」ような弟。それでも、姉は弟に柔らかな愛情を注ぎ、喧嘩までしかけてボートをあきらめさせる。そして関東大震災が起き、小石川に引っ越した頃、弟は肺病の宣告を受け、病魔に侵されていく ——。

実生活でも、文は５歳のときに実母と死別。父は再婚したが後妻との折り合いは悪かった。一家が関東大震災の翌1924年、小石川に引っ越しをすると、３歳下の弟・成豊は結核を患っていることがわかり、19歳で亡くなっている。物語の冒頭で描かれた隅田川の土手は、女子学院に通う文と明治学院に通う成豊が毎朝、一緒に歩いて対岸の浅草に渡り、それぞれの電車に乗って通学するルートだった。

文はその後、24歳で清酒問屋の三男と結婚し、今の港区三田で暮らした。しかし、33歳で離婚し、娘を連れて実家に戻ると、それからは父・露伴の身の回りの世話を焼いた。露伴が没した1947年、父にまつわる随筆『終焉』『葬送の記』を発表して文壇に登場。江戸前の歯切れのよい文体で人気を集め、花柳界に力強く生きる女性たちを描いた『流れる』（1955年）では新潮社文学賞・芸術院賞を受賞した。文が52歳のとき書き始めた『おとうと』は、1956年から雑誌『婦人公論』に１年余り連載され、1957年に本になった。弟を亡くしてから実に30年の時をへて初めて、真正面から弟に光を当てた作品だったのだ。

文と付き合いの深かった作家・村松友視（1940〜）は、彼女にとって弟の存在は「実はとてつもなく大きかったのだろう」と自著『幸田文のマッチ箱』に書いている。そして『おとうと』には、「姉の目に映る男のどうしようもない弱さ、いいかげんさ、面白さ、不可解さ、不甲斐なさ、かわいらしさが躍動している」というのだ。

豆知識

1. 物語は1960年、家族の再生を描いた感動ドラマとして水木洋子が脚色し、市川崑監督の映画『おとうと』になった。岸恵子と川口浩が姉弟を演じ、冷たい継母役は田中絹代が好演した。1976年にもリメイクされ、浅茅陽子と郷ひろみが姉弟を演じた。
2. 山田洋次監督の映画『おとうと』（2010年）は、市川監督に捧げられたオマージュ作品で脚本はオリジナル。姉を吉永小百合、鼻つまみ者の弟を笑福亭鶴瓶が演じた。

200 商業と娯楽 ／ 三井越後屋

元禄時代の奈良屋茂左衛門や紀伊国屋文左衛門といった豪商の多くが没落していくなか、江戸一番の商人となったのが、三井の家祖、三井高利（1622〜1694）である。江戸に開いた呉服店「三井越後屋」（後の「三越」）において、高利は革新的な商法で巨万の富と不動の名声を築いた。

「東都名所 駿河町之図」歌川広重

三井家の発祥は伊勢松坂（現・三重県松阪市）で、18世紀半ばにはすでに、京都・大坂・江戸に呉服関連の仕入れ・加工・小売り９店舗（本店一巻）と両替店５店舗（両替店一巻）、発祥の地の伊勢松坂店、さらに三井家同族と営業店舗を管理統括する部門として京都に「大元方」が設置されていた。

1673年、すでに伊勢松坂で商人として成功を収めていた高利は、江戸日本橋本町一丁目に呉服の小売店、京に呉服の仕入れ店を開業する。そこでの商売の方法が「現金掛け値なし」の店先（前）売りである。当時は「節季払い」といって、年に２回から３回、まとめて商品の代金を支払う方法が一般的だった。価格には「掛け値」つまり代金が支払われるまでの利息分も含まれていたので、現金による即日支払いにすれば、掛け値分が安くなるのである。また、当時の呉服店の一般的な商法は、商品の見本を得意先に見せて注文をとる「見世物商い」か、商品を得意先に持ち込んで販売する「屋敷売り」で、得意先も大名や武家、大きな商家に限られていた。そのため、誰でも気軽に店に立ち寄れる店頭販売「店先売り」は、画期的な売り方として大人気となったのである。たちまち周囲の店から嫌がらせを受けるほどの繁盛ぶりとなった。そこで1683年、すでに両替業務を始めていた駿河町に移転し、同時に江戸両替店を正式に開店させる。1689年には幕府の呉服御用達を命じられ、さらに1691年には金銀御為替御用達（幕府公金に関する為替業務を行う店）に任命されると、三井家の名声はますます高まり、資産も着実に増えていった。

「江戸店持ち」の上方商人は、基本的に本店のある地元の男性のみを雇用する。江戸化せず流暢な上方言葉を使って接客する店員の存在は、三井越後屋のような呉服店では特に店の高級感を高め、そこで買い物をする客の自尊心をくすぐった。店頭では部署ごとに担当者を決めて名前を貼りだし、金銀相場も客にわかりやすいように工夫した。また、薄利多売のコンセプトに加え、「引札」と呼ばれる広告チラシの配布や、反物の切り売り、端布の販売、店員の専門家、加工サービス（反物を４時間で仕立てる）など、これまでの商法とは違うアイディアやサービスを駆使して売上を伸ばしたのである。

豆知識

1. 高利は「遊芸に気を入申事無之、一生商の道楽」とし、商売以外にはあまり興味を持たなかったようだ。遊蕩を尽くして没落した元禄商人とはそこが大いに違っていた。江戸で大きな成功を収めた高利だが、実は28歳で松坂に帰郷し、以来、再び江戸に下ったという正式な記録は残っていないという。江戸店を実際に動かしていたのは子どもたちで、高利本人は江戸に身を置くことなく、松坂から指示を出していたようである。晩年は京都に住み、1694年73歳で死去した。彼が一代で築いた財産は７万両以上といわれている。

201 暮らしと文化 ／ ペット

浮世絵には犬や猫、金魚、鳥、鼠などの動物も描かれている。江戸時代のペットだろう。鎖国以前に輸入された西洋の大型犬は、武士が好んで飼っていたようだ。しかし江戸の町にいたのは日本犬だ。美女とともに描かれているのは、断然猫が多い。猫は可愛いだけでなく、鼠をとってくれるので重宝された。鼠を追い払うために猫を飼ったのと矛盾するようだが、二十日鼠も愛玩された。美しい声で鳴く鶯や目白は、鳴き声を楽しんだり、競い合ったりした。

歌川国貞「星や霜当世風俗 子守に戯れる犬」

日本人は、縄文時代から犬をパートナーとしてきた。昼間は狩りのお供をし、夜は敵を追い払ってくれる忠誠心の強い犬は、人間にとって心強い存在だった。江戸の町にも犬がたくさんいたようだ。江戸時代後期の読本作家で絵師でもある暁 鐘成（1793～1861）は、犬の飼育書『犬狗養畜伝』を著し、犬の飼い方や、病気や怪我に効く薬などを解説している。鐘成は大坂の大店（大規模な商店）の息子で愛犬家として知られ、夏の盛りには、近所の犬たちにも水をやっていたという。それだからか鐘成の描く犬の挿絵は愛らしい。また、「この世に生を受けたものは禽獣に至るまでみな兄弟。ましてともに暮らし、なつき従う犬はなおさらのこと」と、犬を大切に飼うよう訴えている。喜多川守貞の『守貞謾稿』によれば、野良犬の死骸を集める仕事もあったという。しかし、「京坂にはあるが、江戸にはない」と書いているから、江戸庶民が犬の死骸をどう処分していたのかはわからない。

浮世絵師の歌川広重（1797～1858）や歌川国芳（1797～1861）は好んで猫を描いている。国芳の「猫飼好五十三疋」は、東海道五十三次の宿名を猫の姿で洒落たもの。例えば日本橋は猫が鰹節二本を前にしたもので「二本だし」、大きなイカを咥えた猫は「おもいぞ」で大磯を表現しているといった具合だ。絵だけではなく、招き猫の焼き物もよく売れた。一方で、化け猫の話も少なくない。勘定奉行の根岸鎮衛（1737～1815）が異事奇談を集めた『耳袋』には、「猫物をいう事」という話がある。牛込のとある寺の飼い猫が、鳩を取り逃がし「残念なり」と呟いたというのだ。それを聞いた和尚が問い詰めると、「10年生きた猫はみな物を言うもので、14、5年も生きれば猫又となって神変も得ます」と答えたという。猫又とは猫の妖怪だ。

金魚も人気のペットだった。ただ飼うだけでなく、色々な金魚を掛け合わせ、珍しい金魚が生み出された。現在の大阪府南部にあたる和泉国の金魚研究家、安達喜之（生没年未詳）は『金魚養玩草』を著し、どのような金魚が上等なのか、飼育法や治療法などを解説している。上述の『耳袋』「玉石の事」は、石の中にすむ魚の話だ。玉石をゆっくり磨き上げると中が透け、水の中を泳ぐ魚が鑑賞できる。魚がすむ玉石はいつも濡れているので、それとわかるという。

豆知識

1. 大黒様と同一視される大国主は鼠に命を助けられている。大きな白鼠を「大黒鼠」と呼ぶのもこの縁だろう。江戸庶民も鼠は縁起の良い動物と考えていたようだ。

202 人物 ／ 渋沢栄一

2024年に刷新される新１万円札の「顔」に採用される渋沢栄一（1840〜1931）は、幕末維新の激動期を百姓から志士、幕臣、新政府役人と転身を重ねながら駆け抜けた人物だ。明治以降は実業家となり、500社もの会社設立に関わった。「日本資本主義の父」とも称される渋沢の知恵と奮闘によって生み落とされた企業は、今も東京に数多く残されている。

渋沢栄一

渋沢は武蔵国血洗島（現・埼玉県深谷市）の豪農の家に生まれた。藍の商いで商才を磨き、22歳で江戸に遊学。憂国の志士と交わるうちに討幕思想を抱き、高崎城（現・群馬県）を襲撃して横浜に進軍する計画を練る。しかし、仲間と激論のすえ断念して京都へ。懇意の一橋家家臣・平岡円四郎（1822〜1864）の計らいで一橋家家来となり、1867年にはパリ万国博覧会に出席する徳川昭武（1853〜1910）に随行して、欧州の進んだ産業や制度を目の当たりにした。

帰国後、一度は新政府の命で大蔵省に勤めたが、1873年に退官して実業界に入り、まずは銀行設立を手がける。日本橋で呉服を扱う越後屋から始まった三井組と、京都の豪商の出の小野組との間を取り持ち、共同で民間の「第一国立銀行」を設立したのは退官翌月のことだった。その後、第一銀行と名を改め、渋沢は長く頭取を務めた。同行は後に合併により第一勧業銀行となり、今のみずほ銀行へとつながっている。

渋沢はインフラ整備も重視し、1885年に東京のガス事業が民営化された際には手を挙げて、東京瓦斯会社（現・東京ガス）を設立した。日本で初めての海上保険会社「東京海上保険」が1879年に設立できたのも、渋沢の調整能力の賜物だ。当時、海運業の第一人者だった岩崎弥太郎に声をかけ、三井家や華族からも出資を得て実現できた。２度の大きな合併をへて、今も東京海上日動火災保険として残っている。渋沢は他にも王子製紙、清水建設、日本郵船など名だたる企業の設立に関わった。

今でいう株式会社の導入に大きな役割を果たした渋沢だが、ひたすら利潤拡大を求める昨今の資本主義とは異なる経営哲学の持ち主だった。一貫して公共の利益、社会全体の利益を重視していたからだ。当時、提唱した「道徳経済合一説」は、公益を求める「道徳」と利益を求める「経済」は事業において両立しなければならない、とするものだった。その経営哲学は自著『論語と算盤』にまとめられた。実際、渋沢は生活困窮者や高齢者を保護する「養老院」院長を務めるなど、600の社会・教育事業にも携わった。関東大震災のときには、80歳を超えながら被災者救済や復興のために走り回り、晩年には病をおして、貧しい人々を支える救護法の制定と早期実施に努めた。

豆知識

1. 2021年のNHK大河ドラマ『青天を衝け』で主人公の渋沢栄一役を演じた俳優吉沢亮は、村一番の力持ちといわれた渋沢の役作りのため筋トレに精を出したという。
2. 渋沢はパリから帰国後、かつて仕えた15代将軍・徳川慶喜が謹慎中の静岡にいったん移り、藩の借用金と民間資金を合わせて今の商社や銀行にあたる「商法会所」を設立した。そこから茶の生産が始まり、やがて静岡は茶の名産地となった。

203 まち／府中市

府中市には飛鳥時代に置かれた「国府」の跡があり、長い歴史を経てきたことを物語る。鎌倉時代末期には新田義貞（？～1338）が鎌倉幕府軍と激戦を繰り広げ、江戸時代には将軍が鷹狩りを楽しんだ。現在では東京競馬場があり、馬が駆ける光景は昔も今も変わらない。

武蔵国府跡（国指定史跡）

府中市は東京都のほぼ中央に位置し、市内を二分するようにJR南武線が南北に走る。市内の主要駅であるJR南武線の府中本町駅は、市のほぼ中央にあり、府中市役所や東京競馬場への最寄り駅である。市域全域が武蔵野台地上にあり、市の南辺には多摩川が流れている。

大化の改新（645年）によって、武蔵国（現・東京都、埼玉県など）が設置されると、政治の中心地「国府」は現在の府中市に置かれ、国府の政務機関である国衙の跡が、大國魂神社（府中市宮町）の境内および、その東側一帯に存在したことが発掘調査により明らかになっている。さらに、国府の中枢施設、「国庁」だと考えられる大型建物跡も発見された。古代には国司の居宅と執務室を兼ねたとされる国司館、江戸時代には徳川家康が鷹狩りをする際に宿泊・休息をした府中御殿が置かれた。

大國魂神社は今から約1900年前の景行天皇の時代に、武蔵国の鎮守（武蔵国魂）として大国魂大神を祀ったのが始めとされている。8基の華麗な神輿と大太鼓が繰り出す例大祭が5月5日に行われ、「くらやみ祭」として多くの人でにぎわう。

平安時代後期、源頼義（988～1075）・義家（1039～1106）父子が安倍一族の乱を鎮圧した前九年の役（1062年）において、帰途にケヤキの苗を1000本寄進したことに始まるといわれるのが、「馬場大門けやき並木」である。その後、徳川家康が関ヶ原の戦い、大坂の陣の戦勝の御礼として馬場を献納し、ケヤキの苗を補植した。府中駅前から大國魂神社へと続く参道のケヤキ並木には、江戸初期のものが一部残っているほか、カエデなどの老樹も多い。

馬場大門の南には東京競馬場（府中市日吉町）がある。明治時代には1907年創設の目黒競馬場（現・目黒区下目黒）があったが、目黒競馬場は立地条件の良さから宅地化が進み、さらに関東大震災（1923年）後の、東京郊外の急激な発展と地価地代の高騰によって、移転の運びとなった。そして1928年、東京府下北多摩郡府中町南寄りの土地が新競馬場の建設予定地に選定される。当時の府中町周辺は小さな町で、交通においては非常に便利ともいえなかったが、多摩川水系に支えられた豊富な水と良質の青草に恵まれていたことなどが要因となり、移転先と決まった。国府があった頃から現在まで、馬が駆ける光景は変わらないのかもしれない。

豆知識

1. 武蔵府中熊野神社古墳（府中市西府町）は、日本国内でも希少な上円下方墳。3段から構成される特殊な形をしており、1・2段目が方形、3段目が円形である。
2. JR分倍河原駅に名前が残る分倍河原では、鎌倉幕府の討幕のために兵を挙げた新田義貞が、北条泰家率いる鎌倉幕府軍を破った。新田氏の子孫で元男爵、新田義美の筆による記念碑が1935年に立てられた。
3. 「府中市」には東京都府中市のほか広島県府中市がある。国の方針では、同一市名は望ましくないとされていたが、市制施行日がほぼ同日（広島県府中市は1954年3月31日、東京都府中市は同年4月1日）であったため、両市とも同じ名称で現在に至っている。

204 歴史 ／ 大政奉還

江戸を大都市たらしめたのは将軍のお膝元という地位だった。ところが14代将軍・徳川家茂(いえもち)による将軍としては229年ぶりとなる上洛(じょうらく)の後、政局は上方に移る。1867年11月9日には第15代将軍・徳川慶喜(よしのぶ)が政権を天皇に返した。この大政奉還も京都の二条城が舞台となった。

外国勢力を排除しようという攘夷(じょうい)論は、下関戦争（長州藩とイギリスなど4カ国の武力衝突）や薩英(さつえい)戦争（薩摩藩とイギリスの武力衝突）を経てしぼみ、薩摩藩と長州藩（薩長）が中心となり幕府を倒そうという動きになる。一方、慶喜は大政奉還ののち、諸侯の会議で実権を握ろうとしていた。それを阻止したい薩長は新政府樹立を宣言するクーデターを起こす（王政復古の大号令）。幕府と将軍を廃止し、摂政や関白も廃止した。新たに総裁、議定、参与の三職を定めたが、慶喜はここに入れなかった。

新政府が樹立する直前頃から江戸や周辺の治安が極度に悪化していた。日本橋の両替商・播磨屋(はりまや)新右衛門が1万5000両を強奪され、幕府の年貢米を扱う蔵前の札差商人・伊勢屋(いせや)宅でも3万両が強奪されている。どうやら薩摩藩の幕府に対する挑発行為らしかった。12月23日早朝には、薩摩出身の天璋院(てんしょういん)（13代将軍・家定の正妻）が住む江戸城の二の丸御殿から出火する。奥女中にも薩摩出身者がいたため、薩摩の人間による放火ではないかという噂(うわさ)が流れた。夜には江戸市中の取締を担っていた庄内(しょうない)藩酒井家の屯所に鉄砲が撃ち込まれる。幕府は庄内藩らに薩摩藩三田屋敷（現・港区）の包囲を命じ、犯人の引き渡しを求めたが、交渉は決裂。大砲が撃ち込まれ、戦闘状態となって三田屋敷は焼失した。

大坂城では、慶喜が薩摩藩の挑発に苛立(いらだ)つ幕臣をなだめていた。しかし三田屋敷焼き打ちの知らせが届くともはや止めることはできなくなり、薩摩藩の陰謀の首謀者引き渡しを求めて京都に進軍を開始、のちに明治元年となる1868年1月3日、幕府軍と薩長軍が京都郊外で衝突した（鳥羽(とば)・伏見の戦い）。しかし途中で慶喜は江戸に逃げ、幕府軍は敗走、朝廷から慶喜を討つ命令が出されて幕府は賊軍となる。諸大名は次々官軍となった新政府軍に従った。江戸ではまだ正月を楽しむ空気が残っていたらしい。ところが幕府の敗戦と賊軍転落、さらに新政府軍が江戸に向かっているとの知らせに一転、大混乱に陥った。慶喜は1月12日に江戸城に入り、新政府に恭順の姿勢を示すため上野の寛永寺に移る。新政府は追討の姿勢を崩さず、3月15日を江戸城総攻撃の日と定めた。家財道具をまとめて江戸を逃げ出す者が続出した。

慶喜の命を受けた幕臣・勝海舟は薩摩の東征軍参謀・西郷隆盛と協議を重ね、4月11日、江戸城を明け渡した（無血開城）。幕府の武装解除が求められたが将兵らは反発した。陸軍では江戸を脱走する兵が続出し、海軍副総裁の榎本武揚(えのもとたけあき)は軍艦とともに品川沖から脱出している。結果的に、江戸全体が焦土と化すことは一応回避できた。

豆知識

1. 王政復古の大号令の際に総裁となり、東征大総督も務めた有栖川宮熾仁(ありすがわのみやたるひと)親王は、14代将軍・家茂に降嫁した皇女・和宮（孝明天皇の妹）の婚約者だった。幕府の公武合体政策（朝廷と幕府を結びつけることで政局を安定させようとした政策）によって婚約が破棄されている。なお和宮と家茂の夫婦仲はよかったといわれるが、家茂の急死により和宮はわずか4年で未亡人となった。
2. 江戸を脱出する人が増えた江戸城総攻撃前、彦根藩・井伊家の世田谷領の代官・大場家でも家財道具を預かった記録が残っている。世田谷には新政府軍が駐屯した。鳥羽・伏見の戦いののち、井伊家は新政府軍についていたからだ。

205 自然 ／ 江戸の上水道

諸国の大名が城下町を建設するにあたって、増加する人口に対応する上水道の整備は欠かせないものであった。それは江戸も同様であり、開府後の半世紀の間に神田上水と玉川上水が、さらに江戸の大半を焼失した明暦の大火（1657年）を契機とする再開発で四つの上水が加わり、江戸の六上水と呼ばれる上水網ができあがった。

神田上水跡（文京区小石川後楽園）

開府当初は15万人程度であったとされる江戸の人口は、低湿地の埋め立てや城下町の建設に伴って増加を続けた。やがて生活に必要な水の不足が顕著となり、それを補うため次々と水道が開かれていった。井の頭池を水源とする神田上水は、もともとあった自然流に手を加えた程度ということで早くに開かれたが、赤坂の溜池を水源とする溜池上水を加えても、その規模は十分とはいえなかった。

そのため多摩川を水源とする玉川上水が、それから約20年後に開かれた。羽村堰で引き入れた水は量が多く、そのうえ江戸までの高度差が神田上水の38m（井の頭池→江戸城本丸）に対して115m（羽村堰→江戸城本丸）あったため、開発が進む江戸の南西部にも配水することができた。その後も中川を水源とする亀有上水、玉川上水から分水した青山上水・三田上水・千川上水が相次いで開設され、江戸の六上水と呼ばれる上水道網が整った。ところが８代将軍・徳川吉宗（1684〜1751）の時代に、亀有・青山・三田・千川の四つは突然廃止されてしまった。これは掘削技術の進歩により、掘井戸から清浄な水が得られるようになったという側面はあるものの（それまで下町低地にあった浅井戸は、塩分が強く飲用に適さなかった）、玉川上水の上・中流部となる武蔵野台地で新田開発が進み、そこへの分水が激増したことが大きな理由とされている。

その後は大きな変更はなく、神田上水と玉川上水の二大上水体制のまま明治へ。しかし両上水ともに浄水施設を有しないうえ、江戸から明治への変革に伴う混乱によって管理が疎かとなり水質が悪化した。1886年にコレラの猛威が東京を襲ったことをきっかけに近代的上水道の整備が急がれた結果、1898年に玉川上水を原水とする淀橋浄水工場が操業を開始。役割を終えた神田・玉川両上水は、1901年に市内への給水を停止した。給水の停止後に神田上水は撤去され、今は堰の跡や水路の遺構など一部を残すのみとなっているが、玉川上水の上流部は今も活用され、地下の送水管により村山貯水池に水を供給している。そして2003年には上流部と中流部の30kmが、優れた測量技術に基づく長大な土木構造物として国の史跡に指定された。

豆知識

1. 文京区の東京都水道局本郷庁舎内にある「東京都水道歴史館」は、神田上水や玉川上水といった江戸の上水から近代的上水道の創設、そして現在の水道に至るまで、東京における水道の歴史や技術を実物資料や再現模型、映像資料などで紹介している。
2. 神田上水も玉川上水も開設時期を正確に伝える史料がなく、神田上水は1590年に大久保藤五郎（？〜1617）によるとするものと慶長年間（1596〜1615）頃に内田六次郎（生没年未詳）によるとするものの２説が、玉川上水は玉川庄右衛門（？〜1695）・清右衛門（？〜1715）兄弟によるとする点に違いはないが、それを1653年とするもの（『上水記』）と1654年とするもの（『徳川実紀』）の２説がある。

206 物語 ／『ヴィヨンの妻』太宰治

青森生まれの太宰治（本名：津島修治、1909〜1948）が38歳で山崎富栄と玉川上水に入水、命を落とすまでの最後の約７年半暮らしたのが東京の三鷹である。太宰の骨は、今も三鷹の禅林寺に眠っている。晩年の作品は、その周辺をはじめ東京の様々な場所が舞台になっているものが多い。なかでも、亡くなる前年である1947年に発表された『ヴィヨンの妻』は太宰の代表作の一つであるとともに具体的な都内の東京の地名も多々あがる。

太宰が眠る禅林寺（東京都三鷹市）

教科書に載っている太宰治の作品と言えば、信頼や友情を描いた『走れメロス』だが、太宰を愛読するファンの多くが繰り返し読むのは『人間失格』や未完となった最後の作品『グッド・バイ』、『桜桃』、それにこの『ヴィヨンの妻』ではないだろうか。太宰自身を思わせる、妻子がありながら酒に溺れ生活費も入れず、他の女を渡り歩く夫。普通に考えるとどうしようもない男だが、死への憧れのようなものをまとい苦悩する姿には憎めないものがある。短編『ヴィヨンの妻』は、妻の眼から語られる物語だ。“ヴィヨン”とは15世紀のフランスの詩人・フランソワ・ヴィヨンで、窃盗や傷害を重ねたと伝えられている。この作品では、盗みを働いたらしい物書きの夫がヴィヨンと重なる。

東京の描写が印象深いのは、盗み事件の翌日、主人公である妻が、４歳になる発育が遅れているように見える我が子「坊や」を連れて、夫が大金を盗んだ店への道中歩き回るところだ。小金井の自宅から「どこへ行こうというあてもなく、駅のほうに歩いて行って、駅の前の露店で飴を買い、坊やにしゃぶらせて。それから、ふと思いついて吉祥寺までの切符を買って電車に乗り、つり革にぶらさがって何気なく」見ると、雑誌の広告に夫の名前がある。夫はその雑誌に「フランソワ・ヴィヨン」という題の長い論文を発表している。「私」は、その題と夫の名前を見つめているうちに「なぜだかわかりませぬけれども、とてもつらい涙がわいて出て、ポスターが霞んでみえなく」なってしまう。

吉祥寺で降りて、井の頭公園に歩いて行く。「池のはたの杉の木が、すっかり伐り払われて、何かこれから工事でもはじめられる土地みたいに、へんにむき出しの寒々とした感じで、昔とすっかり変わっていました」。そこで坊やを背中からおろし、池の端のこわれかかったベンチに並んで腰をかけ、家から持って来たおいもを坊やに食べさせながら「綺麗なお池でしょ？　昔はね、この池に鯉トトや金トトが、たくさんいたのだけども、いまはなんにもいないわねえ。つまんないわねえ」。それから吉祥寺の駅の方に引き返し、にぎやかな露天街を見てまわって中野行きの切符を買って問題の店に向かう。

夫のこと、坊やのこと、悲観すればきりがないなか、街の様子をぼんやりと見ながら心を落ち着けていく描写に、太宰が敬う女性のしなやかな強さが表現されている。

豆知識

1. 太宰治の墓がある三鷹の禅林寺では、毎年、太宰の遺体が上がった６月19日（この日は太宰の誕生日でもある）に「桜桃忌」として法要が行われ、多数のファンが訪れる（ちなみに入水したのは６月13日だ）。
2. 太宰がよく酒を買ったとされる同じ三鷹の伊勢元商店の跡地には「太宰治文学サロン」ができている。

207 商業と娯楽 ／ 染井村

上駒込村染井（染井村、現・豊島区駒込）は、江戸時代中期から明治にかけて「植木の里」として知られていた。庭木や盆栽を栽培して商う植木屋が多く、多くの園芸に関する著作を残した霧島屋の伊藤伊兵衛も代々続く染井の植木商だった。現代では、ソメイヨシノの発祥の地として有名だが、ソメイヨシノが作られたのは幕末から明治にかけてである。

江戸の人々は貴賤を問わず植物好きが多かった。江戸時代後期には、園芸が一大ブームとなる。縁日での花や植木の販売や植木市の発達に加え、植木鉢が量産化され、様々な園芸書が出版され、花暦も普及する。愛好家たちがグループを作って情報交換をしたり、品種改良に情熱を傾け、花や植木のコンクール（花合せ）も盛んに行われた。このブームを支えた要素の一つが染井村や巣鴨の植木屋の存在だった。

染井を含む駒込・巣鴨地域は江戸の西北郊外で、日光御成道や中山道に沿って町並みが延び、染井の藤堂家下屋敷や駒込の柳沢家下屋敷（現・六義園）など、広大な庭園を構えた大名屋敷があった。こうした大名庭園の手入れに近隣の農民が携わるうちに、次第に植木や造園を専業とするようになったようだ。幕末に刊行された切絵図（江戸の市街を地域ごとに分割して作成した地図）にも「此辺染井村植木屋多シ」と記載されている。

江戸第一の植木屋と謳われた伊藤伊兵衛は、初代が藤堂家に庭師としてつとめたのち植木屋になり、代々同じ名を襲名して幕末まで江戸園芸の発展に大いに寄与した。特に３代目三之丞・４代目政武父子が有名で、父の三之丞はツツジ・サツキ類の栽培に長け、自らを「霧島屋」と名乗って、元禄年間（1688〜1704）にその流行を促した。誰にでもわかりやすい『錦繍枕』『花壇地錦抄』『草花絵前集』等の園芸書もしたためている。また、息子の政武はカエデの品種の蒐集と新品種の作出に力を注ぎ、それらを三十六歌仙の和歌にちなんで命名した。彼もまた、当時流行した園芸植物を図解した園芸書を著している。親子とも見識技量に優れた教養人であり、趣味人でもあった。

また、染井の植木屋は江戸名所の一つに取り上げられるほどの景観を誇った。というのも、園芸植物のために植木屋が作った手入れの行き届いた庭園は、いつでも公開されていて、自由に散策できるようになっていたのである。植木屋によってそれぞれ得意とする花があり、その花の季節には江戸っ子たちの花見や遊山の場となっていた。今でいうオープンガーデン、花での町おこしともいえよう。その先鞭をつけたのも３代目伊藤伊兵衛だとされる。

豆知識

1. 幕末から明治の初め頃に、染井の植木屋から売り出された「吉野」という桜が、ソメイヨシノである。吉野山の山桜と区別するためにこの呼び名が生まれた。ソメイヨシノは遺伝学的にはオオシマザクラとエドヒガンの雑種で、接ぎ木や取り木で増やすためにDNAはすべて同じの「クローン桜」でもある。
2. 江戸後期には菊づくりが盛んになるが、その担い手も染井をはじめ、巣鴨や駒込の植木屋だった。文化・文政期（1804〜1830）には、１本の菊に数百の中輪を咲かせるものや、多数の菊を集めて虎などの動物を象ったり富士山を作るといった技巧を凝らした「形造り」が登場する。この菊細工が明治以降、各地の菊人形に引き継がれていった。

208 暮らしと文化 ／ 江戸文字

相撲の番付表をご覧になったことはあるだろうか。東方と西方に分け、横綱、大関、関脇から前頭まで、独特の文字で力士の名前が書かれている。この文字を「相撲文字」あるいは「根岸流」と呼ぶ。また、歌舞伎役者のポスターやブロマイドなどに、これも特徴のある文字で本人の名前などが書かれていたりする。これは「芝居文字」あるいは「勘亭流」だ。江戸時代に生まれたこのような文字を総称して「江戸文字」と呼ぶ。

相撲文字

書家の作品を見て「これは上手なのだろうか」と首をひねることはないだろうか。私たちはフォント文字のように読みやすい字を「美しい」と感じるが、個性的な書体の書もそれぞれに美しい。しかし、公用文書の書体が統一されていなければ読みにくいし、慣れ親しんだ書体とあまりにも違う書体で書かれていたら、読むこともできないかもしれない。そこで徳川幕府は、公用文書の書体を統一した。採用されたのは「御家流」あるいは「青蓮院流」と呼ばれる書体で、天台宗の寺院・青蓮院の門跡、尊円法親王（1298～1356）が始祖だ。尊円法親王は、「書聖」と呼ばれるほど能筆だった伏見天皇の第五皇子だ。その書風は穏やかさと力強さを併せ持つといわれる。御家流の文字は、寺子屋などでも手本として使われ、庶民の間にも広がっていく。自由な発想を持つ江戸の庶民たちは、ただ御家流の文字を真似するだけでは物足らなくなったのだろう。自分たちでアレンジを加えるようになった。それが江戸文字だ。

よく知られる江戸文字のうち、最初に誕生したのは相撲文字だと考えられる。相撲文字は宝暦年間（1751～1764年）に始まったとされる。当初は御家流で書かれていた相撲番付だが、番付版元の三河屋根岸兼吉（生没年未詳）が、この文字を生み出した。力士のぶつかり合いをイメージした相撲文字は、隙間が少なく、力強く書かれる。相撲番付を書くのは行司にとって重要な仕事だから、現代に至るまで、行司から行司へと相撲文字が受け継がれている。

芝居文字が登場したのは1779年、江戸日本橋の中村座春興行「御贔屓年々曽我」公演においてだった。絵看板の似顔絵は鳥居清長（1752～1815）が、文字は岡崎屋勘六（生没年未詳）が担当し、芝居文字を生み出した。勘六の号である「勘亭」の名でも呼ばれる。

江戸文字の一つである寄席文字は、寄席のビラ（ポスター）に使うため、紺屋職人（藍染めの職人）の栄次郎が考え出したものが元となっている。寄席のビラを風呂屋や床屋に貼るのは、寄席場の主人だった岡本萬作（生没年未詳）が1791年に始めたとされるが、寄席文字がいつ生まれたのかは定かではなく、天保年間（1830～1844年）だと考えられる。

他にも千社札（千社詣でをする人が社殿にはる小型の紙の札）に使われる「千社文字」や提灯に書かれる「提灯文字」など、江戸庶民の遊び心は様々な江戸文字を生み出した。

豆知識

1. 能書家として知られる偉人といえば空海だろう。唐に留学していたとき、順宗皇帝に何か書くようにと命じられ、両手両足、口にそれぞれ5本の筆をとり、五行詩を一気に書き上げたという。

209 人物 ／ 津田梅子

日本最初の女子留学生として７歳のときアメリカに渡り、11年も滞在。帰国後、女子英語教育に尽力したのが津田梅子（1864〜1929）だ。名家子女を集めた華族女学校の教授となったが飽き足らず、アメリカで築いた人脈を通じて内外から寄付を募り、ついに1900年、東京・麹町に女子英学塾（のちの津田塾大学）を創設。生涯を自立した女性の育成に捧げた。

津田梅子

下総佐倉藩（現・千葉県佐倉市周辺）の藩士だった父、津田仙（1837〜1908）は幕末に渡米した経験のある改明派。欧米を視察する岩倉使節団に女子留学生を随行させる計画を耳にし、次女の梅子を応募させる。1871年、岩倉具視（1825〜1883）一行とともに横浜港を出た少女５人のなかで、６歳の梅子は最年少だった。「本当は行きたくなかった。遠い知らない国に行くのが怖かった」と後に語っている。航海途中で７歳になった梅子は、ワシントン郊外のランマン夫妻に預けられ、地元小学校に通い始めた。言葉も文化もまったく異なる環境は厳しく、年長の２人は帰国。山川捨松（1860〜1919）、永井繁子（1862〜1928）と梅子の３人が残った。

梅子は、子のなかったランマン夫妻の愛情を受け、英語とアメリカ文化をぐんぐん吸収した。だが、1882年に帰国した梅子を待っていたのは大きなカルチャーショックだった。女性の地位が驚くほど低い日本。もう日本語を忘れて日常会話にも不自由し、かといって英語力を生かす場もない。思い悩んでいたとき、パーティーで伊藤博文（1841〜1909）に会い、伊藤家に住み込んで妻や娘に英語を教えることになる。さらに1885年、皇族や華族の女性を集めた華族女学校が開校すると、わずか20歳で英語教師として迎えられた。

しかし、理想とする自分の学校をつくる夢は捨てきれず、今度は大学教育を受けるため1889年、再びアメリカに留学。ランマン夫妻ら支援者の後押しもあって学費を免除され、東部のブリンマー大学で３年、生物学などを学んだ。帰国後、イギリス教育視察の際にナイチンゲール（1820〜1910）に会見して刺激を受けた梅子は、内外の人脈を頼りに思い切って寄付金を集めることを決意。多くの助力を得て、私立女子高等教育の先駆けとなる「女子英学塾」を1900年に開校した。場所は麹町一番町。古い民家で、生徒10人からのスタートだった。

開校式で梅子は、「学生の個性に応じた指導のためには少人数教育が望ましい」と述べ、「英語の技術修得のみに熱中せず、視野の広い女性であれ」と学生を励ましたという。学校は後に「津田英学塾」と名を改め、戦災で校舎は失われた。戦後の1948年に「津田塾大学」として再出発。64歳で亡くなった梅子は、東京都小平市にある大学キャンパス構内に静かに眠っている。

豆知識

1. 女子留学仲間の山川捨松は梅子の４歳年上。会津藩国家老の娘だった。帰国後、18歳年上の陸軍大将、大山巌と結婚。カタコトの会津なまりの捨松と薩摩なまりの大山は最初、会話にも困ったが、ともに合理主義者だとわかり意気投合したという。捨松は後に梅子の「女子英学塾」設立にも協力した。
2. イギリス教育視察の旅で、梅子はナイチンゲールから花を贈られ、それを押し花にして終生、大切に持っていたという。
3. 政府・日銀は2024年度前半に紙幣を一新させ、5000円札の図柄は津田梅子になる予定だ。

210 まち／昭島市

「昭和町」と「拝島村」が合併して昭島（あきしま）市となった。拝島は江戸時代に日光街道の整備によってにぎわうようになり、現在も拝島駅は複数のJR路線が乗り入れる交通の要衝である。また、昭島市は「クジラの街」としても知られている。アキシマクジラの化石の発見にちなんだ「昭島市民くじら祭」や、「くじらロード」商店会などにクジラへの愛着があふれている。

くじらの描かれたマンホール（東京都昭島市）

昭島市は多摩地域の中部に位置し、市のほぼ北西端に位置する拝島駅にはJR八高（はちこう）線・青梅線・五日市線、さらに西武拝島線が乗り入れている。拝島は昔から市域の中心であり、戦国時代には多摩川の対岸に戦国大名・北条氏が滝山城（八王子市丹木町）を築いたため、城下町のような性格を帯びたとされる。江戸時代に日光東照宮（栃木県日光市）が建てられ、江戸幕府の家臣である八王子千人同心が日光を往還するようになると、日光街道の要衝にあたる拝島を中心にして宿場が栄えた。

江戸時代から明治時代初期にかけて、市域には拝島村のほか、郷地（ごうじ）村・福島村・築地村・中神村・宮沢村・大神村・上川原村・田中村があり、1889年の市制町村制によって９村が結集して組合村となる。1902年には拝島村が分離独立し、1928年には残りの８村が合併して「昭和村」になった。

明治時代末には製糸工場が相次いで操業を開始し、大正時代には市域一帯が全国屈指の養蚕村として栄えたが、昭和時代に入ると生糸の価格が暴落する。さらに、日本の戦時体制が強化される状況下で立川飛行場（立川市）に近いこともあり、航空機を中心とする軍需工場と陸軍施設が相次いで建設された。このように軍事施設が集中し、人口が急増した昭和村は、1941年に「昭和町」となる。

戦後の1954年５月１日、拝島村と昭和町が合併し、自治体名を合わせて「昭島市」と名付けられた。市制施行後は工場誘致により産業が振興された。さらに、都心への通勤圏に位置するために大型団地が建設され、多摩地区の中核都市として発展する。昭島市を中心として、立川市より西部に人が多く住むようになったため、拝島駅には各線が乗り入れるようになった。

1961年８月20日、市域の多摩川（JR八高線多摩川鉄橋の下流）の河川敷から、約200万年前のクジラの化石がほぼ完全な形で発見された。化石の全長は約13.5m、コククジラの仲間であるものの、現生のものとは異なる種類であるため「アキシマクジラ」と名付けられた。1973年からは「昭島市民くじら祭」が毎年８月に開催されるようになり、国営昭和記念公園をメイン会場に、花火やくじらパレードなどが行われている。国営昭和記念公園の最寄り駅、JR東中神駅前には、くじらロード商店会が広がる。

豆知識

1. 1999年、拝島水道橋（水管橋）の下付近の河原で、約170万年前のアケボノゾウ足跡化石が発見された。アケボノゾウは背中の高さが約２ｍの小型ゾウで、そのあたりはメタセコイア等の森林が広がる地域であったと推定される。
2. 昭島の水道は、150～250ｍもの深い井戸を掘って地下水をくみ上げている。その水の多くは、奥多摩の山などに降った雨水が地下にしみこんで20年以上もかけて流れてきた、良質な水である。

211 歴史 ／ 上野戦争

鳥羽・伏見の戦いののち、江戸に移った徳川慶喜（1837〜1913）は新政府への恭順の姿勢を示す。江戸城が明け渡されたことで江戸が火の海になることは避けられた。とはいえこれで一安心とはいかない。まだ新政府に敵対する勢力があった。政府は敵対勢力の中心にいた彰義隊を討伐することを決めた。上野戦争の始まりである。

上野公園に残る彰義隊の墓

上野の寛永寺に入り恭順の姿勢を示した慶喜は、幕臣にも同様の姿勢を求めたが、反発する者も多かった。慶喜が寛永寺に入って以降、雑司ヶ谷の酒楼・茗荷屋や四谷の円応寺に有志が集まり、浅草本願寺（現・台東区の東本願寺）で彰義隊が結成された。目的は慶喜の擁護だった。はじめは江戸市中のパトロールをしていたが、やがて寛永寺にたむろするようになる。その数は3000人に達したという。新政府軍の兵士と衝突することがあったので、旧幕臣の勝海舟らが解散を命じたものの、彼らはますます頑なになっていく。彰義隊は、江戸城明け渡し後も未だ江戸に漂う不穏な空気のもとであり、反政府勢力を勢いづかせる存在だった。この状況の中で徳川氏の処分を公表すれば大きな反発も生まれるだろう、そう考えた新政府は彰義隊の討伐を決定する。

慶喜はすでに水戸に移って謹慎していた。1868年５月15日、新政府軍約2000人が上野を包囲する。彰義隊はその半数だったという。軍を司る大村益次郎の計画に従い、薩摩・熊本・鳥取藩兵らは正面の黒門（現・旧本坊表門。国立博物館の正門の位置にあった）から、長州・肥前大村・佐土原藩兵らは本郷の団子坂方面から、その他は各方面から一斉に進撃を開始した。早朝から激しい砲撃戦が展開された。一進一退の戦況は、午後、新政府軍に大きく傾く。加賀藩上屋敷（現在の東京大学本郷キャンパス内）に配備された佐賀藩の最新式アームストロング砲が火を噴いたのだ。長大な射程距離を持つアームストロング砲が不忍池越しに発射され、寛永寺の建物が次々火に包まれるなか新政府軍の総攻撃が開始されると、彰義隊は敗走し、新政府軍が上野山を占領して戦闘が終わった。半日ほどのできごとだった。徳川家は駿河へ移るように命じられる。800万石の所領が70万石になる大減封だった。とうとう、名実ともに江戸から徳川が去ったのだ。

それでも旧幕府軍の抵抗は終わらなかった。鳥羽・伏見の戦いから始まった戊辰戦争の舞台は北上する。彰義隊の壊滅と徳川氏の駿河移封を済ませた新政府軍は北越・東北へ戦力を集中することができた。1869年５月18日、北海道の函館で旧幕府軍が降伏し、戊辰戦争は終結した。最後まで抵抗していた軍を率いていたのは、旧幕府艦隊を率いていた榎本武揚だった。

豆知識

1. 寛永寺の黒門はその後、住職が彰義隊士の埋葬・供養をしたのが縁で南千住の円通寺に移設された。門には上野戦争のときの弾痕が数多く残されている。

212 自然／都の花と木

全国の地方自治体は郷土への関心を高めつつ存在を内外にアピールしようと、都道府県あるいは区市町村の花や木、鳥、魚、獣などを定めた。東京でも花と木、そして鳥が制定されており、それぞれ知ればなるほどと合点がいくものばかりだ。

明治神宮外苑のイチョウ並木

東京都は都の花と都の木、そして都民の鳥（「ユリカモメ」288ページ参照）を定めている。このうち都の花であるソメイヨシノは、1954年３月に民間団体が中心となり、「郷土の花」として都道府県ごとに選ばれたもの（サクラの仲間としては、山梨県のフジザクラと京都府のシダレザクラ、奈良県のナラヤエザクラもある）だ。ただ、それは都として選んだものではなかったため、1984年３月に「都の花選考会」を設置して改めて審議を行い、併せてアンケート調査も実施（回答した1270人のうち、1104人、86.9％がソメイヨシノを支持)。同年６月に晴れて正式な都の花に決まった。

ちなみにソメイヨシノはオオシマザクラとエドヒガンの雑種が交雑してできたもので、染井村（現・豊島区駒込）に住んだ植木職人が単一の樹木から接ぎ木や挿し木で増やし、それを全国に広めた。つまりすべてのソメイヨシノはクローンになるわけで、それゆえ同じ地域においては、ほぼ同時期に開花することになる。

なお染井村は大名屋敷の日本庭園を管理する植木屋が集まる地区であり、庭園に植える多くの栽培品種を生み出した園芸の一大拠点であった。江戸で生まれ、その土地にちなんだ名を与えられたソメイヨシノが、都の花に選ばれたのは必然であろう。

一方で都の木が決まったのは1966年11月のこと。首都美化対策の一環である“緑の東京”実現のため「東京都の木選定委員会」が設置され、そこで挙がった３種の候補（ケヤキ、イチョウ、ソメイヨシノ）に基づいて都民によるハガキを用いた投票が行われた。実は都の委員会の大多数が推したのはケヤキだったが、選ばれたのは49％（7919票）の賛同を得たイチョウだった（他に神奈川県と大阪府が、イチョウを府県の木としている)。公害や火に強いイチョウは街路樹に適しており、都内では港区・新宿区の明治神宮外苑や立川市・昭島市の昭和記念公園、八王子市の甲州街道などに見事なイチョウ並木が続いている。

なお、1989年６月に定められた東京都のシンボルマークはイチョウの葉を連想させるものの、都は「頭文字Ｔを中央に秘め、三つの同じ円弧で構成したものである」と説明し、イチョウへの言及は見られない。

豆知識

1. サクラは千代田区（花・木）、台東区（木）、墨田区（木）、豊島区（木※ソメイヨシノ）、北区（木）、荒川区（木）、足立区（木）、小金井市（花）、多摩市（花※ヤマザクラ）、羽村市（花）、日の出町（花）でも区市町の花ないし木に選ばれている。同じくイチョウは文京区、八王子市、三鷹市、国立市、狛江市、東久留米市、多摩市、稲城市、羽村市でも区市の木に選ばれている。都の花にソメイヨシノを譲りつつも区の木には選んでいる豊島区や、花も木も都に倣った羽村市など、それぞれの事情が透けて見えるようで興味深い。

213 物語 ／『鹿鳴館』三島由紀夫

三島由紀夫(1925〜1970)というと、小説家、劇作家として、『金閣寺』や『潮騒』、『豊饒の海』、それにこの『鹿鳴館』といった名作の数々を残しているのはもちろんだが、半世紀ほど前になる1970年に自衛隊の市ヶ谷駐屯地で割腹自殺した衝撃的な事件を思い出す方も多いだろう。その時の三島の心情については、様々な考察が出ているが本当のところは誰にもわからない。

三島由紀夫は不思議な人だ。東京・四谷で1925年に生まれ、東京大学法学部を卒業して大蔵省に入省するも1年で退職して執筆に専念。冒頭に書いた自衛隊市ヶ谷駐屯地の割腹自殺や『憂国』、『英霊の声』といった作品から右翼かと思う人が多いかもしれないが、近江絹糸の労働争議を題材にした『絹と明察』などから左翼と思われていた時期もあるようだ。結局は、右、左、という分け方にあまり意味はなく、三島自身が考えることに一つ一つ向き合っていったのだろう。一方、今でこそLGBTQという言葉も浸透して理解を示されるようになってきたが、三島が生きた半世紀以上前というとそうではなかった。三島自身が女体に興奮しない、同級生の男子に淡い恋心を抱いたということが告白調で書かれた『仮面の告白』は今も色褪せない作品だ。

そんな多彩な作品を残した三島が"俳優芸術のための作品"と手掛けたのが1956年に発表された『鹿鳴館』。西欧式に外国の賓客をもてなすための迎賓館として、現在の帝国ホテルに隣接するNBF日比谷ビルのあたり(現・千代田区内幸町)に創られた"鹿鳴館"(「鹿鳴館」255ページ参照)で、明治19年の天長節(明治天皇の誕生日)に開催された大夜会を舞台に、政治の陰謀と男女、親子の愛憎がドラマティックに描かれる(歴史的な事実として、そのような事件はなかった)。この頃、三島は日本を代表する劇団である文学座のためにいくつもの戯曲を書いており、その代表作といえるだろう。発表直後の11月27日に文学座創立20周年記念公演として第一生命ホールで初演され、ヒロインの影山伯爵夫人・朝子を杉村春子、影山悠敏伯爵を中村伸郎が演じた。詩的で高揚感のある台詞まわしなど、俳優の力量が試される難しい作品といわれるとともに、正式な西洋のドレスを着ての視覚的に華やかな場面が多い作品で、ワルツが踊られるところなどでは様式美も楽しめる。その後、新派や松竹など様々な団体で再演されるとともに、1959年には杉村主演でテレビドラマ化もされた。その後も何度もテレビドラマとして放送されており、岩下志麻や黒木瞳もヒロイン・朝子を演じている。また、浅丘ルリ子と菅原文太主演での映画や、オペラにもなっている。

豆知識

1. 小説家など、執筆をする人というと机に向かい続ける柔な人が思い浮かぶかもしれないが、三島は身体を鍛えることに並々ならぬ意欲を燃やし、ボディビルをしたり、ヌードモデルにもなっていた。
2. 文学座での初演時、三島は3幕目にセリフのない大工の役で出演している。初版本のあとがきに「ゲーテだってオレステスを演じたのだから、この位の道楽は大目にみてもらはねばならむ」と書いているのが微笑ましい。

214 商業と娯楽／川柳と狂歌

田沼時代（1767〜1786）の江戸は、川柳・狂歌の全盛期だった。作者には下級武士や上層町人が多く、彼らが一体化して「連」というグループで創作活動をした。特に狂歌連は狂歌以外の様々な創造も行い、他のジャンルの人々との間を繋いで、江戸文化のサロンやネットワークの拠点となった。

松尾芭蕉（1644〜1694）没後に活躍する蕉門十哲の一人、榎本（宝井）其角（1661〜1707）の一門は、洒落と頓智を命とする句風で「江戸座」と呼ばれ人気を得るが、やがてそれが川柳を生み出す土壌となる。その後、前句付と呼ばれる俳諧遊戯が流行し、俳諧の宗匠が点者（選者）となって句の優劣を評するようになる。俳諧の発句のように季語や切字も必要なく、誰でも投句できるうえ、高得点の勝句になると賞品が出る興行も行われ、庶民に大人気となった。ちなみに、前句付とは７・７の短句に５・７・５の長句を付ける俳諧で、例を挙げると「恐いことなり 恐いことなり」に「かみなりをまねて腹掛やっとさせ」を付けたり、「斬りたくもあり 斬りたくもなし」に「盗人を捕らえてみれば我が子なり」を付ける、といった類いだ。後に人気選者の柄井川柳（1718〜1790）の選句から、前句なしでもよくわかる句を再編集した『誹風柳多留』（初編1765年）が刊行され好評を博す。口語を使い、ユーモアと機知、皮肉に富んだ長句のみの一句立は、社会の空気にマッチして大いにもてはやされ、「川柳」と呼ばれるようになった。

一方、江戸の狂歌は、唐衣橘洲（田安家家臣・小島謙之：1743〜1802）宅で開かれた明和６年（1769）の狂歌会に始まる。参加者は、若い下級の幕臣や町人たちで、いずれも漢詩文・和歌・川柳・戯作・国学などに通じた教養人たちだった。ちなみに狂歌とは、洒落やユーモア、風刺を利かせた、用語・題材とも自由な短歌形式の文学のことだ。

もっとも盛んだったのは安永・天明期（1772〜1789）で、橘洲・四方赤良（幕臣・大田南畝、別号を蜀山人：1749〜1823）を中心に、朱楽菅江（幕臣・山崎景貫：1738〜1799）・平秩東作（内藤新宿の商人・稲毛屋金右衛門：1726〜1789）・元木網（京橋の湯屋・大野屋喜三郎：1724〜1811）・手柄岡持（秋田藩士・平沢常富戯作名を朋誠堂喜三二：1735〜1813）らが活躍し、『万載狂歌集』や『狂文棒歌撰』などが刊行された。歌道の伝統や古典の教養を下敷きにする作から、庶民の日常生活に題材を求め、機知と笑いの中に当世風の人情の機微も盛り込んだ作まで、江戸ならではの創作がなされた。さらに、彼らが主宰する連には、地方藩士や学者、商人、職人、絵師、戯作者、版元など実に多様な人たちが参加し、重なり連なるこうしたネットワークによって、新しい江戸文化が創造されていく。

豆知識

1. 狂歌と浮世絵のメディアミックスで生まれたのが「狂歌絵本」である。絵師には北斎・歌麿・北尾重政など人気浮世絵師が名を連ねた。狂歌連には版元も加わっており、こうした連携はそう難しいことではなかった。ちなみに、写楽のプロデュースで有名な蔦屋重三郎も蔦唐丸という狂名（狂歌師としての名前）を持っていて、有名狂歌師の集まる狂歌会に参加していた。
2. 狂歌には、古典をベースにパロディ化した作品や、今でも思わず納得する人情の機微をうがつ作品もある。『かくばかりめでたく見ゆる世の中をうらやましくやのぞく月影』（四方赤良）の本歌は藤原高光の「かくばかり経がたく見ゆる世の中にうらやましくも澄める月かな」（拾遺・雑上）。他にも「いつ見てもさてお若いと口々にほめそやさるる年ぞくやしき」（朱楽菅江）、「涼しさはあたらし畳青簾妻子の留守にひとりみる月」（唐衣橘洲）など。

215 暮らしと文化 ／ 江戸ことばと標準語

時代劇で江戸っ子たちが話す言葉は理解しやすい。イントネーションは現在の標準語と近く、言葉の頭にアクセントがくる。しかし、江戸時代に使われていたのは下町の言葉だけではない。参勤交代で各地からやってくる武士たちは江戸の武家言葉に影響を与え、独特の表現を生み出した。これを「山の手言葉」と呼ぶ。現代の標準語は、山の手言葉を基盤としているが、江戸っ子たちの下町言葉も使われ続け「東京方言」とも呼ばれる。

参勤交代制度は、江戸の多様性を豊かにした。大名たちは地方の名産品を携えてやってきたからだ。持ち込まれたのは品物だけではない。江戸の武家言葉と各地の方言が影響しあい、独特の言葉遣いが生まれた。大名に従ってきた武士は町に繰り出し、庶民の言葉にも影響を与える。庶民たちの言葉は、職業によって細かな違いがあった。例えば職人たちはべらんめぇ口調を使うが、大店（おおだな）の主人はむしろ山の手言葉に近い言葉遣いをしたはずだ。

武士が使った山の手言葉が標準語のもととなったといわれても、ピンとこないかもしれない。例えば、別れの挨拶として使われる「ごきげんよう」は山の手言葉だ。「ご機嫌よろしく」が変化した言葉だが、時代劇で「上様もご機嫌よろしくあそばされ」などと使われるように、「機嫌よい」は元気だということ。本来は「元気でお過ごしください」という意味なのだ。恐縮したときに使う「恐れ入ります」も、山の手言葉のひとつ。「恐れ入りましてございます」といった言葉遣いは、時代劇でもよく耳にするだろう。さらに訪問時の「おじゃまします」も、武士が使っていた言葉だ。訪問先を退出する際、「邪魔をした」などと使っていた。

江戸庶民が使ったべらんめぇ口調には、いくつかの特徴がある。例えば、シとヒの区別がつかないので、「質屋」を「ひちや」と読んだり、「広島」を「しろしま」と読んだりする。また、「アイ」や「オイ」が「エェ」に変化するのも江戸ことばの特徴だ。「台所」は「でぇどころ」「遅いぞ」は「おせぇぞ」になる。また、「じゅ」「じ」が「しゅ」「し」に変化するので、「手術室」を「しじつしつ」と発音したりする。

吉原の遊女は独特の廓（くるわ）言葉を使っていた。廓言葉は上品な奥様が使う「ざます言葉」につながっている。ざますは「ございます」を縮めた表現だ。上流階級の婦人が使う言葉のもとになったのが遊女の言葉なのは意外かもしれない。しかし吉原は特別な場所でもあった。幕府の公認で、300人もの遊女を抱えており、人気の遊女は今でいうアイドルのような扱いをされていた。そしてもっとも格式の高い花魁（おいらん）は、庶民には手の届かない高嶺（たかね）の花だったのだ。江戸の人々が話していた言葉は、我々が使う言葉として、今も生きているとわかるだろう。

豆知識

1. 英語のGood byeは「God be with you」が変化したもので、「あなたに神のご加護がありますように」という意味だ。国を問わず、誰かと別れる時は相手の幸せを祈ってしまうものなのかもしれない。

216 人物 ／ 荻野吟子

明治初期に医学の道を志し、近代日本で初の女性医師となったのが荻野吟子（1851～1913）だ。女人禁制とされた医学校に入学を認めさせ、女性には閉ざされていた医術開業試験の門戸をこじ開けて合格。東京・湯島に開業して評判となった。日本キリスト教婦人矯風会にも加わり、女性の社会進出、地位向上に向け道を切り開いた先駆者の一人だ。

荻野吟子

武蔵国幡羅郡（現・埼玉県熊谷市）の大きな農家の五女に生まれた。寺子屋で学び、勉強もよくできたが、17歳で村の名主の長男と結婚。19歳のとき夫から淋病をうつされ、こじらせた際に、診てくれた医師が皆、男性だったことに当惑したのが、女医を志すきっかけとなった。

夫と離婚し、22歳で上京すると、まずは国学者で漢方医でもあった井上頼圀（1839～1914）の塾に入門。1875年に東京女子師範学校（現・お茶の水女子大学）が開校すると一期生として入学した。寝る間も惜しんで勉学に励み、首席で卒業。だが、女性には医学校入学の壁は厚く、教授から医学界の重鎮を紹介された縁でようやく、東京・秋葉原にあった唯一民間の医学校「好寿院」に女性でたった１人、入学を許された。

覚悟を決めていたのだろう。「瞳千両」といわれるほど目が魅力的な女性だったとされるが、男性用の袴に高下駄の男装で通い、周囲の男子学生からの雑音をシャットアウト。最前列に座って講義に耳を傾ける３年間を過ごした。ところが卒業後、医術開業試験の願書を何度出しても、「婦女子に免状を与えた前例はない」として認めてもらえない。そこで、つてをたどって「前例」を探したところ、日本古代の基本法を注釈した『令義解』に女医の記述があることがわかった。国も荻野や支援者らの熱意に押され、ついに1884年、女性の受験が認められた。前期試験を受けた女性４人のうち荻野だけが合格。翌年の後期試験も突破して、女医第１号となったとき、34歳になっていた。

本郷湯島に借りた小さな家で「荻野医院」を開業すると、やがて評判となって手狭になり、下谷（現・台東区北西部）の広い家に移った。一方で、女性の視点から妊娠出産や病気予防の知識を広める社会活動も始め、「日本キリスト教婦人矯風会」創立（1886年）に加わって「遊郭の廃止」を求める運動を進めた。39歳のとき、13歳年下の同志社大学学生で同じキリスト者の志方之善と再婚。キリスト教の「理想郷」を開拓することを胸に先に北海道に渡った夫を追い、45歳のとき北海道西部の瀬棚村（現・せたな町）に渡るが、夫が病に倒れ、再び東京に戻って医院を開業。５年後に脳溢血で逝去した。享年62だった。

豆知識

1. 波乱万丈の荻野の生涯を描いた映画『一粒の麦 荻野吟子の生涯』が2019年に公開された。女優の若村麻由美が荻野を演じ、山本耕史や賀来千賀子ら実力派が顔を揃えた。
2. 日本女医会は1984年、荻野の女医第１号認定から100周年を機に「荻野吟子賞」を制定。女性の地位向上や医療に貢献した女性医師に毎年贈られている。

217 まち／調布市

調布市域では古代に朝廷に納める特産物の「調」として「布」を生産したとされる。戦国時代に深大寺城（調布市深大寺元町）が整備され、江戸時代には宿場としてにぎわった。昭和30年代の日本映画全盛期に「東洋のハリウッド」と呼ばれ、現在も映画関連企業が集まっている。

調布映画発祥の碑

調布市は東京都の中南部に位置し、東京23区の世田谷区や神奈川県川崎市などと接する。京王電鉄京王線が市内を二分するように東西に走り、東の仙川駅から西の飛田給駅まで、途中の調布駅からは南に京王電鉄相模原線が延び、京王多摩川駅が市内に含まれる。古代には、朝鮮半島からの渡来人によってアサが栽培され、多摩川の水にさらして布を織り、特産物の「調」として朝廷に納めたことが地名の由来とされている。

鎌倉時代以降、多摩川とその周辺で合戦がたびたび行われた。文献によると、深大寺城は、室町時代の要職・関東管領に任じられていた扇谷上杉氏が、戦国大名・北条氏に対抗するために再興した城とされている。江戸時代には、江戸と諏訪（山梨県）を結ぶ甲州街道が整備され、調布市内では、国領・下布田・上布田・下石原・上石原の５村が「布田五宿」と呼ばれる宿場となり、街道沿いに町なみができた。調布市域の大部分は天領（江戸幕府の直轄地）と旗本領であり、上石原の農家・宮川家では、後に新選組局長となる近藤勇（1834～1868）が誕生した。

明治維新の後、調布市域は品川県・入間県・神奈川県など所管が目まぐるしく変わり、1889年に市制・町村制が施行されると「調布町」と「神代村」が発足し、調布が地名として誕生する。また1893年から東京府に属するようになった。大正時代の1913年、京王電気軌道（現・京王線）の笹塚～調布間が開通した後、新宿～調布間、調布～多摩川原間、調布～飛田給・府中へと路線が延びていった。この頃から調布市域は行楽地や郊外住宅地として注目されるようになり、さらに関東大震災（1923年）を機に多くの人々が移り住み、工場も進出する。太平洋戦争では市内も何度か空襲を受け、戦後の1955年に、調布町と神代町が合併し「調布市」が誕生した。

調布市内には大型の撮影所として日活調布撮影所、角川大映スタジオがあるほか、数多くの映画・映像関連企業が集まっている。そのきっかけとなったのは、1933年に造られた多摩川撮影所とされ、時代劇や現代劇の撮影にふさわしい自然環境や、フィルムの現像に欠かせない良質な地下水があったことが要因となった。昭和30年代の日本映画全盛期には大映・日活・株式会社調布映画撮影所で映画が制作され、調布は「東洋のハリウッド」に例えられた。これを記念して、かつて大映撮影所の敷地内であった多摩川５丁目児童遊園（調布市多摩川）の一角には、「映画俳優之碑」と「調布映画発祥の碑」が立っている。

豆知識

1. 国指定史跡の下布田遺跡（調布市布田）からは縄文時代終末期（約2500年前）の墓や祭りに関する遺構・遺物が多数発見された。出土した、バラの花を思わせる立体文様の土製耳飾りは国の重要文化財となった。
2. 調布市の名誉市民・水木しげる氏（1922～2015）が生んだキャラクター、「ゲゲゲの鬼太郎」をモチーフにした６種類のデザインマンホールが、調布駅前広場北側から甲州街道までの歩道に設置されている。

218 歴史 ／ 文明開化

明治政府は近代国家の建設を目指した。西洋の技術や制度、思想など様々なことを取り入れて近代化していく。この文明開化は特に「帝都」東京のありさまによく現れた。

「文明開化絵 銀座通煉瓦造鉄道馬車」三代歌川広重

「散切り頭を叩いてみれば文明開化の音がする」。当時の流行歌の一節だ。「散切り頭」とは髷を結わず短く刈り込んだ髪形のことをいう。散切り頭で洋服を着て、牛鍋を食べる男の姿を描いた絵が載った仮名垣魯文の『安愚楽鍋』には「牛鍋食はねば開化不進奴（ひらけぬやつ）」とある。洋服は役人や巡査から民間に広がっていった。牛鍋は牛肉を煮ながら食べる料理だ。牛肉が外国人向けに調達されるようになったことや、福澤諭吉が滋養にいいと言った影響もあり、文明開化の象徴となった。牛乳を飲むのも文明開化の象徴で、新鮮さが求められたことから市街地に近いところに牧場が作られた。現在の飯田橋駅付近に榎本武揚の牧場「北辰社」があった他、麴町や牛込にも牧場があった。これらは荒廃した武家地を転用したものだ。

街並みでは銀座が象徴的だった。1872年に火事で銀座通りが全焼したことをきっかけに、東京府知事は木造建築物禁止を通達し、道路の拡張とレンガ街の建設を進める。江戸時代に引き続いて街の不燃化に取り組むとともに、近代国家の都市の外観を整えようとしたのだ。こうして銀座レンガ街とよばれる洋風２階建ての統一感ある市街ができあがった。建物には小菅煉瓦製造所（現・葛飾区の東京拘置所）から運ばれた煉瓦が使われた。ガス灯も設置され銀座名物になる。ただはじめは市民からの反発が強く、煉瓦造に住むと青ぶくれになって死ぬというデマまで流れた。そして建物の湿気や雨漏りもひどかったのでなかなか空き家が埋まらなかった。それでも、しだいに新聞社が集まるようになったことで空き家も埋まっていく。新聞社が集まったことで、銀座は言論の発信地としての顔も持つようになる。

山型に反った日本橋は平らな橋にかけ替えられ、馬車や人力車が通れるようになった。近くの築地には外国人居留地があった（「築地外国人居留地」242ページ参照）。東京では銀座や築地などから洋風化が進んでいく。

豆知識

1. 政府は1871年、散髪脱刀令を出した。髷を結わずに散髪してもよい、士族（旧武士階級）も帯刀しなくてよいというもので、江戸時代には身分ごとに決められていた髪形や服装などの自由を認めるものだった。ただし東京府は翌年「婦女子散髪禁止」の告諭を発している。
2. 作家・芥川龍之介の実父は東京で搾乳業を営んでおり、芥川は築地外国人居留地にあった「耕牧舎」で生まれた（現・中央区明石町）。現在、聖路加国際病院の敷地内に「芥川龍之介生誕の地」の案内版がある。耕牧舎は現在の新宿２丁目などに牧場や支店を持っていた。

219 自然 ／ 明治神宮の森

東京都に自然の森は少ないが、「明治神宮の森」を筆頭に人工の森は多い。中心には江戸幕府成立以来の歴史を誇る「皇居の森」が広がり、都心周辺にも新宿御苑(ぎょえん)や浜離宮、飛鳥山(あすかやま)公園、小石川植物園、六義園(りくぎえん)など整備された森が点在する。

明治神宮の森林

都の西部・南部に目を向けると、御岳(みたけ)山や雲取山、高尾山などの名山の周辺にも、広大な森林が広がっている。とりわけ奥多摩エリアの森林は、水道水源林として都民の暮らしに欠かせない。人工の奥多摩湖を通して、大量の水道水を供給しているのだ。この水源林に占める天然林の割合は約70％なので、東京都は自然の「緑のダム」に恵まれているともいえる。

ある地域の面積に占める森林面積の割合を森林率という。日本全土の森林率は67％。小・中の社会科教科書にも載っているので、子どもたちには常識である。しかし、東京都の森林率は36％で、47都道府県中43位とふるわない。やはりと思われそうだが、世界に目を転じるとアメリカ34％、ドイツ33％、フランス31％、インド24％、中国23％で、イギリスに至っては13％にすぎない。東京都はまずまずの「森の都」なのである。23区都民が森林の香気を浴びたければ、自然豊かな奥多摩まで足を延ばす必要はない。冒頭で紹介した人工の森でも、十分に森林浴を楽しめる。気軽に散策できる森のなかで、もっとも広いのが「明治神宮の森」である。面積は約70ha（明治神宮内苑）で、東京ドーム約15個分に相当する。このような広大な森が、どのようにして形成されたのか。

かつて代々木(よよぎ)一帯のほとんどは、樹木のない不毛の地だった。しかし明治天皇（1852〜1912）の崩御に伴い、この地に天皇と昭憲(しょうけん)皇太后を祀(まつ)る「永遠の杜(もり)」を造る計画が立ち上がったのである。「杜」の植栽計画がおおやけになると、全国から約10万本もの献木が集まった。森の建造計画は壮大かつ類を見ないものだった。自然の力で樹木を定着させることを天然更新という。立案にあたった森林・造園の専門家は、最初に植樹をした後は手を入れず、天然更新によって自然の森林に匹敵する「樹海」に成長させようとしたのである。造営の管理計画書に「落ち葉一枚も持ち出してはならない」と記されており、この警告は現在まで「更新」されていない。その後、森の天然更新は順調に進んだが、太平洋戦争によって最大の危機を迎えた。戦争末期、東京の街は大空襲を受け、明治神宮の社殿も焼失したのである。ところが、カシやクス、シイなどを主材とする「明治神宮の森」は延焼を免れたのだった。燃えやすいスギやヒノキなどの針葉樹ではなく、神社にはふさわしくないものの、燃えにくい常緑広葉樹を植えていたことが幸いしたのである。柔らかな土のクッションが焼夷弾(しょういだん)の爆発を防いだともいわれる。うっそうとした人工の「大自然」に囲まれた明治神宮は、2020年11月１日、めでたく鎮座百周年を迎えた。

豆知識

1. 東京都より森林率が低いのは、44位埼玉県、45位千葉県、46位茨城県と関東地方の県が続く。最下位は大阪府で約30％。森林率がもっとも高いのは、高知県で約83％である。

第32週 第3日（水）

220 物語 ／『東京音頭』

盆踊り向けの流行歌として、戦前の1933年に大ヒットしたのが『東京音頭』だ。西條八十作詞、中山晋平作曲という昭和歌謡の黄金コンビが手がけた。お盆の頃、芝公園や深川、隅田川、上野など各地で、レコードを発売したビクターによる踊りの会が開かれ、「ドドンガドン」の伝統のリズムに乗って、あふれんばかりの人が踊ったという。人気は東京から全国へと波及。今でも、東京ヤクルトスワローズの応援歌として歌われている。

「東京音頭」の流行（1934年）

20世紀に入り、急速に都市化が進んだ東京市は1932年10月、近隣の５郡82町村を編入し、新たに20区を設けて全35区、人口550万を超える大都市となった。いわゆる「大東京市」の誕生だ（「大東京市」266ページ参照）。祝賀ムードが広がるなか、ビクターが目をつけたのが、その夏にヒットした『丸の内音頭』だった。もともとは丸の内界隈の古株の経営者らが、「田舎にあるような盆踊りを東京でもやってみよう」と地域振興策として企画し、ビクターが西條・中山コンビに依頼してできた曲だった。この歌詞を東京に広げてアレンジすれば、より広く売れるのではないか、という読みは大当たり。葭町（現・中央区日本橋人形町）の芸妓出身歌手、小唄勝太郎と三島一声のデュオが歌う『東京音頭』のレコードは、発売当時だけで120万枚も売れたという。

耳なじみのいい前奏は、中山が聞いて気に入った『鹿児島おはら節』からそのまま借用した。踊りは、新橋花柳界出身の花柳寿美（初代）が振り付け、モダン盆踊りとして大変な人気を集めた。お座敷で磨かれた勝太郎の「ハアー」という歌い出しが強いインパクトを残し、音頭といえば「ハアー」で始まるものという通念を生んで、「ハアー小唄」と呼ばれる音頭がその後、相次いで生まれた。故郷を持たない丸の内の旦那衆が当初求めた盆踊り歌は、東京のご当地ソング風に体裁を変えたことで全国区の流行歌となり、1934年には替え歌の満州音頭や北海道音頭、さらには甲州音頭や福島音頭など数多くの新曲も続々とリリースされて、一気に「音頭ブーム」を迎えたのだ。

時代はちょうど、昭和金融恐慌は峠を越えたものの、満州事変（1931～1933年）により戦火の気配が漂い始め、日本が国際連盟から脱退（1933年）し、言論への締め付けが強まった頃。突然の東京音頭ブームには、「息苦しい現実に対するガス抜きとして働いた」との指摘がある。『中山晋平伝』を書いた伝記作家の菊池清麿（1960～）は、ブームを「不安と絶望の状況から回避するために熱狂への“はけ口”を求めた」ものととらえ、「昭和のええじゃないか」だったと位置付けている。

豆知識

1. 中山晋平に「鹿児島おはら節」を教えたのは鹿児島出身の芸妓・喜代治。中山の支援で新橋喜代三としてレコードデビューし、後に２人は結婚した。
2. 大ヒット作が出ると、二番煎じが出るのは世の常。京都の昭畜レコードからは同じ1933年に、歌詞もメロディーもそっくりの『東京音頭』が出た。歌手は勝丸と大島一夫で、名前まで似せた作品だったという。

221 商業と娯楽／伊勢参りと富士講

伊勢参宮は「一生に一度の伊勢参り」といわれ、江戸庶民の憧れだった。庶民の旅には建前上厳しい制限があったが「信仰の旅」はその限りではなかった。江戸っ子の一生に一度のハレの旅に、ちょっと足を延ばせば京・大坂や大和（奈良）の見物もでき、四国や九州行きも不可能ではない伊勢参宮は、ついでに足を延ばして大いに楽しむための格好の方便（ほうべん）となった。それに対して富士講（ふじこう）の旅は危険を伴う厳しいものだ。それなりの覚悟を必要とした。

江戸中期以降、伊勢参りをはじめ、庶民の信仰の旅は次第に盛んになっていった。1718年の記録によれば、正月から４月半ばまでに40万人以上の参宮があったという。農閑期のこの時期、特に人出が多いことを考慮しても、年間60万人を超える参拝客があったと思われる。この伊勢参りを全国に広めたのが、伊勢の御師（おんし）と呼ばれる神職だ。もともと御師は全国をまわって伊勢暦やお札を配り、「おかげ」を宣伝しながら信者を得る活動をしていたが、伊勢参宮の団体（伊勢講）を率いるツアーコンダクターとして、手厚いもてなしをしながら参宮に導いた。非日常の旅を楽しみたい庶民には、至れり尽くせりの御師のサービスは人気があった。しかし、そのためにはお金がいる。そこで伊勢講では経費を積み立てし、また、くじ引きなどで代表者を決めて参宮する代参（だいさん）も盛んに行われた。1845年のある史料によれば、江戸の世田谷から伊勢、大坂、讃岐（さぬき）の金比羅（こんぴら）、岩国に至り、中山道経由で帰国する86日間で、宿泊代、交通費（渡賃・駕籠（かご）・馬）、昼食や茶菓子、祝儀や賽銭（さいせん）、ガイドや遊び（案内料・芝居・弓）、身支度や草鞋（わらじ）などその他の経費を合わせて、１人約５両２分（現在の金額で70万～80万円程度）かかったという。ちなみに江戸から伊勢までの往復は24日なので、いかに「ついで」を楽しんだかがわかるだろう。また、60年ごとの遷宮の年に合わせ、桁違いの人数の参拝客が伊勢神宮を訪れた。「お蔭（かげ）参り」である。中には、娘だけ、子どもだけの参宮もあり、主人や親に無断で出かける「抜け参り」も流行した。普段着のまま飛び出し、１本の柄杓（ひしゃく）を持って、道々施しを受けながら伊勢に向かう。沿道の人々も施行（せぎょう）によって彼らの参宮を支えた。

18世紀後半から、夏になると江戸では庶民の「富士詣（もうで）」や「大山詣」が盛んに行われた。「富士講」とは山岳信仰にもとづく富士信仰の講組織だ。江戸を中心に町人や農民の間で広まり、「江戸富士八百八講（はっぴゃくやこう）」と呼ばれるほどだった。信徒は白装束（しょうぞく）で、金剛杖（こんごうづえ）をついて鈴を振り、六根清浄（ろっこんしょうじょう）を唱えながら、先達（せんだつ）に引率されて登拝した。富士山に登ると災難から免れると信じられていたので、江戸市中には浅草・駒込・高田・深川・目黒などあちこちに人工の富士山である「富士塚」が造られ、富士山の山開きの旧暦６月１日（現在は７月１日）は、前夜から富士詣と同様に賑（にぎ）わったという（「富士塚・富士見坂」85ページ参照）。

豆知識

1. 伊勢参りでの御師のサービスとはどんなものだったのだろう。宮川を船で越えると伊勢の神域に入る。そこからは御師の手配による無料の駕籠で移動する。御師の案内で外宮（げくう）、内宮（ないくう）に参拝するが、途中、「宮めぐり」といって内宮80社、外宮40社の末社もめぐる。宿泊所となる御師の大邸宅では、海の幸を基本とした五の膳まである豪華な料理が並び、太々神楽（だいだいかぐら）（伊勢神宮に奉納する神楽のこと）を奉納して、古市（ふるいち）の遊郭で伊勢音頭を見物する。もちろん、お札や土産物も忘れない。まさに非日常のもてなしぶりだった。

222 暮らしと文化 ／ モダン文化

「文明開化」のかけ声の中、生活や文化の洋風化は急激に進んだ。人々は洋服を着るようになり、都市部にはレンガ造りの建物が並ぶようになった。官僚は洋装をし、鹿鳴館では女性たちがドレスを着るようになる。洋風化の流れは昭和初期までに多くの人に広がっていき、日本は東京を中心として、文化的にも近代的な姿を見せるようになっていった。

「文明開化絵 東京銀座通煉瓦石造」井上探景

明治維新後、日本は一時はキリスト教などの西洋文化を排斥（はいせき）し、神道を中心とした復古的な国家をめざそうとしたものの、外国からは批判され、国民からも受け入れられなかった。日本が西洋列強と対等な地位になろうと模索する中、生活や文化の洋風化を通じて、近代化を示そうとする中で生まれたのが、モダン文化である。

従来、日本人は髷（まげ）を結っていた。1871年には散髪脱刀令（さんぱつだっとうれい）が出て、散切（ざんぎ）り頭となり、それに合わせる形で洋服の着用が広まった。官僚は洋風の制服を着るようになり、どんな服装をするかは「大礼服汎則（たいれいふくはんそく）」で定められた。

それに比べ、女性の服装の西洋化は少し遅れて1880年代のことである。1883年に鹿鳴館が完成すると、文明国であることを世界に示すべく、ダンスパーティーを行った。その際に女性はドレスを着るようになった。

街並みも変わっていった。1872年の銀座一帯の火災をきっかけに、政府は銀座通りにレンガ造りの洋風建築物を建てさせた。防火だけではなく、美観も考慮してのことである。丸の内には1894年に三菱一号館ができ、次々に赤レンガのオフィスビルが建てられた。ガス燈（とう）は街路に並び、家庭にはランプが普及し、人力車や馬車が街に走るようになる。あわせて生活面でも肉食が普及した。のちにランプは電灯になり、都市部の一般家庭にも普及していく。

西洋文化はしだいに庶民の間にも普及していった。呉服店は百貨店になり、劇場やカフェが普及した。百貨店の広告は斬新なデザインを採用し、モダンさを示そうとした。

1923年に関東大震災が起こり、一時は都市部の景観は崩れ去ったが、政府の復興計画や市民の努力もあり復興は順調に進み、またもとの東京の風景が戻ってきた（「後藤新平」243ページ参照）。「大東京」と呼ばれる東京では、女性たちが洋装で働くようになり、「モダンガール」と呼ばれた。おしゃれを楽しむ女性たちは、東京の代表的な風景のひとつとなったが、こうした流れは、日中戦争の激化により消えていく。

豆知識

1. 三菱財閥は、ロンドンのシティのオフィス街をモデルにして丸の内に「丸の内赤レンガ街」をつくり、「一丁倫敦（いっちょうロンドン）」と呼ばれるようになった。
2. 女性たちが洋装をする中でも、和装の中に洋装のモダニズムを取り入れた着物を着るというのもはやった。アール・デコ様式が服の生地にも取り入れられ、美人画の題材としても人気だった。

223 人物 / コンドル

上野博物館や鹿鳴館、ニコライ堂など、明治時代に東京の「顔」となる数々の名建築を残したのが、イギリスから招かれた建築家、ジョサイア・コンドル（1852〜1920）だ。「明治建築といえば赤レンガの西洋館」というイメージはコンドルの仕事から生まれた。のちに東京駅を設計する辰野金吾（1854〜1919）ら多くの後進も育て、日本建築界の基礎を築いた。

三菱一号館を復元して建てられた現在の三菱一号館美術館

1877年に来日したとき、コンドルは24歳。ロンドン大学で建築学を学び、有名建築事務所で経験を積み、若手の登竜門として知られるソーン賞も受賞していた。いわばイギリス建築界のエリート青年だった。そんな前途有為の建築家に明治新政府が寄せた期待は二つだ。一つは、工部省顧問として本格的な洋風建築を設計・建設すること。もう一つは、工部大学校（現・東京大学工学部）の初代建築学教授として知識をもたらすこと。コンドルは両方に大きな功績を残した。

来日後すぐ、「建築とは何か」と題した講演で、「美を意識して造られた建築をアーキテクチャーといい、実用性だけではビルディングにすぎない」と強調したコンドルは早速、洋館建設に着手した。初期の作品として名高いのが、1881年に竣工した上野博物館だ。赤レンガ造り2階建てで、正面左右にドーム状の屋根飾りをつけた。第2回内国勧業博覧会の展示館として使われた後、博物館第1号館となり、その美しい姿は長く市民に親しまれた（「勧業博覧会」252ページ参照）。1883年に日比谷に完成した鹿鳴館も赤レンガ造りだ。赤じゅうたんの上で欧米紳士と日本政財界の男女が華やかにダンスし、不平等条約改正を目指す「鹿鳴館外交」の舞台となった。1890年に三菱の顧問になると、丸の内に赤レンガ造りの三菱一号館、二号館を次々に完成させ、「一丁倫敦」と呼ばれるロンドン風の近代的オフィス街が形づくられていった。

コンドルは教育でもその力を発揮した。一期生のうち辰野金吾はのちに日本銀行本店と東京駅を設計し、曽禰達蔵（1853〜1937）はコンドルとともに「一丁倫敦」建設にまい進。片山東熊（1854〜1917）は迎賓館を設計した。明治東京を象徴する建物の多くは、赤レンガ全盛のイギリスからやってきたコンドルの影響下にあったと言っても過言ではない。

任期を終えて日本に留まったのも、日本文化に対する深い関心があったからだ。もともと日本美術に関心があり、来日すると日本画家の河鍋暁斎（1831〜1889）に弟子入り。「暁英」の号を与えられ、自らも作品を残した。歌舞伎や落語を好み、日本舞踊の師匠だったくめと結婚。67歳のとき愛妻を亡くすと、その11日後に後を追うように麻布の自邸で病没した。ともに文京区大塚の護国寺に眠っている。

豆知識

1. 上野博物館は上野にある今の東京国立博物館本館とほぼ同じ場所に建てられたが、関東大震災で大きく損壊し、取り壊された。鹿鳴館も、外交を主導した井上馨の失脚で役割を終え、1940年に解体された。
2. コンドルは財界人の邸宅も多く手がけ、岩崎久彌邸（現・旧岩崎邸庭園）や岩崎彌之助高輪別邸（現・開東閣）、古河虎之助邸（現・旧古河庭園）は現存している。

224 まち／町田市

町田市域では、明治時代に「絹の道」の起点として多くの商人が行き交い、定期的に「市」が開かれた。合併を繰り返してきた歴史を物語るように、東西に延びる市域は独特の形をし、川の氾濫による飛び地を解消するために、2020年にも行政区分の変更が行われた。

小田急町田駅の東口に立つ「絹の道」の石碑

町田市は東京都の中南部に位置し、東西に長いため神奈川県相模原市・大和市・横浜市・川崎市など６つの自治体と隣接する。市内にはJRや私鉄の路線が複雑にめぐらされ、南から順に東急田園都市線・JR横浜線・小田急小田原線・京王相模原線が延びている。

市の南端を東西に流れる境川は相模原市との境界になっているが、現在のような形ではなく、昭和時代半ば頃まで発生してきた河川の氾濫を防止するために、東京都と神奈川県とで改修して流れをゆるやかにした。その結果、境川沿いには互いに飛び地ができ、飛び地を解消するため、2020年12月１日に行政境界の一部が変更された。

町田市域では鎌倉時代以降、鎌倉街道や神奈川街道（現・町田街道）などに沿って集落が形成された。町田市西部にある大泉寺（町田市下小山田町）に館を構えた有力御家人・小山田氏が治めた小山田一帯には、数多くの樹林や谷が残り、昔ながらの多摩丘陵の姿を残している。

江戸時代には養蚕や炭焼きなどが盛んになり、繭・木綿糸・生糸・織物・炭などの地場物産は、現在の町田駅周辺にあたる原町田付近で、二と六が付く日に開かれる「二・六の市」で盛んに売り買いされるようになる。「町田」の由来には諸説あるが、古くから市が盛んな「町」だったという説や、「町」は田の区分を意味し、田が開けて区画されるようになったためという説などがある。

明治時代に入ると、八王子から原町田を経て横浜に向かう街道は繭や生糸を運ぶ人々が行き交い、「絹の道（シルクロード）」と呼ばれた。原町田付近では「二・六の市」が最盛期を迎え、現在の町田駅周辺の礎が形成された。小田急町田駅の東口に立つ「絹の道」の石碑が往時をしのばせてくれる。1889年に原町田村・本町田村・森野村・南大谷村が合併し、「町田村」となる。1893年には神奈川県から東京府へ移管され、大正時代の1913年には「町田町」となった。太平洋戦争で空襲の被害を受け、戦後には町田駅周辺の商店街がいち早く復興し、1954年に南村と合併して町田町が新たな体制になり、角のように突き出す形になった。さらに1958年に町田町は合併し、「町田市」が誕生した。

その後、東急田園都市線の開通、東名高速道路の開通などを背景に、1960～1970年代にかけて住宅地の開発が進み、1980～1990年代には多摩ニュータウン事業としての土地区画整理事業や、町田駅周辺の中心市街地における再開発事業が行われてきた。

豆知識

1. 町田市の中心部山崎町から野津田町にかけて、「七国山」という標高128.4ｍの丘がある。かつては頂上から相模（現・神奈川県）や甲斐（現・山梨県）など７つの国を眺めることができたため、峠にその名が付けられたといわれている。

225 歴史 / 東京奠都

「将軍のお膝元」として政治の中心地だった江戸。将軍が政権を返上したあともそのまま政治の中心に —— と一筋縄にはいかなかった。江戸時代、いやそれ以前から都は京都にあったのだ。新政府は天皇のもと政治を行おうというのだから京都が政治の中心となるはずだ。しかし新政府内からは京都を離れようという声が挙がっていた。

東京奠都の様子

「奠都」とは都を定めることをいう（都は一つとは限らない）。「遷都」はもともとある都を他に移すことだ。明治政府は実質的な遷都を行ったが、公式には遷都を表明していない。つまり「移した」とはいっていない。公家や京都市民の反発を避けるためだ。それで東京への実質的な遷都は「東京奠都」とよばれる。

明治元年の1868年、正月の鳥羽・伏見の戦いののち、薩摩藩士の大久保利通（1830〜1878）が「大坂遷都」を提案した。長い歴史を持つ京都には古い習わしも多い。旧習から脱し、自ら政治を行う新しい天皇のイメージを作るには遷都が効果的だ。これは公家の反発で却下されたが、大坂遷都を提案するのは大久保だけではなく、遷都は新政府が取り組まなければならない課題だった。この後、江戸遷都や、天皇が江戸と大坂を行き来して東と西に都を置くなどの意見が提案されていく。京都に都を置き続けることの問題点としては、旧習の弊害と、土地が狭いことが挙げられる。江戸遷都を主張した人物に前島密（1835〜1919）がいた。大久保への意見書が知られる。前島は遷都を大坂ではなく江戸にするメリットとして、帝都は国の中央にあるべきだということ、大坂は小さく道も狭いが、江戸は江戸城を始め大名屋敷などを政府用地に利用できるということなどを挙げている。意見書は江戸城明け渡しの直後に出された。４月に江戸城が開城し、徳川氏の駿河移封が発表されると、江戸遷都は現実味を帯びてくる。とはいえ千年の都・京都である。公家や京都の民衆が反発するのは明らかだった。

江戸への遷都はなし崩し的に達成された。政府を仕切っていた大久保らは天皇の江戸への行幸を計画する。まず７月、江戸を「東京」と改称する詔（天皇の命令）が出された。東の京だ。詔では東西を同視することが示される。その後、天皇が行幸し東京城（元・江戸城）に入る（東幸）。同年、いったん京都に戻って、1869年３月28日に再び東京に行幸し、政府は東京城を皇城（天皇の住むところ。皇居）と発令した。以来、天皇は日常的に東京にいるようになった。これをもって事実上の遷都とされている。

豆知識

1. 勝手に東京市民にされた江戸っ子たちのなかでは、新政府への反発は強かった。政府は反発を和らげようと、行幸の御祝儀として東京市民や周辺の農民に3000樽（一升瓶で12万本以上）の上方の新酒をふるまった。酒だけでなく酒器やスルメもふるまわれている。東京市民は政府の指示で仕事を休み、酒を飲んで、各町で山車や屋台も出して行幸をお祝いした。元・江戸っ子たちも楽しんだようだ。

226 自然／里山と丘陵

里山とは本来、人の住む地域に近い小山や雑木林のことをいう。しかし、こうした解釈で里山を語る人は少ないだろう。田園を中心とした「日本の原風景」が失われるにつれ、里山は「人の暮らしと自然が息づく空間」として解釈されるようになった。環境省も、里地里山を「原生的な自然と都市との中間に位置し、集落とそれを取り巻く二次林、それらと混在する農地、ため池、草原などで構成される地域」と定義している。

『となりのトトロ』舞台のモデルとなった狭山丘陵

環境省は上記の定義をもとに、全国各地から「重要里地里山」を選定し、保全・活用の促進を呼びかけている。選定基準は、「多様で優れた二次的自然環境を有する」「里地里山に特有で多様な野生動植物が生息・生育する」「生態系ネットワークの形成に寄与する」という３条件のうち二つ以上に該当すること。東京都からは、西部・南部を中心に８カ所が選定されている。八王子市の「多摩丘陵（由木地区）」「長池公園」、青梅市の「青梅の森」「大荷田（長淵丘陵）」、町田市の「図師小野路歴史環境保全地域及び奈良ばい谷戸」「三輪町の森」、あきる野市の「横沢入里山保全地域」。どこも行政と地元のNPOなどが中心になって、雑木林の下草刈り、竹林の拡張防止、耕作放棄地の再生、水路・ため池の整備など、里山の保全活動を行っている。里山は純真無垢な自然ではない。人が手を加えることによって、人との共生によって成り立っているのである。

８カ所のうち最後の一つは、埼玉県南部から武蔵村山市・東大和市・東村山市に広がる「狭山丘陵全体」である。「全体」とはざっくりしすぎだが、どの地域をとっても諸条件を満たしているのだろう。狭山丘陵は武蔵野台地のほぼ中央、多摩湖や狭山湖を中心に東西約11km・南北約４kmに広がる。縄文時代を主とした400カ所以上の遺跡も発掘されており、古くから「人の暮らしと自然が息づく空間」だったのは疑いない。里山が注目されるようになった時期は、「マネー資本主義」全盛のバブル期と重なる。きっかけになったのは、宮崎駿監督『となりのトトロ』（1988年）だろう。昭和30年代の東京郊外を舞台とするアニメは昭和世代を惹きつけ、里山へのノスタルジーを喚起させた。そのモデルといわれるのが、ざっくりした「狭山丘陵」である。

「里山」と「資本主義」。水と油のような二つの言葉をつなぎ合わせた著作『里山資本主義』（藻谷浩介／NHK広島取材班）が、2013年頃ベストセラーになった。従来の「マネー資本主義」を見直し、木くずや土、半端野菜など、里山の休眠資産を利用することで、持続可能な未来を築くという新しい資本主義モデルを提唱し、ノスタルジーとは無縁の若者も惹きつけたのだった。日本を救う最先端のモデルは里山にある――。狭山丘陵はじめ都内８カ所の「重要里地里山」も、その一役を担うことになるかもしれない。

豆知識

1. 環境省「重要里地里山」の正式名は「生物多様性保全上重要な里地里山」で、全国500カ所が選定されている。大自然が人気の北海道は６カ所、沖縄県は５カ所と東京都より少ない。関東地方の上位３県は、神奈川県28カ所、千葉県19カ所、埼玉県11カ所。里地里山の性格がうかがえるだろう。

227 物語 ／『東京ブギウギ』

躍動的なリズムと底抜けに明るい歌詞。『東京ブギウギ』（1947年）は、笠置シヅ子（1914〜1985）が舞台上を派手に動き回りながら歌い、敗戦に沈む多くの国民に活力を与えたヒット曲だ。作曲は日本ポップス界の草分け、服部良一（1907〜1993）。心を明るくするリズムを探していたある日、夜の中央線の電車内で突然、そのメロディーを思いついた。西荻窪駅に着くとすぐに駅前の喫茶店に飛び込み、紙ナプキンに音符を書き留めたという。

日本コロムビアの看板歌手だった笠置は、戦前から服部と組み、ジャズ歌手として売り出した。だが、戦時中は洋楽を嫌う当局の指導により公演中止もしばしば。私生活でも、付き合っていた吉本頴右（吉本興業創業者、吉本せいの次男）に戦後間もなく先立たれ、直後に生まれた女児を抱えて悲嘆のどん底にいた。そんな笠置の再起の場となり、敗戦後を生きる日本人に力を与えたのが『東京ブギウギ』だ。

ブギウギは1920年代、アメリカの黒人ピアニストが始めた、ブルースの変奏形式の音楽。その８拍子のリズムが頭に残っていた服部はある夜、中央線の満員電車に揺られ、つり革を握っていたとき、あるメロディーを思いついた。「新しいリズムには新しい作詞家を」と考えた服部は、戦時中に中国・上海で知り合った友人のアランに作詞を依頼する。曲をピアノで何度も聴かせ、「調子のよい韻語がほしい」と求めた。数日後、アランが持ってきた詞に納得がいかなかった服部は、２人で相談しながら言葉を完成させる。

東京ブギウギ　リズムうきうき　心ずきずき　わくわく　海をわたり響くは　東京ブギウギ
ブギの踊りは　世界の踊り　二人の夢の　あの歌　口笛吹こう　恋とブギのメロディー

直立不動で歌う歌手が多かった時代に、ステージで激しく踊りながら歌い、「ヘイ！」と叫び声まであげる笠置のパワーは観客を圧倒し、1948年１月にレコードが発売されると大ヒット。『青い山脈』『リンゴの唄』と並んで、戦後日本の復興期を象徴する歌謡曲となった。

服部と組んだアランの本名は、鈴木勝（1916？〜1971）。実は世界的な仏教哲学者、鈴木大拙（1870〜1966）の養子だった。大拙41歳のとき、アメリカ暮らしの間に出会った８歳下のベアトリスと結婚したが、子宝に恵まれず、スコットランド人とのハーフともいわれるアランを貰い受けて実子として育てた。ところが青年期を迎えると、勝は酒癖と女癖の悪さから問題を起こすようになる。『さよならワルツ』『スイング娘』『ブギー・カクテル』などの曲にも詞を付けたが、1961年に週刊誌沙汰となる事件を起こして「昭和最大の不肖の息子」と報じられた。その後、がんを患って寂しい晩年を過ごし、世田谷の小さな病院で亡くなった。

豆知識

1. 香川県出身の笠置は1927年、大阪松竹楽劇部（OSK日本歌劇団の前身）に入り、「三笠静子」の名で初舞台。その後、「笠置シズ子」に改め、ブギの女王と呼ばれた。1956年に歌手を引退すると「笠置シヅ子」に名を変え、晩年まで芝居やドラマで活躍した。
2. 鈴木勝が『東京ブギウギ』を作詞したのは、「スウィングの女王」と呼ばれた歌手、池真理子と結婚する前年。楽譜が読めなかった勝は、池の助けも得て詞を書いたという。

228 商業と娯楽 ／ 東京の伝統工芸

将軍のお膝元の江戸では、京を中心に諸国から様々な職人が集められ、日本橋周辺に職人町を形成した。衣食住はもちろん、あらゆる面で匠の精緻な手技が武家社会の生活を支える。やがて江戸後期になると、武士と町人の富裕層を中心とするサロンが、機知に富んだ遊び心に匠の技を融合して、江戸ならではの粋でおしゃれな文化を作り上げた。「東京の伝統工芸」とは、そうした江戸文化の流れを汲む匠の技の結晶なのだ。

江戸の文化の中で磨き上げられてきた伝統工芸には、「瀟洒」（スッキリと垢抜けしたさま）という形容がよく似合う。度重なる幕政改革での奢侈禁止令は、庶民の生活を押さえつけたが、「見えないところに金をかける」という粋な江戸っ子文化を花開かせることにもなった。そうした中で育まれ、受け継がれてきた伝統的な技術・技法によって作られている工芸品の数々は、地域に根ざした地場産業として、地域経済の発展に寄与すると同時に、地域の文化を担う大きな役割を果たしてきているとして、東京都によって「東京の伝統工芸品」に指定されている。「東京の伝統工芸品」は現在41品目あり、その中の17品目はさらに、国の「伝統的工芸品」にも指定されている。

その一覧を挙げると、1. 村山大島紬、2. 東京染小紋、3. 本場黄八丈、4. 江戸木目込人形、5. 東京銀器、6. 東京手描友禅、7. 多摩織、8. 東京くみひも、9. 江戸漆器、10. 江戸鼈甲、11. 江戸刷毛、12. 東京仏壇、13. 江戸つまみ簪、14. 東京額縁、15. 江戸象牙、16. 江戸指物、17. 江戸簾、18. 江戸更紗、19. 東京本染ゆかた・手ぬぐい、20. 江戸和竿、21. 江戸衣裳着人形、22. 江戸切子（「江戸切子」241ページ参照）、23. 江戸押絵羽子板、24. 江戸甲冑、25. 東京籐工芸、26. 江戸刺繍、27. 江戸木彫刻、28. 東京彫金、29. 東京打刃物、30. 江戸表具、31. 東京三味線、32. 江戸筆、33. 東京無地染、34. 東京琴、35. 江戸からかみ、36. 江戸木版画、37. 東京七宝、38. 東京手植ブラシ、39. 江戸硝子、40. 江戸手描提灯、41. 東京洋傘の41品目である。例えば、釘を使わず、ほぞという切り込みを作って組み立てた家具や調度品を「指物」と呼ぶが、朝廷や公家の茶道具として発展した京指物に対し、江戸指物は、武家や商人、歌舞伎役者の調度品として発達した。過度な装飾をせず、桑や欅、桐などの木目を生かして外からは見えないところに高い技術を駆使した作りは、繊細でいかにも粋、職人の心意気が感じられる。また、年末の浅草「歳の市」（羽子板市）で有名な江戸押絵羽子板は、文化・文政期（1804〜1830）の歌舞伎の流行に伴い、役者の似顔絵をつけた押絵羽子板が大人気になったことに始まり、歌舞伎の衣装、風俗、情景などを題材に、日本画の技法も交えながら発展した。「東京の伝統工芸品」には明治以降に生まれた工芸品も含まれているが、その技術・技法は、江戸時代の匠たちのたゆまぬ工夫と鍛錬に磨かれ、伝承されてきたものがベースとなっている。

豆知識

1. 江戸／東京の伝統工芸品に共通するデザインの粋さや遊び心は、大都市江戸の庶民が培ってきた美意識がどんどん研ぎ澄まされていったものだ。端的にいえば、明快であっさりしたものが江戸っ子の好みだといえるだろう。北斎や歌麿、酒井抱一といった画家はもちろん、大田南畝や五代目市川團十郎、山東京伝など、そうそうたる文化人が、手拭いや煙管、袋物など生活用品の図案（デザイン）を考案したことがわかっている。

229 暮らしと文化 ／ 時計塔

明治時代になると、「時刻」の制度も変わった。これまでは太陰太陽暦にもとづく不定時法だったものが、太陽暦の導入とともに定時法に変わる。あわせて、時刻の感覚を多くの人に知らせるように、東京の各地に時計塔がつくられた。洋風建築の多くに時計塔が設けられ、人々はその時間を見て行動するようになり、時刻への意識が高まっていった。

現在の和光の時計台（中央区銀座）

日本が西洋と交わる中で、時刻の制度の違いは大きな課題になっていった。江戸時代までは、「十二時辰」と呼ばれる太陰太陽暦を用いており、１日をおよそ２時間ずつに分け、夜明けと日暮れの間をそれぞれ６等分していた。しかも、季節により時間の長さは変動していた。

諸外国と時刻の制度を合わせるため、1873年１月１日からグレゴリオ暦にもとづく太陽暦を採用することになった。このため、1872年は12月２日で終わってしまった。

一日を午前と午後に分け、それぞれ12等分し、時間の長さもどの季節でも変わらない定時法になった。だが、制度を変えたところで世の中は急には変われない。そこで市街地の各地に時計塔を置き、人々はその時計を見ながら行動するようになった。こうして、いまと同じ時間の感覚を人々が持つようになったのである。

東京の時計塔でもっとも古いのは、1871年に竣工した竹橋陣営時計塔である。近衛師団竹橋陣営の建物に設置され、フランス製の４点チャイム打という機構となっている。このスタイルの時計塔は、その後各地に広まった。続いてつくられたのが1873年に竣工した工学寮の時計塔だ。欧米の工業技術を学ぶための施設であり、のちに工部大学校となった。

時計店が時計塔をつくる事例もあらわれた。京屋時計店本店では1875年に、小林時計店の京橋支店では1877年に、時計塔を設けた。

時計店の時計塔でもっとも有名なのが服部時計店の時計塔である。1894年に服部時計店は朝野新聞社の建物を買い取り、この建物の上に時計塔を設けた。この時計店は銀座のシンボルとして有名になっていく。1932年には、２代目の時計塔が、新しくできた服部時計店の本店に設けられる。この建物は1952年に服部時計店の小売部門を継承した和光が使用を開始し、現在も銀座を行き交う人たちに時刻を知らせている。

豆知識

1. 東京以外にも時計塔は広がっていく。1878年にできた札幌農学校演武場には、1881年に時計塔が設置される。現在は札幌の時計台として広く知られている。
2. 学校には時計塔がよくつくられた。東京大学の安田講堂、早稲田大学の大隈講堂、慶應義塾大学の図書館など、学校のシンボルとなる建物には多く時計塔が設けられた。

230 人物 ／ 芥川龍之介

「人生は一行のボオドレエルにも若かない」。そんな言葉を遺稿『或阿呆の一生』に残し、小説家の芥川龍之介（1892～1927）が自殺したのは、まだ35歳のときだった。現実の矛盾を理知的にえぐり出す「新思潮派」として文壇デビューし、新進作家の登竜門「芥川賞」に名を残した大正期の文豪。その原点は、生まれ育った東京の下町にあった。

芥川龍之介

成績優秀で、エリートが集まる第一高等学校に無試験で合格した芥川は、２番の成績で卒業すると東京帝国大学の英文学科に進む。翌1914年、一高同期の菊池寛（1888～1948）らと同人誌『新思潮』を刊行。23歳のとき掲載した処女作『鼻』が夏目漱石（1867～1916）に絶賛される。翌1917年には初の短編集『羅生門』を刊行して新進作家の地歩を固めた。その後も『蜘蛛の糸』のような仏教説話、『地獄変』のような王朝物、『奉教人の死』のようなキリシタン物、『枯野抄』のような江戸物と、多岐にわたる題材と文体で読者を驚かせ、理知的な小説作法を得意とした。西欧的な手法を広く取り込み、近代短編小説の様々な可能性を実践して、大正文壇の寵児となった。

その文学に大きな影響を与えたのが、芥川の生まれ育った環境、つまり東京の下町だった。生まれは京橋区入船町（現・中央区明石町）。維新前後から外国人居留地となり、西洋人の居館やホテルが並ぶ地域だった。父親はこのあたりに住む外国人たちに牛乳を供給して生計を立てていた。芥川はいわば「日本のなかの西洋」に生まれたのだ。生後７カ月のとき、母の病気のため本所区小泉町（現・墨田区両国）にある母方の芥川家に預けられ、後に養子となる。20歳近くまで過ごすこの家は、かつて江戸城で茶室を管理する奥坊主を務めた家柄で、南画や俳句が日々の暮らしに浸透し、文化的な雰囲気が漂っていた。一帯にはかつて葛飾北斎や山東京伝ら江戸の芸術家、芸人が多く住まい、大商人たちの妾宅も軒を並べていたという。「洗練と退廃、迷信深さと妖怪趣味というような、仄暗い生活の雰囲気」「生活的雰囲気の諸々の特徴」が、大正文学における芥川の特徴となって歴々と生きている、と作家の中村真一郎（1918～1997）は『芥川龍之介の世界』で指摘している。

師と仰ぐ漱石が朝日新聞社に入社して長編小説を展開したことにならい、芥川も27歳のとき大阪毎日新聞社に入り、長編小説『路上』に取りかかる。だが、途中で投げ出して新聞連載は途絶えてしまう。「素直で頭がいいが気の弱い都会の知的青年の素顔が露出」した、と中村。その後は再び、長編小説家としての可能性に挑むことなく「短編小説の奇才」であり続けた。次第に体調を崩し、不倫や心中未遂、背負わされた借金などトラブルが相次いだ芥川は1927年、将来への「唯ぼんやりした不安」をこじらせ、ついに死を選んだ。

豆知識

1. 芥川家は1914年、今の田端に引っ越した。詩人の室生犀星ら多くの文化人が移り住み、「文士村」の一面を持つこの街で後半生のほとんどを過ごした。JR田端駅北口の「田端文士村記念館」に芥川の家の復元模型などが展示されている。
2. 結婚は25歳のとき。相手は同級生の姪っ子で８歳年下の幼なじみ、塚本文だった。長男・比呂志（1920～1981）は俳優・演出家、三男・也寸志（1925～1989）は音楽家として活躍した。

231 まち／小金井市

小金井市は文教都市として知られ、東京学芸大学や東京農工大学など教育機関が多い。「黄金に値する豊富な水が出る」という地名に関する一説が物語るように、地下水が湧き出す自然豊かな地域でもある。「東京の名湧水」に選ばれた湧水池と、都立公園をそれぞれ3カ所ずつ有しており、人々に親しまれている。

豊富な水が湧く滄浪泉園

小金井市は東京都のほぼ中央部に位置し、市の中央部にはJR中央線が東西に走り、武蔵小金井駅と東小金井駅が市内に含まれる。南東部には西武多摩川線が南北に通り、新小金井駅が小金井市の範囲内だ。

市の北部に小金井公園（小金井市関野町）、南部に野川公園（小金井市東町）・武蔵野公園（小金井市前原町）と、都立公園が市内に３カ所もある。また、東京学芸大学や東京農工大学など教育機関が数多くあり、小金井市は住宅都市や文教都市としての性格が強い。

江戸時代に玉川上水が完成し、新田開発が活発になると急速に集落が発達した。明治時代に入ると神奈川県に属し、1889年の町村制施行によって小金井村・貫井村・貫井新田・小金井新田などに飛び地を加え、現在の市域とほぼ同じ「小金井村」を発足させ、1937年２月11日には町制を施行し「小金井町」となる。

戦後の1958年４月５日、「地方自治法の一部を改正する法律」が公布・施行され、市になる要件が「人口５万人以上」から「３万人以上」に緩和されたことに伴い、同年10月１日に市制を施行し「小金井市」が誕生した。小金井市のように、一度も合併を経験していない自治体は、多摩地域北部の自治体に多い。

「小金井」の地名は、「黄金に値する豊富な水が出る」ことから、「黄金井」が小金井になったとされている。ほかにも、中世に「金井原」と呼ばれる地域があったという説、土地の支配者であった金井氏に由来するという説などがある。

市内には、北側の高い台地と南側の低い台地の境に、「ハケ」と呼ばれる段差約15mの国分寺崖線が東西に延びる。ハケはかつて、多摩川の浸食によって生み出された河岸段丘の崖の部分で、地下水が湧き出すため人々から親しまれてきた。現在も豊かな湧出を誇る滄浪泉園・貫井神社・小金井市立はけの森美術館（美術の森緑地、旧中村研一記念美術館）の３カ所は、東京都が定める「東京の名湧水」に選ばれている。市では、地下水及び湧水を保全するため、2004年３月に「小金井市の地下水及び湧水を保全する条例」を制定した。

湧水以外に市民に親しまれているものといえば、市内にはアニメーション制作会社「スタジオジブリ」があり、映画監督の宮崎駿氏は小金井市の名誉市民である。

豆知識

1. 市内の武蔵野公園は、「秋の鳴く虫の女王」と称されるカンタンの数少ない生息地だ。カンタンは体長１～２cmとスズムシほどの大きさで細長く、長い触角を持ち、小金井市の「市の虫」に選ばれている。
2. 「滄浪泉園」の名は、この庭に遊んだ犬養毅（1855～1932）元首相が名づけたとされ、「手や足を洗い、口をそそぎ、俗塵に汚れた心を洗い清める、清清と豊かな水の湧き出る泉のある庭」という意味。

232 歴史 / 首都としての東京

天皇の東京への行幸のなかで、政府の機関の一部が東京に移された。外国官（外交事務を行う）や新政府の中枢機関である太政官だ。新政府は東京を首都とする国家造りを着々と進めていく。

東京奠都のメリットの一つは、広大な武家地の屋敷を政府の政府用地に転用できることだった。おおむね、旧幕臣の屋敷は役人にあてがわれ、より広い大名屋敷は役所や軍用地に転用される。1868年に江戸が東京と改称されると、大和郡山藩柳沢家の上屋敷（現・千代田区内幸町）に東京府庁が開かれた。尾張藩の市谷上屋敷（現・新宿区）は天皇や御所の警備をする御親兵の屯所となり、現在は防衛省が建っている。紀州藩の赤坂中屋敷（現・港区）は赤坂離宮になった。東京ドームがある場所は遡れば水戸藩の小石川上屋敷（現・文京区）で、練兵場や東京砲兵工廠に使われた。のちに内閣総理大臣にもなる大隈重信（1838〜1922）は築地にあった旗本の戸川安宅の屋敷を与えられた。5000坪（約１万7000m²）の敷地だった。

とはいえ江戸の７割を占めていた武家地は広く、政府が使うのは一部にすぎなかった。他は放っておかれ、建物は崩れ草がぼうぼうと生い茂る。東京は荒れ果てた姿だった。東京府知事だった大木喬任は、1869年、幕臣の屋敷に桑や茶を植え付けることを推奨し、1873年の調査では102万5207坪（約339万m²）に桑や茶が植えられていた。それでもまだ土地が余って、価値は暴落し、買い手がつかないほどだったという。

はじめ官庁は大手町などに分散して置かれた。明治10年代の終わり頃、「市区改正」（都市計画、都市改造）が検討されるようになる。欧化政策（日本が近代国家であることを示すための西洋化政策）を進める外務大臣・井上馨は近代的な都市を望み、1886年、ドイツ人建築家ヴィルヘルム・ベックマンが日比谷官庁集中計画を策定する。霞が関、日比谷とその周辺に西洋風の庁舎を集め、放射状の道路や広場、公園を整備する壮大な計画だったという。ただあまり壮大なので計画は縮小され、司法省と大審院（後の最高裁判所）の建物が建てられたものの、井上の失脚で計画は頓挫した。霞が関に官庁が集中するのは関東大震災や第２次世界大戦を経てのことだった。

豆知識

1. 江戸の町政を司った町奉行所は1868年５月23日に政府に引き渡され、市政裁判所となった。奉行所の役人である与力・同心は辞職するつもりだったが政府の説得でしばらく勤務することになる。政府はわざわざ町触を出し、江戸市政には引き続き町奉行所の与力・同心があたることを江戸の庶民に伝えた。
2. 大隈の築地の屋敷には、伊藤博文（内閣制度の創設・初代内閣総理大臣）・井上馨・五代友厚（実業家）・渋沢栄一（実業家）・前島密（郵便制度の創設者）など明治の近代化を指導した面々が集まり、夜な夜な議論を交わした。中国の古典『水滸伝』で英傑が集まった梁山泊になぞらえ、「築地梁山泊」とよばれた。

233 自然 ／ セミ

東京でセミといえばアブラゼミとミンミンゼミ、ツクツクボウシが主流で、西日本に多く見られるクマゼミは希少であった。ところが近年は、そのクマゼミが増加傾向にあるという。それはやはり、地球の温暖化によるものなのであろうか。

江戸の市中にはハルゼミ、アブラゼミ、ミンミンゼミ、ヒグラシ、ツクツクボウシ、ニイニイゼミ、そしてクマゼミと、7種のセミがいたとされている。このうちマツ林にのみ生息するハルゼミは、23区内のマツ林がなくなったことから1970年頃に23区内では絶滅。一方、近年まで希少であったクマゼミが増加傾向にある。もともと九州など温暖な地域に多く見られるセミということで、その理由を地球の温暖化に結びつけて論じる向きはあるものの、それほど単純な話でもないようだ。

現時点で有力な説の一つは以下となる。卵から孵化（ふか）した幼虫が地中に潜ろうとしたとき、土が硬いと時間がかかってしまう。すると天敵に捕まったり体が乾いたりして生存率が低下。逆に雨が降って土が軟らかければ生存率は上昇するわけで、孵化の時期と雨期が重なることが重要となる。かつて23区内のクマゼミは7月下旬～8月初旬に孵化していたが、温暖化やヒートアイランド現象によってその時期が早まり、雨期（梅雨）と重なることで生存率が上がった結果、成虫が増加したとする。

これには異論も示されており、地中に潜る際に土が乾燥して硬い場合、他のセミに比して土を掘る機能に優れたクマゼミの幼虫の生存率が高まると主張する。つまり温暖化が影響を与えていること自体は認めるものの、そのプロセスには様々な仮説が示されているのだ。また、そもそもクマゼミの移動距離は1km強と限られているため、人が運んだ樹木に幼虫や卵が紛れていた、あるいは人が持ち込んだ成虫が放たれた、などといった人為的な要因も指摘されている。

ここまでは江戸の市中、おおよそ今でいう23区内の話だが、範囲を都の全域にまで広げると、前述の7種に加えてコエゾゼミとエゾゼミ、アカエゾゼミ、エゾハルゼミ、ヒメハルゼミの計12種が生息しているとされる。ハルゼミが生息するマツ林も、コエゾゼミやエゾゼミ、アカエゾゼミ、エゾハルゼミが生息する山地も、ヒメハルゼミが生息する照葉樹林も、東京であっても区外であれば各所にあり、それゆえ今日まで生き延びてきたのであろう。

そして太平洋の遥か先まで目を向ければ、小笠原（おがさわら）諸島には固有種で天然記念物にも指定されているオガサワラゼミがいる。ちなみにこのセミも、琉球方面に生息するクロイワツクツクに近似していることから、明治になって人為的に持ち込まれた可能性が指摘されている。ただし事実上の無人島であった江戸時代の記録にも登場するうえ、遺伝子解析の結果も独立した系統であることを示唆しており、今も固有種説が維持されている。

豆知識

1. 東京では都心でもよく見かけるミンミンゼミは、大阪の都市部にはほとんどおらず、代わりをクマゼミが務めている。西日本では主として山地に生息することから、ミンミンゼミは暑さに弱いともいわれるが、猛暑で知られる埼玉県の熊谷や山梨県の甲府にも生息しており、その主張は根拠に乏しい。

234 物語／『俺ら東京さ行ぐだ』

「テレビも無エ　ラジオも無エ　自動車もそれほど走って無エ」。青森県出身の吉幾三（1952〜）が1984年、無い無い尽くしの田舎の村を東北弁で自虐的に歌った『俺ら東京さ行ぐだ』の滑り出しだ。自ら作詞作曲もした吉の出世作。だが当時、世の中はバブル経済の直前だった。そんな村がまだ本当にあるのか？　東京に出て銭を貯め「銀座に山買うだ」ってどういう意味？　様々な疑問や賛否を呼んだ曲でもあった。

吉幾三

吉は青森県北津軽郡金木町（現・五所川原市）出身。父親は民謡歌手だった。中学卒業後、夜行列車に乗って上京。最初は「山岡英二」の名でアイドル歌手としてデビューしたが売れず、1977年に「吉幾三」に改めてフォーク路線に移ると『俺はぜったい！　プレスリー』がヒット。しかし、その後は再び長い低迷期が続いた。同じ東北出身の歌手、千昌夫（1947〜）の支援を得て、背水の陣で出したのが『俺ら東京さ行ぐだ』だった。冒頭に続き、歌詞はこうなる。

ピアノも無エ　バーも無エ　巡査　毎日ぐーるぐる　朝起ぎで　牛連れで　２時間ちょっとの散歩道　電話も無エ　瓦斯も無エ　バスは１日１度来る　俺らこんな村いやだ　俺らこんな村いやだ　東京へ出るだ　東京へ出だなら　銭コア貯めで　東京で牛飼うだ

歌はさらに、喫茶店も映画館もディスコもない、ついには信号も電気もない、たまに来るのは紙芝居や回覧板、という村からの脱出を誓う自虐的な内容が、リズミカルな言葉でつづられる。吉は演歌界では珍しいシンガーソングライター。下積み時代の先輩が渡米し、贈ってくれたアメリカのレコードの中にラップの曲があり、そこからヒントを得たと話している。

曲が発売されると、青森の故郷からは「うちは歌のようなド田舎ではない」と苦情が来た。全国の小さな村や町からも「そんな村が現存するなど考えられない」という抗議が届いたという。実際、そのような村が1980年代半ばに実在したはずはない。一方で、村を捨て、モノなら何でもある東京に行って「俺ら」は何をするのか。銭を貯めた先の夢が、村にカネを持ち帰ったり、家を買ったり、銀座で豪遊したりすることではなく、「東京で牛飼うだ」「東京で馬車引ぐだ」「銀座に山買うだ」と歌われていることに注目する人々がいた。

その一人、民俗学者の赤坂憲雄（1953〜）は自著『北のはやり歌』でこの歌を分析し、「ラディカルな価値観の転倒」と読み解いた。「東京の論理や欲望が東北を呑みこむのではない、東北の村が、その論理や欲望こそが東京を呑みこむのである。東京でベコを飼って、なにが悪いか、銀座に山を買って、なにが悪いか」という歌だ、と。やがて「日本語ラップの元祖」と呼ばれるようになり、様々な替え歌まで生まれたのも、その革新性ゆえだろう。

豆知識

1. 吉は1986年、『雪国』で初のオリコン１位を獲得。コミカルな歌から正統派演歌歌手に路線変更した。「今さらそんな歌、売れるわけはない」と千昌夫からは反対された曲だったという。
2. 『俺ら東京さ行ぐだ』から多くの替え歌が生まれ、JR東日本やソフトバンクのCMでも使われた。ネットでは「＃吉育三」で育児ストレスを発散する替え歌が相次いで投稿され、流行ったこともある。

235 商業と娯楽 ／ 江戸切子

「切子」とはカットグラスのことだ。「江戸切子」はヨーロッパの技法を取り入れて19世紀に生まれた。もともとは無色透明なガラスの表面に精緻な模様を入れたものだったが、やがて、色被せガラスに華やかな独特のカットを施したものが多く作られるようになった。1985年には東京都による「東京の伝統工芸品」に指定され、2002年には経済産業大臣指定「伝統的工芸品」に認定されている（「東京の伝統工芸」234ページ参照）。

江戸切子

「江戸切子」は、1834年、日本橋大伝馬町でビードロ（ガラス）問屋を営む加賀屋久兵衛が、南蛮人によって持ち込まれた海外のガラス製品の表面に、金剛砂を使って切子細工を施したのがはじまりとされる。「金剛砂」とは、研磨用の細かい鉱物の粉で、おもに細かく砕いた石榴石が使われた。加賀屋は多くのガラス製品を扱っていて、当時の引札（広告チラシ）には、食器をはじめ日用品、金魚鉢、理化学用品などが描かれている。

切子（カットグラス）は、ガラスの表面に、石または金属製の回転砥石を研磨剤とともに押しつけて、溝を切ったり曲面を削ったりする装飾加工だ。多くは透明なクリスタルガラス製の器の装飾に用いられる。技法の性質から曲線をカットするのはかなり難しく、直線の集まりで構成される幾何学的な文様がデザインの基本となる。V字状の断面を持つシャープな線溝を交錯させ、プリズム的な表現効果をあげる手法がその特徴だ。

「江戸切子」の精巧なカット技法は、1881年、官営品川硝子製作所のイギリス人技師エマニエル・ホープトマンの指導によって始まる。透明なガラスを起源としながら、やがて、藍や紅色の厚さ1mm弱の色ガラスを透明ガラスに被せた「色被せガラス」の器に繊細な切子を施すようになった。多くの細かな線によって小さな四角形が並んでいるように見える「魚子紋」（光の反射が魚卵の連なりに似ていることに由来する）をはじめ、植物をモチーフにした「菊つなぎ紋」「麻の葉紋」、魔除けの意味を持つ「籠目紋」など伝統的な文様が20種ほどある。さらに、伝統的な文様をベースに江戸風情あふれる花鳥風月のデザインのものや、柔らかな曲線を多用した多彩でデザイン性の高いものが作られるようになった。

シャープで鮮明な輝きを持ち、上から覗けば万華鏡のように光を反射する切子は、いまも昔も変わらぬ人気を誇る。日本の切子には、19世紀中頃に薩摩藩が江戸から職人を招いて起業した「薩摩切子」もある。その後、紅色ガラスの製造に成功して隆盛期を迎えるが、幕末の混乱や西南戦争（1877年）によってその生産は途絶え、1985年に復興再現されるまで幻の工芸になっていた。江戸切子の色被せガラスの手法は、薩摩切子の断絶によって江戸に流れてきた職人たちによって伝えられたものだ。しかし、その技法もデザインも薩摩切子とは異なり、江戸っ子好みの「粋」を色濃く反映した瀟洒なものとなり、日用品としての使い勝手や美しさが追究されるようになった。

豆知識

1. 大正時代から昭和初期にかけて、カットグラスは人気を博した。グラスや器はもちろん、照明器具のセードなどインテリア製品にまで多様な形で普及した。現代も続く江戸切子のメーカーも、実はこの時期に創業しているところが多い。

236 暮らしと文化 ／ 築地外国人居留地

江戸幕府が開国後に定めた外国人が住む区域、それが居留地である。江戸では築地が居留地と定められ、東京となっても不平等条約改正まで存在し続けた。この地ではミッション・スクールが多く生まれ、外国公館などの施設もつくられた。洋館が建ち並ぶ風景は条約改正後も残り続けたものの、1923年の関東大震災でなくなった。

「文明開化絵 東都築地保弖留館海岸庭前之図」歌川国輝

江戸幕府はアメリカ、イギリス、フランス、オランダ、ロシアと修好条約を結び、「安政の五カ国条約」と呼ばれることになった。この条約で、開港と開市を定め、江戸では外国人に開かれた市場を設けることにした。あわせて、外国人の居住する区域を定め、居留地とした。江戸の居留地は、当時の築地鉄砲洲、現在の中央区明石町一帯である。

居留地は、政府により外国人の生活と商業を認めた区域である。居留地は外国人を1カ所に集めておけるため、日本人と紛争を起こすことを防止できたものの、治外法権が認められており、関税以外の税金は徴収できなかった。もちろん、日本に関税自主権はない。居留地内でのみ、日本人との貿易が認められた。居留地の外国人は居留地の十里（約40km）の四方の内側の移動は自由にできた。

築地外国人居留地は、横浜のように大きな港があるわけではなかったので、そこで商業が発展するということはなかった。その代わりに、外国公館がつくられるだけではなく、キリスト教の伝道の中心となっていった。カトリック築地教会は東京最古の教会として現在も存続している。中央区明石町の聖路加国際病院は、聖公会系の病院としていまなお続いている。この病院はスコットランドの宣教医師だった人物が創設した病院から始まっている。ミッション・スクールの多くも、この地に誕生した。青山学院や立教など大学として有名になった学校や、女子学院や雙葉学園などの進学校として現在まで続く学校もこの地で生まれた。これらの学校はいまもキリスト教教育を守っている。

この築地外国人居留地は文化や産業の発信地にもなった。日本人が拇印を利用して個人確認を行っていることに興味を持った宣教師ヘンリー・フォールズは、この地で世界で初めて科学的な指紋の研究を始めた。ヘンリーの住居跡には「指紋研究発祥之地」の碑がある。また平野富二（1846〜1892）が1873年に活字鋳造所を設け、翌年には活版印刷機の製造も開始した。のちに平野は石川島造船所を設立する。居留地からは海外の文化や技術がもたらされ、東京の文明の発展に大きな影響を与えたのだ。

1899年に領事裁判権と治外法権の撤廃が発効し、外国人は内地雑居となり居留地が廃止された。建物は残ったものの、関東大震災でほとんどを失った。

豆知識

1. 外国人居留地は市場では江戸と大阪に、港は箱館、神奈川、長崎、神戸、新潟に認められた。
2. アメリカの大使館は1890年に現在と同じ赤坂に移転するまで、築地にあった。
3. ミッション・スクールがかつてあった地には、それを記念する碑が残されていることが多い。本文中で取り上げた学校以外にも、明治学院や暁星学園、女子聖学院、関東学院がこの地で創立された。

237 人物 ／ 後藤新平

幕末の仙台藩水沢城下に生まれた後藤新平（1857～1929）は、明治・大正期に台湾と満州で植民地経営を担い、内相や外相も務めた行動力のある政治家だ。その手腕が見事に発揮されたのが、東京に甚大な被害をもたらした関東大震災（1923年）への対応だった。帝都復興院総裁となり、大胆な震災復興計画を立案。政争もあって計画はかなり覆されてしまったが、東京という街の骨格には、後藤が思い描いた壮大な構想の一端が今もくっきりと刻み込まれている。

後藤新平

戊辰戦争（1868～1869）で敗れた東北の小藩に生まれた。13歳で肥後細川藩出身の副知事、安場保和（1835～1899）の学僕となり、才能を認められる。その勧めもあって福島の須賀川医学校で学び、愛知県医学校（現・名古屋大学医学部）で医師の道に進む。仕事ぶりが評価され、27歳のとき内務省衛生局にスカウトされた。その後、台湾総督の児玉源太郎（1852～1906）に抜擢されて1898年から８年間、台湾総督府の民生局長に、1906年には南満州鉄道株式会社（満鉄）初代総裁に就任。若手の優秀な人材を集め、満鉄調査部を発足させた。東京市長も1920年から２年半ほど務めている。

こうして磨いた行政手腕が存分に発揮されたのが、東京市街地が焦土と化した関東大震災のときだ。震災直後に発足した第２次山本権兵衛（1852～1933）内閣で内相を引き受け、赤坂離宮の仮設テントで親任式を終えると自邸にこもって長考。軍の一部で持ち上がっていた遷都論を否定し、欧米最新の都市計画を採用、30億円をかけて新都を造営しよう、と決意した。

ただ、「国家百年の計」を実現するには、縦割り行政の壁を乗り越える必要がある。そこで編み出したのが、独立機関「帝都復興院」の設立だった。ここに有能なスタッフをかき集め、東京を燃えない近代都市に造り替える都市計画を練り始める。東京市長時代に知り合ったアメリカの政治学者で都市づくりの理論家、チャールズ・ビアード（1874～1948）にも相談し、「広い道路をつくって地下鉄を敷け」「鉄道を郊外に延ばして人口を移せ」「東京と横浜の間に大運河を掘削して運輸の大動脈を造れ」といった提言を受けた。まとまった復興計画は、大規模な区画整理をして道路や公園を整備し、主要道路の沿線や商業地にコンクリート建築などの防火地区を設ける内容だった。壮大なビジョンは一部から「大風呂敷」と批判され、地主閥を背景とした勢力の猛反発にもあって、予算と計画は大幅に切り刻まれた。それでも東京の中心部から昭和通り、靖国通り、晴海通りなど幅の広い幹線道路が放射状に延びる交通網が整備され、区画整理も進められた。

関東大震災から60年後、昭和天皇は後藤が立てた復興計画について、「もし、それが実行されていたら、おそらく東京の戦災は非常に軽かったんじゃないか」と述べ、すべてが実現しなかったことへの「残念」な思いを吐露している。

豆知識

1. 自由民権運動の旗手だった板垣退助（1837～1919）が1882年４月、岐阜で遊説中に刺されたとき、名古屋に往診依頼が届いて応じたのが、医師をしていた後藤新平だった。

238 まち／小平市

小平市は武蔵野美術大学や津田塾大学、一橋大学小平国際キャンパスなど教育機関を数多く抱え、日本で初めてブルーベリーを農作物として栽培し、現在も盛んに生産する。「平らな」地形と、有力な集落「小川村」を合わせて、明治時代に「小平」の名称が生まれた。

東京都中部のやや北寄りに位置する小平市。市のほぼ北端には主要駅である小平駅があり、小平駅を通る西武新宿線・拝島(はいじま)線が東西に延びている。南北方向には西武多摩湖線・国分寺線、JR 武蔵野線が複雑に入り組んでいる。

小平市域では江戸時代に新田が開発され、小川新田・大沼田新田などが次々に開拓された。市内東部の西武鉄道・花小金井駅は、昭和時代初期の1927年に開業し、「サクラの名所である小金井」の最寄り駅であることを表している。

江戸時代に新田開発によって成立した７村が、明治時代の1889年４月１日に合併して「小平村」となる。平らな地形の「平」に、有力な集落であった小川村の「小」をとって、「小平」と名付けられたとされている。

1894年には川越鉄道（現・西武国分寺線）国分寺〜東村山間が開通し、小平市域初めての駅として小川駅ができた。昭和時代に入ると、1927年に西武鉄道（現・西武新宿線）高田馬場〜東村山間が開通、1928年に多摩湖鉄道（現・西武多摩湖線）国分寺〜萩山(はぎやま)間などが開通した。

1921年頃から、大学を中心とした学園都市を造る計画が進められ、関東大震災（1923年）後に住宅地域へ変わっていく契機となった。その後、女子英学塾（現・津田塾大学）、東京商科大学予科（現・一橋大学小平国際キャンパス）、農林省獣疫(じゅうえき)調査所小平分室（現・独立行政法人動物衛生研究所）などの公共施設が建てられた。

1940年以降になると、陸軍経理学校や陸軍技術研究所などの軍用施設が設置され、勤務者向けの住宅も建てられた。太平洋戦争の終戦に近い1944年２月11日に「小平町」となり、終戦後には東京区部の住宅難による人口の流入と、都営住宅の建設や一般住宅の増加が著しく、工場の誘致によって都市化し、1962年10月１日に「小平市」が誕生した。

現在の小平市はブルーベリーの産地としてよく知られる。「ブルーベリーの父」と呼ばれた、東京農工大学の岩垣駛夫(いわがきはやお)教授が、日本の気候に適したブルーベリーをアメリカから取り寄せ、実家が農家である教え子に情熱を伝えた。大消費地の都市圏に新鮮なブルーベリーを供給できる場所として小平市が選ばれ、農産物としてのブルーベリー栽培が始まった。「ブルーベリー栽培発祥の地」のシンボルマーク「ぶるべー」は、小平市内にある武蔵野美術大学（小平市小川町）の学生がデザインしたものだ。

豆知識

1. ブルーベリー栽培発祥の地が小平市の花小金井南町であったことから、西武新宿線の花小金井駅南ロロータリー内に「ブルーベリー栽培発祥の地こだいら」の標柱が立てられ、傍らにはブルーベリーの苗が植えられている。
2. 小平市内には、昔懐かしい丸型ポストが37本（使用できるのは32本）残っており、保有数は都内の自治体の中で１位である。

239 歴史 ／ 鉄道革命

東京の近代化は鉄道によって成し遂げられた。1866年に馬車の利用が江戸幕府から許可され、荷物の輸送をメインに各地に広まっていった。いっぽう、明治新政府により1872年に新橋発の鉄道が開業した。都市交通としても馬車鉄道が1882年に開業し、その後路面電車になった。鉄道網は東京全域に広がり、1927年には都内に地下鉄も登場した。

「文明開化絵 東京名勝会 銀座通鉄道馬車」歌川国利

開国への動きが進む中で海外に行く日本人が現れ、その中では鉄道を目にする者も多かった。幕末に蒸気機関車の模型を目にする者もあったようだ。巨大な蒸気機関車を使用し、多くの人や物を運ぶ姿に、世界と日本の力の差を見せつけられたことだろう。明治新政府になると1869年に鉄道をつくることになり、まずは新橋から横浜へと建設が始まった。

いっぽう、日本では馬を馬車にして使用するということが行われていなかった。平安時代には牛車というものがあり、人が馬に乗りあるいは馬に荷物を載せるということはあったものの、車を引かせるということを考えていなかったのだ。幕末に馬車の利用が許可されると、1869年には東京から横浜を結ぶ乗合馬車も開業した。乗合馬車とは不特定多数の客を乗せながら時刻表に沿って一定のルートを運航するもので、現在の路線バスの起源ともいわれている。1872年には東京府が馬車規則を制定し、数匹の馬で引く馬車も登場していく。

待望の鉄道は1872年６月に品川〜横浜（現・桜木町駅）が仮開業し、10月14日には新橋（現・旧汐留貨物駅跡）〜横浜間が正式に開業した。イギリス人エドモンド・モレルが建築師長に、井上勝（いのうえまさる）が鉄道頭となり、建設を進め完成させたものである。その際の記念列車には明治天皇はじめ多くの政府要人、外国大使などが乗車し、鉄道大国日本の幕開けとして盛大なものとなった。のちに山手線や中央線が徐々に敷設され、現在のJR東日本都心部の路線網に近づく。

鉄道網は各地に広がる一方で、都市の交通機関としては馬車鉄道が用いられるようになった。1882年には「東京馬車鉄道」が運行を開始した。馬車鉄道は広まるも、馬の糞尿の処理などが問題になり、1903年には「東京電車鉄道」が路面電車を運行するようになった。

しかしやがて、その路面電車も混雑が問題になる。実業家・早川徳次（はやかわとくじ）は1927年の末に浅草〜上野間に「東京地下鉄道」を開業、新橋まで延伸後、東急グループ創立者でもある五島慶太（ごとうけいた）（1882〜1959）の「東京高速鉄道」と経営統合し、のちに営団地下鉄となった。戦後には地下鉄網がさらに都心に拡大していった（「私鉄の発展」256ページ参照）。

戦後のモータリゼーションの中で路面電車はじゃまなものとなり、地下鉄に置き換えられ、1972年に現在の都電荒川線のみとなる。東京の鉄道は都市の発展にともない、大型化していったのである。

豆知識

1. 鉄道開業当時、機関士などはすべて外国人で、列車ダイヤ作成なども外国人が行っていた。日本人は外国人に列車ダイヤの作成や運行技術を学び、現在のように高密度の鉄道輸送ができるようになった。
2. 鉄道開業当時、レールの幅を1067mmとした。当時の政府財政担当の大隈重信（おおくましげのぶ）は安いからという理由でこの軌間を採用したものの、のちに後悔した。レールの幅が狭く、輸送量の増大のネックになったからだ。

240 自然／砂漠

「日本に砂漠はありますか？」と聞かれたら、鳥取砂丘を思い浮かべる人が多いかもしれない。砂丘とは、風により移動した砂が堆積して形成された丘や堤状の地形であり、植物がほとんど育たない、乾燥した地域を意味する砂漠とは別物である。実は国土地理院の地形図に「砂漠」と記載されているのは、東京都大島町（伊豆大島・三原山）の「裏砂漠」と「奥山砂漠」のみである。つまり日本で唯一の砂漠は、東京都にあったのだ。

伊豆大島にある裏砂漠

東京都の島しょ地域の中で、もっとも本州に近いのが伊豆大島である。地元の人からは「御神火（ごじんか）」と親しまれる三原山は伊豆大島のほぼ中央に位置する火山で、特にその中央火口丘をいう。噴火口の南にある三原新山が最高峰で758mである。過去に大噴火や大爆発をくりかえし、伊豆大島史最大の噴火は1777～1779年の噴火で、多量の溶岩を流出し、火山灰が全島に降った。近年では1986年の噴火で、あふれ出た溶岩がカルデラ床に流出し、カルデラ床に割れ目噴火、続いて外輪山斜面でも発生した。カルデラ外での噴火は15世紀以降で初めてであり、島民が島外避難する事態となった。

三原山を通り、東北東から南西にかけて草木が少ない、真っ黒な砂漠地帯が広がる。これは大島でもっとも吹きやすい風向きが北東と西南西であるために、火山ガスの影響を受け続けたことで誕生したと考えられる。噴火によって降り注いだ黒いスコリア（火山噴出物の一種）や火山灰が、風や流水によって再移動し、カルデラ壁や溶岩流をおおって、穏やかな起伏の斜面や落下した岩石が崩れ落ちて半円錐（えんすい）状に堆積した崖錐状（がいすいじょう）の斜面を形成しているのだ。火山ガスや堆積しているスコリアや火山灰の保水性が小さいことなどの影響で、植物の定着が阻害され荒涼とした景観は、別の惑星に来たかのようだ。国土地理院によると、1971年に伊豆大島の大島町から三原山の火口付近の地名として、「裏砂漠」と「奥山砂漠」が申請された。翌年の1972年から２万5000分の１の地図に掲載が始まったということで、現在も三原山中央火口丘の北東に裏砂漠、裏砂漠のさらに北東に奥山砂漠が掲載されている。地図には掲載されていないが、東京都大島支庁による「東京・伊豆大島ジテンシャウォーキングMAP」には、三原山中央火口丘の西側は、表砂漠が掲載されている。こちらは裏砂漠や奥山砂漠と違って火山ガスなどの影響が少なく、植物の侵入が進んでいるという。伊豆大島は富士箱根伊豆国立公園に属し、裏砂漠周辺は特別保護地区に指定されている。そのため自然公園法により、自然環境や生態系などその貴重な価値を保護するため、裏砂漠への車両の乗り入れが禁止されている。

ところで砂漠と間違いやすい鳥取砂丘であるが、これは河川によって山地から運ばれてきた砂が海に出て、冬の強い波によって海岸に打ち上げられ、季節風によって運ばれ堆積したものである。このため砂丘の列は海岸線に平行に並び、海岸砂丘とよばれる。強風が常に砂丘の砂を動かしているため、植物は根を張ることができず、砂丘は砂漠のような姿をみせているのだ。

豆知識

1. スコリアとは、マグネシウムと鉄を多く含む玄武岩質のマグマが、噴火のときに吹きあげられて、含まれていた水などの揮発成分が発泡してできた多孔質の黒い火砕物である。このとき淡色のものは、軽石である。

241 物語 /『東京物語』

1953年に公開された小津安二郎監督の『東京物語』。尾道（おのみち）からやってきた老夫婦が息子の家に着き、「ここは東京のどのあたり何だろうね」、「端の方のようですよ」というやりとりが印象に残る。このあたりの場面は、当時の京成電鉄荒川駅、現在の京成押上線八広（やひろ）駅付近で撮影されたようだ。

原節子

『東京物語』は、国内はもとより海外での評価も高く、2012年に英国映画協会の「Sight＆Sound」誌の「世界の映画監督が選ぶ映画史上最高の映画ベストテン」で第１位に輝き、ニューヨーク近代美術館にフィルムが所蔵されている名作である。笠智衆（りゅうちしゅう）と東山千栄子が演じる尾道に住む老夫婦が、息子や娘たちの住む東京へ旅をする。開業医の長男夫婦や美容室を営む長女夫婦は、それなりに受け入れるものの、それぞれの生活や仕事に追われて、ゆっくりと東京案内をすることもままならず、どこかやっかい払いのように２人を熱海の温泉に行かせる。そんななか、戦死した次男の嫁で未亡人の紀子（原節子（はらせつこ））だけが仕事を休んで東京見物に同行したり、一人暮らしの狭いアパートにもかかわらず、招き入れて心を込めて歓待する。そんな家族の人間模様や思いの機微（きび）が、淡々と描かれていく。

実のところ、この映画はタイトルこそ『東京物語』だが、東京が描かれている部分はそんなに多いわけではない。半分近くを尾道など、東京以外の場面が占める。東京の場面は、冒頭で書いたように、荒川周辺で撮影された「普通の人々」の生活がリアルに描かれる部分が中心だ。ただ、紀子が案内して３人で「はとバス」に乗るところでは、皇居や丸ビル、銀座といった東京の名所が次々と登場する。銀座の百貨店（松屋銀座）の屋上から景色を楽しむといった場面もある。他に東京の場面というと、熱海の旅館に行ったものの深夜まで宴会をする団体の音などが気になってなかなか寝付けず、１泊だけして戻ってきてしまい上野の町で時間をつぶすところだろうか。行くところもなく寛永寺の境内で、その日どこに泊まるかなどの相談をする場面は侘（わ）びしさがあるが、うらみごとを口にするでもない２人の姿からは、しみじみと人柄の良さが感じられる。戦中、戦後を真面目に生きてきた、「日本のお父さん・お母さん」の理想型のように感じる人も多いかもしれない。

また、血のつながった子のドライな様子と、血のつながりのない嫁の親身な姿勢の対比は、この映画が世界的に評価されていることからも、こんなことは世界中で普遍的にあることなのかもしれないと思わされる。映像の美しさはもちろんだが、そういった普遍的な家族の感情の機微が丁寧に描かれていることが高い評価につながっているのだろう。

豆知識

1. 小津安二郎の代表作として“紀子三部作”といわれるのは、『晩春』『麦秋（ばくしゅう）』、そしてこの『東京物語』だ。いずれも原節子が“紀子”という名前のヒロインを演じている。

242 商業と娯楽 ／ 織物・染物

大消費地江戸・東京を控え、市中や周辺地域での織物や染物業は大いに栄えた。大江戸には衣料に関する様々なニーズもあったし、それに対応する技術も育まれていった。また、度重なる幕府の奢侈禁止令が、「一見質素だが実は贅沢」という、技巧を駆使した江戸独自の織物や染物を生み出した。東京都指定「東京の伝統工芸品」には、そうした技術や伝統が受け継がれた染織工芸が多く指定されている（「東京の伝統工芸」234ページ参照）。

江戸中期以降、江戸周辺の農村では、江戸向けの綿織物（真岡：現・栃木県、村山：現・東京都武蔵村山市）や絹織物（桐生：現・群馬県、伊勢崎：現・群馬県、足利：現・栃木県、秩父：現・埼玉県、八王子：現・東京都）の生産が盛んになった。真岡は木綿の生産地で、最初は農家の女性の副業だった木綿織に、優れた晒加工を施した晒木綿が染物に適していると評判になり、さらに、絹のように柔らかで肌触りがよいと江戸で高い人気を誇った。多いときには、江戸の木綿問屋仕入高の８割が真岡木綿だったという。また、村山は村山絣という木綿紺絣の産地だった。絹織物の産地はもともと養蚕業が盛んな地域である。その中で、出荷できない規格外の繭を使って作る自家用の厚手で丈夫な太織が、江戸後期に商品化されたのだった。また、桐生や八王子は産地であると同時に、周辺産地の生糸や織物の集散地でもあった。さらに18世紀中頃に京都西陣から高機がもたらされると、桐生の絹織物は飛躍的に発展し、「東の西陣」と呼ばれるまでになる。奢侈禁止令で豪華な絹織物は打撃を受けたが、丈夫で実用的、地味な色柄が多かった八王子の織物などは影響を受けなかった。やがて、開国・明治維新によって織物産地の運命も分かれる。真岡は輸入綿糸の流入によって衰退の一途をたどり、太織は「銘仙」と名前を変え、明治から大正・昭和初期にかけて女性の手軽なおしゃれ着として人気を誇り、産地も繁栄した。

染物もまた江戸中期以降に独自の発展をとげた。武士の通勤着ともいうべき裃の文様に代表される小紋の型染が、やがて粋を競い合う上層町人のファッションにも取りこまれ、数々のしゃれた意匠が創案される。また、江戸紫に代表される江戸っ子好みの色使いにも、渋みの中に小粋で垢抜けした美意識が加わって、江戸独特の流行を生み出した。さらに、歌舞伎の隆盛は、ファッションに対する絶大な影響力を及ぼす。市松文様（人気役者の佐野川市松が衣装に使った石畳のような柄）や弁慶格子（縦横同じ幅の太い格子柄で、「勧進帳」の弁慶をはじめ男っぽい役柄の衣装となった）、「かまわぬ」文様（鎌の絵に丸い輪とぬの文字を重ねた、判じ物〈謎解き〉の柄で、７代目市川團十郎が好んだ）など、そこから生まれた色や柄、デザインなどの意匠は、いち早く江戸の職人の手によって具現化され、瞬く間に広がり定着していった。さらに、伝来は桃山時代だが、江戸っ子好みに美しく花開いたのは江戸時代末期の「江戸更紗」も、特徴的な染物の一つだ。何十枚もの型紙を組みあわせた多くの色や柄を重ねた表現であるにもかかわらず、染屋が集積していた地域の水質によって巧まずして渋い発色となり、独特の落ち着いた色味の美しい染物となった。

豆知識

1. 伝統を引き継いだ織物や染物だが、着物や帯を身につける機会が減った今、もっと手軽に身につけられるアイテムでその良さを知ってもらおうと、ネクタイやスカーフ、バッグや小物などの生産にも力を入れる産地も多い。

243 暮らしと文化 ／ 日本鉄道

新橋〜横浜間の鉄道が開業したのち、関東と関西を結ぶ鉄道をどのルートでつくるかの論争の末、東海道経由に決まった。また関東周辺も現在の山手線や中央本線、高崎線、東北本線のもととなる路線もでき、横浜方面からの通勤路線である京浜線も設けられた。

現在の東京駅

1872年に新橋〜横浜間が開業したのち、各地に鉄道がつくられていった。京都〜大阪〜神戸間も開通して、では東西をどう鉄道で結ぶのかが議題となった。候補となったのは、中山道経由と、東海道経由の二つである。

東海道は、船などの便利な交通機関があるため、鉄道を敷設しても利用者は少ないと考えられていた。また当時の軍部は、海岸沿いの鉄道は国防上不利と考えていたため、中山道経由を主張していた。しかし、中山道経由のルートを調査すると、想定していた工費を大幅に上回り、工事自体も難工事が予想されることがわかったため、1886年に東海道経由に決定した。

東京周辺では、日本鉄道などの民間資本による鉄道が多く敷設されるようになった。東西間の鉄道が中山道経由になることを見越して、1884年に上野〜高崎間が開業した。もっとも、日本鉄道は民間とはいえ、華族などが出資し官設鉄道と共通の規格を用いていたため、民間に国のインフラ整備を助けてもらったという側面もあった。

日本鉄道は多くの路線を建設していく。1891年には上野〜青森間を全通させ、その後も現在の常磐（じょうばん）線のもととなる路線もつくった。東京近辺では、1885年に赤羽〜品川間の路線を開通させ、現在の山手線や埼京線の一部となる。1903年には池袋〜田端間が開業する。中央本線は、甲武鉄道により1889年に新宿〜立川間で開業したのがもとになる。都心部では飯田町（現在の飯田橋近く）、郊外では八王子へと延伸した。

1906年に鉄道国有法が公布され、各地の民間鉄道は国有化された。国有化後も、現在のJR東日本の路線網となる線路は徐々に発展していく。1909年には山手線は電車運転を開始し、烏森（からすもり）（現在の新橋）〜品川〜新宿〜上野間を運行するようになった。その後東京駅が開業すると、中野〜東京間も一体となった運行が行われた。山手線が環状運転になるのは1925年のことである。

通勤向けの路線も生まれた。1914年には東京〜高島町間で京浜線の運行が開始され、長距離列車の走る列車線と、通勤電車の走る電車線を分離した。これらの路線が現在の通勤電車網となる。

豆知識

1. 日本鉄道は、岩倉具視（いわくらともみ）などによって設立され、東北方面に広大な路線網を有した。当時は国有化前提の鉄道が各地で民間の手によって敷設され、関東周辺でも総武鉄道（現在の総武本線）がそうした鉄道として生まれた。
2. 京浜線は現在の京浜東北線である。高島町駅は廃止され、桜木町が終点となった。その後延伸を繰り返す。

244 人物／井下清

関東大震災（1923年）で荒廃した東京の復興に向け、非常時には避難場ともなる52の小公園を整備するなど、明治末期から昭和にかけて首都の公園行政に長く携わったのが井下清（いのしたきよし）（1884〜1973）だ。東京で生まれた都市型公園や墓地公園はその後、モデルとして地方都市でも広く採用され、「都会に緑を」という井下の理念は全国の造園家に大きな影響を与えた。

第一次世界大戦後の「大戦景気」に沸いた日本では工業化が一気に進み、農村から都市への人口流出が拡大。急成長した東京は多くの都市問題を抱え込んだ。そこで政府は1920年、都市計画法を施行。近代都市建設に向け調査を進める。そこで起きたのが関東大震災だった。

激震に見舞われた東京は４割が焦土と化し、関東南部の死者・行方不明者は10万人以上、罹災（りさい）者340万人。未曽有の惨禍のなか明らかになったのが、公園という公共空間が非常時に果たした大きな役割だった。東京では住民の７割が公園に避難し、難を逃れていたのだ。

帝都復興院が設置され、総裁の後藤新平（1857〜1929）のもと復興計画が動き始めると、公園計画は大きく進展。国が３大公園（浜町、隅田、錦糸）の整備を進めたのに対し、東京市は52の小公園をつくった。その生みの親となったのが、市公園課長だった井下清だ。

井下は京都府で陸軍軍医の長男として生まれた。東京高等農学校（現・東京農業大学）を卒業後、東京市役所の土木課公園造園係に勤務。上司で公園設計の草分けである長岡安平（ながおかやすへい）（1842〜1925）や林学の先駆者、本多静六（ほんだせいろく）（1866〜1952）から指導を受け、その後、欧米各国を回って公園事業の実地調査を行った。こうした経験が、震災後の「ここ一番」で生かされたのだ。

千束（せんぞく）（浅草）、元町（本郷）、久松（日本橋）、江東（茅場町（かやばちょう））などの小公園が1926年から順次完成。鉄筋造りの小学校とセットで建設され、緊急時には校庭と併せてより広い面積を確保する考えだった。出入りがしやすいよう、道路に沿った柵は低く設置。周囲には常緑広葉樹を植えて木陰をつくり、児童遊具やトイレ、水飲み場も設けた。平時には近隣住民や子どもの憩いの場、非常時には避難場とする狙いで、日本各地の都市型公園のモデルとなっていく。

一方、深刻化する墓地不足の解決策として、多磨村（現・府中市）と小金井村（現・小金井市）に緑に囲まれた30万坪の土地を確保。ドイツの森林墓地を参考に1923年、日本初の大規模な公園墓地「多磨墓地」（現・多磨霊園）を整備した。市民の公園利用を促すため、日比谷公園で「東京菊花会」や朝顔、花菖蒲（ハナショウブ）の展示会を始めたのも井下らだ。1931年には「日本花菖蒲協会」を結成。戦後は東京農業大学教授をへて、日本造園学会会長を務め、「日本花の会」や「日本さくらの会」にも加わった。

豆知識

1. 明治初年、銀座通りには桜や松が植えられ、しだれ柳も加わった。その後、近代都市にふさわしい木としてイチョウなどに植え替えられ、柳は姿を消していたが、関東大震災後の復興計画の中で「昔懐かしい銀座の柳を再び」という気運が盛り上がり、1932年に復活。田中絹代主演の映画『銀座の柳』公開とともに西條八十作詞による同名歌もヒットした。

245 まち／日野市

幕末に名を馳せた新選組副長・土方歳三（1835〜1869）の菩提寺・高幡不動があるなど、日野市は新選組ゆかりの地として知られる。江戸時代には甲州街道の宿場として栄え、明治時代に入っても「日野宿」の名を残して神奈川県や東京府に編入された。

現在も利用されている木造建築の日野駅

日野市は東京都のほぼ中央にあることから「東京のへそ」ともいわれる。多摩川と浅川の清流に恵まれ、湧水を含む台地と緑豊かな丘陵を持つ。

JR中央本線が市内の北から西へと円弧を描くように走り、市の南部には高幡不動駅を通る京王電鉄京王線、高幡不動駅から多摩動物公園駅までは京王動物園線が延びている。さらに多摩都市モノレール線が市内を南北に走り、甲州街道駅付近で中央自動車道と交差している。市の北部に位置するJR日野駅は、昭和初期の1937年に建てられた木造建築で、モダン建築が人気だった当時にあえて「地元の農家」をイメージしてデザインされた建物だ。

「日野」の地名の由来には主に３つの説がある。「飛火野の説」によると、古代に武蔵国（現・東京都、埼玉県など）の国府が府中（現・府中市宮町）にあった頃、日野台地の上に烽火台を設置したという伝説があり、「火野」が「日野」に改められたと考えられている。また、「日奉宗頼の日野宮説」によると、関東を拠点にした有力武士団「武蔵七党」のうち西党を率いた日奉宗頼が、天御中主神の分霊を移して、「日野宮権現」を祀ったと伝わる。日奉氏の一族で源義朝に従った武士が平山季重で、義朝の子・源頼朝が治承・寿永の乱（1180〜1185）で挙兵した際、頼朝を支えた。平山氏が見張り所として使ったとされる平山城は、市内のほぼ南西端に広がる平山城址公園（日野市平山）として整備され、京王電鉄京王線の駅名にもなっている。

日野市域は江戸時代には甲州街道の宿場として栄え、日野宿本陣（日野市日野本町）は都内で唯一残る江戸時代に建てられた本陣（大名や公家などの宿泊地）の建物である。高幡不動尊（日野市高幡）は、幕末に名を馳せた新選組副長・土方歳三の菩提寺であり、歳三の銅像が立ち、新選組に関する資料が展示されている。日野市域の武蔵多摩郡日野郷石田村で歳三は生まれた。また、新選組局長・近藤勇らが剣術の腕を磨いた天然理心流佐藤道場は日野宿問屋（日野本郷名主）の佐藤彦五郎が自宅に開いた道場であった。

明治時代に入ると、「日野宿」として神奈川県に編入され、日野宿と周辺の集落が合併を経て1893年には東京府に編入されて「日野町」となる。その後も合併を繰り返し、1963年に「日野市」が誕生した。

豆知識

1. 新選組の歴史と情報を日野市民と共有し、新選組に関わる他の団体と情報交換を図るなどの目的から「日野新選組同好会」が活動し、勉強会や講演会、史跡見学などを開催している。
2. 戦後、上野動物園（台東区上野公園）における入園者数の増加に対応するために「第２の上野動物園」構想が持ち上がり、多摩動物公園（日野市程久保）が1958年に開園した。日本で初めて、柵がないことを基本とする動物園だった。

246 歴史 ／ 勧業博覧会

近代日本を成長させていく中で、殖産興業政策は重要なものであった。そのことを広く世の中に知らせていくために、上野公園で「内国勧業博覧会」が開かれた。この地にはのちに博物館・美術館ができるとともに、東北・上信越方面に向かうターミナルとしての上野駅も完成し、上野は近代化の中心として大きく発展していった。

「文明開化絵 第二回内国勧業博覧会」歌川国利

明治維新を終えた後の日本は、幕末に不平等条約を結ばされたこともあり、諸外国とも対等な関係を築くべく「富国強兵」を重要視した。その中で、欧米の産業技術を導入することに力を入れていく。そのために政府は「博覧会」を開いた。初期の博覧会は従来の日本技術を展示することに力を入れていたものの、大久保利通（おおくぼとしみち）（1830～1878）を総裁として開催された1877年の第１回内国勧業博覧会は、日本国内の鉱業・冶金（やきん）術、製造物、美術、機械、農業、園芸の各部門の品々が展示され、新技術や機械を広めることが目的とされた。

この博覧会の会場は上野公園に設けられ、いまの東京ドーム二つ分に及ぶ広さの会場におよそ８万4000点が出展、45万人が観覧した。僧侶でもある紡績技術者、臥雲辰致（がうんたっち）のガラガラと音がする紡績機、ガラ紡が最高の賞を受け、ガラ紡は博覧会後急速に普及していった。

内国勧業博覧会はその後も続き、1881年に第２回が開かれた。府県別に展示物を並べたりして競争意識を高めるなどの工夫も行った。またこの博覧会にあわせ、イギリス人建築家ジョサイア・コンドルの手による建物がつくられ、終了後には上野博物館の本館となった。本館は日本初の「美術館」の名前がついた建物となった。1890年の第３回内国勧業博覧会には豊田式人力織機や蒸気機関が出展され、工業国日本の力を示すようになった。

1883年には日本鉄道の手により上野駅が完成する。この駅は上野公園の最寄り駅であり、東北・上信越方面へのターミナルとして発展し、1991年の東北・上越新幹線の東京駅延伸までターミナルとしての地位を保ち続けた。

勧業博覧会は他の地で行われるようになったが、博覧会では美術品も展示されたことから、上野公園には博物館・美術館が多くできていく。1926年には現在の東京都美術館が開館、1923年の関東大震災で崩壊した上野博物館の建物は再建され、東京国立博物館となった。第二次世界大戦後には公園として整備され、国立科学博物館や国立西洋美術館ができた。国立西洋美術館本館はスイス人建築家のル・コルビュジエによって設計され、2016年に世界文化遺産となった。

広大な地で「近代」を示した勧業博覧会が行われた上野の地は、ターミナル駅として発展し、現在では博物館・美術館の街として知られている。

豆知識

1. 第６回内国勧業博覧会を東京で開催する計画があったものの延期され、東京府は「東京勧業博覧会」を1907年に開いた。1940年に「紀元2600年」を記念して万国博覧会が東京で開かれるという計画もあった。その計画は日中戦争で流れたものの、1970年には大阪で万博が開かれた。
2. 新幹線が東京駅に延伸し、上野東京ラインができた後も上野発の列車は一部に残っている。

247 自然 ／ 温泉（泉源）

東京都内には意外にも泉源が多く、近年は大深度掘削（くっさく）によって23区内の随所から湧出している。2011年に発表された国際医療福祉大学の前田眞治教授らの研究によると、「東京の温泉は、十分温泉医学的に有用で、かつ大いに健康増進に活用できる温泉であると結論される」と報告されている。つまり温泉銭湯などを利用すれば、都内で温泉療法と同じ効果が期待できるという。隠れた温泉天国、23区内の泉源とその特徴をまとめてみた。

都内23区のほぼ全域に温泉があるといっても、実は東京が特別、泉源が多いというわけではない。日本各地の平野は、ほとんどが海に面しており、水分を多く含む地層の多重構造である。このため日本列島の平野をどこでも1000mも掘れば、おそらく泉源があると考えられている。

都内では江戸末期から明治時代には、東京から川崎にかけて、森ヶ崎、穴守（あなもり）（ともに大田区）、大師河原（だいしがわら）（神奈川県川崎市）など、臨海部を含めて湯が出ることは知られていたという。特に森ヶ崎は、明治時代に森ヶ崎鉱泉として公衆浴場や旅館、料亭などが建てられ、鉱泉病院も誕生したという。しかし温泉の開発が本格化したのは、戦前の頃になる。軍需産業の中心として、東京から横浜臨海部にできた京浜工業地帯で、金属を冷やすなどの作業のために、井戸を掘る必要があった。その中から温泉を掘り当てるケースが相次いだことが、都内の温泉の始まりだったのだ。そのため現在23区の温泉は、京浜工業地帯が位置する大田区に集中している。

都内の温泉の泉質は、温熱効果が期待できるナトリウム塩化物泉（食塩泉）、皮膚の清浄効果が期待できるナトリウム炭化水素塩泉（重曹（じゅうそう）泉）、そして皮膚の角質増殖効果が期待できるメタケイ酸泉の３種類にわかれる。また水質が弱アルカリ性の成分が多く、皮膚の皮脂などを溶かして、滑らかにする成分が多い。蒲田（かまた）や大森など、大田区の臨海部周辺の「黒湯（くろゆ）」は、この３種類の成分に腐植物質であるフミン酸が含まれているため、淡褐色（たんかっしょく）や黒褐色（こっかっしょく）に変色している。東京の温泉の特徴であるこの黒湯は、塩類濃度が低いので食塩泉としての効果は少ないが、重曹泉が多く、弱アルカリ性泉としての効果が期待できる。深度掘削別では、1000m以深からナトリウム塩化物泉が集中し、泉温が高く、ナトリウム、カリウム、塩素などのイオンが多く含まれて成分合計が多い。多くは大昔の海水を由来とする、化石海水であると推測される。500m未満ではメタケイ酸泉が集中し、ややアルカリ性であることが特徴である。

このように都内の温泉は、大深度掘削による温泉を中心に、高濃度のナトリウム塩化物泉や弱アルカリ性泉など、成分が濃く、泉温が高い温泉が多くの泉源で確認されている。これらは温泉医療に十分利用可能であり、温泉銭湯を日常的に利用すれば、遠方まで行かなくても、都内で温泉療法が可能だといえるのだ。

豆知識

1. 森ヶ崎鉱泉は、関東大震災後は歓楽街へと変貌（へんぼう）し、戦争を契機にすっかりさびれてしまった。現在は森ヶ崎水処理センターが海岸にあり、大森寺に鉱泉の由来を記載した石碑が残っているのみである。
2. 温泉とは、温泉法によると、地中から湧出する温水、鉱水および水蒸気その他ガス（炭酸水素を主成分とする天然ガスをのぞく）で、泉温が25°C以上、一定量以上の溶存成分（総量で１g/kg以上、または温泉法で定める特定の成分が所定量以上）のものをいう。

248 物語 ／『銀座カンカン娘』と『東京キッド』

戦後日本が連合国軍の占領下にあった頃、人々に夢と希望をもたらしたとされる映画が新東宝の『銀座カンカン娘』(1949年公開)と松竹の『東京キッド』(1950年公開)だ。いずれも主演女優が歌う同名の主題歌が先にリリースされてヒットし、相乗効果で映画人気にも火がついた。敗戦直後の東京を舞台とするストーリーは単純だが、登場人物たちのたくましく生きる姿が、困難な暮らしを強いられた庶民への応援歌となったのだろう。

映画『銀座カンカン娘』は、引退した落語家の自宅2階に居候(いそうろう)する「お秋」と「お春」の若い女性2人が東京の街で様々な経験をし、恋が生まれるという物語。職を求めてさまようううちに映画のロケに出演したり、銀座のバーで流しとして歌ったりする。ロケ場面は赤坂の迎賓館にある噴水付近で撮影された。お秋を演じた主演の高峰秀子(たかみねひでこ)(1924〜2010)ら登場人物が次々に歌い、ミュージカル風の人情劇になっている。劇中、何度も流れる主題歌『銀座カンカン娘』(佐伯孝夫作詞、服部良一作曲)は、敗戦から間もない歌とは思えない明るさだ。

あの娘(こ)可愛いや　カンカン娘　赤いブラウス　サンダル履いて
誰を待つやら　銀座の街角　時計ながめて　ソワソワニヤニヤ
これが銀座の　カンカン娘　これが銀座の　カンカン娘

お春を演じた笠置シヅ子(1914〜1985)もこの曲で「ちょいと斜めにカンカンかぶり」と歌っている。カンカン帽をかぶり、雨が降っても「傘もささずに靴までぬいで」銀座を歩き回るような、おしゃれでおきゃんな戦後の新しい女性像を打ち出したかったのだろう。落語家役を演じた5代目古今亭志ん生(1890〜1973)の話芸が印象に残る作品でもあった。

映画『東京キッド』は美空ひばり(1937〜1989)主演のドタバタ人情劇。母を亡くした東京の少女マリ子が紆余曲折をへて、アメリカで成功した父親の愛情を受け入れるまでの物語だ。主題歌『東京キッド』(藤浦洸(こう)作詞、万城目正作曲)は当時の世相をよく伝えている。

歌も楽しや　東京キッド　いきでおしゃれで　ほがらかで
右のポッケにゃ　夢がある　左のポッケにゃ　チューインガム
空を見たけりゃ　ビルの屋根　もぐりたくなりゃ　マンホール

家出して汚れたつなぎ服を着たひばりが、こちらも流しとなって歌う場面がある。藤浦・万城目コンビによる、ひばりのヒット曲『悲しき口笛』『浮世航路』に加え、近江俊郎(おうみとしろう)のヒット曲『湯の町エレジー』までも当時13歳のひばりが堂々と歌って、大人顔負けの実力を見せた。まだテレビがない時代。スクリーンで歌を「見る」ことは庶民の大きな娯楽だったのだ。

豆知識

1. 映画『東京キッド』は松竹大船撮影所の中庭にオープンセットを組み、斎藤寅次郎監督がわずか2週間で撮り上げた作品だった。美空ひばりは「師匠」と慕うコメディアン、川田晴久との共演をこの作品で果たしている。
2. 藤浦洸は慶應大学卒業後、浅草オペラ座俳優をへてコロムビア・レコード専属作詞家となった。戦前は淡谷(あわや)のり子の『別れのブルース』、霧島昇(きりしまのぼる)の『一杯のコーヒーから』、戦後はひばりの初期を代表する歌を多く提供した。

249 商業と娯楽 ／ 鹿鳴館

明治時代、不平等条約の改正を目指し、「日本は野蛮国ではなく、西洋に匹敵する文化を持つ国である」と西欧人に示すことを目的に造られた迎賓館・鹿鳴館。今はすでに存在しないが、現在の千代田区内幸町、帝国ホテルの隣のNBF日比谷ビルのあたりに、お雇い外国人のジョサイア・コンドルの設計で建てられ、夜な夜な西欧式の舞踏会が開催された。

鹿鳴館（1880年代頃）

江戸時代の長年の鎖国の中で、ほとんど西欧文化に触れることのなかった日本人が、開国後間もない時期に文明国であることを示すために西欧式の舞踏会を催した。これには当初、かなりの無理があったようで、招かれた外国の賓客からは猿まねにしか見えなかったというような記述も残っている。だが、かなり力を入れて取り組んだことはうかがえるのだ。

建物は、上野の博物館など赤レンガを基調とするゴシック系建築を多く手掛けたジョサイア・コンドルの設計だが、白レンガのネオ・ルネッサンス建築を基調に、要所要所にインド・イスラム風の意匠を凝らした。フランス風の建築様式の方が、迎賓館には相応しいと考えたのだろうか。同時に、西洋と東洋の折衷の美を狙ったのではないかとも考えられる。1881年１月に着工し、1883年11月に完成した。総工費18万円、敷地3000坪、建坪441坪の２階建て。この場所は旧薩摩藩邸があったところだが、コンドルはその表門である黒門をわざと残して、そこから白い壁の洋館が見えるようにしたという。

「鹿鳴館」という名前は、この仕事を推し進めた当時の外務卿・井上馨の妻の前夫で、工部大書記官の中井弘が、中国最古の詩集『詩経』の中の、小雅・鹿鳴の詩からつけたといわれる。鹿は餌を見つけると一匹では食べずに仲間を呼び集めて皆で楽しみながら食べる。内外人の交際の場に相応しい名とされた。舞踏の場のイメージが強いが、そういった広間だけでなく、賓客の宿泊も担う迎賓館だ。

ここで、はじめに舞踏会が催された折には、招かれた外国人客は踊っていたものの、日本人の夫人たちは一部の留学を経験した令嬢などをのぞいては壁の花の状態だったようだ。だが、ダンスの練習の場が設けられ、驚くほどの早さで日本人も舞踏をするようになっていく。とはいえ、そこは奥が深い文化のこと。フランス海軍将校のピエール・ロティの「江戸の舞踏会」の記述によると「彼女たちはかなり正確に踊る。巴里風の服を着たわがニッポンヌ（日本娘）たちは。しかしそれは教え込まれたもので、少しも個性的な独創がなく、ただ自動人形のやうに踊るだけ、といった感じである」（『鹿鳴館　擬西洋化の世界』富田仁著）。なかなか手厳しいが、日本人の優秀さも感じながら、短期間でできることとできないことについて考えさせられる一文だ。

豆知識

1. 鹿鳴館の舞踏会で振舞われたメニュー（左半分には日本語、右半分にはフランス語で書かれている）の記述を見ると、とても豪華だ。本文であげたピエール・ロティも「銀の食器類や整ったナプキンなどで蔽われた食卓の上には、松露を添えた鳥獣とか、コロッケとか、鮭とか、サンドイッチとか、アイスクリームなど、すべてのものが、れっきとした巴里の舞踏会のように豊富にもられている……」と綴っている。

250 暮らしと文化／私鉄の発展

東京の鉄道網は「官」によってのみつくられたのではない。「民」も相当な力を注いで交通ネットワークを充実させた。郊外電車を民間資本が建設しただけではなく、本来は公営であってもおかしくはない地下鉄も、民間人の手によってなしとげられた。東京の鉄道の歴史は私鉄が占める割合も大きく、都市の発展に大きく寄与したといえるだろう。

早川徳次の像（東京メトロ銀座駅）

JRと私鉄、そして地下鉄――いま東京圏で暮らしている人たちが鉄道を区別すると、だいたいその３つくらいを認識できるのではないだろうか。JRは、もとの国鉄である。だが都市の鉄道の発展は多様な私鉄と、緻密なネットワークを持つ地下鉄によってもなしとげられた。これらに言及せず、都市の鉄道を語るというのは難しいものである。

東京の私鉄でもっとも都市鉄道らしいのは東急電鉄ではないだろうか。渋谷を中心に城南地区と神奈川県にネットワークを持ち、通勤輸送を主たる事業としている。もともとは土地開発の企業から始まり、通勤客を運ぶために鉄道もあわせて運行したという経緯を持っている。1923年に目蒲線（現在の目黒線・多摩川線）の一部を開通して以来、電車による運転を行ってきた。

路面電車を郊外電車へと発展させた鉄道もある。京王電鉄だ。1913年に笹塚～調布間が開業した。この路線は新宿へと延伸し、都内の路面電車と接続した。そのため、京王電鉄の軌間は現在も1372mm（井の頭線を除く）と、路面電車と同じ軌間となっている。

都市の発展は鉄道にもイノベーションをもたらした。地下に鉄道を敷設しようと考えた人がいる。早川徳次（1881～1942）である。早川は欧州を視察した際、イギリスのロンドンで地下鉄が発達しているのを見て、日本にも地下鉄が必要だと考え、東京地下鉄道株式会社を興した。当時、都内の交通は路面電車がもっぱらの担い手であり、慢性的な混雑や輸送の非効率などが課題となっていた。地下鉄なら多くの人を運べると思った早川は、どこを結んだらもっとも多くの人が乗るかを考え、1927年にその一部である浅草～上野間で開業した。現在の東京メトロ銀座線の一部である。

その後、早川は地下鉄の延伸をめざす。1934年には新橋へと到達する。将来の混雑を見越して、６両編成対応の設備を準備していた。そこに東急の五島慶太（1882～1959）率いる東京高速鉄道が渋谷～新橋間を1939年に完成させた。両社は1941年に帝都高速度交通営団として一つになり、現在の東京メトロへと続いている。

早川は将来東京の地下を地下鉄が縦横に走ることを予想していたが、それは現実となった。

豆知識

1. 早川は新橋まで延伸して以降、品川へと路線を延ばし、京浜急行電鉄へと乗り入れさせることを計画していた。地下鉄は第三軌条（走行用レールのほかに電気を流すレールがある）、京浜急行は架線（空中に電気を流す電線を張っている）で難しかったものの、相互乗り入れという構想は現在に通じる。
2. 早川の友人で東洋経済新報社の石橋湛山（1884～1973）は、地下鉄建設に賛成の社説を書き、地下鉄の合理性を高く評価した。

251 人物 ／ 武者小路実篤

小説家、武者小路実篤（1885～1976）の祖先は朝廷に仕えたお公家さんだった。東京・麹町のお屋敷に生まれ、子爵だった叔父の影響で文学に目覚め、学習院出身の仲間たちと同人雑誌『白樺』を発刊した。理想主義・人道主義を追求する「白樺派」は、いわば東京の上流階級のお坊ちゃんたちから生まれた文学だったともいえる。

武者小路実篤

体が弱く、かけっこではビリ。物静かな少年だったせいか、実篤が学習院初等科時代に一度だけ喧嘩をしたら、先生からかえってほめられたという。文学に目覚めたのは18歳の夏、叔父の勘解由小路資承宅を訪ねたときだった。蔵書に文豪トルストイの本を見つけ、大いに感化されたのだ。華族ながら道楽者だった叔父は、会社経営に失敗すると三浦半島に移り、本に囲まれた半農生活を送っていた。トルストイを片っ端から読破した実篤は自らを見つめ、額に汗して働くことのない生き方にやましさを覚えるようになっていく。

学習院で上の学年から落ちてきた同級生、志賀直哉（1883～1971）と親しくなったのは、この頃だ。富士五湖を２人で貧乏旅行し、木賃宿に泊まる。「庶民の暮らしの実情を知りたい」。実篤はトルストイ、志賀はゴーリキーの影響を受けての旅だった。

東京帝国大学の社会学専修に進んだが、講義は「時間の無駄だ」と失望した実篤は、「人間は正直に生きなければならない」「文学の仕事が一番いい」と考えるようになる。志を同じくする志賀ら４人の文学仲間で集まり、自作を読み聞かせ、批評し合う「十四日会」を1907年に初めて開いた。東大を中退すると、1908年に処女作『荒野』を自費出版。1910年には志賀ら学習院出身の文学青年らと雑誌『白樺』を発刊した。当時隆盛だった自然主義文学が現実を直視するあまり、人間の醜さを描きがちだったのに対し、自己肯定と人間愛、生命力賛美を特徴とする文学を発表し、「白樺派」と呼ばれるようになる。

理想主義・人道主義の実践の場である「新しき村」を宮崎県児湯郡木城村に建設したのは1918年。自らも農作業のかたわらペンをとり、大阪毎日新聞に小説『友情』を連載した。1939年には埼玉県入間郡毛呂山町にも「新しき村」をつくった。一方で、1941年に太平洋戦争が始まると戦争賛成の立場に転じ、日本文学報国会劇文学部会長を務めた。戦後、戦争協力を問われて公職追放となり、貴族院議員を辞任している。

70歳のときに妻と２人で調布市仙川の新居に移り、亡くなる晩年の20年を過ごした。終の棲家となったこの家で自伝小説『一人の男』などを書いている。家はほぼ生前のままの状態で調布市の「実篤公園」内に残され、公開されている。

豆知識

1. 武者小路実篤は美術への関心も深く、40歳頃からは自ら絵筆をとって書画も制作した。野菜や花の絵に「仲良き事は美しき哉」「天に星　地に花　人に愛」といった言葉を添えた作品が多く残され、戦後は日本橋でも毎年、個展を開いた。
2. 作家の徳冨蘆花がトルストイを訪ねたと聞き、実篤は会いに行って好感を持っていた。ところが自著『荒野』に、「お坊ちゃんの作」「食ふことに困ったことのないものには文学の仕事はできない」という感想を語られ、腹を立てて絶交した。

252 まち／東村山市

東村山市は、鎌倉時代に関東で名を馳(は)せた武士団・村山党(むらやまとう)が拠点とした土地で、明治時代に「村山村」として以来、「村山」が地名に使われている。明治時代に村山貯水池の建設に大きな役割を果たした。東村山駅には、2021年に名誉市民であるコメディアン、志村けん（1950〜2020）の銅像が完成した。

東村山駅ロータリーの志村けんの木

東京都の中北部に位置する東村山市は、埼玉県所沢市などと接している。市内にはJR武蔵野線のほか、西武鉄道だけでも新宿線・拝島線など7路線が走る。西端には都立狭山(さやま)公園が広がり、村山貯水池（通称は多摩湖）と接する。

奈良時代から平安時代、市域の住民はわずかな水田と小規模な畑によって、現在の多摩湖・廻田(めぐりた)・諏訪・野口・久米川・秋津町などで生活を営んでいたとされる。武蔵国（現・東京都、埼玉県など）に国府（現・府中市宮町）が置かれると、市域を南北に貫いて上野国(こうずけのくに)（現・群馬県）と武蔵国を結ぶ官道「東山道(とうさんどう)」が通じていた。

鎌倉時代には鎌倉へと通じる鎌倉街道のひとつ「上ツ道(かみつみち)」が整備される。江戸時代に開発が進むと、江戸近郊の農村として幕末を迎えた。

明治時代になると、東村山市域は韮山(にらやま)県、品川県など転々とし、1872年に市域の南秋津・久米川・野口・廻田村は神奈川県に、埼玉県に属していた大岱(おんた)村も1880年には神奈川県に移る。そして1884年に野口・廻田・久米川・大岱の4村から成る組合が誕生し、1889年には南秋津村を加えて「東村山村」が成立した。村名を決定する際、市域を治めた武士団・村山党から「村山」をとり、村山地方の東部に位置するため「東村山」と名付けられたとされる。

明治時代に入っても、東京の生活用水は江戸時代に整備された神田上水と玉川上水に頼っていた。しかし、東京の人口増加によって新たな貯水池の建設が必要になり、村山貯水池の建設が計画される。1916年から村山貯水池の建設工事が始まり、東村山駅を起点とする蒸気機関車による軽便鉄道（一般的な鉄道よりも簡便な規格で、安価に建設された鉄道）が整備されて砂利やセメントを運ぶのに活用された。そして起工から10余年を経て村山貯水池は完成し、1927年に通水式が行われた。

昭和時代にも東村山の名は残り、1942年に「東村山町」、1964年に「東村山市」となった。2021年6月、東村山駅の東口で、コメディアンの志村けんの銅像が完成した。志村氏は東村山市の出身であり名誉市民である。生前の志村氏を激励するために植えられた「志村けんの木」も、元気な姿を見せている。

豆知識

1. 明治学院（港区白金台）の附属校である明治学院中学校・東村山高等学校の敷地内にある「ライシャワー記念館」は、元駐日大使・ライシャワー博士が少年時代に過ごした、明治学院構内にあった宣教師館を移築した建物だ。

253 歴史 ／ 三多摩の東京移管

「三多摩」といわれる多摩地方は、もともとは神奈川県に所属しており、1893年に東京府に移管された。水資源の確保や、自由民権運動への対応などが、移管された主な理由として挙げられる。多摩地域は中央線により東京都の結びつきを強める一方、現在に続く23区と多摩地域の格差という問題も生まれた。

三多摩地域

三多摩とは現在の23区と島嶼(とうしょ)部をのぞく東京都西部の総称で、「西多摩郡」「旧北多摩郡」「旧南多摩郡」を指している。現在も都議会議員選挙などで見かける「北多摩」「南多摩」は、もともとは郡の名称だった。「西多摩」は現在も郡として存在し、町村がある。では「東多摩」はどこかといわれると、現在の東京23区の、中野区・杉並区にあたる。

三多摩地域は水資源だけではなく、大消費地・江戸への商品供給地となっていたが、幕末以来は生糸の流通において横浜との結びつきが強まり、その関係で神奈川県下となっていた。

1878年の郡区町村編制法により、東多摩郡は東京府の、北多摩郡・南多摩郡・西多摩郡は神奈川県の管轄となった。当時から東京の水資源をどう確保するかという点において、三多摩地域を東京府に変更しようという動きがあったが、神奈川県に反対されていた。1881年には多摩川流域のみを東京府に編入するという案が出たほか、1886年には北多摩郡・西多摩郡を編入するという案も出た。

明治10年代のコレラの流行で、西多摩郡長渕(ながぶち)村（現・青梅市長渕）でコレラ患者の汚物が多摩川に投げ捨てられたという報道があり（実際は誤報だった）、それを契機に東京府による衛生管理の必要性が訴えられた。さらに1889年に甲武鉄道（現在のJR中央線）が新宿から八王子まで開通すると、多摩地域と東京府との結びつきが強まった。

いっぽう、多摩地域は自由民権運動がさかんで、自由党の根拠地でもあり、神奈川県会においても大きな力を持っていた。神奈川県知事の罷免(ひめん)運動も行われ、知事が三多摩の東京移管を東京府に申し入れた。もちろん、自由民権運動の壮士たちは反対した。移管の法案が帝国議会に提出されると、多くの町村長は辞表を提出して抗議した。それでも1893年に三多摩は東京府に編入された。

のちに東京23区が誕生し、多摩地域はベッドタウンとして発展していった一方、23区と多摩地域はもともと別の地域だったためか、「多摩格差」という問題が都知事選などでの争点になり、現在も三多摩の東京移管の禍根は残っているといえる。

豆知識

1. 三多摩地域の中心地、八王子は生糸を横浜へ送り込む流通拠点として幕末から明治にかけて大きく発展し、三多摩エリアが神奈川県になる理由のひとつとなった。その生糸は輸出され世界に広まっていく。その繁栄をいまに残すのが、歌手・松任谷由実(まつとうやゆみ)（1954〜）の実家として知られる荒井呉服店である。
2. 「多摩格差」は保健所などの社会資本の整備などで示される。近年はその脆弱化が指摘されている。

254 自然／洞窟・穴

洞窟の種類は、大きく自然洞窟と人工洞窟に分けられる。自然洞窟は自然の作用で形成されたもので、洞窟が形成される岩石、作用、形成時期などによって分類される。その中でも鍾乳洞は独特の奇石が幻想的な空間を生み出すことから、観光名所としても人気が高い。実は都内にも観光できる鍾乳洞があるのだ。なかでも日原鍾乳洞は、観光できる鍾乳洞の中では関東で最大規模であり、東京都の天然記念物に指定されている。

日原鍾乳洞

東京都の最北西端に位置する奥多摩地域は、恐竜の時代とよばれる中生代ジュラ紀に深海に沈積した堆積物が、長い年月の造山運動をへて形成されたものだ。石灰岩やチャートなどの堆積岩を多く含むことで、岩や渓谷の多い複雑な景観が生まれ、倉沢、小袖、養沢、大岳沢など多くの場所で鍾乳洞がみられる。こうした鍾乳洞の中でも総延長1270m、高低差134mと、関東最大級の規模を誇るのが日原鍾乳洞である。

鍾乳洞とは、石灰石の割れ目から入った雨水や地下水が流れこみ、空気中や土壌中の二酸化炭素を含んで弱酸性になった水によって、石灰岩が長い年月の間に溶かされて、生まれた洞窟の一種である。鍾乳洞の中では、天井からにじみ出てくる重炭酸カルシウムの溶液が水滴となって落下し、固まることで、様々な大きさや形態を持ち、洞窟を美しく飾り立てる。

日原鍾乳洞の、年間を通じて約11℃という洞内には、天井から滴が垂れて氷柱のように固まった鍾乳石、床に垂れた滴が積み重なった石筍、この二つが発達して上下がつながった石柱がある。また日原鍾乳洞の鍾乳石は1cm伸びるのに、なんと70～130年かかるとされており、洞内の神秘的な眺めは数十万年以上の時が積み重なって生まれたものになる。

鍾乳洞は、多摩川水系の日原川の支流である小川谷の右岸に開口している。入り口から狭い通路を約70m進むと、洞窟は左右にわかれている。左洞は天井高さ2mの直線状の通路で、壁にはかつて地下水の流れた跡（ノッチ）が数段にわたってみられる。右洞に進むと、壁には地下水の石灰分が結晶化してできた、シート状で流れるような模様の石（フローストーン）が発達し、鍾乳洞形成の要因となった断層をみることができる。

また日原鍾乳洞は、かつては「一石山大権現」と呼ばれ、鎌倉時代からは修験道の聖地となっていた。現在も石筍の中でもひときわ大きな一体に名付けられた「白衣観音」など宗教的な呼び名に、かつての面影がみられる。

豆知識

1. 他に都内で観光できる鍾乳洞として、あきる野市の大岳鍾乳洞がある。大岳山麓の標高520mに位置する全長約300mの鍾乳洞は、周辺でもっとも長く、こちらも東京都の天然記念物に指定されている。
2. 松橋弁財天洞窟跡（北区滝野川）には、かつて松橋弁財天があり弘法大師作と伝えられる弁財天像がまつられていた。『新編武蔵風土記稿』によると、この弁財天に源頼朝が太刀一振を奉納したという。付近は紅葉の名所として知られ、石神井川の崖には滝があり、弁天の滝とよばれていた。滝は昭和初期にかれ、像をおさめていた岩屋は1975年の護岸工事まで残っていた。

255 物語 ／『点と線』松本清張

東京駅ホームで起きる「４分間の空白」というトリック。時刻表を駆使した鉄壁のアリバイ。松本清張（まつもとせいちょう）（1909～1992）の初の長編推理小説『点と線』は、贈賄業者と汚職官僚が手を組んだ完全犯罪を、刑事たちが執念の捜査で解明していく作品だ。1958年にベストセラーとなり、社会派推理小説という新次元を開いた。遅咲きの清張が輝いたのは、東京がますます繁栄し、地方が衰退した高度経済成長の時代。多くの作品に格差社会の矛盾が映し出されている。

松本清張

物語は安田商会社長が、よく行く赤坂の割烹料亭の女中２人を銀座に招き、ご馳走（ちそう）する場面から始まる。その夜、鎌倉に向かう社長は２人に東京駅まで見送りに来てほしいと頼む。鎌倉行きの13番ホームに３人が立ったとき、15番ホームに入った九州行き特急「あさかぜ」に乗り込む男女を目撃する。その女は、女中２人の同僚だった――。

東京駅の「４分間の空白」という奇抜なトリックは、始発駅で出入りも激しい東京駅では、13番ホームから15番ホームの「あさかぜ」に乗り込む乗客が見通せる時間帯は４分間しかない、という列車運行上の間隙（かんげき）を発見したことで成立した。出版の前年、月刊誌『旅』からの依頼で始まったこの連載は、「鉄道ダイヤがからんだもの」という条件がついていたという。ただ、清張は単なるアリバイ崩しや謎解きミステリーでは終わらせなかった。事件の背後に、汚職捜査を潰したい中央エリート官僚と贈賄業者の結託を描き、権力悪への批判的視点を盛り込んだことで、社会派ミステリーの原点となったのだ。

清張は今の北九州市小倉北区で生まれた。高等小学校を卒業後、給仕や印刷見習い工をしながら読書に没頭。30歳のとき朝日新聞西部本社の広告部門で働き始めた。『或（あ）る「小倉日記」伝』で芥川（あくたがわ）賞（1952年度下半期）を受賞すると東京本社に転勤となり、43歳で上京。作家活動に専念したのは46歳のときだ。そこで始めた連載が『点と線』と『眼の壁』だった。この間、清張は中央線沿線に住み、1961年に建てた杉並区高井戸の新築が終（つい）の棲家（すみか）となる。清張作品で主人公の多くが中央線や西武線沿線に住み、死体も中央線沿線の雑木林や多摩川河川敷で多く見つかるのも、土地勘がそのあたりにあったためだろう。

東京を描くとき、清張は地方出身者の視点を忘れなかった。例えば、短編『張込み』で刑事に追われる強盗殺人犯は、山口県から東京に出てきた30歳の独身だ。住み込み店員を失職し、血を売って食いつなぎ、土建業者の飯場に流れつく。ついに目黒の重役宅に押し入り、主人を殺して逃げる。共犯の男に「東京がイヤだ」と漏らしていた男。清張が描く事件はときに、競争社会に敗れ去った者、弱者の側からの復讐劇でもあることを読者に想起させる。

豆知識

1. 『点と線』の冒頭、社長が女中２人と落ち合う有楽町の『レバンテ』は、実在する老舗ビアレストランだったが、コロナ禍が長引く2020年３月、運営会社が倒産して閉店した。
2. 映画化された松本清張作品は数多いが、本人が気に入っていたのは『張込み』『黒い画集　あるサラリーマンの証言』『砂の器』の３本だったという。

256 商業と娯楽 ／ 東京の洋風建築

東京を散策して瀟洒な洋風建築というと、銀座の和光、伊勢丹新宿本店、東京駅、そして迎賓館や上野の東京国立博物館あたりが代表的なところだろうか。特に銀座通りにはレンガ造りのレトロな洋風建築が並ぶ。これは1872年、大火によって焼き尽くされた銀座を、防火と西洋化、２つの目的のもとレンガ街にするというプロジェクトによるものだ。

現在の日本銀行本店

この銀座レンガ街プロジェクトを政府内で推進したのは井上馨と三島通庸。これによって、銀座のシンボルともいえる和光の時計台をはじめ、福澤諭吉を中心として慶應義塾のOBが設立した交詢ビル、1932年の建築当時、早くもそれぞれの部屋に電話線が引かれていたという高級アパート銀座奥野ビルなど、心惹かれる建物が並ぶようになっていった。

東京全体に話題を移そう。東京の洋風建築はレンガや石造りで米軍による空襲でも炎上・消滅はしなかったが、高度経済成長期の道路拡幅と高層建築への建て替えで、残念ながら多くが消えてしまっている。とはいえ、注意深く探せば色々と残っていて、例えば、GHQが接収し、本部として使用した日比谷、皇居近くの第一生命保険本館（現・DNタワー21）などは、高層ビルの一部として外観が昔のままに保存されているのだ。和光、伊勢丹新宿本店、東京駅、迎賓館や上野の東京国立博物館のいずれも、オリジナルな部位と、おおよその外観を保持したまま、耐震性や近代的機能をもたせて共存が図られている。東京駅は改修の折、以前の３階建てへ戻されてもいるのだ。

そういった西洋建築を日本で造る初期に大きな貢献をしたのは、明治時代に工部大学校（現在の東京大学工学部）の教授として来日したイギリス人、ジョサイア・コンドルだ（「コンドル」229ページ参照）。彼は教授としての仕事の傍ら、明治政府関係の建築物を中心に富裕層の私邸まで多数の設計を行った。代表的なところでは鹿鳴館や旧宮内省本館が挙げられるが、その二つを含めて現存する建物は少ない。だが、日本銀行本店（東京都中央区日本橋）や東京駅などを設計した辰野金吾をはじめ、高名な日本人建築家たちを育てた。明治期にはこのコンドルのように、多くの西洋人が御用、私営を問わず日本の近代化に貢献した。

ところで、残存する洋風建築でもっとも見ごたえのある建築物トップ10は？　という専門家へのアンケートで、東京にあるものでは、二つが入っている。旧岩崎邸庭園洋館（東京都台東区池之端）と旧前田侯爵邸洋館（東京都目黒区駒場）だ。

豆知識

1. 旧前田侯爵邸近くには毛利邸の洋館がある。ここは現在、安倍晋三元総理大臣の私邸となっている。また渋谷南平台あたりは外国大使館や公館が多い。その多くは、このあたりの山の手郊外に、御維新に貢献した旧藩主の別荘が建てられたものが転用されたものである。

257 暮らしと文化 ／ 東京の学校

明治維新政府は、国民に等しく教育を受けさせるためだけではなく、国家や経済、社会の発展のために学校をつくった。各地にできた初等中等教育の学校だけではなく、東京には帝国大学をはじめ、多くの私立の高等教育機関ができ、世の中に貢献していく人材を続々と生み出していった。その多くは伝統のある大学としていまなお残っている。

現在の慶應義塾大学三田キャンパス

王政復古宣言後の1868年、福澤諭吉（1835〜1901）は、もともと幕府に仕え、何度も欧米に使節として派遣された経験を買われて新政府に出仕を要請されたものの、それを断って西洋の学問を教える慶應義塾をつくった。慶應義塾大学は三田のキャンパスを中心に、東京の代表的な私立学校として現在まで続いている。

政府は国民に教育を受けさせるために、1872年に全国的に大学をベースにした学制を定めたが、実態に合わず1879年に地方の事情を考慮した教育令を公布した。この教育令では各地の裁量権が大きかったため、政府の指導・監督を強化するために1880年には教育令を改正した。

学校制度が整っていく中、これまでの有力な藩出身の人材から、学問を身に着けた人材を登用していこうという流れが強まり、政府は高等教育機関をつくった。東京開成学校や東京医学校といった学校は、1877年に合併して東京大学となった。これに司法省法学校が合併ののち、さらに工部大学校が合併した1886年に帝国大学令が公布され、東京大学は帝国大学と改称された。帝国大学は各地にできたので、のちに東京帝国大学と改名した。

あわせて初等教育も強化し、1900年には義務教育が確立した。

教育における「官」の存在が強まるいっぽう、「民」の教育機関も増え続けていった。その頃、国会開設や憲法制定をめぐる政府内部の対立から起きた「明治十四年の政変」で官職を追われた大隈重信は、1882年に「学問の独立」を掲げ東京専門学校を創設した。のちの早稲田大学である。学問による立身出世を多くの人がめざしたこの時代には、東京に多くの私立法律学校が生まれた。1880年には東京法学社が設立、東京仏学校と統合し和仏法律学校となり、フランス法中心の教育を行った（現在の法政大学）。同年には専修学校（現在の専修大学）、翌年には明治法律学校（現在の明治大学）、1885年には英吉利法律学校（現在の中央大学）が生まれる。東京専門学校と合わせて「五大法律学校」と呼ばれた。どの学校ものちに名門私立大学になる。

官民ともに教育を発展させ、各界のリーダーとなる人材を生み出していった。現代の教育の基盤は、この時代につくられたのである。

豆知識

1. 学校制度が未確立だった時代、上級学校をめざすため多くの学校を転々としなければならないケースもあった。典型例が夏目漱石（1867〜1916）で、府立中学から二松學舎、成立学舎と移った。
2. 福澤諭吉は大隈重信と親しく、東京専門学校創立の際には相談に乗った。その関係はいまなお続き、慶應義塾大学と早稲田大学はなにかと協力し合っている。

258 人物／江戸川乱歩

『陰獣』『黒蜥蜴』『人間椅子』などの推理小説や怪奇幻想小説を著し、『怪人二十面相』では昭和の子どもたちの心をわしづかみにした推理作家、江戸川乱歩(1894～1965)は、生涯に46回も転居を繰り返す引っ越し魔だった。そのうち東京が30回近く。都会の街を転々とする日々を通じて培われた土地勘が、名探偵・明智小五郎らの活躍をリアルに描く助けとなったようだ。

『江戸川乱歩・少年探偵シリーズ(1)怪人二十面相』(江戸川乱歩、ポプラ社)

生まれは三重県名張市、本名は平井太郎。小中学校の頃は学業では目立たない存在だった。ただ、少年雑誌をいくつも作って遊ぶ一方で、石鹸の大量生産のため中国密航を企てる。当時から「文学者肌と事業家肌という相反する二つの性格が同居していた」と、一人息子で立教大学名誉教授の平井隆太郎(1921～2015)が後に記している。

早稲田大学を出ると、大阪や三重で会社員、東京で古本屋、また大阪に戻って新聞記者といった具合に職を転々。大学時代から欧米ミステリーに親しんでいたこともあり、推理小説の元祖とされる『モルグ街の殺人事件』の作家、エドガー・アラン・ポー(1809～1849)にならってペンネームを定め、29歳のとき雑誌『新青年』に『二銭銅貨』でデビューした。続く『心理試験』も好評だったため、大阪毎日新聞の広告部員もこなす二足のわらじを脱ぎ捨てる。一家をあげて東京・神楽坂に引っ越し、本格的に作家の道を歩み始めたのは32歳のときだった。

この頃発表された『D坂の殺人事件』は、明智小五郎が初登場する作品だ。D坂とは文京区にある団子坂のこと。以前に弟2人と団子坂上で古本屋「三人書房」を営んだ時期があり、勝手知ったる街だったのだろう。引っ越しの跡をたどると、乱歩作品で犯罪現場としてよく登場する浅草、上野、本郷あたりも、実際に転々としていることがわかる。

そんな乱歩の引っ越し癖が直ったのが1934年、豊島区西池袋の新居へ引っ越してからだ。70歳で亡くなる1965年まで31年間を過ごしたこの家には、2階建ての土蔵がついていた。土蔵は書庫となり、和洋の資料がぎっしり詰め込まれて、乱歩の奇想の源泉となった。

当初は本格ミステリーを目指し、やがて『蜘蛛男』『吸血鬼』などの通俗長編もので大衆の支持を集めた乱歩だが、西池袋に転居してからは『怪人二十面相』など少年探偵団ものを書き始め、児童向けミステリーという新境地を開いた。戦災を免れた旧江戸川乱歩邸は2002年、4万点の蔵書ともども隣接する立教大学に譲渡され、今は「江戸川乱歩記念大衆文化研究センター」のもと、ミステリーに関する文献など多くの蔵書が保存、公開されている。

豆知識

1. 乱歩は整理魔でもあった。土蔵の資料は細かく分類され、自著目録やトリック分類表まで作成。戦時下に執筆が不可能となった際には、自らの半生を振り返ったスクラップ帳『貼雑年譜』を何冊も作成していた。
2. 作品中、明智小五郎が事務所を構えたとされる御茶ノ水のモダンな「開花アパート」は、1926年に文京区本郷に建設された日本初の洋式集合住宅「文化アパートメント」(1943年閉鎖)がモデルとされる。

259 まち／国分寺市

奈良時代に聖武天皇（701〜756）によって全国に建立された国分寺が市名の由来である。市域は、古代には奈良や京都と結んだ東山道、鎌倉時代には鎌倉街道が通る要衝であり、現在もJR中央線が走っている。JR路線が垂直に交差する西国分寺駅を起点に、南から南東に数多くの史跡が集まっている。

武蔵国分寺跡

国分寺市は東京都のほぼ中心部に位置する。JR中央線が東西に走り、市の東部にある国分寺駅や西国分寺駅が主要駅で、国分寺駅や西国分寺駅の南には武蔵国分寺跡や国分尼寺跡（ともに国分寺市西元町）などの史跡が集まっている。

奈良時代の741年、仏教の力で国を治めようとした聖武天皇は、諸国に国分寺と国文尼寺を建立するように命じた。武蔵国（現・東京都、埼玉県など）では国府（現・府中市宮町）に近く、都へと通じる古代官道の「東山道武蔵路」が通り、豊かな湧水を備える現・国分寺市西元町一帯が選ばれて、武蔵国分寺・国分尼寺が建てられた。

武蔵国分寺は国府とともに政治・文化の中心として栄えたが、鎌倉時代末に鎌倉幕府軍と新田義貞（？〜1338）が争った「分倍河原の戦い」によって焼失した。後に義貞の寄進により薬師堂が再建される。

江戸時代に入ると、国分寺の薬師堂は３代将軍・徳川家光（1604〜1651）から1648年に寄進を受け、江戸幕府が発給した朱印状によって所領が認められた。以後、14代・徳川家茂までの朱印状が残っており、徳川家との密接な関係がわかる。また、1725年には本堂が再建された（現在の本堂は1985年に改築）。享保年間（1716〜1736年）には、原野であった市域の内藤新田・野中新田など新田名が付く地域が開発されている。

明治時代に入ると、1868年に国分寺村など５村は品川県、榎戸新田などの５村は韮山県に分けられ、1889年の市制・町村制施行で10村が合併して「国分寺村」が誕生した。さらに同年、甲武鉄道（現・JR中央本線）の新宿〜立川間が開通し、国分寺駅が現在地に開設されると本町・本多地域（現・国分寺駅の北側）は開発が進んだ。

1893年、国分寺村は東京府に編入され、翌年、国分寺・東村山間に川越鉄道（現・西武国分寺線）が開通すると、府中へ馬車便が通うようになる。交通機関の発展に加え、関東大震災（1923年）後には東京市民の郊外への進出が盛んになり、国分寺市域の人口は増えていった。

昭和時代に入ると、1940年に「国分寺町」となり、戦後の高度経済成長による急激な宅地化などによって人口が急増し、1964年の市制施行によって「国分寺市」が誕生した。

豆知識

1. 東京都（東京都島しょ部を除く）を厚さが一様な一枚の板とした場合、その重さのバランスが取れる点（重心）が国分寺市富士本３丁目の位置にあたり、「富士本90度公園」に案内板が設置されている。
2. 国分寺市は、佐渡国分寺があった新潟県真野町（現・佐渡市）と1989年４月に姉妹都市の盟約を結んだ。2004年、合併によって真野町が佐渡市になった後、佐渡市と改めて姉妹都市として提携した。

260 歴史 ／ 大東京市

東京府はまず「区」と「郡」に分けられた。その「区」をまとめ、東京市ができる。「区」は、市の下部組織になった。関東大震災後、市外から市内に通う人が増え、市域の拡張の必要性が課題となった。市は隣接する郡を吸収し、「大東京市」と呼ばれる状況になる。東京市は府内でも巨大なエリアとなり、府と市の「二重行政」が課題となった。

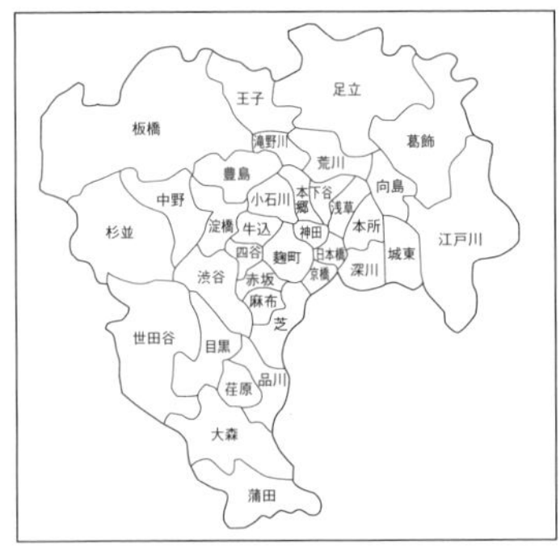

大東京市35区の行政区域図

1878年、郡区町村編制法により、東京府内には「区」と「郡」が生まれることになった。市街化が進み、府税の納入が多いエリアを「区」とし、旧宿場町や近郊の農村を「郡」とした。そのときの15区は、麹町（こうじまち）・神田・日本橋・京橋・芝・麻布・赤坂・四谷・牛込・小石川・本郷・下谷（したや）・浅草・本所・深川である。いっぽう6郡は、荏原（えばら）・東多摩・南豊島・北豊島・南足立・南葛飾となっている。官選の区長や郡長が任命された。区と郡をあわせた東京府の地域は、現在の東京23区のエリアとほぼ同じである。

明治政府が地方への統制を強めていく中、市制・町村制や府県制・郡制が分布されることになった。その流れのなかで1889年に東京市が生まれる。東京市は15区をまとめた領域を指し、その市長は東京府知事の兼任とされた。同時に、区は共有財産管理の権限を持つだけのものになった。市職員と区職員は兼任だったものの、区議会は置かれた。1893年には三多摩を府に編入し、1898年に市長は公選となった（「三多摩の東京移管」259ページ参照）。

1923年、関東大震災が発生した。この震災をきっかけとして、都市部から郊外へと移住者が増え続け、東京市内の人口は減少した。隣接の6郡では人口が増え、職場と住宅の分化が進む。だが、市と郡は管轄が違うため、包括的な行政が困難な状況になった。

そこで東京市は、市を拡大することにした。1932年10月1日に、これまでの15区に加え、品川・目黒・荏原・大森・蒲田・世田谷・渋谷・淀橋（よどばし）・中野・杉並・豊島・滝野川・王子・荒川・板橋・足立・向島・城東・江戸川・葛飾の各区が加わり、計35区となった。この拡大した東京市は「大東京市」と呼ばれた。さらに1936年には北多摩郡砧（きぬた）村・千歳村が世田谷区に編入され、現在の東京23区と同等のエリアとなった。

ただ、この状態は東京府内において東京市が人口や納税額において大きな存在となり、市と府の職務の分担が不明瞭となり、「二重行政」という状況を招いた。その問題点から、現在の「東京都」へとつながっていく。

豆知識

1. 初期の東京市のエリアは現在の山手線内にすら入っていないところも多かった。ターミナルとして知られる新宿駅や池袋駅、渋谷駅は市の外にあった。
2. 大東京市時代、板橋区は現在の板橋区と練馬区をあわせたエリアとなっていた。練馬が独立を果たすのは、第二次大戦後1947年のことである（「練馬区」146ページ参照）。

261 自然／滝

古くは修行の場、今は観光スポットとして多くの人に親しまれる滝は、豊富な流量と十分な落差が必要だ。東京でも関東山地の一部となる西多摩地域には両者がそろっており、多くの滝が存在する。なかでも北秋川の支流にある払沢（ほっさわ）の滝（西多摩郡檜原村）は、春の新緑、夏のライトアップ、秋の紅葉、冬の結氷と四季を通じて楽しめる観光スポットになっている。

国土地理院では流水が急激に落下する場所を滝とし、高さが５m以上あって常に水が流れている有名な滝や好目標となる滝を地図に表示している。

東京都の滝でもっとも有名な滝が、東京都で唯一「日本の滝百選」に選ばれている払沢の滝であることに異論はないだろう。北秋川の支流にある滝は４段からなり、１段目が落差26m、全段で60mに達する。五日市—川上構造線と呼ばれる断層が滝の手前で川と交差しており、そのため岩石がもろくなって滝ができたものと考えられている。冬に結氷することでも知られるが、地球温暖化の影響なのか2006年１月８日の次に全面結氷したのは、12年後となる2018年１月28日のことであった。駐車場から滝までの遊歩道は散策に向き、途中の茶屋に立ち寄るのも楽しい。

そして、高尾山薬王院の水行道場として開放されているのが、山頂に向かう登山路の途中にある琵琶（びわ）滝と蛇滝の２滝だ。初心者を対象とする入滝指導も行っており、水行が初めてという人も受け入れている。

ところで23区内に滝はないのだろうか。「坂」（「坂」78ページ参照）の項に記したように山の手と下町との境は標高差約20mの傾斜地となっているため、そこには坂だけでなく滝もある。特に北区王子近辺には多く、王子七滝と呼ばれる７つの滝があった。ただし、このうち現存するのは男滝と女滝、独鈷（とっこ）の滝、湧玉の滝からなる名主（なぬし）の滝だけであり、このうち稼働中の男滝も、池の水をポンプで汲（く）み上げ流しているのが現状だ。

区部で唯一となる世田谷区の等々力渓谷にも、等々力不動尊の開創時に湧出したと伝えられる不動の滝がある。滝といっても打たせ湯のように一条の水が流れ落ちているだけなのだが、前述の琵琶滝や蛇滝と同様に水行道場となっている。

一方で太平洋上に浮かぶ島々にあるのが、フノウの滝（大島）と白滝（御蔵島（みくらじま））、裏見ヶ滝（八丈島）、常世ノ滝（父島）の４滝だ。雨水に恵まれない島の宿命として一般に水量が少なく、晴天が続けばかれてしまう恐れもあるが、御蔵島を囲む断崖から海に流れ落ちる白滝に限っては、伊豆諸島で随一という降水の豊かさに助けられてかれることはなく、落差は約80mと規模も大きい。

豆知識

1. 地図ポータルサイトNAVITIMEの「東京都の滝」リストに掲載された25滝の中には、近づくのも困難なものが多い。多摩川の支流、海沢川の上流部にある三ツ釜の滝とネジレ滝、大滝の３滝は海沢三滝と称される観光スポットだが、石がゴロゴロした山道を歩くことになるため、登山靴などハイキングの装備が求められる。また、御蔵島の白滝は船から眺めるほかはない。

262 物語 ／『鬼平犯科帳』池波正太郎

『鬼平犯科帳』は、江戸時代の実在の人物である火付盗賊改方・長谷川平蔵を主人公にした池波正太郎（1923〜1990）の小説だ。現在、テレビドラマ化や映画化されているのはご存じの通りで、舞台化や漫画化もされている人気作品だ。愛人の子として生まれ、継母と折合が悪かった平蔵が青春時代、家を飛び出して悪さをしていたのが本所、現在の墨田区、東京スカイツリーのある押上のあたりだ。その頃、平蔵は「本所の銕」とあだ名されていた。ここは元禄の頃に開かれた新地で、自由闊達といえば聞こえはいいが、無宿者が集まった様々な悪事の温床でもあった。

墨田区が設置している「鬼平犯科帳」ゆかりの高札（軍鶏なべ屋「五鉄」跡）

池波が描く平蔵の活躍した江戸の風景は、明和（1767年、平蔵が10代将軍・家治に謁見する場面）から寛政（1793年、老中・松平定信が解任される場面）までの26年間だ。幕藩体制は米本位制で、荒川と利根川を挟む広大な荒れ地を治水し、田畑を開墾するのに資本・労力を費やしていた。そして当然のように、関東ローム層の武蔵野台地は、井の頭池から江戸に水を供給する用水以外にあまり手がつけられなかった。江戸は現在の東京の東寄りのごく狭い範囲だったのだ。東の端が隅田川を渡った本所深川。西は四谷。南は芝増上寺で北は板橋手前の飛鳥山といったあたりまで、しかもまだまだそこにも田畑が広がっていた。

同じく池波原作の『剣客商売』に見られるような食事の細やかな描写は少ないが、平蔵もそれなりの美食家で、友人との会食や密偵との打ち合わせ、はたまた張り込み時に使うのは、蕎麦屋や茶店の縁台などで、話の展開の小道具となっている。軍鶏鍋屋の「五鉄（浅草御厨河岸）」は「本所の銕」時代からの行きつけで、火付盗賊改方たちのアジトだ。密偵・粂八にやらせている船宿「鶴や（深川石島町）」、密偵・岩五郎が商う「豆岩（浅草御厨河岸）」などがよく出てくる。また江戸時代もテイクアウトや立ち喰いもあまたあったようで、握り寿司などは仕出し（出前）も多かったようだ。往来に車なしの台を置いたり、商家の軒を借りて営業していた。

また、岡場所（幕府に公認されていない売春が行われる私娼街）や宿場女郎、茶店の茶汲女や夜鷹（夜間に道端で客を引く私娼）などが話の要になっているものが多いが、そういった場所が犯罪に関係することが多かったからだろう。吉原という公設娼館街があった、そういう時代の話だ。現在の芝、愛宕山のあたりには、江戸時代、あまたの寺院が密集していた。茶店も多く並び、ここでは茶汲女たちの売春が公然で、大抵の男（男女比は２：１）はそれが目的で愛宕神社に参詣した。ちなみに、キリスト教的な貞操観念（男女ともに結婚まで貞操を守る）という意識は、明治以降一般化したもので、当時の性への意識はいまと相当離れていたのではないだろうか。

豆知識

1. 描かれている時代、江戸はイタリアのヴェネツィアに匹敵する水都だった。千代田のお城（江戸城）を中心に掘割や水路が網の目のように配され、猪牙船とよばれる幅狭で進行方向に長い舟が多く、少数の人、物を素速く運搬した。
2. 松尾芭蕉はわざわざ本所に庵を構えた後、奥の細道へ旅立った。

263 商業と娯楽／洋食の流行

今、私たちの食卓の常連になっているオムライスやシチュー、カレーといった「洋食」。これらの発祥は、ほとんどが東京だ。江戸時代までは肉類を食べる習慣のなかった日本人の口に合うように西洋料理をアレンジし、高級なフルコースから切り離して、庶民にも手の届く一品料理として提供しはじめたレストランが登場した。オムライスやカツレツの発祥である銀座の「煉瓦亭（レンガ）」などが、その代表格だ。

現在の煉瓦亭（中央区銀座）

明治時代の初期に政府が奨励した食生活の西洋化は、1873年にフランス料理が外交上の公式料理として採用されるなど国策、政治的な意味合いをともなったものだった。宮中や鹿鳴館といった社交場で、外国の国賓や外交官を接待するためにフランス料理のフルコースがふるまわれるようになり、やがて、帝国ホテルをはじめとしたホテルや、神田の「三河屋」、築地の「精養軒」、のちに本店になる上野の「精養軒」といった西洋料理を提供するレストランも生まれていく。だがそれは、政財界や富裕層などごく一部の階層だけのもので一般庶民にはあまり縁がなかった。

それが、明治中期〜後期になると、庶民にも手の届く「洋食」が登場する。はじめの頃は屋台で食べた人が多かったようだ。小泉孝・小泉和子著『銀座育ち』（朝日新聞社）に「洋食の屋台店」についての記述がある。四の日にお地蔵さんの縁日で賑わう銀座の河岸通りに数件の屋台店が点在したという。焼き芋屋、おでん屋などとともに「一品洋食屋」もあったそうだ。「献立は、カツレツ、ライスカレー、ハヤシライス、オムライス」、そして、それを子どもの頃に父に連れられて食べた筆者は「どれも、すごく旨くて驚異だった」と書いている。

フルコースではなく一品で提供するというだけでなく、各店が日本人の口に合うように工夫を凝らした。例えば、西洋料理のカツレツは油をひいて炒め焼きにするが、天ぷら鍋で揚げて、千切りキャベツと皿に盛ったライスとともに出した。本場のデミグラスソースも当時の日本人の口には合わなかったようで、ウスターソースをかけた。これを考案したのは銀座の煉瓦亭だが、オムライスも、もともとこの店の賄い（まかない）料理から始まったという。もとはインド料理であるカレーも、パンよりもライスとともに出すのが定番になっていった。

ちなみに、シチューやカレーといった煮込み料理は、帝国海軍の食事から広まったともいわれている。インドを統治していたイギリス海軍を手本としたことから食事に取り入れられるようになったようだ。

そして、「洋食」はやがて、栄養価が高く家族の滋養のために役立つとされ、主婦や結婚前の娘を対象とした料理教室や料理本などで紹介され家庭にも広まっていった。

豆知識

1. 食事ではないが、和洋折衷（わようせっちゅう）の代表として思い浮かぶものに「あんぱん」がある。現在も銀座４丁目の交差点にある「銀座木村屋」が、1874年、酒まんじゅうをヒントに考案した。八重桜の花びらの塩漬けを埋め込んだ「桜あんぱん」を明治天皇に献上したところ、天皇がいたく気に入り、それが広まって爆発的な人気になったという。

264 暮らしと文化 ／ 朝顔市とほおずき市

東京の７月の風物詩といえば、入谷の朝顔市と浅草寺のほおずき市である。江戸時代から続くこれらの市は、朝顔市では一時中断があったものの、現在も多くの人が集まり、朝顔やほおずきを鑑賞したり、買い求めたりする。東京のお盆の時期を感じさせてくれるイベントとして、現在まで続いているのだ。

現在も続く朝顔市の様子

東京下町には、長く続く夏の風物詩がある。入谷朝顔まつり（朝顔市）と浅草寺のほおずき市である。

朝顔市は、入谷鬼子母神（いりやきしぼじん）と言問通り（台東区下谷）で開かれる朝顔まつりである。７月６日から８日にかけて行われる。江戸末期の文化・文政の頃、入谷の朝顔が名物となり、嘉永から安政にかけては大ブームになる。江戸幕府の崩壊で朝顔栽培は下火になるものの、1882年頃から入谷一帯の植木屋が朝顔をさかんに作るようになった。入谷の土が朝顔づくりに適していただけではなく、「変わり咲き」の朝顔がはやるようになり、人気を博した。「変わり咲き」とは、朝顔が桔梗（キキョウ）の花のように咲いたり、牡丹（ボタン）の花のように咲いたり、また二重に咲いたりと、花粉の交配によって様々な花を咲かせるというものだ。最盛期には1000種類の朝顔があったという。1891～1892年あたりの朝顔市は、往来止めとなるほど多くの人が訪れた。1913年には都市化の進展により中止になったものの、1948年に戦後の世の中を明るくしようと復活した。

朝顔市が終わると、９日から10日にかけては浅草寺のほおずき市となる。浅草寺には室町時代末期から「功徳日」といわれる縁日が始まった。浅草寺には年に12回の功徳日が設けられ、７月10日は最大のものとなっており、四万六千日（およそ126年分）の功徳があるとされている。前日から境内は参詣者が集う。そのため、両日が縁日となった。ほおずき市は江戸時代の明和年間（1764～1772）に始まる。当時、芝の愛宕（あたご）神社では千日参りの縁日にほおずき市が立ち、ほおずきが病に効くと民間で信じられたため賑（にぎ）わった。その影響で浅草寺にもほおずき市が現れるようになったのだ。また浅草寺では、文化年間（1804～1818）に、落雷除けのお守りとして赤とうもろこしを売る屋台もできた。ところが明治元年頃、不作となり、これがきっかけで浅草寺は竹串に挟んだ三角形の雷除（かみなりよけ）札を配るようになった。

東京のお盆は明治政府の改暦にあわせたため旧暦から月を引き継ぎ、伝統的に７月なので、朝顔やほおずきを飾り、お盆を迎えようとする人も多い。

豆知識

1. 朝顔はもともと奈良時代に伝来した薬草であり、種子が下剤として使用されていた。現在のように観賞用になったのは江戸時代である。
2. 千日参りと四万六千日の功徳はほぼ同じものとされており、かつて神仏習合（日本固有の神道と外来の仏教とを融合して同一視する教説）が一般的だったことが、愛宕神社でも浅草寺でもほおずき市ができる背景となっている。

265 人物 ／ 永井荷風

フランスの自然主義文学者、ゾラに傾倒し、『あめりか物語』で耽美派を代表する流行作家となった永井荷風（1879～1959）は、今ふうにいえば「バツ２のシングル」だった。浅草で美味しいものを食べ、隅田川の川べりや裏町を隅々まで歩き、新風俗にも好奇の目を向ける。離婚して単身に戻り、37歳で書き始めた日記『断腸亭日乗』には、そんな偉大な都市散策者が見た戦前戦後の東京の日常が見事に映し出されている。

永井荷風

生まれは小石川金富町（現・文京区春日）。父親はアメリカ留学帰りのエリート官僚で、長男の荷風に出世栄達を期待したが、次第に文学に目覚めた荷風は第一高等学校受験に失敗。18歳で小説家の広津柳浪（1861～1928）に弟子入りし、ゾライズムの影響を受けた写実的作品『地獄の花』（1902年）を書いて新進作家として認められた。しかし、「つまらん職業」につくことを恐れた父親の意向で外遊することになり、1903年に渡米。フランス語や英文学を学び、横浜正金銀行現地支店で働く。さらに渡仏して５年ぶりに帰国すると、『あめりか物語』『ふらんす物語』を相次いで出版。これを評価した森鷗外らの推薦で1910年、慶應義塾大学文学部教授となる。

ところが、1913年に父親が亡くなると、結婚したばかりだった商家の娘を離縁し、新橋の芸妓と結婚。それも翌年には別居した。慶應大学教授も辞し、新宿区余丁町の自宅の一角に六畳の書院を設け、「断腸亭」と名付けた。日記『断腸亭日乗』はここで1917年９月16日から書き始め、1920年に麻布市兵衛町（現・六本木１丁目）に建てた「偏奇館」に移り住んでからも継続。亡くなる前日の1959年４月29日まで42年間続き、後日出版された。

荷風のこうした自由奔放な生き方に影響を与えたとみられるのが、権力の陰謀で大勢の社会主義者が弾圧された1910年の大逆事件だ。フランスで起きた同様の「ドレフュス事件」をゾラが糾弾したことを引き合いに、「ゾラの勇気がなければ、戯作者に身をおとすしかない」として「戯作者」宣言。浮世絵や歌舞伎など江戸文化への愛着を深め、日記を丁寧に書き綴った。

気ままな街歩きで荷風が好んだのは、浅草の歓楽街や本所深川だった。夜になると銀座にもよく出かけるようになり、カフェーに出入り。女給を主人公に書いた小説が『つゆのあとさき』（1931年）だ。一方で、煙突のみえる新開地や荒川放水路近辺も歩き、『放水路』（1936年）などの随筆を残した。隅田川の東、私娼街の玉の井に頻繁に通い始めるのは1936年から。気に入ると隅々まで知りたくなる荷風は、迷路のような路地にも入り込み、日記に見取り図まで残した。老いを自覚した小説家が、玉の井でお雪という娼婦に出会う小説『濹東綺譚』を書いたのは57歳になる頃だ。作品は1937年に朝日新聞に掲載され、代表作となった。

豆知識

1. 浅草でいつも立ち寄っていたのが洋食屋「アリゾナキッチン」（2016年に閉店）。山小屋風の凝ったつくりの家で、ガラスの出窓に面したテーブルが指定席だったという。
2. 荷風がもっとも長い25年を過ごした「偏奇館」は建坪123m²の洋風の木造２階建てだった。ペンキ塗装にちなみ、また、自らの偏執の気質を認めての命名とみられる。東京大空襲で焼け、戦後は千葉県市川市に新居を構えた。

266 まち ／ 国立市

JR国立駅の南口から真っすぐに延びる大学通りを進むと一橋大学が現れ、文教都市を代表する景観を成している。「国立」が地名として登場するのは大正時代に入ってからであり、古くは鎌倉時代に記録がある市南部の谷保が市域の中心だった。市域の中心地が市の南部から北部へと移り、戦後に谷保町ではなく国立町が誕生した。

国立駅南口駅前

国立市は東京都の中央部に位置し、市の北部には一橋大学がある。大学の最寄り駅である国立駅を通るJR中央本線が東西に延びる他、市内中部にはJR南武線が横断し、谷保駅と矢川駅が市内に含まれる。

「国立」の名は大正時代の末期、箱根土地株式会社（現・株式会社プリンスホテル）によって市域が開発された際に用いられた。当時の中央本線には国分寺駅と立川駅があり、両駅の真中に当たる場所に新駅を造る予定から、両方の頭文字を取って「国立」という案が生まれる。この案は「この地から新しい国が立つ」という願いと重なって受け入れられたとされる。

市域ではもともと、南部の谷保に人が集まった。鎌倉時代後期に「谷保郷」という地名が成立し、谷保の「谷」は「ヤツ」として湿地帯を意味し、この地域が水田に適した土地だったことからも、稲作が盛んだったと考えられている。谷保天満宮（国立市谷保）は、平安時代の政争に敗れて大宰府へと流された菅原道真の３男・菅原道武が、父の死後に父の像を祀ったことが始まりとされる。1181年、御家人の津戸為守が谷保天満宮を現在地に移し、為守は浄土宗の開祖・法然の生涯を描いた『法然上人絵伝』（国宝）に半生が紹介されるほど、信仰心が篤かったとされる。

江戸時代、現在の甲州街道を中心にして民家が建ち並び、住民は農業や養蚕を主とし、街道沿いには商業や手工業を営む家もあった。明治時代の1889年には谷保村・青柳村・石田村飛地の３村が合併し、国立市の前身となる「谷保村」が成立し、1893年には神奈川県から東京府へと移管された。

大正時代末期になっても、谷保村は甲州街道沿いに数百戸の農家が点在するだけだったが、箱根土地株式会社によって谷保村の北部一帯の山林が開発され、文教都市を目指して整然とした街路が造られた。1926年に国立駅が開設され、翌1927年には、関東大震災（1923年）で大きな被害を受けた東京商科大学（現・一橋大学）が誘致される。

昭和時代には、太平洋戦争による疎開と、戦後の住宅復興によって人口が飛躍的に増加し、1951年に谷保村から「谷保町」ではなく「国立町」になる。国立町は文教地区の指定を受け、富士見台団地の完成によって人口が増加し、1967年に「国立市」が誕生した。

豆知識

1. 1875年、東京府東京市京橋区尾張町（現・中央区銀座）に、一橋大学の前身である私塾・商法講習所が開設された。東京商業学校への改称や東京外国語学校との合併を経て、関東大震災後に国立市へ移転。1949年、学制改革によって一橋大学が設立された。
2. 1926年、東京市四谷区番衆町の仮校舎で開校した東京高等音楽学院（現・国立音楽大学）は、同年に国立大学町に移転した。その後、1978年に現在地（立川市柏町）へと移転する。

267 歴史 ／ 住宅地開発

東京都内の過密化が進むにしたがって、郊外へ住宅地を求める動きは高まった。比較的裕福な都心勤務の高学歴サラリーマンなどを対象に、住宅地を開発して分譲する動きが進んでいった。またそれと合わせて、私鉄各社が鉄道網を延伸し、「職住分離」のライフスタイルが生まれ、やがては東京圏独自の「沿線文化」を生み出すようになっていった。

渋沢栄一らによって開発された田園調布の町並み

明治時代から大正時代にかけて、都市の住宅事情は悪化していった。もともと武家屋敷だった敷地には維新で功績をあげた政治家や華族が暮らすようになり、一般の人は狭い住宅に詰め込まれるような状況であった。東京圏では公務員や会社員などが新たに住まいを求めるようになり、都心の狭苦しい環境ではなく、郊外の広くてゆったりとした住宅を建てられる土地が求められるようになってきた。この頃、私鉄の建設と並行して宅地開発を行うというビジネスが、関東ではさかんになっていった。

代表的なのは渋沢栄一（1840～1931）のつくった田園都市株式会社である。1918年に渋沢が発起人となって設立されたこの会社では、田園調布や洗足などのエリアの土地を買い集め、住宅地として開発した。あわせて住宅地へアクセスする鉄道の経営をするということで、鉄道敷設権が「目黒蒲田電鉄」に譲渡され、五島慶太（1882～1959）がその経営を担うことになった。五島は沿線の住宅地開発とセットにした鉄道の充実を基本路線として経営を拡大する。

いっぽう、既存の鉄道があった地でも住宅開発が行われた。1912年から翌年にかけて、日本で最初の信託会社である東京信託株式会社が、玉川電気鉄道の沿線である新町に「新町住宅」という分譲地を造成した。現在の東急田園都市線桜新町駅付近である。ここは関東初の「田園都市」（草木や田畑など緑地を持ち、都会と田園の両方の長所を兼ね備えた計画都市）として造成され、人気の高い住宅地となった。また、東武鉄道は東武東上線のときわ台駅近くに「常盤台住宅地」を開発するなど、西南部以外でも住宅地の造成は行われた。

学園誘致とあわせた住宅地開発も行われた。1925年には成城学園が現在の世田谷区の砧地域に移転し、この地が「成城」と呼ばれるようになった。ここは、小田急小田原線の計画と合わせてつくられた住宅地だ。「成城学園前」という駅もできた。成城学園の資金集めのために分譲が行われ、学園とあわせて住宅地が広がっていった。

鉄道や学園などとセットで行われる郊外の住宅地開発の手法は、現在も続いている。

豆知識

1. 鉄道路線開業と沿線開発をセットにして行う手法を編み出したのは、阪急電鉄の小林一三（1873～1957）である。その手法を関東で大々的に展開したのが、のちに東急を巨大企業グループにする五島慶太だ。東急はこの手法を続け、戦後に五島昇（1916～1989）により広大な「多摩田園都市」を造り上げるに至った。このビジネスモデルは多くの鉄道会社が取り入れている。

268 自然 ／ 島の自然

上陸すらままならない大海から突き出した岩、日本で唯一となる熱帯の島、日本でもっとも人口が少ない村、都心からの所要時間が24時間を超える有人島、満潮時は海に没する野趣あふれた露天温泉のある島。大都会東京のイメージにそぐわぬが、いずれも東京都の島である。一度も大陸と地続きになったことがない島々では、動植物が独自の進化を遂げている。

小笠原諸島の父島

伊豆（いず）諸島と小笠原（おがさわら）諸島は、太平洋プレートがフィリピン海プレートに沈み込む過程で生まれた火山島である。その活動は現在でも活発で、1986年に大島、2000年に三宅島で大規模な噴火があり、全島民が島外への避難を余儀なくされたことは記憶に新しい。島々を構成する岩石は、活火山をつないだ線上にある大島・利島・三宅島・八丈島・青ヶ島では黒っぽくて重い玄武岩が、そこから離れた新島（若郷（わかごう）地区を除く）・式根島・神津島は白くて軽い流紋岩（りゅうもんがん）が、母島を除く小笠原諸島ではマグネシウムの含有量が高い特殊な安山岩（ボニナイト）が多くを占めており、いずれも火山に由来する。

また、両諸島は一度も大陸と地続きになったことがない海洋島であり（伊豆諸島の神津島以北は、かつて大陸の一部であった大陸島との見方もある）、陸生の動植物は大陸のものと大きな違いを見せる。特に小笠原諸島は都心から南へ約1000kmも離れた太平洋上となるため、オガサワラオカモノアラガイやオガサワラゼミ、オオハマギキョウなど固有種が多く見られ、2011年には世界自然遺産として登録された。

「南の島」というイメージの強い各島だが、緯度で比較すると小笠原諸島こそ沖縄本島から台湾に相当するものの、伊豆諸島は最南の青ヶ島でも宮崎県に等しく、最北の大島に至っては伊豆半島先端の石廊崎（いろうざき）より北となる。とはいえ１月の平均気温は大島で7.3℃、小笠原諸島の父島で18.4℃と都心と比べ1.2℃～12.3℃も高い。一方で８月は大島で25.7℃と都心（27.4℃）より低く、父島でも27.7℃とさほど変わらない。これは暖まりにくく冷めにくい海水の影響を強く受けるからで、この温和な気候を求めて多くの観光客が四季を通じて訪れている。

豆知識

1. 東京都の島の数は330ある。これは全国で６位ということで意外に多い。面積（401.77km²）も都全体の20％近くと、1位の奥多摩町と２位の八王子市の合計（411.91km²）に匹敵する。とはいえ有人島は伊豆諸島で９つ、小笠原諸島で２つに限られ、その合計は26,048人と人口比は0.19％に留（とど）まっている。日本でもっとも人口が少ない自治体も、青ヶ島村（伊豆諸島南部）の172人（男性99人、女性73人）となっている。
2. 火山島ということで、伊豆諸島では６島（大島、新島、式根島、神津島、三宅島、八丈島）に温泉がある。なかでも式根島には無料の露天温泉が３つもあり、海に面した、もしくは満潮時は海に没する野趣あふれたロケーションとなっている。
3. 伊豆諸島の最南端に位置するのは、孀婦岩（そうふいわ）という名の島である。周囲に何もない海面からとんがり帽子のように突き出した姿（標高99m）は、まさに岩そのもの。平らな部分はまったくなく上陸するのも困難だが、1975年に早稲田大学岳友会の２人が初登頂に成功。2018年に放映されたNHKスペシャル「秘島探検　東京ロストワールド」は、前年に撮影した登頂の模様を伝えた。

269 物語 ／『ゴジラ』『モスラ』

シリーズ第１作『ゴジラ』の公開は1954年。房総半島の南南東、小笠原諸島に位置する大戸島には海に眠る海神「ゴジラ」の言い伝えがあった。太平洋での度重なる水爆実験により安住の地を追い出された巨大怪獣は、焦土から復興したばかりの東京に上陸する。『モスラ』の公開は1961年。当時東西冷戦により核兵器開発競争が激化し、南太平洋では核実験が頻繁に行われていた。その海域にあるインファント島から日本に連れ去られた小さな２人の妖精（小美人）を取りもどすため、怪獣モスラの幼虫は海を渡って東京を目指した。

品川は日本で初めてゴジラが上陸した実在の場所だ（大戸島は架空の島）。最初ゴジラは国鉄操車場の列車と八ッ山橋を破壊して東京湾に戻った。その後発足間もない自衛隊がM24軽戦車、高射砲などで守りを固めるなか、ゴジラは芝浦に上陸。自衛隊の砲撃も高圧電流ももものともせず、放射能を含む白熱線を吐いて周囲を次々に火の海にしていく。人々は風呂敷に荷物をまとめ、大八車を押して逃げまどう。ゴジラは新橋から銀座に進み、松坂屋デパート、銀座の象徴である和光ビルの時計塔、数寄屋橋、そして国会議事堂と進路にある建物を次々となぎ倒していく。その後上野、浅草を通って隅田川を下り、最後に勝鬨橋をひっくり返して東京湾に戻る。東京の市街地は一面焼け野原になり、死者、怪我人、孤児が街にあふれる。まるで1945年３月の大空襲を再現したかのような映像である。

そして2016年、福島第一原子力発電所事故から５年後に公開された『シン・ゴジラ』では、ゴジラは不法に海洋投棄された大量の放射性廃棄物に適応して原子炉状器官を体内に持ち、東京は破壊されるだけではなく高濃度の放射能で汚染されてしまう。

モスラは太平洋横断中にエアゾール爆弾の攻撃を受けて姿を消す。しかしその後突然奥多摩湖（小河内ダム）に現れるとダムを破壊し、横田基地、渋谷の街並みを踏みつぶして、1958年に完成した東京タワーに向かった。東京タワーを二つにへし折ったモスラはそこに繭を作り、ザ・ピーナッツ演じる小美人の歌声に反応して成虫になり飛び立って行く。

小河内ダムは難工事の末に「帝都の水瓶」として1957年に完成した。竣工当時、水道専用貯水池としては世界最大規模、東京タワーと並ぶ土木建築技術の集大成だった。「私たちは世界の人々が平和に暮らせることを祈っています」。小美人はそう言い残し、文明から隔絶されたインファント島に、モスラとともに帰っていった。

どちらの作品でも、人間の科学実験の末に生まれた怪獣によって、高度経済成長期の東京のシンボリックな建造物が破壊される。科学の発展が必ずしも人類に平和や幸福をもたらすわけではないと、警告を発した作品でもあった。

豆知識

1. 第１作ではゴジラの体高は50mだったが、都市部の建物の高層化が進んだため、破壊する建物に見合うように、1991年以降は体高100mとなった。
2. 松坂屋デパートと和光の時計台が破壊された際には関係者から「縁起が悪い」とクレームが出たが、その後「ゴジラに破壊されると業績アップにつながる」というジンクスが広まった。「ウチのところをぜひ壊しに来てくれ」と熱望されるケースもあったらしい。

270 商業と娯楽 ／ 競馬とボートレース

東京都内には２つの競馬場と３つの競艇場がある。競馬場は府中市の東京競馬場と品川区の大井競馬場。競艇場は大田区のボートレース平和島、江戸川区のボートレース江戸川、府中市のボートレース多摩川。つまり府中市には競馬とボートレースがどちらもあることになる。ちなみに競輪場も２つで、立川市のたちかわ競輪場と調布市の東京オーヴァル京王閣だ。

東京競馬場とボートレース多摩川（東京都府中市）

1964年公開の映画『マイ・フェア・レディ』では、オードリー・ヘップバーン演じる場末の花売り娘イライザが、言語学者ヒギンズ教授に言葉遣いを矯正され、初めて社交界デビューするのが競馬場だ。競馬というのは、ヨーロッパで身分の高い方々の娯楽だったわけだ。日本でも最初の競馬場（西洋式競馬）は横浜居留地で始まり、日本人が作った最初の競馬場は、横浜市の現在の中区根岸台に1866年に開設された根岸競馬場だ（後に横浜競馬場に改称され、第２次世界大戦中の1943年に閉場された）。ここでは明治天皇が13回も競馬を観戦している。

一方、競艇はといえば、公営競技の中でもっとも歴史が浅い。1951年に制定されたモーターボート競走法によれば、船舶用機関及び船舶用品の改良や観光に関する事業とあり、地方財政の改善を目的としているというとらえ方をしても良いかもしれない。そのモーターボート競走法を受け、1952年に長崎県の大村競艇場でレースが初開催された。ちなみに、競輪は1948年、福岡県の小倉競輪場で初開催された。ボートレースは日本でのスタート以前にフランスのセーヌ川などでも行われていたようだが、競輪は日本発祥だ。ヨーロッパで行われてきた自転車レースとはまた違ったルールで、今や「KEIRIN」という新しい国際的な種目のひとつになっている。

それぞれの場内には、観戦するスタジアムの他に、レジャー施設も併設されている場合が多いが、特に競馬場はその傾向が強く、それぞれ特徴がある。東京競馬場は芝生や子ども向け遊具もある日吉ヶ丘公園や馬と触れあえる乗馬センターが併設されていたり、ヨーロッパ貴族になったような気分でけやき並木を馬車でまわるといったプランも用意されている。(2021年現在は、コロナ禍でアトラクション等は休止されている)。また、大井競馬場には屋台のような形で様々な飲食物を販売する「ウマイルスクエア」がある。これは「馬が居る」と「スマイル」、「旨い」を組み合わせた「ウマイル（UMILE)」という造語と、広場という意味の「スクエア（SQUARE）をつないだネーミングのようだ。

豆知識

1. ボートレースの選手たちは、次の開催地にある寄宿舎に一定期間前に集合し、入寮すると外出禁止となる。スマートフォンなど外部と連絡する手段も預けなければならない。厳重な監視下で不正を防止している。
2. 中央競馬の馬も、レース前は中央競馬会のもつ厩舎（きゅうしゃ）で、管理調教師にドーピングなどが無いように管理され、出走前に運ばれる。

271 暮らしと文化 ／ 青山霊園

明治政府は、都心部での埋葬を禁じ、一定の場所を公営の墓地とした。その一つが、青山霊園である。当初は神葬祭（神道式で行われる葬儀）のための墓地だったものが、公共の墓地になり、現在に至る。この霊園には13万体近くが埋葬されている。公営墓地はのちに増えていき、都営の霊園は現在８カ所ある。

青山霊園の桜

東京以外の地域から引っ越してきた人からすれば、「どうして東京はこんなにも霊園が多いのか？」と疑問に思う人も多いかもしれない。地方では、一般には各家庭がどこかのお寺の檀家となっており、墓地もその寺院にある。東京では、そうではなく公営や民間の霊園にお墓を設けるということも多いのだ。

江戸時代には、江戸でも各寺院が寺請制度のもとで、寺院の付属地にお墓を設けていた。しかし明治政府は、1874年に朱引内での埋葬を禁じた。「朱引」とは、1818年に江戸の市域を定めたもので、1869年にも明治政府は新たな朱引を定めた。なおこの制度は範囲を縮小したりと変動させながら1878年まで続いた。そのため、公共の墓地がつくられるようになったのだ。

政府は朱引内での埋葬を禁じるとともに、「墓地取扱規則」を定め、青山神葬祭地ほか９カ所を公共の墓地として指定した。これを受けた東京府は、東京会議所（現在の東京商工会議所）に命じて、指定９カ所のうち青山、立山、雑司ヶ谷、谷中、染井など８カ所を造成させた。

青山霊園は、公共墓地となる前は神葬祭式の墓地であり、美濃郡上藩下屋敷跡に開設された付属立山墓地を起源とする。公共墓地になってから神葬祭式に限らず死者を受け入れるようになり、1876年には会議所から墓地造成・管理業務を東京府が引き継いだ。1889年には市町村制の施行により正式に東京市へと移管し、立山含む青山墓地、雑司ヶ谷、染井、谷中、亀戸、渋谷の６墓地が市区改正設計における公共墓地として指定された。1926年には斎場の建物が東京市に寄付され、日本初の公営墓地となった。

その後、一部の墓地が統廃合され、郊外に墓地をつくるようになった。多磨墓地（府中市・小金井市）や八柱霊園（千葉県松戸市）ができ、戦後には小平霊園、八王子霊園ができた。

青山霊園には多くの人が眠っている。13万体近くの埋葬者の中には、政治家など日本の歴史に名を遺した人も多い。「忠犬ハチ公」の墓もある。

豆知識

1. 都心で巨大施設の建設などがあると、人骨が出てくることも時々ある。その場合、その地に寺院があったことが多い。現在の国立競技場建設の際にも人骨が発掘され、その地が寺院だったことを示す証拠の一つになった。
2. 青山霊園は桜並木が有名である。エンジュの並木も知られている。東京の霊園は、公園のように整備されていることが多い。

272 人物／林芙美子

「花のいのちはみじかくて苦しきことのみ多かりき」の短詩で知られる作家、林芙美子（ふみこ）（1903〜1951）は子どもの頃、行商の親に連れられて九州、山陽を転々とした。19歳で上京してからも、様々な職業や男性を遍歴する放浪の日々。しかし、自伝的小説『放浪記』が大ヒットして売れっ子になると、東京・下落合に終の棲家（すみか）を構えた。安住の地で晩年を過ごし、市井（しせい）の人々の哀歓を描いた『浮雲』など代表作を残して、47年の短い生涯を閉じた。

鹿児島で行商をしていた母親が、四国から来ていた行商人と出会い、一緒に山口県下関市に移ってテキ屋をしている頃、芙美子が生まれた。父親は認知せず、私生児として届けられる。母子は店の番頭と一緒に家を出て、番頭が養父となる。小学生の頃、鹿児島の実家に預けられたり、旅商いの親に連れられたりして転校を繰り返したが、13歳で広島県尾道（おのみち）市に移り市立高等女学校（現・県立尾道東高校）に進学。卒業後、恋人を頼って上京するも破局し、事務員や女工、カフェーの女給をしながら生計を立てた。19歳のとき関東大震災（1923年）にあい、「この時位、自然だの宇宙だのを考えたことはありません」と後に書いている。被災した年に「歌日記」と題する日記をつけ始め、これが『放浪記』の原型となった。

ときは大正末期から昭和初期の東京。芙美子は新劇俳優やアナキスト詩人と同棲し、作家の平林たい子（1905〜1972）と原稿の売り込みに歩き回り、東京放浪を続けた。22歳のとき、生涯の伴侶となる画学生の手塚緑敏（りょくびん）に出会う。暮らしに安定を得て、『女人芸術』誌の1928年10月号から『放浪記』連載を開始。どん底の貧乏生活をたくましく生き抜く女性の姿は共感を呼び、2年後には改造社から単行本として出版されてベストセラーになった。さらに大幅に手を加えた決定版『放浪記』が1939年、新潮社から出た。

流行作家となり、貧困から抜け出した芙美子は1941年、今の新宿区中井の新居に移り住む。島津製作所の所有地を買い、自ら京都の民家を見学して建築を勉強。和風建築の名手、山口文象（1902〜1978）に依頼して建てた、数寄屋造りの平屋だ。小柄な芙美子に合わせて流しは低く、たっぷり収納できる屋根裏部屋を設けた。原稿取りの編集者が待つ部屋も備え、廊下の広い落ち着いた家だった。芙美子はここで、『浮草』『うず潮』『晩菊』などの代表作を書いた。

亡くなったのは1951年6月。『主婦之友』誌の企画「名物食べ歩き」の取材で銀座、深川で食事し、帰宅した夜に急変した。心臓麻痺（まひ）だった。自宅は新宿区に買い取られ、林芙美子記念館として当時のまま公開されている。

豆知識

1. 林芙美子は戦後、「戦争協力」をした作家として批判された。日中戦争では陥落直後の南京で取材。その後、内閣情報部が派遣する作家らの「ペン部隊」に加わり、激戦地となった漢口（かんこう）への「一番乗り」も果たした。「もう今はくだらん恋愛なんか書いている時代じゃないと思います」というコメントを戦中、新聞に寄せていた。
2. 『放浪記』は映画や舞台でも繰り返し上演された。森光子（もりみつこ）（1920〜2012）主演の舞台『放浪記』は1961年に芸術座で始まり、森がでんぐり返しする場面が有名。記録的なロングランとなり、森が亡くなる3年前の2009年まで続いて上演2000回を超えた。

273 まち ／ 福生市

市内の約３割をアメリカ空軍横田基地が占める福生市は、昭和時代に産業の大きな転換を迎えた。もともとは歴史ある地域で、「フッサ」という独特の読み方の由来は、「アサの生える土地」など地形や地質に関する説が多く、風土を表した地名が使い続けられている。

米軍横田基地前、国道16号線沿いの福生ベースサイドストリート

東京都中部の西寄りに位置し、JR青梅線の福生駅を中心に市全域に市街地が広がる。市のほぼ南東端にある拝島駅は、ホームの一部は福生市に含まれるものの、公式の所在地は隣接する昭島市である。ちなみに、拝島駅から北約500mの位置にある拝島自動車教習所は福生市に含まれる。南北にのびる国道16号線は、江戸時代に日光へと通じた日光裏街道であり、国道16号線の東側に広がる在日アメリカ空軍横田基地は、行政面積の32%を占めている。

「福生」の地名の由来については、諸説あるが定説はない。麻の古語である「総」・「房」からきたもので、アサの生える地「総生」から転訛を繰り返してフッサとなり、漢字を当てたとする説や、「阜沙」に由来する説もある。「阜」とは丘や土山、「沙」は砂原や川岸の意があり、福生の地形と関連するというものだ。

鎌倉時代に武蔵国（現・東京都、埼玉県など）を拠点とした武士団「武蔵七党」のうち、西党を率いた平山氏が福生市域を支配したと伝わる。12世紀頃に「福生村」を支配した平山季重は、保元の乱（1156年）で源義朝に従って活躍した。戦国時代に入ると、福生市域は八王子城（八王子市元八王子町）の城主・北条氏照の支配下となり、江戸時代に入ると市域北部にあった福生村は天領（江戸幕府の直轄地）、市域南部にあった熊川村は幕府領と旗本領に分かれ、幕末まで続く。

明治時代には、福生村と熊川村の幕府領が韮山県に、熊川村の旗本領が品川県に属し、廃藩置県（1871年）でともに神奈川県の所属となった。福生市域は養蚕業や酒造業を地場産業とする農村として発展し、特に養蚕業が盛んで数多くの製糸場があった。1894年には青梅鉄道の立川～青梅間が開通して福生駅が開業する。

大正時代の1925年に五日市鉄道、昭和時代の1931年に八高線が開通したことにより、静かな農村地帯であった福生は、西多摩の玄関口として発展をとげていく。しかし、昭和恐慌（1930年）によって養蚕業が大打撃を受け、1936年に陸軍の航空関連施設として陸軍航空立川支廠（熊川倉庫）、1940年に陸軍多摩飛行場が建設されると大きな方針転換を図る。1940年、福生村と熊川村が合併し「福生町」が誕生し、「基地の町」として発展していく。戦後には福生町に米軍が進駐し、陸軍多摩飛行場はアメリカ軍横田基地となった。1970年に市制を施行し「福生市」が誕生した。

豆知識

1. 福生市指定文化財の「北条氏照制札」は、戦国大名・北条氏が福生郷において軍勢の乱暴を禁止するよう命じたとされる古文書。当時の市域近辺が軍事的な緊張がある不安定な状況だったことを示す。
2. 国道16号線はかつての「日光街道」である。福生市域から北上し、川越や松山（埼玉県東松山市）、行田、館林を経て日光へと向かう。江戸から北上する日光街道と区別するため、「日光裏街道」と呼ばれた。

274 歴史／関東大震災

東京が巨大化するのは、1923年の関東大震災がきっかけであった。この震災により東京は破壊されたが、復興を機に都市計画が進み、現在の東京の原型が生まれていった。いっぽう、戒厳令が敷かれるなど大きな社会不安のなかで、根も葉もないうわさが広まり、朝鮮人虐殺事件などの痛ましい事件も起こった。

関東大震災(1923年９月)

９月１日は、「防災の日」として多くの学校などで避難訓練が行われる。そのきっかけとなったのが、1923年の同日昼どき、11時58分に起こったマグニチュード7.9の大地震である。相模湾を震源とし、関東一円に被害がおよんだ。この地震はのちに「関東大震災」と呼ばれる。東京府内では死者・行方不明者は10万人以上、被害を受けたのは40万世帯におよんだ。この地震は昼どきに発生していたということもあってか、多くの家で昼食の準備に火を使っていたため火災での焼失が多く、下町の市街地焼失率は44%にもおよんだ。

そんな中で東京市と隣接４郡には２日から戒厳令が敷かれた。折しも地震の約１週間前に、加藤友三郎（かとうともさぶろう）（1861〜1923）首相が急死し、地震発生時は首相不在の状況であった。海軍出身の山本権兵衛（やまもとごんべえ）（1852〜1933）が後継者として２日に組閣することになったが、その際に内務大臣に就任したのが、東京市長を務めた経験もある後藤新平（ごとうしんぺい）（1857〜1929）である（「後藤新平」243ページ参照）。山本首相は帝都復興を宣言し、後藤は帝都復興院総裁に就任した。

後藤を中心として、「焼土買上復興計画案」や幅100mの道路の建設、共同溝の設置など大胆な「東京復興計画」が策定された。当時の金額で約11億円にのぼる大計画は、都市の復旧を目的とするだけではなく、都市の改造にまで踏み込んだ大計画だった。その計画が、現在にも影響を及ぼしているといえる。運河や道路、土地区画整理、公園などに都市計画の方法を初めて導入した「帝都復興事業」は1930年まで進められた。だが、復興計画は予算の大幅な縮減で完全なものとはならなかった。あわせて都心住民の郊外への転居が進んでいった。

この震災で問題になったのは、社会不安による根も葉もないうわさやデマである。戒厳令が敷かれる中で、電話や交通機関は寸断、通信などの情報手段はまひした。そのような異常な雰囲気の中で朝鮮人虐殺事件が起こった。当時、朝鮮半島から多くの労働者が東京に来ていた。強い社会不安の中で、朝鮮人が暴動や放火を行っているとの流言がさかんになり、民間の自警団や警察官が朝鮮人や中国人を殺害した。被害者の人数は研究者によって開きがあるが、1000人〜6000人といわれている。

豆知識

1. 震災直後の９月16日には、アナーキストの大杉栄（おおすぎさかえ）(1885〜1923)と内妻・伊藤野枝（いとうのえ）(1895〜1923)が憲兵大尉の甘粕正彦（あまかすまさひこ）(1891〜1945)に殺されるという事件も起こった。甘粕はのちに恩赦で減刑された。

275 自然／トウキョウが名前につく生物

生物の中にはエゾシカやリュウキュウアカガエルのように、地方の特産種であることを示す地名の接頭語がつくものがある。数は少ないとはいえトウキョウの名を冠した生物もおり、以下でそのいくつかを紹介する。なかには思いも寄らない理由からトウキョウとされてしまったものもあるが、当の生物がどう思っているのかは知る由もない。

トウキョウサンショウウオ

トウキョウの名のつく生物としては11種、旧称のエドを含めれば28種（別称や栽培品種の名を含む、以下同）が確認できる。100種以上あるエゾ（北海道の旧称）や150種以上あるオキナワ＆リュウキュウ（沖縄の旧称）には遠く及ばないものの、カナガワ＆サガミ（神奈川の旧称）の11種やヤマナシ＆カイ（山梨の旧称）の18種と比べてもその数は多い。

トウキョウブランドの生物の中でも、その代表格といえるのはトウキョウサンショウウオであろう。その名は1931年に、多西村（現・あきる野市）の草花丘陵で発見されたことに由来する。関東一円と福島県の一部に生息する日本固有の両生類で、環境省が定める特定第二種国内希少野生動植物種に指定されるなど絶滅が危惧されながらも保全活動が功を奏し、1979年に行われた環境庁の調査で3000程度とされた個体数が、トウキョウサンショウウオ研究会による2018年の調査では7500程度に回復しているとの報告がなされた。

一方でもっとも身近で、水田でよく見かけるものといえばトウキョウダルマガエルであろう。ただ、その名を聞いても「そんなカエルは見たことがない」と言う人がほとんどかもしれない。実は東京で見かけるトノサマガエルらしきものの実態は、トウキョウダルマガエルなのだ。この２種はよく似ているものの、手足が長くてスマートな前者に対し、後者はやや手足が短くずんぐりとしている。関東平野と仙台平野、長野県、新潟県を中心に生息することから、西日本に生息するナゴヤダルマガエルに対抗してトウキョウの名を冠したのだろうか。よく見かけると述べたものの、東京においては水田そのものの減少が著しいため、そこをすみかとするカエルの行く末が案じられる。

胴長4.5cmほどと、世界最小の哺乳類として有名なトウキョウトガリネズミはどうか？1905年に東京で採集されたというが、その後は再発見されることなく謎の生き物とされていた。その謎が解けたのは50年後のこと。標本に添付されたラベルにはYedo（エド）とあったが、これがYezo（エゾ）の書き間違いであることが判明したのだ。その後に北海道での生息が確認されて一件落着。とはいえ彼の地のネズミは、今もよそ者扱いを受けているかもしれない。

他にもトウキョウヒメハンミョウやトウキョウトラカミキリ、トウキョウコシビロダンゴムシといった昆虫類が、トウキョウの名を冠している。

豆知識

1. 本文ではトウキョウの名を冠した生物のみ紹介したが、エドの名を冠した生物も数多くある。ただし、その多くは別称や栽培品種の名であり、学名にもなっているのはバラ科の落葉高木であるエドヒガンやカグラザメ科の海水魚であるエドアブラザメなどに限られる。

276 物語 ／『男はつらいよ』

「私、生まれも育ちも葛飾柴又です。帝釈天で産湯を使い、姓は車、名は寅次郎、人よんでフーテンの寅と発します」。渥美清の軽快な口上で始まるこの映画は1969年から2019年までシリーズ全50作が公開された。京成電鉄金町線の柴又駅から柴又帝釈天（経栄山題経寺）に続く参道商店街には、今も第１作当時の面影が残っている。

柴又駅前の寅さんの像

第１作は寅さん（寅次郎）が矢切の渡しで柴又に入り、江戸川の土手を歩いて20年ぶりに故郷に帰ってくるシーンから始まっている。矢切の渡しは、江戸時代に幕府が民間用に江戸川に設けた渡し場の一つで、千葉県松戸市と東京都葛飾区を結んでいる。今では都内で唯一の渡し船である。

柴又帝釈天は江戸時代初期に禅那院日忠および題経院日栄という２名の僧によって開創された日蓮宗寺院である。江戸中期以降帝釈天信仰で多くの参詣人が訪れるようになり、夏目漱石の『彼岸過迄』や伊藤左千夫の『野菊の墓』にも登場している。寅さんは最初帝釈天に行き、御前様（住職）に自分のことを覚えていてもらえたことに感激して涙ぐんでいる。御前様は時には厳しく叱ることもあるが、寅さんの良き理解者なのだ。

柴又の参道商店街には戦災で東京の下町が焼け野原になるなか、奇跡的に明治から昭和に建てられた町家が残っている。山田洋次監督もこの景観を気に入って映画の舞台に選んだ。

第１作～第４作に寅さんの実家として登場した「とらや」も参道商店街に実在し、名物「草だんご」を1887年の創業以来作り続けている。その後は「くるま菓子舗」に設定が変わったが、店の奥に茶の間がある間取りは同じ。ここで寅さん、おいちゃん、おばちゃん、妹さくらの家族に裏の印刷工場のタコ社長がみんなで泣いたり笑ったり。そして時には取っ組みあいの大ゲンカ。そして「出て行け」「それを言っちゃあおしまいよ」といういつものフレーズがあって、寅さんはまた柴又を後に旅に出る。

それでも寅さんは必ず帰ってくる。帰ってくるけれど「ただいま」と明るく暖簾をくぐるのは気恥ずかしい。わざと店の前を通り過ぎてみたり、他のお客の陰に隠れたり、変装したりして、みんなに気づいてもらおうとする。皆、そんな寅さんが帰ってくるのを待っていて、温かく迎え入れる。戦後の経済万能主義に染まりきらぬ人情が残る、昔ながらの場所、心の故郷として柴又は描かれ、日本じゅうの寅さんファンに愛されたのだ。

豆知識

1. 映画に先立ち『男はつらいよ』は1968年にテレビ版が放映された。人気番組だったが、最終話では寅次郎が奄美大島でハブに咬まれて死んでしまった。この結末に視聴者から抗議が殺到し、映画化のきっかけとなった。
2. 柴又駅には、柴又を後にする寅さんの銅像とそれを見送るさくらの銅像が立っている。

277 商業と娯楽 ／ 東京の水族館

東京に水族館といえるものが初めてできたのは、1882年に上野動物園につくられた「うおのぞき」といわれる。淡水魚を観察できる施設で日本初でもあった。1964年には、新上野水族館として開園したが、その後、東京の水族館としての役割を1989年に開館した「葛西臨海水族園」に移して、1992年に閉館している。

今、東京には、主要な施設だけでも先に挙げた「葛西臨海水族園」を含めて５つの水族館がある。1978年に開館した池袋の「サンシャイン国際水族館」（現・「サンシャイン水族館」）、1991年に開館した「しながわ水族館」、2005年に品川プリンスホテル内に誕生した「アクアパーク品川」、2012年に東京スカイツリーの開業とともに誕生した「すみだ水族館」、そして第二次世界大戦以前である1936年に誕生した井の頭恩賜公園内にある水生物館（現・井の頭自然文化園の水生物園）だ。

「サンシャイン国際水族館」は、2011年に全館改装して「サンシャイン水族館」となってからは、世界屈指の水族館といわれるアメリカのシアトル水族館にも引けをとらぬ造りになったと評判だ。屋上に設置された、猛スピードで泳ぐペンギンを下から仰ぎ見られたり、サンシャイン60を背景に、太陽光に照らされてキラキラ光る水の中を、空を飛ぶように泳ぐアシカのお腹や手足を観ることができるサンシャインアクアリングも好評で、繰り返し訪れるファンが多いようだ。

「葛西臨海水族園」は規模がもっとも大きく、地上30.7mにもなる大きなガラスドームがあり、群泳するクロマグロや、国内最大級といわれるペンギン展示場で泳ぎ回るペンギンの姿などが観られる。また、「しながわ水族館」のトンネル水槽は全長22mあり、「海の散歩道」という趣が好評だ。必見は、シャークホールのシロワニの巨大な姿だとマニアは言う。東京スカイツリータウン内の「すみだ水族館」は、動線が自由で、多数のクラゲが漂う姿を観ていると、幽玄の世界に吸い込まれそうになると聞く。そして、アクアパーク品川は音・光・映像との融合を目指したエンターテインメント施設になっている。

そして、日本初の水族館、上野の「うおのぞき」がなくなった今、もっとも古くから現在も続いているのが井の頭自然文化園の「水生物園」だ。ここは静かで、日本の淡水魚類などが展示されており、都会の喧噪（けんそう）からのほどよい避難所のようだと、隠れたファンも多い。ホッとできる場所のようだ。

豆知識

1.「葛西臨海水族園」には珍しくも海藻の展示がある。ジャイアントケルプなどの育成に成功している。
2.「しながわ水族館」はテッポウウオが有名だが、それだけでなく、珍しい枯れ葉のように見えるリーフフィッシュ、強力な電気を発するデンキウナギもいる。

278 暮らしと文化 ／ 初の神前結婚式

もともと日本では、結婚式は「祝言」という形で自宅にて行われていた。ごくわずかに神前での結婚式が行われていたものの、本格的に普及したのは、皇太子嘉仁親王（大正天皇、1879～1926）と九条節子（貞明皇后、1884～1951）の結婚式が神前で行われたのがきっかけだった。これ以来、神前結婚式が広まっていく。

神前結婚式

神前での結婚式、というのはいまでは和風の結婚式として、「日本の伝統」のように結婚関連産業ではアピールされているものの、もともとはそれほど歴史の長いものではない。江戸時代の日本では、新郎の自宅に身内の者が集まり、床の間に飾り物をして盃事を行うという「祝言」が一般的なものであった。明治維新ののちも、この形式での結婚式が一般的であった。神前での結婚式はごく一部で行われていたものの、普及しているということはなかった。一方、キリスト教が日本で広まると、結婚式を教会で行う人も出てきた。キリスト教にとって結婚は、宗教的に重要な儀式であり、特にカトリックではその傾向が強い。

そんな中、1878年に出雲大社宮司の千家尊福（1845～1918）が神前結婚式を行う。また仏教の側でも、1885年に日蓮宗の僧侶だった田中智学（1861～1939）が仏前結婚式の原型をつくった。

神前式が一般に広まるきっかけになったのは、1900年の皇太子嘉仁親王と九条節子との結婚式が神前式で行われたことで、意外にも新しい文化といえるだろう。嘉仁親王と九条節子は宮中賢所大前にて結婚の儀を行い、このことは大きな反響を呼んだ。一般の人の間でも、同様に神前結婚式を行いたいという声が高まる中で、現在の東京大神宮（千代田区富士見）である神宮奉斎会が一般の人に向けた神前結婚式の内容を考え、1901年には模擬結婚式を行った。これ以来、神前での結婚式が普及していく。

それ以降も「祝言」の形で結婚する夫婦も残り続けるものの、戦後、高度経済成長期に入ると神前式が増え、1970年代には結婚式の８割が神前式となった。一方、日本人の多くがキリスト教の信者でないにもかかわらず、キリスト教式の結婚式も人気が高まり、1990年代に入るとホテルや結婚式場のチャペルなどで結婚式を挙げるカップルが増えていった。東京都内のホテルには神前式やキリスト教式の結婚式に対応できるような施設を設けるところが多い。あわせて、大きな神社では結婚式後の披露宴にも対応できるような部屋を設けている。神前式普及のきっかけを作った東京大神宮にも、もちろんそういった施設がある。

豆知識

1. 日本人の多くがお寺の檀家でありながら神社の氏子だということが多いため、神前での結婚式は普通のものとして受け入れられた。しかし一方で、仏前結婚式は一般には普及しなかった。
2. キリスト教の教会で行われる結婚式は、本来はキリスト教徒でなければできないものであるため、一般人の結婚式を断っている教会も多い。ホテルや結婚式場での式は、「キリスト教風」といえるだろう。

279 人物／小林秀雄

近代批評の分野を確立し、「現代日本最高の思索家」ともいわれる文芸評論家、小林秀雄（1902〜1983）は、東京・神田に生まれた。白金の恵まれた環境に育ち、大学に入ると酒を飲んで仲間と議論を交わす日々。自殺まで考える苦しい恋愛も経験し、文壇デビューを果たした。妹の高見澤潤子（1904〜2004）が残した著作には、「批評の神様」となる前の人間臭い顔が垣間見える。

妹の高見澤が書いた『兄小林秀雄』によると、兄は子供の頃から蓄音機によくモーツァルトの歌劇などのレコードをかけて聴いていた。父豊造が芝・白金に新築した家は８間もある広い家で、お手伝いさんもいた。秋になると、家族で両国国技館に菊人形展を見に行き、浅草で昼ごはんを食べて、映画を見て帰るのが楽しみだったという。兄は東京府立一中に入ってからはマンドリンや野球にも凝っていた。だが、受験に失敗して１浪し、再び一高の入試を迎えていた19歳のとき、父親が病気で急逝。白金の家も手放すことになる。父親は東京高等工業学校（現・東京工業大学）を出て、ベルギーでダイヤモンド加工技術を習得、日本に研磨機を持ち込んで会社を立ち上げた男だった。

22歳で東京帝国大学仏文科に入学した秀雄は、フランスの詩人ランボーに傾倒した。家族と暮らす高円寺馬橋の借家に文学仲間を連れ込み、酒を飲んで熱く議論する日々。仲間の一人だった詩人、中原中也（1907〜1937）の愛人と同棲を始めたことで、苦悩の日々が始まる。新居は高円寺駅の反対側の線路際、３間ほどの借家だった。愛人が神経症を発症すると、療養のため鎌倉、逗子と引っ越しを重ねる。東中野の谷戸に戻ると、後に妹と結婚する漫画家、田河水泡（1899〜1989）（「田河水泡」320ページ参照）も暮らす文化住宅のうちの１軒に落ち着いた。しかし、愛人との関係はすでに破たんしており、大学を卒業した1928年の５月、ついに大阪へと逃げ出す。

翌年１月、北区田端の２階家で暮らし始めた。画家の小杉未醒（1881〜1964）ら芸術家や文化人が多く集まるこの街で、秀雄は文壇を駆け上がっていった。この年、『様々なる意匠』が雑誌『改造』の懸賞評論２席に入選してデビュー。雑誌『文学界』の同人となる。1930年には雑誌『文藝春秋』に文芸時評の連載を始め、10月には最初の単行本『地獄の季節』を出す。この街で過ごした３年間で、秀雄は批評家としての地位を確立していった。職人気質だった父親に似て、秀雄はよく「文士は文をつくる一種の職人だ」と語っていた。慎重に言葉を選び、表現を磨いているうちに、原稿の枚数がみるみる減っていくことがあったという。40歳を過ぎた頃からは古美術に夢中になり、土器、陶器、富岡鉄斎へと審美眼の対象も変えていった。晩年に日本文学大賞を受賞した『本居宣長』（1977年）が、頂点をなす作品とされる。

豆知識

1. 母親が死んだ1946年のお盆の頃、秀雄は国電の水道橋駅で酔っぱらってホームから足を踏み外し、一升瓶を抱えたまま駅の外側に転落したことがある。打撲傷と肋骨にひびが入っただけで済み、「おっかさんが守ってくれたんだと思う」と後に語っている。
2. 作家の大岡昇平が18歳の頃、家庭教師を務めたのが秀雄だった。夕食が出ると決まって正座してこうべを垂れ、丁重な礼をしてから箸を取る。折り目正しい態度に大岡は驚いたという。

280 まち／狛江市

全国の市の中で２番目に面積が小さい狛江市は、「狛江百塚」と呼ばれる都内有数の古墳の密集地を有し、マンションや住宅地の間にも古墳が点在する。諸説あるものの、古墳の多さや地名の由来には、渡来人や大陸の文化が早くに伝播した可能性がうかがえる。また、古くから水と緑が豊かな環境であったと考えられている。

住宅街に残る経塚古墳

狛江市は東京23区の西側に位置し、世田谷区と隣接する。さらに、市の南端を流れる多摩川を隔てて神奈川県川崎市と接している。市内を二分するように小田急小田原線が横断し、狛江駅と和泉多摩川駅が狛江市に含まれる。狛江駅を最寄りとする狛江市役所を中心とすると、半径約２kmの円内に市域は収まり、東京都の市でもっとも小さく、全国的にも埼玉県蕨市に次いで２番目に小さい。

狛江駅北口の開発工事にともなう発掘調査では、床面に石を敷き詰めた「敷石住居」という縄文時代の住居跡が発見されており、早くから人々が生活したことがわかっている。市内には古墳が点在し、市南部には約70基の古墳があったとされ「狛江百塚」と呼ばれる。現在でも、そのうち13基の古墳が確認できる。古墳は狛江駅周辺に数多く残っており、亀塚古墳（狛江市元和泉）の発掘調査では、銅鏡「神人歌舞画像鏡」が出土し、東京国立博物館に所蔵されている。また、マンションに挟まれた経塚古墳（狛江市中和泉）も一部が現存している。

狛江市域に古墳築造が伝わった理由については定かではないが、渡来人が関わっていたともいわれる。「狛江」の由来には諸説あるものの、朝鮮半島から渡来した「高麗の人が住む入り江」から「狛江」になったという説などが伝わる。古墳築造の文化は、畿内から北武蔵を経由して南武蔵へ伝播し、多摩川を経て広まったものと考えられている。

現在の市域は、江戸時代の和泉村・猪方村・岩戸村・覚東村・小足立村・駒井村の６村にほぼ一致し、1609年に開削された灌漑用水路である六郷用水・野川・弁財天池から流れる清水川等が重要な水源だった。和泉村は複雑な支配となり、彦根藩（滋賀県東部）の井伊家、旗本の石谷家・松下家の３家が分割した。

明治時代に入ると市域は神奈川県の所管となる。1878年の郡区町村編制法によって「神奈川県北多摩郡」に属し（後に北多摩郡は東京府へ移管）、1889年の町村制の施行によって、狛江市域の６村が合併し、狛江市の前身となる「狛江村」が誕生した。狛江村は畑地の多い農村であり、米や麦などの栽培や養蚕、多摩川での漁業を副業としていた。

昭和時代の1927年、市域に小田急線が開通する。太平洋戦争では空襲の被害を受けたが、戦後の高度経済成長期を経て郊外の住宅都市へと発展した。1952年に「狛江町」、1970年に「狛江市」が誕生し、現在に至る。

豆知識

1. 狛江市と隣接する調布市の晃華学園の構内には「狛江入道の碑」が立つ。鎌倉時代の歴史書『吾妻鏡』によると、狛江入道は1208年に50余人の悪党を率いて武蔵国威光寺の寺領に乱入し、訴えられたという記録がある。

281 歴史 ／ 基地の建設

東京周辺には米軍基地の返還用地が多い。もともとは立川の飛行場や埼玉県の所沢にある陸軍の飛行場など、軍事における航空機の重要性が高まる中で多くの飛行場が各地につくられ、戦後になって米軍に接収された。いまなお福生（ふっさ）市の横田や神奈川県の座間・厚木に米軍の飛行場があるものの、返還された土地は公園や公共施設などの用地として再開発されている。

横田基地

日本陸軍には軍用気球を使用した「気球隊」という部隊があった。この部隊は日露戦争で活躍し、気球を利用した情報収集作戦の重要性が認められた。陸軍気球隊は、所沢を根拠地にした。

陸軍は海軍とともに1909年に臨時軍用気球研究会を設立し、気球とあわせて航空機の研究を行うことにした。アメリカでライト兄弟が1903年に発明した飛行機は、1914年からの第一次世界大戦でさかんに使用されるようになり、日本の陸海軍もその様子を知る。また1919年には飛行機や飛行船による旅客運行も欧州では始まっている。そんな中で飛行機をどう戦争に活用していくかは、軍事上の重要な課題であった。

1910年には所沢に飛行場を設けることが決まり、翌11年に日本初の航空機専用飛行場が埼玉県入間郡所沢町（現・埼玉県所沢市）に完成した。1916年には敷地を拡張、1920年には所沢陸軍飛行学校が開設された。

そんな中で戦時に東京をどう守るかが検討され、帝都防衛構想が打ち立てられた。その中心として1922年に開設されたのが、立川飛行場である。現在の立川駅北側の広大な土地につくられた。この地には軍用機工場が多く集まるため、1945年４月の立川空襲で大きな被害を受けた。また付属施設として1940年に多摩陸軍飛行場がつくられた。

1945年に敗戦となると、これらの基地は米軍に接収される。日本がサンフランシスコ平和条約を経て国際社会に復帰しても、米軍は日本に残り続け、基地返還運動が高まっていく。

所沢の地は1978年に所沢航空記念公園となり、一部は在日米軍の所沢通信基地となった。立川の飛行場は米軍の立川基地となったのち、1971年から陸上自衛隊の基地にもなる。だが住民の反発は強く、1977年に全面返還された。この地は立川広域防災基地や、国営昭和記念公園となる一方、ららぽーと立川立飛（たちひ）などの商業施設の開発も行われている。いっぽう、横田基地はいまなお返還されることはなく、米軍の基地であり続けている。

豆知識

1. 立川基地の返還運動の中で、砂川訴訟は重要な位置を占めている。基地内に侵入したデモ隊が行政協定違反で起訴された。一審は無罪となったが跳躍上告で差し戻しとなった。最高裁は統治行為論を採用し判断を避けた。
2. 返還されなかった横田基地は、関東から甲信越にわたる大きな空域を管理しており、その中には日本の民間航空機は入ることができない。そのため、国内航空の路線はその空域を迂回している。

282 自然 ／ ユリカモメ

「ゆりかもめ」といえば、新橋と臨海副都心を結ぶ交通機関の愛称を思い浮かべるだろうか。実はこの愛称、冬になると日本にやってくるカモメ類の大多数を占め、東京の沿岸部でもよく見かける「ユリカモメ」に由来するのだ。また日本の古典文学に登場する都鳥（みやこどり）は、このユリカモメであるとする説が有力とされている。江戸時代には隅田川の名物となり、1965年には東京都の鳥として、一般投票により選定されている。

ユリカモメ

ユリカモメの冬羽は、光るような白色をしており、くちばしと足の赤色が鮮やかな美しい鳥である。その清潔感のある外見から、和名のユリカモメは白百合の「ユリ」をイメージしたものという説もある。しかし春先の夏羽になると頭が黒くなり、英名ではBlack-headed Gull（頭の黒いカモメ）と呼ばれる。

海岸や河口で群れをつくって越冬期を過ごすが、日中は川をさかのぼって内陸に姿を見せることも多い。しかし夕方になると再び川を下って海に戻る。雑食性で、基本的には魚や甲殻類を捕食するが、昆虫類、死肉、果実、ゴミなど様々なものを食べるため、人からのエサやりにも慣れる。

日本の古典文学に登場する「都鳥」は、このユリカモメであるという説が一般的である。有力な根拠には、『伊勢物語』の東下りの一節に出てくる、在原業平（ありわらのなりひら）（825～880）が詠んだ次の歌がある。

名にし負はばいざこと問はむ都鳥わが思ふ人は在りやなしやと

この歌が詠まれたのは、京の都から遠く離れた東の国に旅していた一行が、今の隅田川にさしかかり、渡し船に乗ろうとしたときのもので、次のような記載がある。

「…ちょうどそんな折に、真っ白な体に赤いくちばしと脚をもつ、シギくらいの大きさの鳥が、水の上を泳ぎながら魚を食べている。都では見かけない鳥なので、誰も知らない。そこで船頭さんにたずねてみると、都鳥ということだった」この船頭の返事を聞いて、男が京都にいる女性を恋い慕って詠んだ歌である。

この都鳥についての「白い体、赤いくちばしと脚」という描写は、ユリカモメの特徴と一致する。また今日では、別にミヤコドリ（ミヤコドリ科）の鳥がいるが、頭から背、翼まで黒く、生息環境も海岸の磯や干潟などで見られる冬鳥であり、渡来する数は少ない。都鳥が「水の上を泳ぎながら魚をとらえる」といった描写からも、『伊勢物語』に登場する都鳥は、ユリカモメであると考えられる。

東京では上野不忍池や多摩川、江戸川、北区のJR王子駅近くを流れる石神井川の紅葉橋付近、新宿区の西早稲田の神田川などでも、たくさんのユリカモメが集まってくるのが見られる。また海が荒れた日には、皇居のお濠や水元（みずもと）公園（東京都葛飾区）、河川敷などにユリカモメの大群が飛来することがある。

豆知識

1.『伊勢物語』では「都では見かけない鳥」とされているが、当時の京都に生息していなかったかどうかは定かでない。現在の京都では1974年1月に初めて鴨川に姿を見せ、その数は年々数を増し、今では京都の冬の風物詩となっている。

283 物語 ／『サザエさん』長谷川町子

日本人なら知らない人はいないであろう漫画『サザエさん』。長谷川町子（1920〜1992）が終戦の翌年、1946年から連載しはじめ、1969年からはテレビアニメとしての放送もスタートした。50年以上経った現在でも放送が続いている。そんなサザエさん一家が住むのは「東京都世田谷区桜新町あさひが丘３丁目」とされている。

桜新町駅前に立つサザエさん一家の銅像

“あさひが丘”というのは架空のようだが、東京都世田谷区桜新町は実在する場所であることはご存じの通り。第二次世界大戦中、九州の福岡に疎開していた長谷川町子が終戦後、東京に戻って住んだのがこの町だ。東急電鉄田園都市線に「桜新町」という駅もある。ここには、現在、「長谷川町子美術館」があり、作者の姉・毬子さんとともに生前に集めた美術品や漫画の原画、磯野家の間取りのミニチュアなどが展示されている。長谷川は、住む町のそのままを漫画に描いたようで、磯野家御用達の酒屋「三河屋」は、コンビニに転身しつつも、ごく最近まで実在していたようだ。

そんな東京に住む普通の人々、戦後の３世代同居の家族を描いた『サザエさん』は、東京で生まれたと思っている人が多いのではないだろうか。実は、そうではなく、スタートは、作者が疎開で住んだ福岡だ（ちなみに長谷川が漫画家デビューしたのは戦前の東京だが、子ども時代に住んだ故郷は福岡で、14歳の頃に一家で東京に引っ越していた）。1946年４月22日から福岡の地方新聞「夕刊フクニチ」での連載がスタートした。長谷川が福岡の浜辺を散歩していたときに、登場人物を海にまつわる名前にする漫画を描こうと思いついたのだという。その頃の物語の舞台は博多で、サザエはまだ独身。長谷川が東京に戻ると同時に、物語の舞台も東京に移り、やがて掲載される媒体も「新夕刊」、「朝日新聞」へと移っていった。

ところで、３世代同居といっても、サザエが嫁に行って舅・姑と暮らすわけではなく、波平とフネの娘であるサザエと結婚したマスオが、妻の家族と同居する形の３世代だ。そこには、サザエの弟・カツオと妹・ワカメもおり、そして、サザエとマスオの子どもであるタラちゃんも加わってくる。同居しているがサザエとマスオ、タラちゃんの名字は「フグタ」で、「磯野」ではなく、サザエは嫁入りして戸籍も別になっているわけだが、自分の両親と同居している。一家に様々なタイプの登場人物がいることで、それぞれの友人知人も加わり、多様な話が展開する骨組みになっている。

豆知識

1. 「サザエとマスオはどこで知り合い、結婚することになったのだろう？」という疑問に、「福岡の岩田屋デパート食堂」という予想をしているのは、東京サザエさん学会編の『磯野家の謎』（飛鳥新社）だ。漫画のなかでは、波平の会社の友人の世話で、デパートの食堂で見合いをしたとなっている。その見合いの最中に、福岡の友人イカちゃんに会う描写があることから、舞台は福岡市内にあるデパートと予想されている。1946〜1947年頃に福岡で食堂のあるデパートは「玉屋」「井筒屋」「岩田屋」だが、作家・檀一雄とその妻・リツ子との見合いの場として当時話題になった「岩田屋」ではないかとしている。

284 商業と娯楽 ／ 東京の動物園

東京の動物園と聞いて、日本じゅうの人が真っ先に思い浮かべるのは上野動物園だろう。そして、上野動物園といえばパンダ。上野駅を降りただけでも、パンダに関わるグッズや食べ物など、様々なお土産品が溢（あふ）れるように売られている。だが、上野動物園はパンダだけではない。そして、東京の動物園は上野だけではない。

多摩動物公園

東京には３つの動物園がある。明治から続く上野動物園（1882年開園）、井の頭自然文化園（1942年開園）に多摩動物公園（1958年開園）だ。井の頭自然文化園は、NHKの大河ドラマでも話題の渋沢栄一が、皇室の御殿山（ごてんやま）御料地の一角を借り矯正施設を建てたことが始まりで、後に井の頭恩賜公園となり、その一部に井の頭小動物園として開園した。コンセプトは日本に生息する動物たちと、親しみやすい外国の動物で、親子連れに人気の場所だ。園内に小さなメリーゴーランド、ティーカップなどの穏やかな遊戯施設が併存するのも心が安らぐ。

多摩動物公園は広い柵内で動物たちが自由に動ける施設として開園した。北海道の旭山（あさひやま）動物園など、近年増えた先端の動物行動学に基づく飼育・展示の先駆けだ。そのため園内を回るには、それなりに歩かなければならないので、ピクニックがてら出かけると良いかもしれない。また昆虫生態園があって蝶（ちょう）や昆虫に接することができるのも楽しみの一つといえる。

そして、上野動物園。ここは冒頭に書いたようにパンダがあまりにも有名なので、パンダを観るための動物園だと思いがちかもしれない。だが、パンダが中国からやってくる前を振り返ると、戦後の復興期には懸垂型のモノレール（レールに車両がぶら下がった形式のもの）が施設され、お猿が運転するトロッコのような「お猿電車」を求めて入園する親子で溢れていたという記録がある。

近年お花見の時期には入場制限が行われるほど、入園者数がうなぎ登りに増えているが、一度園内に入ると新たな発見も多い。カバが本当に赤い汗をかくのを間近に観られるのもそうした楽しみのひとつだ。そして特筆すべきは、世界３大珍獣の３種全部がいることだ。ひとつはパンダで、他の２種もいるのだ。オカピとコビトカバである。

豆知識

1. 上野動物園には東京芸術大学が隣接している。驚くことに、勉学（写生など）のために通用口があり、学生や教職員はいつでも無料で園内に入ることができる。
2. 多摩動物公園には珍しい昆虫、蝶（ちょう）の大温室もある。昆虫の生態が手に取るようにわかる展示が嬉しい。
3. 井の頭恩賜公園内の動物園は２つに分かれている。本園は道路を挟んで西側。水生物園は公園内の池の西の畔（ほとり）にある。

285 暮らしと文化 ／ 野球の流行

日本における野球は、東京の高等教育に始まった。やがて大学野球が流行し、野球の人気は東京から全国へと広まった。特に早慶戦を中心とする東京六大学野球の人気は過熱し、日本において野球は一躍メジャーな競技となった。中等教育でも野球が広まる一方、プロ野球も東京で生まれ、全国各地へと広がっていく。

世界各国で、野球がさかんに行われている国というのは実は少なく、スポーツにおいて、アメリカの影響を受けている国が中心となっている。日本においては明治維新後、諸外国と関係を結んでいく中で、日米関係が大きな役割を占め、スポーツもアメリカの影響を大いに受けた。その顕著な例が、野球である。

初期の野球は、高等教育関係者を中心に広がっていく。日本に野球を伝えたのは、第一大学区第一番中学校（のちの旧制一高）で英語教師を務めた、ホーレス・ウィルソン（1843～1927）である。1872年のことだった。翌年には第一番中学校改め開成学校に運動施設ができ、試合も行われた。「新橋アスレチック倶楽部」という社会人チームが1878年にでき、駒場農学校（現在の東大農学部）や東京英和学校（現在の青山学院大学）、工部大学校（現在の東大工学部）などに野球部ができた。

1888年には慶應（けいおう）義塾が野球部を創部、1901年には東京専門学校（現・早稲田大学）にも野球部ができた。そして1903年、第１回早慶戦が行われる。これが現在の東京六大学リーグの源流になる。早稲田が慶應に「挑戦状」を送り、慶應がそれに応じる。このときの早慶戦は慶應の勝ちとなった。しかし、早稲田の善戦により翌年からも定期戦を行うようになる。しかし両校の応援合戦が過熱し、大きな騒動に発展しかねないほどの事態となったため、第３回早慶戦は行われず、一時中断する。

1914年に明治大学野球部も加わり、早慶明の３大学でリーグを行うも、早慶戦は再開されなかった。法政大学、立教大学、東京帝国大学に野球部が創設され、次々にリーグに参加する。東京六大学野球連盟が1925年に発足し、あわせて早慶戦も復活した。この頃、中等学校でも野球が普及し、1915年には全国中等学校優勝野球大会（現在の「夏の甲子園」）が始まった。

そのような野球人気が高まる中でプロ野球も誕生した。1920年代に２球団ができるものの解散、1934年には大日本東京野球倶楽部（現在の読売ジャイアンツ）が創設され、各地にプロ野球が広まり、中等・高等教育の野球部で活躍した選手が入団していった。

豆知識

1. 野球の人気が高まると、1911年に「野球と其（その）害毒」というキャンペーンが『東京朝日新聞』で行われた。それほど野球熱は高かった。
2. 早慶戦で「早稲田大学校歌」が歌われると、慶應は「若き血」を1927年に応援歌にした。対抗して早稲田の「紺碧（こんぺき）の空」が1931年に登場した。

286 人物／吉野源三郎

東京・銀座のデパート屋上から街を見下ろすコペル少年と叔父さん。人間はこの広い世の中の一分子なのかも、と少年は考える――。2017年に出版された『漫画　君たちはどう生きるか』の印象的な場面だ。戦前の名著を80年ぶりに漫画化し、200万部を超すベストセラーとなった話題作。その原作を書いたのが、編集者で児童文学者の吉野源三郎（1899〜1981）だった。敗戦直後に総合雑誌『世界』を創刊し、反戦・平和の潮流を形づくった言論人だ。

『君たちはどう生きるか』（吉野源三郎、岩波書店）

東京に生まれ、第一高等学校から東京帝国大学に進み、哲学を学ぶ。満州事変が勃発した1931年、治安維持法違反の疑いで捕まり、1年半投獄された。親交のあった作家、山本有三（1887〜1974）が身元引受人になって釈放され、山本が手がけていた子ども向け教養書シリーズ『日本少国民文庫』の編集主任に抜擢される。軍国主義が高まり、戦争へと向かう時代にあって、ヒューマニズムが貫かれた文庫だった。『君たちはどう生きるか』も当初は山本が文庫の1巻として書く予定だったが、目の重い病気を患い、才能を評価していた吉野に任されたという。

1937年に出版された本作は、父親を3年前に亡くした中学2年の主人公「コペル君」が日常生活の様々な問題にぶつかり、近所に住む「叔父さん」と対話を重ねるなかで、生きることや社会について考えを深めていく物語だ。「社会の不正には勇気をもって立ち向かう」「大切なことは自分で納得できるまで考える」といった普遍的なテーマが盛り込まれ、時代を超えて長く読み継がれた。2017年にマガジンハウスが漫画家の羽賀翔一（1986〜）を起用して漫画版を出すと、原作を知らない若者にも広がり大ヒットとなった。

一方、仕事が評価された吉野は岩波書店に入社し、1938年の岩波新書創刊に携わった。敗戦直後の1945年12月には『世界』を創刊、初代編集長に就く。創業者・岩波茂雄（1881〜1946）の幅広い人脈を引き継ぎ、都留重人（1912〜2006）、丸山眞男（1914〜1996）、桑原武夫（1904〜1988）ら錚々たる顔ぶれの「岩波文化人」を束ね、内外の言論動向にも目を配って、長くオピニオンリーダーの役割を果たした。

自伝は残さなかったが、後輩で岩波書店元社長の山口昭男（1949〜）がメディアのインタビューで人となりを伝えている。「人間の運命にかかわる仕事をやっている」という信念を持った人物で、『世界』編集部に配属された山口に対し、常に枕元に鉛筆と紙を置き、夜中でも思いつくことがあればメモをして、「24時間ジャーナリストたれ」と求めた。原稿は推敲に推敲を重ねるタイプで、要求レベルも非常に高く、やっとできた試し刷り原稿を本人に返すと、また直して真っ赤になって戻ってきたという。

豆知識

1. 吉野が活躍していた時代は岩波書店の全盛期。「金ボタンの秀才の雑誌だ」と冷やかしていた文藝春秋の池島信平とも吉野はウマが合い、2人で相談して「編集長を1カ月交代しよう」という話もしていたが、実現にはいたらなかった。
2. 岩波書店で吉野の兄貴分にあたる小林勇元会長は吉野のことを「説教院殿国際情勢憂慮大居士」と冷やかしていたという。

287 まち ／ 東大和市

村山貯水池が広がる東大和市は、6つの村が「大いに和して一つになる」という願いを込めて生まれた「大和村」に由来し、「東京に位置する」という意味も加えられた。2021年7月に改修工事を終えた旧日立航空機株式会社変電所の建物には、無数の傷跡が残り、太平洋戦争の歴史を物語っている。

村山貯水池

東大和市は東京都の中北部に位置し、接する埼玉県所沢市との境界は西武ドーム付近に延びる。市内北部には狭山丘陵を堰き止めた人造湖、村山貯水池（通称は多摩湖）が広がる。市の西部には多摩都市モノレール線が南北に通り、上北台駅・桜街道駅・玉川上水駅の３つの駅が市内にある。市域のほぼ南端には西武拝島線が東西に延び、東大和市駅が市内に含まれる。

1976年の早春、村山貯水池の水が抜かれたのを機に多摩湖遺跡群の発掘調査が行われ、約２万年前の石器が発見されたものの、古代から中世にかけては、遺跡や記録があまり残っていないため、江戸時代になってようやく歴史が見えてくる。

江戸幕府が開かれると、江戸城を築城するため、現在の青梅市域で採れた白土（石灰）を運ぶための青梅街道が市域の近くを通るようになった。すると江戸との交通が活発となり、炭や薪を江戸に運ぶ馬が飼われた。また、御三家のひとつ、尾張（愛知県西部）徳川家が鷹狩りを行う「御鷹場」になる。各村の基礎が形成されたのもこの頃からで、複雑な領地の変遷を繰り返しながら幕末を迎えた。

「東大和」の名称は、大正時代の1919年11月の村制施行時に、芋窪・蔵敷・奈良橋・高木・狭山・清水の６村が「大いに和して一つになる」という意味を込めて「大和村」と称したのが始まりだ。昭和時代の1954年５月３日、町制を施行して「大和町」となり、さらに1970年10月１日の市制施行のときに、「東京の大和市」として「東大和市」が誕生した。

2021年７月、市内に現存する旧日立航空機株式会社変電所（現・東大和市桜が丘）が約１年間の改修工事を終えた。表面に残る無数の穴は、太平洋戦争時の機銃掃射や爆弾の破片によるクレーター状の穴であるが、鉄筋コンクリート製の建物本体は、致命的な損傷を受けなかった。市域には、戦闘機のエンジンなどを製造する大きな軍需工場が建設されたため、太平洋戦争では爆撃の対象となり、数回にわたる空襲で壊滅的な被害を受けている。旧日立航空機株式会社変電所は、外壁や内部の一部に戦争の痕跡を残しながら、主要な設備機器を更新し、工場へ電気を送り続けてきた。

豆知識

1. 東大和市の南東端にある玉川上水駅の所在地は、多摩都市モノレールが「東大和市桜が丘」、西武鉄道は「立川市幸町」である。
2. 村山貯水池は「アースダム」形式の貯水池である。アースダムは粘土や土を材料として盛り立てて造る古くからある形式で、あまり高さのあるダムには向かないが、軟弱な地盤にも造ることができる。

288 歴史／幻の東京万博

1930年頃、10年後にせまった「皇紀二千六百年」を祝し、東京では様々な催しものが開かれようとしていた。その中のひとつに、万国博覧会がある。東京の晴海（中央区）や豊洲（江東区）を中心として1940年に開催される計画があったものの、日中戦争の激化による国際関係の悪化で中止になった。その後日本で万博が開かれたのは、1970年の大阪万博である。

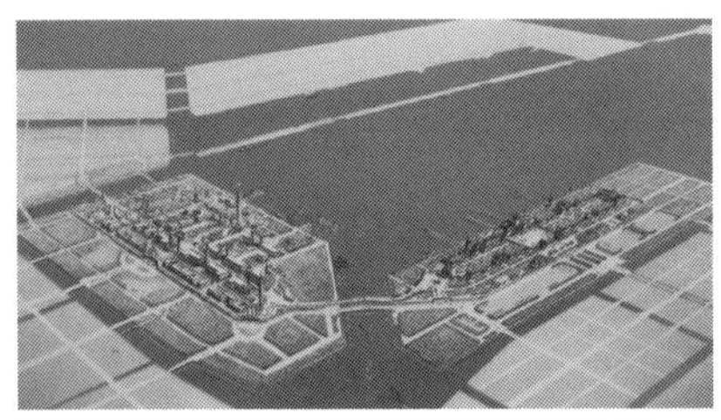
東京会場鳥瞰図（「紀元二千六百年記念日本万国博覧会概要」より）

明治時代に勧業博覧会を行って以降、この国で博覧会への熱が冷めることはなかった。世界から様々なものを集め、万国博覧会を行おうという動きもまた、当然のようにわき上がった。

1929年には民間から万国博覧会を開催しようという建議があり、東京府知事・神奈川県知事、東京・横浜市長、商工会議所などが賛同した。1934年には「日本万国博覧会協会」が設立され、準備を開始した。

調整の結果、1940年の「皇紀（紀元）二千六百年」奉祝行事として行われることになった。初代天皇とされる神武（じんむ）天皇（生没年未詳）が即位した紀元前660年を始まりとしているのが皇紀である。

ただし、1940年の博覧会開催は、国際博覧会条約との兼ね合いが問題になった。条約上、テーマを限定しない一般博覧会は前回から２年経たないと開催できないという規定があり、1939年にニューヨーク市が開催を申請していた。パリにある博覧会の事務局に在仏の日本大使館が交渉し、「東西文化の融合」をテーマとした特殊博覧会として開催することを提案された。テーマや規模が限定的であるため、年限の規定がゆるやかだったのだ。

主な会場は、月島の沖合にある、晴海と豊洲の埋め立て地だった。東雲（しののめ）と台場公園も加わり、横浜の山下公園も会場予定地となった。晴海には日本風の建物を設け、豊洲には外国風の建物をつくる予定だった。テーマ曲は「日本万国博覧会行進曲」が準備された。1938年には委任統治領を含む70カ国に招請状が発出された。

一方、1937年からの日中戦争は激しさを増し、日本の国際的な立場が危うくなる一方、軍部の反対などがあり、万博中止論が高まっていった。1938年７月15日には万博延期が閣議決定された。その後、日本で万博が開かれたのは太平洋戦争後、高度経済成長の中で行われた1970年の大阪万博である。大阪万博では、中止前に販売されていた東京万博のチケットで入場が可能だった。

豆知識

1. 「皇紀二千六百年」を祝した行事として、万博のほかに東京オリンピックと札幌での冬季オリンピックも開かれる予定だったものの、中止になった。どちらも戦後行われた。
2. 1996年に臨海副都心で世界都市博覧会を行う計画があったものの、バブル崩壊で景気が悪い中、青島幸男（あおしまゆきお）(1932～2006)が都市博中止を公約に掲げ当選、実際に中止になった。
3. 2025年には、大阪・夢洲（ゆめしま）で「いのち輝く未来社会のデザイン」をテーマに大阪・関西万博の開催が予定されている(2021年時点)。

289 自然／ハシブトガラス

カラスといえば、「都会の嫌われ者」である。その黒いボディと鳴き声が不吉なうわさを呼び、航空機への激突や送電線停電事故をしばしば引き起こしている。しかも頭がよくて、人を襲うこともしばしばあるという。そして人間のゴミを漁（あさ）って散らかすことが問題となり、東京都では2001年からカラスのトラップ駆除を行っている。

日本で確認されている７種類のカラスのうち、一般的によくみられるのがハシブトガラスとハシボソガラスの２種類である。その名の通り、ハシボソよりハシブトの方が大きなくちばしを持ち、身体も大きめである。よく似ているが、都会でゴミを漁っているのは、ほとんどがハシブトガラスである。

実は東京都のカラスの99.9％がハシブトガラスであり、圧倒的な勢力を誇っている。ほかの日本の都市では、東京ほど極端な例はなく、ハシブトとハシボソが入り混じっているのが一般的である。しかもハシブトとハシボソの縄張りが交互に並んでいるケースも珍しくないという。

ハシブトガラスは、その英名ジャングル・クロウからわかるように、本来は森や山間部の鳥であり、見晴らしのよい場所を好む。世界的にみても都市部でみかける鳥ではなく、それほど数も多くないので、ハシブトガラスに愛される大都会東京は特別だといえよう。

その理由は、まず都市部の豊富なエサ、つまりゴミの量が多いことだ。ハシブトガラスは食べ残しを漁るスカベンジャー（掃除屋）でもある。人間の食べ残しであるゴミが多く排出される都市部は、ハシブトガラスにとってエサの多い環境なのである。しかも中身を確認しやすい透明の袋に入れて、東京では朝早くに一カ所に集めてくれるのだから、カラスにとってこんなに楽な採食場所はない。またハシブトガラスは脂などの高カロリーの食材を好み、まさに現代の日本人の食生活と同じ傾向を持つ。当然、好みのエサが増加していると考えられる。

都会の高層ビル街も、ハシブトガラスにとっては見晴らしのよい止まり木が豊富にあることになる。また人には癒やしとなっている街路樹も、実はカラスの巣をつくる絶好ポイントだ。

そして東京がハシブトガラスにとって特別な理由は、飛行可能な範囲に羽根を休める場所として、明治神宮などのいくつかの広大な森があることも大きい。東京は意外にも緑が多く、23区内に50ha（東京ドーム約11個分以上）ある緑地が10カ所以上もあるのだ。ハシブトガラスはエサをとっている時間以外は、公園や墓地など樹木の多い場所にいる。都市環境に適応したといっても、本来は森のカラスであるので、木がないと生きられないのである。ハシブトガラスに愛される東京は、エサが豊富で生活環境が整った、緑豊かな街なのである。

豆知識

1. 江戸時代中期には、人口密集地帯の江戸下町ですでにハシブトガラスが優勢だったという。1655年には永代島（えいたいじま）にゴミを埋め立てる際、船着き場にゴミを仮置きしたことが、ハシブトガラスが集まる要因になったと考えられる。
2. カラスには食べきれない食料を蓄える貯食行動がある。朝のゴミ収集の時間しかエサは採れないので、東京のような都会では、ベランダの植木鉢の陰、ビルの看板の裏など、容易に見つからない秘密のポイントに食べ物を隠しているのだ。
3. カラスに愛される街・東京であるが、都会ならではの問題もある。それはカラスが街路樹に巣をつくった場合、地面がほとんど舗装されているため、ヒナが落ちたときにケガをしたり、車にひかれてしまうこともあるのだ。
4. 東京都によると、2010年度は約5100羽のカラスを捕獲し、累計捕獲数は約23万3000羽となった。都内約40カ所におけるカラスの合計生育数も2001年に比べて約70％減少し、苦情・相談件数も約90％減少した。

290 物語 ／『はいからさんが通る』大和和紀

大正時代の東京を舞台に、袴姿の似合うお転婆な女学生・花村紅緒を主人公に描いた大和和紀（1948〜）の人気漫画『はいからさんが通る』。漫画からテレビアニメや実写映画にもなったので、ご存じの方も多いだろう。当時、良家のお嬢様が夢中になったと思われる「浅草オペラ」を観劇する場面が描かれるなど、当時の東京の風俗を自然にうつしだしながら物語が進んでいく。

桜満開の道を「わあ……！」と言いながら、当時、乗る女性はまだあまりいなかった自転車にまたがり、「さくら……さくら……　あたり一面花ざかり……　かげろう　ゆらゆら　小石川　ハーフブーツにえび茶のはかま　頭のリボンもひらひらと　これできまりの女学生　わたくし　花の十七さい」と女学校に向かう主人公・花村紅緒。剣術には、そのあたりの男性以上に長けている彼女、だが当時の女学校では、まだ、裁縫や料理といった良妻賢母教育が主流だった。そんななかでも、学友との、平塚らいてうの「青鞜」を読むなどしながら自らを高めようとする会話や、男性に選ばれるのではなく、自らが男性を選ぶなど、人生を自ら切り拓いていこうとする姿が、コメディを交えた小気味良い調子で描かれる。

一時は、シベリアに出兵した婚約者が（おそらく）戦死したという報のなかで、出版社で働き始める紅緒。その凜とした姿勢は、男性以上の強さがみなぎっているようで、この作品のファンが多いことに深くうなずける。幸いなことに婚約者は生きていたのだが、その後も様々な紆余曲折を経て、さらに、もう一波乱の関東大震災も起こる。

だが、「大震災があったからこそ」という登場人物それぞれの思いの変化（それは、生き残った者だけが口にできることではあるが）、それによるその後の人生の選び方を読んでいると、2020年来世界を襲っているコロナ禍にも重なるものを感じる。特に登場人物の多くが、様々な生まれ育ちのしがらみを離れて、自らが本当に進みたい方向へ動く決心をする姿がまぶしく描かれる。

物語の最後は、様々な登場人物の笑顔とともに、「そして　きょうも　また　あしたも　どこの空にいようとも……　どんなに　はなれて　いようとも　結び合い……　愛し合い……　生きていく……　生きていく……　この東京の空の下……」と締めくくられている。

豆知識

1. 作品１巻で主人公と婚約者の伊集院少尉が鑑賞する「浅草オペラ」。漫画の中で「大正６年にはじまる」、「帝劇からはじまったオペラは浅草に根をおろし」とされている。帝劇というのは、1911年に皇居前に日本で初めての西洋型の劇場として開場した帝国劇場。当初は西洋の国立劇場のように劇場付きのオペラ歌手や俳優、ダンサーなどを抱える形だったが、それは短期間に終わってしまった。

291 商業と娯楽 ／ 東京の遊園地

日本最初の遊園地といえば、江戸末期、ペリー率いる黒船が来航したのと同じ年、1853年に開園した浅草の「花やしき」だ。実は、その名の通り、もともとは「花園」として誕生した。造園師である森田六三郎が牡丹と菊細工を主として開業したのだ。ここに、1872年頃から遊戯施設などが置かれるようになっていったのだ。

1907年頃の花やしきの観覧車

浅草の「花やしき」、今も様々な工夫を凝らしながら人々を楽しませているのは、ご存じだろう。牡丹と菊細工を主として開業したここに、明治5年頃から遊戯施設が置かれるとともに、珍鳥や猛獣を飼育し、「西洋あやつり大写真」や「山雀の芸」等で大評判になったといわれ、大正天皇もお忍びで楽しんだといわれている。

関東大震災や戦禍で閉館を余儀なくされるが、終戦から4年後の1949年に遊園地として再建された。その当初は、ビックリハウスや豆汽車、射的、鬼退治などが楽しめる、小さな規模で入園無料の施設だったそうだが、戦禍の後の人々の心を癒やしたことが想像できる。そして、1953年には日本最古のジェットコースター「ローラーコースター」を設置し、浅草名物となっていった。この「ローラーコースター」は、今も稼働していて乗ることができる。他にもスペースショットやディスク・オーなどのスリル系から、メリーゴーランドやスワンなどのほのぼの系まで多くのアトラクションがあり、最近では、2019年4月に「浅草花劇場」をオープン。季節ごとにショーやイベント、プロレス興行などを開催して人気を博している。

また、もうひとつ、東京の老舗遊園地として心に刻まれているのは「としまえん」だ。こちらは、1926年に一部開園し、翌1927年に全面開園した。当時の財界人・藤田好三郎氏が所有していた土地を、運動と園芸を広く奨励するために公開したのが始まりとされ、かつて、この地を治めていた豊島左近太夫景村の居城跡にあたることから「としまえん」と名付けられた。プールが初期から整備されたのは、その後、大規模なプールの数々（ナイアガラプールや流れるプール、波のプール等）を世に出してきたとしまえんの原点のひとつだろう。しかし、残念ながら、2020年8月31日に、94年の歴史にピリオドを打ち、惜しまれつつ閉園してしまった。

その他にも、絶叫マシンなどを中心とした施設ではない、小さな子どもたちも安心して楽しめる遊園地では、井の頭恩賜公園内のスポーツランドがある。かつては、やや小ぶりの観覧車があって、吉祥寺や三鷹の住宅地を観ながらのデートが楽しめるスポットだったが、いまはスカイバスケットが人気のようだ。メリーゴーランドやティーカップなどすべての乗り物が100円というから、とても良心的な値段といえる。

豆知識

1. としまえんの跡地は、ハリーポッターの体験型施設としてオープンするための工事が進められている（2021年現在）。
2. 東京ディズニーランドが東京都内ではなく千葉県にあるというのは、よく知られたところだろう。

292 暮らしと文化／自動車

自動車が最初に日本で走ったのは、東京・築地だったとされている。この頃には当然ながら国産車はなく、外国からの輸入車が中心だった。戦前期に国産自動車が製造されるも、軍用車が中心になっていく。戦後復興の中でモータリゼーションが進むと、ようやく一般の人も自由に自動車に乗ることができるようになった。

馬車から自動車へ――富裕層や身分の高い人が乗る乗り物は、明治時代後期に大きく変わった。1898年にフランス人技師が日本に自動車を持ち込み、築地から上野までの区間を実際に走らせた。1901年には初めて販売目的の自動車を輸入、自家用車所有者も現れる。

1904年には初めて国産乗用車もつくられた。この自動車は蒸気自動車だった。それまで、自動車は試験的な導入といった様相をみせていた。上流階級の人の趣味といえるようなものであり、しばらくは輸入車優位の時代が続く。明治の終わり頃には皇室や官公庁で自動車を使用するようになり、富裕層にも乗り物として広まっていった。運転手は憧れの職業であり、1907年には運転免許制度が登場、1910年には運転手養成所もつくられる。明治末期には日本初のタクシーが登場、大正に入ると御料車（天皇、皇族が利用する車）の使用が始まった。

自動車の優位性が強まっていったのは1923年の関東大震災である。路面電車などの既存の交通機関が機能不全となり、人力車なども走行が難しくなる中で、東京市はフォード社に自動車を発注、「円太郎(えんたろう)バス」として運行させるようになった。この状況を見てフォードとゼネラルモーターズは日本に進出する一方、国産車への取り組みも進んでいく。1931年の満州事変をきっかけに軍用自動車保護のため国産化を推し進めることになった。

太平洋戦争で自動車は軍用に統制され、敗戦後もGHQにより乗用車の製造は禁止されるなど自動車の統制は行われていたものの、航空機メーカーなどが自動車産業に転換し、経済が軍需から民需へと転換する中で自動車産業は復活していった。朝鮮戦争による特需で自動車メーカーの業績はよくなり、その中から現在の自動車メーカーの寡占(かせん)体制が進んでいった。

自動車価格が安くなる中で、一般の人も自動車に乗るようになり、また自動車の免許を取ることが当たり前の社会になっていった。こうしてモータリゼーションの世の中となり、東京の道路は自動車で混雑するようになっていった。暮らしは便利になった一方で、排気ガスや渋滞などの問題が多発した。

豆知識

1. 明治・大正期の外国車はアメリカのものが中心となっていった。アメリカのメーカーが日本に進出する際、日本に工場を設け、そこで製造するというしくみをつくった。
2. 戦前から続く日本の自動車の車名として「ダットサン」というものがある。日産自動車ができる前から、前身の快進社で使用されていたこの車名は、一時消えたものの新興国向けにいまでも使用されている。

293 人物/山川菊栄

戦前の男性優位の日本社会で、働く女性として、かつ社会主義者として、山川菊栄（1890〜1980）は明晰な評論活動を続けた。戦後は労働省（現・厚生労働省）婦人少年局の初代局長を務めた。「良妻賢母」教育に対する批判を持ち続け、家事と育児を社会化する必要を説いて、日本にフェミニズムの地平を切り開いたとされる。

「赤瀾会」のメンバーと山川菊栄（１番左）

東京・麹町に４人きょうだいの次女として生まれた。母方の祖父、曾祖父はともに水戸藩藩校・弘道館の教授を務めたという教育一家で、母も東京女子師範学校（現・お茶の水女子大学）卒、菊栄も東京府立第二高等女学校から女子英学塾（現・津田塾大学）に進む。その頃、東京の紡績工場で働く女工たちの貧しい姿をみて衝撃を受け、1915年から堺利彦（1871〜1933）、幸徳秋水（1871〜1911）、大杉栄（1885〜1923）ら社会主義者、無政府主義者による講演会に参加。翌年、社会主義理論家の山川均（1880〜1958）に出会い、結婚する。

世界初の社会主義革命が帝政ロシアを打倒した1917年、菊栄は重い肺結核を患いながらも出産。育児をしながら、ロシア革命の動向を心躍らせて注視し、精力的に活動を始める。論壇をにぎわわせたのは、1918年から雑誌『婦人公論』や『太陽』で展開された与謝野晶子（1878〜1942）、平塚らいてう（1886〜1971）との「母性保護論争」だ。女性が経済的独立を果たすためには、産前産後の休業や残業制限などの母性保護を受けるべきではないとする与謝野に対し、女性は母となることで社会的存在になると主張する平塚は、国から補助を受けることは当然だと反論。これに対し菊栄は、どちらの理も一部認めつつ、労働問題のより根本的な原因である資本主義社会の変革を強く訴えた。

一方、平塚や市川房江（1893〜1981）らが1919年に設立した日本初の女性団体「新婦人協会」に対しては、ブルジョワ婦人運動と位置付けて厳しく批判。女性の社会主義者団体「赤瀾会」を1921年に結成した。夫の均がモスクワ一辺倒だった共産党と一線を画し、純正左翼を標榜して1927年に月刊『労農』を創刊すると、これに同調。しかし言論統制が厳しくなるなか、運動の一線からは退いていった。

戦後はGHQの占領下、1947年の社会党首班内閣のとき労働省婦人少年局長に迎えられると、あらゆる政府統計調査を男女別に取るよう関係機関に初めて要請した。その後も日本の高齢化社会についていち早く指摘し、北欧の福祉政策を紹介。家庭も仕事も、男女ともに義務と権利が同様に与えられているとする姿勢は、生涯変わらなかった。

豆知識

1. 均は1916年２月に菊栄と出会ったとき、すでに３度投獄され、１度結婚して前妻とは死別していた。マルクス主義女性解放論に関する著作を出した均と理論家の菊栄はウマがあったのか９月に婚約、11月に挙式という「スピード結婚」だった。
2. 1928年２月に発表された『資本主義の社会と性的犯罪』のなかで、菊栄は女性への「悪戯」や「侮蔑的嘲弄的言辞」について、程度の差こそあれ「『暴行』と共通の性質を持っている」と指摘。１世紀近くも前の日本で、セクハラを性暴力と同じとする見方を示していた。

294 まち／清瀬市

清瀬市には医療や看護、福祉関係の施設が数多くある。例えば「日本BCG研究所」は結核予防のBCGワクチンを製造し、世界各国に送り続けてきた。日本武尊が休息をとったという伝説に由来する地名が、市名の決定に影響を与えたとされている。

清瀬市は東京都の中北部、埼玉県の新座市と所沢市の間に突き出して広がり、拳を握った手の親指を立てたような独特の形をしている。市の北部にはJR武蔵野線が、南部には西武池袋線が東西に走り、市内唯一の駅である清瀬駅が市内南東端近くに位置する。

「清瀬」という名の由来には諸説あるなかで、旧上清戸村・中清戸村・下清戸村にみられる清戸の「清」と、市域を流れる柳瀬川の「瀬」を合わせたものだとされている。「清戸」の歴史をたどると、日本武尊が東国へ遠征した途中、現在の日枝神社（清瀬市中清戸）境内にあったヒイラギの老木の根元で休息をとり、「清き土なり」といったという伝説から「清土」と呼ばれるようになり、いつしか「清戸」に転じたとされている。

明治時代の1889年、神奈川県北多摩郡の一村として「清瀬村」が誕生し、1893年に所管が神奈川県から東京府に移った。戦後の1954年に「清瀬町」となり、1970年には「清瀬市」が誕生する。

昭和時代の1931年、現在の清瀬駅の南側に東京府立清瀬病院が開院し、周辺には結核療養所が数多く造られた。清瀬中央公園（清瀬市梅園）には、「ここに清瀬病院ありき」の石碑が立っている。当時、日本中で蔓延していた結核は「亡国病」として恐れられ、結核療養所の開設は社会の重要な課題であった。清瀬では満床時に5000人もの患者が療養生活を送ったとされる。現在、市内には日本社会事業大学や明治薬科大学、国立看護大学校など、福祉・看護関係の大学や教育機関が多い。また、市内にある日本BCG研究所は、「日本ビーシージー製造株式会社」として1952年に創立され、「はんこ注射」として知られる結核予防のワクチンを約100カ国（5000万人分）に毎年送っている。

清瀬市の「市の木」に選定されているけやきは、清瀬市郷土博物館や清瀬市役所、清瀬駅を通る「けやき通り」に立ち並び、さらに彫刻のある街づくりとして「キヨセケヤキロードギャラリー」が整備されている。キヨセケヤキロードギャラリーに設置されている彫刻の一つは、清瀬市の名誉市民である彫刻家、澄川喜一氏の作品だ。清瀬市内で長年暮らす澄川氏は、東京芸術大学学長などを歴任し、2008年には文化功労者に選出されている。東京スカイツリーのデザインを監修したことでも注目を浴びた。

豆知識

1. 清瀬病院で療養した作家も多く、例えば吉行淳之介（1924～1994）は、清瀬病院で療養中に『驟雨』で第31回芥川賞を受賞した。
2. 清瀬市は東京都有数のニンジンの産地として知られ、ニンジンを使ったジャムや焼酎などの開発にも力を入れている。また、清瀬商工会のキャラクターとして、ニンジンをモチーフにした「ニンニンくん」が活動している。

295 歴史／東京都の誕生

東京市は東京府の中で市域を拡大していく中で、東京市と府内その他の地域で大きな格差があり、府内を一元的に見ていくことが行政に求められた。太平洋戦争が拡大していく中で、戦時における都市のあり方が問われ、帝国議会に「東京都制案」が提出される。それによりついに、「東京都」が誕生した。

関東大震災ののち、東京圏では郊外に住み、都心に通うというライフスタイルが普及し、東京市政の届かない隣接町村で人々が暮らすことがあたりまえになっていった。そんな中で東京市は市の区域を拡大していき、1932年には「大東京市」と呼べるような状況になった（「大東京市」266ページ参照）。

これにより、東京府内での東京市の人口はその93％、府税額はその96％となり、府内での東京市の存在は異様なまでに大きくなっていった。そんな中で市と府の業務分掌が不明確になり、「二重行政」ということが指摘された。その状況を打開しようとしたのが都制案である。関東大震災が起きた1923年にはすでに構想されていたものの、二重行政への非難の高まりを機に都制への議論が活発になり、1933年には政府から「東京都制案」が提出された。府を都にし、首長は官僚から選出、都議会の権限は府会に準ずるとするものだった。

1938年に内務省が「東京都制案要綱」を発表した際には、東京市会議員や府会議員により自治擁護連盟が結成されて反対運動が起こった。

その後、太平洋戦争が拡大していく中で、東京市長に軍人が就任し、ほかの都市にさきがけて行政機構の簡素化を行う一方、生活局を戦時生活局に変更、市民局を人口局に統合して健民局にするなど、戦時体制を強化した。戦時下の市政、特に防空体制を効率化するため、「二重行政」の解消が求められた。

1943年、東条英機（とうじょうひでき）（1884〜1948）内閣は、市制・町村制の改正とともに、帝国議会に「東京都制案」を提出した。首都行政の一元化・行政効率化を目的としたこの案は、区会議長の区長兼任制を区会選出制に変更しただけで、衆議院と貴族院の両院を通過し、可決された。

それにより、東京府と東京市は廃止され、7月1日に東京都に統合し、一元的に行政を行うことになっていった。東京都長官は官選の大達茂雄（おおだちしげお）（1892〜1955）となった。大達は内務省出身、前後して内務大臣や陸軍司政長官なども務め、1944年7月22日まで都のトップにあった。都の行政上のリーダーが、「東京都知事」と呼ばれるようになるのは1947年、東京都制の廃止（地方自治法施行）後のことである。

豆知識

1. 東京都長官の大達茂雄は「都民生活の安定」と「戦争完遂の中心基地」としての「防衛」を重視し、都市として清純さを保たなければならないと考えていた。その考えは、昭南特別市（現シンガポール）市長の経験をもとにしている。
2. 都内の各区は法人格を与えられたものの、行財政の実質的な権限はなく、課税権も起債権もなかった。戦後も区の自治権は市町村に比べて小さく、いまもその状態は続いている。

296 自然 ／ 23区の絶滅危惧種

東京23区は世界有数の大都市でありながら、皇居や明治神宮など、市街地にも公園緑地など大規模な緑が確保されており、意外にも野生生物種のすみかとなっている。それでも近年の野生生物種を取り巻く環境は、年々厳しさを増している。東京都による、都内に生育、生息する野生生物種について、生物学的観点から絶滅のリスクを評価したレッドリスト「東京都の保護上重要な野生動物（本土部）2020年版」を参考に、23区の絶滅危惧種Ⅰ類についてをまとめた。

東京都のレッドリストによると、絶滅危惧種Ⅰ類とは、「現在の状態をもたらした圧迫的要因が引き続き作用する場合、野生での存続が困難なもの」と定義される。東京都（島しょ地域以外の本土部）の2020年度版の絶滅危惧種は、1845種となり、2010年度版の1579種に比べて、約17％増加している（ただし、今回は新たに「藻類」を評価対象に加えている）。

特に植物種では、23区の絶滅危惧種Ⅰ類は、2010年版の41種類から、2020年版では105種類と2.5倍程度に増加していた。これは1950年以降の開発が著しく、湧水湿地や沿岸河口部に広がっていた塩生湿地が減少するなど、多様な環境が消失したことによると考えられる。

23区ではすでに絶滅した種が188種と極めて多い。だがオニバスやミズネコノオなどの水湿性植物、ウラギク、ハチジョウナ、ツルナなどの塩生湿地の植物が、危機的な状況の中でも現存しており、重点的な保全対策が望まれるところである。

絶滅危惧種Ⅰ類が増加した原因として、野生化した外来種による捕食、販売目的の採集、マニアの写真撮影等による環境かく乱、他地域産個体の安易な導入による在来個体群との交雑や置き換わりなど、人の行為が在来種や個体群の存続を危うくしているケースが増加していると考えられる。その一方で、23区にも残る小規模な緑地で、かつての東京都に広く分布していたとみられるヤナギイノコヅチ、アイナエ、クサスゲなどの植物が今も生存し続けていることが確認されている。

そのほかラムサール条約湿地となった葛西海浜公園の東なぎさは、人工的な造成地でありながら、干潟からヨシ原（ヨシなどからなる湿性草地）まで多様な環境が連続して存在しており、甲殻類や貝類、それらを捕獲する鳥類などの貴重で安定的な生息場所となっている。また23区では長期間その存在が確認されていなかったカヤネズミが河川敷で再発見され、保全されている湧水池では大規模な淡水藻類の群落が残存していることが確認されるなど、東京の自然環境の復活を感じさせる。

豆知識

1. 絶滅危惧種は、ランク（希少性）が高いものほど大切にされる傾向がある。しかし最近の絶滅危惧種の遺伝的解析によれば、個体数が１桁または２桁レベルまで減少してしまった種は、遺伝的多様性がすでに失われてしまっており、生存・繁殖上、不利になる潜性遺伝子の影響を受け、もはや自然状態での自律的な個体群再生が困難となっている可能性が示唆されている。このような手遅れの状態にしないためにも、ランクの高さは保全の優先度の高さと異なることを理解し、一定の個体群サイズを維持することの注意喚起が必要である。
2. トビハゼは東京湾の江戸川放水路や新浜湖で多く見られ、このあたりがトビハゼ類の北限だと考えられる。もう少し南の東京湾の唯一の自然干潟である、小櫃川（おびつがわ）河口の干潟にはなぜかいないのだ。トビハゼの観察記録等はあるのだが、棲み続けず、すぐにいなくなるという。

297 物語 ／『かわいそうなぞう』土家由岐雄

『かわいそうなぞう』は第二次世界大戦下の上野動物園で、動物が殺処分（戦時猛獣処分）されたできごとをモチーフにした土家由岐雄による物語だ。作品では猛獣処分は軍隊の命令としているが、実際には東京都長官の命令で、意図を明らかにしている資料はない。上野動物園のゾウ舎の裏には亡くなった動物の慰霊碑があり、現在も慰霊が続けられている。

上野動物園にある動物慰霊碑

作品は、上野動物園を訪れた「ぼく」が飼育員から聞いた悲しいゾウの物語を紹介する。戦時下、空襲で猛獣が逃げ出し暴れるのを防ぐために猛獣の処分が行われた。ライオンやトラ、大蛇などが毒殺され、いよいよ３頭のゾウ、ジョン・トンキー・ワンリーも処分されることになる。飼育員はゾウを殺すために餌をあげるのをやめるが、ゾウたちは芸当をすれば餌をもらえると思い、痩せ細ったからだで芸当をしてみせるシーンは、涙なくしては読むことができない。

戦前、上野動物園の有料入園者数が最多となったのは、開園60周年記念祭もあった1941年度だ。一方で1941年12月には太平洋戦争が始まった。翌年４月には初めて東京が空襲され、動物園では防空演習が盛んに行われるようになった。1943年になると防空壕が造られるようになる。そして８月16日、猛獣処分の命令が下り、31日にまでに11種22頭を毒殺することになった。実際に処分されたのは14種27頭にのぼり、毒殺できず絞殺や撲殺された動物も多い。なお、オスのゾウのジョンは、気性の荒さを危惧した園長代理が許可を得て、13日から絶食に入った（29日に絶命）。処分が報道されたのは９月２日で、４日の慰霊祭には忍岡国民学校（現・台東区立忍岡小学校）や都立竹台高等女学校（現・都立竹台高等学校）などから約500名が参列し、浅草寺の住職が供養を行った。このとき鯨幕で隠されたゾウ舎で生きていたメスのワンリーは11日、トンキーは23日に死亡。『上野動物百年史』では11日に行われた生後６カ月のヒョウの毒殺を最後の猛獣処分としている。飼料不足が深刻化すると、処分対象ではなかったカバも絶食で死亡。チンパンジーは空襲のサイレンや防空演習の爆音で神経質になり、衰弱して死亡した。

上野動物園では動物の地方への疎開も計画されていた。実際、ゾウの引き取りを申し出た仙台動物園へゾウを運搬する計画が整えられたが、都長官の許可が出ず実現しなかった。また、井の頭自然文化園でもホッキョクグマなどの猛獣処分が行われている。飼うのが難しくなった日比谷公園のサルやクジャクなどの他、清澄庭園のタンチョウが上野動物園に引き取られた。

1945年に戦争は終わった。戦後のスタートは園内をきれいに片づけることから始まる。10月１日には向島の府立第七中学校（現・都立墨田川高等学校）生徒52名が来園し、清掃や防空壕の埋め戻し作業に従事した。

豆知識

1. 戦時中、ゾウ舎は棺桶の保管庫となった。棺桶の材料となったスギは井の頭公園から供出されたものだ。1945年に入ると空襲による被害が大きくなり（「東京大空襲」308ページ参照）、上野動物園の職員は運び込まれた死体の処理にあたり、ゾウ舎も焼け落ちた。

298 商業と娯楽／東京の映画館

入館料を取り活動写真を見せる映画館「浅草電気館」(台東区浅草) が日本初の常設映画館として1903年にオープンして以来、大衆娯楽の担い手でもある映画館は全国各地の繁華街で、幾多の栄枯盛衰を繰り返してきた。リュミエール兄弟がパリで「映画」興行を始めてから130年近く、相変わらず映画館は人々を魅了してやまない。

映画館が建ち並ぶ浅草公園六区の賑わい(1910年)

シネマコンプレックス全盛の現在、ミニシアターも含め、全国で映画のスクリーン数がもっとも多いのは東京都だが、日本で初めての映画館もやはり東京だった。初期の中心地は浅草で、1903年に「浅草電気館」ができ、1908年には「富士館」、「大勝館」も相次いでオープンした。往年の写真を見ると、堂々とした建築物に華やかな宣伝美術、そこで心躍っていた人々の様子を垣間見ることができる。

当然のことながら、現在のようなインターネットの動画配信はもちろん、テレビ放送もない時代、絵(写真)が動くというだけで大変なことで、当初は「活動写真」と呼ばれた。初期は音声は入っておらず(サイレント映画と呼ばれる)、弁士(スクリーンの傍らで登場人物の台詞(せりふ)や情景の説明などをした人)が生で演じたのはご存じの通りだ。そのため、弁士が映画の説明もするような形で、海外のフィルムなども初期から積極的に上映されていたようだ。

1955年頃には映画全盛期を迎える。東京都内には撮影所も増えて、作品づくりも積極的に行われた。世田谷区砧(きぬた)の「東宝スタジオ」、練馬区東大泉の「東映東京撮影所」、多摩地区の調布市には「日活調布撮影所」、「角川大映スタジオ(現・角川大映スタジオ)」もあり、映像関連企業も一気に増えた。

そんな全盛期の昭和の映画館というと、人の頭の大きな影でスクリーンが隠れたり、通路から漂う小水の臭気に悩まされたり、椅子が狭く密集し痴漢を気にして映画に集中できなかったなど、決して快適とはいえなかったかもしれない。今や新たな商業施設や再開発タウンがオープンする際には必ずといっていいほどシネマコンプレックスが入っている。シネコンでは、座席にドリンクホルダーが備えられ、ゆったり座れるうえに重低音のサラウンド、3Dなどが充実しており、清潔な暗闇のなか、大画面で好きな作品に没頭することができる。どちらの雰囲気が好みかは人それぞれかもしれない。

豆知識

1. 日本最初の常設映画館は浅草だが、日本で最初に映画が上映されたのは神戸だ。1896年、トーマス・エジソン発明のキネトスコープによるもので、神戸・神港倶楽部(しんこうクラブ)で始まった。

299 暮らしと文化 ／ 首都高速道路

首都の交通渋滞をどうするか。答えは東京の都心部に自動車専用道路をつくることだった。民間企業の手により東京高速道路ができたのち、日本道路公団が工事に着手、首都高速道路公団に引き継がれる。一方、東京から各地を結ぶ高速道路も徐々に完成し、首都から日本中を結ぶ高速道路網ができあがっていった。

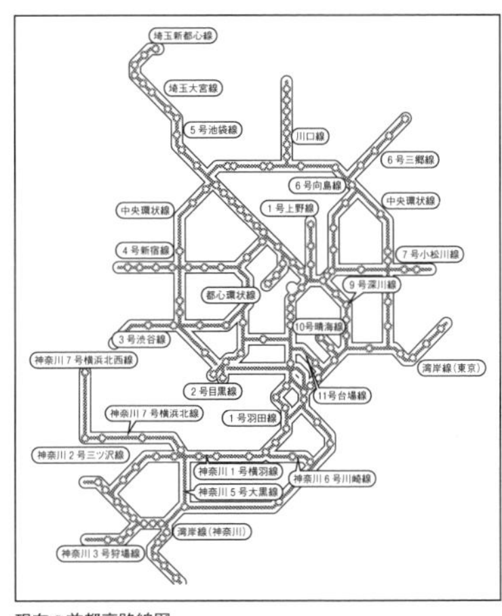

現在の首都高路線図

戦災からの復興が進むにつれ、東京では多くの人が自動車を利用するようになっていた。一般の乗用車だけではなく、トラックなどの商用車などが道にあふれ、やがて東京23区の交通がまひすることが予見されていた。

1951年には財界人などが出資し、銀座を囲む外堀や汐留川、京橋川を埋め立て、自動車交通量を緩和するための自動車道路をつくる民間企業が設立された。東京高速道路といい、現在も存在する。この道路は1959年に一部が開通し、1966年に全線が開通した。

しかし、首都の道路網を整備するのは、民間だけでは不可能だった。東京高速道路の計画を機に、建設省や運輸省、東京都が話し合い、首都高速道路の建設が計画された。まずは日本道路公団に工事を着手させ、首都高速道路専門の整備・運営法人として、1959年に首都高速道路公団を発足させた。用地の取得は難しくないように、河川上空や運河の埋め立てにより確保し、都電を廃止した道路の上も使用することになった。ただし、「高速道路」とはいっても、あくまで一般道における自動車専用道路のことで、東名高速道路などの一般的な高速道路である高規格幹線道路とは区別される。

初の路線は、1962年に開通した現在の都心環状線京橋〜１号羽田線芝浦間である。その後、路線網は拡大し、1967年には都心環状線が完成した。

一方、日本道路公団は各地に高規格幹線道路である高速道路をつくっていった。1963年に名神高速道路の栗東（りっとう）（滋賀県）〜尼崎（あまがさき）（兵庫県）間を開通させて以降、1969年には東名高速道路も全線開通し、東名阪の３都市が高速道路で結ばれた。その高速道路と、都市の自動車専用道路である首都高速道路も結ばれるようになる。1971年には東名高速道路と接続、1976年には中央自動車道と接続、1982年には東関東自動車道と接続した。その後、常磐（じょうばん）・東北の各自動車道とも接続する。各道路との接続の中で首都高速道路自体も路線網を広げていった。また、首都高速道路公団は、2005年に特殊法人、首都高速道路株式会社となった。

豆知識

1. 東京高速道路は、無料で走行できる。というのも、道路下の店舗などの家賃収入により道路の維持管理を行っているためで、日本有料道路協会に加盟している。
2. 首都高速道路は、多くの区間は制限速度60km/hとなっている。あくまで一般の自動車専用道路だからだ。多くの高規格幹線道路と同じ80km/h制限となっているのは、千葉県市川市から神奈川県横浜市をつなぐ湾岸線などである。

300 人物／黒澤明

ベネチア国際映画祭グランプリを受賞した『羅生門』や『七人の侍』『生きる』など、芸術性と娯楽色を併せ持つ大作を次々に発表した映画監督が、東京出身の黒澤明（くろさわあきら）（1910〜1998）だ。だが、「世界のクロサワ」とまで呼ばれた巨匠にも、一度は監督に指名されながら幻に終わったドキュメンタリー映画があった。1964年に開催された東京オリンピックの記録映画だ。

『影武者』撮影中の黒澤明

東京五輪の大会組織委員会が、記録映画の監督として黒澤を指名したのは1960年７月。プロ独立後の第１作として、ゼネコン汚職を描いた『悪い奴ほどよく眠る』を撮り終えたばかりだった黒澤は翌月、さっそく五輪開催地のローマに飛ぶ。記録映画の撮影現場を見学するためだ。このとき現地を案内し、後に黒澤の助監督となった松江陽一（まつえよういち）（1930〜2019）によると、黒澤はマラソンで優勝したエチオピアの裸足（はだし）の走者、アベベ・ビキラに併走するほどの意気込みだったという。

もともとリハーサルに長い時間をかけ、撮影と編集に完璧を期すことで有名だったのが黒澤方式だ。五輪は競技の種類が多く、撮り直しもきかないことから、黒澤は「大会の１年ぐらい前からカメラマンの訓練が必要だろう」と話していた。ローマ五輪の前例を踏まえ、弾き出した見積もりは、カメラ70台、カメラマン120人、製作費５億2000万円。ところが、組織委員会が製作費５億円を1962年に申請したところ、大蔵省からは「記録映画など16ミリでいい」として5000万円しか認められなかったという。最終的には２億4000万円弱の予算が提示されたが、黒澤は「これでは理想的な作品は無理だ」と答えた。

追い打ちをかけたのが、五輪主導権をめぐるドタバタ劇だ。政界からの圧力を受け、組織委の事務総長だった田畑政治（たばたまさじ）が1962年９月に突如辞任。黒澤は田畑とは何度も顔を合わせて意気投合していたといい、監督を降りたのは「田畑に殉じたからだ」とみる関係者もいる。黒澤降板は五輪まで残り１年もない1963年11月、正式に決まった。

この間に黒澤が撮っていたのが、1963年公開のサスペンス映画『天国と地獄』だ。子どもの誘拐事件が起き、特急こだまが東海道線の鉄橋を通過した直後に窓から身代金を投げ下ろすシーンでは、８台のカメラを同時に回した。実時間14秒で撮り切る一発勝負だった。ひょっとすると黒澤はこの映画で、東京五輪の撮影を予行演習していたのかもしれない。

記録映画『東京オリンピック』は結局、市川崑（いちかわこん）（1915〜2008）が総監督を務めた。超望遠レンズと超スローモーションの新技術を駆使した作品は1965年、奇しくも黒澤の新作『赤ひげ』とほぼ同時に封切られ、いずれもヒット。この年の興行記録の上位２位を両者が占めた。

豆知識

1. 映画『天国と地獄』の撮影時、鉄橋がかかる神奈川県小田原市の酒匂（さかわ）川沿いに建っていた家の２階が邪魔になるとして取り壊した話は、「黒澤伝説」の一つとして語り草になった。
2. 松江陽一によると、黒澤は開会式の演出まで考えていた。東京スタジアムで聖火台に点火された瞬間、電光掲示板に「ノー・モア・ヒロシマ」の文字が浮かび、気球に仕掛けたスピーカーからベートーベンの第９交響曲「歓喜の歌」が流れる、というアイデアだったという。

301 まち ／ 東久留米市

明治時代に誕生した「久留米村」は、福岡県久留米市との混同を避けるために「東久留米市」として市制を施行した。市名の由来になったとされる「黒目川」は、明治時代に「久留米川」として記録され、市民にとって身近な存在であり続けてきた。

東久留米市の名に影響を与えたとされる黒目川

東久留米市は東京都の中北部に位置し、埼玉県新座市などと接する。市内の北部に西武池袋線が走り、東久留米駅が唯一市内に含まれ、西から東へと流れる黒目川は、地名の誕生に影響を与えたとされる。

「久留米」という地名の由来には諸説あるものの、1889年に久留米村が誕生した際、市域内を流れる「久留米川」から付けられたというのが一般的な説である。市内の北東から南西にかけて流れる現在の黒目川は、江戸時代の文献や石碑に「久留目川」「来目川」などと書かれ、明治政府が編纂した『皇国地誌』には「久留米川」と記されている。

東久留米市内から原始時代の遺跡が100以上発見されており、古くから人々が暮らしたことがわかっている。その後、稲作が始まる弥生時代になると遺跡がほとんど残されていない。というのも、東久留米の地形が細い川と低い台地で成り立っているため、稲作に適さなかったのが理由と考えられている。稲作が発展しなかったためか、奈良時代以降も目立った遺跡は残っていない。

江戸時代の正保年間（1644～1648年）、市域には門前・神山・落合・小山・南沢・前沢・下里の７村があり、その後の享保年間（1716～1736年）には、江戸幕府の新田開発の奨励により前沢新田や柳窪新田が開かれた。江戸幕府の政策により複雑な支配体制がとられ、天領（幕府の直轄地）と旗本の知行地にわかれ、旗本の米津家などが治めた。米津家は１万石以上の大名で、初代の米津田政は要職である江戸北町奉行を務めた。

明治時代に入ると、1869年には品川県、1872年には神奈川県に編入され、その後も変遷を経て、1889年に８村と柳窪新田・栗原新田・各飛び地を編入して「久留米村」が誕生した。大正時代の1915年、武蔵野鉄道（現・西武池袋線）が池袋～飯能間に開通すると、東久留米駅が開設され、物資の流通や人の往来が盛んになった。

戦後の1956年に町制が施行されて「久留米町」となり、団地が次々と建設されて人口は急増し、1970年には「東久留米市」が誕生した。市制が施行される際には、福岡県久留米市との混同を避けるほか、すでにあった東久留米駅に親しみがあり「東久留米」を希望する声が多いなどの理由から、東久留米市と決定された。

豆知識

1. 東久留米駅と同年（1915年）に開業した、同じ西武池袋線の東長崎駅（豊島区長崎）も、長崎駅（長崎県長崎市）と混合を避けるために「東」をつけて東長崎駅となった。
2. 米津寺（東久留米市幸町）は米津家の菩提寺で、４代の当主や親族の墓碑が並ぶ。境内には多摩地域で唯一、江戸時代の大名墓所が残され東京都指定史跡となっている。
3. 2008年６月、環境省が水環境保全の一層の推進を図ることを目的に、「平成の名水百選」を選定した際、東久留米市内の「落合川と南沢湧水群」が、東京都で唯一選ばれた。

302 歴史 ／ 東京大空襲

1941年12月、日本が第二次世界大戦に参戦し、太平洋戦争が始まると、首都・東京への空襲も時間の問題となっていた。米軍による度重なる空襲の中、1945年３月10日、のちに「東京大空襲」と呼ばれる大規模な空襲が行われる。その後も東京は何度も空襲を繰り返され、８月14日にポツダム宣言を受諾して降伏、翌15日には終戦を迎えた。多数の死傷者や戦災孤児が発生、東京は焼け野原になった。

空襲後の風景（東京丸の内）

開戦から半年後のミッドウェー海戦を転換点として、日本を含む枢軸国は劣勢となり、人々の暮らしにも戦争の影がさすようになっていった。寺院の梵鐘など、鉄器の供出が行われるようになり、ホテルや料理店、劇場なども休業した。

こうした中、1942年には米軍が東京を初めて空襲、1944年11月24日にはB29大型爆撃機がやってくるようになり、空襲は連日のように行われた。空襲への対策はすでに行われていた。防火のために建物を取り壊し、子どもたちは地方へと疎開した。上野動物園では動物を疎開させる計画を進めていたが、戦争の緊迫度を都民に認識させるため動物を毒殺した。

1945年３月９日の深夜、米軍機が東京近くにやってきて、日付が変わった10日０時08分、B29爆撃機325機により、焼夷弾を投下し始めた。焼夷弾は中に油が込められていて、落下と同時に燃え、あたり一帯を焼きつくす。米軍は、東京の下町エリアが木造住宅の密集地域であることを知っていて、爆弾ではなく焼夷弾を使用した。現在の江東区にあたる深川区から空襲を開始し、城東区・本所区が被弾、浅草区・下谷区も燃え広がり、日本橋区・牛込区・本郷区・麹町区・芝区と被害が広がっていった。０時15分にようやく空襲警報が発令された。当日は強風の中、火と煙が交差し、その中を人々は逃げまどった。２時35分に爆撃は終わる。下町中心の攻撃としたのは、東京都の工業生産が家内工業によって支えられていると米軍は考えていたからである。外周から空襲し、市民が避難できないようにしてから、都心を空襲した。

この空襲で警視庁は死者８万3793人と計算し、「東京空襲を記録する会」では死者を10万人とも推定した。多くの人々が命を落としたこの空襲は、のちに「東京大空襲」と呼ばれるようになった。

しかし、空襲はこれで終わりではなかった。４月13日には東京の北部地域が、５月25日には山の手地域の大半が被害を受けた。武蔵野町（現・武蔵野市）や立川市にも空襲があり、８月２日には八王子市に大きな空襲、市域の８割を焼失した。この空襲で、多数の死傷者だけではなく戦災孤児が生まれた。焼け野原になった東京で、人々は終戦の玉音放送を聴いた。

豆知識

1. 1933年には東京市を中心として関東防空大演習が行われた。当時信濃毎日新聞社の主筆だった桐生悠々（1873～1941）は社説で「関東防空大演習を嗤う」を記した。木造家屋の多い東京の焦土化や、灯火管制の無意味さを指摘し、敵機が東京上空に来た際には敗北していると批判した。陸軍の怒りを買って桐生は職を追われる。だが桐生の予見は現実のものとなった。

303 自然 ／ 絶滅した東京の生き物

東京都レッドリスト「東京都の保護上重要な野生動物（2020年度版）」によると、2020年度の島しょ地域をのぞく東京都の本土部全体での絶滅種は、207種であり、新たな絶滅種は、植物、昆虫、貝類の計80種と報告されている。どんな生き物たちが、なぜ絶滅してしまったのだろうか？　東京都レッドリストの2020年、2010年度版からまとめてみた。

絶滅とは「当該地域において、過去に生息していたことが確認されており、飼育・栽培下を含め、すでに絶滅したと考えられるもの」、野生絶滅とは「当該地域において、過去に生息していたことが確認されており、飼育・栽培下では存続しているが、野生ではすでに絶滅したと考えられるもの」と定義されている。

東京都のレッドリスト2020年度版によると、植物種において2020年に新たに32種の絶滅が確認され、都における絶滅は100種におよぶことになった。新たに絶滅が確認された種は、オオヤマサギソウやルリソウなど山地性のものもあるが、そのほとんどは池沼や水田に生息するデンジソウ、ヤナギスブタ、ミズアオイ、あるいは湿地に生息するコイヌノハナヒゲ、アゼオトギリ、ヌマゼリ（サワゼリ）などの植物である。また昆虫の絶滅は47種で、湿地性の種であるガムシ、クロゲンゴロウ、オオセスジイトトンボなどである。

これらの植物および昆虫種の絶滅の主な原因は、直接的な生育環境の消滅や悪化によるものであり、除草剤等の使用のほか、水田面積の減少が大きく影響していると考えられる。

また耕作されなくなった水田の増加や湿地の乾燥化など、多様な生き物を育んできた里山の急速な荒廃（こうはい）が進んでいることも要因である。水田は高度経済成長の都市開発とともに急激に減少し、特に23区では1980年までにほとんどが消滅した。比較的水田が残る南多摩でも、近年は減少が続く。

地域別にみると、23区ではイヌイ、ドロイ、クロハリイ、シギンカラマツ、ハナムグラなど、植物種の絶滅が188種と多い。かつては丘陵地だけでなく低地においても豊かな自然が存在していたが、23区や北多摩では、特に1950年以降の開発が著しく、河川中〜下流域にかけての湧水湿地をともなう原野や河畔林、河川河口部などに広がっていた塩生湿地などが広範囲に改変され、多様な植物の生育環境が失われてしまった。

豆知識

1. 西多摩や南多摩の山間部では、レッドリスト2010年度版でも指摘されている、ニホンジカ食害がさらに広範囲かつ顕著に進行していることが危惧されている。ニホンジカは不嗜好（ふしこう）性とされるもの以外はほとんどの植物を採食するため、植物への被害は広範かつ全般的に脅威となっている。
2. そのほか生物種の減少要因としては、野生化したアライグマやコクチバスなどの外来種による捕食や被圧、他の地域産の個体導入による在来個体群との交雑や置き換わり、販売目的の採集やマニアによる写真撮影等による環境かく乱などが挙げられる。近年多発している集中豪雨や台風による河川環境の変化も考えられるだろう。
3. 市民協働で行われた公園池での「かいぼり」や、その後の継続的な外来種対策等により、都内で絶滅したと考えられていた植物等が野生復活した。いずれも60年ほど前に絶滅した種が、埋土種子などから発芽し、復活したと考えられる。具体的には、イノカシラフラスコモ（藻類）が都立井の頭恩賜公園の井の頭池にて2016年に59年ぶりに復活、ミズユキノシタ（植物）が八王子長池公園の長池で2020年61年ぶりに復活した。

304 物語 ／『うしろの正面だあれ』海老名香葉子

『うしろの正面だあれ』は、作者・海老名香葉子（えびなかよこ）（1933〜）の自伝的作品で、1933年に本所竪川（現・墨田区）に生まれた少女の戦前・戦中の体験をえがいている。少女は活気と愛情あふれる家族や下町の人々のなかでのびのびと育っていたが、戦争が家族と故郷を奪う。

主人公・かよ子は、三ツ目通り（現・江東区辰巳（たつみ）から墨田区向島までの道路）側にあった釣竿（つりざお）屋「竿忠」に生まれた。兄が３人、弟が１人いる一人娘だ。作品の主な舞台は三ツ目通り。地域の氏神（うじがみ）（守り神）は亀戸天神社で、祭りには浴衣に紅白のたすきをかけて参加した。家でもラムネや酒樽（さかだる）を用意して、山車（だし）が来るとふるまった。七五三の日には着飾ったかよ子が近所の人たちに褒（ほ）められる。銭湯で近所のおばさんたちの背中を流しているうちに湯あたりしてしまったことも。幼いかよ子のまわりにはいつも賑（にぎ）やかな下町の空気がある。

のどかに見える日々のなかにも、戦争の影が落ちている。通っている菊川尋常小学校（現・墨田区立菊川小学校）では御簾（みす）の向こうに天皇の写真が掲げられ、入学してすぐ「忠君愛国」（天皇に忠義を尽くし、国を愛する）を説く『教育勅語』を暗記しなければならない。中学校に入る兄たちの言動も、いちばん上の兄は制服のズボンのプレスを「えらい大人の証」と得意になっていたが、３番目の兄は「陸軍幼年学校（陸軍の将校をめざす少年を教育する学校）に入って兵隊になる」と言い出すなど、様相が変わる。

かよ子は兵隊に送る慰問袋に入れる手紙も書いた。セルロイド製のキューピー人形も火薬の原料になるといわれ差し出すことになる。近所でも出征する人が増え、働き手を失った木工所は閉店状態になってしまう。尋常小学校は、総力戦のための教育を目指し、国民学校に改称された。空襲警報が出ると、防空と消防の任務を担う警防団の役員だった父は菊川国民学校に詰め、中学生の兄たちは軍需工場などの勤労奉仕先に行った。空襲警報のもとで家族がバラバラでいることが心細かったかよ子だが、とうとう1944年には強制的に学童疎開が始まり、ひとり静岡県沼津の親戚のもとに疎開した。東京を離れれば安心というわけではなく、空襲で目の前にいた人が死んだり、爆弾の破片が防空頭巾に刺さったりした。翌年の東京大空襲では、山に登り、赤く燃え上がる東京を見た。この空襲でかよ子は、３番目の兄以外の家族を失う。本所や深川は焦土と化した。

戦後、かよ子は中野の親戚に引き取られる。中野駅には闇取引を行う闇市が開かれ、戦争孤児があふれ、ガムを噛（か）むアメリカ兵が着飾った女性を引き連れて歩いていた。

豆知識

1. 海老名香葉子の夫は落語家の初代・林家三平。息子たちも落語家となり、長男は９代目・林家正蔵、次男は２代目・林家三平。東京大空襲で唯一生き残った家族である３番目の兄は中根喜三郎で、竿忠の４代目となる。
2. 『ガラスのうさぎ』の作者である児童文学作家・高木敏子は、海老名香葉子と同年代で、同じ本所の生まれである。『ガラスのうさぎ』のなかで高木は、東京大空襲ののち東京駅に降り立つと、見渡す限りコンクリートの残骸だらけで、上野の山まで見えたと書いている。

305 商業と娯楽 ／ 闇市

第二次世界大戦後、東京では、主要国電の駅周辺に闇市が出現した。新宿に始まり、渋谷、新橋、池袋、上野――、今も上野にある「アメ横」は、その闇市の名残だ。1945年の敗戦から1948年にかけて「露店がデパートを制した」という言葉も聞かれた。

新橋駅近くの闇市

第二次世界大戦敗戦後、ほんの一握りの戦時利得者を除き、ほとんどすべての人たちが飢えていた。それでも、農村は食物を作り出すことができたが、都市は惨憺（さんたん）たるものだったという。『東京闇市興亡史』（双葉社）によると「飢えているのは人間だけではなかった」とあり、東京世田谷で「食堂のウェートレスが野良犬の群れに襲われ、食い殺される惨劇が起こった」という。終戦の日から関西や名古屋も含めた都市では餓死者がかなり出た。おそらく東京都全域では、終戦の８月から11月で、1000人を超える餓死者が出ていたと予想されている。

当時、政府の主食配給は、必要カロリーの半分にも満たず、不足分は闇ルートで調達するしかなかったという。だが、闇ルートの食料品の高騰はひどいものだった。国家公務員の給与が月額40円から、最高でも520円だった時代、闇物価は、白米一升70円、さつま芋一貫目（3.75kg）50円。日本銀行による東京の物価指数調査によると、1933年を100％とすると、終戦の1945年８月は431.3％、12月には827.1％、1946年５月には、なんと1624.4％という恐ろしい数字になっている。それでも、栄養失調や餓死という例もあることを考えると、闇市に手を出さねば命を繋げないという時代だった。一方、そんななかで、辛さを酔いで忘れようと危険な酒に手を出す者も多かった。ガソリン、アセトン、ホルマリンを混入した危険な“酒”が売られていた。それらは“メチール”と呼ばれ、飲むと目がかすみ、それでも飲み続けると命に関わる。近年まで活躍した大女優で歌手の山田五十鈴（やまだいすず）（1917～2012）の夫、月田一郎（つきたいちろう）は、これを飲んで死んでいったという。

また、闇市で売られていたものは食料品や酒といった飲食物だけではなく、衣服など様々なものも売られていた。戦時は武器の部品等を作っていた業者が鍋や釜といった日用品を作って売ったり、米軍の横流し品などあらゆるものが売られていた。そして、悲しいことだが、戦争で身よりを亡くし、食糧を得る金銭がないという若い女性の中には、身を売って、生きるための食糧を調達せざるを得ないという人も少なからずいて、闇市はそんな場にもなっていたという。

豆知識

1. 終戦翌年の1946年の東京露店商同業組合本部の調査によると、組合員総数は59,655人。その構成層は、テキヤ19.5％、素人露天商79.8％、身体障害者0.9％で、素人が圧倒的多数を占めている。その素人の内訳は、失業者19.9％、元商人などの商業者8.8％、元工場労働者3.8％、復員軍人8.3％、軍人戦災遺家族10％、戦災者26.1％、その他となっているという。

306 暮らしと文化 ／ 羽田空港

1920年代に民間の旅客航空機需要が高まる中、羽田（大田区）に飛行場が建設されることになった。戦前は日本国内だけではなく、満州などにもその路線を延ばした。羽田の飛行場は、戦後、米軍に接収されるも、占領後に返還された。現在、羽田は「東京国際空港」として世界からの利用者を受け入れ、また日本各地への航空路線網の中心となっている。

現在の羽田空港

戦前から、軍民ともども航空機への熱は高かった。東京周辺では、民間航空会社は立川陸軍飛行場を使用していたものの、共用施設のため不便な状況にあった。

1931年には日本初の国営民間航空専用空港「東京飛行場」が、羽田の埋め立て地に完成した。第１便は大連行きの定期航空便であった。同年には税関も設置され、東京飛行場は国際飛行場としての役割を果たすことになった。当時、民間航空をになっていた日本航空輸送や満州航空の拠点空港となり、ドイツからの民間航空機が日本に来たこともあった。

1938年から1939年にかけて拡張工事を行い、滑走路２本の当時としては大きい空港となった。また1938年には、東京湾の埋め立て地「夢の島」に世界最大級の空港を建設する計画があったものの、建設資材が確保できず1941年に中止した。太平洋戦争が始まり、民間航空事業は停止し、陸軍の委託を受けた大日本航空が日本の占領地に航空路線を運行した。戦争が終わり、日本の航空事業は中断した。

占領下で米軍は、羽田飛行場の規模が小さかったため、空港の拡大に着手した。この過程で、「夢の島」の空港建設計画は消えた。羽田の空港には連合国の民間機も乗り入れた。1951年にサンフランシスコ講和条約が締結されると、同年に羽田～伊丹（兵庫県）～板付（福岡県）間の定期便を日本航空が運航するようになった。1952年には空港の大部分が日本に返還され「東京国際空港」と呼ばれるようになり、1958年には全面返還された。

以後、航空需要の高まりにより羽田空港は拡張を続けていく。その中で離着陸数などが限界となり、国際線は一部を除き成田へと移転した時期があったものの、それでも利用者が多く発着枠の割り振りなど空港の運営は厳しいものとなっていった。そこで羽田空港は沖合へと拡張展開を行う。「東京国際空港沖合展開事業」は1984年から2007年まで、実に20年以上かけて行われた。国際線への需要にも対応するため、「東京国際空港再拡張事業」が行われ、2010年に国際線地区が供用開始となった。現在では３つのターミナル、４本の滑走路を備えた大規模空港となっている。拡張を続けた羽田の歴史は、日本の航空発展の歴史でもある。

豆知識

1. 1937年に朝日新聞社が企画した亜欧連絡飛行の「神風号」の出発は立川飛行場だったものの、帰国時は羽田飛行場に着陸した。
2. 羽田空港を国際線のターミナルに、というのは韓国の仁川空港への日本の地方空港からの国際路線が増え、実質的なハブ空港になっていたからである。その地位を取り戻すべく羽田の国際線を強化し始めた。
3. 羽田空港は2020年の「世界の空港ランキング」で２位（１位はシンガポールのチャンギ国際空港）、その中でも「世界でもっとも清潔な空港」で１位となっている（イギリスの航空サービス格付け会社スカイトラックスによる）。

307 人物／山下清

全国各地を15年も放浪し、出会った風景を貼り絵で見事に表現して「日本のゴッホ」とも呼ばれたのが、東京生まれの画家、山下清（やましたきよし）（1922～1971）だ。戦後に『放浪日記』が出るとブームを巻き起こし、山下をモデルにした映画『裸の大将』がつくられたり、テレビドラマになったりして、その純朴な人柄が多くの人に愛された。

生まれは浅草区田中町（現・台東区日本堤）。３歳の頃、重い消化不良を起こし、軽い言語障害が残った。父親が脳出血で亡くなり、母親が再婚。その相手が酒乱で暴力的だったため、母親に連れられて杉並区の社会福祉施設に逃げ出す。そこの寮母が、山下を千葉県にある知的障害児施設「八幡学園」に連れて行って預けたことから、運命が開けていった。

八幡学園は家庭的な集団生活を基本に、個性と能力にあった作業を見つけ、自己発現を求める施設だった。12歳の山下がそこで出会ったのが、色紙をちぎっては画用紙にのりで貼りつける貼り絵だ。もともと、「字を書くより絵を描くほうが楽だった」という山下は没頭し、工夫を重ね、独特の画調が生まれる。やがて精神科医の式場隆三郎（しきばりゅうざぶろう）（1898～1965）の目に留まり、その紹介で1939年に銀座の画廊で展覧会を開くと大きな反響を呼ぶ。洋画家の梅原龍三郎（うめはらりゅうざぶろう）（1888～1986）も「烈（はげ）しさ、純粋さはゴッホやアンリ・ルソーの水準」と高く評価したほどだった。

ところが翌年、18歳になった山下は身の回りの品を風呂敷に包むと学園を抜け出し、放浪の旅に出る。最初は３年。いったん千葉に戻ってはまた放浪半年、といった繰り返し。だが、戦後の1949年に学園に戻ってきたとき、山下は東京大空襲直後の下町を歩いた記憶を一気に貼り絵に転写していく。完成した『東京の焼けたとこ』は、青空のもとビルの残骸が建ち並び、炭化した死体が横たわる作品で、見る者に大きな衝撃を与えた。

鉄道沿いに物乞いをし、食べ物や小銭を手に入れて、待合室に寝泊まりする旅だった。ふらりと戻ると、一片のスケッチもメモもないのに放浪記を書き、目にした一場面を『長岡の花火』のような見事な作品に再現する。その映像的な驚くべき記憶力は、広汎性発達障害のサヴァン症候群だったのではないか、との指摘がある。

戦後は、式場らの努力もあって新たな山下清ブームが訪れ、作品展が各地で開催された。「放浪の天才画家」への関心は高く、1956年に東京大丸で開かれた作品展は大盛況。全国の百貨店に巡回し、５年も続いて延べ500万人を集めたという。山下は各地のオープニング行事に招かれるようになり、それが放浪に代わる新たな旅の日々となった。

豆知識

1. リュックを背負い、丈の短い着物を着て、下駄履きで歩くのが山下の放浪スタイルだった。暑がりで、汗をかいたらよく着物を脱いで裸になっていた。
2. 晩年の山下清と同居していた甥（おい）がインタビューに答え、山下は子どもの頃の激しいいじめがトラウマになっており、放浪に出た理由の一つが軍隊に行って暴力を受けることへの恐怖だったのではないか、との見方を示している。

308 まち ／ 武蔵村山市

市名の由来となった武士団・村山党は、鎌倉時代に武蔵国（現・東京都、埼玉県など）で勢力を誇った。村山党が本拠地とした狭山丘陵を生かし、江戸時代には木綿紺絣、明治時代には絹織物、現在は伝統工芸品の村山大島紬を生産して「シルクのまち」を目指している。「日本三大茶」に数えられる。「狭山茶」の産地としても有名だ。

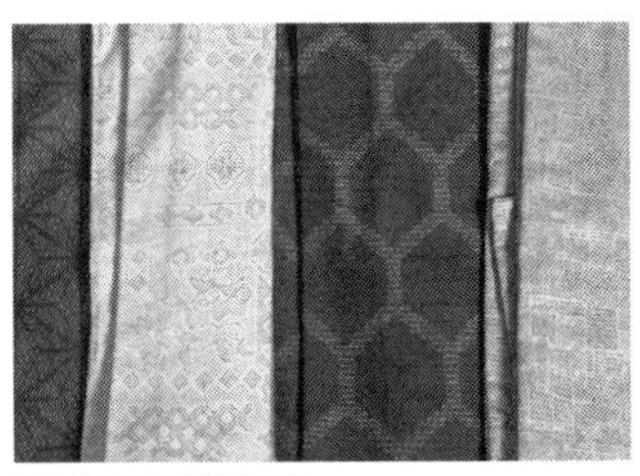
村山大島紬の小紋柄の着物

武蔵村山市は狭山丘陵の麓、東京都の中北部に位置し、埼玉県所沢市などと接している。市内に鉄道や国道は通っていない。市域は古くから「村山郷」と呼ばれ、狭山丘陵の峰々を指した「群山」がなまって「村山」になったとされている。鎌倉時代に狭山丘陵を拠点とした武士団・村山党の登場によって、「村山」の名が知られるようになった。

明治時代の1889年、中藤村など３村が組合として発足した。その後、度々の変遷を経て、大正時代の1917年４月１日に各村が合併した際、中世に活躍した村山党の名にちなんで「村山村」が誕生する。戦後の1954年11月３日に町制が施行され「村山町」となり、1970年11月３日には市制が施行される。当初は「村山市」とする予定だったが、山形県村山市との重複を避けるため、武蔵野の「武蔵」を冠して「武蔵村山市」とした。

狭山丘陵の南麓に広がる村山地域は、江戸時代より木綿紺絣の産地として知られた。明治時代から大正時代にかけては、木綿絣の研究開発が進められ生産量が増加し、1919年頃には板締染色の技術が伊勢崎（現・群馬県伊勢崎）から導入され、絹織物の生産が盛んになった。昭和時代に入り、「村山大島紬」と名前を変えて今日に至る。群馬県富岡市や石川県小松市などとともに、シルク産業の振興やシルク文化の活用による地域づくりに取り組んでいる。

さらに、狭山丘陵の傾斜を生かしてミカンやナシなどの果樹園や、茶、野菜などの生産も盛んだ。なかでも「日本三大茶」の一つ「狭山茶」（東京狭山茶）の産地として知られ、狭山茶はコクと旨味に定評がある。10月頃に香り豊かな白い花を咲かせ、武蔵村山市の「市の花」に選ばれている。

「市の木」にはニレ科の落葉高木であるエノキが選ばれている。江戸時代には街道の一里塚（１里［約４km］ごとに築いた土盛り）上にエノキが植えられ、武蔵村山市指定史跡の「三本榎（武蔵村山市榎）」は現在も親しまれている。2016年６月の強風により幹の一部が折れ、2020年６月には、幹の上部が折れて落下したため、幹本体の伐採・撤去等が行われた。現在、切り株から伸び出した萌芽を育成し、三本榎の後継樹となるように図っている。

豆知識

1. 村山大島紬は、東京都指定文化財および国の伝統工芸品に指定されている。武蔵村山市立歴史民俗資料館（武蔵村山市本町）などには、村山大島紬に関する資料展示がある。

309 歴史／東京裁判

日本は太平洋戦争に敗れた。その戦争の責任を問う裁判は、連合国によって行われ、戦争責任の追及がなされた。いわゆる「東京裁判」である。この裁判により開戦当時の首相など７名が「A級戦犯」として死刑となった。いっぽう、裁判を免れた人たちはアメリカの世界戦略の転換により、やがて政界などの中心へと戻っていく。

東京裁判の様子

1945年８月15日、玉音放送をもって太平洋戦争は終わった。９月２日に降伏文書の調印式がアメリカ海軍の戦艦・ミズーリ号の艦上で東京湾にて行われた。日本軍は解体となり、連合国は、戦争犯罪者を厳しく処罰することにした。ナチス・ドイツの戦争犯罪を裁くニュルンベルク裁判が行われるのと同様に、日本のアジア・太平洋地域への侵略という戦争責任を問う裁判を行うことになった。

通常の戦争犯罪以外にも、「平和に対する罪」「人道に対する罪」も国際法上の犯罪とした。日本を侵略戦争に引きずり込んだものをA級戦犯、戦時国際法に規定された戦争犯罪を行ったものをB級戦犯、非人道的行為を行ったものをC級戦犯とした。

敗戦の年の９月から12月にかけて、GHQは戦争犯罪人を次々に逮捕した。その最高司令官ダグラス・マッカーサー（1880～1964）は極東国際軍事裁判所の設置に関する特別宣言を1946年１月に発し、連合国各国が派遣した検事による執行委員会が同年の４月29日に起訴した。５月３日には開戦の際の首相・東条英機（とうじょうひでき）（1884～1948）らA級戦犯28人を被告とし、市ヶ谷の旧陸軍士官学校講堂にていわゆる「東京裁判」が開廷した。

「東京裁判」で問われたのは、1928年から1945年までの「平和に対する罪」、日本を侵略の道に進めた共同謀議だった。1948年11月４日から判決の言い渡しが始まり、12日に終了した。東条英機などが死刑になり、病死者を除く全員に有罪の判決が下された。死刑の執行は12月23日となった。

A級戦犯に指定されたものの、不起訴になったものもいる。アメリカは日本を非軍事化・民主化しようと戦後政策を進めてきたものの、冷戦の激化で「共産主義の防波堤」にしようとする考えが強まった。その代表的な人物が岸信介（きしのぶすけ）（1896～1987）で、のちに首相になり、1960年に日米安保条約の改定を行い、日米の同盟関係を強化した。

豆知識

1. 連合国の間では、天皇の戦争責任を問う声も強かった。天皇を戦犯として訴追しようという動きもあったが、アメリカは天皇を、日本の民主化のために必要な存在と考え、戦争責任を追及しないことにした。1946年には「人間宣言」を出し、神格を否定する。奇しくも、起訴日は昭和天皇の誕生日、A級戦犯処刑日は平成の天皇（現上皇）の誕生日となっている。

310 自然／疫病の流行

新型コロナウイルスの感染拡大は、日本を含め世界中に大きな影響を与えたが、記録が残る江戸時代から、東京は多くの疫病の流行と何度も戦い、復活を遂げてきた。東京を中心とした疫病の歴史を振り返る。

江戸時代は全国で多くの疫病が流行した時代であった。特に人口100万人の大都市江戸では、感染も大規模かつ深刻なものとなった。天然痘と麻疹（はしか）は、江戸時代初期からたびたび流行し、1708年の麻疹の流行では、５代将軍・徳川綱吉が麻疹で死亡するなど、身分に関係なく多くの死者が出た。18世紀半ば頃からはインフルエンザの大流行が何度も江戸をおそい、19世紀になると、江戸でのインフルエンザ大流行が、世界規模の感染爆発と時系列的に重なる。1802年インフルエンザ大流行では、江戸幕府によって、江戸の生活困窮者たちの緊急かつ臨時措置として定額の「御救銭（おすくいぜに）」の給付が行われた。江戸時代版の特別給付金である。

1853年、ペリー来航を機に幕末の動乱が始まると、1858年７月からコレラの流行が江戸をおそった。このとき最初にコレラを持ち込んだのは、長崎に寄港したアメリカ軍艦ミシシッピ号の乗組員とされ、国内死者は26万人ともいわれる。開国にともなう経済の混乱、外国人が持ち込んだコレラの流行も重なり、外国人を追い出そうとする攘夷（じょうい）思想が広がった。この攘夷思想は、やがて討幕運動へとつながる。

その後明治維新を迎えた日本は、1871年に岩倉視察団を派遣し、同行した医師の長与専斎（せんさい）は、帰国後、初代内務省衛生局長となりコレラ予防や下水道整備など、西洋の公衆衛生を広めた。江戸時代までの日本の医学では、養生（ようじょう）を重視し、病気は個人の心がけで防げると考えた。西洋からの公衆衛生は、政府が組織的・科学的に国民の病気を予防するというもので、当時の日本にとって画期的なものだった。明治初期の日本でも、都市化による感染症の拡大に悩まされた。しかも当時の政府の対策は、警察官を使って患者を強引に隔離するなど問題が多かったので、民衆の反発も大きく、医師や警官が暴行を受ける事件も多発した。

大正期に入り、第一次世界大戦中にスペイン風邪が大流行（1918〜1920年）した。当時は米価が高騰して米騒動が起き、隣国ではロシア革命が起こっていた。原敬（はらたかし）内閣は民衆の不満を恐れ、アメリカのような積極的な隔離政策を行わず「呼吸保護器（マスク）とうがい」の指示を出すのみであった。政府は選挙のこともあり、明治政府のような国民や経済に負担を強いる感染予防の規制にためらいがあったと考えられる。その結果、スペイン風邪による死者は、本土だけで45万人に達したといわれる。

豆知識

1. 江戸時代に感染症が流行したとき、人が出歩かないため、沿道沿いの茶屋や旅籠屋（はたごや）は休業、湯屋（銭湯）も夕七時（午後４時）に早仕舞いの時短営業となっていた。
2. 1858年のコレラ大流行では、禍（わざわい）をはらうため、祭礼でもないのに神社の神輿（みこし）や獅子頭（ししがしら）などが街頭に出て、軒先には注連（しめ）を引き提灯（ちょうちん）を灯（とも）した。節分のように豆まきや門松も登場、天狗の羽団扇（はうちわ）に似た八つ手の葉が軒に下がった。
3. コレラの流行の余波による寄席不況の1880年、初代三遊亭圓朝（さんゆうていえんちょう）門下の圓遊が浅草並木亭でステテコ踊りを始める。一席を終えると、着物の裾を外側に折りあげて踊る笑いは、西南戦争後に地方から上京した観客層を取り込んだ。
4. 1919年の志賀直哉『流行感冒（かんぼう）』は、自身のスペイン風邪流行時の体験をもとに執筆された。大正時代の庶民の姿が、主人公の「私」の心情の変化を通じて描かれている。

311 物語 ／ 忠犬ハチ公

待ち合わせ場所として親しまれるJR渋谷駅ハチ公口前の忠犬ハチ公の銅像。飼い主の上野教授が命を落としてからも毎日、渋谷駅の改札前で帰りを待ち続けたハチ。その姿は『ハチ公物語』という小説や映画、また舞台を海外に移したラッセ・ハルストレム監督の『HACHI 約束の犬』という映画にもなっており、国内のみならず、海外でもよく知られ、愛される存在だ。

渋谷駅前の忠犬ハチ公の銅像

ハチは秋田犬で1923年に、秋田県大館（おおだて）市で生まれた。生後50日頃、東京に運ばれ、東京帝国大学農学部の教授、上野英三郎（うえのえいざぶろう）博士のもとに引き取られる。それから上野博士との幸せな生活が始まった。ハチは、上野教授が出勤する際、現在の渋谷の東急百貨店のあたりの博士宅（今、あのあたりに住居があるのは考えられないが、当時は普通に住宅があったのだ）から、渋谷駅の改札まで見送りにいっていた。博士が列車に乗り出勤するのを見送り、そして、夕方、博士が帰ってくる時間には、また渋谷駅の改札前に行って、降りてくるたくさんの乗客のなかに博士を見つけると大喜びで駆けよって、家まで一緒に帰った。

だが、悲しいことに、こんな幸せな時間は1年4カ月しか続かなかった。1925年5月21日、上野博士とハチは東京帝国大学農学部の校門まで一緒に行ったようだ。夕方、ハチは、またその校門に行ったが、待っても、待っても博士は出て来ない、ハチは渋谷駅の改札に行って、また待った。だが、博士は出て来なかった。この日、博士は大学内で脳溢血（のういっけつ）のため亡くなっていたのだ。

ハチは、博士の通夜から葬儀の間、何も口にしなかったという。その後、博士の内縁の妻であった八重子（やえこ）と世田谷で暮らすようになるが、ハチは距離があるにもかかわらず、そこからも渋谷駅に博士を迎えに行くようになり、不憫（ふびん）に思った八重子は、元の住居の近く、富ヶ谷の植木職人の小林菊次郎宅に頼み込んで、ハチを託した。

博士はいない……だが、ハチは、毎朝、そこから朝9時頃と、夕方の4時頃に渋谷駅に行き、博士を待ち続けた。時には、いたずらにあったり、野犬に襲われ大けがをした（それがもとで左耳が垂れ下がるようになったという）。それでも通い続けた。博士とハチが一緒に暮らしたのは1年4カ月ほどだったが、その後、10年もの間、ハチは博士の帰りを待ち続けたのだ。

豆知識

1. 博士の死後、渋谷駅に毎日通ったハチは、当初、追い払われたり邪険にされることも多かったようだ。だが、1932年に、東京朝日新聞に「いとしや老犬物語」と、ハチのことが掲載されると、温かく見守られるようになった。駅員も世話するようになり、尋常小学校の教科書に「恩ヲ忘レルナ」と題して掲載され、有名犬となった。

312 商業と娯楽 ／ 商店街

全国的に「○○銀座」という商店街は数多く存在する。東京も本家の中央区の「銀座」の他に、品川区の1.3kmにも及ぶ「戸越銀座」、台東区・荒川区の“夕やけだんだん”といわれる「谷中銀座」などがある。この「〇〇銀座」という言い方は、全国的に本家銀座連合会の大きな成功を意識してつけられているのだろう。

現在の戸越銀座商店街

商店街と銘打った町並みが産声を上げたのは、1894年、金沢市の片町組合だという。それからほどなくした1898年、東京で最初となったのは、台東区の佐竹商店街だ。竹盛会という組合を結成し“商店街”と看板を掲げた。以来数多くの商店街が、人通りのある観光地の近くや鉄道の駅前などに生まれ、近隣住民のみならず客が集まり、足繁く買い物をした。行政の補助金の助けもあり、歩道に広い庇がかけられたり、道路そのものに屋根をかけてアーケード化し全天候型になっていったところも多い。もともとの起源をたどると、中世の楽市楽座や江戸期の仲見世（商品をパッケージから出し、中を見せて陳列する商売方法）などからと考えられる。

先にあげた「銀座」、「戸越銀座」、「谷中銀座」の他に、東京で有名な商店街を挙げるとしたら、「浅草寺仲見世」、上野の「アメヤ横町」などだろうか。全国的にみると、各地の商店街は、自家用車の普及とともに消えて行った鉄道とも関係して、悲しいことにシャッター通りとなってしまっているところが多いのだが、東京は事情が違う。大都市・東京の流入人口が増え続けている影響に加えて、商店街自体が観光地化し、遠くから訪れる客も多くなっている。「アメヤ横丁」、通称アメ横では海産物が驚くほど安く、対面販売での値切り交渉も楽しい。また、“夕やけだんだん”で知られる「谷中銀座」は、昭和レトロな雰囲気と猫の街ということでもアピールしており、猫に出会いに訪れる人も多いようだ。

また、板橋区の大山商店街（ハッピーロード大山）や、中野区弥生町の川島商店街などは、競合する販売品目（野菜など）が多く重なっていることで必然的に安売りになる場合があり、庶民の強い味方だ。大手のスーパーマーケットやショッピングセンターは、どこに行っても同じ物が値段もほぼ変わりなく並ぶが、商店街はそれぞれの街の雰囲気も違ううえに、それぞれの商店に個性があって、ぶらぶらと散策するだけでも楽しめるということが大きな魅力で強みといえそうだ。

豆知識

1.「アメヤ横町」の名称の由来には2説ある。戦後まもない頃、砂糖の統制によって、甘い物が特に重宝された時期があったが、その頃に甘い物を売る「飴屋」が多く「飴屋横町」とされたという説と、アメリカからの舶来品が多く売られているということで「アメリカ横町」と呼ばれたという説だ。

313 暮らしと文化 ／ 紙芝居

いまのように電子機器などなかった時代も、子どもたちは様々な楽しみを見出していた。特に戦前から続く紙芝居は、戦後も引き続き行われ、子どもは売られるお菓子などを楽しみながら紙芝居に夢中になった。その中でも特に人気のあった作品『黄金バット』はのちに映画化された。またベーゴマやビー玉なども人気があり、東京の下町では子どもたちが遊ぶ様子がよく見られた。

街頭で行われた紙芝居（1954年）

近代になって学校などができ、時間制度の変化はあっても、子どもたちが遊びを楽しむことには変わりはなかった。それは、多くの子どもたちが携帯用ゲーム機などを持ついまの時代になっても変わらない。しかし、戦後の東京下町は、アナログな遊びの宝庫だった。子どもたちが特に楽しみにしていたのは、紙芝居である。

街頭での紙芝居は、戦前から続いていた。自転車に紙芝居と水あめなどの駄菓子を積み、子どもを集めて駄菓子を売ったところで、紙芝居を始めるというのはよく見られた光景であった。盛り上がったところで「続きはまた次回」とするパターンがよく見られ、リピーターを確保していた。なお、当時の紙芝居は、絵しか描かれておらず、話は演者にまかされていた。また、紙芝居には多くの作品が存在するが、当時は印刷されず、絵師が描いた作品をそのまま演じていたため、多くが一点ものであり、当時の作品はほとんどが散逸している。

なかでも人気があった作品といえば、『黄金バット』である。戦前から戦後にかけて人気を集めたこの作品は、それ以前に流行していた紙芝居作品『黒バット』の主人公を金色に変えた正義のヒーローとして登場した。この作品はその人気ゆえ、1950年に映画化され、その後アニメ化なども行われた。

ほかにも下町では様々な遊びが生まれた。そのひとつがベーゴマである。ビー玉とともに、駄菓子店で安く売られ、子どもたちの間に普及していった。木の枝や葉っぱなどを使い、遊び道具をつくることもあった。鬼ごっこやかくれんぼ、缶けり、ゴム飛び、通りゃんせなどの遊びもあった。

駄菓子店は文化の発信地であった。現在では月島の名物となっている「もんじゃ焼き」も、もともとは駄菓子店の片隅で食べられていたものだった。戦後しばらくのもんじゃ焼きは、小麦粉を水で溶き、それを醤油やソースで味付けしただけのものであった。豊かになるにつれ、もんじゃ焼きには様々な具材が入るようになり、現在のような姿になった。

戦後の東京の下町は、子どもたちの遊びの宝庫であった。まだ外で遊ぶ場所がたっぷりあった時代、受験などに追い立てられることもなく、子どもたちは日々の生活を楽しんでいた。

豆知識

1. 街頭での紙芝居は「一点もの」が多く、紙芝居の演者に貸し出してお金を取る、というビジネスもあった。いっぽうで、教育目的の紙芝居などは印刷して学校や公共図書館で使用された。
2. 秋本治（あきもとおさむ）の『こちら葛飾区亀有公園前派出所』（集英社）は、下町文化を長きにわたって描き続けてきた漫画である。戦後から現在に至るまでの様々な遊びが登場し、記録としても面白いものとなっている。

314 人物／田河水泡

昭和初期、漫画『のらくろ』で空前の人気を集めた漫画家が、田河水泡（1899〜1989）だ。漫画に出てくる「軍隊に入隊した身寄りのない野良犬」という主人公は、幼くして伯父夫婦に預けられ、苦難の少年期を過ごし、朝鮮半島や満州で軍隊生活を送った自らの人生を投影した姿だった。そんな田河の足跡が刻まれた街が、東京都内に二つある。幼少期から青年期までを送った江東区と、晩年を過ごした町田市の玉川学園だ。

『のらくろ曹長』(田河水泡、講談社)

本名は高見澤仲太郎。東京の本所区林町（現・墨田区立川）に生まれた。１歳のとき母を亡くし、父の再婚を機に、深川区松村町（現・江東区福住）の伯父夫婦に育てられた。深川は当時、まだ江戸時代の下町風情が残っていた。中国趣味の南画を描いていた伯父の影響で、この頃、田河も絵筆を手にとる。だが早くに父も伯父も亡くし、尋常小学校を出ると生活のため奉公に出た。苦労の多い、孤独な少年期だった。

20歳で徴兵され、軍隊生活を２年。除隊後は画家を志し、日本美術学校に入学する。26歳で卒業したが絵は売れず、新作落語を書いて食いつないだ時期もある。やがて漫画の才能を認められ、31歳のとき雑誌『少年倶楽部』で連載を始めたのが『のらくろ』だ。

主人公は、天涯孤独の野良犬で雑種の黒吉。猛犬連隊に入隊し、失敗を重ねながらも機知とユーモアで困難を乗り越えて、二等兵から昇進していく。その元気よく生き抜く姿に多くの子どもたちが声援を送り、爆発的な漫画ブームを引き起こした。『のらくろ』シリーズは1941年、国から「紙の節約」を理由に執筆を禁止されるまで連載。戦後は1958年から月刊誌『丸』で連載を再開し、1980年にのらくろが喫茶店マスターとなって完結した。

漫画家として成功を収めた田河は1969年、町田市の玉川学園前駅近くの新築に移り住む。「全人教育」を掲げる教育者、小原國芳（1887〜1977）が南多摩の広大な林野を買い、宅地分譲により資金を得ながら学校法人「玉川学園」を築いたことで知られる街だ。田河の妻は文芸評論家、小林秀雄（1902〜1983）の妹の高見澤潤子。未完となった夫の自叙伝を書き継いで完成させた潤子は、夫は園芸好きで、玉川学園に来てやっと花や畑を十分に育てることができ、「大喜びだった」と記している。田河は作家の遠藤周作（1923〜1996）と並び、この街を代表する文化人として親しまれた。

死後、のらくろの原画や蔵書、書斎机、道具類は江東区に寄贈され、公益財団法人が運営する森下文化センター１階に1999年、常設展示の「田河水泡・のらくろ館」が設けられた。数々の作品や再現された仕事場に加え、深川の当時の様子も写真で知ることができる。

豆知識

1. 田河の内弟子の一人が『サザエさん』の長谷川町子。長谷川はクリスチャンで、夫妻で付き添って教会に通ったことが縁となり妻の高見澤潤子もクリスチャンになった。
2. 酒好きだった田河は酔っぱらって路上に寝込んだこともあり、結婚前に妻から「酒飲みは嫌いだ」と突きつけられると、禁酒同盟に入った。だが結婚後は酒の失敗が重なり、禁酒のためには信仰の力を借りるしかない、と田河も入信した。
3. 漫画家として売れる前、田河は「高澤路亭」の名で新作の創作落語を書いていた。初代柳家権太楼が演じた『猫と金魚』が有名だ。

315 まち / 多摩市

多摩市は南部に広がる多摩ニュータウンの開発によって発展し、この開発によって縄文時代の遺跡が数多く出土した。その代表的な遺跡が、多摩センター駅からすぐの場所にある。市内北部の京王線「聖蹟桜ヶ丘駅(せいせきさくらがおか)」周辺は、明治天皇がウサギ狩りを楽しんだ場所であり、駅名の由来となった「旧多摩聖蹟記念館(きゅうたませいせききねんかん)」が残されている。

多摩ニュータウン

多摩市は東京都の中南部に位置し、市内の北端には多摩川が流れ、市の西部で日野市や八王子市、南東部で神奈川県川崎市などと接する。市内を二分するように京王相模原線と小田急多摩線が並行して東西に走り、多摩センター駅と永山駅は京王線と小田急線の両駅がある。多摩センター駅と永山駅の南側一帯が多摩ニュータウンである。

明治時代の1889年4月1日、市町村制の施行によって旧8村と飛び地が合併して「多摩村」が誕生した。このときに「多摩村」と名付けられた理由は、記録が残っていないため不明である。1964年4月1日の町制施行で「多摩町」になるも、農村の面影を残す田園地帯であった。

戦後、首都圏中心部への人口集中と深刻な住宅難が社会問題となった。すると、戦前から鉄道で結ばれていた聖蹟桜ヶ丘駅などを有する多摩町が、都心への通勤者の居住地として注目されるようになる。さらに1966年、多摩ニュータウンが建設され、自然を保ちながら多摩丘陵を切り崩したコミュニティ都市の開発が目指された。多摩ニュータウンへの入居が一部開始された1971年、市制施行によって「多摩市」が誕生する。

多摩ニュータウンの開発によって、縄文時代を中心とする遺跡が数多く発見された。多摩センター駅から徒歩圏内にある多摩ニュータウンNo.57遺跡(多摩市落合)は、縄文時代前期・中期を中心とする集落遺跡であり、復元された遺跡は「屋内型テーマパーク」サンリオピューロランドのすぐ北側に位置する。遺跡周辺には東京都立埋蔵文化財センターが建ち、遺跡庭園「縄文の村」も整備された。

市域のほぼ北端には京王電鉄京王線がわずかに走る。明治天皇がウサギ狩りをしたことを記念して建てられた旧多摩聖蹟記念館(多摩市連光寺)は、ギリシャ風の12列柱をめぐらせた鉄筋コンクリート造りの西洋建築物である。「聖蹟」は「聖跡」とも表され、時の天皇が訪れた地の呼称を表している。1930年に宮内(くない)大臣・田中光顕(たなかみつあき)が建て、館内には彫刻家・渡辺長男(おさお)が制作した明治天皇の銅像や、光顕が集めた幕末・明治時代の資料などが展示されている。京王電鉄京王線の聖蹟桜ヶ丘駅が、旧多摩聖蹟記念館の名をとどめている。

豆知識

1. 多摩市の多摩センター地区は、サンリオピューロランドのキャラクター、ハローキティを活用して「ハローキティにあえる街」を目指している。ハローキティの誕生日である11月1日は、多摩市の市制施行日にあたる。
2. 多摩市内にある稲荷塚古墳(多摩市百草)は、7世紀前半に造られた全国的にも珍しい八角形の古墳で、東京都史跡に指定されている。

316 歴史 ／ 戦後復興と首都圏の誕生

焼け跡から大都市へ —— 東京はがれきの処理、建築物の再建や新築によりしだいに復興し、「首都」としての姿を取り戻していった。その中で35区あった区が22区に再編、練馬区の独立により23区になる。復興後、都市機能は東京を超えて拡大していき、周辺の県を合わせた「首都圏」が形成されていった。

東京23区

人々は焼け野原の中で、玉音放送を聴き、戦争の終わりを告げられた。だがそれは苦難の始まりでもあった。がれきは多く、食料は不足し、戦災孤児も多くいた。1944年２月の東京都の人口はおよそ727万人だったものの、1945年11月にはおよそ349万人と半減していた。

そんな中、1945年11月には戦災復興院が発足し、戦災復興都市計画が構想された。ここで理想的な大都市建設を構想したものの、占領軍の接収地域は使用できず、都の財政基盤も弱かったためうまくいかなかった。

がれきは、河川や堀を捨て場として埋め立てて処理し、その上を宅地化していった。その後朝鮮戦争による特需景気で、ビル建設がブームになり、東京の復興は一気に進んだ。

復興の一方、戦後の民主化で地方自治を実現しようという動きが強まった。戦争の中で旧東京市のエリア人口が激減し、人口や財政力の均等化を行うため、都議会では各区人口20万人前後を基準とする22区制の採用を決定した。1947年３月には22区が誕生、同年８月には板橋区から練馬区が独立して、現在の23区になった。同年５月には、地方自治法が施行され、東京23区は「特別区」として扱われることとなった。「特別区」とは、一般の市に準ずる地方公共団体ではあるものの、東京都にだけ設置された特別地方公共団体で、各区は東京都という巨大都市の一単位となり、東京都の一体性と矛盾しないことが求められた。区は自治権の拡充を要求し、一般の市町村ではできるような事案の区への委譲や財政自主権を求めた。いっぽう、多摩の市町村は1953年の町村合併促進法で合併が促進された。

復興が進んでいく中で、今度は都市の過密が問題になり、1956年には首都圏整備法が公布された。この法律では、東京駅を中心に島しょ部を除いた半径100km 以内の東京・神奈川・千葉・埼玉の都県全域、群馬・栃木・茨城・山梨県の一部を「首都圏」として定めた。東京駅を中心として15km 以内の既成市街地では大工場や大学の新増設を抑制、その外側10km 内は近郊地帯とし、緑地や農地を保全した。その外周を衛星都市（大都市圏で、母市の一部機能を分担する都市）として開発を進めた。このようにして、現在の東京の原型が完成したのである。

豆知識

1. 東京は江戸時代から河川や堀の街であった。戦災がれきによる埋め立てにより、東京駅八重洲口などは整備され、現在のような形になっている。
2. 首都圏整備法による近郊地帯では緑地や農地の保全が求められたが、宅地化による地価上昇を期待する地主などがおり、実際には近郊地域の指定は行われなかった。現在でもこの地域には農地がある一方、宅地化などの開発もまた進んでいる。

317 自然 ／ 江戸病み・江戸わずらい

太平の世が続き、活気あふれる江戸の町では、「江戸病み」「江戸わずらい」と呼ばれる奇病がくり返し流行した。これは地方から江戸に来ると、足元がおぼつかなくなり、体調不良で寝込んでしまう。しかし地方に戻るとけろっと治るという、なんとも不思議な病気だった。明治時代以降も流行し、長い間原因がわからなかったこの病気は、脚気（かっけ）だったのだ。

『幼童諸芸教草』「膳」（歌川国芳）に描かれた江戸の食事

脚気とはビタミンB_1不足により、下肢のむくみや知覚麻痺（まひ）、運動麻痺などが起こり、重症化すると急性心不全で死に至る病気である。「打腱器（だけんき）」というハンマーを使って、人の膝の下をたたくと、通常、足がはね上がる（膝蓋腱反射（しつがいけんはんしゃ））。反応しない場合は、脚気の疑いがある。江戸時代以降、庶民に広がった脚気の原因は、ビタミンB_1を含む胚芽（はいが）部分をとりのぞいた白米を主食とする食生活にあった。

江戸時代より前は、貴族や高級武士などの一部のセレブのみが白米を食べ、庶民は玄米や麦、あわ、ひえなどの雑穀を米に加えたものを主食としていた。やがて江戸時代に入ると、新田開発、稲の品種改良、脱穀や精米技術の発達、肥料の普及などにより、都市部で庶民にも白米が手に入りやすくなった。また現在のように、水とお米を釜に入れて、水分を米にすべて吸わせて、ご飯の甘みを引き出すように炊き上げるようになったのも江戸時代である。

また当時は「一汁一菜」が基本でおかずが少なく、主食の白米を多く食べる食生活だったことも、ビタミンB_1不足をまねいた。そのため「江戸病み」「江戸わずらい」と呼ばれる脚気が、江戸の庶民にも広がったのだった。しかし地方ではまだ玄米や雑穀を混ぜた米を食べていたので、地方に戻ると「江戸病み」は自然に治っていたのだった。

江戸の主食である白米をたくさん食べるスタイルは、明治時代になっても続いたので、脚気の流行もとどまることがなかった。脚気はお米を主食とする、日本をはじめアジアの病気だったので、日本に来ていたドイツ人医師らは伝染病だと考えていた。しかし海軍軍医だった高木兼寛（たかきかねひろ）は、脚気がアジアだけで発生するのは米食と関係するのではと考え、航海中の食事を米食からパンや麦食に代えたところ、見事に脚気が激減した。その後、玄米を精製したときに出る米ぬかから、脚気に効くビタミンB_1が発見され、白米が脚気の原因であることがわかってきた。現代の日本人も白米をよく食べているが、豚肉、レバー、豆などからビタミンB_1を十分摂取できていれば問題ない。しかしインスタント食品や糖質過剰摂取で栄養のバランスが崩れたり、ビタミンB_1を消費するアルコールを飲みすぎると起こりうる病気であるので、注意したい。

豆知識

1. 「江戸病み」「江戸わずらい」には、鳥目（とりめ）（夜盲症）という病気もあった。これは夕方、薄暗くなると物が見えにくくなる症状をいい、先天性のものもあるが、後天性のものはビタミンAなどの不足が原因である。
2. 脚気に悩まされていた明治時代、イギリス軍で採用されていたカレーが、栄養バランスがよく、調理が簡単でおいしいという理由から、日本の海軍でも採用された。これが現在の日本の国民食カレーの原型である。
3. 陸軍軍医の森林太郎（小説家の森鷗外）は、白米だけでも栄養は十分に摂取できると主張した。その結果、日露戦争では、海軍ではほとんど起こらなかった脚気が、白米を提供した陸軍で25万人以上が発症した。

318 物語 ／『なんとなく、クリスタル』田中康夫

1980年に発表された『なんとなく、クリスタル』は、女子大生の由利を主人公に、当時大学生だった田中康夫（1956～）が「感覚で行動する世代が登場していること」を書こうとした作品だ。作品内には音楽やファッション、グルメ、流行のスポットの話題がふんだんに登場し、比較的裕福な若者にとっての1980年６月の東京が描かれる。

由利は青山通りから少し入った神宮前４丁目に恋人の淳一（じゅんいち）と住み、渋谷４丁目にある大学（青山学院大学）に通う。両親から生活するには十分な額の仕送りがあるが、千駄ヶ谷にあるモデル・クラブに所属し、月40万円を稼ぐ。六本木のディスコ・キサナドゥで出会った隆行と一夜をともにしたのは、淳一がコンサートツアーで不在のおりだ。恋人以外と遊ぶのは淳一も同じで、由利は恋人として長続きするのに必要なことだと考えている。

由利が生まれたのは1959年。３年前の1956年に経済企画庁（現・内閣府）が「年次経済報告」（経済白書）に「もはや“戦後”ではない」と記した。高度経済成長の中で、しかも比較的裕福な家庭に育った由利は、「退廃的で、主体性のない生き方なんて、けしからん、と言われてしまいそうだけれど」「“気分”が行動のメジャー」だ。作品は発表当時、由利がいうように、軽薄だとか空疎だという批判も受けた。確かに「夜中にケーキを食べに出かけるなら、青山三丁目のキャンティで、白ワインと一緒に食べるのがいいだろう」「一番着ていて気分がいいのは、どうしてもサン・ローランやアルファ・キュービックのものになってしまう」「スカッシュをするなら、等々力（とどろき）の伊勢丹（いせたん）スポーツ・クラブがいい」などという記述は軽薄なブランド志向に感じる。しかし由利は単にブランドやショップに対する執着が強いというだけではないといい、「千代紙を買うのだって、千代田線に乗って千駄木のいせ辰（たつ）まで行くという、この行動が大切な気がする。（略）渋谷で千代紙売っていても、多分、私は買わないだろう。渋谷で買ってしまったのでは、千代紙というより、ボール紙でも買ったという雰囲気しかでてこない気がする」という弁には、インターネットの普及で家にいながら日本各地の物産を手にできる私たちも納得できるのではないだろうか。

この作品の特色の一つに膨大な註（ちゅう）がある。単行本で442にのぼる註は単なる固有名詞の解説ではない。例えば「東邦生命ビル」（現・渋谷クロスタワー）の註は「いつも、映画の後に三百円コーヒー、代々木公園・新宿西口公園でのデートを繰り返しているお二人には、高層ビルでの千円ランチのデートは、新鮮な刺激を与えてくれます」といった批評なのだ。文庫本の解説を寄せた高橋源一郎は「“注”とされる部分こそが、この作品の“本文”なのではないか、とさえ思うようになった」という。

豆知識

1. 2013年から2014年にかけて『33年後のなんとなく、クリスタル』が発表され、日本文学者のロバート・キャンベルの命名により「いまクリ」とよばれる。「いまクリ」の登場により、「なんクリ」とよばれていた1980年発表の『なんとなく、クリスタル』は「もとクリ」ともよばれる。
2. 田中康夫は作品の最後に「人口問題審議会『出生力動向に関する特別委員会報告』」や「昭和54年度厚生行政年次報告書（昭和55年版厚生白書）」のデータを掲載し、日本の人口減少が始まり高齢化が進むことを示した。少子高齢化予測を見て、日本の消費経済が成り立たなくなることを感じたためだ。高橋源一郎は「社会が異様な繁栄へ向かいつつあるその瞬間に、まるで悪夢のような光景を一瞬、垣間見させた。」と評している。

319 商業と娯楽 ／ 東京の大使館

東京には、様々な国の大使館がある。大使館など自分には縁がないと思う方も多いかもしれない。だが、大使館の業務は日本政府との交渉や自国民保護等にとどまらず、日本との文化交流や友好関係の促進なども含まれるので、意外に気軽に参加できる催しが行われることもある。そういった催しに訪れると、東京にいながらにして、その国にいるような気分になれるかもしれない。

外国の大使館が多く集まる港区

大使館が多いエリアといえば港区だ。赤坂、六本木や、麻布といったあたりを中心に、数々の大使館が集まっており、大邸宅や高級マンションも多く、歩いていても独特の雰囲気を持つ地域だ。現在、日本には150以上の外国大使館や駐日欧州連合（EU）代表部があり、その約半数が港区にあるという。これは、明治維新後、政府が没収した旧大名屋敷の跡地を大使館用地として各国に提供したことからで、多くの大名屋敷があった港区に大使館が集まることになったのだ。

特に麻布には、南麻布にフランス、ドイツ連邦共和国をはじめ、フィンランド、ノルウェー、スイス、大韓民国、コンゴ民主共和国、イラン・イスラム共和国、パキスタン・イスラム共和国、ボスニア・ヘルツェゴビナの大使館などが軒を連ねており、西麻布には、ウクライナ、ウルグアイ東方共和国、エクアドル共和国、エルサルバドル共和国、ガーナ共和国、ギリシャ、グアテマラ共和国、コスタリカ共和国、ドミニカ共和国、ニカラグア共和国、ハイチ共和国、ベネズエラ・ボリバル共和国、ボリビア多民族国、ホンジュラス共和国、ラオス人民民主共和国、ルーマニアなどが大使館を置いている。

そのため、このあたりには、大使館に勤務する人など多くの外国人が住んでおり、当然のように、祖国の味を求める人たちのためのスーパーマーケットがある。1962年にオープンした有栖川宮（ありすがわのみや）記念公園の向かいにある「ナショナル麻布」は、半世紀以上前から、日本のスーパーマーケットにはない商品の数々を扱ってきた。１kg以上ある塊の肉や、七面鳥が常備され、ハーブやスパイスは世界中のものがズラリ、なんとチーズ売り場には250種類以上が並んでいる。日本人であっても訪れると楽しめることうけあいだ。

一方、坂を降りると、広尾商店街があり、下町の雰囲気が楽しめる。ここにも、海外のパン屋の日本支店など異国の魅力が楽しめる店があるが、同時に昭和の日本の面影を残す銭湯があるなど、日本らしさと異国情緒が混在しているのも魅力だ。

豆知識

1. 興味のある国があったら、その国の大使館のホームページをこまめにチェックするのがお勧めだ。大使館内で行われるイベントは少ないが、それ以外にもその国との友好を深めることができるイベント情報が掲載されている場合が多い。

320 暮らしと文化 ／ 三種の神器

戦後の経済成長にともなって、家電製品も普及してきた。時代ごとに普及しつつあった家電製品などを、皇室に伝わる「三種の神器」になぞらえて呼ぶようになった。1950年代後半からこの名前が使われるようになり、その後も呼び方や品物を替えて使われ続け、いまでも何らかのものが3点あったら「三種の神器」と呼び表されることがよくある。

歴代の天皇には、「三種の神器」と呼ばれるものが代々伝わっている。八咫鏡、天叢雲剣(別名、草薙の剣)、八尺瓊勾玉である。これになぞらえて、何らかのもの3点を「三種の神器」と呼ぶ用法が生まれた。よくいわれるのが、耐久消費財の「三種の神器」である。

1950年代、神武景気・岩戸景気と好景気が続き、その中で人々の生活の質は向上していった。家庭には電化製品が導入され、家事の負担が軽減された。この年代の後半になると、白黒テレビ・洗濯機・冷蔵庫の家電3点が「三種の神器」と呼ばれるようになり、当時の人たちのあこがれであった。テレビ放送が開始された1953年、NHKテレビと民放テレビが開局し、多くの人たちは街頭でテレビを見ていた。特に東京各地では街頭テレビがさかんに見られていた。テレビは当時高価だったものの、人々はテレビに魅了され、自宅にもテレビを備えるようになった。特に1959年、皇太子ご成婚の際にはテレビは爆発的に普及した。また1953年には三洋電機から家庭用の噴流式洗濯機が発売された。1955年頃までは冷蔵庫は氷を入れて冷やすものが残っていたものの、しだいに電気式冷蔵庫に取って代わった。この頃、秋葉原は電気部品の街から家電の街へと変化し、店舗の大型化も進んだ。

その後、何らかのもの3点を組み合わせて呼ぶスタイルは続いた。1960年代のいざなぎ景気の頃には、カラーテレビ・クーラー・自動車が「新・三種の神器」となり、英文のスペルの頭文字を取って「3C」と呼ばれた。カラーテレビは1964年の東京オリンピックをきっかけに売れるようになり、自動車の普及はクルマ社会を実現した。クーラーの普及には時間がかかった。

1968年には、電子レンジ・別荘・セントラルヒーティングが「新3C」とされたが、こののち「三種の神器」は途絶えた。バブルが崩壊し、消費が活性化しなくなると、マスコミや家電メーカーが主導して「新三種の神器」を提唱しているものの、あまり浸透していない。「三種の神器」は一般的な言葉としても使われ、様々な分野で存在している。

豆知識

1. 電気式の洗濯機や冷蔵庫は戦前からあったものの、一般家庭で購入できるような価格のものは戦後にならないと生まれなかった。
2. 近年提唱されているもののうち、「デジタル三種の神器」はデジタルカメラ・DVDレコーダー・薄型テレビである。またパナソニックは食器洗い乾燥機・IHクッキングヒーター・生ゴミ処理機を「キッチン三種の神器」とした。

321 人物 ／ 手塚治虫

ストーリー漫画の世界を確立し、『ジャングル大帝』『火の鳥』『ブラック・ジャック』など数々の名作を世に放った漫画界の巨匠、手塚治虫（1928〜1989）。代表作『鉄腕アトム』は日本のテレビ初の長編アニメシリーズとなり、社会に大きな影響を与えた。そんな手塚のいくつもの作品が生まれたのが、東京都豊島区の「トキワ荘」。手塚を慕う若き才能が全国から集まり、のちに「漫画家の梁山泊」とも呼ばれた木造のおんぼろアパートである。

トキワ荘マンガミュージアム

本名は手塚治。ペンネームに「虫」を加えたのは、昆虫が大好きでファーブルを思わせる少年だった頃の名残なのだろう。大阪府豊中市の開放的な家庭に育ち、戦争体験をへて生命の尊さに目覚めたという青年は、大阪大学医学部に進んで、いったんは医師の道を志す。しかし、中学時代から描いていたという漫画の才能が在学中に開花し、売れっ子に。関西の実家と東京との行き来が増えた1953年、雑誌『漫画少年』の編集者の紹介で東京の仕事場兼住まいとして入居したのが、木造モルタル２階建てのトキワ荘だった。

２階には、廊下をはさんで四畳半の個室が10部屋。手塚の部屋は、共同のくみ取り式トイレと炊事場に近い端っこだった。建付けが悪いため壁に隙間があり、隣室の食卓のおかずがにおってきたという。手塚はここで、当時連載中だった『鉄腕アトム』や『ジャングル大帝』を描き、編集者と七輪で暖を取りながら『リボンの騎士』の構想を立てた。

手塚自身は1954年に転出したが、その部屋を引き継いだのが富山県から上京してきたコンビ、『ドラえもん』の藤子・F・不二雄（1933〜1996）と『怪物くん』の藤子不二雄Ⓐ（1934〜）だ。宮城県からは『サイボーグ009』の石ノ森章太郎（1938〜1998）が上京、化学薬品工場で働いていた『おそ松くん』の赤塚不二夫（1935〜2008）も入居した。他にも、ちばてつや（1939〜）やつげ義春（1937〜）、つのだじろう（1936〜）ら数多くの若き才能が出入りした。漫画はまだ今ほどの市民権を得ていない時代。ないない尽くしの暮らしだったが、お互いに刺激し合い、励まし合い、やがて世界を席巻する漫画・アニメ文化を育てていく。

残念ながら、老朽化したトキワ荘は1982年に解体されたが、そっくりの建物が2020年７月、近所の南長崎花咲公園内によみがえった。地域活性化の起爆剤となることを期待して、地元が「トキワ荘ミュージアム」として復元した。築10年ほどの経年劣化をイメージして再現された建物は、日焼けした畳や汚れた外壁、炊事場に残されたラーメンどんぶりまで、当時をほうふつとさせる緻密な仕上がり。階段もわざとミシミシ鳴るよう設計された。38年前、解体を惜しむ手塚が、『リボンの騎士』の主人公サファイアと自身の似顔絵をさらりと描いて地元記者クラブに残したという天井板は、開館を機に区に寄贈され、館内に展示されている。

豆知識

1. 復元されたトキワ荘は古い木造建築に見えて、実は鉄骨造り。現在の建築法規を満たすためだ。当時の設計図は残っておらず、石ノ森萬画館（宮城県）などを手がけた丹青社と丹青研究所が関係者からの聞き取りや資料調査を重ね再現した。
2. 手塚治虫本人の作品と足取りについては、５歳から20年近く過ごした兵庫県宝塚市に手塚治虫記念館があり、漫画やアニメの制作体験が楽しめる。

322 まち／稲城市

「稲城」は明治時代につけられた名称である。一説によると、古くから「稲」の栽培が盛んで、中世に「城」が築かれたという歴史を考慮したとされる。江戸時代に整備された用水路が市域に現在も残り、親水公園として親しまれている。農業も盛んであり、都内有数のナシとブドウの生産地としても知られてきた。

ナシの花

稲城市は東京都の中南部に位置し、北端には多摩川が流れ、神奈川県川崎市などと接している。市の北部から南西方向に京王相模原線が延び、東から順に京王よみうりランド駅、稲城駅が市内に含まれる。

1889年4月1日、東長沼・矢野口・大丸・百村・坂浜・平尾の6村が統合されて「稲城村」が誕生した。「稲城」という名称は、このときに新しく命名された村名であり、歴史的な史料は確認されていないため由来は不明である。一説によると、「稲城」の選定にあたっては、市域に長沼城（稲城市東長沼）・大丸城（稲城市大丸）など中世に築かれた「城砦」があったという歴史的事実と、この地で稲の栽培が盛んに行われ、良質な米の産地であったためだとされる。「稲」と「城」が合わさり、稲城になったというわけだ。

市内を流れる大丸用水は、9本の大きな水路と分岐した約200本の小さな水路を合わせると、総延長は約70kmにもおよぶ。江戸時代に整備された農業用水路で、多摩川から水を引いている。大丸用水の沿道は親水公園として整備され、水の流れを感じながら散策することができる。親水公園の一つ、上谷戸親水公園（稲城市若葉台）は市の南西部に位置し、多摩ニュータウンに残る豊かな自然と歴史を感じられる公園であり、稲城市の市の鳥でもある「チョウゲンボウ」の繁殖地となっている。チョウゲンボウはハヤブサの仲間で、急降下して昆虫やネズミなどの小動物を捕らえる。

稲城市の特産物であるナシは「市の花」に指定され、江戸時代中期頃から栽培されてきた。市内北部を中心にしてナシ畑が広がり、春の盛りに白い花咲く光景は、稲城を代表する風景の一つである。

稲城市ではブドウのブランド品種、「高尾ぶどう」の生産も盛んである。「高尾ぶどう」は、昭和30年代に立川市の東京都農業試験場で開発された品種で、品質は優れているものの栽培管理が難しく、普及に至らなかった。1973～1974年頃から稲城市で高尾ぶどうの栽培が始まり、1976年に「稲城市高尾ぶどう研究会」が発足した。試行錯誤を経て現在では、稲城市産の「高尾ぶどう」は贈答用として定着している。

豆知識

1. JR南武線の南多摩駅から南方向に延びる城山通りに沿って、丘陵を生かした城山公園が広がり、敷地内には稲城市立中央図書館がある。周辺では奈良時代の窯跡や中世に築かれた大丸城跡などが見つかっている。
2. 読売ジャイアンツ球場に近い穴澤天神社（稲城市矢野口）の歴史は古く、平安時代の記録に残る。8月下旬の例大祭では、国指定重要無形民俗文化財の「江戸の里神楽」や稲城市指定文化財の「穴澤天神社獅子舞」が奉納される。

323 歴史／東京都政

東京都知事は強大な権限を持つことで知られている。予算も多く影響力も大きい都知事の地位をめぐる選挙は毎回熾烈を極めた。戦後の混乱期をおさめた保守都政が２期続いたあと、今度は高度成長にともない発生した様々な問題に立ち向かうべく革新都政が熱狂的に支持された。一方、物価高騰の中で財政危機に陥った都政を保守派が再び担うことになるが、その後、都政は混迷を極めていく。

旧東京都庁舎（1965年12月）

戦後の民主化の中、都道府県の知事も選挙で選ぶということになった。1947年５月３日に地方自治法が施行され、最後の東京都長官は選挙で選ぶこととし、官選知事を経験した安井誠一郎（1891〜1962）が選出される。安井は選挙で選ばれた初の都知事となった。

安井は自由党推薦の無所属で、社会党・日本共産党が推した候補とおよそ９万票の差だった。その後、２回目・３回目の都知事選も当選した。安井は戦災からの復興や、食料の確保に尽力し、首都圏整備法制定にもかかわる。東京オリンピック招致も行った。

この流れを受けて1959年に都知事に当選したのが、東龍太郎（1893〜1983）である。東は自由民主党の支持を受けて都知事に当選、２期８年知事職を務めた。在任中の1964年には東京オリンピックも行われ、また初のパラリンピックも行った。東はスポーツに造詣の深かった医師という前歴を生かして、五輪に心血を注いだ。行政面では鈴木俊一（1910〜2010）副知事が自治官僚だった手腕を生かし、多くのことを取り仕切った。オリンピックとあわせて東京のインフラ整備に力を注いだものの、開催直前の水不足により給水制限などが行われ、水利政策に都政への批判が集まった。

いっぽう、高度成長で東京が発展していく中、そのひずみもまた大きくなっていった。環境の悪化や、住宅の狭さ、社会福祉の未整備などが問題となり、その声を受けて1967年に都知事となったのが革新統一候補の美濃部亮吉（1904〜1984）である。美濃部は３期都知事を務めた。都政の計画化・科学化を進め、「東京都中期計画」を作成、「シビル＝ミニマム」すなわち都民が幸せな生活を送るために必要な最低限度の水準を策定し、行政の到達目標と計画を明確にした。福祉重視の予算編成を行い、無認可保育所への助成や老人医療費の無料化、公害研究所の新設などを行った。いっぽう、狂乱物価の中で都財政は危機に陥り、「革新都政」は幕を引くことになる。

美濃部の次に当選した元副知事の鈴木俊一は1979年に自民党などの推薦で初当選、４期務めた。都財政の再建を行う一方、臨海副都心の開発を進めた。

豆知識

1. 鈴木俊一退任後の都政は混迷を極めることになる。「都市博中止」を掲げた青島幸男（1932〜2006）は１期で退任、石原慎太郎（1932〜）は1975年以来の２度目の出馬で1999年に当選するも、４期目途中で退任した。その後、１年程度在任の都知事が２名いた。2016年、小池百合子（1952〜）が女性初の都知事となり２期を迎えている（2021年時点）。

324 自然 ／ 日本経度緯度原点と日本水準原点

東京都内には、日本の国土の位置を測定するための原点が２つあることをご存じだろうか？一つは日本経度緯度原点である。これは経緯度の基準となる点で、三角測量の出発点となり、国土地理院関東地方測量部構内（東京都港区麻布台）にある。もう一つは、標高測量の出発点であり、日本の高さの原点となる日本水準原点で、国会前庭北地区（東京都千代田区）にある。実はどちらの原点も、過去に震災などにより何度も変更されているのだ。

国土のある地点の正確な位置を知るためには、測量によって経度、緯度を決める必要がある。日本語の「経」は織物の経糸、「緯」は緯糸を意味している。地球上の１点を通り、かつ北極と南極を通るように切った子午面とイギリスのグリニッジ天文台を通る本初子午面がなす角度を経度という。ある地点の垂直線の方向が赤道面と交わる角度を緯度という。

測量法により日本の原点の数値は次のように定められている。

- **経度　東経139度44分28秒8869**
- **緯度　北緯35度39分29秒1572**
- **原点方位角（三角測量に必要な方向線の基準線）　32度20分46秒209**

日本経度緯度原点は、1892年に東京天文台の天文観測のために用いられた望遠鏡「子午環」を中心位置に原点が定められたのが始まりである。東京天文台が三鷹に移転した後も、国土地理院が日本経度緯度原点を引き継ぎ、現在も日本の地図測量の原点として利用されている。なお子午環は1923年の関東大震災（M7.9）で崩壊し、代わりに金属標が設置された。

明治時代の原点数値は、天文測量により地球の形によく似た楕円形にもとづいて決定されたものだったが、2001年の測量法施行改正により、測量の基準として世界測地系が採用され、経度が約－12秒、緯度が約＋12秒だけ変更された。

また2011年の東北地方太平洋沖地震の影響により、日本経度緯度原点が真東に移動したため経度が＋0.011秒変更され、現在の数値となった。

一方、日本の土地の高さ（標高）を定めるため、1891年に日本水準原点が設置された。この日本水準原点は、東京湾の平均海面を基準（標高０m）として測られ、経年変化により高さの変動が生じないように、基礎が地下10mまで達している。しかし1923年の関東大震災で大きな地殻変動があり、当初の24.500mから24.414mに変更され、1949年の測量法施行令制定により24.4140mと定められた。その後、2011年の東北地方太平洋沖地震により、現在の日本水準原点の標高は24.3900mとなっている。

豆知識

1. 日本独自の貞享暦を考案した渋川春海（1639～1715）は、1684年天文測量・暦の編集にあたる江戸幕府の天文方に初任した。当初は墨田区、後に駿河台に天文台を設け、日本で初めての星図『天文成象』などを著した。
2. ８代将軍・徳川吉宗は自然科学を好み、天文学にも関心が深かった。天文観測をするだけでは飽き足らず、自ら観測機器を考案したといわれている。また江戸城内の吹上御所に本格的な天文台を造ったとされている。
3. 江戸時代の代表的な天文台は、修正宝暦暦が施行後1782年に移転された浅草天文台である。葛飾北斎の浮世絵版画『富嶽百景』の一つ『浅草鳥越の図』に描かれたことで名高い。幕府の年貢米を備蓄する隅田川に面した御蔵前の裏手に位置し、測量所または司天台と呼ばれた。約2000坪の屋敷内に、高さ約10mの築山が設けられ、その上に渾天儀（中国伝来の天体観測器具）、象限儀（ヨーロッパ伝来の天体測定器具）などが備えられた。天文方の役所も同じ敷地内にあり、この天文台は明治維新で天文方が廃止されるまで存続した。

325 物語 /『ノルウェイの森』村上春樹

『ノルウェイの森』は、神戸育ちで東京の大学に進学し、演劇を専攻するワタナベが主人公だ。著者である村上春樹(1949～)自身が兵庫県神戸市に近い西宮・芦屋(あしや)で育ち、東京の早稲田大学第一文学部映画演劇科に進学した経歴から、自伝的な小説かと問われることが多いが、それについては否定されているようだ。究極の恋愛小説とも評される。

国内累計1000万部を超える日本での大ベストセラーであることに加えて、英語、ドイツ語、フランス語、イタリア語、ロシア語、中国語、韓国語をはじめとした数十にわたる言語に翻訳されて世界中で愛読されている小説だ。この5年ほど前に書かれた『蛍』という短編小説が軸になっている。

東京の街の描写が印象的なのは、高校時代に突然、自ら命を絶った友人キズキの恋人だった直子と中央線の電車のなかで偶然再会し、「降りましょうよ」と言われ、四ツ谷駅で電車を降りて歩きはじめるところから。市ヶ谷の方へ向かい「飯田橋で右に折れ、お堀ばたに出て、それから神保町の交差点を越えてお茶の水の坂を上り、そのまま本郷に抜けた。そして都電の線路に沿って駒込まで歩いた」。なかなかの距離だ。それから2人は、日曜日ごとに東京の街を一緒に歩くようになっていく。「冬が深まるにつれて彼女の目は前にも増して透明に感じられるようになった。それはどこにも行き場のない透明さだった」。そんなある日、やがて直子はワタナベの前から姿を消す。直子は心を病み京都の山奥にある療養施設で生活するようになったのだ。

一方で、大学で同じ授業をとる緑と出会う。彼女は山手線の大塚駅近くの書店の娘で、ワタナベに関西風の味付けの料理を振る舞う。父母ともに関西に縁はないのに、味付けは完璧な関西風なのだ。また、京都の療養施設に直子を訪ねたときに出会う音楽家のレイコさんなど、様々な人たちの生き様が肩肘(かたひじ)を張らない筆致で描かれる。

この小説では心を病む人たちが村上独特の透明感を持って描かれる。性的な描写もありながら、それもいやらしく感じられない。村上自身が「僕の死んでしまった何人かの友人と、生き続けている何人かの友人に捧げられる」とあとがきに書いており、親しみの情が感じられる筆致に共感を抱く読者が多いといわれている。

豆知識

1. もともとはドビュッシーのピアノ曲集『版画』のなかの『雨の庭』に由来する『雨の中の庭』というタイトルで書き始められた。妻の意見もあり、原稿を出版社に渡す直前に変更されたという。
2. 上巻が赤、下巻が緑とクリスマスカラーの目を引く装幀(そうてい)は村上自身が手掛けた。

326 商業と娯楽 ／ ラジオ・テレビ放送

日本で放送が開始されて以来、ラジオ・テレビの中心は東京であり続けた。初めてのラジオ放送が開始されたのは東京であり、テレビも同じである。放送は、東京から発信され、全国をカバーするようになった。それゆえ、東京には多くの放送産業従事者が暮らすようになり、また放送は都市のあらゆることを全国に伝えるようになった。

メディアの中心地は、いつも東京であり続けた。特に、放送メディアは東京を中心に全国に発信するようなシステムができあがっている。

放送はまずラジオから始まった。日本でラジオ放送が開始されたのは、1925年３月22日のことであり、初めての放送は東京の芝浦からだった。社団法人東京放送局、現在のNHKである。同年６月１日には大阪で、７月15日には名古屋でも放送が始まった。各地の放送局は、1926年に社団法人日本放送協会となりこれと同時に、国の一機関のような扱いを受けることになった。甲子園や昭和天皇即位の礼などの中継で多くの人がラジオを聞くようになり、大相撲中継や演芸なども人気だった。それらを家族で楽しんだ。戦時下になると、放送には「大本営発表」などが増え、娯楽色が減った。1945年８月15日には「玉音(ぎょくおん)放送」を日本全国に流した。

戦後になると民間放送への動きが高まる。だが東京では民放ラジオ局の申請者が多く競合し、名古屋の中部日本放送に先を越される。東京初の民放局は東京放送（現・TBSホールディングス）である。

あわせて、テレビへの動きが始まる。戦前から研究されていたテレビは、戦後になり実用化の目途が立ち、1953年２月１日に日本放送協会（NHK）により放送が始まる。同年の８月28日に日本テレビ放送網により初の民放テレビ放送が始まった。

テレビの普及でラジオは沈むのかと思われたが、家庭メディアではなくパーソナル・メディアとして生き残った。自動車用ラジオの普及や、小型のラジオが安価に売られるようになったため、個人が聴くメディアとなったのだ。特にニッポン放送の「オールナイトニッポン」などの深夜放送が多く聴かれた。また、FM放送も開始され、高音質の放送が支持された。

民放テレビ局はキー局として全国紙の系列に置かれ、それにあわせて地方の局もネット局になり、東京から全国に配信するシステムが整えられた。放送産業従事者の多くが東京に暮らすようになる。1989年には衛星放送が開始され、1991年には民放の衛星放送も開始された。テレビは家庭の娯楽の中心となり、東京発の情報が日本各地に届き、文化の基盤となるようなシステムとなっていった。

豆知識

1. ラジオ放送開始時にはラジオの聴取料というものがあり、逓信(ていしん)局（かつて郵便や通信を管轄していた中央官庁）から許可を得ないとラジオを聴くことができないシステムだった。ラジオのみのNHK受信料は1968年まで続いた。
2. ラジオの深夜放送全盛期には東京発の全国ネット番組だけではなく、地方発の番組も盛んだった。地方大都市の大出力AM局の番組は放送エリア外にも聴取者は多かった。また東京局のラジオを遠距離受信する人もいた。

327 暮らしと文化 ／ 環状道路

放射状の道路網だけでは、都心に自動車が集中し、渋滞などが問題になってしまう――そんな状況が顕在化していたため、東京には環状の道路網がつくられた。まずは一般の道路である都道の環状道路が整備され、高速道路の環状道路は現在も整備され続けている。特に高速道路の環状道路は、都心部を経由しなくてはならない大型自動車の迂回路として重要だ。

東京では、江戸時代には日本橋を中心に各方面への街道が放射状につくられ、狭い江戸の街では、地域によって道の広さや長さは様々であった。1923年の関東大震災の復興計画で、1927年に東京駅を中心に環状道路を8本つくることになった。現在の環状1号線から環状8号線である。

環状1号線から6号線までは、すんなりとルートが決まった。既存の道路を利用して、そこを環状線と指定し、整備をすればいいということだからである。例えば環状1号線は、日比谷通り・晴海通り・内堀通り・永代通りを結んだものである。もちろん、東京港があるために完全に円環になっているのは環状1号線だけで、多くはほぼ環状になっている。また、円環が形成できず、弧の程度の長さしかなくぐるりと都を囲んでいないような「環状線」もある。例えば環状5号線や環状6号線である。

その後、終戦後の戦災都市復興計画の中で、環状7号線の整備計画が立てられた。一時は道路計画への無理解で工事が進まなかったものの、一部区間が1964年の東京オリンピックまでに開通した。だが全線開通には時間がかかり、1985年に全通した。また環状8号線は、1960年代後半に整備が本格的に開始されたものの、地価の高騰で土地の確保に時間がかかった。全通したのは2006年である。

一方、高速道路の都市集中も課題になった。渋滞を抑制するために、「3環状」と呼ばれる環状道路をつくることになった。首都高速中央環状線は、大井から葛西までを結ぶ環状線で、2015年に全通した。東京の東側では河川沿いに、西側では深い地下トンネルで路線がつくられた。東関東自動車道と首都高速1号線を結ぶ計画の東京外環自動車道は、1992年に都外で一部区間が開通、関越自動車道と結ばれ都内に入ったのは、1994年のことである。この道路には一般道も併設されている。現在は関越自動車道と中央自動車道、東名高速道路を結ぶべく大深度トンネル工事が進められている。また首都圏中央自動車道は、都内では高尾山を経由し、都心を通過する大型自動車の迂回路となっている。都心に車を集中させないために、戦前から現在にかけて、様々な工夫が続けられているのだ。

豆知識

1. 国道では、国道16号線が「東京環状」として関東圏をぐるりと取り囲むようになっている。この道路を境目に、都市文化と地方文化が分けられるともいわれている。
2. 都心から150km圏には、高速道路を組み合わせた「関東環状道路」という道路ネットワークがある。建設中のこのルートが整備されれば、東京都内を迂回して大型車両が移動することが容易になる。

328 人物／田畑政治

生涯、オリンピックに情熱を注ぎ、1964年東京五輪を招致した立役者が、2019年のNHK大河ドラマ『いだてん』後半の主人公、田畑政治（たばたまさじ）（1898〜1984）だ。新聞記者として働きながら水泳指導者としても活躍し、「水泳ニッポンの父」とも称された。東京五輪成功に向けレールを敷いた功績者だが、直前に引きずりおろされ、苦汁をなめた人物でもある。

田畑が最初に心を奪われたのは、水泳だった。静岡県浜松町（現・浜松市）の裕福な造り酒屋に生まれ、幼時から浜名湖の弁天島にある別荘で夏休みを過ごして自然に泳ぎを覚えた。中学でも水泳部に入って活躍したが、大病を患って断念。選手を育てる側に回る決意をした。

1924年に東大を出ると朝日新聞社に入社。長く政治記者を務めながらも、大日本水上競技連盟創立に加わり、1932年ロサンゼルス五輪には水泳総監督、1936年ベルリン五輪には本部役員として参加。その負けん気が発揮されたのが、戦後最初の1948年ロンドン五輪参加をイギリス側から断られたときだ。五輪日程に合わせ、同時刻に水泳の日本選手権を開催。「フジヤマのとびうお」と呼ばれた古橋廣之進（ふるはしひろのしん）（1928〜2009）が1500m自由形で世界新を樹立し、400mでも五輪優勝タイムを上回る記録を出すと、結果は世界に打電された。

五輪と新聞、二足のわらじを履き、「どっちが本業なんだ」と言われた田畑だったが、五輪への情熱は高まるばかり。1959年、東京開催が決まると組織委員会の事務総長に就き、持ち前の行動力で陣頭指揮をとる。段取りを進め、念願の柔道や女子バレーボールが正式種目となり、米軍居住地域だった代々木の「ワシントンハイツ」返還を受けて選手村もつくった。ところが、田畑は思わぬ形で事務総長を引きずりおろされてしまう。1962年にジャカルタで開かれたアジア競技大会で、台湾とイスラエルの参加をホスト国インドネシアが拒否したことから、日本選手を参加させれば五輪開催に響くという議論に発展。日本は参加して好成績を残したが、「政界の寝業師」の異名を持つ有力政治家から責任を追及されて同年10月、辞任に追い込まれた。

よっぽど悔しかったのだろう。「血の出る思いをして、われわれはレールを敷いた。私が走るはずだったレールの上を別の人が走っている」と自著に記し、雑誌インタビューでは「オリンピック屋やおべんちゃら利権屋に、オリンピックがくいものにされる心配だってあるんだ」とまで語っている。だが、東京五輪後も田畑の熱が冷めることはなかった。水泳が不振だった結果を受け、「強化には屋内プールが必要だ」として東京スイミングセンター設立を働きかけたことが、日本水泳の復活につながったとされる。1973年には日本オリンピック委員会（JOC）委員長に就いた。享年85で旅立ったとき、柩（ひつぎ）は五輪旗で覆われた。

豆知識

1. アジア初の五輪でもあった1964年東京五輪。田畑は聖火をアジア各国でリレーさせようと考えた。日本軍が戦場とした国々を回ることで、日本が平和国家に生まれ変わったことを世界に伝える狙いだった。
2. 当初は陸路を考え、日産自動車提供の特別車を使った「聖火リレーコース踏査隊」は1961年６月にアテネを出発したが、シンガポール到着は年末という過酷な旅になった。陸路はあきらめ、空路に切り替えた。

329 まち／羽村市

江戸時代には、江戸の水不足を解消するために玉川上水が整備された。そのスタート地点である取水口や、水を管理するために設けられた陣屋跡が往時を物語っている。羽村取水堰（はむらしゅすいせき）の美しい景観は「羽衣の堰（はごろものせき）」と呼ばれ、現在も羽村市の日本酒などに名が用いられている。

羽村取水堰

羽村市は東京都中部の西寄りに位置し、市内の南西から北西に延びるJR青梅線の羽村駅と小作（おざく）駅が市内に含まれる。市域の西から南へと多摩川が流れ、多摩川周辺の自然や武蔵野の面影を残す雑木林が残る他、江戸時代に開削された玉川上水の取入口がある。

江戸時代前期、3代将軍・徳川家光（いえみつ）の時代になると、江戸の人口増大により既存の水道だけでは、生活用水が足りなくなる。そこで水量が豊富な多摩川から江戸に上水を引く計画を立て、1653年に羽村の取水堰から江戸（新宿の四谷大木戸）までの約43kmに玉川上水が造られた。市内南部にある羽村取水堰には、玉川上水を整備した玉川庄右衛門・清右衛門兄弟の像が立つ。さらに玉川上水の完成後、水路や堰の管理をするために設置された玉川上水羽村陣屋（羽村市羽東）の跡も残る。

江戸時代の羽村市域は、羽村・五ノ神（ごのかみ）村・川崎村の3村に分かれていた。大部分が畑作であったが、生産性が低い土地であったため一部では焼き畑農業も行っていた。収穫量を上げるためには肥料を購入する必要があり、肥料代の支払いに農民たちは苦しんだ。そのため、日頃の農業の合間に、男性は雑用に雇われたり馬で江戸に荷物を運んだりし、女性は養蚕や機織りをして生活費を稼いだ。幕末の1859年に横浜が開港されると、蚕種（さんしゅ）（蚕（かいこ）の卵）や生糸が主要輸出品となり、羽村でも養蚕が盛んになっていった。

明治時代に入った1889年、羽村・五ノ神村・川崎村が合併して、「神奈川県西多摩郡西多摩村」が発足し、1893年に東京府へ移管された。戦後の1956年、町制施行によって西多摩村は「羽村町」となり、1991年11月1日に市制を施行して「羽村市」が誕生した。

「羽村」という地名の由来には諸説あり、詳細はわからない。例えば、多摩川の流れによって自然にできた崖、河岸段丘地を「ハケ」とよび、ハケが広がる土地であることから「ハケ村→羽村」になったという説や、中世に三田氏が治めた領地の東端にあったため「ハシ→ハシ村→羽村」になったという説などがある。

玉川上水の取水口が設けられた羽村堰は、その美しい景観から「羽衣の堰」とも呼ばれた。「羽衣の堰」にあやかって羽村市商工会と羽村市観光協会が考案した「清酒 羽衣の堰」は、口当たりの良さから親しまれている。

豆知識

1. 『大菩薩峠（だいぼさつとうげ）』の作者、中里介山（なかざとかいざん）（1885～1944）は、現在の羽村市内の水車小屋で生まれ、付近の家で育ったとされる。JR青梅線の羽村駅から近い禅林寺墓地（羽村市羽東）に、介山の墓がある。
2. 羽村駅の東側にある「五ノ神まいまいず井戸」（東京都指定史跡）は、すり鉢状に掘られて「まいまいず（カタツムリ）」の殻に似た姿から名づけられた。まいまいず井戸は、武蔵野台地で数多く掘られた井戸の一種である。

330 歴史 ／ 人口増加

太平洋戦争で減った東京の人口も、戦後になると増え続け、1000万人を超えるようになった。ただ、東京都全体が一様に増えたわけではない。都心部が増加した時期もあれば、郊外への人口移動が活発化した時期もあった。また、西多摩エリアや島しょ部では過疎化が進んだ。

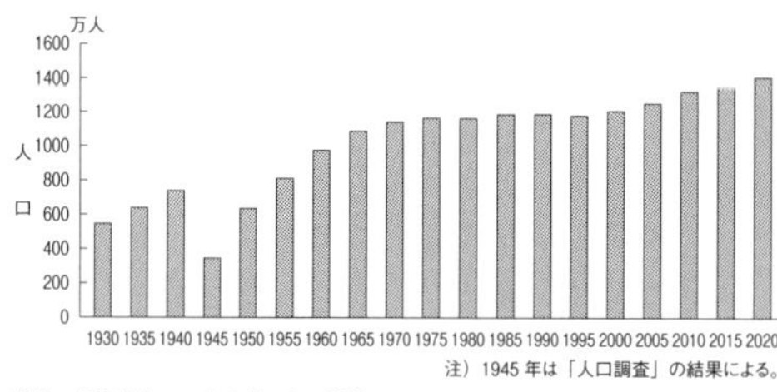

戦後の国勢調査での東京都の人口推移

東京都は、空襲による大きな被害を受ける中で太平洋戦争の末期には人口が減少し、終戦時におよそ349万人程度だった。しかしその後、経済成長の中で人口は増え続けた。東京が復興するにしたがい、一気に人口が増えるようになった。1950年の国勢調査ではおよそ628万人となり、復興の中で人口は５年で倍近くに膨れ上がった。

その頃、東京の住宅事情は劣悪であり、狭い家に多くの人が暮らしていた。さらに、都市部での軽工業も盛んで、多くの労働者が地方から流入し、人口増に拍車をかけていた。1955年にはおよそ804万人、1960年にはおよそ968万人と、好景気（神武・岩戸景気）の中で人口は増え続けた。

いざなぎ景気、そして東京オリンピックの準備にかかわる好景気の中で、1965年には東京の人口はおよそ1087万人と、1000万人を超えた。他県から東京都への通勤者も増え続け、東京都内でも通勤圏が拡大していった。人々が働く都市、暮らす都市として、東京は活況を呈していた。

この流れに、高度経済成長がさらに拍車をかける。1970年には人口およそ1141万人となるが、これ以降は郊外住宅の整備により、近県の人口も増えるようになり、都内の人口増は足踏み状態となった。

あわせて、西多摩エリアや島しょ部では過疎化が進む。西多摩郡の檜原（ひのはら）村では一時製材業などが盛んになるも、海外からの木材の輸入や新建材の開発、木炭から石油・ガスへの燃料転換で需要が激減し、人口が減少した。島しょ部では観光開発に力を入れるものの、生活基盤の充実を後回しにしたため、八丈小島では1969年に集団離島するような状況になった。

以降、1100万人台で東京の人口は推移していく。バブル景気が終わり、日本が不景気に突入すると、都市と地方の格差が顕在化し東京への一極集中がさらに進んだ。2000年にはおよそ1206万人、2015年にはおよそ1352万人と増加した。この間、人口が増え続けたのは主に東京23区であり、区部で人口のもっとも多い世田谷区は2017年に初めて90万人を超えた。

豆知識

1. 東京への人口集中の象徴的な事例として、1955年に始まった中学・高校卒業生の集団就職が挙げられる。大量の若者を都市部の中小企業の労働者として農村部から流入させ、経済成長を支えるようにした。
2. 八丈小島は八丈町の一部だったものの、合併する前は宇津木村・鳥打（とりうち）村の２村が置かれていた。だが医療や教育などが充実しておらず、自給自足の生活だったため島民は島に暮らすことが困難になっていった。

331 自然／地震

最新の科学を駆使しても、地震予知はほぼ不可能である。しかし東京をはじめ日本周辺には活断層やプレートなどがあり、地震が発生しやすいことは明らかである。また歴史をひもとくと、過去に東京を中心とした巨大地震が何度も起こった歴史的事実がある。歴史からは、具体的にその地震がどんな被害をもたらし、その時代の人々がどのように対処したのか、現在の私たちが学べることも多くあるのだ。

東京の周辺には関東平野北西縁断層帯、立川断層帯、伊勢原断層帯、神縄（かみなわ）・国府津（こうづ）―松田断層帯、三浦半島断層帯、さらに深谷断層帯や綾瀬川（あやせがわ）断層帯などの活断層が多い。また隣の神奈川県の相模湾に相模トラフ、静岡県の駿河（するが）湾にユーラシアプレート東端とフィリピン海プレート北端が接し、駿河湾から三重県の熊野灘（なだ）、四国、さらに九州東部沖にのびる南海トラフもあるため、地震の危険性が極めて高い。

記録に残されている、東京を中心とした一番古い巨大地震としては、1703年の元禄地震（推定M7.9～8.2、海溝型）である。房総半島南端を震源とし、江戸を中心に関東をおそい、江戸では小石川の水戸藩屋敷から出火し、広い範囲が焼けた。熱海や鎌倉、九十九里浜や東京湾などに津波が押しよせた。元禄地震による犠牲者総数は、15万4000人以上にのぼるという。

その後1853年のペリー来航を機に、幕末の動乱が始まった。同じ時期に江戸は大地震におそわれ、幕府の支配体制は揺らいでいった。1854年東海沖と南海沖で、32時間差で地震が発生し、江戸も含めて東海道や畿内などの広い範囲で火災や、犠牲者2000～3000人といわれる津波をもたらした。幕府はこの惨事をうけて「安政」と改元したため、二つの地震は安政東海・南海地震（いずれも推定M8.4、海溝型）とよばれる。

改元もむなしく起こった1855年の安政江戸地震（推定M7.0～7.1、直下型）では、江戸湾北部・荒川河口付近が震源と推測される。特に江戸下町の被害が大きく、町方・武家をあわせて約１万人もの人が犠牲となった。このとき江戸の町人たちによる自主的な復興活動が行われた。地震発生から３日目には、町会所による御救小屋（おすくいごや）が建てられ、裕福な町人も自分の財産を投じて被災者支援を行ったのだ。またこの地震による建物崩壊が、大工やとび職など職人たちへの経済効果が絶大で、２年後には江戸の復興は完了したという。

そして近代に入って起こったのが、相模湾沖を震源とした1923年の関東大震災（M7.9、海溝型）である。昼どきで火を使っていた家が多く、しかも関東地方で強風が吹いていたため、大火災となった。犠牲者は10万人以上にものぼり、87％が焼死だった。大日本帝国政府の対応は遅れ、「朝鮮人が井戸に毒を投げ入れた」などのデマが流れ、自警団による朝鮮人や中国人、社会主義者の虐殺事件が発生した。

豆知識

1. 地震には直下型と海溝型の２種類があり、直下型は震源が陸地のすぐ下で、狭い範囲で大きな揺れを起こし、津波はほとんど発生しない。一方の海溝型は、震源が海の沖合に位置し、広い範囲で揺れ、発生と同時に津波を発生させる。
2. 1703年11月の元禄地震の翌月から４日間、富士山が鳴動（めいどう）した。地震により地下のマグマが浅いところへ移動した現象と考えられる。その後も地震は続き、1707年10月近畿を中心とした宝永地震、11月富士山の宝永噴火が起きた。
3. 関東大震災では、人々は近くの空き地などに避難し、身動きがとれずに焼死するケースが相次いだ。特に陸軍被服廠（ひふくしょう）跡（墨田区）の広大な空き地では、３万8000人もの人々が火に巻かれ焼死した。

332 物語 ／『AKIRA』大友克洋

この漫画の舞台は2019年の東京だ。連載が開始されたのは1982年だが、作品中では2020年の東京オリンピック開催に向けて、競技場が建設される様子が描かれている。しかもその後、漫画の中の東京は壊滅、オリンピックは中止される。コロナ禍で現実のオリンピックが延期になったとき、インターネット上では「この漫画は予言の書なのではないか」と話題になった。

『AKIRA』第１巻（大友克洋、講談社）

1982年、関東地区に「新型爆弾」が炸裂したのを契機に、第三次世界大戦が勃発、東京は壊滅した。人々は廃墟と化した旧市街地を封鎖し、東京湾を埋め立てて、そこに新たなメガロポリス「ネオ東京」を建設した。それから38年後、復興したネオ東京の街並みには、高層ビル群や高速道路とともに、商店街のアーケード、トタン屋根の家、銭湯の煙突、ボウリング場のピンのモニュメントなどが描かれていて、昭和の香りも満ちている。

作者の大友克洋（おおともかつひろ）（1954〜）は『AKIRA』の世界観は「昭和の自分の記録」だという。「戦争があって、敗戦をして。政治や国際的な色々な動きがあり、安保反対運動があり、そして東京オリンピックがあり……東京というのは昭和のイメージがものすごく大きいんですよね」「戦後の復興期から東京オリンピックの頃のような混沌とした世界を構築したかったんだよ」とも述べている。

政府軍が極秘で開発した超能力を持つ子どもたち。その中の一人、都市を一瞬で壊滅させるほどの能力を持つ少年「アキラ」をめぐって、ネオ東京を舞台に権力者たちの争いが繰り広げられる。それに巻き込まれるバイクチームリーダーの金田、そして友人の鉄雄。鉄雄は爆発的な超能力を手に入れて金田と決別し、破壊を繰り返していく。そして最終決戦。アキラと鉄雄の力がぶつかり、すべてが崩壊、２人は消え去る。崩れ落ち、完全に廃墟と化したネオ東京。そこに新しい国を自分たちで作ろうとする金田とケイは「アキラはまだ俺たちの中に生きている」と言って仲間とともにバイクで走り去っていく。その彼方には、再度生まれかわるネオ東京、廃墟の向こうにそびえる高層ビル群が浮かびあがる。

子どもとして描かれる「アキラ」は若者の象徴だ。何度破壊が繰り返されても、その中から新しいものは生まれる。若い力に無限の可能性があることを示して物語は終わる。

2018年、NHK スペシャル「東京リボーン」の記事で、同番組のタイトル映像を手掛けた大友克洋は、以下のように語った。

「これから東京は昭和の残滓（ざんし）を全部切り捨てて、新しいものを創り上げるべきなんだよ。新しい東京を、新しい人たちが創っていくべきだと思うね。それは昔のじいさんたちがやることじゃないんだよ。東京はいつもそんな風でなきゃいけないんだよ」

豆知識

1. 主人公の名前「金田正太郎」や、アキラの開発番号No.28など、本作品には横山光輝（みつてる）の『鉄人28号』へのオマージュが含まれている。
2. 「大友以前・大友以降」という言葉があるほどに『AKIRA』の世界観、表現は多くの漫画家、表現者に衝撃を与えた。スティーブン・スピルバーグ監督も自身の映画に主人公の愛車として「金田バイク」を取り入れている。

333 商業と娯楽 ／ カフェ・ジャズ喫茶・純喫茶

いまや都心に限らず人々が交差する街角には、こじゃれたカフェ（大手のチェーン店も含めて）が大流行だ。だが、ここでは、明治の頃に始まった「ミルクホール」が始まりとなる喫茶店のことから触れていきたい。レトロ感溢れる店構えと、店内の落ち着いた雰囲気。好事家のみならず、いっときの気分転換に訪れる人も多い。

神保町の「ミルクホール」（2021年10月に閉店）

明治に始まったミルクホール、牛乳やパン、ケーキ類を出した飲食店だが、飲食の注文をすれば新聞、雑誌や官報を無料で閲覧できるという点でも、流行っていったようだ。そこから喫茶店に発展していく。ところで、喫茶店と純喫茶の違いは？　――そう言われるととまどう方が多いのではないだろうか。これについては、明治から戦前（第二次世界大戦前）の間に関連法ができて、アルコール類を出す、食事を提供する、などを別途規制したことにともなっての区別が元になっている。つまり、喫茶店にはない規制、カフェ＝純喫茶では、調理をしてはいけないので飲料を加熱することのみとなったのだ。これに戦後は給仕以外に接客する女性（横に座るなど）も規制された。

現在も健在の東京の純喫茶といえば、まずは、JR 荻窪駅北口商店街にある「邪宗門（1955年創業）」だろう。また神保町の「さぼうる」はクラシカルな内装が魅力で、その近所にランチを出す「さぼうる２」があるという２店構えなのも興味深い。

そんな純喫茶のなかから、特にジャズを専門に聴かせる店が現れ、一世を風靡するようになったのがジャズ喫茶だ。まだレコードが高価な時代、レコードが買えなくても、コーヒー１杯で何時間でも聴ける、それは魅力的なことだった。小説家の村上春樹などは、若き日に入り浸ったようだ。飲むのではなくて聴く。当然、そこには不文律が生まれ、客の会話は御法度。ちなみにジャズとは別にクラシック音楽専門の名曲喫茶も誕生した。

そして、時代が進むと、純喫茶の看板を掲げていても、近隣住民の要望もあってだろうか、サンドイッチやスパゲッティー、ピラフなどを出す店も出てきて、敷居は曖昧になっていった。そして、それぞれの店には愛すべき個性が生まれる。淡路町の名曲喫茶「ショパン」は、あんこ入りのホットサンド「アンプレス」が人気だ。昔ながらの街なら一軒はあるであろう喫茶店。今も残っている店は、きっとそれぞれ、それなりの理由、魅力があってのことだろう。

豆知識

1. ジャズ喫茶といえば新宿三丁目南側の「Dug」。かつて村上春樹も通った名店だ。夜はバーになる。同じように夜はバーになる四谷の「いーぐる」はランチもやっているが、長く続く音楽界関係者を招いての「いーぐる連続講演」が有名だ。高田馬場の「マイルストーン」はジャズ関連の書籍が並ぶ古書棚も魅力。

334 暮らしと文化 ／ 団地・ニュータウン

都市への人口集中は、住宅事情の悪化を生み出した。そんな中で生み出されたのが、団地である。まずは日本住宅公団により大規模な集合住宅の建設が進められ、入居希望者が殺到した。また低所得者層向けの公営住宅も増えていった。一方、公団や私鉄各社はニュータウンを各地につくり、住環境のよさを求めて人々は移り住んだ。

団地

戦争末期の空襲は、東京の住宅事情を悪化させた。敗戦で都の人口は減少したものの、復興の中で東京への人口集中が進み、住宅事情の悪化は問題であり続けた。1948年に初期の大規模住宅である都営戸山ハイツアパート（新宿区戸山）が登場し、公営の住宅が低所得者層向けにつくられていった。いっぽう、比較的余裕のある層に向けては、1955年に設立された日本住宅公団により、各地に公団住宅、つまり団地が次々とつくられていった。三鷹市の牟礼団地などは、初期につくられた団地である。

夫婦と子どもという核家族が団地の居住対象であり、6畳・4畳半・ダイニングキッチンに、バス・トイレといった設備が設けられた。ダイニングキッチンというのは、台所を広めに設け、食事室兼用として家族のだんらんを可能にしたものである。初期の団地にはこの2DKのスタイルが多く、各地に広がっていった。

この団地ぐらしをきっかけにして、将来は自宅を持ちたいと願うようになった人のために住宅ローンを扱う住宅金融公庫が生まれ、政府の持ち家政策と相まって一戸建てを持てるようにした。このように住宅をステップアップしていくことを「住宅すごろく」と呼ぶようになった。

そういった人たちを主なターゲットとしたのは、鉄道会社の分譲によるニュータウンである。京王帝都電鉄の京王桜ヶ丘住宅地が多摩市に造成され、高級住宅地として現在に至っている。また、東京急行電鉄による多摩田園都市は、東京都と神奈川県にまたがって造成されている。

同時期に日本住宅公団により賃貸住宅を中心としたニュータウンが造成されるも、こちらは住宅難の解消を求めるためのものであった。だがニュータウンの団地は、初期の団地と比べて居住空間は広いものであった。住宅の質が求められるようになっていたからである。その中でもっとも有名なのは、多摩ニュータウンである。このニュータウンでは、公団以外にも東京都など様々な開発主体が長期にわたって開発を進めた。

バブル期まで郊外志向が強まっていたものの、その後は都心でのタワーマンションの開発が進み、住宅の人気はしだいにそちらに移っていった。

豆知識

1. 団地が普及する前は、多くの人は木造のアパートに住んでいた。トイレや台所は共同、風呂は銭湯というのが当たり前で、それらを各部屋に備えた団地は、当時の人々にとってあこがれだったのである。
2. 多摩ニュータウンができた当初は、聖蹟桜ヶ丘駅まで多摩ニュータウンからバスでアクセスしていた。のちに京王や小田急が路線を延伸した。京王相模原線は、今では多摩ニュータウンの中心的交通機関となっている。

335 人物／丹下健三

「美しきもののみ機能的である」とは、戦後日本を代表する建築家、丹下健三（1913〜2005）が残した言葉だ。複雑にからむ要望や機能性をまとめ、美しく仕上げることが、丹下の建築哲学だった。国立代々木競技場（渋谷区）、東京カテドラル聖マリア大聖堂（文京区）、東京都庁（新宿区）など、「世界のタンゲ」が手がけた印象深い建築が東京には今も多く残されている。

東京カテドラル聖マリア大聖堂（文京区関口）

生まれは大阪府堺市。銀行員だった父の転勤で幼少期は中国・上海で過ごし、小学生のとき父の故郷、愛媛県今治市に戻る。旧制広島高校（現・広島大学）在学中、図書館で近代建築の巨匠、ル・コルビュジエの雑誌記事を読んで感銘を受け、建築家を志す。1935年に東京帝国大学建築学科に入学。卒業後、ル・コルビュジエの教え子である前川國男建築事務所に入って修業した。その後、東大大学院に戻り、戦後は東大助教授、教授となる。

出世作が、1949年のコンペで当選した広島平和記念公園・記念館の設計だ。計画敷地外にあり、撤去も検討されていた廃墟同然の被爆建物（現・原爆ドーム）が慰霊碑の向こうに見えるよう、軸にすえた構想が高く評価された。

1964年の東京五輪では、国立屋内総合競技場（現・国立代々木競技場）を設計した。鉄骨とケーブルを用いた大胆なつり屋根構造の外観と、中央部が上へ伸びる壮大な内部空間が特徴で、戦後モダニズム建築の金字塔とされる。五輪では水泳とバスケットボールの会場となり、レガシーとして残された。2021年の東京五輪でもハンドボール会場などに使われた。文京区関口の東京カテドラル聖マリア大聖堂が竣工したのも、国立代々木競技場と同じ1964年だ。垂直性の強い外観は近未来のモニュメントのようで、とても教会には見えないが、中に入ると打ちっぱなしのコンクリートが厳粛な雰囲気を醸し出し、高い天井に圧倒される。

その後はイタリアや中東、アジアの大規模プロジェクトに軸足を移したが、1991年に竣工したツインタワーの東京都庁舎で再び脚光を浴びる。横長、縦長、格子状と特徴ある窓を用いたのは、「江戸以来の東京の伝統的な形を想起させる」と同時に、「近代都市東京にふさわしいハイ・テックの表現」でもあると説明している。

丹下について、建築家の隈研吾（1954〜）は「首都を背負うことのできる建築家であった」と雑誌『東京人』（2013年11月号）で評し、こう指摘している。首都を背負うことは、国を背負うこと。様々な対立を抱え込んだ複雑な総体を、デザインの力でまとめるのは世界を見渡しても難しい。だが、戦争で徹底的に負けた国に生まれたからこそ「首都の建築家」たりえた。復興の象徴として、強く自己主張をしたとしても、誰も文句をいわないだろうからだと。

豆知識

1. 1964年東京五輪で、つり屋根構造が美しい国立屋内総合競技場は内外関係者に感銘を与え、世界に発信された。国際オリンピック委員会（IOC）はこの施設が競技者に多大な力をもたらしたとして、丹下に日本人初の「オリンピック功労賞」を贈った。
2. 丹下は東京帝国大学入学を目指して浪人中、日本大学芸術学部の映画学科に在籍していたことがあり、東大に受からなければ映画監督になるつもりがあったという。

336 まち／あきる野市

あきる野市は1995年に誕生した新しい市である。平安時代に「阿伎留」と記された歴史ある地名に、ひらがな表記によって親しみやすさを加えたのだ。江戸時代には、筏によって秋川と多摩川を経由して江戸に材木を運び、富を得るだけでなく、交易を通じて江戸や海外からの情報を入手していた。

秋川渓谷

あきるの市は東京都の西部に位置し、市のほぼ中央部にJR五日市線の終点・五日市駅がある。市の東部の境界には多摩川が南北に流れ、多摩川と合流する秋川の上流（市西部）には秋川渓谷が広がる。市東部には秋川の浸食などによって形成された秋留台地が広がり、市街地が開発されてきた。

市域では縄文時代から古墳時代にかけての遺跡が発掘され、早くから人々が暮らしていたことがわかっている。秋川の上流にある阿伎留神社（あきる野市五日市）は、創建された年代は不明ながら平安時代の神社の名簿『延喜式神名帳』に「阿伎留神社」と記録されている。天皇に献上する馬を飼育していた牧場「勅使牧」のひとつ小川牧は、市域の小川郷（秋川・平井川流域）を中心にしており、代表的な馬の産地であった。

鎌倉時代の市域は「秋留郷」と呼ばれ、「武蔵七党」と呼ばれた武士団のうち、西党に属する小川氏や二宮氏などが鎌倉幕府の御家人として活動した。戦国時代末期頃から、市域の五日市などに「市」が開かれ、炭が盛んに取引された。

江戸時代に入ると、秋川・多摩川で筏を利用して木材を江戸に送り、筏の上荷として杉皮なども運んでいた。この材木は「青梅材」と呼ばれ、消費地である江戸に近いため、火事が多かった江戸でよく売れた。また、交易によって江戸の情報にも精通しており、海外への積出港であった横浜を通じて海外の情報にも敏感であった。江戸時代の集落は、秋川の段丘面などに点在し、現在も多くが市域の字名として残る32村となる。

明治時代に入ると、韮山県や品川県などに所属し、1872年には神奈川県の管轄となる。その後は合併を繰り返し、戦後の1955年に「秋多町」と「西多摩郡五日市町」が誕生した。

1972年に秋多町は「秋多市（秋川市に改名）」となり、平成時代の1989年に一部が福生市に編入され、1995年に秋川市と五日市町が合併して「あきる野市」が誕生した。あきる野市の名称には、市が立地する秋留台地の豊かな自然をイメージし、古くから使われている地名をひらがなにすることにより、親しみやすさを加味するなど、様々な想いが込められている。また、「あきる」の末尾に「野」を加え、多摩川を境にして東側の「武蔵野」に対し、西側の平野を「あきる野」とした。

豆知識

1. あきる野市域で生産されていた手漉き和紙「軍道紙」（東京都無形文化財）は、楮のみを原料とした和紙であり、あきる野市の小・中学校の卒業証書に使用されている。
2. 戸倉地区にそびえる「城山」は戸倉城跡（東京都指定史跡）であり、山頂からは五日市盆地を一望でき、天候によっては房総半島までが見える。戸倉城は戦国時代に使われたとされるが、詳細は不明である。

337 歴史 / 高度経済成長

焼け跡の中から復興した東京は、経済成長で大きく発展した。経済白書で「もはや戦後ではない」と述べられてからも、さらに成長は続いた。1960年には「所得倍増計画」を政府が発表する。東京オリンピックを終えてから一時不況になったものの、倍増計画は「いざなぎ景気」で達成された。しかし、ドル・ショックによってこの経済成長は終わることになった。

池田勇人

1954年から始まった神武景気の中、日本経済は大幅に発展していった。朝鮮戦争の特需により、日本の経済規模が拡大し、その中で東京の小規模工場が力を持っていった。1956年の経済白書では「もはや戦後ではない」と記された。日本は戦争による破壊から脱出し、見事に復興を達成したのであった。

1958年からの岩戸景気は、神武景気よりもさらに長い期間の好景気となった。この時期は設備投資中心に経済が拡大していく。いっぽう、1960年に日米安保条約の改定を行うことになり、その賛否でこの国は大きく揺れていた。岸信介首相は条約改正を批准したものの、退陣を余儀なくされる。

その後継者となったのが、池田勇人（1899～1965）である。岸内閣で通商産業大臣に就任した際に、「所得倍増」を主張していた。池田が首相に就任すると、「政治の季節」から「経済の季節」へと転換させようと、この計画を実行に移していった。民衆の関心事を政治から所得倍増・高度成長へ切り替え、先進国に「追いつけ、追いこせ」という考えを持たせるようにした。

池田の政策は、国民経済の規模自体を拡大することをめざすもので、公共事業を推進するだけではなく、減税と低金利政策を行う。そこに所得倍増論を組み合わせることで、GNP（国民総生産）の平均成長率10％以上を目指し、実際に国民所得も急上昇した。

その重要な位置に東京オリンピックは存在する。東京を、発展した都市として世界に示せるように、地下鉄や高速道路の整備が次々に進んだ。不動産や土木・建築業に多額の金が流れた。オリンピック後、池田は亡くなり、一時経済は低迷する。

池田の後任の首相・佐藤栄作（1901～1975）はその路線を引き継ぎ、建設国債の発行など、公共事業投資を推し進めた。またその中で高層ビルが増加し、東京の風景は大きく変わっていった。これをいざなぎ景気という。1968年にはGNPはアメリカに次ぐ世界第2位となるが、この景気は1971年8月に始まるドル・ショックで終焉する。

豆知識

1. 「神武景気」「岩戸景気」「いざなぎ景気」は日本神話に由来する。時代が下るにつれて、景気拡大の規模は大きなものになったため、その度により過去のものから名前を取っていった。その時代以来の、という意味で名付けられている。
2. 高度経済成長の陰で、地価の高騰や住宅不足が問題になり、いっぽうで都議会では議長選挙にからむ贈収賄疑惑が取りざたされ、成長のひずみは大きかった。

第49週 第2日(火)

338 自然／気候

「史上もっとも暑いオリンピック」となった2021年東京オリンピック。８月６日には東京の気温が最高気温34.8°Cまで上がり、五輪の最高気温記録である2004年アテネ五輪の34.2°Cを0.6°C上回った。ここで注目したいのが、地中海気候のアテネと異なり、東京は湿度55%で蒸し風呂状態だったことだ。海外のアスリートたちを悩ませた、この東京の気候にはどんな特徴があるのだろうか。

東京都の中心部の気候は、夏は高温多湿、冬は北西の季節風が強く、乾燥した晴天の日が多く、太平洋岸気候区に分類される。年平均気温は15℃、年降雨量は都心部で1500mm 前後である。

春（３～５月）の天気は、「三寒四温」という言葉があるように、低気圧と高気圧の交互の通過にともなって気温は大きく変動し、天気は数日の周期で変わる。日本海で低気圧が急激に発達すると、暖かく強い南風が吹くことがあり、立春（２月４日頃）から春分（３月21日頃）までに吹くものは春一番と呼ばれる。

夏（６～８月）の７月中旬までは、梅雨前線があらわれ、曇りや雨の日が多い梅雨となる。古くは旧暦の５月頃だったため「五月雨」という。梅雨前線は北上・南下をくりかえしながら、７月下旬にはおだやかに北上していき、梅雨が明ける。太平洋高気圧におおわれるようになると、気温が高く日照時間が多い、本格的な夏が到来する。

秋（９～11月）は、高気圧と低気圧が交互に通過し、天気は数日の周期で変わるようになる。９月から10月にかけては、秋雨前線や台風の影響で降水量が多くなるため、東京では秋の降水量は年間でもっとも多くなる。特に立春から数えて210日（現在の９月１日頃）を二百十日といい、古くから台風の厄日として恐れられてきた。過去の統計によると10月10日を境に、10月後半に向かって晴天率が高くなり、昼間の気温が低下する。

冬（12～２月）は、大陸でシベリア高気圧が勢力を強め、太平洋北部ではアリューシャン低気圧が発達して、西高東低の冬型の気圧配置となり、大陸からの寒気が流れ込む。関東甲信越地方の北部などの山部や山間部では、日本海側から流れ込む雪雲の影響を受けるが、東京の中心部では乾いた風が吹き降り（空っ風）、晴れの日が多くなる。一方、冬型の気圧配置が崩れ、関東甲信越地方の南岸を低気圧が通過する際には、東京の中心部では曇りや雨となり、寒気が強いときには雪となり、さらに大雪となることもある。

豆知識

1. 島しょ地域は黒潮の影響により、冬季も温暖な海洋性の気候で、南半球では亜熱帯性気候がみられる。年平均気温は小笠原諸島では22.6°C、年降水量は約3000mmに達する。また台風の影響を多く受ける地域でもある。
2. 1964年の東京オリンピックは10月10日に開会式が行われ、見事な秋晴れとなった。
3. 晩秋から初冬にかけて最初に吹く木枯らし１号は、東京地方（気象庁が発表）と近畿地方（大阪管区気象台が発表）の２地方のみの現象である。木枯らしは文字通り木の葉が残っている季節だけに使う言葉で、木々が葉を落とした後には使わない。
4. 1997～2009年の東京で降った雪の調査によると、気温６°C以上でも雪として地上に降っていたことが報告されている。これは、湿度が低いと雪の結晶の表面から水分が気化し、その際に熱が奪われて雪結晶の温度を下げるためである。
5. 冬の関東地方の冷たく乾燥した空っ風は、「空っ風と日雇いは日暮れまで」ということわざにもあるように、日中は強く、日暮れとともにおさまる傾向がある。道路の塗装がなかった昔は、空っ風の吹く日は風塵が著しく、江戸の名物だった。

339 物語／『耳をすませば』

新宿から京王線特急で30分。多摩ニュータウンの北端に位置する聖蹟桜ヶ丘界隈がスタジオジブリによるアニメーション映画『耳をすませば』（1995年）の舞台とされている。駅前の雑踏、多摩川の上を行き交う車のライト、坂の上から見渡すビル群 —— 実在の風景を再現して丁寧に描き込まれた背景や、主人公の暮らす団地生活のリアルが観客をジブリの世界に引き込んでいく。

スタジオジブリ「耳をすませば」ポスター
（©1995 柊あおい／集英社・Studio Ghibli・NH）

月島雫は読書が大好きな中学３年の女の子。作家に憧れてはいるが、夢にきちんと向きあえてはいない。ある日父の勤務先である図書館に弁当を届けに行くために乗った電車で、座席の窓から風景を眺める太った猫に出逢う。雫が京玉線杉の宮駅（モデルは京王線聖蹟桜ヶ丘駅）で降りると猫も改札を抜けて走り出す。後を追う雫。いろは坂の上で、猫は西洋アンティークを集めた「地球屋」に入って行く。そこで出会ったのは美しい瞳を持つ男爵猫の人形バロン、そして雫の作った替え歌をからかった「やなやつ」。天沢聖司だった。

「故郷って何かやっぱりよくわからないから、正直に自分の気持ちで書いたの」

カントリー・ロードの和訳を頼まれた雫は、できあがった詩を友人に渡しながらそうつぶやいた。原曲は故郷を恋うる詩であるが、多摩ニュータウンで育った雫は故郷がよくわからないと言い、街を飛び出したいと歌詞を訳す。

高度成長期、故郷を離れ都市部で働く人々に住宅を供給するため、全国に大規模集合住宅が作られた。当初多摩ニュータウンも東京23区のベッドタウンとして大量の住宅供給を計画していたが、70年代のオイルショックにより都市計画は量から質へと方針を転換した。優れた住環境を整えた魅力ある都市 —— 景観を重視し、教育、文化、役所、商業の機能を備えた活力ある街 —— その計画どおりの街ができあがったことが、この映画を観るとよくわかる。

終盤、雫と聖司はいろは坂の上の秘密の場所に立つ。多摩川の向こうに広がる東京都心、そこに登る朝日 —— 。彼らがこれから広い世界へと飛び立つことを暗示するラストは感動的だ。

高度成長期、若者は何もない故郷を捨てて都会を目指した。すべてをそろえた街であるニュータウンも若い魂にとっては去るべき場所になるのだろう。しかしこの映画の公開は1995年。その後の長引く不況で若者の平均年収は減り、海外留学の希望者も減っている。今の時代の若者の意識はこの頃とは違うかもしれない。「耳をすませば」は今でも地上波放映されれば高視聴率を稼ぐ人気アニメだ。聖蹟桜ヶ丘駅前にはモデル地の案内マップが設置されており、スタンプラリーや聖地巡礼をするファンで賑わっている。

豆知識

1.「森を切り、谷を埋め、ウェスト東京……ふるさとはコンクリートロード」。雫が作ったカントリー・ロードの替え歌は、人に優しい街並みが実は多摩丘陵の自然を破壊して作ったものだと皮肉っている。スタジオジブリの1994年公開『平成狸合戦ぽんぽこ』から繋がるテーマだ。

340 商業と娯楽 ／ アドバルーン

今は見ることが少なくなったアドバルーン。昭和生まれには懐かしい広告媒体だ。広告気球を意味する“advertising balloon”の略なわけだが、これは和製英語で、海外にはなく、日本独自のものだ。広告気球が初めて空に浮かんだのは、1913年、東京の中山太陽堂のものだったという。

アドバルーン

アドバルーンは屋外広告の一つだ。現代では広告というと、テレビやラジオ、新聞、雑誌といったマスメディア、また、最近では、インターネット広告などが目立ってきはじめているが、少し前までは、紙に印刷したチラシや屋外広告が広く周知する手段だった。屋外広告というと、看板類がまず思い浮かぶが、人々の意表をついたのがアドバルーンだった。

軽気球の表面に絵や文字を書いた広告気球の最初は、1913年に東京で上げられた中山太陽堂（現・クラブコスメチックス。神戸創業で、天然植物性原料を主体とした「クラブ洗粉」の発売で話題に。「双美人」のパッケージや宣伝が話題を呼んだ）のものだったといわれている。その後、イルミネーションを入れた夜間用や、気球に垂らす文字網が使われるようになっていった。アドバルーンという言葉が使われるようになったのは、浅草の人気芸者“美ち奴（みやっこ）”が歌って大ヒットした『あゝそれなのに』（1936年）の少し前のようだ。この曲の歌詞を見てみると、冒頭に「アドバルーン」が登場する。

1936年の二・二六事件の折には、反乱軍に対して「勅命下る　軍旗に手向かうな」と、アドバルーンで告げられたことはご存じの方も多いだろう。第二次世界大戦中には全面的に禁止され、戦後も、風船爆弾のイメージが残るとGHQにかなり規制された。解禁されたのは1949年、そして1951年には「繋留（けいりゅう）広告気球制限規定」が緩和され、アドバルーンが盛んに上げられるようになった。

1956年には、東京だけでも１万本が上げられ、アドバルーンが注目される時代になった。球形ではない変形アドバルーンや、大阪で始まった電飾アドバルーンも東京でも使われるようになった。大量に浮遊させることも出てきて、1964年の松屋銀座の新装開店時には553本、これは最高記録だという。

だが、その後、様々な新しい広告媒体の登場によって、アドバルーンは次第に姿を消していった。

豆知識

1. 歌詞に“アドバルーン”が入った『あゝそれなのに』を歌った美ち奴の実弟は、ビートたけしの師匠・深見千三郎（ふかみせんざぶろう）だ（美ち奴の本名は久保染子（くぼそめこ）、深見千三郎の本名は久保七十二（なそじ））。

341 暮らしと文化 ／ 若者文化

東京はいつも、若者文化の発信地だった。既存の文化的価値観だけではなく、若い人たちによる新しい価値観が、東京から全国に広がっていった。経済的繁栄の中で、若者文化は大きく発展していった一方、近年ではいわゆる「若者文化」の担い手がより年長層など幅広い層へと広がり、かえって既存の、正統的な文化的価値観が見出しにくくなっている。

原宿ホコテンと竹の子族（1983年９月14日）

経済的発展の中で、主流文化と対比される下位文化（サブカルチャー）が青少年層を中心にさかんになり、既存の文化的活動では充足できないものを、青少年は下位文化に求めていく。

大正時代から昭和の初めにかけて、モダンボーイ・モダンガール（モボ・モガ）といわれた人たちが、日本の若者文化の先駆けといわれている。第一次世界大戦の勝利などで日本が繁栄している状況の中、若者たちは西洋文化を取り入れていった。しかしやがて戦時色が強まり、これらの文化は消えていった。

若者文化が再びさかんになるのは、戦後しばらくたってからのことである。1950年代には作家・石原慎太郎（1932～）の『太陽の季節』に由来する享楽的な生活を送る若者たちを「太陽族」と呼んだ。

本格的に若者文化が花開いたのは、1960年代である。学生運動が盛んだったこの時代、ヒッピー文化がアメリカなどから取り入れられ、東洋思想への傾倒が進んだ。平和運動や環境運動など、この頃の文化は、現代に通じるものも多い。また1967年頃には、新宿駅東口の芝生に、何をするでもなく集まった、長髪でジーンズの若者たちがいた。これをフーテン族という。当時、若者文化の発信地は、新宿だった。しかし1973年、渋谷にPARCOが開店すると、若者文化の中心はそちらへと移っていった。

1970年代には管理教育への反発からヤンキー文化が生まれた。「ツッパリ」スタイルなどの特異な風俗に、大人たちは拒否感を示した。1980年代には、代々木公園横の歩行者天国に奇抜な衣装を身につけディスコサウンドに合わせて踊る「竹の子族」が現れた。1980年の夏には、約2000人もの若者が集まっていたという。

1990年代には「渋谷系」と呼ばれるファッションや音楽が流行し、渋谷が若者の一大拠点となった。

近年では少子化にともない若者文化の衰退がいわれる中、かつての担い手も当時の文化を保持し続け、若者文化が中心となり既存文化がわからない事態となっている。

豆知識

1. 1960年代の文化は、いまなお続いているものも多い。スピリチュアリズムは2000年代になってから盛んになり、フェミニズム運動は現実の政治に影響を与え続けている。平和運動や環境運動は当時から担い手となり続けている人たちがいる。菜食主義などは現在では肉食批判として再注目され、環境倫理学の一分野となっている。

342 人物／向田邦子

独身でおしゃれで、食器やインテリアのセンスもよく、おいしいものやお酒が好き。脚本家の向田邦子（1929～1981）は、多くの働く女性があこがれる「かっこいい女」だった。東京・山の手で生まれ育ち、常に「もっと面白い何か」を探す好奇心と観察眼を併せ持っていた。残された数々の作品には、東京で生きる男女の機微と街の陰影が感性豊かに描かれている。

東京・世田谷に生まれ、中目黒で育った。保険会社の社員だった父親の転勤で、小学生までは宇都宮市、鹿児島市、高松市と転校を繰り返したが、1942年に東京に戻る。都立目黒高等女学校から実践女子専門学校（現・実践女子大学）国語科に進学。卒業後の1950年、四谷の会社に社長秘書として就職する。転機は入社２年目。それまでは、「ぜいたく好きだ」と叱られたら、「ほどほどのもの」で我慢して生きてきた。ところが22歳のこの日、３カ月分の給与をつぎこみ、どうしても欲しくなったアメリカ製の黒い水着を思い切って買った。清貧より欲ばりの自分を、肯定した日だったのかもしれない。向田は後に自身のことを「清貧よりは欲ばりのほうが性にあっています」と書いている。

翌年、出版社に転職し、雑誌『映画ストーリー』編集部に配属されると仕事にのめり込む。内職で脚本の仕事も入ってきた頃、よく通ったのが今も有楽町にある喫茶「ブリッヂ」だ。１時間50円程度を払えば「半日いても嫌な顔をされない」という店だった。ここを仕事場に次々に脚本を書く。30歳を過ぎても自由人の娘は、昭和の律儀で頑固な父親とついに衝突。ネコ１匹を連れ、実家を出る。アパートを探して青山を回っていたとき、横丁の真下に国立競技場が見えた。その日は1964年10月10日、東京五輪開会式の日。たいまつを掲げ、聖火台を駆け上がっていく選手の姿が見え、なぜか涙があふれ出た。「オリンピックの感激なのか、三十年間の暮らしと別れて家を出る感傷なのか、自分でも判らなかった」と『眠る盃』に記している。

評論家の川本三郎（1944～）は『向田邦子と昭和の東京』で、向田は「戦前昭和の東京」にこだわった、と指摘している。それは縁側のある家、薪で焚く風呂、卓袱台といった、かつてはどこでも見られたのに、日本が豊かになるにつれ消えた風景だ。実際、向田は昭和の頑固親父を中心に描いた人気ドラマ『寺内貫太郎一家』の撮影初日には必ずセットを見に来て、懐かしそうに見て回っていたという。

放送作家となり、『時間ですよ』などがヒットした向田は45歳のとき、乳がんを患う。一度は死を意識したからなのか、手術で克服すると次々にドラマ『阿修羅のごとく』『あ・うん』やエッセイ集『父の詫び状』などの名作を発表。1980年には直木賞を受賞する。

しかし、嫌いだった飛行機に乗って台湾取材旅行に出た1981年８月、突然の墜落事故で命を落とした。享年51。「これから」が期待される中での、早すぎる旅立ちだった。

豆知識

1. 当時は珍しかった留守番電話を向田は自宅に取り付けていた。友人の黒柳徹子がこれを面白がり、早口で９回も伝言を残したが、肝心の用件は「後でジカに話すわね」と吹き込んだ。これを向田は消去せず、来客に聞かせては面白がっていたという。
2. 向田は遅筆で有名だった。女優の樹木希林が向田ドラマの台本の仕上がりがあまりに遅いことに腹を立て、電話をかけて「筋だけ書いてよ、後はこっちでなんとかするから」といって喧嘩になった、という伝説が残っている。

343 まち／西東京市

2001年、旧田無市（市西部）と旧保谷市（市東部）が合併して西東京市が誕生した。旧田無市は江戸時代に青梅街道の宿場町として栄え、旧保谷市は新田開発や近郊農村として発展してきた。異なる歴史を経てきた両地域は、昭和の合併では調整がつかず、平成に入って合併した。

西東京市は、名前が示す通り東京23区の西側に位置するが、東京都全体のなかでは東寄りにあり、23区の練馬区や埼玉県新座市などと隣接する。市の北部には西武池袋線、南部には西武新宿線が東西に走り、東から順に西武池袋線の保谷駅・ひばりヶ丘駅、西武新宿線の東伏見駅・西武柳沢駅・田無駅が市内に含まれる。

現在も市内の主要な町である「田無」と「保谷」は、戦国時代の史料に初めて記録があり、戦国大名・北条氏康（1515〜1571）の代に作成された「小田原衆所領役帳」によって、北条氏の支配下にあったことがわかっている。

江戸時代に入り青梅街道が整備されると、馬の乗り換え等に利用する宿場として「田無宿」が田無村に設置され、人々が移住してにぎわった。青梅街道が武蔵野の諸村と江戸を結ぶ大動脈として重要な役割を果たしたため、田無村はおおいに発展した。一方で、保谷など田無宿以外の地域では、江戸の近郊農村として畑作農業を中心とした集落が形成されていた。

明治時代も田無村は市域の中心として発展し、1889年には「田無町」となった。しかし、1889年に新宿〜八王子間、1895年に国分寺〜川越間の鉄道が開設されると、交通の要衝としての田無町の重要性が低下し、経済的な打撃を受ける。一方の保谷は1889年に埼玉県が所管する「保谷村」となり、1907年に東京府へ移管され、1940年にようやく「保谷町」となった。

大正時代には市域で駅の開業が相次ぎ、1915年に武蔵野鉄道（現・西武池袋線）の保谷駅、1924年には田無町駅（現・ひばりヶ丘駅）が開設される。昭和時代の1927年には、西武鉄道の上保谷駅（現・東伏見駅）、西武柳沢駅、田無駅が開設された。鉄道が敷かれると沿線の住宅街が開発され、1929年には東伏見稲荷神社（西東京市東伏見）が京都の伏見稲荷大社から分祀された。

市域は太平洋戦争を経て、戦後には東京のベッドタウンとして発展する。昭和の大合併の動きにともない、田無町と保谷町の合併が検討されたが、調整はまとまらなかった。そして1967年、それぞれが市制を施行し「田無市」と「保谷市」が誕生した。

全国的に市町村合併が進められた「平成の大合併」の動きを受けると、2001年1月21日に田無市と保谷市が合併し、「西東京市」が誕生した。合併にあたって1999年11月1日から12月31日までの日程で市名を公募したところ、応募総数は8753件、候補名は3190種類にも及んだ。協議が繰り返された結果、最終的に西東京市・けやき野市・北多摩市・ひばり市・みどり野市のなかから西東京市が選ばれた。

豆知識

1. 下野谷遺跡（西東京市東伏見）は国指定史跡に登録されており、「下野谷遺跡公園」として、竪穴住居の骨格復元などによって縄文人の集落が再現されている。毎年秋には縄文体験などができる「縄文の森の秋まつり」が開催される。
2. FM西東京では、田無神社の宮司がゲストを迎えるトーク番組「田無神社ラジオ」が放送されている。西東京市の魅力や未来、神社のあり方などについて考える番組だ。

344 歴史／ゴミとの戦い

終戦直後から、ゴミやがれきをどうするかは都政の課題であった。多くの人が集まり消費活動を行う中、戦前にはすでに公共サービスによる処理が必要となっていた。内陸での投棄が困難になる中、埋め立てで処理することになる一方、区と区の間でいさかいが起こり、実力行使まで発生する事態となった。

夢の島の航空写真(2019年、国土地理院撮影)

東京の区部では、ゴミ処理は都の仕事である。かつては東京都清掃局が、2000年からは東京二十三区清掃一部事務組合がゴミの処理をしている。東京の近代史は、人口増の歴史であり、それにともなうゴミとの戦いの歴史であった。

明治時代中頃には東京市がゴミを処理することになり、この時代には内陸部での埋め立てが主な手段となっていた。1927年には江東区潮見で海面埋め立てが始まる。当時は野ざらしのゴミをその場で焼いてから埋める方式が採用されていたものの、煙や粉じんなどへの苦情が多く、1955年頃にはそのまま埋めるようになった。

1957年には「夢の島」として知られる14号地(江東区夢の島)での埋め立てが始まる。ハエやネズミが大量に発生し、社会問題となり、このままでは東京のゴミ処理は行き詰まるのではないかという状況になっていった。1965年には若洲(わかす)15号地(江東区若洲)での埋め立てが開始される。

ゴミ処理は高度経済成長の影である。1971年、美濃部亮吉(りょうきち)都知事は、「迫りくるゴミの危機に対策を急ぐ」と「ゴミ戦争」を宣言することになった。

特に問題となったのは、杉並区である。杉並区のゴミ処理は、江東区沖への埋め立てが全体の6割以上となり、区内での焼却場建設が求められていたものの、地元住民の反対で難航していた。いっぽう、埋め立て地に近い江東区は、悪臭・ハエやゴミ運搬車による渋滞により生活環境が悪化し、区議会でゴミ持ち込み反対決議が行われた。江東区は東京都と22区に対して自区内での処分場を持つという原則についての公開質問状を出し、回答によってはゴミ持ち込みを阻止することにした。1972年に江東区は杉並区の清掃車を江東区長らが実力で阻止した。その後、両区は対立を何度か繰り返したあと和解し、杉並区の清掃工場は1982年に完成した。

清掃工場などや粗大ゴミ破砕処理施設などが多くつくられ、ゴミ処理のやり方は大きく変わった。その後、景気低迷やリサイクル推進で、ゴミの量は減っていく。

豆知識

1. 江戸時代から明治時代中期にかけてはリサイクル社会であった。生ゴミは肥料、紙や衣類などは再利用され、大きなゴミの問題は起こらなかった(「江戸のリサイクル業」45ページ参照)。
2. 東京湾にある主要な貿易港、東京港では1998年度から新海面処分場の埋め立てを開始している。現在では中間処理を終えたものが埋め立てられている。この地が東京港内の最後の埋め立て地となる。

345 自然 ／ ヒートアイランド現象とゲリラ豪雨

「東京の夏が異常に暑くなってきている」と感じている人も多いのではないだろうか？　実際1875年に観測が始まった東京の８月の平均気温と比べて、2020年には５℃以上も高くなっているのだ。また夕方になると、熱帯のスコールのように局地的に雨が降る、いわゆるゲリラ豪雨も増えている。これらの原因として地球温暖化が長年、指摘されているが、東京のような都市部ではヒートアイランド現象も見逃せない要因とされているのだ。

東京の中心部では、1876年から2019年の間の真夏日（最高気温30℃以上）・猛暑日（最高気温35℃以上）・熱帯夜（夜間の最低気温が25℃以上）の日数がすべて、上昇および増加傾向にある。こうした夏の高温の増加は、都市化によるヒートアイランド現象の影響も含まれていると考えられている。

ヒートアイランド現象とは、都市部の気温が郊外と比べて、高くなる現象である。野山や水田、森林などの自然環境は、水分の蒸発にともなう熱の吸収が、気温の上昇をおさえこむ。しかし都市部では、アスファルトやコンクリート等におおわれる面積が大幅に増えて、水分が少ない。そのため太陽からの照り返しが直接、空気を加熱してしまうため、気温の上昇が大きくなるのだ。また建築物は、昼間の日射光や地面からの反射光の一部と、地面から大気に放出された赤外線の一部を吸収する。コンクリートの建築物には暖まりにくく、冷えにくい性質があるため、日中の蓄積した熱を夜間に放出してしまい、気温の低下をおさえる。特に高層建築が増えると、風通しが悪くなり、地表の熱が上空に運ばれにくくなるため、熱がこもる原因となっている。同時に東京の中心部のように人口が集中する地区では、冷暖房や給湯設備の排熱、車の排熱など、人間活動で生じる人工排熱が加わる。

こうしたヒートアイランド現象による、夏の日中の気温上昇や熱帯夜の増加によって、熱中症などの健康被害だけでなく、感染症を媒介する生物等が越冬可能になるなど、生態系の変化の懸念もされている。また近年、特に指摘されているのが夏のゲリラ豪雨との関係である。

ゲリラ豪雨とは、正式には「局地的大雨」といい、気象庁では「急に強く降り、数十分の短時間に狭い範囲に数10mm程度の雨量をもたらす雨」と定義されている。夏の強い太陽の光によって地表付近の空気が暖められ、上昇気流が発生しやすくなり、大気の状態が不安定になりやすい。このとき活発な対流が起こると、強い上昇気流にともなった積乱雲が発生し、ゲリラ豪雨をもたらす。ゲリラ豪雨が都市部で発生すると、排水能力をこえる雨量が短時間で一気に降ってしまい、大量の雨水によって道路の冠水や地下設備の浸水、水路があふれるなどの被害が出てしまう。このため都市機能がマヒし、大きな社会的影響が出てしまう。

ゲリラ豪雨の発生は、ヒートアイランド現象や地球温暖化が影響していると考えられているが、まだ明確な結論は出ていない。

豆知識

1. 熱をためこんだ都市部は、周辺より高温になり、都市とその周辺に等温線を描くと、高温域になった都市がまるで海上に浮かぶ島のようにみえることからヒートアイランド（熱の島）という。
2. 特に都心部の人口が集中する地域では、昼間の排熱量は局地的に100W/m^{2}をこえると見積もられている。これは中緯度での真夏の太陽南中時における、全天日射量の約10%に相当する。

346 物語 ／『三丁目の夕日』西岸良平

昭和30年代の東京の架空の下町「夕日町３丁目」を描いた西岸良平（さいがんりょうへい）（1947〜）の漫画作品、『三丁目の夕日』。それをもとにしたアニメや、『ALWAYS 三丁目の夕日』というタイトルで映画にもなり、度々、テレビでも放映されているので、ご覧になったことがある方は多いだろう。「夕日町３丁目」は架空の町だが、建設中の東京タワーが見える下町ということで、ファンは様々な仮説を立てて、現実のどの町がモデルなのか、思いをめぐらせている。

建設中の東京タワー（マルク・リブー撮影）

建設中で半分しかできていない東京タワー、「これからは自動車の時代だ！」と意気込む小さな自動車修理工場「鈴木オート」を営む鈴木。そこに青森から集団就職でやってくる六子（むつこ）。鈴木の息子など悪ガキたちが走り回り、「テレビがうちに来る」とはしゃぐ。そんな子ども相手の駄菓子屋「茶川（ちゃがわ）商店」を営むのは、文学賞に応募しては落選している小説家・茶川竜之介。

第二次世界大戦の敗戦から立ち直りつつある時代、まだ身内を戦争で亡くした人も多く、親の治療費の借金のカタにストリッパーにならざるを得ない女性・ヒロミもいる。そんな時代の、東京の下町の人情味あふれる物語。茶川が、ひょんなことから、身寄りのない子・淳之介（じゅんのすけ）を引き取ることから物語が展開していく。

漫画は「ビッグコミックオリジナル」（小学館）で1974年から連載されていて、ペースは落としつつも続いており、2021年３月現在、単行本は68巻まで刊行されている。映画の方も高い評価を受けて数々の映画賞を受賞。その後『ALWAYS 続・三丁目の夕日』、『ALWAYS 三丁目の夕日'64』と続編が作られている。

さて、「夕日町３丁目」は、どの町がモデルなのだろう。映画のメイキングである「夕日町のひみつ」というDVDによると「芝愛宕（あたご）町（現・港区愛宕）」とされているようだが、熱心なファンにとっては、どうも不自然なようだ。東麻布イースト商店街あたりか、という意見もある。どちらにせよ、愛宕や麻布というと、現在ではビルが建ち並ぶ高級住宅街というイメージなので、下町と言われてもピンとこないかもしれない。だが、昭和30年代（1955年頃）というと、ようやく戦後10年が経ったという頃で、今とはずいぶん違っていた。高度経済成長によって、東京の姿がこれほど変貌するとは、当時は、まだ誰も思っていなかったかもしれない。

豆知識

1. 映画が公開されたのは、2005年。昭和30年代の東京の風景、建設中の東京タワーや当時の上野駅、蒸気機関車や東京都電などはミニチュアやCGで再現された。撮影のセットも妥協なく、今はほとんど見ることがなくなった三輪自動車ミゼットや、当時のテレビや冷蔵庫といった家電は本物を集めて撮影されたという。

347 商業と娯楽 ／ ロードサイドビジネス

過密を避けるために人が郊外に住むようになると、利便性の高い移動手段を求め、自家用車を使用した生活を送るようになる。東京圏でも、都心部以外では1960年代後半にはそのようなライフスタイルが営まれるようになった。自動車ユーザーのために、従来は都市部や駅近くの商店街でしか手に入らなかったようなものを提供するサービスが、幹線道路沿いに増えていった。

都市生活、というと鉄道で移動するライフスタイルを考える人も多いかと思われる。しかし東京都内でも、鉄道やバスなどの公共交通機関で生活を完結できる人は、東京23区の中心部に暮らしているか、それ以外でも主要駅の近くに住んでいる場合のみで、なにかというと自動車が必要な場合が多い。

高度経済成長期に人々が郊外に多く暮らすようになると、生活水準が向上し、自家用車も手に入りやすく、また運転がしやすくなったため、徒歩生活からクルマ生活へとライフスタイルが変化し、ロードサイドでのビジネスが普及するようになった。ロードサイドというと、地方でのことと思われるかもしれないが、実は都市周辺から始まった。二子玉川、といえば現在では大規模商業施設が密集する地域と思われがちだが、1969年に玉川髙島屋ショッピングセンターができた当時は、郊外型大規模商業施設のさきがけといわれるものだった。

これまで商業施設や飲食店などは駅の近くにあり、駐車場も小さかったが、ロードサイドの店舗は大規模な無料駐車場を完備し、自家用車での客を多く集めるようになった。

東京圏では、主に多摩地区や世田谷区、江戸川区などでロードサイドビジネスがさかんになっていった。1970年にはファミリーレストランの「すかいらーく」が府中市にオープンした。また、ホームセンターや紳士服店が比較的早くから郊外に店舗を進出していった。都心に通うものの、生活は郊外でというライフスタイルの人に適合したビジネスが中心となっていく。ロードサイドの主要交通手段である自動車を扱うディーラーも郊外型店舗として重要な役割を占めるようになった。のちにコンビニエンスストアやレンタルビデオ店などもロードサイドに増えていく。

大規模小売店舗立地法が2000年に施行されると、郊外型のショッピングモールが続々とでき、東京圏にも郊外を中心に巨大商業施設が目立つようになる。これらの商業施設に行くことが、郊外住民の娯楽となっていった。

豆知識

1. 二子玉川は現在、東急大井町線と東急田園都市線が合流し、オフィスビルも林立するエリアとなっている。しかし二子玉川に髙島屋ができた1969年は、田園都市線は大井町～二子玉川園～溝の口間となっており、渋谷から二子玉川園までは路面電車の玉川線があったものの、その年に廃止された。この時代はまだ鉄道網が不便な郊外だったのである。

348 暮らしと文化 ／ 核家族

都市の発展とともに、東京の人々はこれまでの大家族から核家族での暮らしに移行していった。核家族は戦前から増え始め、戦後になると都心部での家族の基本的な形態となっていった。近年では子のない家族や単身世帯も増え、都市部の狭い住宅環境と合わせて、「無縁社会」が課題となっている。

戦前は、家族で農業や商工業を営んでいることから、大家族での生活が中心であった。特に農村部ではその傾向が高かった。大家族とは、複数の夫婦とその子どもが一緒になっている家族のことで、多世代同居も当たり前のものであった。

一方、都市に人々が出てきて、企業や官公庁などに働きに出る人が増えると、しだいに核家族化していった。核家族とは、基本的には親と子で暮らす家族のことであり、家族の最小単位で構成されていることからその名前がつけられた。

戦前にはすでに核家族化が進行していたものの、本格的に核家族が増え始めたのは、1960年代である。ちょうどその頃に普及し始めた団地も、核家族世帯を対象としたものだった。

1960年の国勢調査では53.0％を占めた核家族は、1980年には60.3％を占めるようになる。この間人口増加が続き、住宅政策の充実もあって夫婦に２人の子どもという標準世帯が中心となっていった。

ところが、その後夫婦に１人の子どもという世帯や、夫婦だけの世帯というものが増えていった。世帯の規模は小規模化し、核家族は減少傾向となる。住宅政策が団地や持ち家政策を中心としていた時代から、民間に住宅の供給をまかせるといった体制になり、その中で狭い住宅が増え、子どもを多く育てられないという状況が生まれた。また子どもに教育費が多くかかるようになり、経済的な理由から子どもを産まないという選択をする夫婦も増えていったと考えられる。

子どもをつくらない夫婦、シングルマザーなど既存の家族の形態におさまらない生き方が増えるなかで、単身の世帯も一貫して増え続けている。高齢化社会の中で「無縁社会」という言葉も生まれた。その中で未婚の人が焦りを感じ「婚活」ブームが生まれ、結婚へと多くの人たちの情熱は駆り立てられている。

「失われた30年」といわれる経済状況や、都市部の住宅環境は「核家族」というものを存立させることさえも難しくさせ、東京の人口は他道府県からの人口流入で増加こそし続けているものの、いずれは減少するとみられている。

豆知識

1.「無縁社会」は、NHKにより2010年に放送された番組によりつくられた造語である。単身者の孤立や生涯未婚率の上昇、非正規雇用が当たり前になる現実など、つながりが持てない人々の状況を描いた。

349 人物 ／ 井上ひさし

NHK連続人形劇『ひょっこりひょうたん島』の原作で人気を集め、戯曲、小説、エッセイと200冊近い著作を残した井上ひさし（1934～2010）は、その巧みな言語感覚から「言葉の魔術師」とも称された。笑いの底から、しみじみ湧いてくる悲しみ。ほんのりした励まし。とりわけ東京の劇場で舞台と客席が一つになったとき、豊かな言葉が織りなす井上の演劇世界は、まぶしい光を放っていた。

生まれは山形県東置賜郡小松町（現・川西町）。５歳のとき父修吉が病没し、母マスにより育てられた。生活苦からキリスト教系の児童養護施設に入園した翌1950年、仙台第一高等学校に入学。成績は後ろから数えた方が早く、映画館通いの日々を送った。そんなとき図書館で手に取ったディケンズの長編小説『ディヴィッド・コパフィールド』に心を震わせる。辛酸をなめる主人公の姿に自らの人生を重ね合わせ、読みふけったのが、文学への目覚めだったとされる。

上智大学のドイツ文学科に進んだが、学業に気が乗らず、夏休みに釜石の母の元に戻った。２年半働き、貯めた15万円を懐に1956年、再び上京。上智のフランス語科に復学する。新たに見つけたアルバイトが、「ストリップ界の東大」とも評されたストリップ劇場浅草フランス座の文芸部進行係だった。踊り子の衣装運び、照明係をこなしながら、合間に役者が演じるコントの台本を書く日々。役者からギャグを学び、舞台にかける情熱を吸い取った。やがて放送作家に転じ、大学卒業後の29歳のとき、『ひょっこりひょうたん島』の台本を山元護久と共同執筆。４年後にはお笑いの「てんぷくトリオ」の座付作者にもなり、コント作りに追われた。

劇作家への道を歩み始めたのは34歳のとき。小劇場演劇がブームの1969年、劇団テアトル・エコーに書き下ろした『日本人のへそ』が恵比寿にあった小劇場で上演された。東北から集団就職で上京した少女の人生に、当時の日本社会の実像を浮き上がらせる内容は評判を呼ぶ。1970年には『ブンとフン』で小説家としてもデビュー。２年後には江戸の戯作者群像を描く『手鎖心中』で直木賞を受賞し、1981年には東北の一寒村が独立する物語『吉里吉里人』がベストセラーとなる。ただ、「追い込まれないと力が出ない」と自ら語るほどの遅筆で有名で、しばしばトラブルを起こした。「自分たちの劇団をつくろう」と、妻の好子（後に離婚）と劇団こまつ座を立ち上げた1983年１月、渋谷の西武劇場で上演予定だった推理劇『パズル』の台本はついにできあがらず、直前に中止となって世間を驚かせた。こまつ座の旗揚げ公演『頭痛肩こり樋口一葉』も初日１カ月前になってプロットを破棄し、書き直し。ぎりぎり間に合い、1984年４月に紀伊国屋ホールで幕を開けた。以来、何度も再演を重ねている。

豆知識

1. 本名は漢字で廈。父修吉が見つけた「大きい家」を意味する漢字で、息子への期待が込められていた。修吉は薬剤師をしながら農地解放運動に関わり、機関誌「戦旗」を秘密に配る活動家でもあった。作家になる夢を持ち、1935年には自作が雑誌『サンデー毎日』の大衆文芸募集で入選５編に選ばれたこともあった。
2. 1983年の公演中止は「パズル事件」とも呼ばれる。ほぼ書き上げたところで自ら愚作と判断し、「作家の良心」にかけて中止を申し出たもので、後始末に2400万円かかったと後に記している。

350 まち／西多摩郡

東京都西部の広大な面積を占めた西多摩郡は、各町村が合併や市制を施行して離脱を繰り返した結果、現在は瑞穂町・日の出町・奥多摩町・檜原村の３町１村のみとなった。土地がつながっているわけではなく、それぞれに特徴的な歴史や風土が残されている。

奥多摩湖と山々

西多摩郡は、東京都の西部に位置する東京都唯一の郡で、瑞穂町・日の出町・奥多摩町・檜原村の３町１村から成る。奥多摩町と檜原村のみが隣接し、郡全体が一続きになっているわけではない。というのも、1878年に西多摩郡として発足した当時は、３町１村から瑞穂町の一部を除いた範囲に加えて、現在の青梅市・福生市・あきる野市・羽村市の全市域を含んだが、その後に各町村が合併や離脱を繰り返したためである。

瑞穂町は西多摩郡でもっとも東に位置し、埼玉県の所沢市・入間市などと接し、南部にはアメリカ軍横田基地が広がる。1940年に町制を施行する際、町名がなかなか決まらなかったため東京府知事・岡田周造に命名を一任したところ、日本の美称である「豊葦原千五百秋瑞穂国」から「瑞穂町」と名付けられた。旧来の各村名に関わりを持たせず、「豊穣」を意味する縁起の良い美名が用いられたとされる。

日の出町は瑞穂町より西に位置し、北は青梅市、南はあきる野市によって囲まれている。1955年に旧大久野村と旧平井村が合併した際、市域にそびえる日の出山（標高902m）のように「日の出の勢いで成長するように」という願いを込めて「日の出村」と名付けられ、1974年に「日の出町」となった。町内には中曽根康弘元総理大臣の別荘である日の出山荘（日の出町大久野）があり、1983年11月11日、来日中のアメリカ合衆国大統領ロナルド・レーガン大統領とナンシー夫人が、日の出山荘を訪れて「日米首脳会談」を行ったことで知られる。

西多摩郡の最西部に位置する奥多摩町は、山梨県の上野原市や埼玉県の秩父市・飯能市などと接し、面積は東京都の区市町村の中でもっとも広い。大部分は山岳によって隔てられ、町の中心部には多摩川が西から東へと貫流し、奥多摩湖が市域の南西部に広がる。日原鍾乳洞（都指定天然記念物）は関東随一の規模を誇る鍾乳洞で、白衣観音やガマ岩、天井知れずなど、幻想的な空間が広がる（「洞窟・穴」260ページ参照）。昭和時代初期の1927年に「日本百景」を選定した際、「奥多摩渓谷」が推奨されたのが契機となって、「奥多摩」という地名が定着した。

奥多摩町の南東部と隣接する檜原村は、島しょ部を除いた本州内の東京都における唯一の村である。村の周囲を急峻な山嶺に囲まれ、総面積の93％が林野で占められ、村の大半が秩父多摩甲斐国立公園に含まれている。縄文時代の遺跡が発掘されているほか、伝統芸能として式三番叟や神代神楽、獅子舞などが伝承され、毎年初秋には村域で盛大に上演される。

豆知識

1. 2006年11月11日、日の出山荘は中曽根康弘元総理大臣より日の出町に寄付され、2007年11月11日から「日の出山荘 中曽根康弘・ロナルド レーガン日米首脳会談記念館」として一般公開されている。
2. 奥多摩町東部に広がる鳩ノ巣渓谷（奥多摩町棚澤）は、巨岩や奇岩の間を多摩川が流れるハイキングスポットだ。岩場に祀られた玉川水神社にハトが巣を作ったことが、地名の由来となっている。

351 歴史 ／ 学生運動

戦後日本では学生が政治運動の主体として活動をしていた時代があった。政治活動が自由になって以降、学生の運動はさかんになり、1960年の日米安保条約改定の際には多くの学生が国会前に押し寄せた。その後、1960年代後半には大学の不正や腐敗に対して異議申し立てを行うようになり、実力行使におよんだが、大学当局に敗れた。だがその運動の力はのちに市民運動などの基盤になった。

東大安田講堂事件（1969年1月18日）

戦後、各大学での政治的活動の機運が高まる中で、1948年には大学自治会の連合組織である全学連が結成された。この組織は当初、日本共産党の強い影響下に置かれる。その中で学生たちと共産党との対立が深まり、党批判の学生活動家たちは除名される。学生運動の日本共産党系・反日共系の対立は、のちのちまで影響を及ぼした。1960年の日米安保条約改定についての運動が大きく盛り上がった際には、反日共系の団体・ブントによる強硬な反対姿勢が、多くの学生たちの支持を集め、安保闘争は高揚していった。

激化する安保闘争のデモの中、暴力団や右翼団体による妨害や、機動隊とデモ隊との衝突が発生、その中で東大生・樺美智子（1937〜1960）が圧死した。樺はこの闘争の象徴的存在となった。日米安保条約の改定案は参議院で議論されないまま、自然成立した。しかしこのデモにより、岸信介を退陣させたことは大きく、ベトナム反戦運動の高揚にも大きな影響を与えた。

その後、大学のマスプロ化が進み、産官学の連携などが問題視された。マスプロとはマスプロダクションの略で、規格製品の大量生産を意味する。一つの教室に100名以上を押し込み、マイクを片手に講師から一方通行的な講義を行う授業をマスプロ教育などと批判する傾向が高まった。その中で全共闘運動が生まれた。日本大学では古田重二良会頭による営利優先のマスプロ教育が問題になり、秋田明大（1947〜）を中心に1968年に日大全共闘が結成された。また東京大学では、医学部のインターン制度廃止を軸にした、研修医の待遇改善運動への処分反対の動きの中から、山本義隆（1941〜）を中心に東大全共闘が結成された。東大では1968年6月15日より安田講堂に約100名の学生たちが立てこもり、この占拠は翌年1月19日まで続いて入学試験は中止された。御茶ノ水駅周辺では日本大学、中央大学、明治大学を中心に学生2000人が街頭バリケードを築き、“神田カルチェ・ラタン闘争”と呼ばれる騒動も起こした。全共闘運動は全国へと広まり、その中心地である東京の大学は異様な光景となっていた。1969年には全国全共闘が結成されたものの、このあたりから運動は下火となる。その後、新左翼諸党派は分裂を繰り返し、先鋭化した一部の党派の武装闘争により、支持を失っていった。なお、学生運動経験者は、のちに市民運動家になるケースも多く、その中から政治家も生まれた。

豆知識

1. 山本義隆はのちに駿台予備学校物理科講師を務めるいっぽう科学史研究者としても活躍し、『磁力と重力の発見』は大佛次郎賞を受賞した。いっぽう、『東大闘争資料集』を編集し、国会図書館に納本した。近年では社会問題に関する発言を多く行うようになり、また回顧録も出版している。

第51週 第2日(火)

352 自然 ／ 水害

水害には、洪水と高潮があり、洪水には外水氾濫と内水氾濫がある。河川の堤防が決壊して浸水するのが外水氾濫である。また地域の排水機能をこえて雨水が地下の水路から路上などにあふれ出る内水氾濫が、近年増加している。高潮とは、台風や強い低気圧が通過するとき、沿岸部で海面が盛り上がる現象であり、洪水より被害が大きくなりやすい。台風は強風や大雨による被害だけでなく、こうした洪水や高潮の原因となる。東京の台風の歴史をひもとく。

1654年に半世紀かかって完成した利根川東遷事業では、かつては東京湾（江戸湾）に注いでいた利根川の流れを東へ変え、銚子から太平洋へと流れ込むようにした。目的の一つは洪水から江戸城下を守るためだったが、1742年、関東・甲信越地方を直撃した台風により、利根川や荒川、多摩川の上流で発生した「寛保洪水」で、利根川の水は旧河道に流れこみ、江戸に洪水被害をもたらした。このとき８代将軍・徳川吉宗は、炊き出しや御救小屋の設置などを行い、このときの洪水は組織的な救済がはじまった水害ともいわれている。しかしその後、利根川や荒川の堤防の復旧に費やした巨額の工事費用が、幕府や諸藩の財政を直撃し、幕府の衰退がはじまったきっかけの一つとされている。

明治に入っても、1910年梅雨前線の停滞と台風の接近により利根川や荒川、隅田川が決壊、浸水した「明治43年の大水害」が発生した。このときに整備されたのが荒川放水路だが、大正に入った1917年「東京湾台風」では、沿岸部で高潮が発生し、月島、築地、州崎（現・江東区木場）で多数の被害を出した。このほか戦後間もない1947年のカスリーン台風では利根川が氾濫し足立、葛飾、江戸川が泥海と化し、1949年のキティ台風で江東区を中心に大規模水害が発生、1958年の狩野川台風では、山の手の中小河川流域を含めた都内各地で大規模水害が発生した。近年では1993年の台風11号により都内各地で浸水被害が発生し、JR品川駅や営団地下鉄（現・東京メトロ）の赤坂見附駅が冠水するなど、台風による過去最大の交通マヒが発生した。

現在、大型台風を想定した治水対策として、高規格堤防（スーパー堤防）、遊水池、調整池、大型放水路が整備されている。2019年10月の令和元年東日本台風では、東京では多摩川が氾濫して浸水被害が発生した。このとき荒川下流と江戸川下流の高規格堤防（スーパー堤防）が働いて決壊を防ぎ、また埼玉県春日部市の首都圏外郭放水路がフル稼働したおかげで、都内を含む多くの地域が守られた。

豆知識

1. 東京に接近する台風の数は、1980年から40年間の観測データによると、前半の20年に比べて後半の20年の接近数が約1.5倍となっている。しかも強い台風の接近頻度が増え、移動速度が遅くなっている傾向がある。
2. 近年は過去に例のない大雨として、線状降水帯による豪雨の被害が増えている。これは次々と発生する積乱雲が線状に並び、数時間にわたって豪雨を降らせるものである。大雨の降る地域が線状に見えるため、この名称で呼ばれている。
3. 2020年に完成した渋谷駅東口雨水貯留施設は、すり鉢状の地形の底にあり、雨水が流れ込みやすい渋谷駅周辺の浸水対策に役立てられている。

353 物語 ／ 外国人が描いた東京

外国人から見た“東京”はどんなものなのだろう？　もちろん、外国人といっても世界は広く、一くくりにはできないが、外国人が描いた東京の作品を取り上げるとき、日本が大好きな外国人によるものが取り上げられがちだ。だが、2003年のアメリカ映画『ロスト・イン・トランスレーション』は、ちょっと違う。来たくて来たわけではない日本に、主人公が「なんだかなぁ」とため息をついているような、そんな東京が描かれる。

物語の舞台となるパークハイアット東京

ソフィア・コッポラ監督による東京を舞台にした映画。主演はビル・マーレイとスカーレット・ヨハンソンだ。「ロスト・イン・トランスレーション」は、直訳すると、“翻訳できない”という意味だが、単純に日本語が翻訳できないという意味だけでなく、主人公ら登場人物が、互いに通じ合えていない、どこかズレているような人間関係が浮かび上がる秀作だ。

初老のハリウッドスター、ボブ・ハリス（ビル・マーレイ）は、サントリー・ウイスキーのCMに出演するために東京にやって来て、新宿のパークハイアット東京に滞在する。そこでのホテルスタッフ、また、おそらく広告代理店社員と思われるような仕事上での人々の対応、撮影時の通訳を含めた過剰なまでの気遣いは、日本で日常的に行われていることなのだが、こうして、アメリカ人の視線から見ると、確かに少しズレているように気づかされるのが、とても興味深い。そして、彼は、アメリカにいる結婚25年になる妻――時差も考えずに些細（ささい）な電話をしてくる妻とも気持ちが多少ズレている。

そんななか、同じホテルに夫である写真家に同伴して滞在しているシャーロット（スカーレット・ヨハンソン）と友情が芽生えていく。夫は仕事に忙しく、夫の仕事関係のコミュニケーションの場に同席しても居心地が良いものでもない。その結果、「どこにでも行ったら良いよ」と言われ、日中、ほうって置かれている。大学を卒業したばかりで結婚２年目。彼女もやはり、夫と気持ちがズレている。

ちなみに、監督のソフィア・コッポラ自身が写真家と結婚して東京に滞在した経験を持ち、若い頃を描いているようで自伝的ともいわれている映画だ。

どこの国と国でも、こういったズレや違和感はあるものであるが、日本特有の、丁寧すぎる気遣いによって、かえって相手を戸惑わせてしまっているという部分が秀逸に描かれている。

豆知識

1. 日本人がこの映画を観ているときには気づきにくいことだが、異国人の孤独感を表す演出として、日本以外で上演される際にも、日本語のセリフにはあえて字幕を付けずに上映されている。
2. 東京を舞台にした外国映画は他にも多数ある。歌舞伎町が舞台の2009年のフランス映画『エンター・ザ・ボイド』や、その名そのものの『TOKYO!』は、2008年に日本、韓国、ドイツ、フランスの合作で作られたオムニバス映画だ。監督はミシェル・ゴンドリー、レオス・カラックス、ポン・ジュノで、香川照之（かがわてるゆき）、蒼井優（あおいゆう）、加瀬亮（かせりょう）、妻夫木聡（つまぶきさとし）、竹中直人（たけなかなおと）ら日本の俳優陣も出演している。

354 商業と娯楽 ／ 東京タワーと東京スカイツリー

1958年に完成した東京タワーは、港区芝公園にあり、その赤と白の外観は昭和レトロといった雰囲気を感じさせている。放送等を担う電波塔として、東京タワーの333mは、完成当時には十分な高さだったが、その後、超高層ビルなどが増える中で、さらに高い電波塔が求められるようになった。そこで、2012年に墨田区に登場したのが東京スカイツリーだ。高さ634m、世界一高いタワーだ（2021年現在）。

東京スカイツリー

高さ333mの東京タワー。建設当時、この高さは自立式鉄塔としては世界一の高さを誇り、関東地方のテレビ、ラジオの電波塔として使われてきた。だが、都心に超高層ビルが林立し、電波の影となってしまう部分が増えるなかで、さらに高い電波塔が求められるようになり、NHKと在京５社（TBSテレビ、日本テレビ、フジテレビ、テレビ朝日、テレビ東京）で「在京６社新タワー推進プロジェクト」を2003年に発足させ、実現へ向けて動いた。様々な調整を経て、2008年に着工、2012年に竣工（しゅんこう）した。

この東京スカイツリーの634mという高さは、世界で一番高いタワーであって、タワーに限らず人工的な建造物としても、ドバイのブルジュハリーファに次ぐ世界第２位の高さなのだという。今、この東京スカイツリーが関東地方のテレビ・ラジオの総合電波塔としての役割を担っている。

一方、1958年から総合電波塔としての役割を担ってきた東京タワーは、今は、東京スカイツリーから電波を送れない場合などの予備電波塔となっている。

そして、どちらも、東京のシンボル、展望台としての役割も担っており、観光地としても人気だ。東京タワーから観る景色、東京スカイツリーから観る景色、どちらが好きかは意見の分かれるところかもしれない。

また、電波塔としての役割は一段落した東京タワーだが、震災など帰宅困難者が出ている場合に、ライトアップされた姿が、帰宅すべき方向を知る道しるべになったり、都民の心の癒やしに繋（つな）がっているという。都市のシンボルの役割というのは、多岐にわたるものなのだろう。

豆知識

1. 東京スカイツリーは、富士山と明治神宮、皇居（昔の江戸城）、そして茨城県鹿嶋市の鹿島神宮を結ぶレイライン（古代の遺跡や聖地が一直線上に並んでいる線）上に位置し、ポジティブなエネルギーが集まる都内屈指のパワースポットに建っているという説もある。

355 暮らしと文化／シティポップ

1960年代以降、洋楽が日本に多く入ってきた。その影響を受け、東京を中心に「シティポップ」と呼ばれる音楽が1970～80年代に生まれるようになった。ジャンルとしては未確立のままであったものの、今日でも聴かれる名曲は数多い。しかし、1990年代以降にはバブル崩壊など社会の停滞感が増す中、求められる音楽のジャンルも変化していった。

1970年代から、東京を中心として普及してきた音楽的ムーブメントが、「シティポップ」である。60年代から70年代にかけて、自作のフォークソングやロックが増えていくと、その中で音楽的に洗練されたものが「ニューミュージック」として定着していく。ただし、どんなスタイルの楽曲が「ニューミュージック」といえるかは定かではない。その中でも、都会的なものを打ち出した楽曲を「シティポップ」とし、洋楽の日本版といった位置づけで洗練されたものが特徴となっていた。ムード先行の言葉で、はっきりとした定義のない言葉ではあるが、「シティポップ」といった言葉でまとめる必要のある一形式である。

シティポップの多くは、シンガーソングライターによって生み出された。はっぴいえんどやシュガー・ベイブが音楽的な始祖とされ、やがて東京生まれの歌い手や、東京を中心とする歌い手を中心に広まっていった。フォークソングが地方の歌い手を中心としていたのとは対照的である。

東京生まれの山下達郎（やましたたつろう）（1953～）や、父親が島根県の名士だった竹内（たけうち）まりや（1955～）、八王子市の呉服店の娘として生まれ、六本木のイタリアンレストラン・キャンティなどに早くから通っていた荒井由実（あらいゆみ）（1954～、結婚して松任谷由実（まつとうやゆみ））など、豊かさの中から都市的感性を持った人たちが、シティポップの担い手となった。ここでいう「シティ」とは東京のことであり、東京が豊かさの中で国際化していく流れに乗って作り出された音楽が、「シティポップ」である。

1980年代にはCMとの多くのタイアップ曲が生まれ、消費を礼賛する社会的風潮の中で、ヒット曲は増えていった。あわせてレコードからCDへと音楽メディアが変化し、気軽に聞けるようになったのも、普及の一因である。

だがこうした音楽は1990年代のバブル崩壊以降は、はやらなくなった。松任谷由実が自身の音楽が聴かれなくなるのは都市銀行がつぶれるときと語っていたものの、実際にそのような時代がやってきて、小室哲哉（こむろてつや）（1958～）による小室サウンドやアイドル音楽などのもっとストレートな歌がヒットするようになった。

豆知識

1. 2020年、松原（まつばら）みき（1959～2004）の「真夜中のドア～ Stay With Me」が海外においてリバイバルヒットし、当時のシティポップが世界的に再評価されつつある。例えば竹内まりやの「プラスティック・ラヴ」は2010年代後半に再評価され、YouTubeで多く再生されている。

356 人物／阿久悠

都はるみの『北の宿から』、沢田研二の『勝手にしやがれ』、ピンク・レディーの『UFO』。1970年代を中心に、誰もが知る数々のヒット曲を世に送り出したのが作詞家の阿久悠（1937〜2007）だ。アニメやCMも含め5000曲以上の詞を残したといわれる「昭和歌謡のモンスター」の姿は、東京・神田にある母校、明治大学の阿久悠記念館でしのぶことができる。その出発点は、銀座の小さな広告代理店で始めたサラリーマン生活だった。

本名は深田公之。宮崎県出身の父親が兵庫県警巡査となり、転勤先の淡路島で生まれ育った。洲本高校時代は映画館に通いつめ、３年間に1000本は観た。その頃から流行歌に詳しかったのは、歌好きだからではなく「東京の気配」を感じるためだった。明治大学に入学したとき、お茶の水界隈の雰囲気を「パリみたいだ」と思ったという。

ただ、下宿に戻ると、そこは南京虫がわくボロ家。ちょうど石原慎太郎が『太陽の季節』で華々しく文壇デビューし、夏の浜辺で戯れる「太陽族」の若者が世をにぎわわせた時代だ。「青春時代が夢なんて／あとからほのぼの想うもの／青春時代の真ん中は／胸に棘さすことばかり」。のちに森田公一とトップギャランに提供した『青春時代』に、阿久はそんな詞をつけた。自らの若い青春を振り返った本音だったのかもしれない。

才能が花開き始めたのは、「銀座にある会社」という理由で広告代理店・宣弘社に就職してからだ。テレビ活劇『月光仮面』を制作中の会社で、いつか自分も脚本を書けるのではないか、という夢を抱いていた。結局、降ってきたのはCM仕事ばかりだったが、がむしゃらに働いて抜群の企画力を発揮。放送作家の仕事もこなし始めた。このとき即興で考えたペンネームが「悪友」をもじった「阿久悠」だ。1966年に退社し、翌年に30歳で作詞家デビュー。尾崎紀世彦の『また逢う日まで』（1971年）で初の日本レコード大賞を受賞して一躍、その名を馳せた。八代亜紀の『雨の慕情』（1980年）まで史上最多５回のレコード大賞受賞を果たしている。

阿久は1970年、自らの方法論を模索する「15か条の作詞家憲法」を密かに定めていた。後に公開された「憲法」の15条には、「歌は時代とのキャッチボール。時代の飢餓感に命中することが、ヒットではなかろうか」とある。日本が高度経済成長を経て豊かになり、バブル経済に駆け上ろうとしていた時代。阿久は東京については、テレサ・テンの『東京夜景』、森進一の『東京物語』などいくつか書いてはいるが、「上京」の歌はほとんどない。むしろ東京を離れる「離京」の歌を多く残した。雑誌『東京人』に、その理由をこう記している。「東京は近くなったのである。近くなると未知なるものが薄れ、有難みも怖れも消える。ただ便利さを他よりたくさん持った都市ということになる」

豆知識

1. 野球好きで知られる阿久は、春の選抜高等学校野球大会の大会歌『今ありて』の作詞も手がけた。作曲は谷村新司。1993年にお披露目され、2018年の第90回記念大会では入場行進曲として、甲子園球場に流れた。
2. 八代亜紀の『舟唄』は、実は阿久が同い年の美空ひばりを想定して書いた幻の歌だった。歌い手を仮に決め、読者からの作詞を募って講評する新聞連載の最終回が「美空ひばり」。そこで自ら書き下ろした詞が３年後、八代亜紀にまわって代表曲となった。

357 まち／伊豆諸島

伊豆諸島は伊豆半島の南東方向に点在する100余りの島嶼から成り、そのうち人が定住しているのは９島（北から順に大島・利島・新島・式根島・神津島・三宅島・御蔵島・八丈島・青ヶ島）のみ。大島から青ヶ島までは約250km離れているため、自然や歴史は多彩である。

神津島

東京から南へ約120kmの位置にある大島（大島町）は伊豆諸島最大の島であり、奈良時代から江戸時代中頃まで流人（流刑に処された罪人）の島であった。島のほぼ中央にそびえる三原山（標高758m）は、古くから「御神火」として島民にあがめられ、現在も噴煙の上がる火口を見学できる。

利島（利島村）は、宮塚山（標高508m）を頂点とする円錐形の島で、島の約80％がツバキの木に覆われた「椿油」の日本有数の生産地である。元日の朝に行われる流鏑馬（現在は休止中）は、平安時代末期の武将・源為朝（1139〜1170？）によって始められたとされている。

新島（新島村）は南北に長い島で、東海岸の羽伏浦海岸はサーフィンやボディボードの名所として知られ、マリンスポーツが盛んだ。現存する1668年から1871年の流人帳によると、1333人の男女が流刑に処せられたとされる。

式根島（新島村）はリアス海岸の入り江に囲まれ、風光明媚な景観から「式根松島」と呼ばれる。島北部の吹之江遺跡（新島村式根島）からは、縄文時代から平安時代にかけての遺跡が出土し、土師器や須恵器、直刀などが見つかっている。

神津島（神津島村）は花の名所として知られ、夏はサクユリやシマキンレイカなどが白や黄色の花を咲かせる。島の中央にそびえる天上山（標高574m）には、伊豆七島の神々が集まり、水の分配の会議が行われたという「水配り伝説」が残る。

三宅島（三宅村）の中心にそびえる雄山（標高814m）は、約20年周期で噴火を続けている活火山で、最近では2000年に噴火した。噴火に関する最古の記録として、平安時代の1085年に噴火があったと「壬生家系図」に記されているが、実際にはもっと古い時代に、記録に残っていない噴火があった可能性がある。

巨樹に覆われた御蔵島（御蔵島村）の海域には、ミナミバンドウイルカが年間を通して生息し、野生のイルカと泳げる島として全国的に知られる。八丈島（八丈町）は「流人の島」と呼ばれ、関ヶ原の戦い（1600年）に敗れた戦国大名・宇喜多秀家（1572〜1655）が流された。現在は、ウミガメとの遭遇率が高く、「八丈ブルー」の透き通る青い海として親しまれている。

青ヶ島（青ヶ島村）は火山の島で、江戸時代に起きた天明の大噴火（1785年）で、島民200人余りが八丈島へと逃れ、無人島と化した。もとの生活に戻ったのは約半世紀後の1835年であり、現在は青ヶ島村として人々が暮らしている。

豆知識

1. 保元の乱（1156年）に敗れた源為朝は大島に流された。その後、為朝は周辺の島で勢力を拡大したと伝わり、為朝ゆかりの地や祭りが伊豆諸島に残る。例えば大島では「為朝祭」が行われ、新島・三宅島・八丈島には「為朝神社」がある。

358 歴史 ／ 東京オリンピック

1940年、日本は本来その年に行われる予定だった東京オリンピックを日中戦争の激化から返上した。戦争で焼け野原になって以降、東京でのオリンピックはスポーツ関係者の悲願だった。日本が戦後復興をなしとげた姿を世界に見せようと、1964年、ついに東京オリンピックが開かれた。またあわせて、障がい者スポーツの国際大会であるパラリンピックも行われた。

東京オリンピック開会式

1940年に、「皇紀（紀元）二千六百年」を記念した行事として、アジア初のオリンピックを東京で開こうとしていた。しかし日中戦争の悪化などにより、大会を返上。あわせて、同年に開催予定だった万博も中止となった。スポーツをめぐる状況は悪化し、オリンピックに出場する予定だった選手たちも出征し、命を落とした人も多い。この時代を経験した日本のスポーツ関係者は、いつかは日本でオリンピックを、という思いを強くするようになった。

いっぽう、東京の都市計画は困難を極めていた。自動車の増加が続く東京の道路は1965年にまひすると考えられており、一刻も早い改善が求められていた。

そんな中、1959年のIOC総会で東京がオリンピックの開催地となることが決まった。この東京招致は、水泳指導者の田畑政治（たばたまさじ）（1898～1984）がキーパーソンとなって奔走し、獲得したものだった（「田畑政治」334ページ参照）。日本の復興を世界に示し、国際的地位を確立する動きや、公共インフラ整備の必要性の高まり等、様々な考えが、東京オリンピックを行うという目標へとまとまっていった。

渋滞を緩和するために首都高速道路を整備したり、人々の移動のために地下鉄を整備したり、あるいは東海道新幹線を建設したりと、オリンピック関連で様々な公共事業が行われた。首都高速道路は川や堀の上などにつくられ、都市の景観は一変した。東京モノレールができたのもこのときである。

東京オリンピックは1964年10月10日に開会した。旧国立競技場が会場となり、開会式は昼間に行われた。世界から集まった選手たちは代々木の選手村に寝泊まりした。開催国であった日本の選手の活躍が目立ち、メダルは金16、銀５、銅８の29個となった。マラソンや男子体操、女子バレーボールなどが人気の競技となり、特に「東洋の魔女」の異名を持ち、見事金メダルを獲得した女子バレー選手の活躍はバレーボールが国内に広まるきっかけとなった。24日には閉会式となる。

その後、11月８日から12日にかけてパラリンピックが行われ、これを契機に障がい者スポーツが広く知られるようになった。

豆知識

1. のちに冬季オリンピックは1972年に札幌で、1998に長野で開かれる。
2. 東日本大震災からの復興を掲げて、2020年に東京オリンピックが開かれることになった。だが新型コロナウイルスの影響で１年延期、2021年にはオリンピックは行われたものの、無観客で開催した。また、1964年とは異なり、夏の暑い時期の開催、開会式は夜となった。

359 自然 ／ 大気汚染

かつて、東京の空は、いつもどんよりしていた。それは工場や自動車からの排気ガスによるもので、昼間なのに太陽が見えなくなるほど、大気汚染は進んでいた。1970年には杉並区で、高校生らが目の痛みや吐き気を訴えて、病院に運ばれた。日本初の光化学スモッグの発生であった。現在の東京の空は見上げると、太陽がきちんと見えて、空もきれいだ。本当に東京は大気汚染を克服したのだろうか？　東京の大気の歴史を振り返ってみよう。

東京の公害問題が深刻になってきたのは、人口・産業の集中が進んだ1950年代後半である。石炭に代わり、重油の燃焼によって大気中に発生する二酸化硫黄（SO_2）による大気汚染が進行していったのだ。そこで東京都は低硫黄重油（ていいおうじゅうゆ）の使用によって、SO_2の発生量そのものを減少させる独自の燃料規制を導入した。1971年より、工場や指定作業所が使用する重油の硫黄分規制が開始された。すでに1968年には、都は東京電力との間に「火力発電所の公害防止に関する覚書」を締結し、都内すべての火力発電所から発生するSO_2の総量を、1973年にはほぼ半減させることに合意している。こうして1983年には、東京都のすべての一般環境大気測定局で環境基準を達成した。また自動車の排ガスによる一酸化炭素（CO）削減のため、1970年の公害防止条例の改正において、使用過程車（すでに使用されている車）に排出ガス減少装置（触媒式再燃焼装置）の取り付けを指導・勧告する制度が設けられた。

2016年度の東京都の発表によると、すべての測定局で1988年以降、SO_2およびCOの環境基準値の達成が続いているという。一方で自動車を主な発生源とする二酸化窒素（NO_2）と浮遊粒子状物質（SPM）については、依然として環境基準が達成できない状況が続いた。特にディーゼル車から排出されるSPMについついては、発がん性などの著しい健康被害が指摘されたが、国のSPM規制は欧米に比べて開始も遅く、規制基準も緩いものであった。

そこで東京都は1999年に「ディーゼル車NO作戦」を開始し、環境局のホームページなどでインターネット討論会を実施するなど、活発なディーゼル車対策を提起した。2000年に東京都公害防止条例が改正され、2003年には新車だけでなく使用過程車も対象とするディーゼル車規制が実施された。このとき東京だけではダメだと、隣接する埼玉、千葉、神奈川の３県も、ほぼ同じ内容の条例を制定した。また石油メーカーの努力により低硫黄軽油が開発され、自動車や装置メーカーによる低硫黄軽油をいかした低排出ガス自動車やSPM減少装置の開発が進められた。

これらの取り組みにより2004年にはNO_2およびSPMの環境基準値が、一局を除くと、ほぼ達成するという大きな成果を上げた。最新の2019年度の発表でも、2004年度にNO_2では47％だった達成率が、2010年以降は90％以上で推移しており、改善が大幅に進んだ。SPMも３年連続すべての測定局で基準値を達成している。

先に述べたSO_2とCOの結果をあわせると、かつての東京の空をどんよりさせていた有害大気汚染物質は、ほぼ基準値を達成しており「東京の空はきれいになった」といえよう。

豆知識

1. 光化学スモッグは自動車や工場の排気ガスに含まれる窒素や炭化水素が、太陽の紫外線の影響を受けて化学変化し、酸化性の強い光化学オキシダント（Ox）に変わることによって発生する。

360 物語／『君の名は。』

赤坂、六本木のビル群の向こうに見える東京タワー。手前には赤坂御用地の森が広がっている――これが四谷に暮らす男子高校生・瀧（たき）の身体を通して、ヒロイン三葉（みつは）が初めて目にした東京の風景だ。飛騨（ひだ）地方の小さな町のしがらみに息をつまらせていた三葉は、身体の入れ替わりという超常現象に戸惑いつつも、東京都心での高校生活に心を弾ませる。JR新宿南口前の雑踏の中、三葉が叫ぶ「東京やぁ！」に共感する地方出身者は多いだろう。

映画の重要なシーンで登場する須賀神社の石段（新宿区四谷）

キャッチコピーは「まだ会ったことのない君を、探している」。東京と飛騨という離れた土地に住む2人は、入れ替わっているときの生活をスマホのメモに書き込むことで、次第に心を通わせていく。

「思春期の困難な時期に、風景の美しさに自分自身を救われ、励まされてきたので、そういう感覚を映画に込められたら、という気持ちはずっと一貫して持っている」

そう語る新海誠監督の光と色彩の美しさには定評がある。NTTドコモ代々木ビル（通称ドコモタワー）、新宿警察署裏交差点から見た都庁を始めとするビル群、LABI新宿東口館の街頭ビジョンなど、瀧の自宅、高校、アルバイト先が新宿区に設定されているため、作品ではこの区域の実在する街並みが描かれている。街路樹からの木漏れ日、太陽光を浴びて白く輝くビルの壁面、ライトが明滅する幻想的な夜景など、いずれも実写以上に美しく印象的に描かれている。

本作品は公開当時日本映画歴代2位の興行成績を上げたが、映画を見た人が続々とモデルとなった場所を訪れて社会現象となった。この年のユーキャン新語・流行語大賞では「聖地巡礼」がトップテンに選出されている。

物語終盤、大災害を回避した後、入れ替わりの記憶を失い「ずっと何かを、誰かを探しているような気がする」という瀧の言葉と共に描かれる2人のすれ違いは、観客をせつない気持ちにさせる。代々木駅のホームを歩く三葉を、走る電車の中から一瞬だけ見かける瀧。都営大江戸線・新宿西口近くの新都心歩道橋。雪の日お互いに気づかずすれ違う2人。そしてJR中央線で走る電車の窓越しにお互いを見つけた2人は、それぞれ新宿駅と千駄ヶ谷駅で降り、相手を探して走り出す。四谷の須賀神社の階段。赤い手すりを挟んですれ違い、振り向いた2人は同時に語りかける。「君の、名前は」と。

豆知識

1. 新海監督はこの映画の着想を東日本大震災の後の宮城県名取市閖上（ゆりあげ）で得たと述べている。「ここは自分の町だったかもしれない。自分が閖上のあなただったらと思い、もしも自分があなただったらという、入れ替わりの映画をつくろうと思った」と。もしも過去を変えられたならば、という思いでこの映画を見た人も多いだろう。
2. 物語終盤には2021年の東京が描かれている。背景描写はまさに今の東京そのものなのだが唯一の違和感は、カフェでも電車でも誰もマスクをしていないこと。この映画の公開は2016年。奇しくも災害は予見できないことを示すことになった。

361 商業と娯楽 ／ コンビニの登場

今や現代人の生活に欠かせないコンビニエンスストア。その東京での登場は、1974年、イトーヨーカドーの子会社が現在のセブン－イレブンである「ヨークセブン」１号店を開店させたときといわれる。では、日本の最初のコンビニがここなのかというと、どうもそういうわけではないようだ。

当面の生活に必要なものが何でも揃いそうなコンビニエンスストア。都市を中心に今や全国各地に広がり、「おにぎり」や「おでん」の品揃えなど、日本独特の発展もみせている。

その発祥を調べると、1927年のアメリカで、氷を販売する「サウス・アイス社」が日用雑貨や食料品も販売するようになったことがルーツとされている。当時はアメリカとはいえ、今のように冷蔵庫も普及しておらず、保存が利かない氷を販売していた商店が、食品や身の回りのものを販売しはじめたことから始まった。こう聞くと、日本の大きな商店がない地域の“よろず屋”と、どう違うのかなどと考えてしまうが、このアメリカの「サウス・アイス社」は、1928年には、これを事業化。朝７時から夜11時まで営業するということで「7-ELEVEN」と名付けた。これが日本にも入ってきたわけだ。

一方、日本でのコンビニエンスストアの最初というと諸説ある。1969年に大阪の豊中市にできた「マミー」が最初という説、1971年、愛知県の春日井市にできた「ココストア」を最初とする説などがある。だが、現在、主流なビジネスモデルとなっている、スーパーマーケット各社が乗り出したコンビニ事業の店舗としてみるなら、1973年に「西友」が埼玉県狭山市に「ファミリーマート」の１号店を出店したことがはじめとなる。当時、スーパーマーケットが急発展するなかで、地元の商店街との共存をはかる目的で、大規模な店舗の出店に規制がかかったことから、各社は新業態としてコンビニに注目したのであった。

そして、今、東京には、約7800店舗のコンビニエンスストアがあるという。これは、もちろん47都道府県の１位で、２位の大阪府が約4000店舗であるのと、かなり差のある数だ。

ちなみに、東京初のコンビニである東京豊洲の「ヨークセブン」は、今もある。ここは、コンビニエンスストアになる前は「山本茂商店」という酒店だった。先代の病死をきっかけに大学を中退して跡を継いだ山本憲司（やまもとけんじ）氏が、酒屋の将来性に疑問を感じてフランチャイズに応募したのだという。今もこの店は全国のセブン－イレブンのなかでも日本有数の売り上げで、また、山本氏は他店舗も経営するとともに、セブン－イレブン記念財団の理事長も務めている。

豆知識

1. 日本のコンビニエンスストアの品揃えは、海外と比較して異常なほど充実しているようだ。くわえて、コンビニの発祥であるアメリカの「セブン－イレブン」も、現在では日本のイトーヨーカ堂とセブン－イレブン・ジャパンの子会社になっている。

362 暮らしと文化 ／ 通勤ラッシュ

東京圏の拡大とともに通勤ラッシュは過酷なものとなり、鉄道の輸送力増強が必要とされていった。国鉄では「通勤五方面作戦」を展開し複線をもう一つ増やす複々線化などを進め、私鉄でも複々線化や地上路線の高架化などの取り組みが進む。地下鉄の路線網はますます充実し、新線もできることで、高かった混雑率も徐々に緩和されていった。

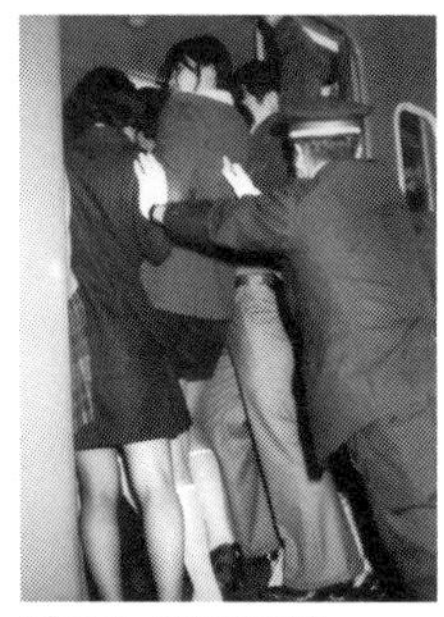
通勤ラッシュ（1972年5月）

東京の都市部の過密化は進み、住宅地がどんどん郊外へと広がっていった。その中で都心への通勤ラッシュは激しさを増していく。1960年の混雑率は、総武本線312％などとなっており、輸送力の改善が求められた。国鉄はこれまで、旧型電車から新型の103系に置き換えたり、長編成化したりするなどの努力こそしてきたものの、それだけでは抜本的な解決にはならなかった。そこで、東京を中心とした放射状5路線（東海道、中央、東北・高崎、常磐（じょうばん）、総武）の複々線化を行うという方針となった。輸送力増強のためである。「通勤五方面作戦」という。すでに東海道本線と京浜東北線は別線であったものの、東海道本線と線路を共有していた横須賀線を別線にし、東京駅の地下に乗り入れるようにした。また小田原までの貨物線を増設することにした。横須賀線と総武快速線は直通することにし、総武本線は、各駅停車の列車が走る緩行線と快速線を別線にした。これで房総方面への列車は両国発から東京発へとなった。

大宮方面への東北本線・高崎線は、以前は貨物線だった路線に長距離の列車を走らせ、京浜東北線と分離した。あわせて、貨物線をもう一つつくった。常磐線は、複々線化して緩行線を綾瀬から東京メトロに乗り入れさせた。中央本線は、中野から三鷹（みたか）までを複々線化した。立川まで複々線化する計画があり、用地も確保していたものの、実現はならなかった。

私鉄でも高架化や複々線化の動きがみられた。小田急電鉄では、代々木上原から向ヶ丘遊園までを複々線化・立体交差化することになり、長期間の都市計画のすえ、2018年に完成した。東武鉄道では、伊勢崎線の北千住から北越谷までを複々線化した。

地下鉄では銀座線や日比谷線が混雑する中で、常磐線から直通する千代田線や、東武伊勢崎線と直通する半蔵門線が整備された。国鉄からJRになっても、埼京線の新設や、貨物線を利用した湘南新宿ラインなどができた。2015年には上野東京ラインができ、東北・高崎方面と東海道方面が直通するようになった。また、秋葉原から茨城県つくば市を結ぶつくばエクスプレスが2005年に開業した。これらの複々線化や新線の誕生により、首都圏の混雑率は劇的に下がり、現在では200％を超える混雑率の路線はなくなった。一方で、いまなお通勤ラッシュは続いており、鉄道各事業者はさらに改善を加えようとしている。

豆知識

1. 「通勤五方面作戦」による国鉄の負担は相当なものだったものの、この事業でラッシュの危機は解決するという問題意識から行われた。通勤客は定期券利用が主で、増収・増益にはつながりにくいものだった。
2. JR東日本埼京線の線路は都心部では湘南新宿ラインと共用しており、また埼京線の列車はりんかい線や相鉄線にも乗り入れるため、この路線の運行系統は複雑化している。

363 人物／堤清二

渋谷パルコや無印良品、ロフトなど、時代を先取りする新事業を1970年代から80年代にかけ相次いで手がけたのが、実業家の堤清二（1927〜2013）だ。企業集団「セゾングループ」を築き、小売りに金融、劇場と多彩なビジネスを展開。辻井喬の名で詩人や小説家としても活躍した。だが、バブル崩壊でグループは解体。毀誉褒貶の激しい、異能の経営者だった。

「おいしい生活。」広告

大胆に事業を拡大する経営者にして、繊細な作品をものする文学者。ジキルとハイドのような二つの異なる顔を持つ生涯に、深く影を落としたのが、堤家という複雑な家族の確執だった。

父親は西武王国を築き、政治家でもあった堤康次郎（1889〜1964）。５人の女性との間に５男２女をもうけ、好色家として知られた。その反発からか、清二は東京大学経済学部に入ると一時、日本共産党に入党。父に勘当まで願い出て、親子の縁を切ろうとしたことがある。異母弟が後に西武鉄道グループを引き継ぎ、清二が対抗心を燃やしたとされる義明（1934〜）だ。

卒業後、清二が父の指示で西武百貨店に入ったのは27歳のとき。新興の西武は当時、老舗百貨店の三越や伊勢丹に遠く及ばない存在だった。２年目に池袋本店の店長をまかされると、旧態依然たる経営の改革に乗り出す。人材確保のため大卒定期採用を始め、増築時には最上階に西武美術館を導入。「モノからコトの消費へ」「商品を売るのではなくライフスタイルを売る」。清二の理念は、いつしか「セゾン文化」と呼ばれるようになる。その象徴が、1982年に西武百貨店が打ち出したキャッチコピー「おいしい生活。」だ。バブル経済の入り口にあって、はたして本当の意味での豊かさとは何なのかと人々が考え始めた時代。モノに限らず文化的、精神的にも豊かな暮らしを提案する「生活総合産業」を目指すコピーとして、人々の心に響いた。1973年にパルコを渋谷に出店したのも清二の先見性を物語る。劇場を設け、映画や音楽、出版にも力を入れて、渋谷は若者の街として発展していく。

文人としては、1961年刊行の詩集『異邦人』で室生犀星詩人賞を受賞。早くから才能を開花させた。バブル崩壊でリゾート開発などの拡大路線が行き詰まり、1991年にセゾングループ代表を辞任すると、作風はさらに円熟味を増した。1992年の詩集『群青、わが黙示』で高見順賞、1994年の小説『虹の岬』で谷崎潤一郎賞、2004年には小説『父の肖像』を出す。

晩年には辻井喬名義で「マスコミ九条の会」の呼びかけ人となり、尖閣諸島の領有権をめぐる日中関係悪化にも心を痛めた。「政治がダメなときは、僕ら文学者や芸術家がしっかり橋渡しをしなければ」とインタビューで語るなど、最後まで広い視野を失わなかった。

豆知識

1. 東大で共産党に入ったのは、同級生の氏家齊一郎（後の日本テレビ会長）に誘われたのがきっかけだったが、後に党中央から除名された。
2. 無印良品は1980年、セゾングループの中核企業、西友から誕生した。欧州の高級ブランドを導入してきた清二が「ブランド名がつくだけで価値があがる」現象に疑問を抱き、そのアンチテーゼとして「無印」にゴーサインを出したとされる。

364 まち ／ 小笠原諸島

小笠原諸島は、東京から南南東に約1000kmの太平洋上に散在する30余りの島々の総称で、小笠原群島（聟島・父島・母島列島）、火山列島（硫黄列島）、孤立島（西之島・南鳥島・沖ノ鳥島）から成る。2021年8月、約100年ぶりの規模となる大噴火が南硫黄島付近の海底で起こった。

母島列島

小笠原諸島は島の誕生以来、一度も大陸と陸続きになったことがない海洋島であるため、固有種や希少種が数多く生息・生育し、ユニークな生態系を形成している。そのことが評価され、2011年には世界自然遺産に登録された。

「小笠原」の地名の由来は、信州深志（長野県松本市）を治めた小笠原家にゆかりのある武将・小笠原貞頼が、徳川家康の許可を得て南方航海した際に島々を発見したことと伝わるが詳細は不明である。父島の小笠原神社（小笠原村父島扇浦）には貞頼が祀られ、境内には当時の内務卿・大久保利通による「小笠原開拓碑」の碑文が立つ。

江戸時代後期の1830年、アメリカ出身のナサニエル・セボレー（1794〜1874）以下、欧米人5人が太平洋諸島民とともにハワイを出帆し、父島に到着して最初の定住者となる。幕末の1853年には、通商航路の中継地とするために、東インド艦隊司令長官ペリー提督が父島を訪れている。その後、江戸幕府や明治政府の調査・開拓によって、1876年に日本領土として認められた。

大正時代から昭和時代初期は、亜熱帯気候を生かした果樹や野菜の栽培が盛んになる。漁業も盛んで、カツオやマグロ漁、捕鯨やサンゴ漁などで栄えた。しかし、昭和時代の太平洋戦争によって小笠原諸島は大きな転機を迎える。

1944年、日本軍の戦局の悪化により、軍隊に関係する825人を除く全島民6886人が強制疎開させられた。硫黄島は激戦地となり、日本・アメリカ両軍合わせて2万余名もの死者を出した。戦後、小笠原諸島はアメリカ軍の占領下に置かれることになり、1946年に欧米系の島民に限り帰島を許されたが、大多数の島民は帰島が許されなかった。

1968年6月、終戦から23年目に小笠原諸島は日本に復帰し、国の特別措置法のもと様々な公共事業が推進されてきた。硫黄島は、火山活動などによる自然条件が厳しいため、旧島民の帰島は実現しておらず、自衛隊とその関係者だけが在島している。2021年8月、南硫黄島付近の福徳岡ノ場では、国内で100年ぶりの規模となる大噴火が確認され、新しい島が出現した。今後、この新島は浸食によって消失する可能性はあるが、小笠原諸島で続く噴火活動を現在に伝えている。

豆知識

1. ナサニエル・セボレーはアメリカ合衆国マサチューセッツ州生まれ。船員としてイギリス商船に乗り、ハワイ諸島に至った後、小笠原移民隊に加わり父島へと渡る。来島したペリーによって、島長官に選出された。
2. 日本最東端の南鳥島は、神奈川県綾瀬市に基地を置く防衛省海上自衛隊第4航空群が管轄している。綾瀬市からの要請によって選挙時には小笠原村職員が訪島し、選挙事務（期日前投票）を行う。

365 歴史／バブル景気と東京

1980年代、都政は革新都政から保守都政へと変わり、社会福祉から都市開発へと大きく舵(かじ)を切った。その頃日本はバブル景気のさなかであり、東京の風景もそれにあわせて大きく変わっていった。都市部には高級車が多く走り、人々の消費活動もさかんになる。いっぽうで地価が高騰し、23区内に家を持つことは難しくなり、郊外化がさらに進んだ。

バブルを象徴するディスコ「ジュリアナ東京」で踊る若者（1992年３月27日）

革新都政は、財政危機の中厳しい状況に置かれていた。美濃部亮吉(りょうきち)が1979年に都知事選不出馬で退任した後、後任には自民党などの支持を受けた元東京都副知事の鈴木俊一が就任した。鈴木は、好景気の中での都市開発事業を中心とした都政を行った。「マイタウン構想」を掲げ、まずは大川端(おおかわばた)再開発事業を行い、石川島重工業（現・株式会社IHI）佃(つくだ)工場の跡地（中央区佃）などを日本住宅公団や三井不動産に売却、集合住宅が建設され、賃貸価格や分譲価格は高額となった。

その中で1982年には中曽根康弘(なかそねやすひろ)（1918～2019）が首相になった。中曽根政権のもとでは「小さな政府」をめざした新自由主義的な政策が行われた。当時は世界的に多くのことを民間に任せようという、市場原理に基づいた政策が広まった時代であった。その路線は鈴木都政にも大きく影響した。1983年には建築物の法定容積率の上昇や、都市の開発条件の緩和などが行われ、大都市の開発が容易になった。そこに1986年からの好景気が重なっていく。赤坂アークヒルズの再開発はバブル前から森ビルによって構想されていたものの、時代の雰囲気をつかんで再開発は成功した。

東京都は臨海副都心において「東京テレポート構想」を計画し、テレコムセンターなどの管理運営を行う東京テレポートセンターという会社を設立した。国際化時代にあわせて、情報通信の拠点をつくるためである。この臨海副都心では都が主体となって大規模な開発を行い、1989年には東京フロンティア構想を打ち立てる。その中で世界都市博覧会の開催が計画された。

その頃、港区や世田谷区では小型の輸入高級車を多く見かけるようになり、高級ホテルはクリスマスの時期には予約が取りにくくなった。そんな好景気も1991年に終わることになる。一説には東京23区の地価でアメリカの全土地を買えるといわれるような状況になり、適正な地価を確保しようと、1989年に土地基本法が定められた。その影響もあり、1991年に景気が後退し始め、土地が不良債権化していく。臨海副都心計画も先行き不透明になり、鈴木都知事は1995年に退任、その後任を決める都知事選では世界都市博覧会の是非が争点となった。

豆知識

1. バブル時代には、輸入車であるBMW３シリーズは「六本木のカローラ」、メルセデス・ベンツ190Eは「小ベンツ」と呼ばれるほど多く見られる乗用車だった。
2. 鈴木俊一都知事の時代には、東京都庁の新宿移転も行われた。淀橋(よどばし)浄水場の再開発地である新宿副都心に民間のビルやホテルといった超高層ビルが建ち並び、その地に都庁のビルも並ぶようになった。それ以前、都庁舎は千代田区丸の内にあり、現在その場所には東京国際フォーラムが建っている。

365日間、読み切ったあなたへ

おめでとう!

1日1ページ、365日の東京の旅もこれで終わりです。ここまで続けた読者の皆様は、強い好奇心と意志を持っているに違いありません。あなたにとって、「意外と知らない」新たな東京の一面に出会えたでしょうか？　本書を閉じたら、ぜひ気になるまちに降り立って、366日目の東京を、見つけてみてください。そして、本書をきっかけに、知らなかったまちや、新たな作品との出会いがさらに広がれば、とても嬉しく思います。本書はこれで終わりですが、人生の好奇心の旅に、終わりはありません。

月曜　歴史

火曜　自然

水曜 物語

木曜 商業と娯楽

金曜　暮らしと文化

土曜　人物

日曜　まち

【参考文献】

●書籍

『もういちど読む山川日本近代史』鳥海靖（山川出版社）
『もういちど読む山川日本戦後史』老川慶喜（山川出版社）
『改訂新版 世界大百科事典』（平凡社）
『近世風俗誌（守貞謾稿）一〜五』喜多川守貞著 宇佐美英機校訂（岩波文庫）
『県民100年史13 東京都の百年』石塚裕道・成田龍一（山川出版社）
『江戸繁昌記 1 〜 3 』寺門静軒著 朝倉治彦・安藤菊二校注（東洋文庫）
『江戸名所図会（上）（下）』原田幹校訂（人物往来社）
『詳説日本史 改訂版』老川慶喜・加藤陽子・五味文彦・坂上康俊・桜井英治・笹山晴生・佐藤信・白石太一郎・鈴木淳・高埜利彦・吉田伸之（山川出版社）
『新訂 江戸名所図会 1 〜 6 』市古夏生・鈴木健一校訂（ちくま学芸文庫）
『新日本古典文学大系86 浮世風呂』式亭三馬著 神保五彌校注（岩波書店）
『新編日本古典文学全集79 黄表紙 川柳 狂歌』棚橋正博校注・鈴木勝忠・宇田敏彦注解（小学館）
『日本史用語集 改訂版 A・B共用』全国歴史教育研究協議会編（山川出版社）
『日本人名大辞典』上田正昭・西澤潤一・平山郁夫・三浦朱門編（講談社）
『日本大百科全書』（小学館）
『「江戸」をみる視座 百万都市江戸の生活』北原進（角川選書）
『「江戸」を楽しむ』今野信雄（朝日文庫）
『「三四郎」の東京学』小川和佑（NHK出版）
『33年後のなんとなく、クリスタル』田中康夫（河出書房新社）
『NHK新歴史秘話ヒストリア① 乱世を生きた戦国武将』NHK「歴史秘話ヒストリア」制作班編（金の星社）
『アースダイバー』中沢新一（講談社）
『アンベール 幕末日本図絵（上・下）』エーメ・アンベール著 高橋邦太郎訳（雄松堂出版）
『うしろの正面だあれ』海老名香葉子（金の星社）
『かわいそうなゾウ』土家由岐雄（金の星社）
『キャラクター大全 ゴジラ 東宝映画全史』（講談社）
『クマゼミから温暖化を考える』沼田英治（岩波書店）
『ご近所富士山の「謎」』有坂蓉子（講談社）
『シュリーマン旅行記 清国・日本』ハインリッヒ・シュリーマン著 石井和子訳（講談社学術文庫）
『シリーズ江戸学 知っておきたい江戸の常識 事件と人物』大石学編（角川学芸出版）
『シリーズ日本近世史③ 天下泰平の時代』高埜利彦（岩波書店）
『すし 天ぷら 蕎麦 うなぎ 江戸四大名物食の誕生』飯野亮一（筑摩Eブックス）
『セゾン 堤清二が見た未来』鈴木哲也（日経BP社）
『それからの海舟』半藤一利（ちくま文庫）
『ダイジェストでわかる 外国人が見た幕末ニッポン』川合章子（講談社）
『ちくま日本文学全集 樋口一葉』樋口一葉（筑摩書房）
『トキワ荘マンガミュージアム』コロナ・ブックス編集部（平凡社）
『なるほど！大江戸事典』山本博文（集英社）
『なんとなく、クリスタル』田中康夫（河出書房新社）
『ニッポン大音頭時代』大石始（河出書房新社）
『のらくろひとりぼっち』高見澤潤子（光人社）
『のらくろ一代記』田河水泡・高見澤潤子（講談社）
『ひさし伝』笹沢信（新潮社）
『ビジュアル・ワイド江戸時代館』竹内誠監修（小学館）
『フェリーチェベアトが見た日本 Part2』井桜直美（JCIIフォトサロン）
『ぼくの音楽人生』服部良一（中央文芸社）
『みる・よむ・あるく 東京の歴史 2 通史編 2 江戸時代』池亨・櫻井良樹・陣内秀信・西木浩一・吉田伸之編（吉川弘文館）
『モース博士と江の島』藤沢市史ブックレット（藤沢市文書館）
『モスラの精神史』小野俊太郎（講談社）
『ようこそ北斎の世界へ』日野原健司（東京芸術）
『リーフデ号の人々 忘れ去られた船員たち』森良和（学文社）
『レンズが撮らえたFベアトの幕末』小沢健志・高橋則英監修（山川出版社）
『阿久悠と松本隆』中川右介（朝日新聞出版）
『安愚楽鍋』仮名垣魯文（岩波書店）
『伊豆諸島を知る事典』樋口秀司（東京堂出版）
『井上ひさし伝』桐原良光（白水社）
『磯野家の謎』東京サザエさん学会編（飛鳥新社）
『一葉からはじめる東京町歩き』坂崎重盛（実業之日本社）
『院政期武士社会と鎌倉幕府』川合康（吉川弘文館）
『永井荷風の東京空間』松本哉（河出書房新社）
『遠山金四郎の時代』藤田覚（講談社）
『凹凸を楽しむ 東京「スリバチ」地形散歩』皆川典久（洋泉社）
『凹凸を楽しむ東京坂道図鑑』松本泰生（洋泉社）
『荻野吟子 日本で初めての女性医師』加藤純子（あかね書房）
『下級武士の日記でみる江戸の性と食』永井義男（河出書房新社）
『家康、江戸を建てる』門井慶喜（祥伝社）
『家康はなぜ江戸を選んだか』岡野友彦（教育出版）
『歌舞伎事典』服部幸雄・富田鉄之助・廣末保編（平凡社）
『花に風 林芙美子の生涯』宮田俊行（海鳥社）
『荷風と東京「断腸亭日乗」私註』川本三郎（岩波書店）
『荷風全集 第15巻』永井荷風（岩波書店）
『絵で見る幕末日本』エメェ・アンベール著 茂森唯士訳（講談社学術文庫）
『芥川龍之介の世界』中村真一郎（岩波書店）
『完本 大江戸料理帖』福田浩・松藤庄平（新潮社）
『完本 池波正太郎大成 4 〜 7 、別巻』池波正太郎（講談社）
『漢詩人大沼枕山の生涯』安田吉人
『観光都市 江戸の誕生』安藤優一郎（新潮社）
『岩崎弥太郎』武田晴人（ミネルヴァ書房）
『奇妙な瓦版の世界 江戸のスクープ大集合』森田健司（青幻舎）
『鬼平犯科帳の世界』池波正太郎編（文芸春秋）
『菊池寛全集第10巻』菊池寛（文藝春秋）
『居酒屋の誕生 江戸の呑みだおれ文化』飯野亮一（ちくま学芸文庫）
『蕎麦屋の系図』岩崎信也（光文社新書）
『近代建築そもそも講義』藤森照信ら（新潮社）
『君たちはどう生きるか』吉野源三郎（岩波書店）
『兄小林秀雄』高見澤潤子（新潮社）
『景行天皇と日本武尊 列島を制覇した大王』河村哲夫・志村裕子（原書房）
『元禄御畳奉行の日記』神坂次郎（中央公論新社）
『元禄人間模様 変動の時代を生きる』竹内誠（角川書店）
『古地図と地形図で発見！ 江戸・東京 古道を歩く』荻窪圭（山川出版社）
『古典落語』興津要（講談社学術文庫）

『後藤新平 日本の羅針盤となった男』山岡淳一郎（草思社）
『向田邦子と昭和の東京』川本三郎（新潮社）
『好色一代男』井原西鶴著 横山重校訂（岩波文庫）
『幸田文のマッチ箱』村松友視（河出書房新社）
『広重TOKYO―名所江戸百景―』小池満紀子・池田芙美（講談社）
『江戸おもしろ商売事情』別冊歴史読本 読本シリーズ11（新人物往来社）
『江戸 吉原図聚』三谷一馬（中公文庫）
『江戸 商売図絵』三谷一馬（中公文庫）
『江戸→TOKYO なりたちの教科書』岡本哲志（淡交社）
『江戸っ子の意地』安藤優一郎（集英社）
『江戸と江戸城』内藤昌（講談社）
『江戸に水がやってきた 玉川兄弟ものがたり』小沢長治（岩崎書店）
『江戸の見世物』川添裕（岩波新書）
『江戸の高利貸』北原進（KADOKAWA）
『江戸の歳事風俗誌』小野武彦（講談社学術文庫）
『江戸の坂東京の坂』横関英一（筑摩書房）
『江戸の自然誌『武江産物志』を読む』野村圭佑（どうぶつ社）
『江戸の盛り場・考 ―浅草・両国の聖と俗』竹内誠（教育出版）
『江戸の川 東京の川』鈴木理生（井上書院）
『江戸の知られざる風俗』渡辺信一郎（ちくま新書）
『江戸の旅』今野信雄（岩波新書）
『江戸の旅文化』神崎宣武（岩波新書）
『江戸の料理史 料理本と料理文化』原田信男（中公新書）
『江戸はこうして造られた』鈴木理生（筑摩書房）
『江戸怪談集（上）（中）（下）』高田衛編（岩波書店）
『江戸開幕』藤井譲治（講談社）
『江戸四宿を歩く』（街と暮らし社）
『江戸氏の研究』萩原龍夫編（名著出版）
『江戸詩人選集 第10巻』日野龍夫注（岩波書店）
『江戸時代』大石慎三郎（中央公論新社）
『江戸時代「生活・文化」総覧』歴史読本特別増刊 事典シリーズ10（新人物往来社）
『江戸時代の名産品と商標』江戸遺跡研究会編（吉川弘文館）
『江戸時代落語家列伝』中川桂（新典社）
『江戸上水道の歴史』伊藤好一（吉川弘文館）
『江戸人と歌舞伎』田口章子監修（青春出版社）
『江戸川柳の世界 知的詩情を味わう』下山弘（講談社現代新書）
『江戸川柳の謎解き』室山源三郎（現代教養文庫[社会思想社]）
『江戸東京野菜の物語 伝統野菜でまちおこし』大竹道茂（平凡社新書）
『江戸文化の華 料亭・八百善を追う』松井今朝子（幻冬舎）
『江戸文化の見方』竹内誠編（角川選書）
『江戸幕府の感染症対策』安藤優一郎（集英社）
『江戸名所図会を読む』川田壽（東京堂出版）
『江戸名物評判記案内』中野三敏（岩波新書）
『江戸落語』延広真治（講談社）
『江戸料理読本』松下幸子（ちくま学芸文庫）
『国史大辞典』国史大辞典編集委員会編（吉川弘文館）
『黒澤明 封印された十年』西村雄一郎（新潮社）
『三田村鳶魚の世界 江戸を楽しむ』山本博文（中央公論社）
『山川菊栄研究』伊藤セツ（ドメス出版）
『山東京伝』佐藤至子（ミネルヴァ書房）
『山東京伝と江戸のメディア』NHK人間大学 田中優子（日本放送出版協会）
『耳袋（1）（2）』根岸鎮衛（平凡社）
『鹿鳴館 擬西洋化の世界』富田仁（白水社）
『実力者の条件』草柳大蔵（文藝春秋）
『首都改造 東京の再開発と都市政治』源川真希（吉川弘文館）
『渋沢栄一』武田晴人（ミネルヴァ書房）
『渋沢栄一伝 日本の未来を変えた男』小前亮（小峰書店）
『勝海舟』松浦玲（筑摩書房）
『小笠原諸島に学ぶ進化論 閉ざされた世界の特異な生き物たち』清水善和（技術評論社）
『昭和の作詞家20人100曲』塩澤実信（論創社）
『松尾芭蕉 俳句の世界をひらく』坪内稔典（あかね書房）
『詳説 日本史研究』佐藤信ら（山川出版社）
『上野動物園百年史 本編』東京都編（東京都生活文化局広報部都民資料室）
『新 東京の自然水』早川光（農山漁村文化協会）
『新選組』大石学（中公新書）
『新装版・江戸の町（上）巨大都市の誕生』『新装版・江戸の町（下）巨大都市の発展』内藤昌（草思社）
『新版 ガラスのうさぎ』高木敏子（金の星社）
『新版 歌舞伎事典』服部幸雄・富田鉄之助・廣末保編（平凡社）
『新版 角川日本地名大辞典』角川日本地名大辞典編集委員会編（KADOKAWA）
『図解 江戸の間取り 百万都市を俯瞰する』安藤優一郎（彩図社）
『図説 大江戸の賑わい』西山松之助監修・高橋雅夫編（河出書房新社）
『世田谷代官が見た幕末の江戸 日記が語るもう一つの維新』安藤優一郎（KADOKAWA）
『星をつくった男』重松清（講談社）
『逝きし世の面影』渡辺京二（平凡社）
『青年』森鷗外（青空文庫）
『青木昆陽 傳記・事跡』青木七男編（青木七男）
『雪と花火余言』北原白秋（青空文庫）
『戦争と女性雑誌』近代女性文化史研究会（ドメス出版）
『全集日本の歴史第11巻 徳川社会のゆらぎ』倉地克直（小学館）
『全集日本の歴史別巻 日本文化の原型』青木美智男（小学館）
『続日本史こぼれ話 近世・近代』笠原一男・児玉幸田編（山川出版社）
『太田道灌と長尾景春 暗殺・反逆の戦国史』黒田基樹（戎光祥出版）
『大いなる小屋 江戸歌舞伎の祝祭空間』服部幸雄（平凡社ライブラリー）
『大系 日本の歴史9 士農工商の世』深谷克己（小学館）
『大系 日本の歴史10 江戸と大坂』竹内誠（小学館）
『大江戸の飯と酒と女』安藤優一郎（朝日新聞出版）
『大江戸リサイクル事情』石川英輔（講談社文庫）
『大江戸生活事情』石川英輔（講談社文庫）
『大田南畝』沓掛良彦（ミネルヴァ書房）
『大田南畝』浜田義一郎（吉川弘文館）
『大名屋敷「謎」の生活』安藤優一郎（PHP研究所）
『丹下健三』豊川斎赫（岩波書店）
『淡交ムック 歌舞伎入門 観賞へのいざない』織田紘二監修（淡交社）
『地図でたどる多摩の街道 30市町村をつなぐ道』今尾恵介著（けやき出版）
『地図と写真でわかる 江戸・東京』西東社編集部編（西東社）
『地図と読む新撰組顛末記』永倉新八（KADOKAWA）

『地図と愉しむ東京歴史散歩 地形篇』竹内正浩（中央公論新社）
『苧麻・絹・木綿の社会史』永原慶二（吉川弘文館）
『張込み』松本清張（新潮社）
『超速!! 倹約!? 大名行列のオモテとウラ『参勤交代』の不思議と謎』山本博文監修（実業之日本社）
『津田梅子 日本の女性に教育で夢と自信を』山口理（あかね書房）
『堤清二 罪と業 最後の「告白」』児玉博（文芸春秋）
『点と線』松本清張（新潮社）
『都市計画家 徳川家康』谷口榮（エムディエヌコーポレーション）
『都市社会改造論』森岡清志・北川由紀彦（放送大学教育振興会）
『東京いきもの散歩 江戸から受け継ぐ自然を探しに』川上洋一（早川書房）
『東京うた物語』塩澤実信（展望社）
『東京の公園110年』東京都（東京都建設局）
『東京の三十年』田山花袋（岩波書店）
『東京の自然をたずねて』大森昌衛（築地書館）
『東京の自然史』貝塚爽平（講談社）
『東京は遠かった 改めて読む松本清張』川本三郎（毎日新聞出版）
『東京ブギウギと鈴木大拙』山田奨治（人文書院）
『東京闇市興亡史』猪野健治編（双葉社）
『東京景物詩及其他』北原白秋（青空文庫）
『東京消える生き物増える生き物』川上洋一（メディアファクトリー）
『東京都の不思議事典 上巻 遺跡・発掘／歴史／生物・環境』樋口州男他編（新人物往来社）
『東京都の歴史散歩 中 山手』『東京都の歴史散歩 下 多摩・島嶼』東京都歴史教育研究会編（山川出版社）
『東京凸凹地形散歩』今尾恵介（平凡社）
『東京日記』内田百閒（岩波書店）
『東京文芸散歩』坂崎重盛（角川書店）
『東大教授の「忠臣蔵」講義』山本博文（KADOKAWA）
『東洋文庫435 大岡政談１』辻達也編（平凡社）
『徳川家康』笠谷和比古（ミネルヴァ書房）
『徳川将軍家の演出力』安藤優一郎（新潮社）
『読んで味わう 見て愉しむ 古典落語の傑作101噺と江戸の暮らし』河合昌次監修（ユーキャン）
『日本園芸会のパイオニアたち』椎野昌宏（淡交社）
『日本橋 翻訳版』泉鏡花（銀雪書房）
『日本橋』泉鏡花（岩波書店）
『日本現代文学全集21 田山花袋集』伊藤整ら編（講談社）
『日本広告発達史 上・下』内川芳美編（電通）
『日本史こぼれ話 近世・近代』笠原一男・児玉幸多編（山川出版社）
『日本史リブレット48 近世の三大改革』藤田覚（山川出版社）
『日本史リブレット49 徳川綱吉』福田千鶴（山川出版社）
『日本歴史地名大系』平凡社編（平凡社）
『能・狂言入門』松田存（文研出版）
『能の女たち』杉本苑子（文春新書）
『能百番を歩く』杉田博明・三浦隆夫（京都新聞社）
『反「近代」の思想 荻生徂徠と現代』船橋晴雄（中央公論新社）
『反骨者大田南畝と山東京伝』小池正胤（教育出版）
『樋口一葉と歩く明治・東京』野口碩（小学館）
『百姓の力 江戸時代から見える日本』渡辺尚志（KADOKAWA）
『百万都市 江戸の経済』北原進（KADOKAWA）
『評伝 田畑政治』杢代哲雄（国書刊行会）
『富士山噴火の歴史 万葉集から現代まで』都司嘉宣（築地書館）
『浮世絵に見る江戸の食卓』林綾野（美術出版社）
『武者小路実篤』松本武夫（清水書院）
『武蔵の武士団 その成立と故地を探る』安田元久（吉川弘文館）
『武蔵武士団』関幸彦編（吉川弘文館）
『文藝別冊 向田邦子』（河出書房新社）
『文珍流・落語への招待』NHK人間講座 桂文珍（日本放送出版協会）
『平賀源内 江戸の天才アイデアマン』榎本秋（あかね書房）
『平賀源内と東都薬品会』栗野麻子（関西大学学術リポジトリ）
『平将門と天慶の乱』乃至政彦（講談社）
『平将門の乱を読み解く』木村茂光（吉川弘文館）
『別冊太陽 伊能忠敬 歩いて日本地図をつくった男』（平凡社）
『北のはやり歌』赤坂憲雄（筑摩書房）
『幕末日本探訪記』ロバート・フォーチュン著 三宅馨訳（講談社学術文庫）
『漫画 君たちはどう生きるか』漫画・羽賀翔一、原作・吉野源三郎（マガジンハウス）
『眠る盃』向田邦子（講談社）
『無作の指導者 柄井川柳』鈴木勝忠（新典社）
『明治維新 隠された真実』安藤優一郎（日本経済新聞出版社）
『明治外交官物語 鹿鳴館の時代』犬塚孝明（吉川弘文館）
『裸の大将 山下清の謎』木原啓允ら（土曜美術社）
『落語の歴史 江戸・東京を中心に』柏木新（本の泉社）
『乱歩「東京地図」』冨田均（作品社）
『乱歩の軌跡 父の貼雑帖から』平井隆太郎（東京創元社）
『歴史文化セレクション 江戸ッ子』西山松之助（吉川弘文館）
『漱石のレシピ』藤森清編著（講談社）
『ユリイカ』2016年９月号（青土社）
『魚津埋没林博物館広報誌 うもれ木』第41号（魚津埋没林博物館）
『国文学 解釈と鑑賞』2004年５月号「東京景物詩及其他」郷原宏（至文堂）
『東京人』2006年５月号、2013年11月号、2017年９月号（都市出版）
『美術手帖』1998年12月号 大友克洋インタビュー（美術出版社）

●論文

「［湯屋取締規則］及び［湯屋営業取締規則］に関する考察」川端美季（Core Ethics Vol.2, 2006）
「下総牧羊場の系譜（2）牧羊生徒と牧羊職員たち」友田清彦（農村研究97）
「寛政期の大田南畝と狂歌」小林ふみ子（近世文藝80）
「関東地方における古墳時代須恵器研究」藤野一之（駒澤大学博士論文）
「寄席の誕生」吉田伸之（学習院史学34）
「技術ノート（No.11）」東京都地質調査業協会（平成３年７月）
「技術ノート（No.37）特集：東京湾」東京都地質調査業協会（平成16年11月）
「菊池寛 交錯する『東京行進曲』─映画小唄の牽引力─」西井弥生子（日本近代文学89集）
「近世における江戸庶民のスポーツに関する一試論」谷釜尋徳（東洋法学第62巻第３号）

「近世後期 舌耕文芸史（下）—東西寄席咄の盛況—」暉峻康隆（国文学研究32）
「近世後期における江戸庶民の旅の費用—江戸近郊地の庶民による旅との比較を通して—」谷釜尋徳（東洋法学53-3）
「近世邦楽の描く江戸の名所—〈佃〉を中心に—」竹内有一（お茶の水女子大学比較日本学研究センター研究年報１）
「江戸のUrbanism—寺門静軒『江戸繁昌記』と成島柳北『柳橋新誌』の社会学的考察—」内藤辰美（社会福祉57）
「江戸時代における衣服規制—変遷の概要と性格—」西村綏子（家政学雑誌Vo1.31）
「江戸時代における被服規制：信濃国伊那地方について」林千穂（長野県短期大学紀要38巻）
「江戸時代の都市と行楽」小野佐和子（京都大学博士論文）
「埼玉県長瀞地域における自然銅の分布・産状および採鉱記録」井上素子（埼玉県立自然の博物館研究報告No.11）
「山川菊栄の今日的意義」鈴木裕子（ジェンダー研究21(2), 29-43, 2013-02-28, 早稲田大学ジェンダー研究所）
「小石川養生所初期の医療活動」（日本医史学雑誌第61巻１号）
「説話の生態の一例—更級日記に見る—」上野英二（成城國文學論集第二十三輯）
「台太郎遺跡第51次発掘調査報告書」（岩手県文化振興事業団埋蔵文化財調査報告書468集）
「東京都臨海域における埋立地造成の歴史」遠藤毅（地学雑誌113巻６号）
「東京臨海部における埋立ての歴史」遠藤毅（地学雑誌 113巻４号）
「浮世風呂の研究—下町女の生き方—」福田睦（比治山女子短期大学紀要たまゆら12）
「文字学習の場としての近世寺院に関する一考察」梶井一暁（岡山大学大学院教育学研究科研究集録第166号）
「母性保護論争における山川菊栄」大嶋美里（女性学評論34）
「幕末江戸の宮地芝居について—湯島天神社内の芝居を中心に—」佐藤かつら（近世文藝75）
「立川ローム第Ｘ層文化について—列島最古の旧石器文化を探る②—」小田静夫（多摩考古43）
「輻輳されるメディア——『東京行進曲』の映画化をめぐって」志村三代子（演劇研究センター紀要VIII 早稲田大学21世紀COEプログラム〈演劇の総合的研究と演劇学の確立〉）

●映像

『雲のむこう、約束の場所』（コミックス・ウェーブ・フィルム）

【参考ウェブサイト】
外務省（https://www.mofa.go.jp/mofaj）
環境省（https://www.env.go.jp/）
厚生労働省 統計・白書（https://www.mhlw.go.jp/toukei_hakusho）
国土交通省（https://www.mlit.go.jp/index.html）
国土交通省 大阪国道事務所（https://www.kkr.mlit.go.jp/osaka）
東京都産業労働局（https://www.sangyo-rodo.metro.tokyo.lg.jp/）
内閣府 経済財政白書（https://www5.cao.go.jp/keizai3/keizaiwp/）
内閣府 防災情報のページ（http://www.bousai.go.jp/）
文化庁（https://kunishitei.bunka.go.jp/）
あきる野市役所（https://www.city.akiruno.tokyo.jp）
こだいら観光まちづくり協会（https://kodaira-tourism.com/）
せたな町（https://www.town.setana.lg.jp/）
めぐろ観光まちづくり協会（https://meguro-kanko.com/）
稲城市（https://www.city.inagi.tokyo.jp）
稲城市観光協会（https://inagi-kanko.jp）
羽村市（https://www.city.hamura.tokyo.jp）
羽村市観光協会（http://hamura-kankou.org/）
奥多摩町役場（http://www.town.okutama.tokyo.jp）
葛飾区（https://www.city.katsushika.lg.jp/）
御蔵島村（http://www.mikurasima.jp/）
江戸川区（https://www.city.edogawa.tokyo.jp/）
江東区（https://www.city.koto.lg.jp）
港区（https://www.city.minato.tokyo.jp/）
港区観光協会（https://visit-minato-city.tokyo/ja-jp/）
荒川区役所（https://www.city.arakawa.tokyo.jp/）
国分寺市（https://www.city.kokubunji.tokyo.jp/）
国立市役所（https://www.city.kunitachi.tokyo.jp/）
狛江市役所（https://www.city.komae.tokyo.jp/）
三鷹市（https://www.city.mitaka.lg.jp/）
三宅村役場（https://www.vill.miyake.tokyo.jp/）
渋谷区（https://www.city.shibuya.tokyo.jp/）
小笠原村役場（https://www.vill.ogasawara.tokyo.jp/）
小金井市（https://www.city.koganei.lg.jp）
小平市（https://www.city.kodaira.tokyo.jp/）
昭島市（https://www.city.akishima.lg.jp/）
昭島市デジタルアーカイブス（https://trc-adeac.trc.co.jp/Html/Usr/1320715100）
新宿観光振興協会（https://www.kanko-shinjuku.jp/）
新宿区（https://www.city.shinjuku.lg.jp/）
新島村（http://www.niijima.com）
神津島村（https://vill.kouzushima.tokyo.jp/travel/）
瑞穂町（http://www.town.mizuho.tokyo.jp）
杉並区（https://www.city.suginami.tokyo.jp/）
世田谷区（https://www.city.setagaya.lg.jp/）
清瀬市（https://www.city.kiyose.lg.jp/）
西東京市（https://www.city.nishitokyo.lg.jp）
青ヶ島村（http://www.vill.aogashima.tokyo.jp/）
青梅市（https://www.city.ome.tokyo.jp/）
仙台市（http://www.city.sendai.jp/）
千代田区（https://www.city.chiyoda.lg.jp/）
千代田区観光協会（https://visit-chiyoda.tokyo/）
足立区（https://www.city.adachi.tokyo.jp/）
多摩市（https://www.city.tama.lg.jp/）
台東区（https://www.city.taito.lg.jp/）
大田区（https://www.city.ota.tokyo.jp/）
大田区観光協会（https://ota-tokyo.com/ja）
大島町（https://www.town.oshima.tokyo.jp/）
秩父市和銅保勝会（http://wadohosyoukai.com/iseki/koubutsukan/）
中央区（https://www.city.chuo.lg.jp/）
中央区観光協会（https://www.chuo-kanko.or.jp/）

中央区観光協会特派員ブログ（https://tokuhain.chuo-kanko.or.jp/）
中野区（https://www.city.tokyo-nakano.lg.jp/）
町田市（https://www.city.machida.tokyo.jp/）
調布市（https://www.city.chofu.tokyo.jp/）
東久留米市（https://www.city.higashikurume.lg.jp）
東村山市（https://www.city.higashimurayama.tokyo.jp/）
東大和市（https://www.city.higashiyamato.lg.jp）
日の出町（https://www.town.hinode.tokyo.jp）
日高市（https://www.city.hidaka.lg.jp/）
日野市（https://www.city.hino.lg.jp）
八王子市（https://www.city.hachioji.tokyo.jp/）
八丈島町（https://www.town.hachijo.tokyo.jp/）
板橋区（https://www.city.itabashi.tokyo.jp/）
品川区（https://www.city.shinagawa.tokyo.jp/）
府中観光協会（https://www.kankou-fuchu.com/）
府中市（https://www.city.fuchu.tokyo.jp/）
武蔵村山観光まちづくり協会（https://m-murayama-kanko.or.jp）
武蔵村山市（https://www.city.musashimurayama.lg.jp/）
武蔵野市（http://www.city.musashino.lg.jp）
福生市（https://www.city.fussa.tokyo.jp/）
福生市観光協会（https://www.fussakanko.jp/）
文京区（https://www.city.bunkyo.lg.jp/）
文京区観光協会（https://b-kanko.jp/）
豊島区（https://www.city.toshima.lg.jp/）
北区（https://www.city.kita.tokyo.jp/）
墨田区（https://www.city.sumida.lg.jp/）
目黒区（https://www.city.meguro.tokyo.jp）
利島村（http://www.toshimamura.org/）
立川市（https://www.city.tachikawa.lg.jp/）
練馬区（https://www.city.nerima.tokyo.jp/）
檜原村（https://www.vill.hinohara.tokyo.jp）
『天保新政録 全（幕府触書写）』（東京大学学術資産等アーカイブズポータル）
（https://da.dl.itc.u-tokyo.ac.jp/portal/assets/75d0f4d3ddb4855e0f101a2d7297a628）
『練馬区史（歴史編）』練馬区歴史資料デジタルアーカイブス
（https://www2.i-repository.net/contents/myc/text_2rekishihen/rekishihen_maegaki.xhtml）
Tokyo Zoo Net（https://www.tokyo-zoo.net）
ジオパーク秩父（https://www.chichibu-geo.com/）
すみだ江戸切子館（https://www.edokiriko.net/whatis）
すみだ北斎美術館（https://hokusai-museum.jp/）
マーケットピア（https://www.homemate-research-shopping.com）
みたか遺跡展示室（http://www.mitaka-iseki.jp）
一橋大学（https://www.hit-u.ac.jp/）
印刷博物館（https://www.printing-museum.org/）
奥州市立後藤新平記念館（http://www.city.oshu.iwate.jp/shinpei/）
岩宿博物館（https://www.city.midori.gunma.jp/iwajuku/）
学校法人玉川学園（https://www.tamagawa.jp/）
玄武山 普濟寺（https://www.fusaiji.or.jp）
江戸東京博物館（https://www.edo-tokyo-museum.or.jp/）
港区立郷土歴史館（https://www.minato-rekishi.com/museum/2009/10/86.html）
荒川上流河川事務所（https://www.ktr.mlit.go.jp/arajo/arajo00035.html）
国際芥川龍之介学会ISAS（https://akutagawagakkai.web.fc2.com/nenpu.html）
国際縄文学協会（https://www.jomon.or.jp/）
国文学研究資料館（https://www.nijl.ac.jp/）
国立公文書館（http://www.archives.go.jp/）
笹川スポーツ財団（https://www.ssf.or.jp）
渋沢栄一記念財団（https://www.shibusawa.or.jp/museum/）
小平市立図書館（https://library.kodaira.ed.jp/）
昭和館「聖火リレーへの思いとは」（https://www.showakan.go.jp/publication/bulletin/pdf/17_seika.pdf）
上野動物園（https://www.tokyo-zoo.net/zoo/ueno/）
浄土宗西念寺（https://www.yotsuya-sainenji.or.jp）

新宿区立図書館（https://www.library.shinjuku.tokyo.jp/）
森下文化センター「田河水泡・のらくろ館」（https://www.kcf.or.jp/morishita/josetsu/norakuro/）
神戸大学RCUSS-USM（https://www.kobe-u.rcuss-usm.jp/）
人文学オープンデータ共同利用センター「日本古典籍データセット」『浮世風呂』
（http://codh.rois.ac.jp/pmjt/book/200015779/）
世田谷デジタルミュージアム（https://setagayadigitalmuseum.jp/）
浅草寺（https://www.senso-ji.jp/）
浅草鷲神社（https://otorisama.or.jp/）
早稲田大学（https://www.waseda.jp/top/）
足立区立郷土博物館（https://www.city.adachi.tokyo.jp/hakubutsukan/）
太田記念美術館（http://www.ukiyoe-ota-muse.jp/）
太田記念美術館note（https://otakinen-museum.note.jp/）
台東区立一葉記念館（https://www.taitocity.net/zaidan/ichiyo/）
台東区立忍岡小学校（https://taito.ed.jp/swas/index.php?id=1310216）
大森 海苔のふるさと館（https://www.norimuseum.com/）
中央区立図書館（https://www.library.city.chuo.tokyo.jp/）
調布市武者小路実篤記念館（https://www.mushakoji.org/）
津田塾大学（https://www.tsuda.ac.jp/）
田端文士記念館（https://kitabunka.or.jp/tabata/）
東京国立博物館（https://www.tnm.jp/）
東京伝統工芸士会（https://www.dentoukougei.jp/）
東京都公文書館（https://www.soumu.metro.tokyo.lg.jp/01soumu/archives/）
東京都写真美術館（https://topmuseum.jp/）
東京都品川区立品川歴史館（https://www.city.shinagawa.tokyo.jp/jigyo/06/historyhp/hsindex.html）
東京都立墨田川高等学校（http://www.sumidagawa-h.metro.tokyo.jp/site/zen/）
東京都立図書館（https://www.library.metro.tokyo.lg.jp/）
東京都立竹台高等学校（http://www.takenodai-h.metro.tokyo.jp/site/zen/）
東京都立埋蔵文化財調査センター（https://www.tef.or.jp/maibun/）
東京日本橋（https://nihombashi-tokyo.com/jp/）
日本銀行金融研究所貨幣博物館（https://www.imes.boj.or.jp/cm/）
飛鳥山３つの博物館（https://www.asukayama.jp/）
文京区立森鷗外記念館（https://moriogai-kinenkan.jp/）
平賀源内記念館（https://hiragagennai.com/）
宝塚市立手塚治虫記念館（https://www.city.takarazuka.hyogo.jp/tezuka/）
法科学鑑定研究所（https://alfs-inc.com/）
豊島区立トキワ荘マンガミュージアム（https://tokiwasomm.jp）
北区飛鳥山博物館（https://www.city.kita.tokyo.jp/hakubutsukan/）
墨田区立菊川小学校（http://www.sumida.ed.jp/kikukawasho/）
墨田区立図書館（https://www.library.sumida.tokyo.jp/）
明治大学「阿久悠記念館」（https://www.meiji.ac.jp/akuyou/）
利根川上流河川事務所（https://www.ktr.mlit.go.jp/tonejo/）
立教大学 大衆文化研究センター（https://www.rikkyo.ac.jp/research/institute/rampo/）
mitsubishi.com（https://www.mitsubishi.com/ja/）
NHK for School（https://www.nhk.or.jp/school/）
NHK福祉情報サイトハートネット（https://www.nhk.or.jp/heart-net/）
ジャパンナレッジPersonal（https://japanknowledge.com/personal/）
nippon.com（https://www.nippon.com/ja/）
ベネッセ教育情報サイト（https://benesse.jp/）
ミツカン「すしラボ」（https://www.mizkan.co.jp/sushilab/）
井上ひさし公式サイト（https://www.inouehisashi.jp/）
一般社団法人 東京馬主協会（https://www.toa.or.jp/）
映画.com（https://eiga.com/）
映画『一粒の麦 荻野吟子の生涯』（https://www.gendaipro.jp/ginko/）
鷗外と地図─東京大学総合図書館所蔵鷗外文庫より
（https://www.lib.u-tokyo.ac.jp/html/tenjikai/josetsu/2007_12/case1.html）
歌舞伎座（https://www.kabuki-za.co.jp/）
歌舞伎町文化新聞（https://kabukicho-culture-press.jp/）
歌舞伎美人（https://www.kabuki-bito.jp/）
学研科学創造研究所（https://www.gakken.co.jp/kagakusouken/）
株式会社UNOS（https://unos.co.jp/）

岩瀬文庫（http://iwasebunko.com/）
江戸新吉原（https://www.edo-yoshiwara.com/）
国立映画アーカイブ（https://www.nfaj.go.jp/）
三井広報委員会（https://www.mitsuipr.com/）
事業構想 PROJECT DESIGN ONLINE（https://www.projectdesign.jp/）
滋賀びわ湖観光情報（https://www.biwako-visitors.jp/）
滋賀男性合唱団（https://shigadan.com/）
社会福祉法人春濤会（https://yawatagakuen.or.jp/）
手塚治虫公式サイト（https://tezukaosamu.net/jp/）
太田道灌（https://www.doukan.jp/）
台東区公式伝統工芸品サイト（https://craft.city.taito.lg.jp/）
刀剣ワールド（https://www.touken-world.jp/）
日本コロムビア（https://columbia.jp/）
日本たばこ産業株式会社（JT）（https://www.jti.co.jp/）
文化遺産オンライン（https://bunka.nii.ac.jp/）
BEST TiMES「江戸後期、日本は世界一の識字率を誇った！「寺子屋」が果たした大きな役割」（https://www.kk-bestsellers.com/articles/-/10207/5/）
CINEMORE「黒澤明監督版『東京オリンピック』はなぜ実現しなかったのか」（https://cinemore.jp/jp/news-feature/1170/article_p1.html）
FUNDO「吉幾三『俺ら東京さ行ぐだ』の替え歌で“育児のストレス”を発散！［＃吉育三］が人気」（https://fundo.jp/62065）
JCASTニュース「『君たちはどう生きるか』の著者・吉野源三郎はどういう人だったか、岩波書店の山口前社長に聞く」（https://www.j-cast.com/2018/03/25323975.html?p=all）
NIKKEI STYLE「歴史の重みを体感 見応えある洋風建築トップ10」（https://style.nikkei.com/article/DGXZZO47438790Z11C12A0000000/）
OTEMACHIONE（https://otemachi-one.com/）
RealSoundブック「『AKIRA』はなぜ映画と漫画で異なるエンディングに？ 大友克洋が未来に込めた想いとは」（https://realsound.jp/book/2021/02/post-702944_2.html）
SankeiBiz「将門塚［カエルの置物］が消えた？」（https://www.sankeibiz.jp/business/news/210519/bsm2105191700008-n1.htm）
TAITOおでかけナビ「川柳発祥の地」（https://t-navi.city.taito.lg.jp/spot/tabid90.html?pdid1=219）
warakuweb「大反対をよそに恋愛結婚。陸軍大将大山巌の結婚生活は幸福だったか？」（https://intojapanwaraku.com/culture/136192/）
webちくま「近代日本の洋風建築 開化・栄華編」（http://www.webchikuma.jp/articles/-/528）
サライ.jp「江戸時代のペットの代表格は犬と金魚とネズミ」（https://serai.jp/living/352690）
サンデー毎日「牧太郎の青い空白い雲」（2018年10月7日号）（http://mainichibooks.com/sundaymainichi/column/2018/10/07/post-637.html）
プレジデント・オンライン「地価40億円の超一等地［平将門の首塚］が再開発を免れているホラーな理由」（https://president.jp/articles/-/37926?page=1）
現代ビジネス「〈東京リボーン〉NHKが撮った「2020・ネオ東京」驚きの光景」（https://gendai.ismedia.jp/articles/-/59126）
在日本大韓民国民団 民団新聞「『日本書紀』にみえる高句麗…編纂から1300年を迎えて」（2020年7月29日）（https://www.mindan.org/news/mindan_news_view.php?cate=4&number=26262）
男の隠れ家デジタル「〈誰も知らない江戸の奇才・河合敦〉『赤ひげ診療譚』主人公のモデルとなった町医者［小川笙船］」（https://otokonokakurega.com/learn/secret-base/23473/）
朝日新聞デジタル「寅さんの街・柴又を襲う景観問題 道路拡幅で街並み一変」（2021年4月22日）（https://www.asahi.com/articles/ASP4N6KGRP4GULFA016.html）
東洋経済オンライン「実は人名、16代目［川柳］が“吐く”人間の本質」（https://toyokeizai.net/articles/-/222041）
東洋経済オンライン「荻生徂徠が遺した［悪魔的］ともいえる統治術」（https://toyokeizai.net/articles/-/220770）
東洋経済オンライン「徳川家康［田舎町・江戸を本拠地に選んだ］理由（https://toyokeizai.net/articles/-/411934）
日経ビジネス「大都市に潜む［怨霊伝説］を訪ねる」（https://business.nikkei.com/atcl/report/16/030500208/030500001/）
明治17年の神田祭を中止させた将門台風（https://news.yahoo.co.jp/byline/nyomurayo/20160914-00062118/）
歴人マガジン「服部正成と服部半蔵の関係とは？」（https://rekijin.com/?p=28903）
論座「『いだてん』田畑は東京五輪とどう関わったか」（https://webronza.asahi.com/culture/articles/2019122100001.html）
論座「『いだてん』田畑政治、五輪の後は」（https://webronza.asahi.com/culture/articles/2019122100002.html）

ページ数	クレジット
7	写真：土岐三雄／アフロ
10	写真：山口淳／アフロ
11	写真：栗原秀夫／アフロ
12	提供：首藤光一／アフロ
19	国立公門書館所蔵
25	提供：アフロ
27	写真：鐘ケ江道彦／アフロ
30	提供：首藤光一／アフロ
31	提供：アフロ
33	写真：福岡章博／アフロ
35	写真：栗原秀夫／アフロ
36	写真：古城渡／アフロ
40	写真：金田啓司／アフロ
44	国立国会図書館所蔵
47	提供：アールクリエイション／アフロ
52	提供：アフロ
54	写真：島村秀一／アフロ
59	提供：アフロ
61	写真：長田洋平／アフロ
63	写真：椿雅人／アフロ
65	国立国会図書館所蔵
67	提供：アフロ
68	提供：アフロ
73	写真：中村庸夫／アフロ
74	東京都公門書館所蔵
80	提供：アフロ
81	写真：西村尚己／アフロ
82	写真：新海良夫／アフロ
84	写真：三木光／アフロ
86	国立国会図書館所蔵
87	提供：アフロ
88	提供：アフロ
95	提供：アフロ
101	写真：12か月／アフロ
104	写真：栗原秀夫／アフロ
105	東京都立中央図書館特別文庫室所蔵
106	提供：アフロ
111	写真：マリンプレスジャパン／アフロ
113	写真：AP／アフロ
114	提供：アフロ
120	写真：牛島兵二／アフロ
123	提供：アフロ
128	写真：椿雅人／アフロ
129	提供：アフロ
130	提供：アフロ
131	提供：首藤光一／アフロ
132	写真：高橋孜／アフロ
133	東京都立中央図書館特別文庫室所蔵
134	写真：片山悟志／アフロ
135	国立国会図書館所蔵
137	提供：アフロ
138	提供：アフロ
144	写真：Alamy／アフロ
146	写真：アフロ
148	写真：アフロ
151	国立国会図書館所蔵
152	提供：首藤光一／アフロ
155	写真：アフロ
157	提供：アフロ
158	写真：片岡巌／アフロ
159	京都大学文学研究科所蔵
162	写真：学研／アフロ
163	写真：masao furukawa／アフロ
165	国立国会図書館所蔵
166	国立国会図書館所蔵
173	写真：GRANGER.COM／アフロ
174	写真：河口信雄／アフロ
179	写真：首藤光一／アフロ
180	写真：Alamy／アフロ
184	写真：近現代 PL／アフロ
186	写真：高橋孜／アフロ
187	国立国会図書館所蔵
189	提供：アフロ
190	写真：アフロ
192	国立国会図書館所蔵
194	国立国会図書館所蔵
195	写真：川北茂貴／アフロ
196	提供：アフロ
199	国立国会図書館所蔵
201	国立国会図書館所蔵
203	茨城県立図書館所蔵
206	国立国会図書館所蔵
207	提供：アフロ
208	国立国会図書館所蔵
209	写真：イメージマート
211	写真：古橋マミ子／アフロ
214	提供：アフロ
215	国立国会図書館所蔵

216 写真：栗原秀夫／アフロ
222 国立国会図書館所蔵
223 写真：栗原秀夫／アフロ
224 提供：アフロ
225 写真：伊東町子／アフロ
226 写真：読売新聞／アフロ
228 提供：アフロ
230 写真：黒田浩／アフロ
231 提供：akg-images／アフロ
236 国立国会図書館所蔵
237 写真：古橋マミ子／アフロ
240 写真：Kodansha／アフロ
242 提供：アフロ
243 国立国会図書館所蔵
245 提供：アフロ
246 写真：森田裕貴／アフロ
247 写真：近現代PL／アフロ
251 写真：栗原秀夫／アフロ
252 提供：アフロ
255 写真：Mary Evans Picture Library／アフロ
256 写真：鷹野晃／アフロ
257 国立国会図書館所蔵
261 写真：Fujifotos／アフロ
263 写真：牧岡幸太郎／アフロ
265 写真：渡辺広史／アフロ
268 写真：三木光／アフロ
269 写真：西村尚己／アフロ
271 写真：TopFoto／アフロ
273 写真：月岡陽一／アフロ
274 写真：山口博之／アフロ
279 写真：栗原秀夫／アフロ
280 写真：Pixplanete／アフロ
281 写真：学研／アフロ
286 写真：アフロ
287 写真：古城渡／アフロ
289 写真：福岡章博／アフロ
294 国立国会図書館所蔵
297 国立国会図書館所蔵
299 写真：近現代PL／アフロ
304 国立国会図書館所蔵
306 写真：Photofest／AFLO
307 写真：渡辺広史／アフロ
308 写真：近現代PL／アフロ
311 写真：近現代PL／アフロ
315 写真：ALBUM／アフロ
319 写真：田島正／アフロ
321 写真：山梨将典／アフロ
323 国立国会図書館所蔵
325 写真：アフロ
329 写真：AP／アフロ
339 写真：Haruyoshi Yamaguchi／アフロ
343 写真：TopFoto／アフロ
345 株式会社スタジオジブリ蔵
347 写真：Haruyoshi Yamaguchi／アフロ
352 写真：Marc Riboud／Fonds Marc Riboud au MNAAG／Magnum Photos／アフロ
356 写真：佐藤哲郎／アフロ
357 写真：Fujifotos ／アフロ
363 写真：箭内博行／アフロ
364 写真：アフロ
368 写真：Gamma Rapho／アフロ
369 AD：浅葉克己 P：坂田英一郎 C：糸井重里 CL：西武百貨店
370 写真：エムオーフォトス／アフロ
371 写真：Fujifotos／アフロ

図版作成にあたっての参考書籍・ウェブサイト

14 朝日新聞 2011年5月14日朝刊 PLUS欄
18『日本史事典』（平凡社）
22 朝日新聞デジタル 2018年9月27日「国境離島の私有地、調査 不法占拠防ぐ狙い 領海・EEZ保全」
26『日本大百科全書』（小学館）
42 小平市立図書館HP こどもきょうどしりょう
50「防災基礎講座：地域災害環境編」（国立研究開発法人防災科学技術研究所 自然災害情報室）
92『江戸・東京の地理と地名』（鈴木理生編、日本実業出版）
99『大江戸探訪：知る味わう愉しむ』（大和書房）
112『国史大辞典』（吉川弘文館）
259 東京都三多摩公立博物館HP
266 東京都公門書館HP
305 首都高速道路株式会社HP
322 東京都HP
336「令和2年国勢調査人口及び世帯数（速報）」（総務局）

歌詞使用にあたってのクレジット 233, 240, 254, 362
JASRAC出 2109911-101

1日1ページ、意外と知らない東京のすべて365

2022年3月8日　第1刷発行

編者
文響社

装丁
石間淳

カバーイラスト
伊藤ハムスター

本文デザイン
稲永明日香

本文組版
株式会社キャップス

制作協力
大迫秀樹、小野喜美子、上江洲規子、小林拓矢、澤田裕、菅祐美子、
菘あつこ、中村のぶ子、萩一晶、藪内成基、渡部紀子

編集
野本有莉、曽我彩

発行者
山本周嗣

発行所
株式会社文響社
〒105-0001　東京都港区虎ノ門2丁目2-5　共同通信会館9F
ホームページ　https://bunkyosha.com
お問い合わせ　info@bunkyosha.com

印刷・製本
中央精版印刷株式会社

定価はカバーに表示してあります。

ISBNコード：978-4-86651-487-1　Printed in Japan
この本に関するご意見・ご感想をお寄せいただく場合は、
郵送またはメール（info@bunkyosha.com）にてお送りください。